国家行政学院名师文库

行政与法治

胡建淼◎著

国家行政学院出版社

图书在版编目（CIP）数据

行政与法治/胡建淼著．—北京：国家行政学院出版社，2014.12
ISBN 978-7-5150-1336-7

Ⅰ.①行… Ⅱ.①胡… Ⅲ.①行政法学—文集 Ⅳ.①D912.101-53

中国版本图书馆 CIP 数据核字（2014）第 279752 号

书　　名 行政与法治
作　　者 胡建淼
责任编辑 陈科
出版发行 国家行政学院出版社
（北京市海淀区长春桥路 6 号　100089）
（010）68920640　68929037
http：//cbs. nsa. gov. cn
编 辑 部 （010）68928764
经　　销 新华书店
印　　刷 北京京华虎彩印刷有限公司
版　　次 2014 年 12 月北京第 1 版
印　　次 2014 年 12 月北京第 1 次印刷
开　　本 787 毫米×1092 毫米 16 开
印　　张 29.75
字　　数 533 千字
书　　号 ISBN 978-7-5150-1336-7
定　　价 76.00 元

本书如有印装质量问题，可随时调换。联系电话：（010）68929022

序　言

我总觉得现在不是出论文集的时候。出论文集一般有两种情况：一是到了八九十岁，是对自己学术作一总结；二是这些论文为社会所迫切需求，集中出版以贡献社会。我这本论文集之于上述两种理由一种也难以成立：五十几岁的我，正雄心勃勃计划着未来的三十年学术研究，还不到总结的时候；论文集中的论文，虽不是应景之作，但它对于社会多一篇或少一篇都不会产生太大的影响。这次匆匆忙忙出版论文集的主要原因是为了纪念国家行政学院建院 20 周年，算是一点献礼。

我这里收集的 34 篇论文大多都已发表，跨度是从 1995 年到 2012 年的近二十年。编排分两个部分：第一部分主要是行政法理论方面的论文，第二部分则是比较行政法方面的论文。

为了尊重历史，我在整理中基本保持了论文的原样，哪怕有些信息已经过时。有些论文在发表时由于篇幅的限制而作了删节，这次有机会给予了恢复。

希望读者不要像读小说那样地逐篇阅读我的论文，只是在你研究某一专题时对应地参考我的论文。

感谢国家行政学院出版社的同志为我及本书所做的一切。

胡建淼

2014 年 8 月 1 日

于国家行政学院

目 录

第一部分 中国行政法理

第二部分　比较行政法

第一部分
中国行政法理

国家行政学院
名师文库

§1.1　中国行政法制与行政法学研究的回顾与展望

中国社会主义行政法可追溯到1919年5月（第一次国内革命战争时期的起始）至1949年10月（中华人民共和国成立）的整个新民主主义革命时期①，但作为新中国成形的行政法及行政法学应以1949年10月中华人民共和国的成立为逻辑起点。新中国的行政法迄今已有47岁的“年龄”。在这段不长不短的时段中，根据其自身的特殊规律，我们可以把新中国行政法的历史发展划分为四个阶段。

第一阶段：1949年10月至1957年5月，为行政法的萌芽和初步发展时期；

第二阶段：1957年5月至1978年12月，为行政法的挫折和停滞时期；

第三阶段：1978年12月至1989年4月，为行政法的恢复和发展时期；

第四阶段：1989年4月至今，为行政法的繁荣和高度发展时期。②

一、第一阶段（1949年10月—1957年5月）：行政法萌芽和初步发展时期

中华人民共和国的成立，为我国社会主义行政法的产生和发展创造了前提。在1954年以前，当时的权力机构即中国人民政治协商会议，以及当时的中央人民政府委员会、政务院，以《共同纲领》为基础，制定了一系列的行政组织法。例如：1949年9月制定了《中央人民政府组织法》，同年12月又分别公布了《中央人民政府政务院及其所属各机关组织通则》和《大行政区人民政府委员会通则》，1950年制定了《省人民政府组织通则》《市人民政府组织通则》《县人民政

---

① 这一时期中国行政法的概况可参见王珉灿主编的《行政法概要》（法律出版社1989年版）第三章第一节和张焕光、胡建淼著：《行政法学原理》（劳动人事出版社1989年版）第一编第六章第五节。

② 这四个阶段的划分，主要参照许崇德、皮纯协主编的《新中国行政法学研究综述（1949—1990）》（法律出版社1991年版）一书。

府组织通则》《大城市区人民政府组织通则》《区人民政府及区公所组织通则》以及《乡（行政村）人民政府组织通则》，1952年制定公布了《治安保卫委员会暂行组织条例》和《中央人民政府政务院关于地方民族民主联合政府实施办法的决定》，1954年2月通过了《人民调解委员会暂行组织通则》，等等。关于干部管理和机关制度方面的行政管理法规亦不鲜见。如1950年1月的《政务院关于任免工作人员的暂行办法》，1951年7月的《政务院关于各地区机关招聘工作人员和招考干部训练学校、训练班员的暂行规定》，同年还有《保守国家机密暂行条例》，等等。

此外，我国还颁布了有关民主建政、民族区域自治、民族侨务、公安司法、拥军优抚、生产救济、财政金融、工商交通、农林水利、文化教育、体育卫生等方面的行政管理法规。

1954年9月10日颁布了新中国成立以来的第一部宪法，确立了我国行政管理的基本原则，明确了国家行政机关的职责权限，它是行政立法的法律依据。自1954年宪法颁布到1957年，是我国行政法发展的第一个黄金时期。仅这四年，颁布的重要的行政组织法规和行政管理法规就多达500余件。如《中华人民共和国治安管理处罚条例》（1957年10月）、《国务院关于国家行政机关工作人员奖惩暂行规定》（1957年10月）、《城市交通规则》（1955年8月）等。

伴随行政立法的发展，新中国的行政法学亦始起步和发展。刚刚起步的中国行政法学，在特殊的历史背景下，是以介绍和研究苏联行政法为重任的。早在1950年4月，商务印书馆就出版了沈大铨翻译、维辛斯基著的《苏联国家行政法暨各加盟共和国及自治共和国国家行政机关法》。随后，又有一系列苏联行政法译著出版。例如：科托克著、萨大为译的《苏维埃行政法概论》①，C. C. 司徒节尼金著、中国人民大学国家法教研室译的《苏维埃行政法（总则）》②，B. A. 符拉索夫著、中国人民大学国家法教研室译的《苏维埃行政法提纲》③，等等。④

---

① 人民出版社1951年版。

② 中国人民大学出版社1953年版。

③ 中国人民大学出版社1954年版。

④ 此外还有：1955年1月全国人民代表大会常务委员会编译室编印的《苏维埃行政法及其基本原则和制度》，克拉夫楚克等著、王庶译的《国家法·行政法》（法律出版社1955年版），C.C. 司徒节尼金著、袁振民等译的《苏维埃行政法（分则）》（中国人民大学出版社1955年版），中国人民大学国家法教研室编译的《苏维埃行政法论文选译》（第一辑、第二辑）（中国人民大学出版社1956年、1957年版）。以上材料引自许崇德、皮纯协主编的《新中国行政法学研究综述（1949—1990）》（法律出版社1991年版）。

1954 年新中国第一部宪法颁布以后，中国行政法学研究出现了转折，即从以介绍苏联行政法为中心转向以研究本国行政法为重心。一个重要的标志是：中国人民大学国家法教研室编辑的《中华人民共和国行政法（总则）参考资料》于 1956 年 7 月由中国人民大学出版社正式出版。它是中国学者研究中国行政法的初步尝试。[①] 1955 年 8 月 15 日，中国政法学会成立了国家法、行政法研究组，开展对行政法学的专门研究，使新中国的行政法学研究有了明确的组织保障。此后，我国学者纷纷在《政法研究》上发表论文[②]，为建立中国的行政法学奠定了基础。与此同时，在各综合大学的法学专业与政法院校中，开始开设行政法科学方面的课程。

二、第二阶段（1957 年 5 月—1978 年 12 月）：行政法挫折和停滞时期

1957 年 5 月，中共中央发出了《关于整风运动的指示》，全国转入“反右斗争”时期，监察部、司法部等法律监督机关先后被撤销，法律虚无主义开始抬头并逐占上风。1966 年 5 月至 1976 年 10 月，长达十年的“文化大革命”，砸烂公、检、法，中国法治受到严重摧残。

这一时期，中国虽然也制定了一些行政管理性法规，如《边防检查条例》（1965 年 4 月）、《中华人民共和国户口登记条例》（1958 年 1 月）等，但这长达十九年间制定颁布的行政法规总数不及前九年的一半。

与此同步的是，行政法学研究亦遭同样厄运。1957 年开始，法学界开始全面反右，法学研究（自然包括行政法学研究）无暇顾及。接踵而至的十年“文革”，把行政法学研究推向死亡边缘：法学研究所停止工作，中国政法学会停止活动，法学书刊基本停止出版，一些法学专家被打成“反动学术权威”“走资派”，中青年教研人员荒疏了学业，大量资料散失，行政法学研究工作完全中断。值得一提的是，在这一逆境中还有学者坚韧地研究行政法学。1958 年初殷衷在《教学与研究》第 3 期发表了《关于中华人民共和国行政法的对象和体系问题》

① 该书收集了从 1949 年 10 月至 1956 年 6 月在报刊上公开发表的行政法资料，并准备将 1956 年下半年后的有关资料编成第二辑出版。

② 如 1956 年初，杨玉清在《政法研究》第 2 期撰文《加强和开展法律科学的研究工作》，指出应加强行政法科学的研究工作，要解决中国行政法的体系、国家行政管理的基本原则、国家工作人员的权利义务和责任等一系列行政法学问题，以适应中国国家和社会管理的需要。1957 年初，夏书章在《政法研究》第 2 期《加强行政法科学的研究工作》一文中指出，行政法科学的研究工作已有了可喜的开端。以上材料引自许崇德、皮纯协主编的《新中国行政法学研究综述（1949—1990）》（法律出版社 1991 年版）。

一文，对有关问题作了系统论述。同年，周新民又在《政法研究》第5期发表了《关于法学研究所的筹建工作和今后的研究计划》一文，明确提出要设立国家法（行政法）研究组，开始对行政法的研究。但在当时的条件下，这些行政法学研究，只是一种微弱的“空气振动”。

1976年10月，中国人民粉碎了“四人帮”，全国百废待兴。但由于“左”的路线并没有完全结束，行政法学研究仍受冷落，但已有复苏迹象，为第三阶段行政法学研究的复苏和发展创造了条件。这一过渡时期一直延续到1978年12月。

三、第三阶段（1978年12月—1989年4月）：行政法恢复和发展时期

1978年12月18日，中国共产党十一届三中全会在北京召开。全会决定把全党全国的工作重点转移到社会主义现代化建设上来，把民主和法制建设提到重要议事日程，从而结束了二十多年来行政法制和行政法学研究停滞不前的状态，使中国行政法（学）得到了恢复和发展。

1979年11月全国人民代表大会常务委员会《关于中华人民共和国建国以来制订的法律、法令效力问题的决议》①，不仅使新中国成立以来的法律、法令（除同第五届全国人民代表大会制定的宪法、法律和第五届全国人民代表大会常务委员会制定、批准的法令相抵触外）恢复了效力，而且带来了一个难得的立法高潮。1982年宪法②的制定和颁布，又为我国的行政立法奠定了法律基础。

这一时期，我国在人事和组织行政方面制定和颁布了大量的行政法律规范。如：1979年颁布了《中华人民共和国地方各级人民代表大会和地方各级人民政府组织法》，1980年制定了《国务院关于老干部离职休养的暂行规定》，同年还重新公布了《国务院关于国家行政机关工作人员的奖惩暂行规定》和《保守国家机密暂行条例》等，1981年制定了《国家行政机关公文处理暂行办法》，1982年制定了《中华人民共和国国务院组织法》，发布了《国务院工作人员守则》，还修改了《中华人民共和国地方各级人民代表大会和地方各级人民政府组织法》。

此外，自1979年以来，我国还制定了大量的涉及国家行政管理各专门领域的行政法律规范。例如，公安行政方面主要有：《国务院关于劳动教养的补充规

---

① 1979年11月29日第五届全国人民代表大会常务委员会第十二次会议通过，1979年11月29日全国人民代表大会常务委员会令第3号公布施行。

② 1982年12月4日第五届全国人民代表大会第五次会议通过，同日由全国人民代表大会公告公布施行。

定》(1979 年 11 月)、《人民警察使用武器和警械的规定》(1980 年 7 月)、《中华人民共和国枪支管理办法》(1981 年 4 月)、《公安部对部分刀具实行管制的暂行规定》(1983 年 3 月)、《中华人民共和国消防条例》(1984 年 5 月)、《中华人民共和国居民身份证条例》(1985 年 6 月)和《中华人民共和国治安管理处罚条例》(1986 年 9 月)等;在工业行政方面,行政管理法规更多了。如,《中华人民共和国优质产品奖励条例》(1979 年 6 月)、《工业企业全面质量管理暂行办法》(1980 年 3 月)、《国营工厂厂长工作暂行条例》(1982 年 1 月)、《国营工业企业暂行条例》(1983 年 4 月)、《工业新产品生产许可证试行条例》(1984 年 4 月)、《国家经济委员会关于开展资源综合利用若干问题的暂行规定》(1985 年 9 月)等。另外还有军事、司法、民政、财政、税务、金融、审计、商业、外贸、海关、农业、林业、水利、气象、环境、交通、物价、物资、科技、文化等方面的行政管理法规。

需要特别指出的是,这一期间,中国行政诉讼法制正在迅速完善。自 1979 年以来,规定行政诉讼的法律、法规大量出现。① 1982 年,《中华人民共和国民事诉讼法(试行)》的公布施行,第一次以法律的形式肯定了行政案件在以下条件下的可诉性,解决了当时条件下行政诉讼的司法程序问题。② 1986 年,《中华人民共和国治安管理处罚条例》的颁布施行,把公民不服治安处罚纳入了行政诉讼的轨道,③ 促使人民法院行政审判庭普遍设立。

大量有关行政诉讼的法律、法规的出台以及人民法院行政审判庭行政审判业务的展开,呼唤中国行政诉讼法的尽快制定。面对这一任务,1986 年 10 月 4 日,经过长期酝酿和筹备的行政立法研究组在北京人民大会堂成立。它标志着中国社会主义行政法学进入了一个新阶段,标志着我国的行政法理论研究与行政立法实践活动之间的真正结合。行政立法研究组由全国人大法律委员会、全国人大常委会法工委、中国法学会、中国社科院法学所、全国律师协会、最高人民法院、国务院法制局、中国政法大学、中国人民大学和北京大学等单位组成。其主要任务

---

① 据不完全统计,从 1979 年到 1986 年底,已经公布了这类法律、法规 67 个,其中全国人民代表大会及其常务委员会通过的法律 24 个,国务院发布的法规 32 个,北京市人民代表大会及其常务委员会通过的地方性法规 11 个。

② 1982 年《中华人民共和国民事诉讼法(试行)》第三条第 2 款规定:"法律规定由人民法院审理的行政案件,适用本法规定。"

③ 1986 年《中华人民共和国治安管理处罚条例》第三十九条规定:"被裁决受治安管理处罚的人或者被侵害人不服公安机关或者乡(镇)人民政府裁决的,在接到通知后五日内,可以向上一级公安机关提出申诉,由上一级公安机关在接到申诉后五日内作出裁决;不服上一级公安机关裁决的,可以在接到通知后五日内向当地人民法院提起诉讼。"这一规定为 1957 年的《中华人民共和国治安管理处罚条例》所没有。

是研究制定中华人民共和国行政基本法和中华人民共和国行政诉讼法的必要性和可行性，为立法部门提供了具体方案。1987 年 7 月 11 日，行政立法研究组鉴于行政诉讼的兴起，拟定了《中华人民共和国行政诉讼法》（试拟稿）。尔后 1989 年 4 月 4 日由第七届全国人民代表大会第二次会议通过的《中华人民共和国行政诉讼法》正是以此为基础的。行政立法研究组所编发的《行政立法研究资料》以及《行政立法研究动态》向全国各地行政法学者提供了国外的行政法资料和国内行政法研究的最新成果。特别值得一提的是，行政立法研究组于 1988 年 3 月 9 日创办了《行政法学研究》杂志。目前它成了中国唯一的一份行政法学专业的专门杂志，[①] 对全国性行政法学研究无疑起了极大的推动作用。

在这一时期频繁的行政立法、行政司法和行政法学研究活动的背景下，行政法学研究成果大量涌现。

1979 年 4 月 10 日，刘海年等在《人民日报》发表了《健全和严格执行行政法》一文，王明三在《西南政法学院学报》1981 年第 3 期上发表了《我国行政立法浅议》。它们标志了中国大量行政法学研究论文的出现。1982 年 4 月，西南政法学院法理教研室编印了《中华人民共和国行政法概论》，作为校内教学用书。同年 6 月，北京政法学院（现中国政法大学）编印了《行政法概要》，作为校内用书。1983 年 6 月，中国第一本行政法学方面的统编教材即《行政法概要》[②] 正式出版。虽然从今天眼光来看它不算是一本质量挺高的教材，但在当时它无疑起了启蒙作用。紧接着，便有大批教材和论著出版，如姜明安编著的《行政法学》（山西人民出版社 1985 年版），应松年、朱维究编著的《行政法学总论》（工人出版社 1985 年版），它是这一时期影响最大的教材；张尚族编著的《行政法基本知识讲话》（群众出版社 1986 年版），姜明安编著的北京大学试用教材《行政法概论》（北京大学出版社 1986 年版），张焕光、刘曙光、苏尚智编著的《行政法基本知识》（山西人民出版社 1986 年版），侯询直主编的《中国行政法》（河南人民出版社 1987 年版），王先勇编著的《行政法基础》（成都电讯工程学院出版社 1988 年版），郭文英、崔卓兰编著的《行政法要论》（吉林人民出版社 1988 年版），张尚族编著的《行政法教程》（中央广播电视大学出版社 1988 年版），王连昌主编的《当代中国行政法》（重庆出版社 1988 年版），应松年主编的《行政法学教程》（中国政法大学出版社 1988 年版）[③]；皮纯协主编的《中国行政法教程》

---

① 它从 1996 年开始，由杭州大学法学院协办，保证了经费来源和编辑力量。

② 由司法部法学教材编辑部组织编写，王珉灿担任主编，张尚族担任副主编，法律出版社于 1983 年 6 月（第 1 版）作为高等学校法学试用教材出版。

③ 该书由国务院法制局审定，作为全国政府法制干部培训教材使用。

(中国政法大学出版社 1988 年版)[①]；叶必丰编著的《行政法原理》(湖北科学技术出版社 1988 年版)，罗豪才主编的《行政法论》(光明日报出版社 1988 年版)，该书是这一时期国内学者所撰写的唯一的一本学术论著；张尚族著的《中国行政法的理论与实践》(中国政法大学出版社 1989 年版)，这是新中国成立后的第一本个人论文集专著。

虽然这一时期中的不少行政法研究成果（教材和论著）把行政诉讼法看成是行政法的一部分，但鉴于中国行政诉讼的兴起，已有不少单纯的行政诉讼法成果问世。如：应松年主编的《行政诉讼知识手册》（中国政法大学出版社 1988 年版），朱维究主编的《行政诉讼法原理》(中国政法大学出版社 1988 年版)[②]，周卫平、江必新、张峰著的《行政争讼制度概论》（宁夏人民出版社 1988 年版），王礼明、张焕光、胡建淼著的《行政官司漫谈》(人民日报出版社 1988 年版）等。特别值得一提的是，1988 年 8 月，中国政法大学出版社出版了一套“行政诉讼系列教材”，教材委员会主任由任建新担任。该系列共由六本书组成，其中四本便属于行政诉讼范围。它们是：《中国行政诉讼教程》《外国行政诉讼教程》《行政诉讼常用法规总览》《行政诉讼参考资料荟编》[③]，这套书在这一时期影响颇大。

这一时期，中国学者在研究中国行政法和行政诉讼法的同时，开始研究外国行政法。比较行政法领域始有可喜成果。如：龚祥瑞著的《比较宪法与行政法》(法律出版社 1985 年版)，王名扬著的《英国行政法》(中国政法大学出版社 1987 年版)，白有忠、苏尚智编的《外国政府管理法规资料类编》(中国政法大学出版社 1987 年版)，董番舆主编的《外国行政法诉讼教程》（中国政法大学出版社 1988 年版）等，其中龚祥瑞和王名扬先生的著作的影响最大。此外，该时期出版的几本评著和翻译资料在中国亦起了积极的推动作用，尤其是对外国行政法和比较行政法的研究。如：[美] 伯纳德·施瓦茨著、徐炳评的《行政法》[④]（群众出版社 1986 年版)，[日] 南博方著、杨建顺和周作彩译的《日本行政法》[⑤]（中国人民大学出版社 1988 年版)，[日] 南博方、原田尚彦、田村悦一著，蒋永春和舒武秀译的《日本行政诉讼法》[⑥]（西南政法学院司法行政教研室 1987 年 5 月

---

① 该书属行政诉讼系列教材之一。

② 该书同应松年主编的《行政法学教程》一样，由国务院法制局审定，作为全国政府法制干部培训教材使用。

③ 其他两本是：《法学基础教程》《中国行政法教程》。

④ Administrative Law by Bernard Schwartz；Little，Brown and Company，Boston Toronto 1976.

⑤ 原名《国家与法Ⅱ·行政法》。

⑥ 从日本南博方等著的《行政法》(1981 年日文版）中译出的“行政诉讼”部分。

编印)，[日] 鹈饲信成著、曹海科译的《日本公务员法》(重庆大学出版社 1988 年版)，[苏] B. M. 马诺辛等著、黄道秀译的《苏维埃行政法》(群众出版社 1983 年版)，[苏] Л. T. 瓦西林科夫主编、姜明安和武树臣译的《苏维埃行政法总论》(北京大学出版社 1985 年版) 等。[①]

在中国，公务员法始终是行政法的一个重要部分。这一时期，由于制定公务员法呼声的提高，人事制度和公务员法的研究亦始复苏，并出现大量成果。1985 年 9 月，北京大学出版社出版了一套由曹志主编的人事制度方面的丛书，即《中华人民共和国人事制度概要》《资本主义国家公务员制度概要》，它为中国人事制度的研究奠定了基础。此外，这方面的研究成果有：杨柏华、仝志敏主编的《外国人事制度》(劳动人事出版社 1987 年版)，皮纯协、张焕光著的《现代公务员制度研究》(中国广播电视出版社 1988 年版)，刘俊林、姜士林等著的《国家公务员制度讲座》(中国广播电视出版社 1988 年版)，胡建淼、张焕光著的《人事行政法概论》(劳动人事出版社 1989 年版)，龚祥瑞著的《文官制度》(人民出版社 1985 年版)，杨百揆著的《西方文官系统》[②] (四川人民出版社 1985 年版) 等。

最后还需要指出的是，这时期有一套由中国社会科学院指定的编审组组织编写的"外国政府体制丛书"由人民出版社正式出版，这既反映了外国行政法的研究成果，又促进了中国行政组织法和公务员法的研究。这套丛书由下列分册组成：谭健《日本政府体制与官员制度》，刘成彬、许万明《南斯拉夫国家机构与干部制度》，吴国庆《法国政府机构与公务员制度》，龚祥瑞《英国行政机构与文官制度》，郭庆云《罗马尼亚政府机构与干部制度》，袁兴昌《阿根廷政府机构与人事制度》，王建邦《瑞士政府机构与人事制度》，龚常、幽野《奥地利国家机构与官员制度》，薛历廉《澳大利亚政府机构与文官制度》，灿智、晓绪《德意志联邦共和国政府机构与官员制度》，张沛等《苏联政府机构与干部制度》。

四、第四阶段 (1989 年 4 月至今)：行政法繁荣和高度发展时期

1989 年 4 月 4 日，《中华人民共和国行政诉讼法》由中华人民共和国第七届全国人民代表大会第二次会议通过，同日由中华人民共和国第 16 号主席令公布。

---

① 此外还有：[苏] Ю. M. 科兹洛夫等主编、中毅和林芳译的《苏联国民经济管理的行政法原则》(法律出版社 1987 年版)，中国人民大学苏联东欧研究所编译的《苏联和各加盟共和国立法纲要汇编》(法律出版社 1982 年 6 月版)，任允正、马骧聪译的《俄罗斯联邦行政违法行为法典》(法律出版社 1987 年版) 等。

② 属"走向未来丛书"系列。

该法自 1990 年 10 月 1 日起施行。《中华人民共和国行政诉讼法》是中国行政法学理论、特别是行政诉讼法学理论研究的结晶。它的颁布与施行，标志着中国行政法的实践与理论研究进入了繁荣和高度发展时期。

这一时期，中国的行政立法处于高潮，这不仅表现在立法数量之多，而且立法的内容更带有综合性和基本性。如：《中华人民共和国集会游行示威法》（1989 年 10 月 31 日）[①]，《中华人民共和国环境保护法》（1989 年 12 月 26 日），《中华人民共和国城市规划法》（1989 年 12 月 26 日），《社会团体登记管理条例》（1990 年 11 月 9 日），《中华人民共和国行政监察条例》（1990 年 11 月 23 日），《中华人民共和国烟草专卖法》（1991 年 6 月 29 日），《国有资产评估管理办法》（1991 年 11 月 6 日），《中华人民共和国税收征收管理法》（1992 年 9 月 4 日），《城市绿化条例》（1992 年 2 月 22 日），《国家公务员暂行条例》（1993 年 4 月 24 日），《中华人民共和国反不正当竞争法》（1993 年 9 月 2 日），《中华人民共和国水土保持法实施条例》（1993 年 8 月 1 日），《中华人民共和国国家赔偿法》（1994 年 5 月 12 日），《中华人民共和国城市房地产管理法》（1994 年 7 月 5 日），《中华人民共和国人民警察法》（1995 年 2 月 28 日）等。在上述立法中，特别是《行政复议条例》，《中华人民共和国行政监察条例》，《国家公务员暂行条例》，《中华人民共和国国家赔偿法》分别确立了我国的行政复议制度、行政监察制度、公务员制度和国家赔偿制度，为中国的行政法基本理论研究奠定了法律基础以及提出了研究课题。《中华人民共和国行政处罚法》经过多年的努力，最终于 1996 年 3 月出台。

中国行政立法的"高峰"带来了行政法研究活动的"高峰"。1990 年 5 月 22 日至 26 日，人事部在哈尔滨召开《国家公务员暂行条例》修改讨论会，对《国家公务员暂行条例》进行了进一步修改和补充。同年 9 月 19 日，中国法学会在北京举行"实施行政诉讼法座谈会"，就制定和实施《行政诉讼法》的重大意义、《行政诉讼法》的基本精神及内容、如何正确贯彻实施《行政诉讼法》等问题展开了讨论。同年 11 月 2 日至 6 日，在武汉召开"行政诉讼法理论与实践研讨会"，就行政诉讼法实施后的行政诉讼被告问题、规章及规范性文件在行政诉讼中的地位问题、具体行政行为问题及行政复议与行政诉讼的关系问题等进行了探讨。同年 11 月 13 日至 17 日，中国法学会诉讼法学研究会和浙江省法学会在杭州联合举行全国诉讼法学术讨论会。会议就行政诉讼与民事诉讼的关系、当前贯彻行政诉讼法存在的问题与对策进行了讨论。同年 12 月 4 日至 7 日，行政法学会第四届年会在郑州举行，会议就行政诉讼法实施后出现的一系列理论和实践问

---

① 括号内的时间为法规的通过时间。下同。

题作了探讨。1991年5月下旬，中国法学代表团一行八人，在巴黎参加了中法行政法研讨会，主要讨论了行政损害赔偿责任、国家公务员的法律责任、法律规范等级制度、非诉讼行政程序等问题。① 1992年11月4日至9日，中国法学会行政法学研究会在湖北省宜昌市举行了年会，与会者就行政法学的基础理论问题、行政行为的理论与实践及市场经济与行政法关系等问题进行了讨论。中国法学会行政法学研究会的1993年年会，于1993年12月16日至17日在北京召开，会议主题是市场经济与行政法。1994年的年会于1994年11月28日至12月1日在广州市召开，会议的主题是讨论立法法。1995年的年会则于1996年1月3日至8日在哈尔滨市召开，会议主题是中国行政法的十年回顾与展望。每一次全国行政法年会，总是把中国行政法学的研究推向一个新的高潮。

自1989年4月以来，中国行政法学的研究成果，无论在数量上还是质量上，都达到了新中国成立以来的高峰。这一时期的成果主要表现在以下几个方面。

第一，行政法、行政诉讼法方面的教材、论著屡屡出版。主要有：罗豪才主编的《行政法学》②（中国政法大学出版社1989年版），张焕光、胡建淼著的《行政法学原理》（劳动人事出版社1989年版），张树义、方彦主编的《中国行政法学》（中国政法大学出版社1989年版），王连昌主编的《行政法学》（四川人民出版社1990年版），张尚族主编的《行政法学》③（北京大学出版社1990年版），胡建淼主编的《行政法教程》（杭州大学出版社1990年版），张树义主编的《行政法学新论》（时事出版社1991年版），王重高编著的《行政法总论》（中国政法大学出版社1902年版），陈安明、沙奇志著的《中国行政法学》（中国法制出版社1992年版），罗豪才主编的《中国行政法讲义》④（人民法院出版社1992年版），应松年主编的《行政法专题讲座》（东方出版社1992年版），杨海坤著的《中国行政法基本理论》（南京大学出版社1992年版），王连昌主编的《行政法学》（中国政法大学出版社1994年版），朱新力著的《行政法基本原理》（浙江大学出版社1995年版），熊文钊著的《行政法通论》（中国人事出版社1995年版），黄杰主编的《行政诉讼法释论》（中国人民公安大学出版社1989年版），河山、肖水著的《行政诉讼法概要》（人民出版社1989年版），江必新著的《行政诉讼问题研究》（中国人民公安大学出版社1989年版），胡康生主编的《行政诉讼法释义》（北京师范学院出版社1989年版），柴发邦主编的《当代行政诉讼基本问题》（中

① 详细内容可见《中国法律年鉴》（1992年），第826—828页。

② 由司法部法学教材编辑部编审，属高等学校法学教材。

③ 全国高等教育自学考试教材。

④ 全国法院干部业余法律大学教材。

国人民公安大学出版社1989年版），胡建淼主编的《行政诉讼法教程》（杭州大学出版社1990年版），马原主编的《中国行政诉讼法讲义》[①]（人民法院出版社1990年版），罗豪才主编的《行政审判问题研究》（北京大学出版社1990年版），张树义主编的《中国行政诉讼法学》（时事出版社1990年版），罗豪才、应松年主编的《行政诉讼法学》[②]（中国政法大学出版社1990年版），柴发邦主编的《行政诉讼法教程》（中国人民公安大学出版社1990年版），江必新著的《行政诉讼法——疑难问题探讨》（北京师范学院出版社1991年版），黄杰主编的《行政诉讼法贯彻意见析解》（中国人民公安大学出版社1992年版），胡建淼主编的《行政诉讼法学》[③]（杭州大学出版社1992年版），皮纯协、胡锦光主编的《行政诉讼法教程》（中国人民大学出版社1993年版），姜明安著的《行政诉讼法学》（北京大学出版社1993年版），罗豪才主编的《中国司法审查制度》（北京大学出版社1993年版），应松年主编的《行政诉讼法学》[④]（中国政法大学出版社1994年版），龚祥瑞主编的《行政法与行政诉讼法》（法律出版社1989年版），姜明安著的《行政法与行政诉讼》（中国卓越出版公司1990年版）等。[⑤]

---

① 全国法院干部业余法律大学教材。

② 司法部法学教材编辑部编审，高等学校法学试用教材。

③ 全国23家院校参加的“法律学全书”。

④ 高等政法院校规划教材。

⑤ 此外还有：杨小君主编：《行政法》（中国经济出版社1989年版），焦政简主编：《中国行政法学教程》（河南大学出版社1989年版），廖晃龙主编：《新编中国行政法原理》（大连海运学院出版社1990年版），赵克仁主编：《行政法学教程》（中山大学出版社1990年版），梁书文主编：《行政法讲座》（中国卓越出版公司1990年版），罗耀培等：《行政法概论》（四川人民出版社1990年版），许崇德主编：《行政管理与行政法》（中国广播电视出版社1991年版），何乃忠主编：《实用行政法》（法律出版社1991年版），王周户主编：《行政法学》（陕西人民教育出版社1992年版），燕广等主编：《行政法新论》（浙江大学出版社1992年版），黄子毅、陈德仲主编：《行政法学基础教程》（中共中央党校出版社1992年版），武步云著：《政府法制论纲》（陕西人民出版社1995年版），黄杰主编：《行政诉讼法讲座》（中国人民公安大学出版社1989年版），张玲元、杜西川编著：《〈中华人民共和国行政诉讼法〉释义》（法律出版社1989年版），吴英慧等：《中国行政诉讼法通论》（中国政法大学出版社1989年版），《行政诉讼法专题讲座》（人民法院出版社1989年版），刘定波主编：《新编行政诉讼法学》（中国政法大学出版社1990年版），吴应武主编：《行政诉讼法概要》（中国法制出版社1990年版），王胜明等：《行政诉讼中的被告》（中国卓越出版公司1990年版），杨忠文、孙炜主编：《行政诉讼法学》（黑龙江人民出版社1990年版），周多礼主编：《行政诉讼法教程》（安徽人民出版社1990年版），皮纯协、嵇子明主编：《行政诉讼法学》（警察教育出版社1990年版），姚经华、刘普生主编：《行政诉讼法原理及案例选》（武汉出版社1990年版），罗豪才主编：《行政诉讼法概论》（山西人民出版社1990年版），孟鸿志主编：《行政诉讼法实用教程》（内蒙古大学出版社1991年版），黄杰、李道民主编：《行政审判实践与研究》（中国法制出版社1991年版），于绍元、李学宽主编：《实用行政诉讼法学》（群众出版社1991年版），胡建淼、王连祥主编：《行政诉讼法条释论与案例》（法律出版社1991年版），阿江等：《行政诉讼难题解答》（中国人民公安大学出版社1992年版），应松年、朱维究主编：《行政法与行政诉讼法教程》（中国政法大学出版社1989年5月第1版），杨海坤主编：《行政法与行政诉讼法》（法律出版社1992年版）等。

第二，行政法学研究成果从总论拓展到分论。行政法分论研究成果开始出现，如：姚伟章主编的《公安行政法》（中国政法大学出版社 1989 年版），李定坤、余卫明著的《民政法律实务教程》（湖南出版社 1991 年版），范颖慧等编著的《涉外行政法概论》（中山大学出版社 1993 年版），王克稳著的《经济行政法论》（苏州大学出版社 1995 年版）等。特别是由余叔通担任顾问、罗豪才担任主任的高等学校部门行政法教材编委会编写的“中国部门行政法系列教材”[①]，无论对教学部门还是相应的政府实际工作部门，均有裨益。

第三，行政法学研究从综合研究转向专题研究，专论性成果大量涌现。具体表现在：

1. 对行政权力的研究。主要成果有：朱光磊著的《以权力制约权力》（四川人民出版社 1987 年版），谢晖著的《行政权探索》（云南人民出版社 1995 年版）等。

2. 对行政组织法的研究。主要成果有：刁田丁等主编的《中国地方国家机构概要》（法律出版社 1989 年版），熊先觉、皮纯协主编的《中国组织法学》（山西教育出版社 1993 年版）等。

3. 对公务员法的研究。主要成果有：林代昭主编的《中国近代人事制度》（劳动人事出版社 1989 年版），皮纯协、胡建淼著的《国家公务员法律制度探索》（中国广播电视出版社 1990 年版），人事部组织编写的《〈国家公务员暂行条例〉释义》（人民出版社 1993 年版），皮纯协等著的《〈国家公务员暂行条例〉讲座》（东方出版社 1993 年版），田培炎著的《公务员制度的理论与实践》（中国社会科学出版社 1993 年版），仝志敏、唐可著的《香港现行公务员制度》（中国人民大学出版社 1992 年版）等。

4. 对行政行为的研究。主要成果有：王清云、迟玉收著的《行政法律行为概要》（对外贸易教育出版社 1990 年版），于安主编的《政府行政法律行为》（四川人民出版社 1992 年版），王清云、迟玉收主编的《行政法律行为》（群众出版社 1992 年版），刘永安编著的《行政行为概论》（中国法制出版社 1992 年版），于绍元、何乃忠著的《行政行为概论》（群众出版社 1993 年版），应松年主编的《行政行为法》（人民出版社 1993 年版）等。

---

① 主要教材有：《工商行政法》、《土地行政法》、《民政行政法》、《环境行政法》、《海关行政法》、《审计行政法》、《公安行政法》、《税务行政法》、《交通行政法》、《统计计量行政法》、《计划生育行政法》、《资源行政法》、《卫生行政法》、《教育行政法》、《文化行政法》和《军事行政法》。

5. 对行政处罚的研究。主要成果有：叶必丰著的《行政处罚概论》（武汉大学出版社 1990 年版），何建贵编著的《行政处罚通论》（法律出版社 1991 年版），汪永清主编的《行政处罚运作原理》（中国政法大学出版社 1994 年版），袁曙宏著的《行政处罚的创设、实施和救济》（中国法制出版社 1994 年 7 月第 1 版），杨解君著的《秩序·权力与法律控制——行政处罚法研究》（四川大学出版社 1995 年版）等。

6. 对行政程序的研究。主要成果有：江必新、周卫平编著《行政程序法概论》（北京师范学院出版社 1991 年版），傅华宗等编著的《实用行政程序法》（中国人民公安大学出版社 1991 年版），章剑生著的《行政程序法原理》（中国政法大学出版社 1994 年版）等。

7. 对行政复议的研究。由于《行政复议条例》的公布和实施，便有大量该方面的研究成果出现。如：吴应武等主编的《行政复议》（新华出版社 1999 年版），钮琏等主编的《行政复议概论》（安徽人民出版社 1990 年版），国务院法制局编的《行政复议条例释义》（中国法制出版社 1991 年版），黄曙海主编的《行政复议条例讲座》（中国人民公安大学出版社 1991 年版）等。[①]

8. 对国家赔偿的研究。主要成果有：金立琪等著的《国家赔偿法原理》（中国广播电视出版社 1990 年版），王淑敏等著的《行政赔偿法概要》（法律出版社 1991 年版），肖峋著的《中华人民共和国国家赔偿法的理论与实用指南》（中国民主法制出版社 1994 年版），皮纯协、冯军主编的《国家赔偿法释论》（中国法制出版社 1994 年版），江必新著的《国家赔偿法原理》（中国人民公安大学出版社 1994 年版），马怀德著的《国家赔偿法的理论与实务》（中国法制出版社 1994 年版），黄杰等著的《国家赔偿法释义与讲座》（中国人民公安大学出版社 1994 年版），胡建淼主编的《国家赔偿法教程》（浙江人民出版社 1994 年版），应松年主编的《国家赔偿法研究》（法律出版社 1995 年版）等。[②]

---

① 此外还有：董占东主编的《行政复议·行政强制执行·行政赔偿·行政诉讼讲话》（人民交通出版社 1991 年版），张大中主编的《行政复议实用手册》（浙江大学出版社 1991 年版），何建贵编著的《行政复议教程》（法律出版社 1991 年版），胡建淼主编的《行政复议知识手册》（人民出版社 1991 年版），侯炳伟、邢焯时主编的《行政复议应诉人员培训教程》（中国法制出版社 1994 年版）等。

② 此外还有：杨立新著的《侵权特别法通论》（吉林人民出版社 1990 年版），王德祥主编的《国家赔偿法概论》（海洋出版社 1991 年 1 版），张采凤等编著的《国家赔偿法问答》（警官教育出版社 1992 年版），顾雷、汪纲翔著的《刑事损害赔偿》（上海远东出版社 1992 年版），马怀德等编著的《中华人民共和国国家赔偿法讲话》（黑龙江人民出版社 1994 年版），王盼主编的《国家赔偿法学》（中国政法大学出版社 1994 年版），胡玉鸿主编的《国家赔偿法概论》（江西人民出版社 1994 年版）等。

9. 对行政监督的研究。主要成果有：万世荣主编的《中国行政监察的理论与实践》（湖北教育出版社 1991 年版），郜凤涛著的《行政法制监督通论》（法律出版社 1994 年版），朱维究主编的《行政法制监督论》（中国政法大学出版社 1994 年版）等。

10. 对行政法史的研究。主要成果有：蒲坚著的《中国古代行政立法》（北京大学出版社 1990 年版），张晋藩、李铁著的《中国行政法史》（中国政法大学出版社 1991 年版）等。

11. 对其他专题的研究。主要成果有：金国坤著的《依法行政》（中国政法大学出版社 1992 年版），马力宏主编的《中国行政管理中的条块关系》（杭州大学出版社 1993 年版），刘增棋、李江著的《行政规章分析》（中国政法大学出版社 1994 年版）等。

第四，由于行政审判实践的全面展开和深化，理论界和司法实际工作部门不少同志开始研究行政案例。行政案例研究方面的主要成果有：应松年、胡建淼主编的《中外行政诉讼案例选评》（中国政法大学出版社 1989 年 2 月，第 1 版），姜明安等主编的《行政案例精析》（中国人民公安大学出版社 1991 年版），王永臣主编的《〈行政诉讼法〉案例析解》（光明日报出版社 1991 年版），岳志强等著的《具体行政行为释论及其合法性审查 100 例》（法律出版社 1992 年版），王康寒等编著的《行政赔偿案例选评》（中国人民公安大学出版社 1992 年版），中国高级法院培训中心行政法专业班编写的《行政诉讼案例评析》（中国民主法制出版社 1994 年版）等。①

第五，对外国行政法和比较行政法的研究，与第三阶段相比，跃上了一个新的台阶。主要成果有：刘明波主编的《国外行政监察理论与实践》（山东人民出版社 1990 年版），张正钊主编的《外国行政法概论》（中国人民大学出版社 1990 年版），黄达强主编的《各国公务员制度比较研究》（中国人民大学出版社 1990 年版），王名扬主编的《外国行政诉讼制度》（人民法院出版社 1991 年版），周汉华、何俊著的《外国国家赔偿制度比较》（警官教育出版社 1992 年版），胡建淼

① 此外还有：张焕光、叶必丰编著的《行政诉讼及典型案例探析》（劳动人事出版社 1989 年版），马忠志主编的《治安处罚条例详解》（群众出版社 1989 年版），王路等编写的《败诉的启示——行政机关败诉百例述评》（中国卓越出版公司 1990 年版），王亚琴等编的《行政诉讼法教学案例选编》（人民法院出版社 1991 年版），法学编辑部编的《官民争讼——疑难问题与案例》（复旦大学出版社 1991 年版），最高人民法院行政审判庭和中央人民广播电台法制组编的《行政诉讼法例解》（中国人民公安大学出版社 1992 年版）等。

著的《十国行政法——比较研究》（中国政法大学出版社 1993 年版），曹沛霖、徐宗士主编的《比较政府体制》（复旦大学出版社 1993 年版），姜明安主编的《外国行政法教程》（法律出版社 1993 年版），许崇德主编的《各国地方制度》（中国检察出版社 1993 年版），金伟峰著的《国家公务员法比较研究》（杭州大学出版社 1994 年版）等①。特别可喜的是，中国政法大学的王名扬教授继他的《英国行政法》专著之后，又于这一时期出版了他的《法国行政法》（中国政法大学出版社 1989 年版）和《美国行政法》（上下卷）（中国法制出版社 1995 年版），这使王老完成了他的研究外国行政法的三部曲。② 还需要指出的是，这一时期有四部外国行政法的译著在中国出版，对中国学者研究外国行政法起了有益的推动作用。它们是：［美］奥·吉·彼·鲍叶著、崔卓兰等译的《美国行政法和行政程序》（吉林大学出版社 1990 年版），［印］M. P. 赛夫著、周伟译的《德国行政法——普通法的分析》（台湾五南图书出版公司 1991 年版），［日］和田英夫著、倪建民等译的《现代行政法》（中国广播电视出版社 1993 年版），［日］室井力主编、吴微译的《日本现代行政法》（中国政法大学出版社 1995 年版）等。

第六，行政法学领域的各种丛书出版。主要有：由顾昂然担任主任委员的“行政复议与行政诉讼业务培训丛书”，共有六册，即《行政法总论》《行政法律责任概论》《行政复议概论》《行政诉讼概论》《行政强制执行概论》《行政复议与行政诉讼案例选析》③；林准、马原担任主编的“国家赔偿制度研究”系列丛书共三本，即《国家赔偿问题研究》《中国现实国家赔偿制度》和《外国国家赔偿制度》④；中国政法大学出版社出版的“行政法制与改革系列丛书”，其中有马怀德著的《行政许可》、张树义著的《行政合同》和汪永清著的《行政处罚》。

第七，许多行政法领域的辞书出版。主要有：皮纯协、胡建淼主编的《中外

---

① 此外还有：监察部政策法规司编著的《外国及港台监察制度》（中国政法大学出版社 1989 年版），全国人大常委会办公厅研究室编的《国外廉政法律法规介绍》（中国民主法制出版社 1990 年版），林修坡等编著的《外国政治制度与监察制度概要》（北京大学出版社 1991 年版），王名扬主编的《法、美、英、日行政法简明教程》（山西人民出版社 1991 年版），陈国权主编的《比较行政监督导论》（山西人民出版社 1993 年版），张正钊、韩大元主编的《中外许可证制度的理论与实务》（中国人民大学出版社 1994 年版），行政立法研究组编印的《外国国家赔偿行政程序行政诉讼法规汇编》（中国政法大学出版社 1994 年版），徐高、莫纪宏编著的《外国紧急状态法律制度》（法律出版社 1994 年版），邹钧著的《日本行政体制和管理现代化》（法律出版社 1994 年版），中央纪委外事局和监察部外事局编的《外国监察制度与实践》（中国方正出版社 1995 年版）等。

② 令人兴奋的是，王老告诉我他又在着手撰写《比较行政法》巨著。我们期待着这本巨著的早日问世。

③ 它们均由人民出版社出版。

④ 它们均由人民法院出版社出版。

行政诉讼词典》(东方出版社 1989 年版)，黎国智主编的《行政法词典》(山东大学出版社 1989 年版)，杨五湖、刘明波主编的《世界行政监督大辞典》(法律出版社 1990 年版)，陈天地、张世信主编的《中国行政法辞典》(上海人民出版社 1991 年版)，应松年主编的《行政法与行政诉讼法词典》(中国政法大学出版社 1992 年版) 等。①

第八，有两本新中国行政法学研究综述出版。它们是：许崇德、皮纯协主编的《新中国行政法学研究综述 (1949—1990)》(法律出版社 1991 年版)，张尚族主编的《走出低谷的中国行政法学——中国行政法学综述与评价》(中国政法大学出版社 1991 年版)。

在中国行政法 (学) 历史发展的现行阶段，我们虽不对研究成果质量作最终评判，但有两点至少从形式上应予肯定：一是行政法学研究领域不断扩大和深化；二是研究同立法相结合，《中华人民共和国行政诉讼法》《行政复议条例》《国家公务员暂行条例》《中华人民共和国行政监察法》和《中华人民共和国国家赔偿法》促成了许多该领域的研究成果。中国现行的行政立法与行政法学研究的成果，已为中国今后行政法制与行政法学的高速发展奠定了基础。力争行政程序法的出台，是中国行政立法方面的主要任务。中国的行政法学研究，将从制度、法规的研究转向基础理论的研究，行政立法超先②、行政法理研究滞后的现状将会得到改变。

(载《法治研究》1996 年卷，杭州大学出版社 1996 年版，本文所涉资料截止于 1995 年 8 月)

① 此外还有：许凡主编的《劳动人事辞典》(劳动人事出版社 1989 年版)；张焕光主编的《行政法知识手册》(劳动人事出版社 1990 年版)，最高人民法院行政审判庭组织编写的《行政审判实用全书》(法律出版社 1993 年版)，黄杰主编的《行政诉讼实用大全》(河北人民出版社 1993 年版)，人事部国际交流与合作司编的《外国公务员制度》(中国人事出版社 1995 年版) 等。

② 中国目前行政立法的超先性是相对于行政法理研究而言的，它与刑事立法或民事立法比较，仍属滞后而不是超先。

§1.2 中国行政法学理论体系的模式及评判

一个学科没有理论体系是不成立的，而学科的理论体系是指一个学科的理论框架及内在的逻辑体系。新中国成立以来，专门探讨中国行政法学理论体系者不多，研究成果更少，以至于在有关行政法学研究的综述①中找不到它的位置（因为没设专栏）。值得一提的是，1991年5月23日，北京大学法律系行政法教研室在北京首次发起了“行政法学体系与基本内容”研讨会②；中国法学会行政法学研究会于1994年在西安召开了“行政法学体系与改革教育”研讨会。这两次专题讨论会无疑在全国把部分学者的研究兴趣引向该专题，1992年以来亦有学者发表了这方面的专论，③ 但不能说我们业已解决了这一理论问题。值得欣慰的是，人们的研究总是自觉或不自觉地在某种体系中进行，正如人类只能在空间中生活一样。因此，归纳中国学者对行政法学理论体系的态度、立场和观念依然是有文章可循的。

从各种行政法学研究成果分析归纳来看，中国行政法学的理论体系经历了或正面临着以下几对关系的选择和评判。

一、宪法学体系、行政学体系和行政法学体系

当我们提出这种模式选择时，谁都不会反对行政法学不该是宪法学或行政学

---

① 如张尚族主编的《走出低谷的中国行政法学——中国行政法学综述与评价》（中国政法大学出版社1991年版）。

② 详细内容见《中国法学》1991年第5期，第124页。

③ 如刘惊海、李学军：《对我国行政法学体系的探讨》一文发表于《吉林大学社会科学学报》（长春）1992年第6期，张尚族：《在完善人民代表大会制理论的前提下发展具有中国特色的行政法学》一文发表于《中国法学》1993年第3期，刘旺洪：《行政法制现代化研究框架略论》一文发表于《江苏社会科学》（南京）1993年第3期，程雁雷：《重构行政法学体系应遵循的原则》一文和杨建顺：《大胆借鉴，勇于创新，建立完整系统的行政法学体系》一文均发表于《行政法学研究》1994年第3期等。

的体系，而应该有自己独特的体系。然而事实上，当中国第一部《行政法概要》[1] 出版时，其体系是比较接近宪法学的。[2] 一位学过宪法的大学生去选修行政法学时，他会觉得是多此一举。当时以《行政法概要》为代表的一些教程之所以在体系上不能同宪法学“分家”，原因大概有二：

一是研究队伍问题。中国第一代行政法学者大多原先是从事宪法学教研的。宪法学是行政法学的基础，从事宪法学研究者转而从事行政法学研究，有他们的优势和益处，但他们有时会不自觉地过多地用宪法学体系去影响甚至左右行政法学体系。

二是认识问题。由于受苏联“国家法”观念[3]和英国韦德（Wade）关于宪法和行政法关系观念[4]的影响，中国有些学者把行政法看成是“动态的宪法”。[5]

接近宪法学的行政法学体系，使行政法学有了厚实的宪法学基础，但它同时会使学科同国家行政管理实践拉大距离，因为宪法只能抽象地指导国家行政管理实践而不能像行政法那样直接规制国家的行政活动。此时，当人们带着让行政法学直接为国家行政管理服务的“美好愿望”去重设行政法学体系时，一不小心就滑向另一个“边缘”：行政学的行政法学体系。这种体系的特点在于，它在行政法学内容中“输入”了许多行政学而不是行政法学的内容，如行政机构的设置原则、行政管理的现代化和科学化等。[6]

造就行政学的行政法学体系的原因，主要不在于研究人员的来源结构问题，而在于当时创设行政法学体系可参照的内容以及人们对行政法与行政学关系的认识。当时条件下，人们创造行政法学体系，除参考宪法学外，其他可参考的就是业已兴起的行政学了、况且不少学者认为，既然行政法是直接为行政管理服务的，而行政法与行政学又仅有一字之别，故它们的内容应该是相通的。

当中国学者们开始修正上述两种行政法学体系（即宪法学型和行政学型），

---

① 王珉灿主编，法律出版社 1983 年版。

② 如该书所阐述的国家行政管理指导思想和基本原则大多是宪法学原则，其第五章国家行政机关内容，我们很易从一般的宪法学教程中找到。当然，这不影响《行政法概要》作为新中国第一本中国行政法学教材所起的启蒙作用。

③ 把宪法和行政法看成是国家法的组成部分，从而降低了行政法作为部门法的地位。

④ 英国韦德认为宪法是静态的行政法，行政法则是动态的宪法。

⑤ 如龚祥瑞教授在《比较宪法与行政法》（法律出版社 1985 年版）一书的“出版说明”中写道：“从其基本内容看，在一定意义上可以说，行政法是宪法的一部分，即是宪法的动态部分……”

⑥ 姜明安：《行政法学》（山西人民出版社 1985 年版），王先勇：《行政法基础》（成都电讯工程学院出版社 1988 年版），许崇德主编：《行政管理与行政法》（中国广播电视出版社 1991 年版）等。

重创具有行政法学自身特色的行政法学体系时，还有许多关系问题需要解决。

二、行政法学与行政诉讼法学

在中国，不管其是否属于大陆法系，民法和民事诉讼法作为对应的两大法律部门，以及刑法和刑事诉讼法作为对应的两大法律部门，均是当然而毋庸置疑的事实，但对于行政法领域，是否应把行政诉讼法置于行政法之外，成为与行政法相对应的独立的法律部门，直至今天还有分歧。这种对行政法和行政诉讼法关系的认识，直接影响到行政法学体系。

自 1979 年中国行政法学研究开始恢复到 1989 年 4 月中国行政诉讼法的制定这段时期，中国行政法学理论体系基本上全[①]采用“大行政法学”体系，即把行政法同行政诉讼法合为一个部门法对待，行政法学自然也就包括行政诉讼法学了，如王珉灿主编的《行政法概要》（法律出版社 1983 年版）、应松年和朱维究编著的《行政法学总论》（工人出版社 1985 年版）、姜明安编著的《行政法概论》（北京大学出版社 1986 年版）、张尚族主编的《行政法教程》（中央广播电视大学出版社 1988 年版）和王连昌主编的《当代中国行政法》（重庆出版社 1988 年版）等。造成这种现状的因素主要有两个：

第一，当时在中国，制定行政诉讼法尚未提上日程，学术界亦尚未有成熟的独立的行政诉讼法学理论。

第二，学术界有一种认识，即认为行政法同行政诉讼法不分，正是行政法区别于民法和刑法的一个特点。[②] 第一次在教材中把行政法和行政诉讼法作为两个独立的法律部门对待的，应归绩于 1988 年由国务院法制局审定、由中国政法大学出版社出版的“政府法制干部培训教材”和同年由任建新担任主任委员、由中国政法大学出版社出版的“行政诉讼系列教材”。尔后，直到 1989 年 5 月以后，即《中华人民共和国行政诉讼法》制定以后，方有大量的行政诉讼法学教程出版。把行政诉讼法学作为与行政法学相对应的独立部门法学对待的观念，不仅同中国行政诉讼法的制定有关，而且同人们对行政法与行政诉讼法关系的认识有关。已有越来越多的学者认为，行政法与行政诉讼法所调整的社会关系是不同

---

① 唯有两套丛书例外，即 1988 年由国务院法制局审定、由中国政法大学出版社出版的“政府法制干部培训教材”和同年由任建新担任主任委员、由中国政法大学出版社出版的“行政诉讼系列教材”。

② 张尚族：《行政法教程》，中央广播电视大学出版社 1988 年版，第 6 页。

的，前者是调整行政主体与行政相对人之间的不对等管理关系，而后者是调整以原告身份出现的相对人与以被告身份出现的行政主体之间平等的诉讼关系，因此，它们是两个独立的法律部门。

中国目前是两种行政法学体系并存：一种是“大体系”，把行政法同行政诉讼法合为一体；另一种是“小体系”，即行政法学不包括行政诉讼法学。依作者之见，既然刑事诉讼法是与刑法相对应的一个独立的法律部门，民事诉讼法是与民法相对应的一个独立的法律部门，那么，行政诉讼法也必然是，而且也应该是与行政法相对应的一个独立的法律部门。与此相适应，行政法学与行政诉讼法学也应是两个独立的法学部门而不是相反。如果在《中华人民共和国行政诉讼法》尚未制定以及行政诉讼法学理论尚未形成的前期，采用行政法学的“大体系”尚可接受的话，那么在《中华人民共和国行政诉讼法》业已实施六年以及行政诉讼法学理论业已成熟的今天，继续坚持行政实体法学与行政诉讼法学不分的主张是不可理喻的。

教材和课程体系应与法律部门和法律学科体系严格分开，前者可以根据教材任务、授课对象及授课时数灵活安排，后者则是原则问题不可变易。

三、行政法学总论与分论

这一关系相对简单，人们的观念亦为一致。作为行政法学体系，理应包括总论与分论。总论系指行政管理各领域普遍适用的规则和原理，分论则指行政法规则和原理在各具体行政管理领域的运用。总论应包括哪些内容，目前尚不十分统一，这涉及行政法学体系观念问题；关于分论部分，它所包括的内容人们在认识上是一致的，即大体有：组织行政法学、人事行政法学、军事行政法学、外事行政法学、公安行政法学、民政行政法学、司法行政法学、交通行政法学、经济行政法学、教育行政法学、科技行政法学、文化行政法学、卫生行政法学、体育行政法学、土地行政法学、城建行政法学等。

至于中国的行政法教材，有的包含总论和分论，有的只有总论没有分论，这都是根据不同教材的不同任务而定，不涉及对总论分论关系的认识问题。我们应当继续巩固这样的共识：作为行政法学的理论体系，它必然包含总论部分与分论部分；但作为课程体系或教材体系，总论与分论的分合可灵活处理。

四、制度行政法学与原理行政法学（静态行政法学与动态行政法学）

行政法律制度系指由各种行政法律规范本身所表明的各项要求及其所形成的系统，如组织制度、人事制度、行政许可制度、行政处罚制度等。以阐述制度为任务所构成的行政法学体系可称为“制度行政法学”。行政法学原理系指由各种行政法律规范所体现的并用以指导行政立法、行政执法和行政司法的理性精神和“精神内核”。它表现为一些抽象的理论规则，如“依法行政”“越权无效”“一事不再罚”等各项理论。以揭示原理为任务所构成的行政法学体系则称“原理行政法学”。由于制度相对于原理而言具有静态性，反之则具有动态性，因而“制度行政法学”亦称“静态行政法学”，“原理行政法学”亦称“动态行政法学”。

虽然客观上说，纯粹的制度行政法学和纯粹的原理行政法学是不存在的，因为没有一个学者在阐述行政法律制度时不涉及行政法学原理，也没有一个学者在探讨行政法学原理时能同行政法律制度脱离干系，但我们依然可以根据各学者是把制度还是原理置于行政法学的重点而区别两种不同的行政法学体系：制度行政法学或原理行政法学。

自中国1978年恢复行政法学研究以来，直至1988年，这时出版的各种教材和著作所反映的行政法学体系基本上属于制度行政法学或静态行政法学。其特征在于：（1）研究的重点是行政法律制度，而不是行政法学原理，如在体系中直接表明行政组织法、公务员法、行政行为法、行政救济法等；（2）研究的起点是从静态的法律概念（如行政机关、法人、公民），而不是动态的法学概念（如行政主体、行政相对人）出发。此类制度行政法学迄今还大量地存在，而且起着不可否认的作用。

1988年起，中国开始有学者从“原理”的角度研究行政法了，开始形成原理行政法学体系。1988年10月，叶必丰编著的《行政法原理》出版。[①] 该书虽然在内容上并没有真正从动态的角度研究行政法学原理，该书所反映的体系依然属于制度行政法学，但它毕竟是中国恢复行政法学研究以来第一次用“原理”命名的行政法教材，它多少标志了中国的学者已始注意到行政法学的“原理”了，尽管这时仅仅是形式上的。中国第一本不仅在形式上用“原理”命名书名，而且

---

① 湖北科学技术出版社出版。

研究内容亦是从原理出发的著作，应首推由张焕光、胡建淼著的《行政法学原理》[①] 一书了。该书从动态的学理概念（如行政主体、行政人、行政相对人）出发，试图构筑起“双线型”的行政法学体系。不管其所揭示的“原理”是否正确和充分，但它标志了一种动态行政法学体系的出现。嗣后，靠近这类体系的教材、著作主要有：胡建淼主编的《行政法教程》（杭州大学出版社 1990 年版），杨海坤著的《中国行政法基本理论》（南京大学出版社 1992 年版），朱新力著的《行政法基本原理》（浙江大学出版社 1995 年版），熊文钊著的《行政法通论》（中国人事出版社 1995 年版）等。我们期待着中国有更多的这类体系的书籍出版。

五、宏观行政法学、微观行政法学和中观行政法学

宏观和微观是一个对应的范畴，其含义不存在研讨问题。中观介于宏观和微观之间，是对两者的折中。中国行政法学体系同这三者有联系。

中国有的学者从宏观角度研究行政法，其表现为从宪政的角度研究行政权同其他国家权力的关系，行政权的性质和作用，行政权的产生、运行和监督等。此类行政法学可称作宏观行政法学体系。中国有的学者则从微观角度研究行政法，其表现为从行政权力具体操作程序以及从行政法律的具体规定内容角度筑建行政法学。此类行政法学则称微观行政法学体系。

自中国恢复行政法学以来的前半段，宏观行政法学居多，其中的一个原因是：当初有不少政治学和宪法学学者们研究行政法。宏观行政法学研究的理论基点高，有助于深刻地认识行政法的本质和国家行政权力的地位。但它操作性不强，对具体的行政立法、行政执法和行政审判缺乏明显而直接的指导意义。因此，自 1989 年 4 月中国行政诉讼法制定后，由于行政审判实践的需要，不少人开始研究具体行政法律规定以及在行政审判中的适用，从而出现了微观行政法学。微观行政法学对于具体指导行政立法、行政执法和行政司法起了明显的作用。宏观行政法学可操作性太弱，微观行政法学又走向另一个极端，它虽有明显的操作性，但超先的理论性不够，势必滑向注释法学。

鉴此，中国已有学者开始意识到需要建立一种中观行政法学。中观行政法学的特点是，它既不是停留在仅研究行政权在国家政权中的地位，也不沉溺于研究

① 1989 年 7 月由劳动人事出版社出版。

具体行政法律规范的具体适用，而是在中国宪政理论的指导下，具体探讨“隐藏”在行政法律条文背后且又支配行政法律条文的抽象性的理性规则和“精神内核”。目前，我们很难把某一本书作为上述三种体系中的某一种体系的代表，但中国有宏观行政法学、微观行政法学和中观行政法学三种体系观的存在是确定无疑的。宏观行政法学与微观行政法学同样不可缺少，然就中国目前的特殊条件而言，创建中观行政法学体系更为迫切。

六、双线体系与单线体系

行政法学不可能不涉及行政法律关系。行政法律关系是指在国家行政管理中作为管理方的行政主体与作为被管理方的行政相对人之间的权利义务关系。然而在对行政法学体系的设置上，有两种不同的做法。

第一种是从行政法律关系的“两端”出发，以管理方的行政主体为“一线”，以被管理方的行政相对人为“另一线”，两条“线”并行贯串行政法学的始终。此为“双线体系”。这种体系的特征是，它在论述主体时同时论述行政主体和行政相对人，在论述行为时同时论述行政主体的行为（即行政行为）和行政相对人的行为（即相对行为），在论述违法时同时论述行政主体的违法行为和行政相对人的违法行为，在论述行政责任时亦作同样的处理。比较典型地采用“双线体系”的教材、著作有：张焕光、胡建淼著的《行政法学原理》（劳动人事出版社1989年版），何乃忠主编的《实用行政法学》（法律出版社1991年版），燕广、胡建淼、王建东主编的《行政法新论》（浙江大学出版社1992年版），熊文钊著的《行政法通论》（中国人事出版社1995年版）等。

第二种是从行政法律关系的“一端”出发，仅以管理方当事人即行政主体为“主线”贯串于行政法学的始终。此为“单线体系”。这种体系的特征是，它所设置的行政主体、行政行为、行政程序、行政违法、行政责任等各部分，仅以管理方的内容为限。如“行政行为”仅指行政主体的行为，不包括相对人的行为；“行政违法”仅指行政主体的违法行为，不包括相对人的违法行为……在中国，大多数教材和著作采用“单线体系”，如皮纯协主编的《中国行政法教程》（中国政法大学出版社1988年版），罗豪才主编的《行政法学》（中国政法大学出版社1989年版），王连昌主编的《行政法学》（中国政法大学出版社1994年版）等。

“双线体系”与“单线体系”各有所长：前者能充分展开行政法律关系，

研究问题比较全面，体现了通过自己的对应面研究自身的哲学方法，但它冲淡了国家行政权的核心地位；后者则能分清主次，突出国家行政权的中心，但它缺少事物矛盾的对应面，对行政相对人方的各种法律问题难以展开研究。我们未来的任务也许是，如何在“双线体系”与“单线体系”之间寻找到它们的“融合点”。

七、内线体系与外线体系

这是中国行政法学体系所遇到的又一对关系。行政法无疑是有关国家行政管理的法，而国家行政管理又可分为对外（即对社会）管理和对内（即对国家机构和人员本身）管理，于是国家行政有内部行政与外部行政之分。中国行政法学体系大多以“外线”为限，内部行政并未处于与外部行政并居的地位。这种“外线”体系可称为“外部行政法学”。外部行政法学的特征是，它所论述的每个概念和制度均以外部行政为限，如：行政主体仅指外部行政主体，行政行为限指行政主体对外（即对社会）行使职权的行为。

另一种行政法学体系是，内部行政（内线）与外部行政（外线）并重，内线与外线同时贯串行政法学的始终。这种体系的特征是，它把行政法律关系中管理方的主要概念和制度都作内外划分，并分别论述。例如：把“行政主体”划分为“内部行政主体”和“外部行政主体”，把“行政行为”划分为“内部行政行为”（如行政处分）和“外部行政行为”（如行政处罚）等。

目前，中国采用这一体系的不多，尽管已有不少行政法学开始注意内部行政这个“被遗忘的角落”。张焕光、胡建淼著的《行政法学原理》（劳动人事出版社1989年版）算是中国迄今唯一采用内线外线并重体系的一本著作。该书认为，任何行政均有内外之分，内部行政与外部行政有各自的规则，因而内部外部不得“交错”，否则“无效”。“交错无效”规则是该书所揭示的一个重要精神。

考察中外各种行政法学理论体系，其实并不存在纯粹的“外线体系”，也不存在纯粹的“内线体系”。作者以前所主张的“内线外线并重体系”业已受到自身的否定，因为这种体系忽视了“事物矛盾总有主次之分”的客观规律性。“以外线为主、内线补充”的行政法学理论体系，应该是将来的最佳选择。

以上是中国行政法学理论体系所涉及的几个主要关系。这些关系不管是否被人们所意识和掌握，但人们无法回避。这些矛盾关系的不同交融，形成了中国目前几十种的行政法学理论体系。我们尚不能武断谁的体系或哪一种体系最为完美，但当学者们从不自觉地在各种体系“轨迹”中徘徊转向自觉地选择甚至改造已经面对的体系“轨迹”时，中国行政法学理论体系的种类会越来越减少，目标会越来越接近。

（《中国法学》1997年第1期）

§1.3 谈谈中国行政法学理论基础与“平衡论”

一、什么是行政法学理论基础

世界上不存在没有体系的行政法学，也不存在没有理论基础的行政法学，只是人们是否自觉而已。如果说法学体系是行政法学存在的“空间”，那么理论基础便是行政法学存在的“基石”。作为这种“基石”，在中国主要有四种提法：一是提行政法学的“理论基础”①，二是提行政法学的“基本观念”②，三是提行政法学的“基本理念”③，四是提行政法学的“理论基石”④。这些提法上的差异也许无关紧要，因为其论题上的同一性已弥补了提法上的不足。然而最关键的问题是：什么是行政法学理论基础？换句话说，行政法学理论基础旨在回答什么问题？由此就形成以下几种“理论基础”观。

一为“作用论”。这种理论认为，行政法学理论基础旨在解决“行政法的作用是什么”。英国人认为行政法的主要功能在于控制政府的行政权力，“控权论”便由此提出。有人认为行政法的作用在于保障国家行政权的有效行使，因而又有“管理论”之说。

二为“范围论”。这种理论认为，行政法学理论基础旨在解决“行政法调整的范围是什么”，特别是行政法调整的范围与其他法调整的范围如何划界。法国行政法的中心观念，诸如“公共权力说”“公务说”“公共利益说”和“新公共权力说”等⑤，正属于“范围论”的“范围”。

---

① 陈泉生：《论现代行政法学的理论基础》一文，《法制与社会发展》1995年第5期。

② 贺善征：《关于行政法律观念的研究》一文，《行政法学研究》1995年第1期。

③ 王宝明：《从多层面探讨行政法的基本理念》，《中外法学》1996年第5期。

④ 罗豪才等：《现代行政法的理论基石——论行政机关与相对一方的权利义务平衡》，《中国法学》1993年第1期。

⑤ 王名扬：《法国行政法》，中国政法大学出版社1989年版，第22—27页。

三为“本质论”。这种理论认为，行政法学理论基础旨在解决“行政法的本质是什么”。国内的“马克思主义政府论”① 正是力图通过人民政府的“本质论”来解决行政法的“本质”。有人推出“现代行政法本质上是平衡法”② 的提法也正自觉或不自觉地立于“本质论”之上。

四为“目标论”。这种理论认为，行政法学理论基础旨在解决“行政法的目标是什么”。美国“正当程序说”接近这种理论。美国行政法学者认为，行政法就是行政程序法，行政法的目标是确立一种“公正”“正当”的“行政程序”。③

我目前还很难对行政法学理论基础下一个精确的定义，但我想，它不该是仅仅用来解答行政法的概念，或作用，或范围，或本质，或目标是什么的一种理论。行政法学理论基础应该是整个行政法学理论内容的基本精神或“精神内核”，是构成行政法学理论“大厦”的“基础”，它直接决定了行政法学理论的各个主要方面。

二、有关行政法学理论基础主要有哪些观点

新中国第一篇探讨行政法学理论基础的论文，应首推应松年、朱维究和方彦于1983年撰写的《行政法学理论基础问题初探》④ 一文，迄今已有不少教材和著作以及近50篇论文涉足同一论题。从其内容考察，目前主要有下列几种观点。

（一）为人民服务论

中国自1978年恢复行政法学研究以来，第一篇专题论述行政法学理论基础的论文——如上所说——是应松年等所撰的《行政法学理论基础问题初探》。该文认为：行政法是规范行政机关行为的法，而社会主义国家行政机关是人民代表大会的执行机关，它的唯一目的是执行人民的意志。因此，我国行政法学的理论基础只能是为人民服务。这一观点嗣后没有被更多的人所接受和重复。显然可以说，该文提出该论题这一事实本身比所提出的论题答案的意义更为重大，因为此文毕竟标志了中国理论界对行政法学理论基础研究的良好开端。还须指出的是，时隔十二年，有一篇论文提出了同类观点。陈泉生在《论现代行政法学的理论基

① 本文第二部分。
② 袁曙宏：《现代行政法本质上是平衡法》，《中外法学》1996年第5期。
③ ［美］B. 施瓦茨，徐炳译：《行政法》，群众出版社1986年版。
④ 《中国政法大学学报》1983年第2期。

础》[1] 一文中认为，现代行政法的主要内容是“服务与授益”，现代行政法学的重心是“服务行政”，因此，现代行政法学的理论基础应该是“服务论”。

（二）马克思主义政府论

1989年，杨海坤在《论我国行政法学的理论基础》[2] 一文中提出：马克思主义是我国社会主义法学的理论基础，马克思主义的政府理论应该是我国行政法学的理论基础。他把中国行政法学的理论基础概括为：政府由人民产生、政府由人民控制、政府为人民服务、政府对人民负责、政府与公民之间关系逐步实现平等化这五个方面，并由这五个方面构成一个完整的有机联系的整体，成为我国行政法学的理论基石。嗣后，他又在《中国行政法学基本理论》[3] 一书中进一步论述了该观点。

（三）公共权力论

1994年，武步云在《行政法的理论基础——公共权力论》[4] 一文中指出：中国行政法学的理论基础应该是公共权力论。理由有三：（1）公共权力论由行政法的本质所决定；（2）公共权力论是行政法律体系赖以建立的理论基础；（3）公共权力论是说明行政法历史发展的理论基础。

（四）公平、效率、稳定论

1995年，贺善征发表了《关于行政法律观念的研究》[5] 一文。他在该文中提出：行政法律观念由三个观念组成，即公平观念、效率观念和稳定观念。不管作者是否把行政法律观念视同于行政法学理论基础，但从论文的客体上看，它所论述的是同一个论题。因此，这也算是有关中国行政法学理论基础的又一观点。

（五）平衡论

就中国目前情况而言，我们很难说上述的几种观点哪一种占据了统治地位，但“平衡论”引起了广泛的注意和讨论，并且正在一定程度上影响着中国行政法

---

① 《法制与社会发展》1995年第5期。

② 《北京社会科学》1989年第1期。

③ 南京大学出版社1992年版。

④ 《法律科学》1994年第3期，转载于复印报刊资料《法学》D41·1994年第7期。

⑤ 《行政法学研究》1995年第1期。

学理论发展的方向。

三、“平衡论”的中心思想是什么

“平衡论”是由罗豪才教授[①]于近年首创的一种中国行政法学理论基础的观点。1993年，罗豪才、袁曙宏和李文栋发表《现代行政法的理论基础——论行政机关与相对一方的权利义务平衡》一文[②]，首次提出“平衡论”并归纳了其中心思想：行政法的发展过程就是行政机关与相对一方的权利义务从不平衡到平衡的过程；古代行政法本质上是“管理法”，近代行政法总体上是“控权法”，现代行政法实质上是“平衡法”。他们指出：与现代行政法实质上是“平衡法”相适应，现代行政法存在的理论基础应是“平衡论”。它的基本含义是：在行政机关与相对一方权利义务的关系中，权利义务在总体上应当是平衡的。它既表现为行政机关与相对一方权利的平衡，也表现为行政机关与相对一方义务的平衡；既表现为行政机关自身权利义务的平衡，也表现为相对一方自身权利义务的平衡。平衡论也可称之为“兼顾论”，即兼顾国家利益、公共利益与个人利益的一致。不论哪一方侵犯了另一方的合法权益，都应予以纠正。在我国，国家利益、公共利益与个人利益在根本上和总体上是一致的、统一的。这正是平衡论存在的客观基础。尔后又有一系列的论文进一步阐述了“平衡论”的内涵。[③]

四、有关“平衡论”的争论及我的认识

任何一种新理论的提出都会经历一个从争论到认同（包括肯定性认同和否定性认同）的过程，“平衡论”也不例外。有关“平衡论”肯定与否定的争论集中表现在两篇论文上，即杨解君的《关于行政法理论基础若干观点的评述》[④] 一文

---

① 原北京大学副校长，现为最高人民法院副院长。

② 《中国法学》1993年第1期。

③ 如沈岿：《试析现代行政法的精义——平衡》，《行政法学研究》1994年第3期；王锡锌：《再论现代行政法的平衡精神》，《法商研究》1995年第2期；王锡锌、陈端洪：《行政法性质的反思和概念的重构——访北京大学罗豪才教授》，《中外法学》1995年第2期；袁曙宏：《现代行政法本质上是平衡法》，《中外法学》1996年第5期；王锡锌、沈岿：《行政法理论基础再探讨》，《中国法学》1996年第4期；罗豪才、甘雯：《行政法的“平衡”及“平衡论”范畴》，《中国法学》1996年第4期。

④ 《中国法学》1996年第2期。

和王锡锌、沈岿的《行政法理论基础再探讨》[1] 一文。依我之见，这种争论已从“否定”到“肯定”暂时告一段落。但我在上述争论内容之外尚有一点小小的顾虑：作为行政法理论基础的“平衡论”主要是指一种“纵向”的行政法律关系中双方当事人（行政主体与相对人）之间权利义务的“平衡性”，那么比较之下，作为“横向”的民事法律关系中的双方当事人之间权利义务的“平衡性”自然会比前者的程度高得多，那么我们是否可以认为，民法学的理论基础更应是“平衡论”呢？

尽管中国行政法学的理论基础是什么依然是一个可讨论的问题，但“平衡论”的提出对中国现行行政法制的建设无疑是有裨益的，它有助于防止和纠正只把行政机关看成权利主体、而把公民看成义务主体的观念，也有助于我们在行政立法、行政执法和行政司法中注重对政府与公民之间权利义务的公正对待。

（罗豪才主编《现代行政法的平衡理论》，北京大学出版社 1997 年版）

① 《中国法学》1996 年第 4 期。

§1.4 来自行政法“疑区”的报告

——一种中观行政法的视野

中国的行政法自改革开放以来，进入了前所未有的“黄金时代”：行政立法超过了境外国家与地区的同期立法速度，行政审判制度日趋健全与完善；行政法学理论不断成熟……无论哪个国家，行政法学理论无法脱离行政立法、行政执法与行政司法等实践而超阶段发展，但成熟的行政法学理论无疑可以推进行政实践发展的速度与成熟性。

具有中国特色的行政法学理论虽已初见端倪，但离成熟的“标杆”还需跨越浩大的“疑区”。我们面临的疑难问题确实很多，有宏观上的，也有微观中的；但这里要展示的“疑区”来自“中观行政法”的视野，是“中观行政法”业已遇到的一些难题。

（一）“监督行政”是否属于行政法？

“行政法是有关行政的法”，这是行政法学界的一种通用提法。但当以此提法来界定行政法的范围时，又会暴露出它的不准确性。可以说，行政法是有关行政的法，但有关行政的法不等于就是行政法。与行政有关的法律关系主要有两大类：一是，行政机关作为行政主体与行政相对人发生的管理与被管理关系。在这种关系中，行政机关处于主动地位，是纯粹的行政关系，它由行政法调整，显然属于行政法的范围。二是，行政机关作为被监督主体与作为监督主体的其他主体（如权力机关、司法机关、人民群众等）之间发生的监督与被监督关系。在这种关系中，行政机关处于被动的地位，它不是行政关系，而是宪法关系，它应当由宪法而不是行政法调整。所以，将权力机关对行政机关的监督、司法机关对行政机关的监督、人民群众对行政机关的监督，甚至新闻舆论对行政机关的监督等等，合称为“监督行政”，而将“监督行政”纳入行政法的范围之内，这种科学性值得讨论。

（二）“行政授权”如何定位？

行政上的“授权”与“委托”渊源于《行政诉讼法》第二十五条，它构成了行政职权运行中的两大法律制度。由于受《行政诉讼法》第二十五条的约束，不少学者将“授权”解释为“法律法规的委托”，又将“委托”解释为“非法律法规的授权”，这样就在逻辑上将行为形式与行为区别标准混为一谈了。此外，除行政诉讼类法规外，中国现行大量法规所规定的“授权”恰恰指拥有行政职权的行政机关将其权力的部分或全部下放给下属部门的行为，这样就出现了法与法之间在使用“授权”内涵上的不一致。特别值得注意的是，自从《行政处罚法》规定了对行政处罚权的“设定”制度以来，“对行政职权的设定”制度由此出现。这样，虽然在理论上并存了三种制度：行政职权的设定、行政授权和行政委托，但实际上，按《行政诉讼法》对“授权”的解释，行政授权与行政职权的设定又成了同一种制度。所以，“行政授权”是否需要重新定位？如果需要，那么又怎么定位呢？

（三）抽象行政行为与具体行政行为的范畴是否成立？

自从《行政诉讼法》使用“具体行政行为”概念以来，“抽象行政行为与具体行政行为”成了中国行政法学理论中的一对公认范畴，并且都将抽象行为表达为制定行政法规、制定行政规章、制定规章以下的规范性文件，又将具体行为表达为行政命令、行政许可、行政处罚、行政裁决、行政强制措施与行政强制执行等。但当我们深入研究抽象行为与具体行为之间的界线时，始终感到力不从心（可以说，在中国至今尚无人最终解决了抽象行为与具体行为之间的界线），最后才发现：（1）抽象与具体是一对哲学范畴，而不是法学范畴。从哲学上讲，抽象与具体本身就是相对而言的，它们之间没有也不该有绝对的分界线。我们将抽象行为与具体行为列为行政行为的基本范畴，其实是犯了将否定绝对界线的哲学范畴搬到必须有清晰界线的法学范畴中来的错误。（2）世界上只有抽象的规则，没有抽象的行为，一切行为都是具体的。我们以前将制定行政法规等列为抽象行政行为，其实是将“制定行政法规”这一具体行为本身与该行为所完成的规则即“所制定的行政法规”混为一谈所致。因为“制定行政法规”的“行为”是具体的，而“所制定的行政法规”才是抽象的。当我们感觉到这一问题的存在并始寻找出路时，已有越来越多的人尝试用“行政规范（或行政规定）”取代“抽象行政行为”，用“行政行为（或行政决定）”代替“具体行政行为”，我认为这不失为一种理性之举。

（四）如何界定“法定程序”？

根据《行政诉讼法》第五十四条第二项规定，行政机关的具体行政行为“违反法定程序”的，人民法院有权予以撤销。那么，怎样界定“法定程序”呢？从字面上定位似乎很简单：只要法律（或扩大到法规和规章）规定的程序就是法定程序。但这引出了其他几个难题：一是，法律规定的程序有强制程序与任意程序之分，违反任意程序也该撤销吗？二是，行政机关有大量工作程序恰恰是行政机关自己制定的，不属于“法”的范围，它既在约束相对人，也当约束自己。行政机关违反这种程序，算是“违反法定程序”吗？如果主张肯定，那么“法”的范围自然被“扩大化”了；如果主张否定，那么等于鼓励行政机关违背自己对相对人的约定，显然与诚信相背。将“法定程序”改为“正当程序”也许是一种正当的选择。

（五）“对同事作不同处理”是否属于“滥用职权”？

虽然根据《行政诉讼法》第五十四条第二项规定，行政机关的具体行政行为属于“滥用职权”的，人民法院有权予以撤销，但与“主要证据不足”“适用法律法规错误”“违反法定程序”“超越职权”等行政违法行为相比较，人民法院对“滥用职权”的监督力度最为弱小。原因是，滥用职权以自由裁量权的存在并行使为前提，其违法性在形式上比较隐蔽。学者们和法官们对“滥用职权”的情景已作了种种揭示，特别是将“对同事作不同处理”列为“滥用职权”的一种表现。所谓“对同事作不同处理”，系指对同类事件作不同类的处理。具体包括：(1) 对同一情况的不同人作不同标准的处理。如甲乙在同一条件下开车闯了红灯，警察对甲罚款200元，而对乙罚款100元。(2) 对同一情况的不同人只处罚其中的一人或一部分人。如在同样的情况下有十家违章建筑，行政机关只处罚一家，而不处罚其他。认为行政机关的这种行为构成“滥用职权”，这在理论上已趋认同，但法官们在司法实践中尚不善于利用这一标准审查具体行政行为的“合法性”，理由是：我们不能审查案外的同类事件。那么，“滥用职权”到底应当是什么？

（六）对“其他行政处罚”如何认定？

《行政处罚法》第八条规定：“行政处罚的种类：（一）警告；（二）罚款；

（三）没收违法所得、没收非法财物；（四）责令停产停业；（五）暂扣或者吊销许可证、暂扣或者吊销执照；（六）行政拘留；（七）法律、行政法规规定的其他行政处罚。”这里的第（一）至（六）所规定的处罚属于“本行政处罚”；第（七）项规定的处罚属于“其他行政处罚”。但在眼下，本行政处罚只有六种，而其他行政处罚，据统计约有 114 种之多（见全国人大常委会法制工作委员会国家法、行政法室编著：《〈中华人民共和国行政处罚法〉讲话》，法律出版社 1996 年版，第 33 页）。问题是，这 114 种以什么标准认定？因为我国法律和行政法规表明属于“行政处罚”的行为，有时恰恰不具有“处罚性”；而不表明“行政处罚”的，有时恰恰又具有处罚性。为此，我们应当研究如何其他行政处罚与行政强制措施、其他行政处罚与行政执行罚、其他行政处罚与责令纠正违法、其他行政处罚与行政行为的撤回、其他行政处罚与行政收费、其他行政处罚与确认无效或行政行为无效、其他行政处罚与承担民事责任等等的区别。

（七）可撤销行政行为与无效行政行为有何区别？

我们知道，在民法学中，可撤销行为与无效行为之间的界线是非常清晰的：前者是申请无效，后者是当然无效；前者申请撤销是有时限的，而后者无效是无期限的。换句话说，撤销对行为效力的否定是相对的，而无效对行为效力的否定是绝对的。在行政法或行政法学中，虽均已出现行政行为的“撤销”与“无效”以及人民法院在行政审判中的“撤销”判决和“确认无效”的判决等概念，但可撤销的行政行为与无效的行政行为之间到底有什么区别，以及“判决撤销”与“判决确认无效”在适用条件上又有什么不同，似乎还在“疑区”之中。

（八）“行政强制措施”与“行政强制执行”之间的“边界”如何划定？

正在制定的《中华人民共和国行政强制法》将分别规制两种行为：“行政强制措施”与“行政强制执行”。《强制法》将为这两类行为设置不同的程序与救济途径，所以准确划清这两大行为之间的界线直接关系到具体法律的适用。关于它们之间的“边界”划定，大陆法系已有“基础行为与执行行为分合学说”。那么，中国的理论该是什么呢？

（《法制日报》2003 年 8 月 7 日）

§1.5 关于理解与掌握“法不溯及既往”原则中应注意的几个理论与实践问题

——从一出租车司机状告市政府的行政案件谈起

某市的出租车行业与经营市场起始于20世纪80年代。当时小型客运出租汽车经营权的取得通过行政审批解决。这时，出租车经营者取得经营权不需要交有偿使用费（无偿），其经营权的使用期限也未作规定（无期）。截止到1992年底，这些车辆约达3000多辆。1996年6月，该市人大常委会通过了新的《客运出租汽车管理条例》，增加了一个新规定（第七条）：小型客运出租汽车在市区的经营权通过竞投等方式实行有偿使用，有偿使用所得用于城市交通基础设施建设，具体办法由市人民政府另行规定。此后，市政府按新的地方性法规规定，对该市区小型客运出租车经营权实行了公开竞投（拍），采用有偿使用。截至2000年底，经营权有偿使用的小型出租车辆已达2000多辆。这些出租车的经营权经过竞投（拍），最低的每辆收取经营权有偿使用费11万元人民币，最高的每辆38.7万元。这些竞投取得的出租车的经营权使用期限一律为十年。这样，在该市区现有的6000多辆小型客运出租汽车中，出现了两支出租车经营者“队伍”：一类是经行政审批取得出租车经营权的经营者，他们的经营权不仅无偿取得，而且经营权的使用期限在当时未作规定；另一类经公开竞投等有偿使用方式取得出租车经营权的经营者，他们不仅是有偿的，而且经营权使用期限被确定为十年。这种“双轨制”是该市从计划经济向市场经济转轨时出现的一种现象。这种“双轨制”的存在，造成了出租车行业的不公平竞争，影响了该市出租车市场的健康发展。

市政府为解决这一不公平的“双轨制”，于1998年请示市人大常委会，要求明确《客运出租汽车管理条例》关于出租车经营权有偿使用的规定（第七条）是否适用于原经行政审批取得经营权的经营者。市人大常委会经请示省人大常委会后，对市政府作出了《关于对原已投入市区营运小型客运出租汽车经营权适用有偿使用问题的复函》，作了肯定的答复。2001年5月，市政府公布《关于对市区行政审批的小型客运出租汽车征收经营权有偿使用费的通告》，决定对市区原行政审批取得出租车经营权的经营者，一次性征收经营权有偿使用费 3 万元，并重新核定经营权使用期限为十年，期限为 2001 年 6 月至 2011 年 5 月。交款期限为 2001 年 5 月 25 日至 8 月 31 日。逾期不交有偿使用费的，视为放弃经营权。

原经行政审批取得经营权的部分经营者对市政府的决定不服，提起行政诉讼。此案在一、二审的庭审中引发了许多争议焦点。其中一个最重要的争议焦点是，市政府的行为是否违反了“法不溯及既往”的原则。原告律师在辩论中认为，政府行为违反了“法不溯及既往”的原则。主要理由是：原告是在新的《客运出租汽车管理条例》制定前已经取得了出租车的经营权，市政府不能按新的规定去重新处理以前的事情。被告律师认为，政府行为并没有违反“法不溯及既往”原则，因为政府没有要求原经行政审批取得经营权的经营者对以前的经营行为补交有偿使用费，只是要求其以后的行为，即新法规施行以后以及市政府的《通告》所含的决定之后，交纳出租车经营权的有偿使用费。

作者认为，这是一起非常典型而特殊的有关政府行为是否违反“法不溯及既往”原则的争讼。探讨如何准确理解及掌握“法不溯及既往”原则的内涵及适用远比该案诉讼结果重要。我们认为，关于“法不溯及既往”原则的内质及对本案的适用上，应注意理解与掌握以下几点：

1. “法不溯及既往”原则并非仅仅与“立法”有关，与“执法”更有关系；“立法”是否“溯及既往”与“执法”是否“溯及既往”是两个不同的问题；不同的问题，应通过不同的途径解决。“立法”是否“溯及既往”，是指法规本身是否明文规定适用以前的行为或事件；“执法”是否“溯及既往”，是指在法规本身没有规定适用以前事项的前提下，执法机关是否用新的规定去改变以前的处理。如果法规明文规定适用以前的事项，执法机关执行该规定时，不属“执法”溯及既往，仍属“立法”溯及既往，因为这时的执法机关不过是执行一个“溯及既往”的规定而已。“执法”是不能“溯及既往”的，否则违背法治原则；但立法是否可以“溯及既往”，则应按《中华人民共和国立法法》第八十四条规定办理。该条规定：“法律、行政法规、地方性法规、自治条例和单行条例、规章不溯及既往，但为了更好地保护公民、法人和其他组织的权利和利益而作的特别规定除外。”这就是说，我国的立法不是绝对不能“溯及既往”。在本案中，如果原告是指控作为地方性法规的《客运出租汽车管理条例》的内容及市人大常委会事后对该《条例》第七条的解释有“溯及既往”之嫌，这属于指控“立法行为”违反“法不溯及既往”原则，那就不属于行政诉讼的范围，而应按照我国《立法法》

规定的程序与原则处理；如果原告指控市政府的行为是按新的规定去重新处理原来的事件，这属于指控“行政行为”（即行政执法）违反“法不溯及既往”原则，不管指控是否成立，这倒属于行政诉讼的范围。所以，不能把“立法”是否“溯及既往”与“执法”是否“溯及既往”混为一谈，它们的适用原则与救济途径都显存差异。

2. 法的“溯及既往”是指是否溯及“事件和行为”，而不是指是否溯及“主体”（如法人、公民等）。主持《立法法》起草工作的全国人大法律委员会副主任委员乔晓阳在他主编的《立法法讲话》一书中指出：“法的溯及力是关于法是否溯及既往的效力的问题。即法对它生效前所发生的事件和行为是否适用的问题。”（中国民主法制出版社 2000 年 4 月第 1 版，第 291 页）国务院法制办副主任曹康泰主编的《中华人民共和国立法法释义》也认为：“法律不溯及既往，是指法律文件的规定仅适用于法律文件生效以后的事件和行为，对于法律文件生效以前的事件和行为不适用。”（中国法制出版社 2000 年 4 月第 1 版，第 203 页）可见，法的“溯及既往”是指是否溯及“事件和行为”，而不是指是否溯及“主体”（如法人、公民等）。理解这一点也很重要。如果把法的“溯及既往”理解成溯及一种“主体”，那势必会得出一个可笑的结论：1999 年 10 月 1 日《中华人民共和国合同法》生效前所设立的企业，它在该法生效后的一切签约行为均不适用该《合同法》；1990 年 10 月 1 日《中华人民共和国行政诉讼法》生效前出生的公民，他一辈子不拥有提起行政诉讼的权利；1979 年《中华人民共和国刑法》制定前出生的公民，他尔后的犯罪行为我们无法依据刑法加以惩罚……在本案中，确有不少人有一种误解，认为新的法规不能适用原已通过行政审批取得经营权的经营者，否则属于“溯及既往”。我们认为，虽然主体及行为共同构成法的调整对象及范围，但“行为”有新法实施前的行为与新法实施后的行为之分，而主体不应有新法实施前的主体与新法实施后的主体之分。正如《教师法》的颁布，我们不能认为它只适用《教师法》实施后成为教师的人，不适用《教师法》实施前成为教师的人；至于教师的行为，确有前后之分，因为显然《教师法》不能适用教师们在该法实施前发生的行为。关于法是否“溯及既往”的问题，是指新法是否适用新法实施前发生的行为，而不是指新法是否适用新法实施前的“主体”。本案《客运出租汽车管理条例》是个地方性法规，它适用的对象是某类“主体”，即出租车“经营者”，这些经营者不应有“过去的经营者”与“现在的经营者”之分；它调整的范围是这些经营者的“行为”，准确地说，是它们取得与使用经营权的行为。这些行为可以而且也应区分新法实施前发生的行为与新法实施后发生的行为。如果该《条例》重新适用原先的行为，属于“溯及既往”，否则就不是。而事实上，首先无论是作为政府行为依据的《条例》，还是市政府的行政决定，都承认原行政审批经营者所取得的经营权，没有否定其经营权而重作处理，否则政府不应是通知特定的对象（即上述经营者）交费，而应通知不特定的对象前来参加竞拍；其次，无论是《条例》还是政府行政决定，也没有重新处理上述经营者在新法实施前的经营行为，即没有要求他们补交有偿使用费，而只是要求他们在新法实施后的行为按新法规定办理。

3. 对于一种行为的持续状态，改变新法生效前的行为状态属于“溯及既往”，改变新法生效后的行为状态不属于“溯及既往”。在讨论法的“溯及既往”问题时，应仔细区别所溯及的“行为”的不同形态。针对一个个独立而具体的行为，如购买电视机，假定旧法规定1000元一台，新法规定2000元一台，购买者在新法生效之前以旧价（1000元）付款，但在新法生效之后再去购买电视机就必须以新价（2000元）付款，这都不属“溯及既往”。针对一个行为的持续状态，则有所不同。新法生效以后去改变以前的行为状态，属于“溯及既往”；如果只是改变新法生效后的行为状态，则不属于“溯及既往”。在国际的法律适用理论上，前者被称为“真溯及”，后者被称为“假溯及”；而“假溯及”不属于“溯及”。如公民租赁公房期间，国家对公房租金作了调整，调整以后国家便以新标准收取租金。这种情况不属于“溯及既往”。如果国家以新的标准要求租户补交以前的租金，才属于“溯及既往”。而在本案中，作为原告（上诉人）的1992年底以前行政审批发展的3675辆小型出租汽车经营户，他们营运至今，已有九至二十年，这一段“既往”的时间并没有被征费，也没有被补费。市政府的《通告》只是规定，行政审批取得经营权的出租车，从2001年6月1日起至2011年5月31日止这一“将来”的十年营运期应缴有偿使用费。所以，市人民政府的《通告》，既没有“溯及”市《客运出租汽车管理条例》施行以前的事件，也没有“溯及”《通告》颁布之前的行为，“溯及既往”便无从谈起。

4. 对于一种行为的持续状态有明确期限的，在该期限内，不能用新的法律标准加以改变，否则属于“溯及既往”；对一种行为的持续状态没有明确期限的，新法生效后，可以用新的法律标准去改变新法生效后的行为状态，这不属于“溯及既往”。在本案中，我们要提醒一个事实：该市1992年底以前以行政审批取得经营权的3000多辆小型出租汽车，其经营权的使用期限，在当时只是“未作规定”，而不是“规定为无期”。“未作规定”意味着在合理的条件下可以作出规定。“未作规定”，意味着出租车经营权的使用行为是一种没有明确期限的行为状态，对于这种行为状态，新法生效以后是可以而且也应该约束其在新法生效以后的行为状态的。

5. 在本案中，无论是作为地方性法规的市《客运出租汽车管理条例》，还是市人民政府的5·18《通告》，都不存在上诉人所指控的“溯及既往”。本案所涉“主体”是：1992年底以前经行政审批发展的3000多家小型出租汽车经营户；“事件”或“行为”是：这些出租汽车经营户对出租汽车经营权的“取得”和“使用”。在本案中，无论是作为地方性法规的市《客运出租汽车管理条例》，还是市人民政府的5·18《通告》，都没有去重新处理《条例》生效前或《通告》发布前的原告（上诉人）的有关行为，即没有去否定原告（上诉人）通过行政审批取得经营权的合法性，也没有因原告（上诉人）以前对经营权的“无偿使用”而现在令其补交“有偿使用费”，只是规定这些经营户以后的经营行为要适用新的法规规定，即实行经营权的有偿使用。

（《法学》2001年第12期）

§1.6 关于中国行政法上的合法性原则的探讨

行政合法性原则是中国行政法上的一项与行政合理性原则相并列的基本原则。本文在分析国外同类制度和理论的基础上，在回顾中国研讨这一课题的过程中，分三个问题依次论述了中国行政法上合法性原则确立的基础、该原则的适用范围以及该原则的基本内容，并指出：依法行政与合法行政不是也不应是同一个概念；从依法行政过渡到合法行政，乃是行政法制发展中的一个飞跃。

行政法上的合法性原则，简称行政合法性原则，是中外行政法学的一个中心课题。继国外主要资本主义国家①的学者对该课题作了近半个多世纪的研讨之后，中国的行政法学者们开始问津同一论题并注入越来越浓厚的兴趣。如果说中国在行政法学界较大范围内探讨行政法的基本原则问题始于20世纪70年代，那么把行政合法性原则作为一项与行政合理性原则相并列又置其于行政法的首要原则乃是80年代后期的事。② 1992年以来，有不少学者始撰专文阐述中国行政法上的合法性原则。③ 然而笔者以为，中国学者们在这一研究领域业已取得的可喜成果，尚未“穷尽”行政合法性原则的基本内涵。本文力图在揭示中国行政合法

---

① 如英国、美国、德国、法国和日本等。

② 应松年主编，《行政法学教程》，中国政法大学出版社1988年版，罗豪才主编《行政法学》，中国政法大学出版社1989年版，廖晃龙主编《新编中国行政法原理》，大连海运学院出版社1990年版，张尚族主编《行政法学》，1990年版，胡建森主编《行政法教程》，杭州大学出版社1990年版，张树义主编《行政法学新论》，时事出版社1991年版，何乃忠主编《实用行政法学》，法律出版社1991年版，王重高编著《行政法总论》，中国政法大学出版社1992年版；罗豪才主编《中国行政法讲义》，人民法院出版社1992年版，燕广等主编《行政法新论》，浙江大学出版社1992年版，王周户主编《行政法学》，陕西人民教育出版社1992年版，黄子毅、陈德仲主编《行政法学基础教程》，中共中央党校出版社1992年版，王连昌主编《行政法学》，中国政法大学出版社1994年版，朱新力著《行政法基本原理》，浙江大学出版社1995年版，等。

③ 如：《行政合法的理念》，李林撰，《宁夏社会科学》1992年第5期，《试论依法行政的概念及范围》，周新铭、宋为民撰，载《法学研究》1992年第1期，刘瀚撰，《论依法行政》，《法学研究》，1992年第5期。

性原则的背景、基础、范围和内容等诸方面再作一点尝试。

一

行政合法性原则是法治原则在行政法上体现的结果。这一“定律”最初被英国所“印证”。英国在19世纪制定近代宪法时确定了“法治”（ruly of law）原理。该原理包含了三项最基本的内容：（1）正式的法绝对优于专横权力；（2）一切主体平等地服从司法法院形成或运用的普通法；（3）宪法规范应通过普通法来实现个人的权利。[①] 英国“法治”原理支配行政法的结果便形成了行政法上的两项原则：越权无效（Ultra vires）原则和自然公正（natural justice）原则。前者是制定法上的“法治”原则，后者则是普通法上的“法治”原则。[②] 曾经是英国殖民地的美国，其当今的法律制度依然留有英国法的痕迹。美国1897年的联邦宪法在英国“法治”精神的基础上，体现了适合于美国自身的更高更系统的原则，即联邦主义（federalism）、分权主义（separation of powers）和法治主义（by law）。“法治主义”支配行政法的结果，便形成了美国行政法上两大具体原则，即基本权利（basic rights）原则和正当程序（dure procedure）原则。[③] 美国行政法学者认为，只有一切行政法律制度都旨在保护而不是摧残人类固有的基本权利，并且又通过正当的法律程序来实施这些符合上述目的的行政法律制度，行政法才是符合“法治”的要求。在法国的历史和法理背景下，行政法本身便是法治的产物。行政法治，或称行政合法主义（le principe de La légalite administrative），是法国行政法的基本原则。它由法国行政法院在长期的行政审判过程中通过判例形成。近代市民革命尚未展开的德国，虽其行政法源远流长，但到19世纪后半叶才真正确立了重视国家活动依法性的“合法性原则”。“合法性原则”（the principles of legality）[④]，作为与“比例原则”（the principles of proportionality）相并列的德国行政法的基本原则，与“法治原则”（the rule of law）有联系亦有区别。合法性原则渊源于法治原则并以后者为基础，但法治原则属于宪法

---

① Introduction to the Study of the Law of the Constitution by Albert Venn Dicey；[日] 室井力主编：《日本现代行政法》，中国政法大学出版社1995年版，第20页。

② 胡建淼：《十国行政法——比较研究》，中国政法大学出版社1993年版，第3—9页。

③ 王名扬：《美国行政法》，中国法制出版社1995年版，第77—122页。

④ 它渊源于德文“prinzip der gesetzmaβigen verwaltung”。

原则，合法性原则则属于行政法原则，它们的层次是不同的。“法治行政”[①] 是日本行政法的原则和基础。日本的法治行政是日本现代法治主义的体现，其基础由宪法直接奠定。《日本国宪法》[②] 第六十六条第三款规定：“内阁在行使行政权时，对国会负连带责任”。第七十三条第一项又规定，内阁负有“诚实执行法律”的义务。

凡是存在的东西都是合乎理性的。[③] 行政合法性原则在资本主义国家中的确立，确有其社会历史和法治理论的背景。在中国，虽然行政合法性原则的提出晚于发达的资本主义国家，但这一原则的确立是中国历史的必然。因为把行政合法性原则树为用以规范政府行政管理活动的行政法基本原则，不仅是中国行政法学者研究的结果，更是中国宪法的实施、民主和法制的运作以及法治观念深化的结果。

中国行政法上的行政合法性原则的确立，首先有其宪法基础。我国现行宪法[④]在第一章总纲中明文规定：“国家维护社会主义法制的统一和尊严。一切法律、行政法规和地方性法规都不得同宪法相抵触。一切国家机关和武装力量、各政党和各社会团体、各企业事业组织都必须遵守宪法和法律。一切违反宪法和法律的行为，必须予以追究。任何组织或者个人都不得有超越宪法和法律的特权。”[⑤] 这是中国法制精神的中心内容和高度概括，也是中国行政法上确立合法性原则的宪法基础。此外，我国宪法对人民代表大会制度的确立，对国家行政机关地位和职权的规定，为行政合法性原则的确立奠定了制度上的基础。这一切不仅使中国行政合法性原则的确立显得更为重要和可能，而且使它成为必然。

中国行政法上的行政合法性原则的确立，不仅有其宪法根据，而且以民主制度为基础。中国是高度民主的社会主义国家。“中华人民共和国的一切权力属于人民”[⑥]，这是我国民主制度的实质。人民行使国家权力的机关是全国人民代表大会和地方各级人民代表大会。人民代表大会制度是我国民主制度的根本制度。各级人民代表大会依法产生各级人民政府。各级人民政府，即行政机关，代表人

---

① 亦称“法治行政的原理”“依法行政的原理”或“行政的合法性原理”。

② 1946年11月3日公布，1947年5月3日施行。

③ 引自［德］黑格尔（G. W. F. Hegel，1770—1831）：《法哲学原理》，Grundlinien der Philosophie Rechts，1821。

④ 1982年12月4日中华人民共和国第五届全国人民代表大会第五次会议通过的《中华人民共和国宪法》。

⑤ 中国现行宪法第五条。

⑥ 见我国宪法第二条第1款。

民并必须符合人民的意志实施国家行政管理。国家行政机关在国家行政管理活动中能否坚持和贯彻行政合法性原则，直接关系到人民政府能否对人民负责，其行为能否符合人民的意志。换句话说，各级行政机关能否在国家行政管理中坚持行政合法性原则，直接关系到能否坚持人民当家做主的原则。①

中国行政法上的行政合法性原则的确立，是中国社会主义法制的要求。有法必依、执法必严、违法必究，这是社会主义法制的基本要求。在国家行政管理领域坚持有法可依、有法必依、执法必严、违法必究，是健全和完善社会主义法制的重要内容。因为在国家管理的各个领域中，行政管理是涉及面最广、任务最重的一个领域，行政管理的法制化程度将直接和最主要地反映我国社会主义法制的健全程度。而且，相对于刑法、民法等其他法律部门而言，行政法是一门兴起较晚的年轻法律部门，这必然会使行政管理法制化的任务显得更为紧迫。中国行政法上的行政合法性原则，是中国社会主义法制原则的基本内容在行政法领域的转化和体现。因此，确立行政合法性原则也是健全和完善社会主义法制的直接要求。

中国行政法上的行政合法性原则的确立，是依法治国思想和法治观念深化的必然结果。依法治国是邓小平建设有中国特色社会主义理论的重要组成部分，是党和国家管理社会和国家事务的重要方针。自党的十一届三中全会以来，邓小平同志在深入思考历史经验，统观全局，高瞻远瞩地指导改革开放和现代化建设时，把社会主义民主与法制建设提到应有的地位，特别是明确提出："搞四个现代化一定要有两手"，即"一手抓建设，一手抓法制"。在全国人民满怀信心开始实施"九五"计划，向2010年宏伟目标迈进的时候，党中央明确提出：要依法治国，建设社会主义法制国家。江泽民同志在1996年2月9日由中共中央举办的中央领导法制讲座上强调：实行和坚持依法治国，就是使国家各项工作逐步走上法制化和规范化；就是广大人民群众在党的领导下，依照宪法和法律的规定，通过各种途径和形式参与管理国家、管理经济文化事业、管理社会事务；就是逐步实现社会主义民主的法制化、法律化。② 依法治国关系到国家各个方面的管理，特别是国家的行政管理。1996年12月中旬在杭州大学举行的中国法学会行

① 刘瀚同志在《论依法行政》（《法学研究》1992年第5期）一文中对这一问题有较为充分的论述。下一问题亦同。

② 王家福、李步云、刘海年、刘翰、梁慧星、肖贤富：《论依法治国》，《光明日报》，1996年9月28日。

政法学年会①以“依法治国与依法行政”为主线展开了热烈的讨论。学者们认为：依法行政是建立法治国家的关键，依法行政是依法治国的重要内容，依法治国主要是依法行政。② 可以说，行政合法性原则的确立，是我们党和国家依法治国方针的具体体现，是中国人民法治观念演化的必然结果。

二

中国行政法上的合法性原则，即行政合法性原则，其适用范围如何界定，这是我们在探讨该原则基本内容之前首先必须解决的问题。要正确界定行政合法性原则的适用范围，势必有赖于回答以下问题：行政合法性原则是个形式原则，还是实质原则？是个纯行政执法原则，还是同时适用于行政立法和行政司法的原则？是个实体性原则，还是程序性原则？等等。

（一）形式与实质：依法行政与合法行政

国内不少学者把“依法行政”与“合法行政”看成是“一碗豆腐”与“豆腐一碗”之间的区别，但当我们从历史的角度考察行政与法的关系时，就会发现这是个“误会”。在自由资本主义时期，行政法刚兴起的时代，人们停留在从形式上认识行政与法的关系，认为“无法律便无行政”，“一切行政都必须有直接的法律依据”。在这一背景下所形成的“依法行政”的含义也是相当明确的，即指“everything must be done according to law”。③ 随着行政法的演化，这种形式上的“依法”受到了英国 J. S. 密尔（Mill）和 H. J. 拉斯基（Laski）等政治家、哲学家和法学家们的批评。④ 因为形式上的“依法行政”只关心政府的行为是否符合形式上的法律，至于法律的“正义性”则不属该“命题”所要解决的范围。二战以后，人们越来越注重从实质而不是从形式的角度来考察行政与法的关系，认为行政法治的关键不是政府的行为是否符合形式上的法律，而是政府的行为是

① 该届年会由中国法学会行政法学研究会、杭州大学（法学院）、浙江省人大法制委员会、浙江省人民政府法制局、浙江省司法厅、浙江省法学会、浙江省法制研究所、浙江政法管理干部学院和浙江行政学院等单位共同承办。

② 姜明安：《依法行政是建立法治国家的关键——中国法学会行政法学研究会 1996 年年会综述》，载《法制日报》，1997 年 1 月 4 日。

③ 龚祥瑞著：《比较宪法与行政法》，法律出版社 1985 年版，第 319—321 页。

④ Harold J. Laski (1893—1950)：The State in Theory and Practice，1935；John Stuart Mill (1806－1873)：Essay in Government；Considerations on Representative Government，1861.

否符合法律的"正义性"，从而使"依法行政"上升为"合法行政"。从这种历史意义上说，由"依法行政"过渡到"合法行政"，乃是行政法治史上的一个飞跃，是人们对政府法治的要求从形式走向实质的标志。此外从内容范围而言，行政合法性原则亦不能等同于依法行政原则，前者应该包括后者，其内容远远大于后者。[①]

（二）具体与抽象：仅适用具体行政行为的原则与同时适用抽象行政行为的原则

自《中华人民共和国行政诉讼法》颁布后，把政府的行政行为划分成具体部分与抽象部分，不仅是学者的理论观念，同时也成了我国法律的明确态度。[②] 具体行政行为系指行政主体在国家行政管理活动中行使行政职权，针对特定的行政相对人，就特定的事项，作出有关该行政相对人权利义务的单方行为。[③] 抽象行政行为则相反，系指行政主体非针对特定人、事与物所作出的具有普遍约束力的行政行为。[④] 它包括有关政府组织和机构制定行政法规、制定行政规章、规定行政措施、作出具有普遍约束力的决定和命令。抽象行政行为与行政立法不是、也不应是同一个概念。抽象行政行为并非全属行政立法，如有关行政机关规定行政措施、作出决定和命令；行政立法也并非全是抽象行政行为，如全国人民代表大会及其常务委员会制定行政性法律、部分地方人民代表大会及其常务委员会制定地方性法规等立法行为。中国行政法上的合法性原则，对具体行政行为的约束是毫无疑问的，但是否约束抽象行政行为，似乎是个尚未定论的问题。笔者认为，我国的行政合法性原则，不仅适用具体行政行为领域（当然主要是该领域），而且同时适用抽象行政行为领域，否则是不全面的。

（三）行政与司法：纯行政领域原则与行政司法原则

这里显然是解决另一个问题：行政合法性原则只适用行政管理领域，还是同

---

① 当然，国内有些学者通过扩充"依法行政"的内涵来接近行政合法性原则也是一个可考虑的做法。但皮纯协在提交给中国法学会行政法学研究会1996年年会的一篇论文（《论扬弃"依法行政"口号的必要性与紧迫性》）中指出：依法行政的提法有许多消极作用，应以"法治行政"替代"依法行政"。

② 我国行政诉讼法首次在法律中使用"具体行政行为"这一概念，从而使"具体行政行为与抽象行政行为"的划分由理论标准同时成为法律标准。

③ 参见最高人民法院《关于贯彻执行〈中华人民共和国行政诉讼法〉若干问题的意见（试行）》（1991年5月29日最高人民法院审判委员会第499次会议讨论通过）第一条。

④ 在中国，目前尚未真正解决具体行政行为与抽象行政行为之间的界线问题，因而这里对"抽象行政行为"的定义亦不敢有最终的把握。

时适用行政司法领域。行政司法是相对于行政立法和行政执法而提的一个概念，它不仅指行政主体司法化的行政行为，同时也指司法机关对行政行为的监督活动（如行政诉讼中的行政审理行为）。现代政府管理的特点使得行政与司法日益靠近，行政司法成了现代行政法所应调整的一个庞大对象。就连生活在最典型的三权分立国家的美国行政法学者 B. 施瓦茨也承认："由于当代复杂社会的需要，行政法需要拥有立法职能和司法职能的行政机关。为了有效地管理经济，三权分立的传统必须放弃。"[①] 我国不搞所谓"三权分立"原则，人民代表大会制度是我国的政治制度。我国行政机关与司法机关均由人大产生，对人大负责并报告工作。

我国宪法确立了行政机关与司法机关之间的合作与监督关系，特别是行政诉讼法还赋予了司法机关对行政机关行政行为的司法审查权。在这种情况下，我国行政法上的合法性原则更不应拘泥于纯行政领域，理应统辖行政司法领域。我国行政诉讼法所确立的对具体行政行为的合法性审查原则[②]，也正好吻合这一精神。

（四）实体与程序：行政实体法原则与行政程序法原则

实体与程序是一对渊源于 18 世纪的法学范畴。[③] 它乃是一个法律行为或一种法律制度的两个方面。因为严格地说，没有程序以外的实体，也没有无实体内容的程序。我们既不能在长期以来"重实体、轻程序"习惯的影响下把行政合法性原则仅看成是行政实体法原则，也不能在"行政法就是行政程序法"[④] 的观念下把该原则仅视作行政程序法原则。作者以为，行政合法性原则既是一个行政实体法原则，也是或更是一个行政程序法原则。我国 1989 年制定的《中华人民共和国行政诉讼法》、1990 年制定的《行政复议条例》、1994 年制定的《中华人民共和国国家赔偿法》和 1996 年制定的《中华人民共和国行政处罚法》等，均越来越体现出行政合法性原则在程序上的作用。

---

① 见［美］伯纳德·施瓦茨著：《行政法》，徐炳译，群众出版社 1986 年版，第 6 页。

② 《中华人民共和国行政诉讼法》第五条规定："人民法院审理行政案件，对具体行政行为是否合法进行审查。"

③ 18 世纪英国功利主义哲学家、法学家边沁（Jeremy. Bentham 1748. 2. 15－1832. 6. 6）把哲学上与"实体"相对应的"程序"观念引入法学领域。他在 1789 年《道德和立法原则概述》一书中把规定人们事实上的权利义务关系的法律称之为实体法，与此相对应，把用来申明、证实或强制实现这些权利义务的手段，或保证在它遭到侵害时能够得到补偿的法律和制度称之为程序法。

④ ［美］Bernard Schwartz：ADMINISTRATIVE LAW. Little，Brown and Company Boston Toronto 1976。

（五）法律、法规与规章：行政合法性原则中“法”的范围

行政合法性原则中的“法”的范围有多大？就形式与实质而言，我们在前面已作了回答，即既要符合形式上的“法”，更要符合实质上的“法”。但仅就形式而言，行政合法性原则中的“法”，只限“法律、法规”，还是包括“规章”，这是探讨中国行政法上合法性原则适用范围的又一关键问题。在中国，法律、法规和规章均有特定的含义。“法律”系指由全国人民代表大会及其常务委员会基于职权，依据宪法，通过法定程序所制定的，在全国具有普遍约束力的规范性文件。①“法规”系指由国务院依据宪法和法律通过法定程序所制定的在全国具有普遍约束力的行政法规，以及由地方省级人民代表大会及其常务委员会，省会市和经国务院批准为较大的市的人民代表大会及其常务委员会所制定的，在地方相应范围内具有普遍约束力的地方性法规。②“规章”系由指国务院各部委、省级人民政府、省会市和经国务院批准为较大市的人民政府，依据法律、法规所制定的，在相应范围内具有普遍约束力的规范性文件。③ 行政合法性原则要求国家管理行为符合法律、法规是毋庸置疑的，但是否同时要求符合规章，这是颇有争议的。其实这个问题渊源于另一个问题：规章是否“姓”“法”。

根据我国行政诉讼法、国家赔偿法、行政复议条例和行政处罚法所体现的法律、法规与规章的关系，作者以为，行政合法性原则中的“法”的范围自然应包括“规章”，但前提是这种规章必须符合法律、法规。

三

现在到了讨论行政合法性原则基本内容的时候了。然而，各国由于行政法的历史背景、理论基础，特别是行政法上合法性原则适用范围的不同，使其行政合法性原则的基本内容亦有较大差异。

前面说过，英国行政法上与合法性原则靠近的原则有两项，即越权无效原则和自然公正原则。前者是制定法上的“法治”原则，后者则是普通法上的“法

---

① 依据是：《中华人民共和国宪法》第六十二条和第六十七条。

② 依据是：《中华人民共和国宪法》第八十九条、第一百条，《中华人民共和国地方各级人民代表大会和地方各级人民政府组织法》第七条等。

③ 依据是：《中华人民共和国宪法》第九十条，《中华人民共和国地方各级人民代表大会和地方各级人民政府组织法》第五十一条。

治”原则。越权无效原则的核心内容是：越权的行政行为不具有法律效力。该原则既约束行政实体行为，也约束行政程序行为。实体上的越权包括：1. 超越管辖权的范围；2. 不履行法定的义务；3. 权力滥用；4. 记录中所表现的法律错误。程序上的越权是指行政主体违反成文法明文规定的程序规则。自然公正原则包含两项内容：1. 听取对方的意见。这是指，任何人或团体在行使权力可能使别人受不利影响时，必须听取对方的意见；每一个人都有为自己辩护和防卫的权利。无论在行政上，还是司法上，任何人不能未经审问就受处罚；行政裁判官和司法官必须听取双方意见才能作出判决。这是一个公正的判决程序的最低要求。行政机关和法院要做到听取对方的意见这一点，必须保证相对人享受到下列三项权利：（1）相对人有在合理时间以前得到通知的权利；（2）相对人有了解行政机关和法院论点和根据的权利；（3）相对人有为自己辩护的权利。2. 不能自己做自己的法官。这是一个避免偏私（bias）的必要程序规则。行政裁判回避制度和法官回避制度，是“不能自己做自己的法官”程序规则的反映和体现。①

行政法上的合法性原则在美国主要表现为基本权利原则和正当程序原则。前者系指，一切组织和个人都必须服从法律，但这种法律必须旨在保护而不是摧残人类固有的基本权利。② 这些权利便是由权利法案所规定的言论自由、出版自由、宗教信仰自由、和平集会自由、对不法侵害请求救济的权利，人身自由、居住自由、不能被迫自证其罪的自由，以及有关刑事诉讼中的某些权利。正当程序原则是指法律的实施必须通过正当的法律程序进行。该原则直接由美国宪法所确立③，并由 1946 年的联邦行政程序法（Administrative Procedure Act）对其内容（制定法规、进行正式裁决，以及司法审查和行政公开等）作出具体规定。以上两项作为法治基本要素的原则对行政法的直接影响表现在：（1）一切法律、行政行为、司法行为，凡违背人类固有基本权利者不具有约束力；（2）立法、行政、

① 参见王名扬：《英国行政法》，中国政法大学出版社 1987 年版，第 151—177 页，胡建淼：《十国行政法——比较研究》，中国政法大学出版社 1993 年版，第 3—9 页，［英］D. C. M. Yardley：Principles of Administrative Law，1981。

② 人的固有权利最早来源于自然法（Natural Law），尔后被写入美国宪法修正案。1791 年 12 月 15 日正式成为美国宪法一部分的十条宪法修正案，规定了公民最基本的权利，被称为美国的“权利法案”（The Bill of Rights）。1789 年的美国宪法没有拟订一项权利法案，是由于美国宪法的草创人认为他们没有被授权来陈明这种权利。尔后出于美国公民心理上的要求，第一届国会集会后不久，詹姆斯·麦迪逊提出一项很长的权利法案，作为宪法的修正案。国会一共通过了十二条修正案。但是，只有十条为各州所批准，并于 1791 年 12 月 15 日正式成为宪法的一部分。这些修正案被称为权利法案。

③ 美国宪法修正案第五条规定，不按照正当的法律程序不得剥夺任何人的生命、自由和财产。宪法修正案第十四条把正当法律程序扩张到限制州政府的权力。

司法行为不通过正当的法律程序无效。[①]

在法国，由长期的行政判例所确立的行政法治原则包含了三项基本内容：（1）行政行为必须有法律依据；（2）行政行为必须符合法律；（3）行政机关必须以自己的行为来保证法律的实施。[②] 德国行政法的合法性原则包含两项基本内容：一是法律至上，二是法律要件。法律至上（Primacy of law）的中心思想是：一切行政行为都必须服从法律，否则无效。所应服从的法律作广义理解，它包括有效的成文法律和不成文的法律原则，如平等原则、公正原则、非专断原则等。法律要件（requirement of law）的中心含义则是：一切行政权的实施（即作行政行为）都必须符合法律的授权，越权无效。这一内容的宪法依据是德国《基本法》第二十条第三项的规定。行政法受法律的拘束。日本行政法的合法性原则，亦称行政法治原则，其基本内容有三项：（1）法律保留原则。这一原则的基本要求是：政府的行政活动必须有国会制定的法律依据。[③]（2）法律优先原则。这一原则的基本内容是：法律高于行政；一切行政活动都不得违反法律，行政机关制定的规范不得在事实上废止、变更法律。这一原则适用于权力性行为、非权力性行为、侵益行为、授益行为以及事实行为等一切领域。（3）司法救济原则。一切司法权归属于法院[④]，法院具有行政纠纷的终裁权；公民的合法权益受到行政机关的不法侵害时，享有不可剥夺的获得法院救济的权利。[⑤] 这就是司法救济原则的基本内容。

中国台湾学者由于受德国和日本行政法学的影响，认为行政合法性原则的基本内容主要包括两项，即法律优越原则和法律保留原则。[⑥] 中国大陆学者对行政合法性原则基本内容的探讨由来已久，但至今缺乏共识。有学者认为，中国行政法上合法性原则的基本内容有两项：（1）行政活动必须根据法律；（2）行政行为

---

① 王名扬：《美国行政法》，中国法制出版社 1995 年版，第 115—116 页；［美］Bernard Schwartz：ADMINISTRATIVE LAW，Little，Brown and Company，Boston Toronto 1976。

② 王名扬：《法国行政法》，中国政法大学出版社 1989 年版，第 196—198 页；胡建淼：《十国行政法——比较研究》，中国政法大学出版社 1993 年版，第 114—115 页；［法］G. Vedel：Droit administratif，1984。

③ 但是，是否所有的行政活动都必须有国会制定的法律依据呢？对此，学术界有不同主张。一是“侵害保留论”，即主张法律保留原则只适用于侵害公民权益的行政活动；二是“重大事项论”，即主张关系到公民的自由、平等的重大事项必须有法律的依据；三是“权力行政保留论”，即主张无论是授益行为还是侵益行为，凡权力行政都需要有法律依据；四是“全部保留论”，即主张所有行政活动都必须有法律依据。

④ 《日本国宪法》（1946）第七十六条第一款。

⑤ 《日本国宪法》（1946 年）第三十一条。

⑥ 翁岳生：《法治国家之行政法与司法》，月旦出版社股份有限公司 1994 年版，第 225—229 页。

必须符合法律。[①] 有的认为行政合法性原则的基本内容有三项：(1) 行政法律关系当事人应严格遵守并执行行政法律规范；(2) 任何行政法律关系的主体不得具有行政法律规范规定以外的特权；(3) 一切行政违法主体都应承担相应的法律责任。[②] 有的学者把中国行政法上合法性原则的基本内容归结为四项，即：(1) 任何行政职权都必须基于法律的授予才能存在；(2) 任何行政职权的行使都必须依据法律、遵守法律；(3) 任何行政职权的委托及其运用都必须具有法律依据、符合法律要旨；(4) 任何违反上述三点规定的行政活动，非经事后法律认许，均得以宣告为"无管辖权"或"无效"。[③] 但上述四项内容的归纳，没有包含"制裁"与"责任"的要素，于是又有学者提出了包含该要素的四项内容：(1) 所有行政法律关系当事人都必须严格遵守并执行行政法律规范；(2) 任何行政法律关系的主体都不得享有行政法律规范以外的特权；(3) 一切违反行政法律规范的行为，都属于行政违法行为，自始无效；(4) 一切行政违法主体都必须承担相应的法律责任。[④] 还有的学者把行政合法性原则的基本内容归结为五项：(1) 一切国家行政主体必须严格执行行政法律规范，一切行政相对人必须严格遵守行政法律规范；(2) 任何行政法律主体不得享有不受行政法调整的特权，权利的享受和义务的免除都必须有明文的法律依据；(3) 国家行政主体必须做到处罚有据，任何处罚性和禁止性行为必须有明文的法律依据，"法无明文"不为罪；(4) 一切违反行政法律规范的行为都属行政违法行为，它自发生起就不具有法律效力；(5) 一切行政违法主体均应承担相应的法律责任。[⑤] 此外还有许多学者对行政合法性原则作了不少深刻的阐述，因内容与上有一定的重叠，不再列述。

笔者以为，关于行政合法性原则的基本内容，问题不在于它有几项，而在于如何把握其核心内容。以上从"依法""守法""平等""责任"的角度揭示行政合法性原则的基本内容固然无可非议，但它是否是最好的"视角"依然可以讨论。既然行政法学的核心是解决行政职权的合法性问题，因此也许从行政职权的

---

① 张树义主编：《行政法学新论》，时事出版社1991年版，第56—58页；王连昌主编：《行政法学》，中国政法大学出版社1994年版，第48—51页。

② 中国1991年全国高等教育自学考试行政管理专业行政法学试卷的标准答案。

③ 罗豪才主编：《行政法学》，中国政法大学出版社1989年版，第39页；罗豪才主编：《中国行政法讲义》，人民法院出版社1992年版，第30—33页。

④ 应松年主编：《行政法学教程》，中国政法大学出版社1988年版，第40—42页；王重高：《行政法总论》，中国政法大学出版社1992年版，第9—11页。

⑤ 张焕光、胡建淼：《行政法学原理》，劳动人事出版社1989年版，第73页；胡建淼主编：《行政法教程》，杭州大学出版社1990年版，第48页。

产生、运作和监督的顺序和角度来把握其基本内容更为合乎逻辑。我们的尝试是，把行政合法性原则的基本内容归结为以下五项内容。

第一，行政主体的行政职权由法设定与依法授予。一切行政行为以行政职权为基础，无职权便无行政。然而行政职权必须合法产生，行政主体的行政职权或由法律、法规设定，或由有关机关依法授予。[①] 不合法产生的行政职权不能构成合法行政的基础。

第二，行政主体实施行政行为必须依照和遵守行政法律规范。这里含有"依法行政"和"守法行政"两项内容。它要求每一个行政主体既要依法"管理"行政相对人，又应在其他行政主体的管理中遵守法律、法规和规章。行政主体既是实施法律的主体，又是遵守法律的主体。行政主体不得享有法律以外的特权。

第三，行政主体的行政行为违法无效。行政主体的行政行为必须合法，它既应符合行政法律条文，更应符合法的精神。违法的行政行为不具有法律效力，无论是实体上的违法，还是程序上的违法，因而它不能约束行政相对人的行为。

第四，行政主体必须对违法的行政行为承担相应的法律责任。对于行政主体的行政违法行为，不仅应确认该行为无效，同时还应追究行为责任者相应的法律责任，这是"违法必究"精神的体现。包括行政赔偿在内的行政责任制度便是这一内容的体现。

第五，行政主体的一切行政行为（法律另有规定的除外）必须接受人大监督、行政监督和司法监督。这是说，任何行政行为必须受到监督和救济，否则任何责任都将成为空谈。"无救济便无权利"，无监督也就便无行政。各级人民代表大会及其常务委员会对同级人民政府行使职权的监督以及有权撤销其不适当的决定和命令的制度、行政机关所实施的行政复议制度以及人民法院所实施的行政诉讼制度等，均是这一内容的体现。

中国行政合法性原则越来越支配和约束着我国各种行政法律制度。与此同时，随着我国社会主义行政法制的进一步健全和发展，中国行政法上合法性原则的内容亦会越来越得到充实。

（《中国法学》1998 年第 1 期）

---

① 至于行政职权的设定与授予之间的区别，可见拙作《有关中国行政法理上的行政授权问题》，《中国法学》1994 年第 2 期。

§1.7　试论行政合理性原则

公平合理被公认为民法学的“精神内核”，同时又长期被视作与行政法无涉的“天国”。然而到了20世纪初，认为行政法只约束政府的羁束行为，而不约束其自由裁量行为，行政法只解决政府行为的合法性，而不解决其行为的合理性，这一时代有幸被全面宣告结束。从此，“合理性”作为一项法定要求渗透到国家行政权的各个领域，并作为现代行政法的一项基本原则得到尊重。本文试就行政合理性原则确立的历史与法理背景、行政合理性原则的适用范围、行政合理性原则的基本内容以及该原则与行政合法性原则的关系，作一探讨，以求教同仁们。

一

行政合理性原则（the Principle of Reasonableness）是与行政合法性原则相并列的一项基本原则，而且又是对行政合法性原则的补充。它要求行政主体的行政行为不仅要合法，而且同时要合理。违反合法性原则将导致行政违法，违反合理性原则便将导致行政不当。

行政法从只要求政府的行政行为做到合法，到同时要求政府的行政行为做到合理，换句话说，从单纯的行政合法性原则，过渡到确立双重原则，即行政合法性原则和行政合理性原则，此乃是人类行政法制进化的一个标志，是世界各国行政法发展史上的一个飞跃。

行政法上合理性原则的确立，与政府行政自由裁量权的存在和发展，以及人们对行政自由裁量权认识的深化，特别是对其控制意识的加强有关。政府的行政行为在客观上有羁束行为与自由裁量行为之分。

在行政法治发展的初期，人们的目标只限于规范羁束的行政行为，行政法的任务亦停留在以制定法去衡量羁束行为的合法性。此时的行政自由裁量权处于绝对的“自由”状态。随着社会的发展，政府行政职能的强化，特别是19世纪以来，政府行政自由裁量权不断扩张，人们日益感受到来自于它的威胁。人类逐渐认识到，行政法不仅应控制政府的羁束行为，同时更应控制政府的自由裁量行为。正如美国行政法学者 B. 施瓦茨所说："自由裁量权是行政权的核心。行政法如果不是控制自由裁量权的法，那它是什么呢?"① 英国行政法学专家 H. 韦德认为："所有的自由裁量权都可能被滥用，这仍是个至理名言。"② "在公法中没有不受约束的自由裁量权……绝对的和无约束的自由裁量权的观点受到否定。为公共目的所授予的法定权力类似于信托，而不是无条件地授予。"③ 因此，只以一个原则，即行政合法性原则，约束政府的行政行为是不够的，行政合理性原则理应成为行政法的一项基本原则。列宁早在 20 世纪 20 年代就有这样的思想：在国家管理中不仅有合法性问题，而且还有合理性问题；因为在管理方面，不仅有法律规范在起作用，而且还有技术的、经济的、道德的和其他的规范在起作用，其中一些具有法律形式，另一些则不具有；在没有法律规定的情况下遵循的就是合理性原则。④

世界各国行政法上的合理性原则正是在这种历史背景下和理论基础上成立的。普通法上行政合理性原则的起源可追溯到 16 世纪末。当时英国一个著名的案例即鲁克案件包含了一个 1598 年作出的著名判词。该判词在近四百年一直未失去其准确性。英国下水道管理委员会的委员们打算修正河岸征收费用，但他们把所有所需费用都摊派给邻近土地的所有人，而不是摊派给所有的受益者。法律赋予委员们有征收费用的自由裁量权，但没有规定向谁征收。科克在判词中写道："尽管委员会授权委员们自由裁量，但他们的活动应受限制并应遵守合理规则和法律规则。因为自由裁量权是一门识别真假、是非、虚实、公平与虚伪的科学，而不应按照他们自己的意愿和私人感情行事。" 1609 年的一个判例又重复了这一原则。⑤ 现在，英国的合理性原则已成为审查行政行为效力的一个独立并且是重要的理由。美国确立行政合理性原则虽在时间上稍晚于英国，但合理性原则的精神是相同的。关于政府必须"合理地"行使自由裁量权的规定源于美国宪法第五条修正案"非经正当的法律程序，不得剥夺任何人的生命、自由或财产"的

① ［美］伯纳德·施瓦茨著，徐炳译：《行政法》，群众出版社 1986 年版，第 566 页。

② ［英］H. Wade：Administrative Law，1982 。

③ ［英］威廉·韦德，李湘如译：《合理原则》，《法学译丛》1991 年第 6 期。

④ 《列宁选集》第四卷，人民出版社 1960 年版，第 688 页；［苏］B. M. 马诺辛等，黄道秀译：《苏维埃行政法》，群众出版社 1983 年版，第 222 页。

⑤ ［英］H. Wade：ADMINISTRATIVE LAW，1982 。

规定。

许多授权行政官员或机关裁量权的法律皆明文规定，裁量权的行使必须“合理”。其他的法律则使用相似的字眼如：“适当的”“必要的”“可实行的”“可行的”或“适合的”等等。当法律规定“公共利益”，使用“过渡”一词时，意思都是使行政行为能有最起码的推理及常识。[①]

在大陆法系国家，行政合理性原则起源于德国。合理性原则（the principle of verhāltnismāβigkeit）在德国虽没有普通法这样的历史，但其源头亦可追溯到19世纪末期的一些司法宣告（the judicial pronouncement）之中。在这些司法宣告中，普鲁士最高行政法院（the Prussian Supreme Administrative Court）援引这些原则来审查在法律领域或有关程序事务方面警察机关自由裁量的权力（the discretionary powers of the police authorities）。[②] 像普鲁士法院一样，德国法院没有使法院制定的这种原则建立在禁止不合理地行使权力的储蓄的立法禁止令基础之上，而是建立在一种更重要的、更科学的关于行使自由裁量权之目的、方法、理由及效力关系的基础之上[③]，从而形成了适当性原则（principle of suitabilty）、必要性原则（principle of necessity）和比例原则（principle of proportionality）这三项中心内容。[④] 德国的这一合理性原则尔后还波及和影响了日本的行政法。意大利在1955年5月21日推出的《行政程序法（草案）》还要求政府行政行为不得违反行政上之妥当性或平衡性，并且规定不得以任何方式违背“良好行政”之法则，否则该行为视为具有欠缺正当之瑕疵。[⑤]

在中国，自新中国成立以来大量的行政性法律、法规和规章均在一定程度上体现了合理性精神。然而在学术界公认行政合理性原则为行政法的基本原则之一，那是20世纪80年代以后的事。中国行政法上合理性原则的确立，不仅是中国法学工作者长期研究的结果，是司法部门长期司法实践的经验总结，更是中国社会主义民主与法制发展的必然。这一原则的确立，表明中国行政法对政府工作有了更高的要求，它要求政府的行政行为既符合合法性标准，又符合合理性标准。

---

① 《行政法中的比例原则》，《中国法学》1990年第1期。

② Decisions of 14 June 1882, 9 Provg 353 and of 10 April 1886, 13 Provg 424, 426.

③ Hirschberg L: Der Grundsatz der Verhāltnismāβigkeit, 43-44, 1981.

④ ［印］M. P. 赛夫著，周伟译：《德国行政法——普通法的分析》，台湾五云图书出版公司1991年版，第212—222页。

⑤ 见意大利1955年《行政程序法（草案）》第44条。

二

行政合理性原则与行政合法性原则同属行政法的基本原则，但适用范围上略有区别。行政合理性原则在适用范围上的特殊性来自于以下两个方面。

第一，行政合理性原则只适用行政自由裁量权范围以内的行为，不适用羁束行为。前面说过，行政合理性原则主要基于行政自由裁量权的存在以及对它的控制而确立。行政合理性原则确立以后，也主要在行政自由裁量权限范围内发生作用，在自由裁量权限以外以及对于羁束行为，不再是合理性问题，而是合法性问题。合理是指合法范围内的合理，而不是指合法范围以外的合理性。这一点我们将在后面讲到。

第二，行政合理性原则是行政法的原则，而不是行政诉讼法的原则。因而它对行政主体的行政行为是适用的，但不适用司法机关所主持的行政诉讼活动。《中华人民共和国行政诉讼法》① 第五条规定："人民法院审理行政案件，对具体行政行为是否合法进行审查。"而《中华人民共和国行政复议法》② 第一条所规定的任务，不仅在于纠正"违法的"具体行政行为，而且同时要纠正"不当的"具体行政行为。这说明：行政主体的行政行为既适用合法性原则，又适用合理性原则；而司法机关的行政审理行为则仅适用合法性原则。③

三

行政合理性原则的基本内容是什么？或者说，合理性的标准是什么？国外行政法已有种种观点。英国大法官黑尔什姆认为，两个合理的人可以对同一事件得出完全相反的结论，且不能指责这两个相反的结论有任何不合理。④ 这是说，"合理性"与其说是个客观标准，不如说是个主观标准。但排除众人所公认的"不合理"，也许正确立了"合理性"标准。为此，英国一些法官确立了一些"不

---

① 1989 年 4 月 4 日第七届全国人民代表大会第二次会议通过，1990 年 10 月 1 日起施行。

② 1999 年 4 月 29 日第九届全国人民代表大会常务委员会第九次会议通过，1999 年 10 月 1 日起施行。

③ 有人不同意这样的观点，认为行政诉讼以适用合法性原则为原则，适用合理性原则为例外，理由是行政诉讼法第五十四条对"行政处罚显失公正"的规定属于合理性问题。而笔者认为，"行政处罚显失公正"本身属于"违法"而不是"不当"即"不合理"问题。

④ ［英］威廉·韦德著，李湘如译：《合理原则》，《法学译丛》1991 年第 1 期。

合理”的标准：“如此荒谬以致任何有一般理智的人不能想象行政机关在正当地行使权力时能有这种标准”（格林法官语），“如此错误以致有理性的人会明智地不赞同那个观点”（丹宁法官语），“如此无逻辑或所认可的道德标准，令人不能容忍，以致任何认真考虑此问题的正常人都不会同意它”（迪普洛克大法官语）。[①] 在美国，关于“不合理”的标准比英国更为具体。美国法院将“不合理”一词用在各种不当行为上，诸如：为不当的目的，行使权限时基于偏见，歧视而采取行动，不附理由而作成与前决定不一致的决定，程序不公平，不当的怠于行为或迟延，等等。[②]

德国对行政合理性原则的规范比普通法国家更为系统，更具成文化标准。德国行政法把行政合理性原则的基本内容归纳为三项具体原则[③]，即：（1）适当性原则（Principle of Suitability）。该原则要求行政主体在执行一项法律的时候，只能够使用那些适合于实现该法目的的方法，而且必须根据客观标准，不是按照行政主体的主观判断来决定某种措施的适当性。（2）必要性原则（principle of necessity）。必要性原则又称为最温和方式的原则（the principle of mildest means）。这个原则要求，行政主体在若干个适合用于实现法律的目的的方法中，只能够选择使用那些对个人和社会造成最小损害的措施[④]。（3）比例原则（principle of proportionality）。比例原则即禁止越权的原则（prohibition egainst excessiveness），又称狭义的合理性原则（the principle of verhāltnismāβigkeit）。该原则要求适当地平衡一种行政措施对个人造成的损害与对社会获得的利益之间的关系，也禁止那些对个人的损害超过了对社会的利益的措施。日本司法界和学术界在评价 1953 年“蜂巢城案”中对“合理性”所做的解释是：非法律规范的条理和道理，即按社会上一般人的理解，所尊重的合乎事情性质的状态。[⑤]

在我们国内，自 1980 年以来，已有许多学者对行政合理性原则的基本内容和“合理性”的标准作了探讨。有学者认为，“合理就是按照法令政策办事。”[⑥] 这种“合理性”标准其实同“合法性”标准无多大区别，故不可取。有学者则认

① ［英］H. Wade：Administrative Law，1982 。

② 台湾《宪政时代》1989 年第 3 期，《比例原则》一文。

③ ［印］M. P. 赛夫著，周伟译：《德国行政法——普通法的分析》，台湾五云图书出版公司 1991 年版，第 212—222 页。

④ Wolff，Bachof：Verwaltungsrecht Ⅲ，202（4th ed，1978）suggest that out of public resources only that much be granted to an individual as is necessary.

⑤ 皮纯协、胡建森：《中外行政诉讼词典》，东方出版社 1989 年版，第 758—760 页。

⑥ 龚祥瑞：《比较宪法与行政法》，法律出版社 1985 年版，第 482 页。

为，“合理性”系指符合五项标准：“1. 符合客观规律性；2. 符合法律的目的；3. 决定的依据充分、客观；4. 符合国家和人民的根本利益；5. 符合正义。”① 1989 年的司法部法学教材编辑部编审的高等学校法学教材《行政法学》认为：“合理性原则是行政法治原则的另一个重要组成部分，指行政决定内容要客观、适度、符合理性。”合理性原则的具体要求是：“（1）行政行为的动因应符合行政目的；（2）行政行为应建立在正当考虑的基础上；（3）行政行为的内容应合乎情理。”② 另有学者认为，行政合理性原则的内容由以下四项组成：“（一）行政行为必须符合法律的目的；（二）行政行为必须具有合理的动机；（三）行政行为必须考虑相关的因素；（四）行政行为必须符合公正法则。”③ 以上论述都较为深刻和全面地阐述了我国行政合理性原则的基本内容，问题仅在于如何归纳内容。作者以为，行政合理性原则的基本内容主要有下列三项：

第一，正当性。即行政主体作出行政行为，在主观上必须出于正当的动机，在客观上必须符合正当的目的。

第二，平衡性。即行政主体在选择作出某种行政行为时，必须注意权利与义务、个人所受损害与社会所获利益、个人利益与国家集体利益之间的平衡。

第三，情理性。即行政主体作出行政行为，必须符合客观规律，合乎情理。不能要求行政相对人承担其无法履行或违背情理的义务。

四

中国行政法的两大基本原则，即行政合法性原则与行政合理性原则之间，既有联系又有区别。掌握它们之间的关系，对于我们具体适用和贯彻这两项原则是极为重要的。要准确地把握它们之间的关系，必须注意理解以下几点：

第一，行政合法性原则与行政合理性原则是行政法的两项基本原则，二者不可偏废。政府的行政行为必须既合法又合理，任何合法不合理或合理不合法的行为均是不许可的。

第二，行政合法性原则是主要原则，行政合理性原则是补充原则。行政合理性原则必须以合法性原则为前提。合理是合法范围内的合理，任何违法的所谓

① 罗豪才、孙晓民：《行政法的基本原则》，1986 年中国行政法学研究会会议论文。

② 罗豪才：《行政法学》，中国政法大学出版社 1989 年版，第 41—43 页。

③ 王连昌：《行政法学》，中国政法大学出版社 1994 年版，第 54—57 页。

“合理性”概不允许。

第三，行政合法性原则既适用羁束行政行为，又适用自由裁量行政行为，而行政合理性原则仅适用自由裁量行为。行政合理性原则只适用自由裁量权限范围内的行为，但自由裁量权并不全是合理性问题。

第四，行政合法性原则既适用行政管理，又适用行政诉讼，而行政合理性原则不适用行政诉讼。

第五，违反行政合法性原则构成行政违法，违反行政合理性原则构成行政不当。行政违法和行政不当合称为行政瑕疵。行政瑕疵是行政法旨在防止和排斥的行政行为。控制和纠正行政瑕疵是我国行政法的重要任务。

（《东吴法学》2000 年特刊）

§1.8 试论国家行政机关在执法活动中的主体资格

一、行政机关执法必须具备主体资格

行政机关执法必须具备主体资格。并非所有行政机关都具备这种资格，行政机关也并非在任何条件下都享有这种资格。国家行政机关，即从中央到地方的各级人民政府，从性质上说，是国家权力机关的执行机关。它在国家机构中的地位，由宪法明文确立。这就决定了其行为，从根本上说是一种执行活动，主要是执法活动。行政机关从事国家管理，实质上是行政执法①。然而，行政机关实施国家行政管理，执行国家法律，进行领导、指挥和监督，必须具备主体资格。没有法人资格的企业从事经营活动是不被允许的，没有主体资格的行政机关实施执法活动同样不可思议。面对国家行政管理中的各种法律问题，行政法学首先要解决的就是："谁有权实施行政管理行为?"这一问题的实质便是主体资格问题。

关于行政机关在国家行政管理中的主体资格问题在理论界一直存在着这样的模糊观念：所有的行政机关（包括机构）都具备实施国家行政管理的主体资格，行政机关在任何时间空间里都享有这种资格。事实恰恰相反：虽然我国行政管理活动主要由行政机关承担，但并非所有的行政机关都具备管理资格，行政机关也并非在任何场合下都享有这种资格。

根据宪法第八十五条和第一百零五条规定的含义，国家行政机关仅指各级人民政府。这种狭义的行政机关和隶属于行政机关的各种行政机构被合称为行政组织。从广义解释，行政机关则等同于行政组织，包括各级政府以及隶属于政府的各种行政机构。政府内部机构各色各样，有的对社会享有独立的管理资格（如公

① 政府的执法常被称为"行政执法"。但行政执法有广狭之分。广义的行政执法立足于主体的性质：由于行政机关是执法机关，因而，凡行政机关为执行权力机关制定法律的一切活动，都属行政执法。狭义的行政执法以行政机关行为的具体性质为标准加以区别，行政机关立法活动和司法活动之外的活动才属行政执法。本文所涉"行政执法"立于广义。

安局)，有的则不享有管理资格（如政府内部咨询机构)。鉴于此，我们对行政机关要作具体分析，不能一概而论，认为只要是行政机关（包括行政机构)，就都享有行政管理的主体资格。

再从动静态来考察国家行政机关。从静态上看，根据行政机关在国家机构中的地位，可以认为行政机关是实施国家行政管理的主体；从动态上考察则不然，国家行政机关并非只能从事行政活动，也并非在任何场合都在实施行政活动。因而可以说，行政机关并不是在任何场合都享有管理主体的资格。

二、使用“行政主体”一词具有重要的理论意义

使用“行政主体”一词具有重要的理论意义。“行政主体”同“行政机关”既有联系又有区别。行政主体是行政机关的一种法律身份，但仅仅是在探讨国家行政机关在执法活动中的主体资格时，正确地理解和使用“行政主体”一词，具有重要的理论意义。甚至在行政法学理论中，用“行政主体”代替“行政机关”也有必要。“行政主体”（administrative body）一词，作为一个法律概念，在国外早被采用。在法国，行政主体系指具有行政权能，并能负担由于行使职权而引起的权利和义务的主体。它包括国家、大区、省、市镇和公务法人。英国行政法学所指行政主体，虽然范围与法国相比略有区别，但含义基本相同。

在我国，行政主体特指能以自己的名义实施国家行政权（表现为行政管理活动)，并对行为效果承担责任的组织。这一定义，反映了行政主体的四个特征。

第一，行政主体是一种组织，而不是个人。组织概念的外延很广，可以指机关、机构，也可以指单位、团体等。组织在一定条件下可以成为行政主体，但个人不享有这个资格。尽管具体的行政行为由国家公务人员来行使，但他们是以组织名义而不是以个人名义实施的。

第二，行政主体是实施国家行政权的组织。并不是所有的组织都是行政主体，只有实施国家行政权，以行政管理为职责的组织才是行政主体。如人民法院行使审判权，人民检察院行使检察权，它们不属于行政主体。根据宪法第八十五条、第八十九条、第一百零五条和第一百零七条规定，我国的行政主体主要是行政机关。

第三，行政主体是能以自己的名义实施行政管理的组织。所谓“以自己的名义”，是指能以自己的名义对外行文，能以自己的名义作出处理决定，并能以自己的名义参加诉讼活动。能否以自己的名义实施管理，反映了它是否享有独立的

法律人格。我国有不少机构虽然可以实施具体的行政行为，但它不能以自己的名义作出。治安处罚大多由公安局内的治安处（科）作出，但裁决书必须由公安局署名，对于由此引起的治安诉讼也必须由公安局而不是由治安处（科）应诉。可见，公安局内的治安处（科）不是行政主体，公安局才享有行政主体资格。政府内部的政策研究机构属同一情况。

第四，行政主体能独立地承担自己行为所引起的效果。这种承担方式表现为两个方面：(1) 行政主体对由自己已经作出的正确行为所引起的结果，能予维持和承受；(2) 行政主体对由自己违法不当行为及其引起的后果，承担补救责任。

行政主体的特征使我们发现，它同行政机关既有联系，又有区别。在我国，行政主体主要由行政机关来承担。但作为一个特定化的、动态性的法学概念，行政主体无法与行政机关等同。因为，并不是所有的行政机关（行政组织）都是行政主体（上面已有例证）；非行政组织也并非不能成为行政主体，得到行政授权的社会团体便是一例。此外，用“行政机关”代替“行政主体”，还会带来忽略行政机关的双重身份的问题。法律身份是法律资格的表现形式。根据行政机关的职能以及在国家机构中的地位，我国的行政主体主要是行政机关。但是，行政主体仅仅是行政机关的一种法律身份，当行政机关以国家名义依法实施行政管理时，其身份是行政主体；而当行政机关以自己名义从事民事活动时，其身份则是民事主体，即机关法人。前者由行政法调整，后者受民法管辖。很显然，不使用“行政主体”这个概念，是无法揭示国家行政机关的双重法律身份的。

理解了“国家行政机关具有双重身份”的原理，便会承认：在行政法学中使用“行政主体”会比“行政机关”更加科学。诸如，“行政诉讼是以行政主体为被告的诉讼”，这种提法显然比“行政诉讼是以行政机关为被告的诉讼”的提法确切得多。因为以行政主体为被告的诉讼必然是行政诉讼，但以行政机关为被告的诉讼未必就是行政诉讼。前一种提法不至于发生把以行政机关为被告的民事诉讼看成是行政诉讼的误解。

三、行政的内外两重性，决定了内部行政主体与外部行政主体的划分

行政的内外两重性，决定了内部行政主体与外部行政主体的划分。贯彻“交错无效原则”乃是坚持主体资格与主体行为相统一的关键。

行政是国家行政主体依法对社会和国家事务进行组织和管理的活动。依据活动范围，行政可以被划分为两大类：内部行政和外部行政。

内部行政系指国家行政主体为履行对社会管理的职责而对自身进行组织、管理和调节的活动。它的特点在于：管理主体和管理对象都在国家行政系统之内。以这一特点作为确认标准，内部行政大致包括：（1）国家行政机关之间的关系和活动。如上级行政机关对下级行政机关的指挥与监督。（2）国家行政机关与国家公务员之间的关系和活动。如前者对后者的任免、奖惩等。（3）国家行政机关与属它所有或使用的财物之间的关系。如行政机关对本机关的房屋进行分配与管理。

外部行政乃是国家行政机关对不隶属于自身的组织、人员以及财物的一种国家管理。它是国家行政的主要方面。与内部行政比较，它的特点主要在于：管理主体仍是国家行政机关，但管理对象是不属于或不隶属于行政机关的组织、人员或财物。据此，外部行政主要包括：（1）行政机关对其他国家机关在行政事务上的管理以及由此构成的相互关系。政府审批人民法院的建房申请，便是一例。（2）行政机关对企事业单位、社会团体的监督和管理，以及由此构成的相互关系。如社团登记、营业执照发放等。（3）行政机关对社会成员的管理以及由此构成的关系。如公安机关对违反交通管理秩序行为人的处罚等。（4）行政机关对不属于它所有或占有的财物进行管理。这种财物可以是国家的，也可以是集体或个人的。如政府房管部门对私有房屋的登记管理。

在社会发展史上，国家一出现，就成了社会的主要管理者。国家要履行管理社会的职责，首先要对国家自身进行管理。因此，内部行政和外部行政构成了国家行政的整体；如果说内部行政反映了国家的自身管理，那么外部行政便体现了国家对社会的管理。

国家行政的内外两重性是内外行政主体划分的基础。行政主体被划分成内部行政主体和外部行政主体两大类。前者只能在内部行政范围内发挥它的管理职能，如政府的办公机构；后者则能在社会范围内实施它的管理职能，如政府以及其他的职能机构。

无论是内部行政主体，还是外部行政主体，其管理行为（行政行为）必须同行政范围相一致。主体资格同主体行为相统一，是我国行政法学原理的要求。而实施这一要求的关键，乃是贯彻“交错无效原则”。根据这一原则，内部行政只能在内部行政范围内活动，外部行政也只能在外部行政范围内活动；主体资格同行为范围交错，主体行为无效。[①]

① 既是内部行政主体，也是外部行政主体的组织例外。

四、行政机关主体资格的实质在于行政职权

职权上的分工决定了主体资格的差异。行政职权及其具体性质构成确认行政主体资格的根本标准。

行政主体资格的确认及其标准，不仅是个重要的理论问题，而且是个具体的实践问题。第一，确认行政主体的资格有助于确定行政行为的效力。行政行为实际上就是行政主体的行为，它带有国家的强制力，直接影响相对人的权利和义务。如果实施行为的组织不具有行政主体的资格，那么它的行为就不具有行政行为的效力，对相对人权利和义务的影响不为法律所承认。相对人对不享有行政主体资格的组织所实施的行政行为没有服从和协助的义务。第二，确认行政主体的资格有助于确定行政诉讼当事人。我国行政诉讼的特点之一在于，它一概以作出行政处理的行政主体为被告。因此，任何组织的行政主体资格决定了它作为行政诉讼应诉人的资格。应诉人的资格须以行政主体资格为前提。

为此，我们迫切需要寻找一种资格确认标准，用以衡量某种组织是否具有主体资格，以及哪一种主体资格。

行政主体资格不同于法人资格，虽然它也须以依法成立为前提条件，但它的实质在于行政职权。行政职权是国家行政权的转化形式，是有关组织实施国家行政管理活动的权能。以功能为标准，行政职权表现为命令权、检查权、处置权、审批权、奖励权、处罚权、执行权等。

根据管理领域，行政职权又可以被分为公安管理权、工商管理权、科技管理权等类别。我们要确认某个组织是否享有行政主体资格，主要在于看它是否具有行政职权；要确认某个方面的行政主体，就在于看它是否具有该方面的行政职权。职权上的分工决定了主体资格上的差异。从实质上说，行政职权及其具体性质便是确认行政主体资格的根本标准。

任何行政职权都被要求在一定范围内行使。任何行政职权均与行政权限相联系。行政行为超越权限，构成行政越职，不具有法律效力。这一原理又要求行政主体在权限范围内活动，否则，原有的主体资格将失去意义。

（中国社会科学院《未定稿》1989 年第 6 期）

§1.9 “特别权力关系”理论与中国的行政立法

——以《行政诉讼法》《国家公务员法》为例

内容提要：起源于19世纪德国、事后风靡欧陆国家的“特别权力关系”理论在中国的行政法学界还非常陌生。从行政法学史的视野，研究这一理论无疑仍有意义，但如果将这种理论视作与中国当今的行政立法，特别是《行政诉讼法》和《公务员法》有联系，甚至是这些行政立法的基础，那绝对是中国部分学者的误会。当今中国的行政立法与这一理论没有关系，这才是它与中国行政立法之间真正的“关系”。奉行“依法治国”的中国已与形成这一理论时的德国背景大不相同，中国已无必要引进这一“过时”的理论。《行政诉讼法》和《公务员法》的修改方向也与“特别权力关系”理论没有联系，有关修改中的棘手问题完全可以在中国现行的行政法制中绕开“特别权力关系”理论而得到解决。文章最后对《行政诉讼法》和《公务员法》的修改方向和修改结果提出了自己的想法。

关键词：特别　权力　关系

一、问题的提出及意义

在我国已经实施了十五年的《中华人民共和国行政诉讼法》① （以下简称《行政诉讼法》）已被纳入“修改”的行列，关于如何修改的建议与方案已在各类法学报刊上铺天盖地，其中不免涉及是否继续保留《行政诉讼法》第十二条第（三）项的内容。

根据《行政诉讼法》第十二条第（三）项的规定，公民、法人或者其他组织对于“行政机关对行政机关工作人员的奖惩、任免等决定”不服而提起的诉讼，

① 1989年4月4日中华人民共和国第七届全国人民代表大会常务委员会第二次会议通过，1989年4月4日中华人民共和国主席令第十六号公布，自1990年10月1日起施行。

人民法院不予受理。而“行政机关对行政机关工作人员的奖惩、任免等决定”，依据最高人民法院《关于执行〈中华人民共和国行政诉讼法〉若干问题的解释》[①]（以下简称“最高院《若干问题的解释》”）第四条的解释，系指“行政机关作出的涉及该行政机关公务员权利义务的决定”。从《国家公务员暂行条例》[②]的有关规定看，行政机关公务员的权利义务范围非常广泛，“不仅包括该条例规定的权利义务，如政治、业务的培训、工资的升降、职务的晋升、福利待遇、住房分配、遵纪守法、尽职尽责等，而且还包括宪法和法律规定的其他权利义务”。[③] 新公布的《中华人民共和国公务员法》[④]（以下简称《公务员法》）虽对公务员权利义务的条款作了一些修改与补充，但仍属同类规定。不少行政法或行政诉讼法方面的教科书将这类行为概称为“内部行政行为”或“内部人事管理行为”[⑤]，并理所当然地将如此广泛涉及公务员权利义务内容的行为排除在行政诉讼范围之外，使当事人得不到司法救济。这种思维模式同样还影响到我国行政复议范围的设计。[⑥]

立法不仅需要有法律依据，更需要有理论依据。缺乏理论依据的立法是一种无理性的立法。那么，我国《行政诉讼法》第十二条第（三）项规定的理论依据是什么呢？立法者的解释是：“为了保障行政机关有效地行使职权”。[⑦] 学者们的解释是：一是条件不成熟，因为我国的行政诉讼刚刚起步，缺乏经验，人民法院审判力量有限；二是这种行为属于内部行政行为。[⑧] 在上述解释中，“为了保障行政机关有效地行使职权”和“条件不成熟”之类谈不上“理论”，只是如此规定的实用性“理由”；“内部行政行为”虽与理论靠近了点，但人们不禁要问，为什么对于“内部行政行为”就不适用行政诉讼了呢？有人作了更进一步的说明：

---

① 1999 年 11 月 24 日最高人民法院审判委员会第 1088 次会议通过，2000 年 3 月 8 日中华人民共和国最高人民法院公告法释〔2000〕8 号公布，自 2000 年 3 月 10 日起施行。

② 1993 年 4 月 24 日国务院第二次常务会议通过，1993 年 8 月 14 日中华人民共和国国务院令第 125 号发布，自 1993 年 10 月 1 日起施行。

③ 马原主编：《行政诉讼法条文精释》，人民法院出版社 2003 年版，第 86 页。

④ 2005 年 4 月 27 日第十届全国人民代表大会常务委员会第十五次会议通过，2005 年 4 月 27 日中华人民共和国主席令第三十五号公布，自 2006 年 1 月 1 日起施行。

⑤ 姜明安：《行政诉讼法学》，北京大学出版社 2001 年版，第 90 页；于安等：《行政诉讼法学》，法律出版社 1997 年版，第 98 页。

⑥ 《中华人民共和国行政复议法》（1999 年）第八条第一款规定：“不服行政机关作出的行政处分或者其他人事处理决定的，依照有关法律、行政法规的规定提出申诉。”

⑦ 见王汉斌同志在 1989 年 3 月 28 日第七届全国人民代表大会第二次会议上《关于〈中华人民共和国行政诉讼法（草案）〉的说明》。

⑧ 王亚琴、孙际泉：《中国行政诉讼法》，中国政法大学出版社 2003 年版，第 99 页。

“行政机关对其内部工作人员作出的涉及其权利义务的行为根据是特别权力关系……”[①] 看来，《行政诉讼法》作如此规定最终的理论依据——无论是否意识到——是“特别权力关系”理论。

与《行政诉讼法》这一规定有联系的另一个法就是《国家公务员暂行条例》。1993年由国务院以行政法规形式制定的《国家公务员暂行条例》第八十一条第1款规定：“国家公务员对涉及本人的人事处理决定不服的，可以在接到处理决定之日起三十日内向原处理机关申请复核，或者向同级人民政府人事部门申诉，其中对行政处分决定不服的，可以向行政监察机关申诉。”第八十二条规定：“国家公务员对于行政机关及其领导人员侵犯其合法权益的行为，可向上级行政机关或者行政监察机关提出控告。受理国家公务员控告的机关必须按照有关规定作出处理。”新公布的《公务员法》第九十条也作出了雷同的规定：“公务员对涉及本人的下列人事处理不服的，可以自知道该人事处理之日起三十日内向原处理机关申请复核；对复核结果不服的，可以自接到复核决定之日起十五日内，按照规定向同级公务员主管部门或者作出该人事处理的机关的上一级机关提出申诉；也可以不经复核，自知道该人事处理之日起三十日内直接提出申诉：（一）处分；（二）辞退或者取消录用；（三）降职；（四）定期考核定为不称职；（五）免职；（六）申请辞职、提前退休未予批准；（七）未按规定确定或者扣减工资、福利、保险待遇；（八）法律、法规规定可以申诉的其他情形。对省级以下机关作出的申诉处理决定不服的，可以向作出处理决定的上一级机关提出再申诉。行政机关公务员对处分不服向行政监察机关申诉的，按照《中华人民共和国行政监察法》的规定办理。”上述规定的另一面意思是：公务员对于人事处理决定或其他侵犯其合法权益的行为不服的，只能申诉或控告，不得申请行政复议和求助行政诉讼以获自己权利的救济。

上述规定的理论依据又是什么呢？人事部部长张柏林在《关于〈中华人民共和国公务员法（草案）〉的说明》中没有作出“说明”。迄今为止的各类有关国家公务员法的著作和教材亦未对此作出交待。

尽管如此，由于《行政诉讼法》第十二条第（三）项的规定与《国家公务员暂行条例》第八十一条以及《公务员法》第九十条的规定在内容上是吻合的，因而它们之间的理论依据也自然是相通的了。换言之，它们可能均自觉或不自觉地

---

① 马原主编：《行政诉讼法条文精释》，人民法院出版社2003年版，第86页；王亚琴、孙际泉：《中国行政诉讼法》，中国政法大学出版社2003年版，第98页。

受到“特别权力关系”理论的影响。鉴此，我们要讨论和评价《行政诉讼法》在这一问题上的修改方向以及新《公务员法》的修改结果，就不得不追溯“特别权力关系”理论并确立我们的态度。

二、“特别权力关系”理论及渊源

“特别权力关系”（besonderes gewaltverhältnis）理论可追溯到19世纪君主立宪时代的德国，后传入日本及我国台湾地区，对行政法的理论与实践，特别是对行政行为的司法救济制度，产生了广泛而深远的影响。

而在德国，“特别权力关系”理论由德国学者波尔·拉贝德（Paul Laband）建立理论之雏形，而由奥托·梅叶（Otto Mayer）集其大成，树立完整之理论体系。[①] 波尔·拉贝德是德国19世纪后半叶的著名公法学家，他首先明确提出了特别权力关系的概念，并以此说明官吏对国家的勤务关系。在1876年出版的《德意志帝国之国家法》一书中，他指出，人民对国家发生的勤务上之义务有三种情形：一是基于双方的契约合意而构成的私法上的雇佣关系，在这种关系中，虽然雇主是国家，雇员是公务员，但它们之间的地位是平等的；二是基于纯粹的权力关系而发生的勤务关系，它无须经当事人同意，这是一种命令与服从的管理关系；三是前两种情形的结合，即关系的构成取决于当事人自由意志的同意，但关系的内容具有权力性，不存在当事人的自由选择。波尔·拉贝德认为，官吏与国家之间是基于双方的合意而形成的一种具有公法性质的契约：国家必须表明愿意接受特定人为其服务，而官吏也应当有表明同意加入这种勤务关系的意思；双方形成契约后，官吏产生了特别的服从、忠诚等义务，国家则负有保护和支付所约定的薪俸责任。他最后的结论是：国家方拥有权力与相对方自愿加入便构成了特别权力关系的基本要素和特征。波尔·拉贝德的这一理论就为德国特别权力关系提供了最原始的理论基础。

奥托·梅叶在波尔·拉贝德的理论上有更大更深的发展。他认为，人民与国家之间存在着一种人人都适用的权利义务关系，如人民有获得国家保护的权利，但人民有纳税的义务。这种关系属于普通、综合性的关系。但另一方面，特定的人民与国家基于法律事实会构成一种特别的权力关系。这种特别权力关系，“为

① 翁岳生：《论特别权力关系之新趋势》，翁岳生：《行政法与现代法治国家》，台湾大学法学丛书编辑委员会1990年版，第132页。

达成公行政之特定目的，使所有加入所定特别关系的人民，处于（比一般人）更加从属的地位”。① 特别权力关系可以基于法律、行政处分或因利用公共设施而当然发生，其主要类型有公法上的勤务关系、公法上的营造物利用关系以及公法上的特别监督关系等。在这些关系中，人民负有特别的服从义务，自由受到特别的限制。奥托·梅叶特别指出，在特别权力关系中，依法行政、法律保留等原则不再适用，国家方可以在没有法律授权的情况下限制行政相对人的自由，而相对人不得对此提起争诉。

如果说波尔·拉贝德仅限于国家官吏制度领域来构建特别权力关系理论，那么奥托·梅叶则将特别权力关系拓展到人民与国家之间广泛的关系领域；如果说波尔·拉贝德仅为特别权力关系而论述特别权力关系，那么，奥托·梅叶则为排斥法治行政的适用而构建特别权力关系理论。奥托·梅叶的特别权力理论在德国趋向成熟，对德国的行政法产生了极大的影响。例如，1931 年公布的符登堡行政法典草案即吸收了他的观点，规定特别权力关系内所作出的处分或决定都不属于行政处分，因而不适用法律救济。②

德国特别权力关系的理论基础是 19 世纪的宪政国家法和行政法理论。③ 根据这些理论，服务于公共或国家利益的当事人的本身利益，被看成是一种国家的内部利益关系；而 19 世纪德国的法律功能主要是处理国家与人民的关系，以保障人民的自由与权利，至于国家的内部关系则不受法律调整。④ 而特别权力关系正是被看成是不受法律调控的国家内部关系。这种理论的目的在于维持绝对主义的君主及高级官吏阶层的特权，以及官僚主义的行政权的优越性。

战前日本的法制完全属于大陆法系，它特别深受德国法律制度与法学理论的影响。德国的特别权力关系理论在 20 世纪初就开始移植日本。日本最早论述特别权力关系理论的学者应当首推一木喜德郎。他在 1909 年《特别权力关系》一文中指出，官吏或学生与一般人民不同，他们的行为由于其身份而会受到特别的拘束，如宪法上规定的迁徙、居住及结社权利，一般人民理所当然地可以拥有，而他们可以被主管部门在没有法律依据的条件下以维持纪律为由而加限制。⑤ 其

① 翁岳生：《论特别权力关系之新趋势》，翁岳生：《行政法与现代法治国家》，台湾大学法学丛书编辑委员会 1990 年版，第 135 页。

② 杨海坤、章志远：《中国行政法基本理论研究》，北京大学出版社 2004 年版，第 165—166 页。

③ ［德］哈特穆特·毛雷尔著，高家伟译：《行政法学总论》，法律出版社 2000 年版，第 114 页。

④ 于安：《德国行政法》，清华大学出版社 1999 年版，第 33 页。

⑤ 杨海坤、章志远：《中国行政法基本理论研究》，北京大学出版社 2004 年版，第 166 页。

后当推日本20世纪的著名公法学家美浓布达吉，他进一步细化了日本的特别权力关系理论，但基本上没有跳出德国理论的“怪圈”。

日本行政法同样认为，特别权力关系是指人基于特别成立的原因（法律上的直接规定或当事人的自主同意），服从于国家或公共团体的一种特殊的、概括性的支配权的关系。他们将特别权力关系归结为四类：一是公法上的勤务关系，即公务员与国家之间的关系；二是公法上的营造物利用关系，学校与学生、医院与患者、监狱与受刑人之间的关系均属此类；三是公法上的特别监督关系，如电、煤气等所谓国家对特许企业者的监督关系；四是公法上的组合关系，如土地改良区与互助员、公共团体与团体成员之间的关系等。①

在特别权力关系中，国家或公共团体对相对人一方拥有概括性的命令权与惩戒权，而且行使这些权力无须法律依据并不进入司法救济。②

法国虽属大陆法系，但它的行政法恰恰是判例法。其司法法院以外的行政法院（juridiction administrative）可以包揽对一切行政事务的审理，无论内外行政事务，还是一般与特别的行政事务，因而德国的特别权力关系理论在法国就没有生存的土壤。③

作为普通法系代表的英美国家，由于其采用由普通法院管辖一切案件，并适用同一程序与同一法律，故“特别权力关系”不再“特别”，因而也没有“特别权力关系”之理论的存在。④ 但在美国，关于公务员与国家的关系，却历经了一段变故。美国传统法制中，将公务员与国家的关系不视作一般人民与国家之间的关系。因为在这一关系中，公务员的权利仅是国家授予人民的一种“特惠”（privilege），并非属于宪法所保障的权利（rights），因而，它们之间的关系由主管机关全权决定便可，无须司法介入。美国大法官霍姆斯（Holmes）于任麻州最高法院时所言乃是一大脚注：“原告或许有讨论政治的宪法上的权利，但没有出任警察的宪法权利。”⑤ 1946年美国制定了《联邦行政程序法》⑥（Federal Ad-

---

① ［日］室井力主编，吴微译：《日本现代行政法》，中国政法大学出版社1995年版，第39页。

② ［日］和田英夫著，倪建民、潘世圣译：《现代行政法》，中国广播电视出版社1993年版，第62页。

③ ［法］古斯塔夫·佩泽尔著，廖坤明、周洁译，张凝校：《法国行政法》，国家行政学院出版社2002年版。

④ ［英］De Smith，*Judicial Review of Administrative Action*，1980；［美］Ernest Gellhorn & Ronald M. Levin，*Administrative Law and Process* in a Nutshell，1997.

⑤ McAuliffe v. Mayor of New Bedford，155 Mass，216，220（1892），引自Bernard Schwartz，Administrative Law 229（2d ed.，1984）.

⑥ 1945年第七十九届美国国会通过，1946年6月11日由杜鲁门总统签署公布生效，1966年9月6日编入《美国法典》第五篇，1978年第九十五届国会修订。

ministrative Procedure Act，APA）之后，公务员与国家之间的争议均被纳入适用“正当程序”法律与司法审查范围之内。

中国台湾地区可不同，它深受德国法与日本法的影响。早在 20 世纪的二三十年代，德国的特别权力关系理论经日本传入中国，至今中国台湾地区的行政法所述特别权力关系理论与德国、日本的描述基本一致。[①] 中国台湾地区的行政法学者认为，“特别权力关系指基于特别之法律上原因（法律之规定或本人之同意等），为达成公法上之特定目的，于必要之范围内，一方取得概括的支配他方之权能，他方对之负有服务之义务，以此为内容之关系。”[②] 这种关系之成立，或系直接根据法律的情形（如军人强制服兵役）而发生，或系根据相对人同意之情形（学生入学）而发生。特别权力关系在中国台湾同样被归结成四种：（一）公法上的勤务关系（如公务员、军人与国家的关系）；（二）公法上营造物之利用关系（如学生与学校的关系等）；（三）公法上特别监督关系（如国家与公共团体、特许企业之间的关系等）；（四）其他（如团体与团员之间的关系）。传统特别权力关系理论认为，在此特别权力关系内，排除依法行政原则尤其是法律保留原则之适用，作为特别权力主体之行政机关，即使欠缺个别具体之法律依据，亦得对于处于特别权力关系内部之人以动公权力，加以命令强制，限制其基本权利。[③]

综上可见，传统意义上的特别权力关系，属于行政法律关系中的一个特殊种类，它相对于一般权力关系而言。这种关系是直接根据法律或当事人的自主意思而发生，在行政主体与行政相对人之间形成一种特别的权利义务关系，相对人会负有一种法律以外的特别服从义务。特别权力关系主要发生在（1）个人与国家之间的服务关系，（2）公共营造物的利用关系，（3）国家在特定领域（如电、气等）中对特许企业的特别监督关系，以及（4）社会组合体与组合成员之间的关系中。这种关系内的管理行为无须直接的法律授权，且所生争议不适用行政与司法救济。

三、“特别权力关系”理论的衰败和修正

“特别权力关系”理论的形成与发展已在地球上经历了一个多世纪，而当中

---

① 林纪东：《行政法原论》（上），“国立编译馆”1966 年版，第 165 页以下。

② 陈清秀：《行政法上法律关系与特别权力关系》，载翁岳生主编：《行政法（1998）》（上下册），翰芦图书出版有限公司 1998 年版，第 239 页。

③ 除前注，同时参见法治斌：《行政法律关系与特别权力关系》，载翁岳生主编：《行政法（2000）》（上下册），中国法制出版社 2002 年版，第 271 页以下；陈新民：《中国行政法学原理》，中国政法大学出版社 2002 年版，第 63 页以下。

国正想吸收该理论用以将某些管理领域排除到法律救济以外时，世界上的一些原本提倡该理论的国家与地区早已开始批判、修正、甚至摈弃了该理论。

德国是“特别权力关系”理论的创始国，同时又是批判该理论的领头羊。德国“特别权力关系”理论走向衰败的主因是重视公民基本权利的潮流。“特别权力关系”理论虽然起源于19世纪的末叶，但直至二战前，仍在欧陆国家盛行。二战的教训警示人们重视人权。其次，二战后的德国兴起了一种“司法国”（Justizstaat）理论，主张法院对行政行为拥有完全的审查权，以保障人权不至于再次被蹂躏。1949年在二战结束的特定历史背景下，德国制定了《德意志联邦共和国基本法》①。《基本法》强烈要求国家在各个方面贯彻法治与人权原则，因而有许多规定直接冲撞传统的“特别权力关系”理论。例如，《基本法》第19条规定：“一、根据基本法，某一基本权利可以受法律限制或依法予以限制，就此而言，这种法律必须普遍适用而不仅适用于个别情况。此外，这种法律必须列出基本权利，指出有关条款。二、基本权利的基本内容在任何情况下都不得受侵害……三、任何人的权利如遭到公共机关的侵犯，可向法院提出诉讼。如管辖范围没有明确规定，可向普通法院提出诉讼”。这些规定意味着，公民的基本权利无法律依据是不得限制的，无论在特别权力关系之内还是之外；并且，当公民的基本权利受到公共机关不法侵害时，均有权提起诉讼，无论是普通法院还是行政法院。接着，1960年德国的《行政法院法》（VwGO）② 对行政诉讼的受案范围也作了概括性的规定。如第40条规定：“一切非宪法性质的公法上争议，如根据联邦法律，该争议没有明确分配给其他法院处理时，应当适用行政法律程序”。

这些成文立法大大冲击了传统“特别权力关系”理论对适用司法救济的排除，而当时的行政法还不至于彻底否定“特别权力关系”理论，于是就引发了学者们对这一理论的修正。第一个修正者是德国著名公法学家乌勒（C. H. Ule）。乌勒教授在1956年德意志公法学者年会上提出一篇名为“论特别权力关系”的论文中，开始检讨该理论，并提出了一种区分“基础关系”（grundverhaltnis）与“管理关系”（betriebsverhaltnis）的理论，以此来取代“特别权力关系”理论。③ 这种理论认为：不能一概将“特别权力关系”纳入诉

① 该法于1949年5月8日联邦德国议会通过，同月23日公布。

② 1960年1月21日由联邦议会通过。最后一次于1997年12月22日修改。联邦法律公报第3224页。

③ 陈新民：《中国行政法学原理》，中国政法大学出版社2002年版，第66页。

讼范围，也不该将它全部排除在司法救济以外，而要区分“特别权力关系”中的“基础关系”与“管理关系”。“基础关系”是指直接关系到“特别权力关系”产生、变更和消灭的事项，如公务员资格的取得、学生被开除等；“管理关系”系指行政主体为实现特别权力关系的目的所采取的管理措施，如公务员的工资，学生的住宿、奖学金等。在“基础关系”中，行政主体所作出的行为视作行政处分，适用法律保留和司法救济；行政主体在“管理关系”中的行为，就不适用法律保留和司法救济。

乌勒的“基础关系”与“管理关系”的理论在当时立法与传统理论冲突的条件下显然是一种明智的折中。但这种理论也有两个方面的缺陷：一是“基础关系”与“管理关系”之间的界限很难划分；二是在“管理关系”中的某些行为涉及作为基本权利的财产权，如工资福利等，将它排除出法律保留和司法救济之外，显然与《基本法》相悖。于是，一种新的理论便应运而生，即“重要性理论”（Wesentlichkeitstheorie）。这种理论主张，在“特别权力关系”中，无论是“基础关系”还是“管理关系”，只要涉及“重要性”事项，即涉及当事人基本权利的，就应当适用法律保留与司法救济；相反，对于“非重要性”事项，就不适用法律保留与司法救济。这一理论显然比前者更靠近《基本法》的精神。

1972年3月14日，德国联邦宪法法院公布了一个具有划时代意义的刑事执行案件的判决[①]（BverfGE33，1）。在这一判决中，法院认为：在监狱服刑的囚犯同样享有宪法所规定的基本权利，因此对其通讯自由的限制也应当由法律或者根据法律进行，而不能仅仅以监狱内部的管理规则作为这种限制的依据。这显然是对“重要性理论”的承认。嗣后的法院判决[②]进一步扩大了“重要性理论”的应用范围，特别是扩大到学校和行政组织领域。

虽然“重要性理论”中的“重要性”标准也是模糊的，但它大大缩小了“特别权力关系”的适用范围，以张扬人权与民主思想。

深受德国法影响的日本法对“特别权力关系”理论的态度事后也发生了巨大的转变。这种转变取决于两个方面：一是已注意到德国对此态度的转变。日本有学者提出，“特别权力关系”内的行为可分为外部管理行为与内部管理行为，前

① 该判决的判词见于安编著：《德国行政法》，清华大学出版社1999年版，第34—36页。

② 最重要性的案子是1977年12月21日公布的“性教育案件”（BverfGE 47，46），转引自陈新民：《中国行政法学原理》，中国政法大学出版社2002年版，第67页。

者适用司法救济，后者则不适用。这种观点显然与德国乌勒的“两分法”理论非常接近。二是作为战败国受到战胜国法律特别是美英法律的影响，主张普通法院拥有完整的司法审查权。但是，对于“特别权力关系”理论到底应当彻底摈弃还是作一定的修正，在日本依然是仁者见仁、智者见智。

日本公法学家南博方认为，特别权力关系“这一观念没有继续存在的意义了”。但作为与一般公法关系不同的“特别公法关系”应当是存在的。在“特别公法关系”中，当事人基本权利受到一定的限制是必要的，关键是掌握“程度”。①

而日本的和田英夫认为，原本产生于19世纪德国的“特别权力关系”理论，目的在于维持绝对主义的君主及高级官吏阶层的特权，以及官僚主义的行政权的优越性。这种理论完全适合于日本旧宪法下的天皇制官僚国家，但日本新宪法下，必须从全新的角度和观点重新研讨这一理论。他指出，德国的四种“特别权力关系”情景，在日本均已突破。对“特别权力关系”与其全面否定，不如重构。他主张将“特别权力关系”划分为“特殊的公法权力关系”与“特殊的社会机能的法律关系”，前者如国家与特许企业之间的关系，后者如律师协会与律师之间的关系；前者适用司法救济，后者不然。②

日本的室井力教授同样认为，“特别权力关系”理论是19世纪末德意志立宪君主国的理论产物，现在必须持强烈的批判态度。现在存在着两种批判学说：一是“一般性及形式性的否定说”。它以《日本国宪法》③ 第41条④和宪法的基本人权主义为最终依据，认为所有公权力都需要有法律依据并适用司法救济，“特别权力关系”不得例外。二是“个别及实质性的否定说”。它通过对被称为“特别权力关系”中的每个具体关系进行个体研究，分清哪些是公法权力关系、哪些是普通的契约关系，然而区别对待。但无论是哪一种学说，日本基本上克服了“特别权力关系论”。⑤

再对日本司法实践考察，这种态度也是明显的。日本最高法院曾使用过“特别权力关系”一词，但最近停止了使用，而认为现职国家公务员的所谓“勤务关

---

① ［日］南博方著，杨建顺、周作彩译：《日本行政法》，中国人民大学出版社1988年版，第74页。

② ［日］和田英夫著，倪建民、潘世圣译：《现代行政法》，中国广播电视出版社1993年版，第63—65页。

③ 1946年11月3日公布，1947年5月3日施行。

④ 《日本国宪法》第41条规定：“国会是最高国家权力机关，是国家唯一立法机关。”

⑤ ［日］室井力主编，吴微译：《日本现代行政法》，中国政法大学出版社1995年版，第40—41页。

系，基本上是服从公法规定的公法上的关系”。[①] 但是，日本最高法院判决同时认为，根据法律规定或本人同意进入特别公法关系的人，依照这一关系设立的目的，对其基本权利加以必要合理的限制是不可避免的。这种限制的程度如何把握，要根据具体情况酌定之。[②] 例如，对于临时拘留受到拘禁的人禁止吸烟，如此程度的自由限制，可以说是必要的、合理的。[③]

中国台湾地区的行政法对“特别权力关系”理论的态度，同样从接受转向“检讨”。[④] 他们认为，人民申请诉愿和诉讼的权利只有通过法律才能限制，以“特别权力关系”加以限制是不妥当的。中国台湾地区的行政法经过几十年对“特别权力关系”理论的尝试，于1970年由行政法学者林纪东先生率先发难，质疑特别权力关系所限制的范围。[⑤] 接着，翁岳生教授也力主参仿德国战后的发展经验，顺应时代潮流对“特别权力关系”理论进行全面反思，主张将其纳入法的调整范围之内。[⑥]

在此学术背景下，司法解释顺势推进，突破“特别权力关系”理论所设藩篱。这方面的第一个解释是1984年5月18日的“释字第187号解释”，它首次将公务员申请退休金纳入诉愿与诉讼轨道。随后的第201、266、312、243、298、323、338解释对公务员公法上的财产权、身份决定等行为作了同样的处理。与此同时，司法解释涉足学校与学生的关系领域，以释字第380号、382号，确立教育主管部门不得依据行政命令统一规定大学生的共同必修课目，并将学校对学生的身份方面的处分（如退学）推进法律救济轨道。[⑦]

四、“特别权力关系”理论与中国行政立法的关联性

本题需要讨论的“特别权力关系”理论与中国的行政立法之间的关联性，旨

① 见日本最高法院判例昭和49年7月19日民集第28卷第5号第897页。

② 见日本最高法院判例昭和45年9月16日民集第24卷第10号第1410页。

③ [日] 南博方著，杨建顺、周作彩译：《日本行政法》，中国人民大学出版社1988年版，第74页。

④ 法治斌：《行政法律关系与特别权力关系》，载翁岳生主编：《行政法（2000）》（上下册），中国法制出版社2002年版，第272页。

⑤ 林纪东文，第60—63页（1970年1月），引自翁岳生：《论特别权利关系之新趋势》，载翁岳生著：《行政法与现代法治国家》，1979年版，第152—153页。

⑥ 参见翁岳生：《论特别权力关系之新趋势》，载《行政法与现代法治国家》，台湾大学法学丛书编辑委员会1990年版。

⑦ 参见翁岳生主编：《行政法（2000）》（上下册），中国法制出版社2002年9月第1版，第271—277页；杨海坤、章志远：《中国行政法基本理论研究》，北京大学出版社2004年版，第171—172页。

在探讨起源于大陆法系鼻祖德国的“特别权力关系”理论，对同属于一个法系的中国之行政立法产生什么影响。但对中国行政立法上的影响又取决于该理论对中国理论上的影响。

在中国大陆的行政法学中，“特别权力关系”理论是一个非常陌生的概念，几乎在所有的行政法或行政诉讼法教材或著作中，都找不着它的“影子”。[①] 那么，说我们在1989年制定《行政诉讼法》、1993年制定《国家公务员暂行条例》时就已根据“特别权力关系”理论来设计立法了，从而将有关公务员权利义务方面的管理行为排除出行政诉讼之外，这是非常牵强的。说刚刚制定的《公务员法》第九十条是基于“特别权力关系”理论而作此规定的，我想又是不可能的。至于我们有两本书籍提到是“根据是特别权力关系……”[②] 那是作者的事后解释，并非是立法者的原意。有一位中国的台湾学者认为最高院《若干问题的解释》第四条的解释“是承续特别权力关系理论一个重要的证据”[③]，我同样不敢苟同，因为事后由最高人民法院行政审判庭所编的各类对《若干问题的解释》进行“解释”的书籍中只字未提“特别权力关系理论”。实事求是地说，由于“特别权力关系”理论对中国当今的行政法理尚未产生足够的影响，因而使得它与中国迄今为止的行政立法几乎没有关系，这就是它们之间的真正“关系”。

既然如此，那么接下去的问题应当是，当今的中国是否需要引进这一理论？

我们在考虑这一问题时，不得不注意到：德国“特别权力关系”理论的提出是德国19世纪末为保障君主特权的产物，坚持与弘扬“科学执政、民主执政、依法执政”[④]，不断强调“依法治国”的当今中国与德国当时的背景已极不相同。其次，世界上许多接受这一理论的国家与地区经过了几十年的尝试，已大多持“批判”的态度。再次，从“特别权力关系”理论所列举之最常见的几种关系考察，我们的立法已解决得挺好，已无须依赖这一理论了。

——关于学校与学生之间的关系。这是传统“特别权力关系”理论所辐射的一个重要领域。在中国，长期以来由于学校没有面临过行政诉讼的风险，因而它们之间的关系属于事业关系还是行政关系，是内部行政关系还是外部行政关系，

---

① 只有杨海坤、章志远的《中国行政法基本理论研究》（北京大学出版社2004年版）中有单独的1节加以探讨，这是可喜可贺的。

② 马原主编：《行政诉讼法条文精释》，人民法院出版社2003年版，第86页；王亚琴、孙际泉：《中国行政诉讼法》，中国政法大学出版社2003年版，第98页。

③ 陈新民：《中国行政法学原理》，中国政法大学出版社2002年版，第69页。

④ 引自2004年9月中国共产党第十六届四中全会通过的《中共中央关于加强党的执政能力建设的决定》。

以前无人问津。1998年北京科技大学学生田永状告北京科技大学案①与1999年北京大学学生刘燕文状告北京大学案②的发生，中国始出现以高校而不是行政机关为被告的教育行政诉讼案，从而引起了行政法学界与行政司法界的广泛注意与研讨。在此以前中国不受理高校教育行政诉讼案并非是“特别权力关系”理论的“功绩”，此时中国法院始受理高校教育行政诉讼案也并非是“特别权力关系”理论的“撤退”。在中国现行行政诉讼理论与制度的条件下，人民法院要受理高校教育行政诉讼案，必须解决两个难题：一是，学生的受教育权是否属于行政诉讼法所保护的权利范围，因为行政诉讼法的规定原则上是限于对行政相对人人身权与财产权的保护；二是，学校是否可能成为行政诉讼的被告，因为在司法实践中行政诉讼的被告总被限于国家行政机关。关于第一个问题，中国已通过《行政复议法》得到了解决。中国《行政复议法》第六条第（九）项已将“受教育权”③纳入了复议范围，突破了《行政诉讼法》和原《行政复议条例》④“人身权、财

① 该案的案情是：田永于1994年9月考取北京科技大学，取得本科生的学籍。1996年2月29日，田永在一次考试中随身携带写有公式的纸条，被监考老师发现。同年3月5日，学校以“068号通知”，认定田永的行为属于夹带作弊行为，对其作出按退学处理决定，并于同年4月10日填发了学籍变动通知。但该处理决定和变更学籍通知未直接向田永宣布、送达，也未实际给田永办理有关退学的手续，田永继续在校以该校大学生的身份参加正常学习及学校组织的活动。1998年6月田永所在院系向学校报送田永所在班级授予学士学位表时，学校以田永已按退学处理、不具有北京科技大学学籍为由，拒绝为其颁发毕业证，亦未向有关教育行政部门呈报毕业派遣资格表。1998年10月19日，田永以北京科技大学为被告，向北京海淀区人民法院提起行政诉讼，要求学校发给毕业证和学位证。1999年2月14日，北京海淀区人民法院作出一审判决，判决原告胜诉。理由是：对原告的作弊处理是依据校内的一个文件，但这文件严于教育部的《普通高等学校学生管理规定》，故无效，且又未送达；学位证书是评价个人学术水平的尺度，应按《中华人民共和国学位条例》及《实施细则》办理。学校不服上诉，北京市第一中级人民法院于1999年4月26日作出终审判决，维持原判。

② 该案的案情是：原告刘燕文系北京大学92级无线电电子学系电子、离子与真空物理专业博士研究生。1994年4月27日，刘燕文通过北京大学安排的笔试考试，并于当年5月10日通过了博士研究生综合考试，成绩为良。之后，刘燕文进入博士论文答辩准备阶段。在这阶段，刘燕文的论文通过了同行评议与所在系论文答辩委员会的答辩，最后到校学位评定委员会评议时，其表决结果为：未通过授予刘燕文博士学位。之后，北京大学为刘燕文颁发了博士研究生结业证书。1999年9月24日，刘以北大学位评定委员会和北京大学为被告，向北京市海淀区人民法院同时提起两个行政诉讼。理由是：学校学位委员会通过的决议不够全体委员的半数，违反了学位条例；未让其申辩。要求撤销学位委的决定和北大拒发博士毕业证。法院于1999年12月17日作出判决，撤销学位委和北大的决定，要求其重新审议。校方上诉。2000年4月30日，北京市第一中级人民法院作出裁定：发回重审。理由：诉讼时效未查清。2000年12月15日，北京市海淀区人民法院作出一审裁定书，驳回起诉。理由是超过时效。刘上诉。2001年3月30日，北京市第一中级人民法院作出终审裁定：驳回上诉。

③ 我国《行政复议法》第六条第（九）项规定：“有下列情形之一的，公民、法人或者其他组织可以依照本法申请行政复议：……（九）申请行政机关履行保护人身权利、财产权利、受教育权利的法定职责，行政机关没有依法履行的”。

④ 1990年12月24日国务院发布，1994年10月9日根据《国务院关于修改〈行政复议条例〉的决定》修订发布，后被1999年的《中华人民共和国行政复议法》所取代。

产权”的范围。关于第二个问题，人们已通过对《行政诉讼法》第二十五条的解释得到了解决。《行政诉讼法》第二十五条规定：“……由法律、法规授权的组织所作的具体行政行为，该组织是被告……”中国的高等学校，特别是公立学校，当它代表国家实施教育行政制度时，自然可以成为行政诉讼的被告。据悉，最高人民法院正在研究制定有关教育行政诉讼方面的司法解释，中国《行政诉讼法》的修改也正在排上议程。想必这一领域的问题将会通过中国自行的立法得到解决。

——关于国家与社会团体、特许企业之间的关系。这一关系在中国的行政法制中不存在任何问题，因为这种关系均属外部行政管理关系，国家通过法律法规，如2003年《中华人民共和国银行业监督管理法》、1996年《旅行社管理条例》、1998年《社会团体登记条例》等，对它进行调控，并且完全适用行政复议和行政诉讼。就是说，这一“特别权力关系”理论的“重镇”，在中国从未被排除过行政审查与司法审查。

——关于团体与团体成员之间的关系。这一关系在中国同样不构成问题，与“特别权力关系”理论没有关系。按中国现行的理论与制度，除非这一团体得到了法律法规的授权而成为授权行政主体，否则，它与团员之间的关系是通过章程来解决的，有关这类纠纷适用民事法律解决。

——关于监狱管理关系中的监狱管理机关与服刑人员之间的关系。在中国，这是作为刑事管理关系而不是行政法律关系对待的，它已受《中华人民共和国国家赔偿法》① 中的司法赔偿条款和《中华人民共和国监狱法》② 的调整。我国的《监狱法》将监狱定性为“国家的刑罚执行机关”（第二条），故《国家赔偿法》中涉及监狱管理职权组织的两个主要条款，即第十五条③和第十六条④，都被置于第三章“刑事赔偿”范围之内。正由于这种定性，它就与“特别权力关系”没有关系了，因为它不存在行政法的适用与行政诉讼问题了。

以上的分析表明，中国所发生的被国外传统的“特别权力关系”理论列为“特别权力关系”的一些“关系”，我们已有一套解决机制和理论并得到了解决和

---

① 1994年5月12日第八届全国人民代表大会常务委员会第七次会议通过，1994年5月12日中华人民共和国主席令第二十三号公布，1995年1月1日起施行。

② 1994年12月29日第八届全国人民代表大会常务委员会第十一次会议通过，1994年12月29日中华人民共和国主席令第35号公布施行。

③ 《国家赔偿法》第十五条规定：“行使侦查、检察、审判、监狱管理职权的机关及其工作人员在行使职权时有下列侵犯人身权情形之一的，受害人有取得赔偿的权利……”

④ 《国家赔偿法》第十六条规定：“行使侦查、检察、审判、监狱管理职权的机关及其工作人员在行使职权时有下列侵犯财产权情形之一的，受害人有取得赔偿的权利……”

正在得到解决，无须借助“特别权力关系”理论。

五、“特别权力关系”理论与“内部行政行为”理论

如果说上述四个在国外长期被“特别权力关系”理论所辐射和占据的“重镇”在中国已被各种法律轨道所解决，使其与“特别权力关系”没有“关系”的话，那么还有一个领域没有论及，那就是“公务员与行政机关”之间的关系。

如前所述，“公务员与行政机关”之间的关系在国外是“特别权力关系”理论渗透最深的领域之一，但当代的公务员对支配他的行政机关已经越来越享有诉权。相比之下，中国倒显得比“特别权力关系”理论的发明国、倡导国更加保守。中国的立法至今也未对公务员的人事纠纷开一个“小口子”，让公务员像普通公民一样在其合法权利受到侵犯时拥有提起行政诉讼的权利。① 然而必须指出的是，中国的公务员人事关系之所以至今仍被排斥在行政诉讼轨道之外，这与其说是受“特别权力关系”理论的影响，不如说是受“内部行政行为”理论的影响。

在中国，认为“行政法是有关行政的法，而行政有内部行政与外部行政之分，内部行政不可诉，外部行政方可诉”的理论，已滥觞于行政法理界已有十五年左右。记得最早将“行政”明确划分为“内部行政与外部行政”，从而将行政行为划分为“内部行政行为与外部行政行为”者，应当首推张焕光、胡建淼著的《行政法学原理》②。事后不少行政法教材开始采用“内部行政行为与外部行政行为”这一范畴，如罗豪才主编的《行政法学》③。当这一理论应用至行政诉讼法学时，不少行政诉讼法的教材就以此阐明《行政诉讼法》第十二条第（三）项的不可诉理由。④ 就连最高人民法院行政审判庭所编的书籍也以非法律文件形式承认这一理论。⑤

值得我们关注的是：“内部行政行为”理论与“特别权力关系”理论，是两个各自独立的理论，还是同一个理论的不同表达？有台湾学者认为，“内部行政

---

① 参见本文第一部分。

② 劳动人事出版社 1989 年版。

③ 北京大学出版社 1996 年第 1 版。

④ 应松年主编：《行政诉讼法学》，中国政法大学出版社 1994 年版；姜明安主编：《行政诉讼法学》，北京大学出版社 1993 年版，等。

⑤ 最高人民法院行政审判庭编：《“关于执行〈中华人民共和国行政诉讼法〉若干问题的解释”释义》，中国城市出版社 2000 年版。

行为”理论渊源于德国的“机关内部行政行为”之概念（verwaltungsinternum，organisationsakte ohne aussenwirkung）。[①] 王名扬先生向中国行政法学界介绍了法国的“内部行政措施”概念。[②] 这一切都会让我们觉得“内部行政行为”理论拥有与“特别权力关系”理论不同的独立的理论渊源。如果我们对“特别权力关系”理论作一更为详尽的考察[③]，就会发现：“内部行政行为”理论与“特别权力关系”理论，既不是两种不同的理论，也不是同一理论的不同表述，而是曾经在德国历史上出现过的认定“特别权力关系”的一种标准，而且这种标准已被摈弃。

既然如此，我们死死抱住“内部行政行为”理论不放，牢牢将公务员的权利救济排斥在行政诉讼的门外，实在是“愚蠢之至”。当我们从这样一种观点出发来重新审视《国家公务员法》和《行政诉讼法》时，就会觉得：我们刚出台的《公务员法》由于保留第九十条而显得不够进步；《行政诉讼法》亟待修正，而且修正的方向是：对于行政诉讼的范围不应当根据行为的类别而应当根据行为所涉及的权利来划界。也就是说，行政诉讼的范围应当根据行政相对人的受保护权利的轻重，而不是根据行政主体的行政行为的内部与外部界线划定。只有到这一天，公务员有权对吐痰受处罚 50 元不服提请司法救济，而无权对开除决定提起行政诉讼的权利救济失衡局面才算得到改变。

（载《中国法学》2005 年第 5 期）

① 吴庚（台湾）：《行政法之理论与实用》，三民书局 1998 年 7 月修订第四版，第 11 页。

② 王名扬：《法国行政法》，中国政法大学出版社 1988 年版，第 178 页。

③ 事实上在本文的前几题中我们已做了这一尝试。

§ 1.10　有关中国行政法理上的行政授权问题

行政授权作为行政机关在实施行政管理时调节职权设定结构的一种手段，在《中华人民共和国行政诉讼法》（以下简称《行政诉讼法》）公布之前的行政法学研究领域里，几乎无人问津。《行政诉讼法》激起了人们研究“授权”的兴趣，但“授权”在该法中的内涵与其他立法中一贯所使用的“授权”一词的内涵又不相同。笔者认为：中国行政法理上的“行政授权”不应是《行政诉讼法》中的“授权”。因为后者是指法律、法规对行政权设定的立法行为，而前者应指行政机关把自己职权转让给有关组织的行政行为。作者还充分论述了行政授权与行政权设定、行政授权与行政委托的关系，并提出了修改《行政诉讼法》第二十五条第4款，以及加快我国行政授权程序化和法制化步伐的建议和设想。

一、行政授权课题的提出及意义

任何一个国家及政府，其权力被宪法和法律设定以后不可能一成不变。对越来越复杂和紧迫的社会问题，政府机关往往需要把自己的部分行政职权转交给其他主体行使，这就出现了行政授权。杜绝行政授权无疑会使政府丧失自主权而导致行政管理效率低下；同样，放任行政授权则会因破坏宪法和法律原先设定的权力结构而面临毁坏宪政体制的威胁。如何为行政授权确定规范、筑建轨道——这是法学家们和立法者们面对的任务。世界上不少国家和地区的法学工作者和立法者们已从自己不同的工作角度作出了努力。①

---

① 日本行政法学家们把行政授权作为一个重要的行政实体法问题进行研究，而且往往为确认行政主体资格服务。日本的不少法律，尽管用词不同，还直接对行政授权作出规范，如1947年的《日本国家公务员法》和1952年的《日本国家公务员任免规则》。法国虽很少有成文的行政法律对行政授权（也有译“权限委托”的）作出系统的规范，但由其行政判例所创制的行政授权理论已称得上成熟，关于行政授权的程序和条件不再是个争论的问题。德国的行政法学不仅严谨地界定了行政授权（delegation）的内涵与外延，而且还在它与委托（mandat）、委办（auftragsverwaltung）之间寻找了区别界线。这种理论对中国的

在中国，当行政授权远未引起行政法学理论界注意时，立法机关在立法中已开始普遍使用“授权”一词。[①]尽管法律和法规中所出现的“授权”的内涵并不完全一致，或者说对于同一内容亦并不使用同一表达符号，但由于立法并没有表明确定行政授权的特殊意义，行政法学者们便无法改变行政授权的研究态度。几乎可以这么说，在《中华人民共和国行政诉讼法》（以下简称《行政诉讼法》）公布实施前，国内没有一本行政法或行政诉讼法方面的书籍专门论述这一课题。1989 年颁布的《行政诉讼法》第二十五条第 4 款规定：“由法律、法规授权的组织所作的具体行政行为，该组织是被告。由行政机关委托的组织所作的具体行政行为，委托的行政机关是被告。”而后的《行政复议条例》亦作了相应的规定。[②]《行政诉讼法》第二十五条第 4 款的意义，与其说在于它第一次科学地划定了授权的范围，不如说在于它第一次表明了确定授权内涵，区别授权与委托的法律意义。它第一次使人们认识到：如何准确地认识授权，直接关系到如何准确地认定行政诉讼中的被告。[③]从而，中国的行政法学者们开始在研究行政诉讼被告（或行政复议被申请人）中附带地讨论起行政授权问题，以便把握它与行政委托的“分野”。

也正因为如此，行政授权这个本当属于行政实体法的课题，在中国起初却作为行政程序（行政诉讼及行政复议）法问题被列入研究日程，这或许就是法国行政法式的“诉讼先行”之路。[④]

其实，探讨行政授权的意义并不只限于如何认定行政诉讼被告这一方面。如果我们能意识到，对本课题的研究不仅具有行政诉讼上的意义，而且同样（甚至更加）具有行政执法和行政立法方面意义的话，那么我们把它重新置于行政实体

台湾法学者影响颇大，以至他们在近几年所起草的《行政程序法草案》中对“委任与委托”作了专条规定。此外，不少国家的行政程序法或草案均直接或间接地对行政授权作出规定，如美国 1946 年的《联邦行政程序法》（APA）、西班牙 1958 年的《行政程序法》、联邦德国 1976 年的《行政程序法》、意大利 1955 年的《行政程序法（草案）》和日本 1964 年的《行政手续法（草案）》。

① 如 1984 年《中华人民共和国消防条例》第七条，1985 年《中华人民共和国外国人入境出境管理法》第二十五—二十六条，1988 年《国务院关于授权省、自治区、直辖市、经济特区和计划单列市人民政府审批外资企业的通知》，1991 年《城市房屋拆迁管理条例》第六条等。

② 见《行政复议条例》（1990 年 11 月 9 日国务院第七十一次常务会议通过，1991 年 1 月 1 日起施行）第二十八条第 3 款。

③ 因为根据《行政诉讼法》第二十五条的规定，在授权关系中，被授权方是行政诉讼中的被告；相反，在委托关系中，委托方则是行政诉讼中的被告。而在司法实践中，这两者关系是极易混淆的。

④ 法国行政法的发展有“诉讼先行”的特点。其“诉讼先行”系指，通过行政诉讼程序的优先发展促进行政实体法的完善，通过法院行政判例确立行政实体规则。

法的位置作更加基础性和实质性的研究，就更会得到同仁们的赞同了。[①] 从行政执法的角度考察，探讨与把握行政授权的意义在于，有助于准确地衡量某个组织是否具备行政主体的资格，从而判断其行政行为是否合法有效。因为，授权的结果是创制一个新的行政主体，而委托并不导致新行政主体的产生，被委托人只是以行为主体而非行政主体身份实施行政行为。探究行政授权在行政立法上的意义同样是明显的。略作比较不难发现，我国行政诉讼法和行政复议条例所使用的“授权”同此外大量的法律、法规上所使用的“授权”，无论在含义还是范围上，都不代表同一个“客体”。其他法律、法规中使用的“授权”，更接近于行政诉讼法和行政复议条例所使用的“委托”。这种不该发生的立法上的差异究竟应如何解释？是前者用词不当，还是后者所使用的“授权”概念缺乏行政法理基础？如果行政立法没有统一的行政法理基础，那么由此而制定的行政法律规范之间就会缺乏内在的同一性。只要我们不是站在“注释法学”的圈子内，我们就不会看不到本文课题的研究前景。

二、行政授权多种含义的筛选

有可能在中文上被译成“授权”的英文对应词一般有四个：delegation of power，authorization，empower，devolution。但第一个最为接近。考察国外有关辞书的解释，大体可作此归纳：关于 delegation of power，这个最普遍被译成授权的词，一般包含两大内容：（1）指法律、法规对权力的最初设定（授予）；（2）已获得权力的主体把自己的权力转移给其他主体，使后者亦拥有这种权力。而 authorization 和 empower 只限有 delegation of power 中的第二种含义，不具有第一种含义。至于 devolution，更接近权力下放或权力资格转移的含义。[②]

---

① 其实，国内已有不少同仁开始从行政实体法领域中探讨该问题。如：张焕光、胡建淼著的《行政法学原理》（劳动人事出版社 1989 年版）、杨小君主编的《行政法》（中国经济出版社 1989 年版）、姜明安著的《行政法与行政诉讼》（中国卓越出版公司 1990 年版）、方昕等编的《行政法总论》（人民出版社 1990 年版）、张树义主编的《行政法学新论》（时事出版社 1991 年版）、罗豪才主编的《中国行政法讲义》（人民法院出版社 1992 年版）和王重高等编的《行政法总论》（中国政法大学出版社 1992 年版）等。

② 参见：《简明不列颠百科全书》（Concise Encyclopaedia Britannica），中国大百科全书出版社 1986 年版第七卷，第 340 页；Black'Slaw Dictionary by Henry Campbell Black，M. A. Fifth Edition westpublishing co，1979. p384；［英］伊丽莎白·A. 马丁：《牛津法律词典》（A Coneise Dlctionary of Law），上海翻译出版公司 1991 年版，第 145 页；［英］戴维·M. 沃克：《牛津法律大辞典》（The Oxford Compai On To Law），光明日报出版社 1988 年版，第 255 页；［英］戴维·米勒和韦农·波格丹诺：《布莱克维尔政治学百科全书》，中国政法大学出版社 1992 年版，第 197 页。

外文词的多义性无可指责，但从行政法理上说，作为权力设定的授权与作为权力转移的授权是不可同日而语的。不少国家和地区的行政程序法及草案在规定时已注意到区别。① 其法学家们亦对授权含义作了严格界定。② 在国外的行政法学和行政立法中，行政授权始终包含着一个行政主体把自己固有的行政权转让给另一个主体行使这一最基本的内容，它不同于并不导致行政权转移的行政委托；至于法律、法规直接对行政权力的设定，这种在个别场合亦被称为授权的情况，国外的不少法理解释和立法并没有把它置于以行政权转移为特征的行政授权范围之内。

在我们国内，由于对行政授权课题的研究起步较晚，目前还不能直接从——甚至是权威性的——法学词典中找到对“行政授权”（或“授权”）的解释。③ 这种解释大多只能从我国行政诉讼法公布以后所出版的行政法，特别是行政诉讼法书籍中去寻觅。从大量而零星的解释中，可以把“行政授权”按含义归纳为三类。

第一类，认为行政授权是指法律和法规把行政权力直接赋予有关的组织。这种观点直接依据行政诉讼法第二十五条第4款的规定而存在。但是，关于被授权人的“组织”的范围，其认识和解释上又不一致。或许是由于行政诉讼法作这一规定，其当时的立法指导思想是为了解决非行政机关（社会组织）的行政主体（从而是行政诉讼的被告）资格问题，因而大多数学者起初便把被授权组织限定

---

① 西班牙1958年《行政程序法》第4条所涉“法律之委任”便是前种意义上的授权，意大利1955年《行政程序法（草案）》第9条规定的“权限委任”则是后种意义上的授权，美国1946年的《联邦行政程序法》第9条第2款规定的“法律授权”和“委任管辖”分别具有上述两种意义。

② 日本行政法学者认为，作为权限之法律设定意义上的授权，主要不是行政法学的课题。围绕着行政主体资格的认定及行政权力的运行和转移，行政法应讨论和规范的是“权限的委任”和“权限的代理”。前者系指行政厅“将法律规定的权限委让给第三者”，后者则“指A行政厅的权限的全部或一部分由B行政厅以A的名义来行使”。（［日］南博方：《日本行政法》）用我们的行政法理论来说，前者就是行政授权，后者便是行政委托。德国的做法与日本接近，认为权限的法律设定不属于行政法上的授权范围。他们使用了以下三个不同的德文词并作出解释：delegation（权限之授予），“指一个行政机关将其管辖权范围内之权限移转于其他行政机关”；mandat（权限之委托），“指一行政机关（委托机关）将其管辖权范围内之权限委托给其他行政机关（受托机关），后者以委托机关名义执行之”；auftragsverwaltung（委办行政），“指国家将其权限委由‘地方自治团体’办理”。（［德］Ule/Laubinger，ebends，S. 60f；Battis，S. 44；SchmalZ，S. 152.）

③ 如：《中国大百科全书》（法学卷），中国大百科全书出版社1984年版；《法学词典》（第三版），上海辞书出版社1989年版；江平主编：《中国司法大辞典》，吉林人民出版社1991年版等。

为“非行政机关”。[①] 但当人们发现我国不少法律、法规除对社会组织外，还对行政派出机构的权力作直接设定[②]这一事实时，便有人把被授权的“组织”范围作了修正：用“不是一级的行政机关”[③] 取代“非行政机关”。此外，有许多学者主张上述被授权“组织”应当不受限制：可以是行政机关，也可以是非行政机关；可以是一级行政机关，也可以是非一级行政机关。[④]

第二类，认为行政授权是指行政主体（行政机关）把自己行政职权的全部或部分转让给有关组织的行为。[⑤] 一种解释很有代表性：“行政授权是指行政主体通过一定的行为将行政职权的一部或全部授予不具有该项职权的组织行使的法律行为，是行政行为的一种。”[⑥] 中国的台湾学者把“delegation”（授权）翻译成“委任”，并认为它不应指法律对权力的设定，而是指行政机关间行政权的转让。[⑦] 这种观点显然排斥我国行政诉讼法上规定的“授权”，但它与我国大量的法律、法规中所使用的“授权”一词的含义相吻合。[⑧]

第三类，认为行政授权是指非行政机关被赋予行政权力，被授权组织必须以

---

① 如：胡康生主编《行政诉讼法释义》（北京师范学院出版社 1989 年版），柴发邦主编《当代行政诉讼基本问题》（中国人民公安大学出版社 1989 年版），《行政诉讼法专题讲座》（人民法院出版社 1989 年版），刘定波主编《新编行政诉讼法学》（中国政法大学出版社 1990 年版），姜明安著《行政法与行政诉讼》（中国卓越出版公司 1990 年版），张尚族主编《行政法学》（北京大学出版社 1990 年版），国务院法制局：《行政复议条例释义》（中国法制出版社 1991 年版），张尚族主编《走出低谷的中国行政法学》（中国政法大学出版社 1991 年版），张树义主编《行政法学新论》（时事出版社 1991 年版），罗豪才主编《中国行政法讲义》（人民法院出版 社 1992 年版），黄杰主编《行政诉讼法贯彻意见析解》（中国人民公安大学出版社 1992 年版）等。

② 如：1986 年的《中华人民共和国治安管理处罚条例》第三十三条第 2 款直接规定公安派出所行使警告和 50 元以下的罚款权。

③ 如：黄杰主编《行政诉讼法释论》（中国人民公安大学出版社 1989 年版，第 46 页）解释道：“这里所说的组织实际上是指不作为一级行政机关的组织。”

④ 见应松年主编《行政法专题讲座》，东方出版社 1992 年 7 月版；方昕等：《行政法总论》，人民出版社 1990 年 8 月版；阿江等：《行政诉讼难题解答》，中国人民公安大学出版社 1992 年 3 月版；李江等：《行政复议概论》，人民出版社 1990 年 7 月版；何建贵：《行政复议教程（试用）》，法律出版社 1991 年 8 月版等。

⑤ 见张焕光、胡建淼：《行政法学原理》，劳动人事出版社 1989 年版；梁书文主编：《行政法讲座》，中国卓越出版公司 1990 年版；金国坤《依法行政》，中国政法大学出版社 1992 年版；黎国智主编：《行政法词典》，山东大学出版社 1990 年版等。

⑥ 见于绍元、何乃忠：《行政行为概论》，群众出版社 1993 年 1 月版，第 221 页。

⑦ 见Ⅰ台湾地区经社法规研究报告第 1007 号《行政程序法之研究》，第 242－243 页；Ⅱ管欧：《中国行政法总论》，蓝星打字排版有限公司 1981 年第 19 版，第 394－398 页；Ⅲ林纪东：《行政法新论》，五南图书出版有限公司 1985 年第 27 版，第 108—116 页。

⑧ 如《中华人民共和国野生动物保护法》第二十六二十六条规定：“外国人在中国境内对国家重点保护野生动物进行野外考察或者在野外拍摄电影、录像，必须经国务院野生动物行政主管部门或者授权的单位批准。”类似这种“授权”的含义都不是指法律、法规对行政权的设定，而是指行政主体对自身行政权的转让。

行政机关的名义而不是自己的名义进行行为。因而，它既包括法律、法规对非行政机关的授权，又包括行政机关对它们的委托。[①] 这种观点在概念的范围上把行政诉讼法中的“授权”和“委托”合而为一，而在特征上又以“委托”取代“授权”。

三、行政授权与行政权设定

通过上述讨论我们发现，在中外行政立法和行政法学中，行政授权概念涉及两种含义：（1）法律、法规直接赋予有关组织拥有和行使一定的行政权力，其实质是法律、法规对行政权的直接设定；（2）行政主体把由法律、法规所设定从而成为其固有的行政权力依法授有关组织，其实质是行政权力的转让。有人把前者称为“第一次授权”，把后者叫作“第二次授权”，也不是没有道理的，至少从形式上看。在得出行政授权该是上述哪一种授权的结论之前，我们更希望暂且把前者称为“行政权设定”，把后者称作“行政权转让”。中国行政法理上的行政授权是否应既包含“行政权设定”，又包括“行政权转让”？如果不是，那么行政授权是指“行政权设定”呢，还是指“行政权转让”？

行政权设定与行政权转让之间确有不少共同点，而正是这种共同点在一定程度上影响了人们对它们之间不同质的甄别。它们之间的共性表现为：

1. 客体相同。行政权的设定是指有权机关通过法律、法规把行政权力直接赋予有关组织，行政权的转让系指行政主体把自身所拥有的行政权力授予有关组织，这两种行为的客体都是国家的行政权力。

2. 效果相同。行政权的设定和行政权的转让均能使被设定人和被转让人从此拥有以前所没有的、独立的行政权力，从而使它们获得行政主体的资格和地位，进而使它们在行政诉讼中具有被告的资格和地位。换句话说，行政权设定和转让的结果，都是创设了一种新的行政主体。

然而，共性无法抵消质的差异性。行政权设定与行政权转让的区别，以及反对它们合一的理由，至少表现在：

1. 主体不同。行政权力作为国家政权的组成部分，必须由法律（或法规）作直接设定。因而，设定行政权力的主体必然也必须是有权制定法律和法规的主体，

---

① 杨小君主编：《行政法》，中国经济出版社 1989 年 7 月版，第 158—159 页。

即国家立法机关。[①] 但行政权转让中的授权方主体则不同，由于行政权转让是指拥有行政权（本身无行政权便无法实施行政权的转让）的主体把自己的行政权力的全部或一部分授给其他组织，因而其授权方主体必然是行政主体，一般是行政机关。

2. 行为性质不同。既然行政权的设定系指立法机关（大多是权力机关）通过法律、法规对行政权力作出规定，那么这一行为属于立法行为。而行政权转让是指无立法权的行政主体通过非法律、法规形式把自己的行政权力授给其他组织，这种授权行为的本质是行政行为。

3. 实施行为的基点不同。在行政权设定中，立法机关通过法律、法规对有关组织设定行政权力，是基于立法权而进行的。它并不要求设定方机关自己拥有行政权，但它要求设定方机关必须具有实施设定行为的立法权。而在行政权转让中，行政主体是通过非立法形式把自身固有的行政权力授给其他组织的，实施这一行为必须基于授权方本身拥有将授的行政权力。在行政权转让中，谁都不能也无法把本身所没有的行政权授给别人。

4. 受调整的法律不同。正因为在行政权的设定中，设定方机关是立法机关，且设定行为本身又是立法行为，因而不受行政法调整，只受宪法或宪法性法律管辖。相反，在行政权的转让中，由于转让方机关本身是行政机关，且转让行为又属行政行为，因而它只受行政法（在国外一般是行政程序法）直接约束和规范。不难推论，如果把行政权设定的授权与行政权转让的授权合二为一，那势必导致将宪法（及立法法）同行政法合二为一，从而既降低宪法作为根本法的地位，又否认行政法作为独立部门法的资格。

至此可以得出第一个结论：既然行政权的设定和行政权的转让是两个行为属性不同、又分别归属不同法律调整的制度，因而作为中国行政法理课题的行政授权就不应是两者的“合体”。笔者认为，作为中国行政法理上的行政授权，应该指行政主体依法把自身拥有的行政权力的全部或部分转让给其他组织的行为，而不是指立法机关以立法行为设定行政权力的制度。理由如下：

(1) 行政权设定意义上的授权其属性是立法机关所实施的立法行为，行政权转让意义上的授权则是行政主体所实施的行政行为。那么作为以行政关系为调整对象、以行政行为为规范内容的行政法自然应该统辖后者，而不是前者。同样，以行政法为主要研究对象的行政法学中的行政授权，也只能限于后一范围。

---

① 当然，当立法机关同时是行政机关时，行政机关设定的主体和行政权转让的主体才会交叉。出现这种情况时，笔者主张按前者定处。

（2）行政法学上有一种公认的、常识性的行政职权划分理论，那就是：根据行政职权产生方式的不同，可以把行政主体的行政职权分为固有职权和授予职权。所谓固有职权，是指该职权是由法律、法规直接设定给该组织，而不是事后由其他行政主体转让（授权）给它所得；而所谓授予职权，系指该组织的该职权不是“先天固有”的，而是“后天”由别的行政主体授给它的。行政职权的这种分类，正以行政权设定和行政权转让（行政权授予）的划分为基础，而且两者完全对应一致。固有职权正是行政权设定的结果，同样，授予职权也正是行政授权的结果。如果把行政权的设定亦解释成行政授权的话，那必然导致在行政职权中否认固有职权的存在，并把一切行政职权都归并为授予职权，从而使上述行政职权的基本分类不复存在。这怎能保持行政法学理论上的一致性？

（3）我们在前面已知晓，在国外行政程序立法中，作为行政程序法规范的客体的授权大多是指我国行政权转让意义上的行政授权，而不是指行政权的法律设定[①]。在国外行政法学理论上，这种概念就更加明确。尽管有翻译上的问题，日本的“权限委任”、德国的“权限授予”和法国的“权限委托”[②] 等都可与我国行政权转让意义上的行政授权画等号。这就是说，把我国行政授权界定为行政主体对自身行政权力的转让，而不是立法机关对行政权力的法律设定，符合国外行政立法和行政法学的一般原理。

（4）我国长期以来在立法中所一贯使用的“授权”一词的含义，均与我们对行政授权概念界定的含义相一致。换句话说，除我国行政诉讼法（及与此配套的行政复议条例）中规定的“授权”是指法律、法规对行政权设定的含义外，其他一切法律、法规以及法律性文件所使用的“授权”一词都是指行政主管机关把自己的行政职权转让给有关组织。[③] 我们对行政授权含义的主张，不仅符合国外行

① 在国外行政程序法中，虽然有时也提及行政权法律设定意义上的授权，如西班牙行政程序法中的“法律委任”，但它不是作为规范对象，而是作为规范条件而存在的。

② 分别参见［日］南博方：《日本行政法》，中国人民大学出版社 1988 年 8 月版，第 15 页；［德］Ule/Laubinger，ebenda，S. 60f；Battis，S. 152；王名扬著：《法国行政法》，中国政法大学出版社 1989 年 5 月版，第 151—152 页。

③ 如《中华人民共和国测绘法》第二十八条规定：“违反本法规定，未经测绘资格审查违法经营测绘业务的，由省、自治区、直辖市人民政府管理测绘工作的部门或者其授权的部门责令停止测绘业务，没收违法所得，可以并处违法所得百分之五十至百分之百的罚款。”这里的“授权”当然指行政授权，是指省级测绘工作管理部门（行政主体）可以把测绘管理的行政职权授给有关组织。此外还如 1984 年《中华人民共和国消防条例》第七条，1985 年《中华人民共和国外国人入境出境管理法》第二十五—二十六条，1988 年《国务院关于授权省、自治区、直辖市、经济特区和计划单列市人民政府审批外资企业的通知》，1991 年《城市房屋拆迁管理条例》第六条等。

政立法和行政法学的一般原理，同时也符合我国长期以来的立法本意。

最后，笔者认为，我国行政诉讼法公布以后，之所以有大部分学者把（行政）授权千篇一律地解释为法律、法规把行政权授给有关组织的行为，这是对法律消极注释的结果。如果我们不能断言我国所有的立法工作者在实施立法时都站在厚实的法理基础之上，那么注释法学就永远不会是一种可取的研究方法。我国行政诉讼法第二十五条所规定的“授权”，暂且不说它与其他立法本意不一致，至少还存在以下几种缺陷：

（1）以授权形式代替授权主体。授权必须由四个要素组成：授权人、被授权人、授权客体和授权形式。我国大多数学者对行政诉讼法中的“授权”解释，都回避了授权主体，甚至以授权所借用的形式即法律、法规取代授权主体。①

（2）以授权形式代替授权行为本身。按理说，法律、法规仅是授权所借用的一种形式，而不是授权行为本身。但行政诉讼法中的授权概念却把“有无法律、法规的直接规定”作为认定“授权”的标准，从而导致以授权形式取代授权行为的后果。

（3）人为地扩大了行政委托的范围。由于行政诉讼法把“授权”囿限于法律、法规对行政权的设定，其余都归并于“委托”，这样，以行政权转让为特征的、真正行政法理上的行政授权被赶出“授权”的“家门”，并入行政诉讼法意义上的“委托”范畴；其他法律、法规上规定的“授权”，同样在行政诉讼法中成了“委托”。② 这不仅人为地扩大了行政委托的范围，而且由此把性质截然不同的“行政授权”与“行政委托”混淆起来。

对于同一概念，学者们有不同理解和解释，这本身是可以理解和解释的，但是，在同一个国家里制定不同的法规，采用同一个词却又赋予完全不同的内涵，这是有悖于法制的统一的。

为达到立法上的统一，我们面临这样的抉择：或者把其他大量的法律、法规中使用的“授权”一词修改为“委托”，而且保证将来也这么做；或者修改行政诉讼法中的“授权”和“委托”的概念内涵。笔者认为：行政诉讼法中的

---

① 应该承认，也有个别学者提到授权主体。如马原主编的《行政诉讼法知识手册》（北京师范学院出版社 1991 年 3 月版，第 191 页）提“有权机关”；许崇德、皮纯协主编的《新中国行政法学研究综述（1949—1990）》（法律出版社 1991 年 6 月版，第 166 页）提“抽象意义上的国家”。

② 遗憾的是，全国人大常委会法制工作委员会还认可了这种解释。见《全国人大常委会法制工作委员会关于如何理解和执行法律若干问题的解答（一）》第 14 项，载《司法文件选》，1990 年第 8 期，人民法院出版社。

“授权”仅是“行政权的设定”，而不是真正行政法理上的“行政授权”；行政诉讼法中的“委托”也并不全是行政委托，其实它包含了部分“行政授权”。如果我们能把我国行政诉讼法第二十五条第4款修改如下，那么一切问题都迎刃而解了：

“由法律、法规规定其行使职权的组织所作的具体行政行为，该组织是被告。由行政机关依法授权的组织所作的具体行政行为，被授权的组织是被告。由行政机关委托的组织所作的具体行政行为，委托的行政机关是被告。”

至此，就行政授权与行政设定关系的讨论，笔者最终形成了这样的观点：中国行政法理上的行政授权概念，既不包含法律、法规对行政权设定的内涵，更不是指其本身，而是指行政主体（行政机关）依法将自己的行政职权的全部或部分授给有关组织的行政行为及其法律制度。

四、行政授权与行政委托

行政授权与行政委托，这是继行政授权与行政权设定之后，又需解决的一大“周边关系”。这一关系的解决，不仅有助于确定中国行政法理上的行政授权之“外延”，更有助于检验行政授权“内涵”的准确性。

虽然把行政法看成是作为一般法的民法中的特别法的时代已经过去，但人们在创制行政法理时首先从民法学的同类原理入手，这还是一种可接受的做法。中国的民法学家们从不区别“授权”与“委托”，认为它们是同一问题的不同表述。[①]

中国的行政法学者们并不认为行政法学上的授权与委托可以完全照搬民法学上的授权与委托理论，因为后者是针对民事权利，而前者则是（至少）面临行政权力。但认为行政法学上的授权与委托只是“一碗豆腐”与“豆腐一碗”之间关系的，还不乏有其论。[②] 一种最典型的解释是：“这里的授权即是指法律、法规的委托，这里的委托即是指行政机关的授权”。[③] 如果授权与委托正是这种关系，

① 《新中国民法学研究综述》，中国社会科学出版社1990年版，第175页。如王家福、谢怀栻教授等在《民法基本知识》（人民日报出版社1987年版，第135页）中指出：“王家福教授等指出：我国民法通则中的委托代理，其‘委托’虽无明文，但也应理解为一种授权行为，单方行为。”

② 如柴发邦主编：《当代行政诉讼基本问题》，中国人民公安大学出版社1989年10月版，第102页；梁书文主编：《行政法讲座》，中国卓越出版公司1990年5月版，第8页；杨小君主编：《行政法》，中国经济出版社1989年7月版，第158页。

③ 姜明安：《行政法与行政诉讼》，中国卓越出版公司1990年版，第169页。

那么我们又何以引导人们在授权与委托的不同情形下分别正确认定行政诉讼中的被告呢?!

鉴于在授权关系中和委托关系中行政诉讼被告的承担者不同，不少学者开始寻找行政授权与行政委托间的“界线”。[①] 然而，不少同仁的这种努力，是站在承认行政诉讼法所确定的授权与委托的含义基础上。这样，主观上在区分行政授权与行政委托，客观上却是甄别行政权力的法律设定与行政授权、行政委托间的差别。不界定行政授权，无法解决它与行政权设定间的关系；同样，不确定行政委托的概念，也无法解决它与行政授权间的关系。

我们在上一题中指出：行政诉讼法中规定的“委托”，其实是“行政授权”与“行政委托”的合一。因而这种概念是不可取的。我国其他立法分别不同情况区别使用“授权”与“委托”[②]，而且这种意义上的“委托”，能与真正的“行政授权”相区别。在国外行政法学中，行政委托的含义是基本一致的。在日本行政法学中，行政委托被表述为“权限委托”。他们认为“权限委托”不同于“权限委任”。前者是指，“A 行政厅的权限的全部或一部分由 B 行政厅以 A 的名义来行使，B 之所为作为 A 的行为发生效果”。[③] 在德国行政法学中，“mandat”（权限之委托）亦被解释为：“一行政机关（委托机关）将其管辖权范围内之权限委托其他行政机关（受托机关）以委托机关名义执行之。由于受托机关是以委托机关名义行之，故受托机关在委托范围内所作成处分视为委托机关之处分，其法律效果亦由委托机关自己承担。”[④] 我们国内行政法学对行政委托的理解和解释，没有像对行政授权那样存在那么多的分歧。我们对行政委托有这样的认同：

行政委托是指，出于管理上的需要，某一行政主体（委托人）委托另一行政主体或其他组织（被委托人）以委托人的名义代行职权或其他事务，其行为效果归属于委托人的法律制度。

这种意义上的行政委托同行政授权是截然不同的。它们之间的区别是：

1. 行政权力运行上的不同。行政授权导致行政权力的转移，而行政委托并

① 许崇德、皮纯协主编的《新中国行政法学研究综述》（法律出版社 1991 年 6 月版，第 166—167 页）把行政授权与行政委托的区别归纳为六个方面。此外，《行政法总论》（方昕等著，人民出版社 1990 年 8 月版，第 67 页）、《行政诉讼知识手册》（马原主编，北京师范学院出版社 1991 年 3 月版，第 191 页）等书对上述区分作了种种努力。

② 如《中华人民共和国野生动物保护法》第二十二条、第二十三条和第二十六条都使用“授权”一词，而《中华人民共和国治安管理处罚条例》第三十三条使用“委托”一词。

③ ［日］南博方：《日本行政法》，中国人民大学出版社 1988 年 8 月版，第 16 页。

④ 引自［台］经新法规研究报告第 1007 号，《行政程序法之研究》，第 243 页。

不导致行政权力的转移。国内有的学者把行政授权与行政委托看成是行政权力（行政职权）转移的两种情形①。这是种误解。行政职权的转移只适用这两种情况：（1）行政授权，授权方的行政职权全部或部分转移给被授权方主体；（2）行政机关的撤销、合并等，被撤销、合并的行政机关的职权便转移给撤销主管机关或合并后的新机关。行政委托，从法律意义上讲，并没有导致行政职权的转移。如果行政委托导致职权转移，那就意味着被委托人因据此拥有独立的职权，而可以也应该以自己的名义行使该权并承担行为效果，即被委托人成了行政主体。行政授权是行政主体“是否转让自己行政职权”的问题，而行政委托是行政主体“是否亲自行使自己行政职权”的问题。就从一般的委托代理原理上讲，也应明白，在委托代理关系中，权利和义务的享受和承担者应是委托人，而不是代理人（被委托人）。

2. 行为性质不同。行政授权属于行政行为，而行政委托属于合同行为。根据最高人民法院《关于贯彻执行〈中华人民共和国行政诉讼法〉若干问题的意见（试行）》② 第一条的规定精神，行政行为必须是“单方行为”；双方行为（如合同行为）不属行政行为。行政授权是行政主体依法将自己的行政职权授给隶属于自己的有关组织（大多是下属行政组织），无须得到被授权人的同意。它既是单方行为，又是强制性行为，体现了一种行政上的纵向关系，因而属于行政行为（确切地说，是内部行政行为）。而行政委托则不同，委托关系的成立以双方自愿一致为前提，它不属行政行为的范畴。③

3. 行为名义和效果归属不同。在行政授权关系中，被授权人实施具体行政行为以自己的名义进行，而且行为的效果归属于自己；而在行政委托关系中，由于行政职权没有转移，所以被委托人实施具体行政行为不得以自己而只能以委托机关的名义进行，该行政行为的效果自然也归属于委托机关。

4. 所创设的主体不同。行政授权创设新的行政主体，而行政委托只创设新的行为主体。行政主体和行为主体虽只一字之差，但在中国行政法理中有严格区别。行政主体是指依法拥有独立的行政职权，能以自己的名义行使该职权，并承受该职权行为的法律效果的组织。行为主体则指直接实施具体行政行为的组织。行政主体和行为主体可以由同一个组织承担，但也可由不同的组织分别承担。行

① 见张树义主编《中国行政诉讼法学》，时事出版社 1990 年 9 月版，第 106 页；许崇德、皮纯协主编：《新中国行政法学研究综述》，法律出版社 1991 年 6 月版，第 166 页。

② 1991 年 5 月 29 日最高人民法院审判委员会第 499 次会议讨论通过，同年 7 月 11 日试行。

③ 但这并不排除把行政委托作为行政法学中的一项内容进行研究。

政主体由自己直接实施行政行为的，这就出现前一种情况；相反，行政主体委托其他组织代为实施行政行为（即间接行政行为）的，那么行为主体便与行政主体分离。行政主体与行为主体的关系，类似于民法上的所有权与占有权之间的关系。

在行政授权中，由于授权机关把自己的职权转让给了被授权组织，从而使被授权组织成为行政主体或新的行政主体（如果它原来就是行政主体的话）。行政委托关系可不同，由于其不发生行政职权的转移，它只使被委托人取得行为主体的资格，而没有使后者成为行政主体或新的行政主体。

5. 行政诉讼中的地位不同。在行政授权关系中，被授权组织由于属于行政主体，同行政权设定中的被设定组织一样，可以成为行政诉讼的被告；而在行政委托关系中，由于被委托组织不是行政主体，因而它不能成为行政诉讼中的被告。上述规则与我国行政诉讼法第 25 条第 4 款的精神相一致。

6. 条件和程序上的不同。实施行政授权的条件和程序与实施行政委托的条件和程序是不同的。根据两者的特征，法律对行政授权条件和程序的设定会严于对行政委托条件和程序的设定。一般说来，授权须有法律、法规的明文许可，而且事后必须公告授权关系，但对于委托没有这些特别要求，它更多地受合同规则的约束。

五、对行政授权的新认识

中国行政法理上的行政授权，既不是指法律、法规对行政权力的设定，也不是指行政机关对行政权力的委托，而是指：行政主体（授权人）在法律、法规许可条件下，通过合法的程序和形式，将自己行政职权的全部或部分转让给有关组织（被授权人），后者据此以自己的名义行使该职权，并承受该职权行为效果的法律制度。

行政授权的上述定义，反映了其本身的有关特征和性质。虽然这在上面已零星地涉及，但这里不妨再作系统的归纳和阐述。中国行政法理上的行政授权具有四个主要特征：（1）以行政主体为授权人；（2）以行政权力为授权客体；（3）以下属行政机关和非行政机关为授权对象人（被授权人）；（4）以创设行政主体或新的行政主体为授权结果。

行政授权是一种法律制度，但首先是一种法律行为。关于行政授权行为的性质，可以用一句话表达：一种要式的内部行政行为。这里有三层含义：

1. 行政授权是一种行政行为。行政行为是行政主体单方作出的、强制性的、行使行政职权的行为。据此，行政授权具有单方性和强制性。

2. 行政授权是一种要式行政行为。它必须通过特定的书面形式来表现，除非法律另有特别规定，口头授权无效。

3. 行政授权是一种内部行政行为。因为作为授权人的行政主体并不直接同行政相对人发生关系。据此，行政授权又不能直接构成行政诉讼的对象和范围。

在一个法治国家里，行政授权不该是无条件的。在目前中国尚无行政程序法，法律没有为行政授权设定统一的授权条件时，我们只能依赖行政法理来解决这个问题。台湾学者在这方面亦作了种种努力。① 笔者认为，任何一个行政主体欲实施行政授权，必须具备两个前提条件：第一，必须有法律、法规的明文许可。法律、法规明文规定行政机关可以授权的，行政机关方能授权；法律、法规不作规定的，视为无授权许可。② 第二，授权机关必须客观拥有所授职权。谁也不能把本身所没有的东西给予别人。行政授权必须以授权机关本身拥有所授职权为前提。

关于行政授权的程序，目前法律亦无统一规定。但根据一般的法理和实践中的做法，大致可以分为四个步骤：一是授权机关决定授权。这是指授权机关调查、决策的过程。二是申请批准。如果授权机关本身不能直接决定授权，还须报有权机关批准，那么就须经过这一环。三是制作授权文件。由于授权属于要式行为，因此必须制作授权文件。授权文件的内容应包括：（1）授权机关与被授权组织名称、地址等；（2）授权事项与范围；（3）授权期限和生效时间等。四是公布。授权文件必须在生效之前以一定方式公布，让有关组织和公民知晓。

六、行政授权的程序化和法制化

只要法律、法规对行政权力的设定不能全都十分精细，而且又不宜随时变动法律、法规，行政授权就将永远存在。随着社会的高度发展，政府所面临要解决

---

① 管欧在《中国行政法总论》（蓝星打字排版有限公司 1981 年第十九版，第 395 页）一书中把行政授权条件列为三项：（1）授权者须有授权之权限；（2）授权者须有法令之依据或事实之需要；（3）授权事项须适合授权之性质。

② 这个条件之所以约束行政授权，德国和中国台湾的行政法学者们作了解释："由于权限之委任变更法规所确定之管辖权分配秩序，因此须要法规之授权，且该法规在法源位阶上至少须与确定原管辖权分配秩序之法规属同一等级。"引自许宗力（台湾）：《行政机关若干基本问题之研究》。载经社法规研究报告第 1007 号（台湾），《行政程序法之研究》。参见［德］Ule/Laubinger，ebenda，S. 60f。

的问题更加繁重、复杂和迅猛，行政授权将越来越显示出它的作用。在中国，行政授权制度一直为许多法律、法规所特许；实践中，行政机关亦已应用自如。但必须承认，我们目前离行政授权的程序化和法制化还相差甚远，这极大地影响了行政授权的准确运用和其功能的有效发挥。这些“距离”主要表现是：(1) 行政授权尚无统一的程序和条件；(2) 缺乏对行政授权合法性的认定标准和审查控制机制；(3) 尚未建立针对行政授权的统一性法律规范。

促进我国行政授权的程序化和法制化，已是中国行政立法界和行政法学界面临的一项重要而紧迫的任务。围绕这一任务，我们应同步展开下列几个方面的工作。

（一）为行政授权设立法律原则，以指导行政机关合法有效地运用授权这一手段

法律原则是法律制度的核心。没有前者，后者便缺乏内在的同一性。为行政授权创设法律原则尤为必要，它不仅可以指导行政授权的运行，统率行政授权整个制度，而且可以作为事后衡量该行为的尺度。笔者以为，行政机关在实施行政授权时，应遵循下列四项原则：(1) 法律、法规明文许可原则。(2) 行政管理客观确需原则。(3) 授予与授于职权同一原则。该原则具体包含几个含义：①授权机关必须拥有作为授权客体的职权，谁也不能授出本身所没有的职权。②授予职权与授于职权必须同质。③授予职权与授于职权必须同量。④授于职权可以小于授权机关拥有的职权，但不能大于后者。(4) 不公开不约束相关人原则。

（二）为行政授权确立合法性认定标准，以防止违法无效授权行为的发生

原则决定标准，但不能代替标准，我们应在行政授权法律原则的指导下，确立和坚持行政授权合法性的认定标准，以预防和制止违法授权行为的发生。为此，我们需要明确行政授权的有效要件，即：(1) 主体合格。即授权人与被授权人都必须具有合法的资格和地位。(2) 前提合格。授权的前提条件须有法律、法规的明文许可，无这一前提条件，行政机关不得授权。(3) 职权合格。这一要件包括如下内容：①授予的职权不是法律、法规所禁止的；②授予职权与授于职权在本质上和量上均须同一和一致；③授于职权可以等于或小于授予职权，但不能大于授予职权。(4) 程序和形式合格。行政授权必须采用书面形式，并遵守法定步骤。

（三）建立对行政授权的审查制度，以及有效的监控机制

无论是行政授权的法律原则，还是其合法性认定标准，都有赖于一定的机构和人员来贯彻、监督和实施。这就需要建立起对行政授权实施审查和监控的机制。根据中国目前的实际情况，我们无须另设机构来履行监控职能，只要明确和增强原有机构的监控作用便可。对行政机关行政授权的监控可来自于三个方面：（1）国家权力机关，（2）国家行政机关，（3）人民法院。因此，我们的任务是增强和完善上述机关的监控职能。

（四）抓紧制定《行政授权条例》或《行政程序法》，加快行政授权法制化的步伐

要做到行政授权的法制化，就应抓紧制定有关行政授权的法律和法规。行政授权的法律表现形式，在英美普通法系国家和法国[①]，主要通过判例和法理解决；在德国、西班牙等传统大陆法系国家则采用行政程序法形式。在我国，于将来制定行政程序法时，建议为行政授权规范保留一席之地。如果行政程序法的制定还为时遥远，那么可先以行政法规形式制定《行政授权条例》作为过渡。

（载《中国法学》1994 年第 4 期）

① 法国属大陆法系、成文法国家，但其行政法恰恰是判例法。

§1.11 试论行政委托

行政委托是行政主体职权代行上的一种法律制度。它与行政授权一起，构成中国行政法学上有关行政职权运行的两大法律关系及其法律制度。行政委托与民事委托不同，它拥有自己的“个性”；行政委托与行政授权不能等同，因为它们发挥着不同的法律效果。本文从行政法学基础理论的角度，试对行政委托的概念与法律特征、行政委托的有效要件、行政委托与行政授权的关系等基本问题进行初步的探讨，以求教于同仁。

一

某一组织被赋予行政职权以后，它便成为行政主体。行政主体有权、也应该亲自行使职权。但当某些行政主体因受条件限制无法亲自行使职权，它需要由其他组织或人员代其行使职权时，行政委托制度便应运而生。如果说行政授权是解决某一组织的权力能力问题，那么行政委托是旨在解决某一组织的行为能力问题。

基于行政委托在国家行政管理中的特殊作用，而这些作用又无法为行政授权所能替代，于是在世界上不少国家和地区的法律制度和行政法学理论中，均可找到行政委托的地位。在德国行政法学中，行政委托（beleihung）是指国家等行政主体将公权力交由人民行使的现象，而且将受托行使公权力之人民视为德国（1976年）行政程序法第1条第4款所称的“行政机关”。[①] 法国亦有在长期的行政判例中确立的行政权限的委托和代理制度，其有关法律把权限委托分为“严格

① Vgl. etwa Ule/Laubinger，S. 52；Möllgaard，in Knack（Hrsg.），Verwaltungsverfahrensgesetz，§1 Rn. 7；Rengeling，Erfüllung staatlicher Aufgaben durch Private，1986，S. 31.

意义的权限委托”和“签名委托”。[①] 日本有非常成熟的行政委托理论。他们把“行政委托”称作“行政（权限）代理”[②]，并认为行政代理是指：“A 行政厅的权限的全部或一部分由 B 行政厅以 A 的名义来行使，B 之所作为 A 的行为发生效果。”日本行政法学还把行政代理分为两大基本类别，即授权代理和法定代理。[③] 在英国的行政法中，一个地方政府可以把自己的一种或几种职务委托其他地方政府执行，权力委任以有法律规定的为限。1972 年的《地方政府法》规定，任何地方政府可以把它的任何职权委托其他地方政府执行；但关于征税、借款、病畜法中规定的事项以及法律规定必须由地方议会中委员会决定的事项例外。[④] 西班牙把行政委托法律制度置于其 1992 年的《公共行政机关及共同的行政程序法》[⑤]（第 13 条和第 15 条）之中。

在我国的行政法理上，行政委托是指，出于管理上的需要，某一行政主体（委托人）委托另一行政主体或其他组织及个人（被委托人）以委托人的名义代行职权或其他事务，其行为效果归属于委托人的法律制度。

行政委托作为一种行为和法律制度，具有下列几个法律特征：

第一，在行政委托法律关系中，委托方必然为行政主体。非行政主体不能成为行政委托法律关系中的委托方当事人。

第二，在行政委托法律关系中，被委托方可以是行政主体，也可以是非行政主体，可以是组织，也可以是个人。

第三，在行政委托关系中，被委托人只能以委托方的名义实施行政行为，而且行为效果归属于委托方。

第四，行政委托发生在平等的横向关系中，委托关系的双方当事人之间没有命令与服从的关系。如果把行政委托作为一种行为来考察，那么它是一种合同行为，而不是单方的行政行为。

第五，行政委托的法律效果是设定行为主体，而不设定行政主体。所以在行政诉讼中，只能以委托方的主体为被告，而不以被委托方的当事人为被告。

---

① 王名杨：《法国行政法》，中国政法大学出版社 1989 年版，第 151—152 页。

② 行政委托与行政代理是同一种法律制度，只是定义的角度不同而已。行政委托是处于委托方角度而言，行政代理则处于被委托方角度而言。

③ ［日］南博方著，杨建顺、周作彩译：《日本行政法》，中国人民大学出版社 1988 年版，第 16 页。

④ 王名杨：《英国行政法》，中国政法大学出版社 1987 年版，第 73 页。

⑤ 1992 年 11 月 26 日经西班牙国王胡安·卡洛斯一世批准，1992 年 11 月 27 日发表于《国家官方公报》第 285 期。

二

行政委托必须依法设立，否则它不具有法律效力。行政委托必须符合一定的条件才是合法的，从而是有效的。作为一种有效的行政委托必须具备的条件，便是行政委托的有效要件。关于行政委托的有效要件，有三个基本问题需要讨论：(1) 行政委托是否须有明文的法律依据？(2) 被委托人须有什么条件？(3) 被委托主体是否可以再委托？

（一）行政委托的法律依据问题

这里的“法律依据”是广义的，包括法律、法规和规章。行政委托是否须有明文的法律依据？是否亦应坚持行政授权中的法律许可原则？这有两种不同的意见。

第一种意见认为，行政委托不需要有明文的法律依据。行政委托与行政授权不同，委托后被委托人的行为后果概由委托方负责。这是一种自然的监督机制，使得委托方的行政主体不敢随意滥委托，因为它委托得越多，其责任越大。于是，已不需要用“明文法律依据”加以限制了。

第二种意见认为，行政委托也必须有明文的法律依据。行政委托虽不会像行政授权那样导致新行政主体的产生，但它所设定的行为主体同样会对行政相对人的权利和义务发生直接的影响，因此亦应设定“明文法律许可”原则。

中国有学者认为：“法律、法规授权的组织要将归属于自己的行政管理职权全部或部分地委托给其他组织行使，必须有法律、法规依据，即必须是法律、法规明确规定该组织可以将行政管理职权的一部或全部委托给特定组织。否则，委托是无效的。”① 中国台湾学者许宗力认为②，行政委托之所以须有法律依据，是出于三个理由：“(1) 公权力之行使原则上仅能由代表行政主体的行政机关为之，不得任意委托人民为之，因人民非像行政机关般具有民主的正当性基础，故除非代表民意的国会愿以法律方式‘同意’此项委托…… (2) 行政委托涉及机关权限的变更（如同……机关间权限之委托与委任），今机关权限既以法律定之，则

① 阿江等：《行政诉讼难题解答》，中国人民公安大学出版社 1992 年版，第 215 页。

② 见许宗力（台湾）：《行政机关若干基本问题之研究》，载（台）经社法规研究报告 1007：《行政程序法之研究》（1990 年 12 月），第 248－249 页。

变更该法定权限分配秩序的行政委托自同样须有法律的依据；(3) 行政机关若以作为行政处分之方式委托人民行使公权力，因无异于课予受托人负担，故须有法律之授权，否则难以在法律保留面前站得住脚。纵使非以片面课予人民义务之行政处分方式，而是与人民缔结行政契约，经该契约相对人之同意而委托其行使公权力，仍不得以‘自愿同意受侵害’为理由而主张不须有法律之授权，因为委托之公权力本身的行使亦难免涉及第三人之权利义务，单单此一特点就足以证明没有法律依据不能擅为行政委托。”①

日本在这个问题上没有一概而论，他们把行政代理（即行政委托）分为两类，即授权代理和法定代理，而法定代理才需要有法律依据。②《中华人民共和国行政处罚法》③ 第十八条明文规定，行政机关要把自身的行政处罚权委托给其他组织，必须有法律、法规和规章的依据。④ 然而，这一规定仅适用行政处罚权，不能约束所有行政职权的委托。

依笔者之见，行政委托无须任何法律依据，这显然失之过宽，不利于规范国家行政权的行使；但如果规定任何行政委托均须有明文法律依据，这又限之过严，忽视了行政委托与行政授权的区别，不利于国家行政权力运行的有效发挥。剥夺行政相对人权利的行政职权以及专有职权的行政委托，须有明文的法律、法规和规章⑤的依据，这也许是个可以考虑的选择。

（二）被委托人的条件问题

这里需要具体解决三个问题：

1. 行政委托限于行政主体对行政机关的委托，还是同时包括对非行政机关的社会组织的委托，或行政委托只限于对社会组织的委托，这在国际上的做法亦不统一，如德国的行政委托既包括行政机关之间的委托，也包括行政机关对社会组织的委托，而日本的权限委托仅限于行政厅之间的委托。《中华人民共和国行政处罚法》第十八条和第十九条把行政处罚权的委托限于对事业组织的委托。笔者主张，行政委托中的被委托人，可以是行政机关，也可以是非行政机关（各种社会组织），法律、法规另有规定的除外。

---

① Rengeling, S. 28; Steiner, öffentliche Verwaltung durch Private. S. 239. Vgl. Ossenbühl. S. 169ff.

② ［日］南博方著，杨建顺、周作彩译：《日本行政法》，中国人民大学出版社 1988 年版，第 16 页。

③ 1996 年 3 月 17 日第八届全国人民代表大会第四次会议通过，自 1996 年 10 月 1 日起施行。

④ 详见下一题。

⑤ 以规章不违反法律、法规为前提。

2. 行政委托限于对组织的委托，还是同时包括对个人的委托？大多数人认为，行政委托只能是对组织的委托，对个人不能委托。特别是《中华人民共和国行政处罚法》已表明了这一态度。作者认为，行政委托的对象可以是组织，也可以是个人。因为它与行政授权不同，行政授权的效果是创设行政主体，而行政主体只能是组织，不能是个人；可行政委托的效果则是创设行为主体，不是行政主体，而行为主体可以是组织，亦可以是个人。这正是行政委托与行政授权的一个重大区别。

3. 被行政委托的组织是否必须具备一定的条件？这个问题的答案必然是肯定的，问题在于具体的条件是什么。《中华人民共和国行政处罚法》第十九条已对这一问题作了尝试，新的问题是，这一规定是否可以成为所有被委托组织的必备条件。

（三）被委托主体的再委托权问题

被委托的主体是否可以把被委托的行政职权再行委托给其他主体？这一问题上，行政委托应同样适用行政授权中的“一次授权原则”。行政委托是一种合同行为，从合同法原理上讲，被委托人未经委托方同意，是不能再行委托的。作者认为，行政委托应受这一规则的约束。我国行政处罚法已经表明了这一态度。

三

1996年的《中华人民共和国行政处罚法》，是我国迄今为止涉及行政委托内容最多的一个法律。分析该法有关行政委托的法理，对于确立中国行政委托法律规则和行政委托之行政法理无疑是有帮助的。

《中华人民共和国行政处罚法》第十八条规定：“行政机关依照法律、法规或者规章的规定，可以在其法定权限内委托符合本法第十九条规定条件的组织实施行政处罚。行政机关不得委托其他组织或者个人实施行政处罚。委托行政机关对受委托的组织实施行政处罚的行为应当负责监督，并对该行为的后果承担法律责任。受委托组织在委托范围内，以委托行政机关名义实施行政处罚；不得再委托其他任何组织或者个人实施行政处罚。”

第十九条又规定：“受委托组织必须符合以下条件：

（一）依法成立的管理公共事务的事业组织；

（二）具有熟悉有关法律、法规、规章和业务的工作人员；

（三）对违法行为需要进行技术检查或者技术鉴定的，应当有条件组织进行相应的技术检查或者技术鉴定。”

以上两条有关行政委托的规定，包含着以下几项法理规则：

1. 行政委托必须有法律、法规和规章的明文依据，无法定依据不得实施行政委托；

2. 行政主体实施行政委托，必须在法定权限范围内进行，越权无效；

3. 行政委托只能委托给组织，而不能委托给个人；

4. 受委托组织只能是依法成立的管理公共事务的事业组织，其他组织不能作为受委托组织；

5. 受委托的事业组织在人员和技术上还须符合一定的条件；

6. 受委托的组织不能对被委托的权限进行再委托，即限于“一次委托原则”；

7. 在行政委托关系中，委托方对被委托方享有监督的责任；

8. 在行政委托关系中，委托方对被委托方的行为后果承担法律责任。

当然从严格的法律适用意义上说，上述丰富的行政委托法理囿于行政处罚职权上的适用，但它无疑会对中国确立普遍的行政委托法则与法理产生直接的影响。

四

也许在民法学上，“委托”与“授权”没有实质上的区别[①]，行政法学上则不同。行政委托与行政授权，虽都是行政主体所作的一种行为，但它们具有以下诸方面的区别：

1. 行政权力上的运行不同。行政授权导致行政权力的转移，而行政委托并不导致行政权力的转移。国内有的学者把行政授权与行政委托看成是行政权力（行政职权）转移的两种情形。[②] 这是种误解。行政职权的转移只适用这两种情

---

① 《新中国民法学研究综述》，中国社会科学出版社 1990 年第 1 版，第 175 页。如王家福、谢怀栻教授等在《民法基本知识》（人民日报出版社 1987 年第 1 版，第 135 页）中指出：我国民法通则中的委托代理，其“委托”虽无明文，但也应理解为一种授权行为，单方行为。

② 见张树义主编：《中国行政诉讼法学》，时事出版社 1990 年 9 月版，第 106 页；许崇德、皮纯协主编：《新中国行政法学研究综述》，法律出版社 1991 年 6 月版，第 166 页。

况：（1）行政授权，授权方的行政职权全部或部分转移给被授权方；（2）行政机关的撤销、合并等，被撤销、合并的行政机关的职权便转移给撤销主管机关或合并后的新机关。行政委托，从法律意义上讲，并没有导致行政职权的转移。如果行政委托导致职权转移，那就意味着被委托人便据此拥有独立的职权，而可以也应该以自己的名义行使该权并承担行为效果，即被委托人成了行政主体。行政授权是行政主体是否转让自己行政职权的问题，而行政委托是行政主体是否亲自行使自己行政职权的问题。就从一般的委托代理上讲，也应明白，在委托代理关系中，权利和义务的享受和承担者应是委托人，而不是代理人（被委托人）。

2. 行为性质不同。行政授权属于行政行为，而行政委托属于合同行为。根据最高人民法院《关于贯彻执行〈中华人民共和国行政诉讼法〉若干问题的意见（试行）》[①] 第一条的规定精神，行政行为必须是“单方行为”。双方行为（如合同行为）不属行政行为。行政授权是行政主体依法将自己的行政职权授给隶属于自己的有关组织（大多是下属行政组织），无须得到被授权人的同意。它既是单方行为，又是强制性行为，体现了一种行政上的纵向关系，因而属于行政行为（确切地说，是内部行政行为）。而行政委托则不同，委托关系的成立以双方自愿一致为前提。它不属行政行为的范畴。[②]

3. 行为名义和效果归属不同。在行政授权关系中，被授权人实施具体行政行为以自己的名义进行，而且行为的效果归属于自己；而在行政委托关系中，由于行政职权没有转移，所以被委托人实施具体行政行为不得以自己而只能以委托机关的名义进行，该行政行为的效果自然也归属于委托机关。

4. 所创设的主体不同。行政授权创设新的行政主体，而行政委托只创设新的行为主体。在行政授权中，由于授权机关把自己的职权转让给了被授权组织，从而使被授权组织成为行政主体或新的行政主体（如果它原来就是行政主体的话）。行政委托关系可不同，由于其不发生行政职权的转移，它只使被委托人取得行为主体的资格，而没有使后者成为行政主体或新的行政主体。

5. 行政诉讼中的地位不同。在行政授权关系中，被授权组织由于属于行政主体，同行政权设定中的被设定组织一样，可以成为行政诉讼的被告；而在行政委托关系中，由于被委托组织不是行政主体，因而它不能成为行政诉讼中的被告。上述规则与我国行政诉讼法第二十五条第 4 款的精神相一致。

---

① 1991 年 5 月 29 日最高人民法院审判委员会第 499 次会议讨论通过，同年 7 月 11 日试行。

② 但这并不排除把行政委托作为行政法学中的一项内容进行研究。

6. 条件和程序不同。实施行政授权的条件和程序与实施行政委托的条件和程序是不同的。根据两者的特征，法律对行政授权条件和程序的设定会严于对行政委托条件和程序的设定。一般说来，授权须有法律、法规的明文许可，而且事后必须公告授权关系，但对于委托没有这些特别要求（法律、法规另有规定的除外），它更多地受合同规则的约束。

（载《法治研究》（1997 年卷），杭州大学出版社 1998 年 2 月第 1 版）

§1.12 政府行政自由裁量权的法律控制

自由裁量权作为国家统治权的一项内容与国家有着相同的年龄。当人们按照法兰西男爵孟德斯鸠（Montesquieu，1689—1755 年）的主张依职能划分国家部门后，自由裁量权作为一种特权被赋予给更多的主体。然而，立法部门和司法部门的自由裁量权远不如行政部门（即政府）广泛、有力而令人生畏。鉴于自由裁量权同行政权的超度联系，以至于国外有学者说："自由裁量权是行政权的核心。"① 当代政府活动的种种情形都表明了这一点。美国一个机构的行政官员常常能轻易地得到一个足以使他施展裁量的法案，建立州际商业委员会的法案至今还为铁路部门保留决定"公正合理"运费的自由权。日本警察在紧急状态下的自由裁量权已被允许到最大限度。我国现行法律和法规几乎没有一个不涉及（只有直接和间接之别）行政自由裁量权。行政机关和公务人员在作出具体行政处理决定时，有幸获得自由的余地：公安机关在对妨碍公共安全的行为人给予治安处罚时，可以在 15 日以下的拘留、200 元以下的罚款和警告之间作出自由选择；② 食品卫生监督机构对于违反食品卫生管理的法人和个人的处罚，可以在 20 元至 3 万元的幅度内自由决定罚款数额。③

如果说国家行政权的扩大是社会发展的必然趋势，那么，作为行政权"核心"的行政自由裁量权的保留和增强则是国家运行的客观所需。政府自由裁量权无疑是提高国家行政管理效率的有力杠杆，但它同时可以成为窒息民主与自由的枷锁。我们即使不能像英国贵族阿克顿那样地说："绝对的权力是绝对的腐化"，也至少能说：权力滥用的可能性总与权力的集中和扩大成正比。要效率不能没有政府自由裁量权，要民主又不能不对政府自由裁量权作法律控制。威尔逊所提的

---

① ［美］伯纳德·施瓦茨：《行政法》，群众出版社 1986 年 10 月版，第 566 页。

② 《中华人民共和国治安管理处罚条例》（1986 年）第二十条。

③ 《中华人民共和国食品卫生法（试行）》（1982 年）第三十七条。

"效率"与"民主"的矛盾在本文主题中得到了再现。我们不能没有政府的自由裁量，同时也不能没有对政府裁量的法律控制。在一个民主国家里，自由裁量不是也不该是法治的例外。

对政府自由裁量权的法律控制主要表现为行政法上的控制。难怪美国著名的行政法学教授伯纳德·施瓦茨曾这样反问："行政法如果不是控制自由裁量权的法，那它是什么呢?"① 行政法控制政府自由裁量权的最佳方法莫过于确立种种控制规则，而法律规则的确立又有赖于理论上的先导研究。于是，探讨和设计政府自由裁量权的创制规则、行政规则和救济规则便构成了本文的中心课题。

一、行政自由裁量权的基本理论

当我们着手为政府自由裁量权设定控制规则时，不由想到有介绍自由裁量权基本理论的必要。因为在这里，通过对其概念的界定，使我们的探讨有了共同的基点；通过对其内容和类别的展现，使我们把握了它的性质和地位；通过对其历史命运的考察，使我们领悟到自由裁量权并非也不该绝对自由。

（一）自由裁量权的概念界定

政府自由裁量权，也称行政自由裁量权（Administrative Discretion），在世界上大多数国家的行政法著作或词典中，都能找到这个名词和概念。美国的《布莱克法律词典》② 对此有个权威性解释："当立法机关和法律对委员会或行政机关行使所授权力表示信赖、期望和一定意向，但不规定具体做法时，委员会或行政机关可出于对证实或不能证实之理由的考虑，对事务作出自由的处置。"③ 美国行政法教授B. 施瓦茨在其教科书中的解释也许通俗易懂一些："当我们说行政裁量权时，我们的真正含义是指行政官员或行政机关拥有的从可能的作为和不作为中做选择的自由权。"④ 英国《牛津法律大辞典》的解释则大同小异："指酌情做出决定的权力，并且这种决定在当时情况下应是正义、公正、正确、公平和合理的……在行政法中，往往授予大臣以自由裁量权，但必须合理地行使这种

① ［美］伯纳德·施瓦茨：《行政法》中译本，群众出版社1986年10月版，第566页。
② 《Black's Law Dictionary》1979年英文第5版。
③ 《Black's Law Dictionary》，1979年英文第5版，第42页。
④ ［美］B. 施瓦茨：《行政法》中译本，群众出版社1986年10月版，第567页。

权力。”[1]

在日本，杉村章三郎和山内一夫主编的《行政法辞典》对行政自由裁量权作出这样的解释：“指行政机关在法规没有具体拘束其行政行为要件和内容，或是否实施行政行为时的判断权。”[2] 法国、联邦德国、比利时等国家的行政法学书籍的定义也基本相同。

在我们国内，20世纪50年代国家与法的教科书没有涉及行政自由裁量权的概念。第一次涉及这个概念的，首推1983年高等学校法学试用教材《行政法概要》。它把自由裁量权作为一种采取行政措施行为的分类并作出这样的解释：“凡法律没有详细规定，行政机关在处理具体事件时，可以依照自己的判断采取适当的方法的，是自由裁量的行政措施。”[3] 尔后，魏海波、史宇航主编的《行政管理学简明辞典》有过一个直接的解释：行政裁量权是指“在法律无明文规定的情况下，政府可按照法的一般原则或按公益需要，在法定的职权范围内凭其自由意志做出决定的权力”。[4] 综观国内外的学理解释，行政自由裁量权在含义上是接近的。为能全面反映它的性质和特点，我们不妨对其定义作如下归纳：

所谓行政自由裁量权，是行政职权的一种，指在法律无详细规定的条件下，行政主体可以依据事实凭自己的判断在职权范围内作出适当行为的权力。

理解这一定义，应注意以下四点：

第一，行政自由裁量权属于行政职权的一种，因而表现为可以进行一定作为和不作为的可能性资格。但行政自由裁量权不同于行政羁束裁量权，也不能同行政裁量权画等号。它们之间的关系如下：

行政裁量权

行政羁束裁量权——行政自由裁量权

我们有些同志把行政自由裁量权简单地等同于行政裁量权（上面所引用的解释中就有这种现象）是不严谨的做法。

第二，实施行政自由裁量权的主体是政府，即国家行政机关，而不是其他国家机关。立法机关、审判机关和检察机关的自由裁量权便不是行政自由裁量权。

① 光明日报出版社1988年8月版，第261—262页。

② 昭和50年1月原文版，第294页。

③ 法律出版社1983年6月版，第113页。

④ 江苏人民出版社1986年11月版，第150页。

另外，虽然政府的自由裁量权由国家公务人员具体实施，但公务人员不是行政自由裁量权的法律主体，因为他们实施行政自由裁量权的行为是以所代表的行政机关名义进行的，且行为的效果归属于行政机关。

第三，行政自由裁量权不同于行政羁束裁量权，它具有自由选择的特点。行政自由裁量权赋予行政机关在两种以上的行为中进行自由选择的权利。

第四，虽然行政自由裁量权具有自由选择的特点，但这种“自由权”的行使不是无条件的。它受到的约束条件是：(1) 只有法律没有详细规定如何行为的条件下，行政机关方能行使自由裁量权，如果法律已作出详细而无弹性的规定，这就排除了自由裁量权的行使；(2) 实施行政自由裁量权时，还必须做到既合法又合理。

（二）行政自由裁量权的内容与分类

上面说过，行政自由裁量权的实质在于它赋予了国家行政机关及其公务人员选择行为的自由。因此，在不同行为之间作自由选择便构成了行政自由裁量权的内容。这种内容表现为以下几个方面：

1. 不同对象之间的自由选择。例如：《中华人民共和国土地管理法》① 第十二条第 1 款规定：“集体所有的土地，全民所有制单位、集体所有制单位使用的国有土地，可以由集体或者个人承包经营，从事农、林、牧、渔业生产。”在这种条件下，有关行政主体既可以决定让集体来承包经营，也可以决定让个人来承包经营。

2. 不同客体之间的自由选择。这里的“客体”是指行为客体，即行政行为所涉及的权利和义务。本内容又可分为两种情形：一是行政主体在两种以上的权利之间进行选择，二是行政主体在两种以上的义务之间进行选择。例如，根据《合理化建议和技术改进奖励条例》② 第六条规定，对于提出合理化建议年节约或创造价值 100 万元以上的，有关主管机关可以决定颁发 2500 元至 4000 元的奖金。在这幅度内究竟发多少奖金，由主管机关自由决定，这就是一种权利之间的自由选择。又如，根据《中华人民共和国治安管理处罚条例》③ 第十九条的规定，公安机关对于扰乱公共秩序的行为人可以处 15 日以下拘留、200 元以下罚款或者警告。因而公安机关享有对三种处罚行为选择的自由。这便是后一种情形。

---

① 1986 年 6 月 25 日第六届全国人民代表大会常务委员会第十六次会议通过。

② 1982 年 3 月 16 日国务院发布，1986 年 6 月 4 日国务院修订发布。

③

3. 不同时间之间的自由选择。即指行政主体既可以在这个时间也可以在那个时间里作出某种行为。例如《中华人民共和国个人所得税法施行细则》① 规定："扣缴义务人和自行申报纳税人按照税法第十三条的规定，提出申请复议的案件，税务机关应当在接到申请后三个月内作出处理决定。"那么，税务机关对申请复议的案件作出处理决定的具体时间，在三个月的幅度内有自由选择权。

4. 不同地点之间的自由选择。就是说，行政主体既可以在这个地点作出某种行为，也可以在其他的地点作出这种行为。譬如，根据现行有关法规，公安机关可以没收和收缴法律禁止公民携带的刀具，而且公安机关实施没收和收缴行为不受地点的限制。

以上对行政自由裁量权内容的具体介绍，其实也就是对它的一种分类。在此我们补充其他两种分类，这两种分类有助于行政法对行政自由裁量权作分类调整。

首先，以行政自由裁量权所涉及的权利和义务为标准，可以把裁量权分为权利性自由裁量权和义务性自由裁量权。这两种裁量权的创制规则是不同的。

其次，依据行政自由裁量权来源的不同，可以把裁量权分为固有裁量权和授予裁量权。前者依附于一般的行政职权，无须另行授权，后者则相反。

（三）行政自由裁量权的历史命运

然而，如此富有"个性"并被当今政府和行政官员运用得如此娴熟的行政自由裁量权是否天生以这样的风貌出现？将来是否可能回归到"自由王子"的时代？这就需要回顾和预测行政自由裁量权的性质，行政自由裁量权的"自由度"又反映了行政权这个"质的规定性"。

如果说行政权自从国家的产生就已存在，那么行政自由裁量权也应如此。但是，民主政体被确立以前，在"朕即国家"的专制时代，国家行政权处于这样的情形之中：

1. 行政权同立法权、司法权等混为一体；

2. 行政权的行使是任意的、专横的、不受法律约束的。

这是一个专制、任意行政的时代。在这种时代里，依附于行政权的行政自由裁量权相应地表现为两个特点：第一，行政自由裁量权同行政羁束裁量权不分，一切行政裁量均表现为行政自由裁量；第二，行政自由裁量权的行使是不受法律约束的，总体上表现为绝对的自由。

---

① 1980年12月10日国务院批准。

任意行政时代足足延续了两个社会，即奴隶社会和封建社会。但它不久就被另一个时代所取代。始于 17、18 世纪的英法资产阶级革命，带来了资产阶级的民主政体。这时的民主虽然还不是最高历史类型的民主（社会主义民主是人类历史最高类型的民主），但它毕竟用法治代替了人治。古希腊城邦的“个性”①、洛克的“经验”② 和孟德斯鸠的“精神”③，此时此刻不再是历史陈迹了。这一时期的国家行政权完全以新的风貌出现：

——国家行政权已同国家立法权和司法权相分立，已经有了独立的行使范围；

——国家行政权的行使已不再是任意和专横的了，而受到了法律的控制，在美国便表现为立法权和司法权对行政权的制衡。

鉴于这些特征，我们可以把这时的行政称作法治行政，以区别于前一任意行政时期。

资产阶级刚建立起他们的民主政体时，多少表现出他们的幼稚性。这种幼稚性主要表现在：

第一，把三权分立看成是不得变动的“自然法则”，把行政权的行使牢牢地禁锢在行政领域。这时的行政机关及其行政官员如果行使半点立法权和半点司法权，就会被看成一种“叛逆”。

第二，把法治推向极端，主张“无法律便无行政”。1789 年法国的《人权宣言》第 5 条规定：凡非法律所禁止的事，都是允许做的事；凡是法律没有规定要做的事，都不能强迫任何一个人去做。这种原则被适用到政府身上，便演化成苛求政府无法律依据不得行政。这种理想化的设计显然忽视了国家行政管理的客观规律性，从而表明这时的法治行政尚未进入成熟期。

法治行政的幼稚性严重妨碍了政府自由裁量权的生存和发展。如果说在任意行政时代，政府的行政裁量都表现为自由裁量（实质上是任意裁量），那么在法治行政的初期，政府的行政裁量几乎全是羁束裁量。政府大多数行政行为都被要求在严格的法律规定下作出，政府的自由裁量行为被圃限于最小的范围。从总体上说，这一时期的政府自由裁量权处于绝对羁束的状态之中。

19 世纪末 20 世纪初，随着社会政治、经济、文化的发展，传统的分权理论和法治原则同国家的管理规律发生冲突，使资产阶级学者不得不重新评价他们的“传统”。如美国行政法学教授伯纳德·施瓦茨说：“如果我们在私人生活中成立

---

①②③ 朱光磊：《以权力制约权力》，四川人民出版社 1987 年 5 月版，第一章、第二章和第三章。

一个机构来管理某一产业的话，那么它就不可能采用孟德斯鸠主张的方式。同样，在严格三权分立条件下，也不能有效地进行工业管理。”“行政机关的独特性在于：它有权通过制定规章或裁决决定私人权利和义务。当代行政机关既有立法权又有司法权”。[①] 确实，一百多年前，美国总统约翰·亚当斯“只需要一张桌子就可以处理完毕公务”，而今天却很难想象了。美国联邦政府在建国初期只有四个部[②]，至今十几个部、上千个行政机构也难以应付其范围日益扩大的行政事务了。行政裁判所的猛增，委任立法的出现和发展，均表明了国家行政权扩大的趋势。

随着三权分立原则的突破，“无法律便无行政”的僵化法治观念也受到了冲击。人们认为，当今的政府不再是消极的社会“看守人”（watchingman），它是社会福利的主动管理者。如果它的行为被限制在严格拘泥于法律的羁束行政之中，那它就无法肩负起政府的职责。正如印度国家行政管理学院的一位学者所说：“如果政府的手脚被那些毫无弹性的法律规范紧紧地束缚住的话，政府又怎么能够有效地控制福利国家这样一项庞大的事业呢?”[③] “要求行政官员在日益复杂的形势下做出裁决，担负起这个重大的责任，授予行政机关自由裁量权则是不可避免的。”[④]

伴随着国家行政权的扩大，政府的自由裁量权也得到了扩大。当国家管理“效率”的轮子带来了行政权的扩大时，民主制度却由此受到了冲击。与此相伴随的救济手段便是法律控制。

如果某个国家已经达到了这一步：一方面，它突破了三权分立的僵死框架，扩大了国家行政权的范围；另一方面，又以新的法律制度控制了业已扩大了的行政权。那么这个国家也就已经步入了法治行政的成熟期。在法治行政的成熟时期里，政府的自由裁量权处于“相对自由”状态之中。这种状态中的行政自由裁量权，一方面由于行政权的扩大而得到了扩大，另一方面又受到了新的法律（主要是行政法）内容和形式的控制。

到此，我们可以把政府行政裁量权的历史命运归结为以下的图表：

行政时期	任意行政时期	法治行政初期	法治行政成熟期
裁量权状态	绝对自由	绝对羁束	相对自由

① ［美］伯纳德·施瓦茨：《行政法》群众出版社 1986 年 10 月版，第 29 页。

② 即国务院、财政部、陆军部和司法部。

③④ 《行政裁定——法国、英国、美国、印度的比较研究》，1981 年新德里版，第 7 章。

这就是说，在专制政体中的任意行政时期，政府的一切裁量均是不受法律约束的绝对自由裁量；到了以民主政体为基础的法治行政的初期，由于奉行“无法律便无行政”的信条，只有羁束裁量方能取得合法地位，政府的自由裁量很难生存和发展；时代进入到法治行政的成熟期以后，政府的自由裁量权一方面伴随行政权的扩大而扩大，并且得到了法律的认可，另一方面又受到了法律的规范和约束，从而使政府的自由裁量权处于“相对自由”状态之中。在此基础上我们还可以预测，将来正确的趋向是：随着政府职能的扩大，行政自由裁量权还将进一步扩大；伴随政府自由裁量权的扩大，对自由裁量权的法律控制也将得到强化。

二、行政自由裁量权的创制规则

为行政自由裁量权的创制设定法律规则，是政府自由裁量权的法律控制方法之一，也是尔后两大控制方法（即为自由裁量权设定行使规则和救济规则）的前提。然而，这一“前提”的前提又是什么呢?

（一）创制规则的哲学基础

其实，为政府自由裁量权设定创制规则具有双重功能：它一方面意味着对自由裁量权存在的一种法律上的认可，体现了保护功能；另一方面又意味着对自由裁量权的存在作出了法律上的限定，体现了控制功能。与此相适应，为政府自由裁量权确立创制规则的哲学基础也应该是两方面的。那就是，政府自由裁量权一方面为国家行政管理的“效率”所必需，另一方面，它的滥用又将成为足以摧毁“民主”的炮弹。

当代政府自由裁量权的存在是有其客观必然性的。正如德国哲学家黑格尔所说，“凡是存在的就是必然的。”行政自由裁量权存在的必然性取决于国家行政权的特殊性。国家行政权同国家立法权和司法权比较，有以下几个特点：

1. 广泛性。国家行政权所涉及的范围相当广泛，社会政治、经济、科技和文化等各个方面均能看到国家行政权运行的轨道及痕迹。从摇篮到坟墓、从厨房到舞厅，无不受到政府的各种管辖。正如美国学者戴伊在《谁掌管美国》一书中所说的：“今天认为政府机构干涉我们生活中‘从生到死’的各个方面的看法是很平常的。”

2. 直接性。国家行政权的运行表现为国家行政机关及其行政官员对社会相对人（如公民和法人）的行为进行直接的接触和控制，如命令相对人一定的作为和不作为，对相对人的行政违法行为给予行政处罚等。国家立法权和司法权虽然也最终表现为对人们行为的一种调整，但它们是间接地发挥这一功能的。

3. 主动性。国家行政汉的实施行为是由国家行政机关及其行政官员主动依职权作出的，不受相对人主观意志的制约。它不像国家司法权那样地处于被动状态（同行政权相比较而言），法院没有当事人的起诉，不作主动裁判。

4. 及时性。正因为国家的行政权运行在国家和社会管理的第一线，而国家行政事务范围广泛、内容复杂，许多事务需要行政主体当机立断、紧急处置，从而使国家行政权具有了紧迫性和及时性的特点。国家立法权和司法权的运行虽然也具有一定的紧迫性，但同行政权比较，程度上要弱得多。

国家行政权运行的广泛性、直接性、主动性和及时性，决定了行政权在运行上的伸缩性。国家行政机关及其公务人员面临广泛复杂、需要及时处理的社会行政事务，在行使行政管理行为时没有一定的伸缩性和自由裁量余地，那将难以胜任他们的工作。行政自由裁量权在现代行政的条件下，理应成为行政权的一项内容，而且是中心内容。“自由裁量权是行政权的核心”，这正是基于这种理由被提出来的。

此外，有的行政法学者不是从行政权的特性，而是从其他的实际因素来说明行政自由裁量权存在的合理性。美国行政（法）学家詹姆斯·W. 费斯勒罗在1980年出版的《行政、理论与实践》一书中，曾指出了几种把自由裁量权授给行政管理人员的理由：“（1）立法可能是在没有积累经验的领域中的一项新政策；（2）立法政策的技巧预期将得到迅速改变，机构需要灵活性来适应新发展；（3）有时在同一个法案内存在相互矛盾的准则，机构必须在对立法意图的各种解释中进行选择。类似情况是：机构可能需要对不同时期通过的同一主题的规章予以协调；（4）资金可能不足以满足法案列举的全部目的，因而行政官员必须作出优先的决定。立法过程缺乏时间，立法者缺乏兴趣，立法者缺乏信息和（或）专门知识，这些也都可能使他们把权力委托给官员们。”[①] 尽管费斯勒罗的论证稍有晦涩之感，但是他想表明的思想是站得住脚的：如果行政官员的所有行为都像羁束行为那样，需由立法部门作出具体详尽的规定，那么连计算机立法也力不从心，社会技术的进步和科技的发展只会需要而不会排斥自由裁量权的存在。正如

① ［美］J. C. 帕拉洛、P. C. 昌德勒：《行政管理学词典》，1985年湖北省社会科学院政治学研究所翻译编印，第162页。

弗德和菲莉蒲所说：我们“还没有找到一条没有自由裁量权而担负起政府职能的路”。[①]“自由裁量权不应给予政府各部门或官员，那么，法制便不适用于任何一部现代宪法。”[②]

确实，政府的自由裁量权是国家行政管理效率的一个“轮子”。没有这种权力，美国罗斯福总统很难使美国在二战中立于不败之地；没有这种权力，英国警察很难使火灾后的地铁及时恢复秩序……这正是我们在法律上认可政府自由裁量权存在的理论基础。

但是，医学知识既能使病人康复，也能把健康人置于死地。政府的自由裁量权同样具有双重性。自由裁量行为不同于羁束行为，其行为不是在法律作出详尽规定、不容行为主体参与个人意志的条件下作出的，而是在法律没有详细规定的条件下作出，且行为主体在实施该行为时享有很大的自由选择权。这样，自由裁量行为的滥用比羁束裁量行为的滥用有更大的可能性。“法律只制裁不合法，不制裁不合理”的传统观念及现状又加重了滥用自由裁量权的可怕后果。美国大法官道格拉斯指出：“当法律使人们免受某些统治者……某些官员、某些官僚无限制的自由裁量权统治之时，法律就达到了最佳状态……无限自由裁量权是残酷的统治。它比其他人为的统治手段对自由更具有破坏性。”[③] 英国著名行政法教授H. 韦德也认为：政府不能有不受限制的自由裁量权（unrestricted discretionary power)，政府必须遵守限制自由裁量权的规则和法律原则。[④]

政府不能没有自由裁量权，但政府的自由裁量权不应当是绝对自由的，它绝不是法治的例外。当代世界各国的行政法学者要求以法律控制行政自由裁量权的主张，不仅是出于考虑自由裁量权在实践中可能导致的侵权，而且是行政法治原则直接引申的结果。

行政法治已被当今的行政法学者奉为行政法的基本原则。在行政诉讼最早发生的法国，他们认为行政法治原则就是行政活动依法进行的规则。“确认法治原则是法治国区别于警察国的显著特征”。[⑤] 行政法治原则经过几十年的演化，其内容已经包括了对行政自由裁量权的控制。西方行政法学把行政法治原则的内容一般归纳为四项：(1) 行政权的作用不得和法律相抵触；(2) 没有法律依据，不得使人民负担义务，或剥夺人民的权利；(3) 没有法律依据，不得为特定人设定

①② 《行政裁定——法国、英国、美国、印度的比较研究》1981年新德里版，第7章。

③ 《美国最高法院判例汇编》第342卷，第98、101页。

④ [英] H. W. R. 韦德（Wade)：《行政法》(英文版) 1982年版，第22页。

⑤ 参见 [法] 乔治·维特拉：《行政法》(法文版)，法国大学出版社1982年版，第374页。

权利，或为特定人免除法律规定的义务；（4）在法律听任行政权作出自由裁量的场合，其行为也不能超过法律规定的范围或界限。[①] 英国宪法学家戴雪在《宪法研究导论》中把“政府没有专横的自由裁量权”列为“法治”的首项内容。[②] H. 韦德认为“防止滥用自由裁量权的规则是法治原则的本质部分”，[③] 从而把对自由裁量权的法律控制提高到法治的中心地位。对政府自由裁量权的法律控制不仅是行政法治原则的核心内容，而且是确认行政法治的首要标志。

在中国，虽然关于行政自由裁量权的行政法理论目前还比较薄弱，但现行的法律和法规已表明了一种辩证态度。我们以 1982 年的宪法为例。宪法第八十九条、第一百零七条在规定政府的职权时，已赋予政府一定的自由裁量权。与此同时，宪法又明文规定：“一切国家机关和武装力量、各政党和各社会团体、各企业事业组织都必须遵守宪法和法律。一切违反宪法和法律的行为，必须予以追究。任何组织或者个人都不得有超越宪法和法律的特权。”（第五条第 2 款、第 3 款）第二十七条第 2 款又规定：“一切国家机关和国家工作人员必须依靠人民的支持，经常保持同人民的密切联系，倾听人民的意见和建议，接受人民的监督，努力为人民服务。”这些规定都体现了国家对行政机关及其公务人员的自由裁量权实施法律控制的精神。

到此我们可以归纳说，我们之所以要确认政府自由裁量权的存在，是因为它为国家行政管理所必需；我们之所以要对它的存在作法律控制，是因为它又为行政法治所必需。这就是对政府自由裁量权作法律控制的全部理论基础。

（二）创制规则的内容

政府自由裁量权的创制规则可以被确立为两大主要原则，即权力法定原则和范围限定原则。下面分别阐述。

1. 权力法定原则

权力法定系指行政自由裁量权的法定。这项原则的基本含义为：政府的自由裁量权不能由行政机关及其行政官员自己设定，而须由国家权力机关以法律设定，不经法律设定，政府自由裁量权没有存在的合法地位。

自己为自己设定权力，正如“自己做自己的法官”[④] 一样为民主国家所不能

---

① 参见《中国大百科全书》（法学卷），中国大百科全书出版社 1984 年 9 月版，第 250 页。

② 参见王名扬：《英国行政法》，中国政法大学出版社 1987 年 3 月版，第 12 页。

③ ［英］H. W. R. 韦德（Wade）：《行政法》（英文版），1982 年版，第 22 页。

④ “自己不能做自己的法官”在英国被看成是“自然公正”原则的一项重要内容。

接受。试想，假如行政机关和司法机关都可以自己为自己设定权力，那么在权力欲的支配下，势必造成各部门权力的猛增，且行政相对人的权利很难维护和保障，这显然为“自然公正”所排斥。如果说西方确立权力法定原则是渊源于“公正”自然法则，那么在我国确立这一原则的基础则是人民主权原则和国家机关之间的分工合作关系。我国是工人阶级领导的、以工农联盟为基础的人民民主专政的社会主义国家。“中华人民共和国的一切权力属于人民”[①]，人民行使国家权力的机关是全国人民代表大会和地方各级人民代表大会。国家行政机关是国家和社会行政事务的主管机关，但它是权力机关的执行机关，政府的行政职权由国家权力机关通过法律授予，而在权力机关所授的行政职权中，自然包括政府的行政自由裁量权。根据我国宪法的设定，国家行政机关同其他国家机关之间有一种分工合作关系。国家行政权由行政机关行使，而行政机关的行政管理活动又受到国家权力机关、国家审判机关和国家检察机关的法律监督。如果允许行政机关为自己设定权力，那无疑是自己为自己行为的合法性和适当性确立标准。当其他国家机关按行政机关自己设定的标准去监督行政机关的行为时，那这种法制监督除带来“毫无意义的空气震动”以外，不会带来别的什么。

由法律创制行政自由裁量权，其具体方法因裁量权类别的不同而有差异。法律创制裁量权的方法[②]无非有两种：一曰禁止方法，即通过排除否定来获得肯定，通常归结为“法无明文禁止视为有”；二曰授权方法，即通过确认肯定来获得肯定，通常归纳为“法有明文授权视为有”。这两种方法在同一情形中会有不同的效应。我们假设法律至今对政府拆除违章建筑的强制执行权无任何规定，那么根据第一种方法，我们应认定政府具有这种强制执行权，因为法律没有禁止；但依据第二种方法，我们的结论正好相反——认定政府没有这种权力，因为法律没有明文授权。这两种具有不同效应的法律创制方法，适用于以下不同的情形：

我在第一题的分类中曾依据裁量权所涉客体的不同而把它分为（1）权利性裁量权和（2）义务性裁量。前者表现为行政机关通过自由裁量权行为赋予行政相对人一定的权利或免除其一定的义务；后者正好相反，表现为行政机关通过自由裁量行为科以行政相对人一定的义务或剥夺其一定的权利。虽然这两种行政裁量都将直接影响相对人的人身权和财产权，为此都需要作法律控制，但比较起

---

① 1982年宪法第二条第1款。

② 其实这种方法适用于创制任何权利。

来，对义务性裁量的法律控制其意义远比权利性裁量重大。因为义务性裁量的结果是减少相对人已经取得的实际权利，而权利性裁量只是在已经取得的实际权利之外增加一个具有可能性的权利。这种情形造成了人们的一种心态：宁愿没有新的权利，也不愿承受新的义务。再从法律技术上说，明文规定比无明文规定困难得多。为此笔者主张，对于权利性自由裁量权以禁止方法创制，适用“法无明文禁止视为有”定律；对于义务性自由裁量权以授权方法创制，适用“法有明文授权视为有”定律。

依据行政自由裁量权行使的紧急程度，我们还可以把裁量权划分成紧急自由裁量和一般自由裁量。前者表现为出于紧急公务的需要而作的一种紧急自由处置，后者表现为一般状态下的行为。从管理学上说，前者比后者需要更大的自由度。为此我们又主张，紧急自由裁量以禁止方法创制，适用“法无明文禁止视为有”规则；一般自由裁量以授权方法创制，适用“法有明文授权视为有”的规则。

以上对自由裁量权的分类由于同时采用了两个标准，因而有类别上的交叉，如在权利性自由裁量权中既有紧急自由裁量权，又有一般自由裁量权。裁量权类别上的交叉决定了法律创制规则适用上的交叉。当后一种情况发生时，我们应优先适用基于紧急自由裁量和一般自由裁量的划分所推演出的法律创制方法。

2. 范围限定原则

如果说权力法定原则旨在解决自由裁量权的“有无”问题，那么范围限定原则是继而解决自由裁量权的多少问题。法律在认可行政自由裁量权存在的同时，应以法律限定其范围。法治国中的政府自由裁量权是不能不受限制的。

范围限定原则是政府自由裁量权的法律创制规则之一，但它的贯彻又直接涉及立法技术。作为行政自由裁量权创制规则之一的范围限定原则，需通过具体的限定方法加以落实，这些具体限定方法又表现为我们在立法技术上应注意以下几点。

第一，对行政自由裁量权量上的幅度不宜规定太大。任何自由裁量权都表现为对行为的自由选择权，而这种选择权又可分为对同一种行为不同量的选择和对有质的区别的诸行为之间的选择。量上的幅度是指同一行为中可供自由选择的数量。例如，根据《食品卫生法（试行）》第五十七条规定，食品卫生监督机构对违反食品卫生管理的当事人可处以 20 元至 3 万元的罚款处罚。这一可供食品卫生监督机构选择的罚款幅度（20 元～3 万元）就是量上的幅度。当法律规定量上的行政裁量权时，不仅应规定量上的幅度，而且又不宜界之过宽。

第二，对行政自由裁量权质上的幅度不宜规定太宽。同量上的幅度相对应，质上的幅度系指可供行政机关自由选择的不同行为的种类。例如，依据《治安管理处罚条例》第二十三条规定，公安机关对于侵犯公私财物的行为人，可以“处十五日以下拘留或者警告，可以单处或者并处二百元以下罚款”。这就是，公安机关针对侵犯公私财物的行为人可在以下几种处罚行为中作自由选择：

（1）15 日以下拘留；

（2）警告；

（3）200 元以下罚款；

（4）15 日以下拘留，并处 200 元以下罚款；

（5）警告，并处 200 元以下罚款。

在这里，可供选择的处罚种类实在太多，质上的幅度失之过宽。当法律涉及质上的行政裁量权时，不仅应对可供选择的行为种类作出规定，而且不宜规定过多。

第三，当行政自由裁量权既不涉及质上的幅度，也不涉及量上的幅度时，法律应为行政自由裁量权的行使设定一般要求和标准。例如，美国联邦通讯委员会被授予了给电视广播台发放许可证的自由裁量权，但有关法案同时为它设定了行使该裁量权的标准——依据“公众的便利和需要”。[①]

（三）创制规则的形式

既然政府自由裁量权必须由法律来设定，那么设定规则的形式必须是可以作为法的渊源。

法的渊源是指法律规范的各种具体表现形式。但这种表现形式的种类和范围因国家的不同而有差异。资产阶级的法，在欧洲大陆各国，以成文法为主要渊源；在英美各国，虽然宪法、法律是法的重要渊源，但判例和习惯法占有重要的地位。资产阶级法律在形式上的特点，同时构成了它们创制政府自由裁量权法律规则形式的特点。

在我国，创制行政自由裁量权规则的法律形式一般为下列几种：

---

① ［美］J.C. 帕拉洛、P.C. 昌德勒：《行政管理学词典》，1985 年湖北省社会科学院政治学研究所翻译编印，第 162 页。

1. 宪法。它是国家的根本大法，须经全国人民代表大会全体代表的三分之二以上多数通过为有效。宪法在我国的法律体系中具有最高法律效力，因而也是创制行政自由裁量权的最高法律形式。我国宪法对从中央到地方的各级人民政府所授的种种职权，业已包含了政府的自由裁量权。

2. 法律。它是指全国人民代表大会或全国人民代表大会常务委员会根据宪法或依职权制定的规范性文件。我国行政机关及公务人员的自由裁量权大多由法律规定，以上多次引证的《治安管理处罚条例》和《食品卫生法（试行)》足以说明这一点。

3. 行政法规。它是指国务院为领导和管理国家各项行政工作，根据宪法和法律，并且依照《行政法规制定程序暂行条例》① 制定的政治、经济、教育、科技、文化、外事等各类法规的总称。行政法规的制定机关是行政机关，而不是权力机关。但由于国务院制定行政法规是基于宪法第八十九条的明文授权，因而行政法规也成了法的一种渊源。行政法规作为一种规则形式创制行政自由裁量权也不乏其例。例如。《中华人民共和国进出口商品检验条例》② 第二十条第 2 款规定："商检机构执行前款监督检查任务时，得抽查检验"。抽查检验按什么方式进行，便属商检机构的自由裁量范围。

4. 地方性法规。它是指省、直辖市、自治区人民代表大会和它们的常务委员会，省政府所在地的市和经国务院批准的较大市的人民代表大会及其常务委员会，在不同宪法和法律抵触的前提下，根据本地区的实际情况制定的规范性法律文件。地方性法规是地方人民政府从事国家行政管理的法律依据，是我国行政法律规范的一种表现形式，因而也就构成了创制行政自由裁量权的一种法律形式。例如，《广东省查禁淫秽物品条例》③ 第五条赋予公安机关对于"犯有本条例第三条、第四条所列行为之一，尚不够刑事处罚的，处十五日以下拘留，可并处三千元以下罚款，或者实行劳动教养"的处罚裁量权。

5. 自治条例和单行条例。它们是指自治区、自治州、自治县的人民代表大会依照当地民族的政治、经济和文化的特点，经法律程序制定的，在本自治地方有效的规范性法律文件。它们作为法律形式同样构成创制行政自由裁量权的一种规范形式。

---

① 1987 年 4 月 21 日国务院批准。

② 1984 年 1 月 28 日国务院发布。

③ 1986 年 6 月 18 日广东省第七届人民代表大会常务委员会第二次会议通过。

三、行政自由裁量权的行使规则

行政自由裁量权从取得角度说，确是不自由的，也是不应该自由的。政府的自由裁量权不仅应依法取得，而且还必须依法行使。为政府实施行政自由裁量权设定行使规则，乃是对政府自由裁量权法律控制的又一方法。

（一）行政自由裁量权的三项运行规则

从历史和现实来看，政府对自由裁量权的滥用，更多的是发生在具体实施上，而不是在取得上。这样，对行政自由裁量权行使的控制就比对裁量权取得的控制显得更为重要。一些国家的学者和法官为确立这一领域的控制规则作出了种种努力。美国在几十年来确立了四条理论上的原则用以控制“非正式自由裁量行为”，这就是：

（1）限度原则。即规定一定的限度，要求自由裁量权在此范围内行使。

（2）正规原则。即使非正式自由裁量正规化有一套行之有效的办法，做到有条不紊，目的是使行政机关的决定具有“更高的公正性的质量”。

（3）公开原则。主要指那些正式的行政程序及其档案材料必须公开，如政府机关为调查某事或论证某事所搞的听证会及其记录，应予公开，让公众有机会参与旁听或事后查阅。这样做是为了防止自由裁量权使用上的专横跋扈。

（4）监督原则。即有关机关和组织对自由裁量权的行使实行监督，如行政机关对下级的监督，也有来自立法机关、公众团体、新闻界等方面的监督。①

英国学者和法官们也表明了同类的积极态度。“越权无效”原则的确有同样的意义。

我们在这里试图确立的，用以控制政府自由裁量权行使的法律规则，可以归结为三大原则，即合法原则、合理原则和责任原则。下面分别阐发。

1．合法原则

行政合法原则是行政法治原则的核心内容，是依法行政的同义词。当这一原则被适用于政府自由裁量领域时，原则就被演化成两大基本要求。

第一，政府行使自由裁量权不得超越裁量幅度。所谓裁量幅度，是指可供自

---

① 行政法研究资料编写组：《行政法研究资料》（下）（内部资料），中国政法大学1985年5月版，第439页。

由选择的行为范围，有量和质之分。任何行政机关及其公务人员的行政自由裁量行为如果超越裁量范围，便构成行政违法。

第二，政府行使自由裁量权应符合法律所规定的目的和条件。这就是说，行政机关及其公务人员行使裁量行为即使在裁量范围之内，也应符合法定目的和条件，否则，同样构成行政违法。

在不少国家，人们把合法原则的具体内容和要求写入行政程序法典之中。1976年的《联邦德国行政手续法》第40条规定："官署被授权依其裁量作成决定时，其裁量权之行使应符合授权之目的，并应遵守法律规定之裁量范围。"

我国宪法和法律多处明文要求行政机关及其公务人员严格依法办事，遵守权限，为行政自由裁量权合法行使原则的确立奠定了法律基础。

2. 合理原则

合理原则，也称适当原则。它要求行政机关及其公务人员在合法行使自由裁量权的基础上，合理地行使裁量权。从某种意义上说，合理行政同样是行政法的要求，因此合理也是合法原则的一项内容。但这里所立的合理原则系建立在合法基础之上，它解决的是合法范围内的合理性。因此，任何违背合法原则的所谓合理性实际上是不符合合理原则的。

合理原则要求我们依照合理的标准行使自由裁量行为。但"合理"的标准是什么呢？

日本司法界和学术界在评价1995年"蜂巢城案"时解释道，合理就是非法律规范的条理和道理，即按照社会上一般人的理解，所尊重的合乎事情性质的状态。美国行政法学者认为，是否合理就是指自由裁量权的行使是否公正，而这种公正性须用六个标准来衡量：（1）是否有不正当的目的；（2）是否有错误的和不相干的原因；（3）是否适用错误的法律和事实根据；（4）是否遗忘了其他有关事项；（5）是否有不作为或迟延；（6）有否背离既定的判例或习惯。① 在苏联行政法学者的眼里，合理性就是指符合科学原则。这正好同符合法治原则的合法性相对应。② 我们国内有同志认为，"合理"的含义不是单一的，因而衡量标准也不应该是单一的。他们主张五个标准来衡量"合理性"：（1）符合客观规律性；（2）符合法律的目的；（3）决定的依据充分、客观；（4）符合国家和人民的根本利益；（5）符合正义。③

---

① ［美］伯纳德·施瓦茨：《行政法》，群众出版社1986年10月版，第571页。

② ［苏］B.M.马诺辛等：《苏维埃行政法》，群众出版社1983年7月版，第222—223页。

③ 罗豪才、孙晓民：《行政法的基本原则》，1986年行政法年会论文。

笔者认为，合理性就是科学性和公正性；合理原则便是要求行政机关及其公务人员在合法的基础上科学而公正地行使自由裁量权。

3. 责任原则

合法、合理原则是责任原则的前提，责任原则是合法、合理原则的保障。责任原则的中心含义是：国家行政机关及其公务人员如果违法、不当地行使行政自由裁量权，则必须承担相应的行政法律责任。

责任原则是社会主义法制原则的延伸。社会主义法制的基本内容是：有法可依，有法必依，执法必严，违法必究。责任原则正是“违法必究”的体现。

（二）行政自由裁量上的违法与不当

阐发行政自由裁量行为上的违法和不当是贯彻合法原则和合理原则的需要，因为行政自由裁量行为上的违法和不当，正是裁量主体违反合法原则和合理原则所造成的两种不同的行为后果。为便于讨论，我们把这两种行为后果分别简称为违法裁量和不当裁量。它们之间的区别如同名词上的区别那么清楚：前者违反的是合法原则，后者违反的则是合理原则。

然而有的国家的学者对它们不作严格区别，联邦德国把它们统称为裁量瑕疵，而裁量瑕疵又分主观瑕疵和客观瑕疵。根据联邦德国行政法院之判例，行政主体的行为带有下列因素之一时，属于主观瑕疵：（1）依行政人员个人之意欲而来之随意；（2）无动机的情绪；（3）不能理解的对事物之谬误而引起之恣意；（4）加以损害之意图；（5）奸计或恶意之妨害；（6）政治上偏见而引起权力滥用；（7）对个人不利之先天的反感或嫌恶；（8）对个人有利之同情；（9）个人之动机或利益；（10）对事件的处理无关联性和违背目的性。属于客观瑕疵的情形有五种：（1）违反平等原则；（2）违反法治国宪法之固有原则；（3）不附处分理由之裁量行为；（4）行政机关行使了不具有的裁量权，或行使裁量权超越范围；（5）将紧急裁量行为适用于平时。[①] 美国学者所列举的六类滥用自由裁量权行为[②]，同样是违法裁量和不当裁量不分。英国行政法所控制的“越权行为”也部分包括了上述两项内容。

我们认为，所谓违法裁量，系指国家行政机关及其公务人员违法行使自由裁量权的行为。根据合法原则的具体内容，它可被相应地划分成两大类，即超越了

---

① 翁岳生：《行政法与现代法治国家》，第 56－57 页。

② ［美］伯纳德·施瓦茨：《行政法》，群众出版社 1986 年 10 月版，第 571 页。

自由裁量的范围、幅度，是行政越职的一种。例如：我国对治安行政拘留处罚的裁量幅度（单一行为）为1日至15日，如果公安机关对违反治安管理行为人处于20日拘留处罚（并罚例外），便属超越裁量权。滥用裁量权是指行政主体行使裁量权时，虽然没有超越裁量幅度，但不符合法定目的和条件。

滥用裁量权有两种情况：一种是行政主体出于“私利”而行使裁量权，即目的、动机不正；另一种是行政主体虽然目的、动机正当，但裁量行为的作出不符合法律规定的条件，如在非自由裁量场合行使自由裁量权或在非紧急状态下行使紧急裁量权。

依据《日本行政案件诉讼法》[①] 第30条规定，日本学者把行政自由裁量上的违法划分成两类，即“裁量的逾越”和“裁量的滥用”。前者就是超越法律允许的裁量范围或者缺乏事实上的根据而行使裁量权，后者则指在法律许可的裁量范围内，脱离法律的目的而随意行使的情况。[②] 日本学者的这一划分及其划分标准，同我们的理论是基本吻合的。

所谓不当裁量，系指国家行政机关及其公务人员不合理地行使行政自由裁量权。这种行为表现为虽然合法，但不符合客观情理和公正性。依据行政自由裁量权内容上的分类，我们可以把不当裁量相应地划分成下列几种：

（1）对象裁量不当。即行政主体选择行为对象不当。当对张三作出该行为比对李四作出该行为更为合理时，行政主体却对李四而不对张三作出该行为。

（2）客体裁量不当。即行政主体选择行为内容不当。如：当赋予权利比科以义务更合理时，行政主体却科以义务而不是赋予权利，或者当赋予这种权利比赋予那种权利更合理时，行政主体却赋予了那种权利。

（3）时间裁量不当。即行政主体对作出行为的时间选择不当。如：当在这个时间作出行为比在那个时间作出行为更恰当时，行政主体却选择了那个行为时间。

（4）地点裁量不当。即行政主体对作出行为的地点选择不当。

违法裁量和不当裁量均属为行政法排斥和控制的有瑕疵裁量。它们都直接影响行为本身的效力，然而程度上有别。对行政机关本身来说，违法裁量属于无效行为，不当裁量属于可撤销行为；而对人民法院来说，违法裁量属于可撤销行为，不当裁量则属于可变更行为。[③]

---

① 1962年5月16日公布。日本法律第139号。

② ［日］南博方等：《日本行政诉讼法》，1987年5月西南政法学院司法行政教研室编译，第89页。

③ 以“显失公正”为限。

（三）行政自由裁量权上的行政责任

讨论政府自由裁量权行使上的责任问题，是讨论违法裁量和不当裁量问题的自然归宿，也为贯彻责任原则所必需。

行政责任虽然时常被广义上使用，但我们在这里一开始就把它限定为：由行政法所规定的，国家行政机关及其公务人员因行政自由裁量行为违法或不当而必须承担的法律责任，是违法裁量和不当裁量所引起的法律后果。我国法律所规定的行政责任形式相当广泛，主要有通报批评、行政处分、承认错误、赔礼道歉、恢复名誉、消除影响、履行职务、撤销违法、纠正不当、返还权利和行政赔偿等。考虑到问题的典型性以及论文篇幅的限制，在此囿于讨论行政赔偿和行政处分两种责任。由于行政赔偿只适用于国家行政机关，行政处分只适用于公务人员，因此所有的行政责任问题都被归结为以下两个问题：

国家行政机关的行政自由裁量行为能否引起行政赔偿责任？

国家公务人员的行政自由裁量行为能否引起行政处分责任？

行政赔偿，也称政府赔偿，系指国家行政机关及其公务人员的行政行为侵害了行政相对人的合法权利与利益，行政机关依法对后者承担财产上的补救责任。然而，行政赔偿责任制度并非自古就被确立，它以民主制度和法治原则为基础。行政赔偿责任制度的建立，历史上大致经历了三个阶段。

1. 行政赔偿的豁免阶段。这个阶段覆盖了资本主义以前的所有时间。在“朕即国家”的封建专制时代，“国王”不能为“非”，国家对自己的行为不承担任何责任。

2. 行政赔偿的产生和发展阶段。这个阶段始于资本主义的形成，终于二战之前。随着社会从封建专制进入资本主义民主，国家的行政赔偿责任开始萌芽和发展。资产阶级民主制的建立，资产阶级宪法的颁布，为建立行政赔偿责任制度提供了政治和理论基础；同时，资产阶级“国民主权”“公共负担的平等”等政治和法律原则的确立使所谓国家无责论失去了政治和理论上的依据。1872 年法国勃朗哥案件的出现，标志着国家行政赔偿责任的确立。

3. 行政赔偿的成熟阶段。如果说从国家无赔偿责任到赔偿责任的确立是一大进步，那么从国家排除自由裁量的赔偿责任到承认自由裁量的赔偿责任又是一大进步。资产阶级在行政赔偿责任制度确立的初期并没有把政府自由裁量行为纳入赔偿范围。1947 年美国发生一起案件：一艘装有化学肥料的援外船舶爆炸，造成 500 人死亡，3000 人受伤，受害者对合众国提起赔偿诉讼，但法院依照

“对行政自由裁量行为国家可以免责”的法律对国家责任的限制规定，驳回了原告的诉讼请求。英国《王权诉讼法》（1947 年）、美国《联邦司法法》（1948 年）和日本《国家赔偿法》（1947 年）的制定，把政府裁量行为列入了赔偿范围，从而使行政赔偿进入成熟阶段。

我国行政赔偿原则的确立可以追溯到新中国成立初期。我国第一部宪法明文规定：“由于国家机关工作人员侵犯公民权利而受到损失的人，有取得赔偿的权利。”1982 年宪法有了更进一步的规定。[①] 1986 年制定的《中华人民共和国民法通则》用民事责任的形式规范了行政赔偿责任。今年通过的《中华人民共和国行政诉讼法》又明确把行政赔偿纳入了行政诉讼轨道。

无论国外还是中国，历史已经进入政府自由裁量行为不再享有豁免赔偿责任的时代，这一点是没有疑义的。但前面说过，政府自由裁量行为上的瑕疵有违法裁量和不当裁量之分，一个不可避免的理论问题出现了：不当裁量是否如同违法裁量一样能引起行政赔偿责任？

在对违法裁量和不当裁量不加严格区别的英美国家，上述理论问题显得微不足道，但在我们中国却不尽然，因为行政合法和行政合理已被公认为中国当代行政法的两大基本原则，而且它们之间有着严格区别。

目前中国理论界关于不当裁量是否能引起行政赔偿责任问题尚未直接涉及，但现有教材、著作有关“行政赔偿”定义上的差异已间接表明这一问题上的观点分歧。例如：有同志把行政赔偿定义为：“国家行政机关的公务员在执行职务，行使国家行政管理过程中，因违法（着重号引者加。注意：这里不包括不当）给相对人造成损害，由国家行政机关承担赔偿责任的制度。”[②] 在这里把引起赔偿的行为限于违法行为，不包括不当行为，因而就排除了不当裁量引起行政赔偿的可能。但也有同志主张违法行为和不当行为均能引起行政赔偿责任[③]，从而间接地承认不当裁量引起行政赔偿的可能性。

我国 1982 年宪法第四十一条第 3 款规定：“由于国家机关和国家工作人员侵犯公民权利而受到损失的人，有依照法律规定取得赔偿的权利。”《中华人民共和国民法通则》第一百二十一条规定：“国家机关或者国家机关工作人员在执行职务中，侵犯公民、法人的合法权益造成损害的，应当承担民事责任。”今年通过

① 见第四十一条第 3 款。

② 应松年主编《行政法学教程》，中国政法大学出版社 1988 年 8 月版，第 439 页。

③ 朱维究主编：《行政诉讼法原理》，中国政法大学出版社 1988 年 8 月版，第 201 页。

的《中华人民共和国行政诉讼法》第六十八条第1款又规定："行政机关或者行政机关工作人员作出的具体行政行为侵犯公民、组织的合法权益造成损害的，由该行政机关或者该行政机关工作人员所在的行政机关负责赔偿。"以上有关行政赔偿的种种法律规定，均没有把引起赔偿的行为局限于"违法行为"之中，相反表明，只要行政行为侵犯了相对人的合法权益并造成了损害，行政机关一律应承担行政赔偿责任。那么问题的关键就在于：不当裁量是否如同违法裁量一样会侵犯相对人的合法权利并造成损失呢？

我们的答案是肯定的。由此可以归结出这样的结论：不论是违法裁量，还是不当裁量，只要它们侵犯了行政相对人的合法权利并造成了损失，一律应负行政赔偿责任。

如果说国家行政机关的行政责任主要是承担行政赔偿的话，那么国家公务人员的行政责任主要是接受行政处分。正如国家公务人员不能成为行政赔偿责任主体一样，国家行政机关不能构成接受行政处分的责任主体。在中国，所谓行政处分系指国家机关给隶属于它的犯有轻微违法或违纪行为人员的一种制裁性处理，与国外官员惩戒相通。行政处分对处分机关来说是一种行政制裁行为，而对被处分人来说则是行政责任的一种形式。根据《国务院关于国家行政机关工作人员的奖惩暂行规定》①，行政处分形式被分为八种：（1）警告；（2）记过；（3）记大过；（4）降级；（5）降职；（6）撤职；（7）开除留用察看；（8）开除。

政府的行政自由裁量权是通过具体的行政机关来实施的，而行政机关的自由裁量活动又是通过具体的国家公务人员的活动来表现的。当公务人员完全按照行政机关的意志行事时，他们一般不构成责任主体，即无须个人承担行政责任；但当他们违背行政机关的意志行事时，他们则可构成责任主体。国家公务人员在行使行政自由裁量权时是否承担以及承担多少接受行政处分的责任，并不取决于违法裁量和不当裁量的划分，而是取决于公务人员在这些有瑕疵的裁量行为中本人有无过错以及有多大的过错。

四、行政自由裁量权的救济规则

救济规则旨在解决行政自由裁量权的行使出现违法或不当后，对自由裁量行

① 1957年10月23日第一届全国人民代表大会常务委员会第82次会议原则批准。同年10月26日国务院公布。

为本身如何进行补救和挽回的问题。如果说创制规则和行使规则是对政府自由裁量权的一种事先控制，那么救济规则便是对政府自由裁量权的一种事后控制。西方有句法律格言："没有救济的权利不是真正的权利"（A right without remedy is not a right）。我们同样可说：没有救济的权力是不应存在的权力。救济规则要求我们建立和完善这样一种机制：当行政机关及其公务人员行使自由裁量权出现瑕疵时，有关机关能通过有关手段对瑕疵的裁量行为作及时纠正。鉴于法定救济机关的不同，自由裁量权的救济规则被转化为三大救济制度，即国家行政机关的自我救济、国家权力机关的最高救济和国家审判机关的最终救济。为方便起见，我们依次简称为政府救济、人大救济和法院救济。

（一）政府救济

国家行政机关及其公务人员实施行政自由裁量权出现违法或不当时，首先由行政机关通过行政手段作自我纠正，这既有助于提高国家行政管理的效率，也体现了对国家行政机关行使行政权的尊重。为此法律确立了各种行政救济制度，美国 1946 年《联邦行政程序法》所确立的"行政复议"制度，日本 1962 年《行政不服审查法》所完善的"行政审查"制度，以及英国 1958 年《行政裁判所与调查法》所规定的"行政裁判"制度，都体现了行政救济的功能。

我国行政机关（即政府）具有救济自身的违法裁量和不当裁量的职能来自于宪法、法律和法规的有关规定。宪法和有关法律所确立的行政监督，有关法律和法规所确定的行政复议，已经构成我国行政救济的两大基本制度。对行政机关来说，自我救济既是一种权力，也是一种义务。

我国对行政自由裁量权的行政救济制度，依据具体救济机关的不同，可以分为三类，即（1）原行政机关的救济，（2）上级行政机关的救济，（3）行政复议机关的救济。

1. 原行政机关的救济。

目前，这种救济与其说来源于法律的明文规定，不如说基于行政法学上的"公理"。行政机关既然有权作出某种行为，那么它也就有权改变或撤销这种行为。

行政行为的公定力要求行政机关在改变或撤回业已作出的行政行为时遵循与作出该行为相同的法律程序，但不排斥改变权和撤回权的存在。行政机关对业已作出的裁量行为，认为其违法或不当，有权予以撤回或改变，而且不受时限上的约束。行政机关撤回或改变自由裁量行为后，应负责处理与此相关的善后工作。

2. 上级行政机关的救济。

上级行政机关对下级行政机关违法和不当裁量享有的行政救济权是基于行政监督关系而存在的，而行政监督关系又是基于行政领导关系而发生的。我国宪法第八十九条规定：国务院有权“改变或者撤销各部、各委员会发布的不适当的命令、指示和规章”（第13项），有权“改变或者撤销地方各级国家行政机关的不适当决定和命令”（第14项）。宪法第一百零八条又规定：“县级以上的地方各级人民政府领导所属各工作部门和下级人民政府的工作，有权改变或者撤销所属各工作部门和下级人民政府的不适当决定。”上述宪法条文中出现的“不适当”是一种广义，包括违法和不当。这就是说，各级行政机关有权对下级行政机关和所属各工作部门的违法或不当行政行为（当然包括自由裁量行为）依职权予以改变或者撤销。这种救济同时属于行政监督行为，因而不受时限上的约束。

3. 行政复议机关的救济。

行政复议机关系指依法实施行政复议的行政机关。我国目前关于行政复议机关的设置有三种类型：（1）以原行政机关为复议机关；2. 以上级行政机关为复议机关；（3）以特定的行政组织为复议机关。行政复议机关对被复议机关的违法和不当裁量有权予以行政救济。它同前两种救济不同的是，这种救济是通过行政复议手段来实现的。例如，公安机关对违反治安管理行为人作出了某项不当处罚，上级公安机关可以复议裁决的形式变更下级公安机关的裁量行为。

在上述三类行政救济制度中，前两类救济采用的是行政监督方法，最后一类救济采用的是行政复议方法。这两种方法虽然都发挥着救济功能，但它们之间有质的区别，其中最明显的区别有两点：（1）行政监督是一种依职权行为，行为的作出不以相对人的申请为前提，行政复议则相反，它是一种须以当事人申请为前提的依申请行为；（2）行政监督不受时限约束，什么时候都能作出这种行为，而行政复议受到时限的约束，超过可复议的期限，行政复议不再采用。

政府救济的对象包括两种自由裁量行为：一是抽象裁量，如制定行政规章；二是具体裁量，如作出行政处罚。行政监督既救济抽象裁量，也救济具体裁量，而行政复议限于救济具体裁量。

（二）人大救济

人大救济是国家权力机关救济的简称。在国外则表现为议会救济，即议会在发现行政机关的自由裁量行为违法或不当时，对裁量行为本身作直接的补救。英国的议会救济以“议会主权”为基础，美国的议会救济是议会制约总统的一种表现，日本的议会救济以通过不信任案为手段。

我国国家权力机关对行政机关违法或不当裁量行为享有的救济权渊源于我国的政体——人民代表大会制度。我国从中央到地方的各级人民代表大会及其常务委员会是国家权力机关，国家行政机关由它产生并向它负责，权力机关对行政机关的行为享有监督权。权力机关对行政机关自由裁量行为的法律救济正是这种监督权的体现。我国宪法第六十七条规定，全国人民代表大会常务委员会有权“撤销国务院制定的同宪法、法律相抵触的行政法规、决定和命令”（第 7 项）。宪法第一百零四条又规定：“县级以上的地方各级人民代表大会常务委员会讨论决定本行政区域内各方面工作的重大事项；监督本级人民政府、人民法院和人民检察院的工作；撤销本级人民政府的不适当的决定和命令；……依照法律规定的权限决定国家机关工作人员的任免……”从以上规定可以看出，我国权力机关的救济以“撤销”为手段，而且救济的对象主要限于违法的抽象裁量。

从性质上说，权力机关的救济属于最高救济。最高救济是相对于作为自身救济的行政救济而言的。它意味着：当行政救济同权力救济相悖时，前者应服从后者。

（三）法院救济

法院救济，也称司法救济，系指法院通过司法裁判对行政机关的行政自由裁量行为所作的救济活动。法院救济制度的确立并非像政府救济那样轻松自如。联邦德国南部各邦以往的行政裁判法，有所谓裁量条款的规定。凡是依法属于行政裁判官署有权裁量处分的行为，不得向行政法院控告。其立论根据：认为司法监督应严守法的监督的界限，行政官署的自由裁量行为，只适合目的或适当与否的问题，而不构成违法的要件。瑞士虽然没有所谓裁量条款的存在，但在法理和实例上都承认，自由裁量行为不在行政法院审查之列。其法律上的依据，在于《瑞士行政及惩戒裁判法》第 10 条规定提起行政诉讼的条件是“行政行为之违法致损害权利”。日本 1962 年的《行政案件诉讼法》并没有排除对政府自由裁量行为的司法审查，而只是把这种司法审查限于两种情形：一是裁量权的逾越，二是裁量权的滥用。[①] 英国司法界主张行政自由裁量行为不应当是绝对自由的。英国法官的一段话表明了他的传统立场：“如我们说由某当局在其自由裁量之内做某事的时候，自由裁量权意味着，根据合理和公正的原则做某事，而不是根据个人意

---

① 见日本《行政案件诉讼法》第 30 条。

见做某事……根据法律做某事，而不是根据个人好恶做某事。自由裁量权不应当是专断的、含糊不清的、捉摸不定的权力，而应是法定的、有一定之规的权力。"① 美国司法界的态度导源于与英国相同的渊源。1964 年《联邦行政程序法》排除自由裁量司法审查的条文，② 已被美国最高法院解释为："事实上，司法复审行政行为是原则，不予复审是应当加以论证的例外。"③ 美国理论界还把"复审自由裁量权"看成是"法治制度的基本特征"。④

由上可见，瑞士等国由于认为行政自由裁量权只涉及合理性不涉及合法性，且司法监督只解决合法性问题，从而排除了对行政自由裁量的司法监督。日本人士认为瑞士等国的司法态度和理论观念过于笼统，认为行政自由裁量权的行使既涉及合法性，又涉及合理性。而司法监督只管辖违法裁量（裁量的逾越和裁量的滥用），不管辖不当裁量。英美国家法官的态度更进了一步，认为行政法就是控制自由裁量权的法，而司法复审是最佳的控制手段，司法复审既监督自由裁量的合法性，也监督它的"公正性"。⑤

在我们中国，人民法院有权监督行政机关自由裁量行为，并当该行为出现瑕疵时予以救济，这一原则是确定无疑的，它根源于我国宪法和人民法院组织法的有关规定。但问题在于，当我们把行政自由裁量权的行使划分成合法性和合理性两个方面时，我国的行政诉讼就面临了一种选择：应像日本那样把法院只限于救济违法裁量呢？还是像英美那样既救济违法裁量，也救济不当裁量？

理论界尚未为这种选择作专门的理论讨论，但始于两年前关于司法变更权的争论已不自觉地触及问题的边缘。我国的行政诉讼法经过近三年的怀胎终于生产，已为上述选择表明了立场，从行政诉讼法第五条规定来看，法院只限于救济违法裁量。

鉴此，我们的研究重点应作适当的转换，与其阐明现行法律是如何规定的，不如探究现行法律应该如何规定。笔者认为，行政诉讼是公民和组织的合法权益遭到行政机关行政行为的侵害时所求援的一种司法救济制度，而违法裁量和不当裁量同样会引起侵害公民和组织合法权益的后果，只是程度不同而已，如果行政

---

① 1958 年《科克判例汇编》第 5 卷第 99 页。

② 见该法第 701 条第 1 款第 2 项。

③ 《美国最高法院判例汇编》第 397 卷，第 166 页。

④ ［美］伯纳德·施瓦茨：《行政法》中译本，群众出版社 1986 年 10 月版，第 567 页。

⑤ 英美国家关于行政自由裁量权的合法性和合理性的划分是不自觉的。他们所称的"滥用裁量权"既包括违法裁量，也包括不当裁量。

诉讼只限于监督行政行为的合法性，对其合理性袖手旁观，那就不利于全面地保护公民和组织的合法权益。只有当人民法院在审理行政案件时，既监督行政行为的合法性，又监督行政行为的合理性时，人民法院对政府行使自由裁量权的救济才是一种完整的司法救济。

在所有政府自由裁量权的法律救济中，司法救济以它特有的方式发挥着控制的功能，那就是：法院是通过裁判活动来监督具体自由裁量行为的。从性质上说，司法救济是一种最终救济，也应该是一种最终救济。这种性质是相对于行政救济而言的。它要求行政救济同司法救济相衔接，把终局归属于后者，这样有助于排除“自己做自己的法官”。

（本文系1989年6月10日在中国政法大学研究生院时的硕士论文）

§1.13 有关“其他行政处罚”若干问题的研究

内容提要：中国目前由法律和行政法规规定的“其他行政处罚”一方面数量多，另一方面分辨难度大，有大量本不属于“行政处罚”范畴的行为至今还被误认为“其他行政处罚”。而对“其他行政处罚”的准确认定直接关系到法律的适用和行政诉讼管辖的确定。本文通过对现行法律和行政法规有关“其他行政处罚”规定的实证分析，提出了准确认定“其他行政处罚”的标准，划清了“其他行政处罚”与其他相近行为的界限。文章最后还对“其他行政处罚”制度存在的“合理性”提出了怀疑，认为它是对行政处罚采取纯形式标准分类所致；所以，将来的行政立法应当取消、至少限制“其他行政处罚”制度。

关键词：其他　行政　处罚　问题

一、问题的提出及意义

《中华人民共和国行政处罚法》[①]（简称《行政处罚法》）第八条规定：“行政处罚的种类：（一）警告；（二）罚款；（三）没收违法所得、没收非法财物；（四）责令停产停业；（五）暂扣或者吊销许可证、暂扣或者吊销执照；（六）行政拘留；（七）法律、行政法规规定的其他行政处罚。”这就是中国行政处罚的“6＋1”（六加一）种类。所谓“6＋1”的处罚种类，系指中国有六种处罚种类是直接由《行政处罚法》设定的，即：（1）警告，（2）罚款，（3）没收，（4）责令停产停业，（5）吊扣证照，（6）行政拘留。但这六种处罚以外的种类，应当由法律和行政法规另行设定。在行政法理上，我们将由《行政处罚法》直接设定的六

① 1996年3月17日第八届全国人民代表大会第四次会议通过，1996年3月17日中华人民共和国主席令第63号公布，1996年10月1日起施行。

种处罚称作“本行政处罚”，将这六种处罚（即本行政处罚）以外的由法律和行政法规另行设定的行政处罚，称作“其他行政处罚”。

当下的中国，大量的法律和行政法规规定了大量的“其他行政处罚”。[①]“其他行政处罚”的数量自然远大于“本行政处罚”的“存量”。据不完全统计[②]，我国现行的法律和行政法规所规定到的其他行政处罚至少有下列这些形式：批评教育（《中华人民共和国义务教育法》第十五条）；通报批评（《中华人民共和国审计法》第四十一条）；训诫、禁闭（《中华人民共和国看守所条例》第三十六条）；责令具结悔过（国务院《关于〈中华人民共和国集会游行示威法实施条例〉的批复》第二十八条）；取消资格或除名（《中华人民共和国职业病防治法》第七十四条）；撤销奖励、追回奖金（《国家科学技术奖励条例》第二十一条）；停止或取消抚恤和优待（《军人抚恤优待条例》第四十条）；收回（奖励）证书、奖章和奖金（《教学成果奖励条例》第十五条）；负全部责任（《道路交通事故处理办法》第十九至二十一条）；规定期限内不得申领有关执照和证书（《中华人民共和国民用航空法》第二百零五条）；降低资质等级（《中华人民共和国建筑法》第六十六、六十七、六十八、六十九、七十一、七十三、七十四、七十六条）；暂停其原产地证签发权（《中华人民共和国出口货物原产地规则》第十条）；终身不予注册（《建设工程质量管理条例》第七十二条）；（主管人员和其他直接责任人员十年内）不得从事药品生产、经营活动（《中华人民共和国药品管理法》第七十六条）；三年内不得再次参加教师资格考试（《教师资格条例》第二十条）；中标无效（《中华人民共和国反不正当竞争法》第二十七条）；取消批准文件（《城市绿化条例》第二十九条）；采取补救措施（《城市绿化条例》第二十六条）；撤销学位（《中华人民共和国学位条例》第十七至十八条）；撤销登记（《中华人民共和国公司法》第二百零六条）；取缔（《中华人民共和国执业医师法》第三十九条）；关闭营业场所（国务院办公厅《关于进一步加强互联网上网服务营业场所管理的通知》第二部分）；责令停止建设（《中华人民共和国城市规划法》第四十条）；责令停止使用（《中华人民共和国计量法》第二十六条）；责令停止开垦（《中华人民共和国草原法》第十九条）；停止招生或办园（《幼儿园管理条例》第

---

① 我国在制定《行政处罚法》时，就有人士作过统计，认为现行法律和行政法规规定的行政处罚种类有120种之多（见全国人大常委会法制工作委员会国家法、行政法室编著：《〈中华人民共和国行政处罚法〉讲话》，法律出版社1996年4月第1版，第33页）。如果这一统计准确，那么在今天，“其他行政处罚”也该有120种之多。因为所有的行政处罚种类，除掉6种处罚，剩下的就是“其他行政处罚”。

② 这里的资料来自浙江大学法学博士生陈林林的统计。

二十七条)；排除妨碍(《中华人民共和国水法》第四十四条)；公开更正(《中华人民共和国广告法》第三十七、三十九、四十条)；责令搬迁、停业、关闭(《中华人民共和国环境噪声污染防治法》第五十二条)；责令补种盗伐株数十倍的树木(《中华人民共和国森林法实施条例》第三十八、三十九、四十一条)；缴纳社会抚养费(《中华人民共和国人口与计划生育法》第四十一条)；征收(超标)排污费(《中华人民共和国环境噪声污染防治法》第十六条)；缴纳土地闲置费和收回土地使用权(《中华人民共和国土地管理法》第三十七、五十八、六十五、七十八条)；收回海域使用(《中华人民共和国海域使用管理法》第四十三、四十六、四十八条)；征收滞报金(《中华人民共和国海关法》第二十四条)；交纳滞纳金(《中华人民共和国耕地占用税暂行条例》第十、十二条)；罚息(《粮食收购条例》第十五条)；停止出售、销毁、撤销出版社登记(《法规汇编编辑出版管理规定》第十三条)；加收费用、停止供电(《电力供应与使用条例》第四十条)；限期出境、驱逐出境(《中华人民共和国外国人入境出境管理法》第三十条)；六个月以内不受理其出境、入境申请，缩短其停留期限，限期离境，或者遣送出境(《中国公民往来台湾地区管理办法》第三十五、四十条)；劳动教养、强制治疗(《全国人民代表大会常务委员会关于严禁卖淫嫖娼的决定》)；不批准出国(《国务院关于自费出国留学的暂行规定》第十六条)；等等。

以上并未穷尽的大量的由法律和行政法规设定的“其他行政处罚”，是否从行为性质上认定真的全都属于“行政处罚”？答案显然是否定的。我们初初看来，上述被规定为“其他行政处罚”的行为，尽管大多属于“行政处罚”，但显有不少属于“行政强制措施”，或者是“行政审批”，或者是“具体行政行为的撤回”，有的甚至属于“民事行为”……这就说明：要认定“行政处罚”并非是件易事；“立法者们”在立法时并非全能从行政法理上准确把握住行政处罚的内在特性。对于一种非行政处罚行为，并非只要立法者把它“写入”行政处罚的“栏目”，它就真的成为行政处罚了。即便有人把“颁发奖金”列为“行政处罚”，人们也不会接受这一因背离“奖励是授益性的，处罚是制裁性的”法则而显得如此荒唐的规定。法律只是对存在的一种表达，“法律应该以社会为基础”[①]，而不是相反。

我们需要探测行政处罚的“内质”，从而准确界定“其他行政处罚”的范围，这不仅是鉴于为改变目前立法混乱的考虑，更重要的是取决于它的准确认定与保

① [德] 马克思：《对民主主义者莱茵区域委员会的审判》，《马克思恩格斯全集》第6卷，人民出版社1961年版，第291页。

证法律的准确适用、确定行政诉讼的管辖有关。

我国的《行政处罚法》是集中规范行政处罚行为与程序的基本法，它为行政机关作出行政处罚设置了实体标准与程序标准。如果行政机关作出的行为属于行政处罚，那么行政机关就必须遵循《行政处罚法》所规定的要求，如处罚法定、事先告知、举行听证等；如果进入行政诉讼，人民法院同样将按《行政处罚法》的标准来做合法性审查。这同时意味着，如果行政机关作出的行为不属于行政处罚，而属于其他行为，那么它就受其他法的调整，如行政许可由《行政许可法》调整，行政行为的撤回受《行政程序法》调整。由于我国已有单一的《行政处罚法》，“其他行政处罚”行为的定性直接决定了它受《行政处罚法》调整的合理性。

此外，能否准确认定“其他行政处罚”行为，有时还涉及能否准确选择诉讼管辖的制度。譬如，对于劳动教养，如果我们认定这一行为属于行政处罚，那么，当行政相对人不服劳动教养而起诉时，就应按照《行政诉讼法》第十七条①规定，适用“原告就被告”（即原告应当到被告所在地的人民法院去起诉）规则确定诉讼管辖；但如果我们认定劳动教养属于行政强制措施，当行政相对人不服劳动教养而起诉时，那就应当按照《行政诉讼法》第十八条②规定，适用“选择管辖”规则确定诉讼管辖，即行政相对人既可以在原告所在地人民法院起诉，也可在被告所在地人民法院起诉。

由上可见，如何准确地认定“其他行政处罚”行为，不是一个纯形而上的行政法理问题，它更是一个在行政执法实践中如何适用法律和在行政诉讼司法实践中如何确定诉讼管辖的操作性问题。

二、认定“其他行政处罚”的标准

我们现在急于做的不是事先对第一题所列各种“其他行政处罚”作一筛选，划分出哪些属于行政处罚，哪些不属于行政处罚，而是应当事先确立用以这一筛选的标准。也就是说，我们应当先寻找认定标准，而不是先列出认定结果。因为没有正确的标准就不可能有正确的结果。

如何认定“其他行政处罚”，我们可以采用形式标准或者实质标准。让我们

① 《行政诉讼法》第十七条规定：“行政案件由最初作出具体行政行为的行政机关所在地人民法院管辖……”

② 《行政诉讼法》第十八条规定：“对限制人身自由的行政强制措施不服提起的诉讼，由被告所在地或者原告所在地人民法院管辖”

先尝试一下形式标准。如果以形式上的标准来界定“其他行政处罚”，那么，工作就会显得非常简单，只要按照以下标准操作问题就迎刃而解。

第一，将法律和行政法规所规定的“其他行政处罚”在形式上与《行政处罚法》第八条规定的六种处罚种类（即警告、罚款、没收、责令停产停业、吊扣证照、行政拘留）就相同性进行比较。如果相同，那就不属于“其他”行政处罚，而属于“本”行政处罚了。只有不同，才有可能属于“其他行政处罚”。这一点我们在统计时早就注意到了，本文第一题所列的“其他行政处罚”都在形式上与“原”六种行政处罚有别，属于“原”六种行政处罚以外的“其他”行为。

第二，法律和行政法规是否明示该类行为属于“行政处罚”，或者至少列入“罚则”或“法律责任”的栏目内？如《法规汇编编辑出版管理规定》[①] 第13条规定：“违反本规定，擅自出版法规汇编的，根据不同情况出版行政管理部门或者工商行政管理部门依照职权划分可以给予当事人下列行政处罚：……（二）停止出售；（三）没收或者销毁；……（七）撤销出版社登记；……”由于该行政法规明文列出“停止出售”“销毁”和“撤销出版社登记”属于“行政处罚”，那么，这些行为当然属于“其他行政处罚”了。再如，《国家科学技术奖励条例》[②] 第二十一条规定：“剽窃、侵夺他人的发现、发明或者其他科学技术成果的，或者以其他不正当手段骗取国家科学技术奖的，由国务院科学技术行政部门报国务院批准后撤销奖励，追回奖金。”本文虽对“撤销奖励”“追回奖金”是否属于“行政处罚”没有直接“表态”，但由于该条文是置于“第四章罚则”之下，因而也应当属于“其他行政处罚”之列。

然而问题并非如此简单。本文第一题所列的几十种“其他行政处罚”，大都既没有被所规定的法规直接表明“行政处罚”的性质，也没有列于“罚则”或“法律责任”栏目之下[③]，我们难道就能因此将它们全部置于“其他行政处罚”范围之外？另一方面，难道只要“立法者”表明某一行为属于行政处罚，或者列于“罚则”或“法律责任”章目之下，就能不加区分地将它们确定为“其他行政处罚”，不论这一行为是否具有“行政处罚”的“本性”？这种逻辑只有在一种前提下是成立的，那就是我们不得不假设：对上述“其他行政处罚”作出规定的“立法者”全是“天使”。

---

① 由国务院于1990年7月29日颁布。

② 由国务院于1999年5月23日颁布。

③ 有的法规不设“罚则”或“法律责任”之类的章目。

这种“困境”迫使我们转向探索认定“其他行政处罚”的“实质标准”。这种“实质性”的思维与形式上的考察明显不同，它并不在乎法律是怎么规定的，而在乎注重每一类行为的本质属性是否符合“行政处罚”的“特性”。只有符合“行政处罚”特性的行为才能被认定为“行政处罚”；它会同时要求“立法者”在规定“其他行政处罚”时把真正的“行政处罚”规定进去，而避免将本来就不具有“处罚性”的行为误作“行政处罚”而纳入“其他行政处罚”之中。

那么，(其他)行政处罚[①]的真正“特性”是什么呢？是哪些“特性”得以将行政处罚与非行政处罚行为相区别呢？

在英美法系国家，本文所涉及的“行政处罚”被称作“行政制裁”(administrative sanction)。这种制裁制度系指国家机关对违反行政法上义务的行为人所给予的惩罚，其制裁主体可以是行政机关，也可以是司法机关，而且以后者为主。[②] 它们没有单一的“行政制裁法”，因而缺少理论上的定义。[③] 我们难得可以在美国1946年的《联邦行政程序法》[④] 上找到一个直接的定义。该法第551条[⑤]第(十)规定：“‘制裁’包括下列行政机关行为的全部或一部分：1. 禁止、强制、限制，或者其他影响个人自由的措施；2. 不予救济；3. 给予处罚或罚金；4. 销毁、禁用、没收或者扣押财产；5. 确定应给付的损害赔偿、归还、恢复原状、补偿、成本费、收费或酬金的数额；6. 许可证的吊销、停止或附加条件；7. 采取其他强制性或限制性措施。”[⑥] 但读完这一定义马上令人失望，因为在美国不存在我国行政法意义上的“行政处罚”与“行政强制措施”之分，这就导致

① 在这里，探讨“行政处罚”标准与探讨“其他行政处罚”的标准是同一个问题。

② 司法机关是实施行政制裁的主要主体，这恰恰就是英美法系国家行政处罚制度与大陆法系不同的一大特点。

③ 我们在英美国家的行政法教科书中，想找到有关“行政制裁”的专门章节会是一种徒劳。其由行政机关实施的制裁被作为行政机关具体行政行为的主要形式“裁决”(adjudication)所包含；由司法机关进行的“制裁”，则被司法审查制度(judicial review)所溶解。

④ 美国《联邦行政程序法》(The Administrative Procedure Act，简称APA)于1945年由美国国会参众两院先后通过，1946年6月11日由杜鲁门总统签署公布生效。该法于1966年9月6日编入《美国法典》第五篇。1978年，美国国会对该法的部分条款作过修订。

⑤ 这是按美国法典的统一编号。

⑥ 原文是：“sanction” includes the whole or a part of an agency— (A) prohibition, requirement, limitation or other condition affecting the freedom of a person; (B) withholding of relief; (C) imposition of penalty or fine; (D) destruction, taking, seizure, or withholding of property; (E) assessment of damages, reimbursement, restitution, compensation, costs, charges, or fees; (F) requirement, revocation, or suspension of a license; or (G) taking other compulsory or restrictive action.

他们将所有对行政相对人不利的措施都定义为“行政制裁”。英国也是如此。[①]在大陆法系国家，“行政处罚”被称作“行政罚”（德：verwaltungsstrafe）。他们以单一的“行政罚法”为基础[②]，大多把“行政罚”定义为：“对于违反行政法上之义务者，依据一般统治权，制裁其行为所科之处罚的总称。”[③] 但这种定义同样使我们失望，因为它除了表明“行政罚”是一种行政性的“制裁行为”外，没有就“行政处罚”的“特性”为我们提供更多的信息。

中国台湾学者将“行政罚”区分为广义与狭义。就广义而言，行政罚“大致包括行政刑罚、行政程序罚、惩戒罚及执行罚（行政强制执行）”[④]。而狭义上的“行政罚”，“系以秩序罚（ordnungsstrafe）为主要内容，故又称为行政秩序罚。行政秩序罚可以说是行政机关基于维持行政秩序之目的，对于过去违反行政义务者，所施以刑罚以外之处罚，资为制裁”[⑤]。这一定义揭示了“行政罚”的几个特性：（1）行政罚由行政机关实施；（2）行政罚是对违反行政义务者的一种制裁；（3）行政罚是刑罚以外的处罚。[⑥]

中国大陆有关“行政处罚”的理论，随着《行政处罚法》的制定与实施而日趋成熟。现行大多行政法教科书和其他著作认为：所谓行政处罚，系指依法拥有行政处罚权的行政机关，对违反行政管理秩序而尚未构成犯罪的公民、法人或者其他组织所实施的行政制裁。[⑦] 这种认识虽已提示了行政处罚行为的主要特征，

---

① See: J. A. G. Griffith and H. Street, *Principles of Administrative Law*, London: Sir Issac Pitman & Sons, Ltd., 1952; Louis L. Jaffe, *Judicial Control of Administrative Action*, Boston: Little, Brown & Co., 1965.

② 其中最为典型的是：德国于1952年就制定了《违反秩序罚法》（1952年1月2日由联邦议会制定并通过。此法后经几次修改，最新的修正案于1992年7月15日通过）；奥地利早在1925年就制定了《行政罚法》（Verwaltungsstrafgesetz - VStG），1950年5月23日由奥地利联邦公报第172号修订重新颁布。

③ ［日］田中二郎：《新版行政法》上，第170页，昭和四十二年。转引于张剑寒（台湾）等：《行政制裁制度》，行政院研究发展考核委员会编印，1979年，p. 195。

④ 洪家殷（台湾）：《第十四章：行政制裁》，载翁岳生主（台湾）编：《行政法（2000）》下册，中国法制出版社2002年9月第1版，第825页。

⑤ 同前注。另参见吴庚（台湾）：《行政法之理论与实用》，第423页（1991）；陈新民（台湾）：《行政法学总论》，第281页（1997）。

⑥ 中国台湾地区迄今尚无单一的“行政罚法”，因此其处罚的手段，由各种分散的“法令”所规定。据他们统计，中国台湾地区的处罚手段共分九类162种。见张剑寒（台湾）等：《行政制裁制度》，行政院研究发展考核委员会编印，1979年，第5—8页。

⑦ 参见全国人大常委会法制工作委员会国家法行政法室：《〈中华人民共和国行政处罚法〉讲话》，法律出版社1996年4月第1版，第99页；胡建淼：《行政法学》，法律出版社2003年2月第二版，第289页；王连昌主编：《行政法学》，中国政法大学出版社1999年8月修订版，第185页；姜明安主编：《行政法与行政诉讼法》，法律出版社2003年1月第1版，第149页；冯军：《行政处罚法新论》，中国检察出版社2003年1月第1版，第32—36页。

但不是全部特征。如果我们只是依赖“定义”中几个公认的特征，那么我们依旧无法避免及解决在划清“行政处罚”与“非行政处罚”之间界线时所遇到的困难。作者以为，以下几个方面应当构成行政处罚的主要“特性”：

第一，行政性。行政处罚是一种行政行为，而不是民事行为或者其他国家行为。它由行政机关基于行政关系而作出，体现了国家行政权的运行。

第二，具体性。行政处罚是一种具体行政行为，它是行政机关针对特定的相对人就特定的事项所作出的行政处理。因此，具有制裁性的抽象规则不属于行政处罚。

第三，外部性。行政处罚是一种外部行政行为，是行政机关代表国家对社会所作的监控，体现了国家对社会的管理，而不是国家的自身管理。因此，上级行政机关对下级行政机关、行政机关对其工作人员的通报批评及其他制裁性的处理，都不属《行政处罚法》意义上的行政处罚。

第四，最终性。最终行为是与中间行为相对应的一对范畴。所谓中间行为，系指这种行为仅构成对某事处理过程中的一个环节，并未对某事作出最终处理。它是为其他行为服务的一种临时性的行为，如扣押便是一例。而最终行为系指对某事的最终处理完毕，有了最终的处理结论，如吊销证照。行政处罚是一种最终行为，而不是中间行为。

第五，制裁性。行政处罚是行政机关对违反行政管理秩序的行为人的行政制裁。制裁是对违法行为的制裁，因而必须以违法行为的存在为前提。制裁的目的，是通过强制违法者为其违法行为付出对应的、对其不利的代价，以使其吸取教训，杜绝下次再犯。在行政处罚的所有特性中，“制裁性”是行政处罚最本质的特性。难怪不少学者在“行政处罚”与“行政制裁”之间画上等号。

第六，一次性。行政处罚是行政机关对于相对人的某一违反行政管理秩序行为所作的一次性处理。如果行政机关对于相对人的某一违法行为可以反复地、持续地实施下去，那它就不是行政处罚，而有可能构成“行政执行罚”。

三、“其他行政处罚”的“周边关系”

现在也许已经到了我们可以借助上述行政处罚的六个“特性”分辨“其他行政处罚”的时候了！但是，“分辨”的方法不应企及直接回答“什么属于其他行政处罚”，而应当事先回答“什么不属于其他行政处罚”，特别是甄别那些看似其他行政处罚其实不属其他行政处罚的“周边”行为。为此，我们必须划清下列几条界线。[1]

（一）其他行政处罚与行政强制措施

行政强制措施系指国家行政机关为了维护和实施行政管理秩序，预防与制止社会危害事件与违法行为的发生与存在，依照法律、法规规定，针对特定公民、法人或者其他组织的人身、行为及财产进行临时约束或处置的限权性强制行为。这种行为在形式上与行政处罚很接近，特别是某些行为形态既可作为行政处罚的形式，也可作为行政强制措施的形式出现。如行政机关根据《中华人民共和国道路交通管理条例》[2] 第七十四条[3]规定对当事人吊扣驾驶证的，属于行政处罚；但依据该法第八十七条[4]规定对当事人暂扣驾驶证的，则属于行政强制措施了。其他行政处罚与行政强制措施的主要区别在于：

第一，行政处罚是一种制裁性行为，而行政强制措施是一种保障性行为。前者是对违反行政管理秩序者的惩罚，因而必然以相对人的违法为前提；但后者则是为了维护和实施行政管理秩序，预防与制止社会危害事件与违法行为的发生与存在，或为保障事后的处理行为能顺利作出。对随地吐痰者的“罚款”属于处罚，因为它是对违法者（随地吐痰者）的制裁；对可疑车辆的“扣押”属于强制措施，因为它是为了保障事后对可疑事件的查处。

第二，行政处罚是一种最终处理的行为，而行政强制措施是临时性的程序行为。如“没收”属于处罚，它的作出意味着对该事件的最终处理完毕；而“冻结”属于强制措施，因为它是一种中间性的程序行为，是为保障处理决定的作出或执行而临时采取的保障手段。

根据这一界线，我们就会发现，在本文第一题所列的“其他行政处罚”形式中，有些则不属于“其他行政处罚”，而是“行政强制措施”。如，《全国人民代表大会常务委员会关于严禁卖淫嫖娼的决定》[5] 第四条第（四）款规定：“对卖

---

① 由于“其他行政处罚”属于“行政处罚”，所以，“其他行政处罚”与“周边行为”之间的界线同样适用于“行政处罚”与“其他行为”之间的界线。

② 1988年3月9日国务院发布，自1988年8月1日起施行。

③ 该条规定：“机动车驾驶员有下列行为之一的，除依照《中华人民共和国治安管理处罚条例》的规定处罚外，可以并处吊扣六个月以下驾驶证；情节严重的，可以并处吊扣六个月以上十二个月以下驾驶证：（一）醉酒后驾驶机动车的；（二）把机动车交给无驾驶证的人驾驶的；（三）挪用、转借机动车牌证或驾驶证的。”

④ 该条规定：“受罚款处罚的人当场未交罚款的，公安机关对机动车驾驶员，可以暂扣驾驶证或行驶证；对非机动车驾驶员，可以暂扣车辆……”

⑤ 1991年9月4日第七届全国人民代表大会常务委员会第二十一次会议通过。

淫、嫖娼的，一律强制进行性病检查。对患有性病的，进行强制治疗。”这里的“性病检查”和“强制治疗”就属于行政强制措施，不属于行政处罚。因为它的直接目的不是对卖淫、嫖娼者的惩罚，而是对性病患者的预防与治疗。

（二）其他行政处罚与行政执行罚

行政执行罚系指因当事人拒不履行已经生效的行政处理决定（包括行政处罚决定），行政机关依法对其实施另一个处罚，以迫使当事人自觉履行，直到达到前一处理决定被履行时为止。行政执行罚与行政处罚都具有惩罚性，这使它们非常接近。但只要掌握下列界线，它们之间也并非不易区别：

第一，从目的上说，行政处罚是旨在直接制裁一种违法，而行政执行罚是为了迫使当事人履行前一个处理决定而实施的保障性措施。

第二，从行为持续性上看，行政处罚是一次性的，而行政执行罚是持续性的。对于后者，在当事人不履行前一决定之前，行政机关可持续地处罚下去，直到当事人履行为止。

第三，从行为性质上说，行政处罚属于“基础行为”，行政执行罚则属于“执行行为”，两种行为所处的行为范围领域是不同的。[①]

第四，从被规制的法律上看，行政处罚受《行政处罚法》的调整，而行政执行罚则受将要制定的《行政强制法》的调整。这是说，二者所适用的法律是不同的。

《行政处罚法》第五十一条规定：“当事人逾期不履行行政处罚决定的，作出行政处罚决定的行政机关可以采取下列措施：（一）到期不缴纳罚款的，每日按罚款数额的百分之三加处罚款……”对照以上标准，我们不难得出结论。在《行政处罚法》的这个条文中，前后出现了两个“罚款”，这两个“罚款”的性质是不同的：前一个“罚款”（即“到期不缴纳罚款的”，这里出现的“罚款”），属于行政处罚；后一个“罚款”（即“百分之三加处罚款”，这里出现的“罚款”），则属于行政执行罚。

由此可以分析，本文第一题所列“征收滞报金”（《中华人民共和国海关法》第二十四条）、“交纳滞纳金”（《中华人民共和国耕地占用税暂行条例》第十条）

---

① 对行政行为区分“基础行为”与“执行行为”起始于德国的公法理论。可参见［德］哈特穆特·毛雷尔著，高家伟译：《行政法学总论》，当代德国法学名著，法律出版社 2000 年 11 月第 1 版，第 489 页；科伦布茨高级行政法院：NVwZ，1986 年，第 762 页。

等，从本质上说，也是属于行政执行罚，因为它们都是当事人因不履行前一行政法上义务而引起的后果。

（三）其他行政处罚与责令纠正违法（含责令停止违法，下同）

当发现当事人有违法情景时，行政机关在对他依法实施行政处罚时，同时有权力也有责任责令当事人纠正违法，这是《行政处罚法》第二十三条[①]所明文要求的。但是，实施行政处罚与责令纠正违法完全是两类不同的行为，我们不该将后者误作行政处罚。它们之间的主要区别在于：

第一，行政处罚是对违法行为人的一种制裁，而责令纠正违法是对违法状态的一种处理。两者的功能不同，不能互相替代。如果说对随地吐痰者罚款是一种行政处罚的话，那么责令吐痰者把所吐的痰擦干净便是责令纠正违法。

第二，行政处罚是对违法行为人的一种惩罚，而责令纠正违法是对违法现状的一种修复。责令纠正违法意味着将违法的现状直接修复为合法的状态，因而它有恢复原状的功能；正因为责令纠正违法具有恢复原状之功能，所以当事人所需的付出仅与恢复原状的成本相等。而行政处罚不同，它不是直接对违法状态的修复，而是对违法行为人进行制裁，以迫使其吸取教训，保证以后不再违法。为了达到这一目的，处罚具有惩罚性，当事人必须为其违法行为付出比修复行为更多的“代价”。从这种意义上说，纠正违法作为一种“修复”是等价的，而处罚作为一种“惩罚”是不可能等价的。

第三，从行为属性上讲，责令纠正违法是一种行政命令行为，不属于行政处罚行为。在实践中，有的行政机关在《行政处罚决定书》中将责令纠正违法作为一种处罚的种类表达，那是错误的。

鉴上，我们可以作一个案分析。《中华人民共和国森林法实施条例》[②] 第三十八条规定：“盗伐森林或者其他林木，以立木材积计算不足 0.5 立方米或者幼树不足 20 株的，由县级以上人民政府林业主管部门责令补种盗伐株数十倍的树木，没收盗伐的林木或者变卖所得，并处盗伐林木价值 3 倍至 5 倍的罚款。盗伐森林或者其他林木，以立木材积计算 0.5 立方米以上或者幼树 20 株以上的，由县级以上人民政府林业主管部门责令补种盗伐株数十倍的树木，没收盗伐的林木

---

① 《行政处罚法》第二十三条规定：“行政机关实施行政处罚时，应当责令当事人改正或者限期改正违法行为。”

② 2000 年 1 月 29 日中华人民共和国国务院令第 278 号发布，自发布之日起施行。

或者变卖所得，并处盗伐林木价值5倍至10倍的罚款。”在这里，“没收……所得”“处盗伐林木价值3倍至5倍的罚款”无疑属于行政处罚，那么，“责令补种盗伐株数十倍的树木”是否属于其他行政处罚呢？我们的答案是肯定的。这里的关键是“十倍”的要求。补种盗伐株数十倍的树木，这不是等价性的修复，而是一种惩罚，因而属于其他行政处罚。相反，如果这里的规定是“责令补种与盗伐株数相等的树木”，那就属于“责令纠正违法了”。

由此看来，在本文第一题中所列的“采取补救措施”（《城市绿化条例》第二十六条）、责令停止建设（《中华人民共和国城市规划法》第四十条）、责令停止使用（《中华人民共和国计量法》第二十六条）、责令停止开垦（《中华人民共和国草原法》第十九条）、停止招生或办园（《幼儿园管理条例》第二十七条）、排除妨碍（《中华人民共和国水法》第四十四条）、公开更正（《中华人民共和国广告法》第三十七、三十九、四十条）、停止出售（《法规汇编编辑出版管理规定》第十三条）等均不属于“其他行政处罚”，而属“责令纠正违法”之行为范畴。

（四）其他行政处罚与具体行政行为的撤回

如果说责令纠正违法是行政机关责成相对人纠正违法的一种方式，那么，具体行政行为的撤回是行政机关针对自己不适当的行为进行自我修复的行为。所谓具体行政行为的撤回，是指行政机关基于相对人一定的事实条件对其作出某种具体行政行为，事后发现相对人不具备该条件，便由原行政机关收回该具体行政行为。它是行政行为消灭的一种形式。撤回虽与撤销同属行政行为的消灭，但撤回是原机关对自己行为的收回，撤销是职权机关（如上级行政机关或行政复议机关等）对被监督的行政机关行政行为的一种取消；撤回是鉴于事后发现相对人不具备申请条件（大多因相对人隐瞒事实所致），撤销则是鉴于已作出的行政行为违法。在实践中，我们有时会将具体行政行为的撤回误作行政处罚，其实它们之间存有明显界线。

第一，从直接的功能上讲，行政处罚是对违法行为人的一种惩罚，而具体行政行为的撤回是行政机关对自己业已作出的前一行为的收回，体现对自己行为的修复。

第二，从性质上讲，行政处罚是一种不利行为，它是对相对人权利的剥夺或限制；而具体行政行为的撤回是一种中性行为，它可能是一种不利行为（如撤回许可证），也可能是一种有利行为（如撤回处罚决定）。

第三，从范畴上讲，行政处罚是具体行政行为的一种形式，而所有具体行政行为都将经历或处于“成立—变更—消灭”中的某一阶段，具体行政行为的撤回仅仅是行政行为“消灭”的一种形式。

第四，从法律适用上讲，行政处罚由《行政处罚法》规制，而且必须实施处罚法定原则；而具体行政行为的撤回受一般行政程序法调整，而且从理论上说，只要由于相对人的隐瞒或欺骗，致使行政机关误解而作出某种具体行政行为（如行政许可），行政机关事后发现了，均有权撤回原行为，从而使相对人丧失原权利。

我们假设，某当事人秦某，在向某司法行政部门申领律师执业证时，在申请表上隐瞒了他被单位开除公职的事实，并伪造了有关单位的意见，司法行政部门审查不严，发给其律师执业证。事后被人揭发，司法行政部门吊销了秦某的律师执业证。这从性质上说，是属于具体行政行为的撤回，而不是行政处罚。再假设，秦某取得律师执业证是合法的，但他取得该证之后，在执业中向法官行贿，司法行政部门依据《中华人民共和国律师法》① 第四十五条②规定吊销其律师执业证，这就属于行政处罚了。

根据这一原理的分析，我们就不难发现，本文第一题所列的下列行为其实不属于“其他行政处罚”，而属于“具体行政行为的撤回”：撤销奖励、追回奖金（《国家科学技术奖励条例》第二十一条）、收回（奖励）证书、奖章和奖金（《教学成果奖励条例》第十五条）、收回土地使用权（《中华人民共和国土地管理法》第三十七、五十八、六十五、七十八条），等等。

（五）其他行政处罚与行政收费

行政收费系指行政机关依据法律法规所规定的项目标准对相对人征收费用的行为。由于征收费用意味着要求相对人承担了不利的经济负担，因而容易与行政处罚相混淆。但其实，它们之间的界线也应当是明晰的。

第一，行政处罚以相对人的违法为前提，而行政收费不一定以相对人的违法为前提。行政收费主要不是作为一种制裁违法的手段，而是社会利益与秩序的平衡。

---

① 1996年5月15日第八届全国人民代表大会常务委员会第十九次会议通过，1996年5月15日中华人民共和国主席令第67号公布，自1997年1月1日施行。

② 该条规定：“律师有下列行为之一的，由省、自治区、直辖市人民政府司法行政部门吊销律师执业证书；构成犯罪的，依法追究刑事责任：（一）泄露国家秘密的；（二）向法官、检察官、仲裁员以及其他有关工作人员行贿或者指使、诱导当事人行贿的；（三）提供虚假证据，隐瞒重要事实或者威胁、利诱他人提供虚假证据，隐瞒重要事实的。律师因故意犯罪受刑事处罚的，应当吊销其律师执业证书。”

第二，行政处罚是一次性的，而行政收费可以是一次性的，也可以是连续性的。

第三，行政处罚所得款项上交国库，统筹使用，没有事先指定的用途；而行政收费是纳入具体项目，国家有事先指定的用途。

鉴此，我们认为本文第一题所列的“缴纳社会抚养费”（《中华人民共和国人口与计划生育法》第四十一条）、“征收（超标）排污费”（《中华人民共和国环境噪声污染防治法》第十六条）、缴纳土地闲置费（《中华人民共和国土地管理法》第三十七条）等，都属于行政收费，而不是其他行政处罚。

（六）其他行政处罚与确认无效、行政行为无效

在现实中，法律法规常赋予行政机关对民事行为具有包括认定权在内的监管权，如认定某项民事行为无效。行政机关认定某项民事行为无效，认定行为本身虽然属于具体行政行为，但它不属于行政处罚行为。因为在行政处罚中，当事人违反的是行为的合法条件，而在行政机关确认某行为无效中，当事人违反的是有效要件。

《中华人民共和国反不正当竞争法》[①] 第二十七条规定：“投标者串通投标，抬高标价或者压低标价；投标者和招标者相互勾结，以排挤竞争对手的公平竞争的，其中标无效。监督检查部门可以根据情节处以一万元以上二十万元以下的罚款。”在这里，“罚款”当然属于行政处罚，但行政监督检查部门认定“中标无效”属于确认无效，不属“其他行政处罚”。

此外，因行政行为的无效而恢复原状，也不属于行政处罚。如《中华人民共和国海域使用管理法》[②] 第四十三条规定：“无权批准使用海域的单位非法批准使用海域的，超越批准权限非法批准使用海域的，或者不按海洋功能区划批准使用海域的，批准文件无效，收回非法使用的海域；对非法批准使用海域的直接负责的主管人员和其他直接责任人员，依法给予行政处分。”在这里，“收回海域”系属“批准文件无效”而恢复原状的措施，因而也不属“其他行政处罚”。

（七）其他行政处罚与承担民事责任

如果在平等的民事关系中，因一方当事人违约或侵权，另一方当事人依据合

① 1993年9月2日第八届全国人民代表大会常务委员会第三次会议通过，1993年9月2日中华人民共和国主席令第10号公布，自1993年12月1日起施行。

② 2001年10月27日第九届全国人民代表大会常务委员会第二十四次会议通过，2001年10月27日中华人民共和国主席令第61号公布，自2002年1月1日起施行。

同或者法律规定追究另一方当事人的责任，这属于承担民事责任，而不属于“其他行政处罚”。因为其他行政处罚是在行政法律关系中行政主体对行政相对人依法所实施的制裁。

据此，我们可以认为，本文第一题所列供电企业对用电单位“加收费用、加收违约金、停止供电”（《电力供应与使用条例》第四十条）、由违章行为人“负全部责任”（《道路交通事故处理办法》第十九条）、中国人民银行对中国农业发展银行实施“罚息”（《粮食收购条例》第十五条）等等，都属于民事责任的确认与承担，不属“其他行政处罚”。

当我们完成对“其他行政处罚”之“周边关系”的清理时，才惊讶地发现：本题对“其他行政处罚”之“周边关系”的处理过程，其实也是“其他行政处罚”不断被排除的过程；当初在第一题所列几十种所谓的“其他行政处罚”形式，其实大多不属“其他行政处罚”本身，而是“立法者”或者“援用者”的误解。

四、劳动教养与“其他行政处罚”

我们在第一题所列的几十种“其他行政处罚”中，其中就有“劳动教养”。“劳动教养”不是“行政拘留”，因而不是“本行政处罚”。那么，它是否属于“其他行政处罚”呢？这是一个需要特别讨论的问题。

劳动教养是指劳动教养机关对虽有违法行为，但不够刑事处罚，而继续留在社会上又会造成一定危害的人所采取的限制其人身自由的强制性行为及制度。这项制度，在中国是1956年1月由中央决定采用的。1957年8月3日，国务院根据1954年宪法第一百条的规定，制定了《关于劳动教养的决定》[①]。随着形势的发展，劳动教养行为发生了变化，在执行中也遇到了一些实际问题。为了更好地贯彻执行《关于劳动教养的决定》，国务院于1979年颁布了《关于劳动教养的补充规定》[②]，1980年又发布了《关于将强制劳动和收容审查两项措施统一于劳动教养的通知》。1982年，经国务院批准，公安部制定并发布了《劳动教养试行办法》。根据该试行办法，劳动教养适用于六类人：（1）罪行轻微，不够刑事处分的反革命分子、反党反社会主义分子；（2）结伙杀

---

① 1957年8月1日全国人民代表大会常务委员会第七十八次会议通过，批准国务院关于劳动教养问题的决定的决议。

② 1979年11月29日第五届全国人民代表大会常务委员会第十二次会议决议：批准国务院关于劳动教养的补充规定，由国务院公布施行。

人、抢劫、强奸、放火等犯罪团伙中，不够刑事处分的；（3）有流氓、卖淫、盗窃、诈骗等违法犯罪行为，屡教不改，不够刑事处分的；（4）聚众斗殴、寻衅滋事、煽动闹事等扰乱社会治安，不够刑事处分的；（5）有工作岗位，长期拒绝劳动，破坏劳动纪律，而又不断无理取闹，扰乱生产秩序、工作秩序、教学科研秩序和生活秩序，妨害公务，不听劝告和制止的；（6）教唆他人违法犯罪，不够刑事处分的。需要实行劳动教养的人，均由省、自治区、直辖市和大中城市的劳动教养管理委员会审查决定。劳动教养期限，根据需要劳动教养的人的违法犯罪事实、性质、情节、动机和危害程度，确定为 1 至 3 年。1991 年，全国人民代表大会常务委员会公布了《关于严禁卖淫嫖娼的决定》[①]，把劳动教养的适用范围又扩大至“再次卖淫、嫖娼”。[②]

关于劳动教养的性质，长期被定位为“强制性教育改造措施”。一种权威性的解释是：“从性质上说，劳动教养是一种行政措施，不属于行政处罚”。[③] 或者说，“是强制性教育改造的一种行政措施”。[④] 这种定性也许渊源于下列依据：

——1982 年 1 月 21 日由国务院转发的公安部制定的《劳动教养试行办法》第二条规定：“劳动教养，是对被劳动教养的人实行强制性教育改造的行政措施，是处理人民内部矛盾的一种方法。”

——1992 年 8 月 10 日由司法部公布的《劳动教养管理工作执法细则》第二条规定：“劳动教养机关对劳动教养人员按照‘教育、感化、挽救’的方针，实行强制性的教育改造。”

但是，也有不少学者持不同意见。特别是《行政处罚法》出台之后，有更多的人认为：劳动教养是针对轻微违法犯罪行为而且又不够刑事处罚的人进行的一种最严厉的行政处罚，其限制人身自由的时间远远长于行政拘留。[⑤] 不仅学者，我国官方的文件也表明过这一观点。1991 年 11 月国务院发布的《中国

① 1991 年 9 月 4 日第七届全国人民代表大会常务委员会第二十一次会议通过。

② 该《决定》第四条规定：“……因卖淫、嫖娼被公安机关处理后又卖淫、嫖娼的，实行劳动教养，并由公安机关处五千元以下罚款。”

③ 全国人大常委会法制工作委员会国家法行政法室：《〈中华人民共和国行政处罚法〉讲话》，法律出版社 1996 年 4 月第 1 版，第 35 页。

④ 黄杰主编：《行政诉讼法贯彻意见析解》，中国人民公安大学出版社 1992 年 1 月第 1 版，第 25 页。

⑤ 见张尚族主编：《走出低谷的中国行政法——中国行政法学综述与评价》，中国政法大学出版社 1991 年 9 月第 1 版，第 231 页；姜明安主编：《行政法与行政诉讼法》，北京大学出版社、高等教育出版社 1999 年 10 月第 1 版，第 222 页；张正钊主编：《行政法与行政诉讼法》，中国人民大学出版社 1999 年 12 月第 1 版，第 156 页，等等。

的人权状况》(Human Rights in China) 白皮书[①]中“关于劳动教养及被劳动教养者的权利”部分对劳动教养所作的解释是：“劳动教养不是刑事处罚，而是行政处罚”。

我们的观点是：

第一，劳动教养属于行政处罚。

劳动教养的性质是什么，不应看我们怎么给它定性，而应看其本身的客观属性是什么。从其本身的属性上看，有两点是非常明显的：(1) 它以被教养人的违法行为的存在为前提，对无违法行为人是不得实施劳动教养的；(2) 它具有明显而最为严厉的惩罚性。我们很难想象会有人情愿选择1至3年的劳动教养，而不愿选择1至15天的行政拘留。如果我们执意把劳动教养视作“教育措施”，这如同我们执意剥夺一个人的财产而又对其说“这是保护你的财产”一样具有逻辑上的荒唐性。

第二，劳动教养属于“其他行政处罚”。

劳动教养不是行政拘留，而是比行政拘留更为严厉的行政处罚；在《行政处罚法》第八条所设定的六种行政处罚种类中没有劳动教养，因而劳动教养属于、也应当属于“其他行政处罚”。

正因为如此，我们应当将劳动教养工作纳入《行政处罚法》的法制轨道内进行，除非某一天劳动教养制度被取消。[②]

五、行政法规以下的规范所设定的“其他行政处罚”

《行政处罚法》第八条已经刻画了“其他行政处罚”的两个形式标准：一是，这种处罚必须是该条所列(一)至(六)种处罚种类以外的处罚；二是，这种处罚必须由法律和行政法规直接规定[③]，地方性法规、规章或者行政规则不得规定“其他行政处罚”。但问题在于，在现实中还是有不少行政法规以下的规范，如地方性法规、政府规章等，直接规定了“其他行政处罚”。如：北京市工商行政管

---

① 资料来源：《中华人民共和国国务院公报》，1991年。

② 中国已有越来越多的人意识到劳动教养制度的不合理性，并主张在不远的将来取消这一制度。参见胡卫列：《劳动教养制度应予废除》，《行政法学研究》2002年第1期；宋炉安：《劳动教养应予废除》，《行政法学研究》1996年第2期；中国劳动教养制度专号，《中外法学》2001年第6期。作者也赞同这一主张。

③ 这里的“规定”，从《行政处罚法》第二章的意义上说，实际上系指“设定”。

理局于2000年9月1日制定发布的《网站名称注册管理暂行办法》第二十九条规定，工商管理机关可以对擅自转让网站名称注册证书者“撤销注册网站名称”。[①] 这时，我们如何来认定它的行为性质呢？让我们设想正反两种方案进行选择。

第一种方案认为，虽然按照《行政处罚法》第八条规定“其他行政处罚”不得由法律、行政法规以下的文件作出规定，但它们一旦作出了这样的规定，就不能认为据此作出的“其他行政处罚”就不是“其他行政处罚”了，只能说明这种“其他行政处罚”因其法律依据不合法而构成违法而已。这种观点所基的理论是：不能将“是这种行为还是那种行为”这种区分该行为与他行为的标准问题与“该行为是否合法”这种区分行为的“合法性与违法性”的标准问题混同起来。我们要求“用绿盘子端素菜、红盘子端荤菜”，但一旦有人不合规则地用红盘子端了素菜，我们只能说“你端错了盘子”，但不能说“你现在端的是荤菜”。由于这种方案主张将行政法规以下的规范所规定的“其他行政处罚”依然认定为“其他行政处罚”（只是属于违法的行政处罚而已），故为“肯定说”。

另一种方案当然属于“否定说”了。该方案认为，《行政处罚法》第八条为“其他行政处罚”刻画的两项标准是该行为的“成立标准”，而不是成立以后“如何合法行使”的标准。所以，如果“其他行政处罚”不符合该标准，说明该行为尚未成立，而不是该行为已经存在只是违法而已。如果人的生命始于大脑的形成、止于脑的死亡，那么当母体中的“小孩”尚未形成大脑时，只能说“小孩”还未形成，而不能说这是一个“脑子不全的小孩”。据此，凡是由行政法规以下的规范规定的“其他行政处罚”，只能作为“不成立的行政行为”对待。

从逻辑上推绎，这两种理论均能成立；而且在现行的救济途径和方法上都不会遇到障碍，因为行政相对人对这种“其他行政处罚”（或是“不成立的行政行为”）不服都有权申请行政复议或者提起行政诉讼，而且行政复议机关或人民法院均会对其作出否定性裁判[②]。但是，任何学科均由内部各种概念、范畴和规则等构成并必须达到内在的严密与和谐一致，否则将影响它的科学性，所以，我们还必须在“没有法律依据的行政处罚”与“不成立的行政处罚”之间作出抉择，

---

① 北京市工商行政管理局于2000年制定发布的《网站名称注册管理暂行办法》第29条规定：“网站所有者使用注册网站名称，有下列行为之一的，由注册主管机关责令改正，情节严重的可撤销注册网站名称，收回《网站名称注册证书》并予以公告：（一）伪造、涂改、出租、出借、出卖、擅自转让《网站名称注册证书》的；（二）对注册网站名称不进行年度检验的；（三）注册网站连续一年不进行实际运营的。”

② 如作出确认违法、撤销或者确认无效之类的裁定或判决。

哪怕这种区分在救济上尚无意义和必要。

我们赞同第一方案所持的不能将“该行为与他行为”的区别标准与该行为是否合法的“合法性与违法性”的区别标准混同起来的理论；但正如第二方案所述，《行政处罚法》第八条为“其他行政处罚”刻画的两项标准是该行为的“成立标准”，而不是成立以后“如何合法行使”的行为标准。如果说该行为“没有法律依据”，也不是指该行为成立以后在实施中缺乏法律依据，而只是指其成立没有法律依据。所以，目前对于行政法规以下的规范所规定的“其他行政处罚”应以“不成立的行政处罚”对待为宜。

六、反思“其他行政处罚”存在的合理性

当我们在前面消耗较大的篇幅用以解决有关如何准确认定“其他行政处罚”的诸多问题而且接近于达到这一“目标”时，我们忽然对这一“命题”本身的“合理性”产生了怀疑。凡是存在的都是必然的，但凡是存在的并非都是合理的。[①]“其他行政处罚”也是如此。

我国《行政处罚法》第八条将行政处罚的种类列为七种，即（1）警告、（2）罚款、（3）没收违法所得或非法财物、（4）责令停产停业、（5）暂扣或者吊销许可证和执照、（6）行政拘留、（7）其他行政处罚，而且由此出现了“其他行政处罚”这一特殊的种类。单从《行政处罚法》第八条本身的规定来看，“其他行政处罚”的存在无可置疑。因为“其他行政处罚”的存在有它的“合理性”。

第一，由于《行政处罚法》第八条对行政处罚种类的规定是以处罚行为的“名称形式”而不是行为功能或所涉客体为标准，这样，只有被称作“警告”的处罚才会被纳入第（1）类处罚，与其接近的“通报批评”“训诫”等具有与“警告”相同或雷同的处罚行为就没法“落户”；同样，也只有被称作“罚款”的处罚才会被列入第（2）类处罚，如果我们一旦将“罚款”改名为“罚钱”，这虽然也达到了同样的处罚效果，但却不能因此被纳入第（2）类行政处罚。这样就会有大量的行政处罚因在形式称呼上与《行政处罚法》第八条所列的前六种处罚不同而被排斥于行政处罚的范围之外，而“其他行政处罚”种类的设定，就为这些

---

① 德国哲学家乔治·威廉·弗里德里希·黑格尔（Georg Wihelm Friedrich Hegel，1770—1832）在其1821年的《法哲学原理》（Grundlinien der Philosophie Rechts）中提出一个命题，即“凡是合乎理性的东西都是现实的，凡是合乎现实的东西都是合乎理性的。”事后有人将这一命题演变为：凡是存在的都是必然的，凡是必然的都是合理的。

没有“户口”的行政处罚设立了一种同样属于行政处罚的“户口”。

第二，由于《行政处罚法》第八条将“其他行政处罚”的设定权限制为“法律、行政法规”，这就不用担心制定法律和行政法规以外的“立法者们”滥用“其他行政处罚”的设定权，因为地方性法规、中央部门规章和地方政府规章、规章以下的行政规定不具有规定“其他行政处罚”的权力。

但是，我们又必须看到：“其他行政处罚”的“合理存在”却导致了其他“不合理”的结果：首先，正因为《行政处罚法》第八条对行政处罚的分类采用严格的“名称形式”标准，导致大量处罚只要与六种“本处罚”的名称不同就不能被列入“本行政处罚”，而被列入“其他行政处罚”，结果导致“其他行政处罚”远远多于“本行政处罚”之“尾大不掉”现象。① 其次，由于“其他行政处罚”远远多于“本行政处罚”，而对前者的认定又远远难于后者②，这样就在总体上给准确认定“行政处罚”带来了困难。

正当我们考量我国“其他行政处罚”存在的“合理性”与“非合理性”之际，我们已意外地发现：“其他行政处罚”的存在，特别是“其他行政处罚”的存在量远大于“本行政处罚”之现状，主要由我国《行政处罚法》第八条对行政处罚种类的划分标准所决定。换句话说，正由于我国《行政处罚法》对行政处罚的划分标准采用纯粹的“名称形式”，这不仅导致了“其他行政处罚”的存在，而且是大量存在。

我们必须明白，《行政处罚法》第八条对行政处罚种类的划分标准，即“名称形式”标准，并不是唯一可选择的标准，更不是理想而科学的标准。因为，由于《行政处罚法》第八条对行政处罚的分类是以名称形式为标准，这样就使相同功能不同名称的处罚不能作为同一类处罚对待，从而使分类失去了原有的法律价值，即无法使法律对不同的处罚作不同的调整。③ 至少应当说，在正规的“行政

---

① 据有关人士统计，我国在制定《行政处罚法》时，当时的法律和行政法规规定的行政处罚种类就有120种之多。由此可以推论，当“本行政处罚”只有6种时，“其他行政处罚”就有114种之多。（参见全国人大常委会法制工作委员会国家法、行政法室编著：《〈中华人民共和国行政处罚法〉讲话》，法律出版社1996年4月第1版，第33页）

② 由于“本行政处罚”的种类只有6种，而且名称又由《行政处罚法》第八条明文标定，所以对其认定相对容易。但“其他行政处罚”从种类到名称，《行政处罚法》均无明定，有赖其他法律和行政法规的规定，而中国现行法律和行政法规在规定“其他行政处罚”时又大多没有明文表明“处罚”字样。更有甚者，在个别情况下，被表明“处罚”的行为恰恰不具有处罚的功能；而不表明“处罚”者，又可能正是“其他行政处罚”（见本文第二题和第三题）。所以，对“其他行政处罚”的认定远比对“本行政处罚”的认定费力。

③ 如根据《行政处罚法》第九条规定，行政拘留只能由法律设定，法规、规章均无权设定。

处罚”之外存在大量的“其他行政处罚”，是我国行政处罚制度，特别是行政处罚的分类制度不成熟的表现。

所以，我们主张，未来的行政立法，应当取消、至少限制“其他行政处罚”制度的存在。具体的做法是：

第一，按行政处罚的具体功能，而不是形式名称，进行分类。可将行政处罚列为（1）精神罚、（2）资格罚、（3）财产罚、（4）行为罚和（5）人身罚等五类。这一划分标准，必然能够穷尽所有已经出现或将要出现的处罚形式。因为，它可将所有使违法者承受精神上的不利后果的制裁行为一概视为“精神罚”，如警告、通报批评、训诫等；其他种类以此类推。

第二，放开处罚形式，但要严格控制法对行政处罚的设定。我们未来的立法要把控制重点落在“行政处罚的设定权”上，而不是停留在“行政处罚的形式”上。只要对处罚权的设定有所限制，形式相对放开也不会出问题。例如，我们只要规定“人身罚只能由法律设定”，就无须担心“人身罚”形式会被我国最高立法机关滥用，因为整个《行政处罚法》本身就是由全国人民代表大会制定的。

（载《法学研究》2005年第1期）

§1.14 论中国“行政强制措施”概念的演变及定位

内容提要：本文基于中国正在制定“行政强制法”及这一立法背景所掀起的“行政强制法学”理论研究热潮，注意到行将制定的“行政强制法”将以“行政强制措施”与“行政强制执行”两大类强制行为为规制对象，通过对中国以往有关立法及法学研究的回顾，探索了“行政强制措施”概念的演变，进而对其立法和理论上的“定位”作了探讨。

关键词：行政　措施　定位

为规范政府采取行政强制措施与实施行政强制执行行为，维护国家与社会的公共秩序与利益，保护公民、法人和其他组织的合法权益不受侵害，制定“行政强制法”已从讨论“必要性”阶段进入研究“操作性”阶段。《中华人民共和国行政强制法》（试拟稿）已将提交全国人大常委会审议。行将制定的“行政强制法”既要规范政府采取行政强制措施，也要规范其如何实施行政强制执行。关于这一点，无论立法部门还是理论界已趋同一。正因此，准确、科学地定位“行政强制措施”显得特别重要。本文通过对中国以往有关立法及法学研究的回顾，探索了“行政强制措施”概念的演变，进而对其立法和理论上的“定位”作一探讨。

一、“行政强制措施”概念的演变

在中国，“行政（强制）措施”一词的使用，最早出现在新中国“拨乱反正”以后的第一本行政法教科书即王珉灿主编的《行政法概要》上。该书第一次使用了“采取行政措施的行为”这一概念。但在当时尚无“具体行政行为”——在目前的中国行政法学中最为关键的概念之一，当时还未被写入法律——这一概念的背景下，它是作为一般的“具体行政行为”的代名词使用的。[①] 这一“首创”又被不少学者所接受和发展。[②]

1989年《中华人民共和国行政诉讼法》（以下简称《行政诉讼法》）的公布，特别是1990年该法实施以后，该法第十一条第（二）项的规定[③]对理论界对于行政行为的认识冲击颇大，它最明显不过地表明：“限制人身自由或者对财产的查封、扣押、冻结等行政强制措施”行为，只是与行政处罚相并列的具体行政行为的一个种类，而不是一般意义上的具体行政行为本身。所以，1990年以后，已不再有类似教材、著作基于这种意义而使用“行政（强制）措施”概念了。

“行政强制措施”脱胎于“具体行政行为”之后，它又面临了第二个问题，即行政强制措施与行政强制执行的关系。在这一问题上，主要有两种不同的观点。

第一种观点是，把行政强制措施看成是行政主体在行政执法中所运用的具有强制性的各种手段和方法，这些手段和方法有“执行性”和“管理性”之分，而“执行性”的措施就是“行政强制执行”。一种典型的解释是：“行政强制措施是指行政主体为保障行政管理秩序或为实现行政目的而凭借的各种强力方法或手段。它包括：(1)‘管理性’强制措施，即行政主体为了预防、制止或控制危害社会、公益、他人的行为或事件的发生，采取的对有关对象的人身、财物或行为加以暂时性限制的手段或方法；(2)‘执行性’强制措施，即行政主体为促使或迫使义务人履行行政决定所确定的义务而凭借的种种强制措施。”[④] 另一种解释也许更加明了：“所谓行政强制措施是指行政主体对相对人的人身或财物予以强制而采取的各种具体手段或方法。既包括即时强制措施也包括行政强制执行措

---

① 该教科书对它的解释是：“作为行政法学研究对象的行政措施，是指行政机关在进行行政管理活动时，对于具体事件所作的单方面的处理，是具体行政行为……行政措施作为具体的行政行为，与行政管理法规不同；作为单方面的行政行为，与行政契约不同。”见该书第112页。

② 如：应松年、朱维究编著的《行政法学总论》（工人出版社1985年12月第1版，第285－298页），郭文英、崔卓兰编著的《行政法要论》（吉林人民出版社1988年7月第1版，第186—197）；叶必丰编著的《行政法原理》（湖北科学技术出版社，1988年10月第1版，第157页）；廖晃龙主编的《新编中国行政法原理》（大连海运学院出版社1990年2月第1版，第185—197页）等。

③ 《行政诉讼法》第十一条及该条第（二）项的规定是：“人民法院受理公民、法人和其他组织对下列具体行政行为不服提起的诉讼：……（二）对限制人身自由或者对财产的查封、扣押、冻结等行政强制措施不服的……”

④ 杨解群、叶树理：《关于祖国大陆行政强制理论与现实的评判》，载杨小君、王周户：《行政强制与行政程序研究——一九九九年海峡两岸行政法学术研讨会实录》，中国政法大学出版社2000年版，第344页。

施，即实施行政强制行为的各种具体手段或者措施。”① 这种观点的特点，主要在于把“行政强制执行”看成是“行政强制措施”的一个构成部分，它们是部分与整体的关系。

第二种观点是，把行政强制措施看成不仅独立于行政处罚，而且与行政强制执行相并列的一种具体行政行为。持此观点者，在他们的教材、著作中，必然把“行政强制措施”与“行政强制执行”作为并列的章节标题处理，② 而且对两者加以区别。大多学者认为，行政强制措施与行政强制执行最根本的区别在于：前者是特定的行政主体，出于维持社会管理秩序的需要，预防或制止危害社会事件的发生，针对行政相对人的人身、行为、财产或其他权益所作出的限权性的强制行为；后者是指因行政相对人逾期不履行行政处理决定，有关国家机关对其采取强制手段，迫使其履行该义务的具体行政行为。下面的解释有一定的代表性：“行政强制措施是指国家行政机关或者法律授权的组织，为了预防或制止正在发生或可能发生的违法行为、危险状态以及不利后果，或者为了保全证据、确保案件查处工作的顺利进行而对相对人的人身自由、财产予以强制限制的一种具体行政行为。”“行政强制执行是指公民、法人或者其他社会组织逾期不履行行政法上的义务时，国家行政机关依法采取必要的强制性措施，迫使其履行义务，或达到与履行义务相同状态的具体行政行为。”③ 这种观点的“共性”在于，认为“行政强制措施”与“行政强制执行”之间没有包含关系，是两种各自独立、并存的具体行政行为。

---

① 周佑勇：《行政法原论》，中国方正出版社 2000 年 6 月第 1 版，第 246 页。其他持这一观点或类似观点的还有：朱新力、余军：《论行政强制措施的合理定位》，杨小君、王周户：《行政强制与行政程序法研究——1999 年海峡两岸行政法学术研讨会实录》，中国政法大学出版社 2000 年 7 月第 1 版，第 203 页；马怀德主编：《行政法与行政诉讼法》，高等学校法学教材，司法部法学教材编辑部编审，中国法制出版社 2000 年 2 月第 1 版，第 312 页；杨海坤主编：《中国行政法基础理论》，中国人事出版社 2000 年版，第 417 页；胡建淼主编：《行政法教程》，成人高等法学教育通用教材，司法部法学教材编辑部编审，法律出版社 1996 年 10 月第 1 版，第 166—175 页；朱新力：《行政法基本原理》，浙江大学出版社 1995 年版，第 206—209 页。

② 如方世荣主编：《行政法与行政诉讼法》，高等政法院校法学主干课程教材，司法部法学教材编辑部编审，中国政法大学出版社 1999 年 9 月第 2 版，第十三章；王连昌主编：《行政法学》，高等政法院校规划教材，司法部法学教材编辑部编审，中国政法大学出版社 1999 年 8 月（修订）第 1 版，第十二章；胡建淼：《行政法学》，“九五”规划高等学校法学教材，司法部法学教材编辑部编审，法律出版社 1998 年 1 月第 1 版，第十一章；胡建淼：《中国行政法学论纲》，杭州大学出版社 1998 年 1 月第 1 版，第十章；金国坤主编：《行政法与行政诉讼法通论》，经济管理出版社 1996 年 8 月第 1 版，第四、七章；何乃忠主编：《实用行政法学》，法律出版社 1991 年 9 月第 1 版，第九章；叶必丰：《行政法学》，武汉大学出版社，1996 年 12 月第 1 版，第六章第三节、第四节；等等。

③ 见方世荣主编：《行政法与行政诉讼法》，高等政法院校法学主干课程教材，司法部法学教材编辑部编审，中国政法大学出版社 1999 年 9 月第 2 版，第 249、254 页。

如果从“字面”理解①，行政强制措施作为一种方法和手段，当然同时被采用在行政强制执行阶段，固然同时可作为行政强制执行行为的一种形式。从这一点上说，第一种观点不无道理。但问题在于，我国《行政诉讼法》第十一条第（二）项所列“行政强制措施”，显然是作为“具体行政行为”的一个种类，而不是作为具体行政行为的一种方法对待的；而且，这种具体行政行为又与《行政诉讼法》第六十六条②规定的行政强制执行行为相区别。前者，行政强制措施（行为）是指“行政机关在行政管理活动中，依其职权采取强制手段限制特定人行使某项权利或履行某种义务”的行为；③ 后者，行政强制执行（行为）是指当行政相对人拒不履行已经“发生法律效力的具体行政行为”时，行政机关本身或申请人民法院强制执行该“具体行政行为”的行为。④ 两种行为，泾渭分明。我们认为，上述第二种观点比较符合《行政诉讼法》的原意。

二、“行政强制措施”概念的定位

鉴上，我们拟对“行政强制措施”下这样一个定义，以作定位：

行政强制措施，系指行政主体为了维护和实施行政管理秩序，预防与制止社会危害事件与违法行为的发生与存在，依照法律、法规规定，针对特定公民、法人或者其他组织的人身、行为及财产进行约束与处置的限权性强制行为。行政强制措施具有以下法律特征：

第一，行政强制措施具有具体性。行政强制措施是行政主体为实现特定的行政目的，针对特定的行政相对人及行为或特定的物，就特定的事项所作出的具体行政行为。正因为它是具体行政行为，所以一些虽在形式上挂有“措施”而内容上带有“普遍性”的行为就不应被列入“行政强制措施”的范围之内。例如，某地发生牛瘟，当地政府发令禁止当地牛肉出口。在这里，政府所发布的禁止当地牛肉出口的禁令不属行政强制措施，因为它属于抽象行政行为；而政府有关部门根据这一禁令禁止张三家的三条牛的牛肉出口时，后者才属行政强制措施。行政

① 仅从这一点上说，作者认为，我国《行政诉讼法》第十一条第（二）项使用“行政强制措施”一词，有不宜之处。

② 《行政诉讼法》第六十六条规定：“公民、法人或者其他组织对具体行政行为在法定期限内不提起诉讼又不履行的，行政机关可以申请人民法院强制执行，或者依法强制执行。”

③ 黄杰主编：《行政诉讼法释论》，中国人民公安大学出版社 1989 年 6 月第 1 版，第 22 页。

④ 同上，第 139 页。

强制措施必须是具体行政行为。

第二，行政强制措施具有强制性。虽然任何具体行政行为作为体现国家意志的公法行为都具有强制性，但行政强制措施相对于其他具体行政行为具有更强和更直接的强制性。这一强制性表现在，当行政主体实施某一行政强制措施行为时，被强制人负有容忍的义务；他违反这一容忍义务，就将承担更为不利的法律后果。

第三，行政强制措施具有限权性。这里细言有两个含义：一是，行政强制措施是限权行为，而不是赋权行为。就被强制人的直接利益而言，行政强制措施对该当事人是不利的，是对当事人权利行使的一种限制。如扣押财物后，被扣押人就无法使用其被行政机关扣押的财物了，当然对当事人不利。据此，诸如行政奖励等措施就不属行政强制措施了。应注意的是，我们在理解行政强制措施对相对人的“不利性”时，应从行为的直接效果理解。因为从哲学上讲，任何措施对当事人都既有不利的一面，也必然有有利的一面。如强制戒毒，它对当事人并非不利，因为它有利于被戒毒者的身心健康，但就该行为的直接法律效果而言，它无疑是对被戒毒者人身自由的一种限制。因此，它属于行政强制措施。二是，行政强制措施是限权行为，而不是处分行为。就是说，行政强制措施与处分性的行政决定不同，它只是限制当事人对权利的行使，而没有剥夺当事人对权利的拥有。换句话说，行政强制措施是对当事人使用权的一种限制（如扣押财物），而不是对其所有权的一种处分（如没收财物）。同样需要注意的是，这里的“处分性”应理解为法律效果上的处分性，而不是事实效果上的处分性。对于只有事实效果上的处分性而没有法律效果上的处分性行为，不能把它置于行政强制措施范畴之外。例如，行政机关查扣了当事人的违禁品，作出没收决定，没收后又实施销毁措施。这里，“没收”决定具有法律上的处分性，“销毁”行为只具有事实效果上的处分性而没有法律效果上的处分性。所以，把“销毁”行为列入“行政强制措施”范围是不违反它的“限权性”的。

第四，行政强制措施具有物理性。就是说，行政强制措施是一个物理性的实力行为，而不是意思行为；是个有形行为，而不是无形行为。如检查、查封、冻结、扣押、收容遣送、强制驱散等都会发生一个个的可见“动作”。无怪乎世界上不少学者把它定性为“事实行为”。① 德国行政法教授哈特穆特·毛雷尔

① 世界上大多国家没有“行政强制措施”这一提法（这是中国特色），但它们的“即时强制”是与“行政强制措施”最接近的一个概念，而它们的“行政（强制）执行法”又把“即时强制”置于该法之中。所以，它们对“行政（强制）执行”行为性质的定性，可以对应于对我国“行政强制措施”行为的定性。

(Pro. Hartmut Maurer) 在他的《行政法总论》(Allgemeines Verwaltungsrecht) 一书中指出：“采取强制方法的行为仅仅是事实行为……”① 台湾学者李建良也指出，“二次战后，由于德国行政诉讼制度之审判权改采‘概括主义’，故学者多认为即时强制（直接执行）在性质上属‘事实行为’。”② 在日本，其《行政代执行法》所规范的“代执行”行为，也被看成是“事实行为”。③ 中国台湾亦有不少学者把此视作“事实行为”或“事实处分”。④ 在行政管理过程中，我们有时常从“决意行为”阶段过渡到“实力行为”阶段，如（1）公安机关对张三作出强制传唤，（2）张三不从，公安机关才实施强制传唤措施，把张三强制带到公安机关。在这种情况下应特别注意，这里的（1）行为，属于行政决定⑤（命令性决定，非处分性决定），是决意行为，不属于行政强制措施；这里的（2）行为，才是行政强制措施行为，因为它是一种物理性的实力行为。

第五，行政强制措施具有从属性。行政强制措施是为实现一定的行政目的，具体说，是为保障其他具体行政行为的顺利作出或实现，所采取的行政手段。就它与被保障的具体行政行为之间的关系而言，它是一种从行为，而不是主行为。如扣押、冻结等，就是为了防止当事人转移财物，从而不利于事后行政决定的作出与实施。

第六，行政强制措施具有非制裁性。行政强制措施不是以制裁违法为直接目的，而是以实现某一行政目标为直接目的。因此，行政强制措施并非须以当事人违法为前提。它可以针对违法的当事人作出⑥，也可针对合法的当事人作出。如果说行政强制措施与当事人的违法行为有联系，那也只是为了预防和制止违法，而不是制裁违法。后者是行政处罚的任务，而行政处罚显然不属于行政强制措施。

第七，行政强制措施具有可诉性。行政强制措施在法律救济上适用行政复议和行政诉讼。根据《中华人民共和国行政复议法》⑦（以下简称《行政复议法》）

---

① ［德］哈特穆特·毛雷尔著，高家伟译：《行政法学总论》，当代德国法学名著，法律出版社 2000 年 11 月第 1 版，第 489 页。

② 李建良（台湾）：《行政上即时强制之研究》，载《1998 年海峡两岸行政法学术研讨会实录》（台湾政治大学法学院主办、出版），第 254 页。

③ 城仲模（台湾）在《日本行政代执行法之研究》一文中指出：日本“代执行之实施，系事实行为”。载《行政法之基础理论》，三民书局 1994 年版，第 386 页。

④ 吴庚认为，行政执行是一种“行使公权力之事实行为”。见其《行政法之理论与实用》，三民书局 1998 年增订四版，第 453 页。蔡志芳在其《行政法三十六讲》亦持同样观点。

⑤ 当然，这种行政决定属于“命令性决定”，而不是“处分性决定”。

⑥ 即使在这种情况下，其直接目的也不是为了制裁。

⑦ 1999 年 4 月 29 日由中华人民共和国第九届全国人民代表大会常务委员会第九次会议通过，1999 年 4 月 29 日由中华人民共和国主席令第 16 号公布，自 1999 年 10 月 1 日起施行。

第六条第（二）项[①]和《中华人民共和国行政诉讼法》[②]（以下简称“行政诉讼法”）第十一条第（二）项[③]的规定，行政相对人对行政主体的行政强制措施不服的，可以申请行政复议和提起行政诉讼。

三、“行政强制措施”的外部“边界”划定

在上一题里，我们对“行政强制措施”的概念内涵与法律特征作了探讨，这属于对行政强制措施“内质”的研究。本题的任务是划清“行政强制措施”与其他外部概念——而这些概念是最易与它相混淆的——之间的界线，细心探测“行政强制措施”的外部“边界”，这属于对行政强制措施“外质”的研究。

（一）行政强制措施与规定行政措施

在中国，“规定行政措施”是个法律概念，特指县级以上各级人民政府为执行本级人民代表大会及其常务委员会的决议或上级行政机关的决议或命令而规定的各种办法的行为。它的法律依据是《中华人民共和国宪法》[④]（以下简称“宪法”）第八十九条第1项[⑤]和《中华人民共和国地方各级人民代表大会和地方各级人民政府组织法》[⑥]（以下简称“地方组织法”）第五十九条第1项。[⑦]

---

① 行政复议法第六条规定：“有下列情形之一的，公民、法人或者其他组织可以依照本法申请行政复议：……（二）对行政机关作出的限制人身自由或者查封、扣押、冻结财产等行政强制措施决定不服的……”

② 1989年4月4日由中华人民共和国第七届全国人民代表大会第二次会议通过，1989年4月4日由中华人民共和国主席令第16号公布，自1990年10月1日起施行。

③ 行政诉讼法第十一条规定：“人民法院受理公民、法人和其他组织对下列具体行政行为不服提起的诉讼：……（二）对限制人身自由或者对财产的查封、扣押、冻结等行政强制措施不服的……”。

④ 1982年12月4日第五届全国人民代表大会第五次会议通过，1982年12月4日全国人民代表大会公告公布施行。根据1988年4月12日第七届全国人民代表大会第一次会议通过的《中华人民共和国宪法修正案》和1993年3月29日第八届全国人民代表大会第一次会议通过的《中华人民共和国宪法修正案》和1999年3月15日第九届全国人民代表大会第二次会议通过的《中华人民共和国宪法修正案》修订。

⑤ 该项规定：“根据宪法和法律，规定行政措施，制定行政法规，发布决定和命令。”

⑥ 1979年7月1日第五届全国人民代表大会第二次会议通过，根据1982年12月10日第五届全国人民代表大会第五次会议《关于修改〈中华人民共和国地方各级人民代表大会和地方各级人民政府组织法〉的若干规定的决议》、1986年12月2日第六届全国人民代表大会常务委员会第十八次会议《关于修改〈中华人民共和国地方各级人民代表大会和地方各级人民政府组织法〉的决定》和1995年2月28日第八届全国人民代表大会常务委员会第十二次会议《关于修改〈中华人民共和国地方各级人民代表大会和地方各级人民政府组织法〉的决定》修正。

⑦ 地方组织法第五十九条第1项规定：县级以上地方人民政府“执行本级人民代表大会及其常务委员会的决议，以及上级国家行政机关的决定和命令，规定行政措施，发布决定和命令”。

县级以上地方人民政府根据宪法和地方组织法所规定的“行政措施”，在内容上侧重于规范行政管理的程序、手段和方法，它并不直接规定相对人的权利和义务；从性质上看，它是行政规范的一种形式，对行政行为具有普遍的规范意义，但它不属于行政法律规范形式；其名称，目前法律尚未作出统一要求，目前常见的名称有：命令、令、指令、决定、决议、指示、布告、公告、通告、通知等。

可见，这种意义上的“行政措施”是作为一种抽象行政行为的形式而存在，与本书讨论的属于具体行政行为范畴内的“行政强制措施（行为）”显然是不同的。

（二）行政强制措施与行政处罚

区分“行政强制措施”与“行政处罚”，并非纯粹基于学理上界定概念的需要，它既涉及在行政执法阶段对法律的适用，更关系到在行政诉讼阶段对诉讼管辖的选择。某一行政行为如果被界定为“行政处罚”，那它就必须受制于《中华人民共和国行政处罚法》[①]（以下简称“行政处罚法”），我们必须按行政处罚法的标准去衡量该行政行为的合法性；相反，如果该行政行为被确定是“行政强制措施”，那它就不受行政处罚法的约束，而应受中国行将制定的《中华人民共和国行政强制法》规制。还有，当某一行政行为被界定为针对人身自由权的行政处罚（如行政拘留），诉讼管辖就按“原告就被告”规则处理[②]；相反，如果该行政行为被确定是针对人身自由权的行政强制措施（如强制约束），诉讼管辖就按“当事人选择”原则处理[③]。

中国早在1996年业已制定了行政处罚法，“行政处罚”行为已被作了严格界定。按理说，两者的“界河”较为明晰。但由于行政强制措施与行政处罚都属具体行政行为，而且两者的某些行为手段在形式上相同，如“暂扣证照”，这给我们的区分工作带来困难。但如果我们能注意到以下几点行政强制措施与行政处罚之间的区别，并注意对这些标准的综合应用，那对于划清“行政强制措施”与

---

① 1996年3月17日第八届全国人民代表大会第四次会议通过，1996年3月17日中华人民共和国主席令第六十三号公布，1996年10月1日起施行。

② 行政诉讼法第十七条规定：“行政案件由最初作出具体行政行为的行政机关所在地人民法院管辖……”

③ 行政诉讼法第十八条规定：“对限制人身自由的行政强制措施不服提起的诉讼，由被告所在地或者原告所在地人民法院管辖。”

“行政处罚”之间的界线也许会容易一些。

1. 处分权利与限制权利。行政处罚与行政强制措施，其法律效果是不同的。行政处罚是对行政相对人权利的最终处分，如没收财产之所以是行政处罚，因为它是对相对人财产所有权的最终剥夺即处分；而行政强制措施是对相对人权利（特别是财产使用权和处分权）的一种临时限制，如查封财物之所以是行政强制措施，因为它不是对该财物所有权的最终处分，而仅是在短期内对该财物使用权和处分权的临时限制。

2. 是否以违法为前提，是否具有制裁性。行政处罚是一种行政制裁行为，因而必然以行政相对人的行为违法为前提；行政强制措施不是一种行政制裁行为，因而与行政相对人的行为是否违法没有必然联系。它可以针对相对人的违法行为，也可针对相对人的合法行为。

3. 中间行为与最终行为。行政强制措施是一种中间行为，它是为保证最终行政行为的作出所采取的一种临时性措施，它没有到达对事件最终处理完毕的状态。如扣押财物，扣押本身不是最终的目的，它是为保证尔后行政处理决定的最终作出和执行所采取的临时措施。行政处罚则是一种最终行政行为。它的作出，表明该行政违法案件已被处理完毕。如没收财物，它表达了行政主体对该财物的最终处理。

4. 立法上的表现形式。一般说来，从法律法规上看，行政处罚作为一种罚则，被规定在“法律责任”这一章节中，而行政强制措施被规定在“执法检查”的章节中。我国已有“行政处罚”的单行法，等“行政强制”的单行法制定以后，两者的立法形式就更易区别了。

需要提醒的是，我们不能简单地根据行为“形式”“手段”认定行为性质，因为有的行为形式既可作为“行政强制措施”的一种手段，也可作为“行政处罚”的一种手段，这需对照上述标准作具体分析。如本题一开头提到的“暂扣证照”行为，如因发生交通事故，公安机关扣留责任者的驾驶执照，以保证对事故的顺利处理。这种扣留证照行为属于行政强制措施，因为它是一种临时的保证措施，而不是对事故的最终处理。如因驾驶员违反高速公路交通管理，公安机关依据《高速公路交通管理暂行规则》[①] 第十五条，对机动车驾驶员作出“扣证六个月”的处理决定。这种扣留证照行为则属于行政处罚行为，因为它是公安机关对相对人违法行为的一种制裁和最终处理。

---

① 1990年3月26日公安部发布。

（三）行政强制措施与行政决定

关于行政强制措施与行政决定在理论上的界线，我们已经解决。我们在上一题对行政强制措施的法律特征的考察中已经指出，行政强制措施具有物理性。就是说，行政强制措施是一个物理性的实力行为，而不是意思行为；是个有形行为，而不是无形行为。而行政决定是个“决意”行为，具有法律性，而不具有物理性。但这里要解决一个技术上的问题。

当某行政机关先作出一个扣押当事人违禁品的决定，然后实施了扣押。在这里如果细分，就有两个行为：（1）作出扣押决定；（2）实施扣押。我们要问的是：在这里，行政强制措施应该是（2）呢，还是（1）与（2）的总和？

可以说，任何行政强制措施都以前置性的行政决定为前提，并实施该决定。[①] 但从作出行政决定与实施该行政决定之间的关系考察，就会发现两种情况：一是，行政决定与实施行政强制措施合而为一，两种行为没有时间上的前后之分；二是，行政决定与实施行政强制措施分步作出，不论相隔时间长短。我们认为，在第一种情况下，行政强制措施行为吸收了行政决定行为，这时没有必要区分两种行为，把整个行为作为“行政强制措施”行为对待便可；在第二种情况下，行政强制措施应该是实施行政强制措施的行为，而不是此前作出行政决定的行为，当然在法律救济中，如果前一个行为得不到独立救济的机会，可采用“后行为吸收前行为”原则处理，即在对行政强制措施行为实行行政审查与司法审查时，可一并审查前面的行政决定。

（四）行政强制措施与行政命令

目前在中国，行政命令既可作为抽象行政行为的一种形式，也可作为具体行政行为的一种形式。作为前者，当然没有必要比较。作为具体行政行为的行政命令，系指由行政主体作出的强制要求相对人进行一定的作为或不作为的意思表示。行政命令是个意思行为，行政强制措施是个物理行为，这作为它们之间理论上最主要的区别标准是没有问题的。问题在于我们时常发现，不少行政强制措施在实施时同时被伴随行政命令，几乎大多行政强制措施都以行政命令为程序上的

---

① 从这种意义上，确实也可说，行政强制措施也是一种“执行”行为。有的国家与地区的“行政执行法”之所以把与我国“行政强制措施”相对应的这一“即时强制”行为纳入“行政执行”范畴，也正是基于这种道理。但在我国不便这样做，否则，就会把“行政强制措施”与“行政强制执行”相混淆。

辅助手段，如要驱散人群，必然同时命令被驱者离开。这时，如何解决行政强制措施与行政命令之间的界线，会使我们感到困惑。我们认为，这里应区分以下不同情况对待：

1. 如果行政主体在前面作出一个行政命令，而且该命令尚未最终生效，事后根据该命令实施一种强制行为，那么，事前的行政命令作为独立的具体行政行为对待，事后的行政强制行为也作为独立的行政强制措施行为对待。

2. 如果行政主体在前面作出一个行政命令，并且该命令已获得最终效力，事后根据该命令实施一种强制行为，那么，事前的行政命令作为独立的具体行政行为（命令性决定）对待，事后的行政强制行为便作为“行政强制执行”而不是“行政强制措施”对待。[①]

3. 如果行政主体在实施行政强制措施过程中或与实施行政强制措施同时作出行政命令，那么，这种命令只是行政强制措施中的一个程序上的告诫环节，它被行政强制措施行为所吸收，不能作为一个独立的具体行政行为（行政命令）存在。

（五）行政强制措施与行政救助

“行政救助”被置于行政行为范畴之内进行研究，在中国还是近几年的事。[②]行政救助是指行政主体在行政相对人因发生年老、疾病或丧失劳动能力，以及在其他需要救助情况时，依照有关法律规范的规定，基于行政机关的保护职能，赋予其一定的物质权益或提供其他救助的行为。如扶贫、救灾，特别是寻找失踪人员、在雪山救助被困人员等。

这些行为在形式上很像行政强制措施，但鉴于它对相对人而言是个赋权行为，至少是个有利行为，与行政强制措施的“限权性”特征不符，故不宜放入行政强制措施范围之内。这一问题在德国早被注意到并且解决。“在德国法制上，无论即时强制或直接强制，均以义务人存在为前提，至于无义务人存在，基于当事人之利益所实施之救难措施，是扩大解释所致。”[③]

① 本章后半部分我们会有专门的地方讨论“行政强制措施”与“行政强制执行”之间的分界。

② “行政救助”被教科书首次列上“户口”的是王连昌主编的《行政法学》（中国政法大学出版社1994年3月第1版）第十二章第二节。另见胡建淼：《行政法学》，法律出版社1998年1月第1版，第十一章第七节。

③ 李建良（台湾）：《行政上即时强制之研究》，载《1998年海峡两岸行政法学术研讨会实录》，第269页之下。

要准确地把握行政强制措施的范围，除需要划清上述几条“界线”外，还需注意以下两个“视角”：

1. 行政强制措施是一种行为，不是指一种手段。应以行为附带手段，而不是以手段定位行为。

我们在前面回顾“行政强制措施”概念的演变时已提到，有学者从“手段、方法”的“视角”研讨“行政强制措施”，于是把它分为“预防措施”“制止措施”和“执行措施”，并认为“执行措施”就是“行政强制执行”。这种以“手段、方法”定位而不是以“行为”定位的方法，便把与“行政强制措施（行为）”相并列的“行政强制执行（行为）”置于前者之中，以“包含关系”取代“并列关系”，[①] 会在一定程度上冲击基本成熟的立法思路。[②]

行为与手段、方法是不可分离的。手段和方法是行为的一个构成要素。不存在行为以外的行为手段或行为方法，也不存在没有行为手段、方法的行政行为。以“手段、方法”来界定行政行为不是不可以，但鉴于它会带来上述的麻烦，又与我国行政诉讼法第十一条与第六十六条规定的架构[③]不一致，我们应从“行为”的角度来定位，即行政强制措施是一种具体行政行为，而不是指一种手段或方法。

2. 行政强制措施是个具体概念，而不是综合概念。

在行政管理实践中，有时“行政强制措施”是被作为一个综合概念使用的，即把它看成是一系列活动的总称。例如，某个省的国有企业不景气，省领导下决心采取措施，计划在三年内解决此问题。这种“措施”必然是包括制定法规、规章，作出一系列行政决定在内的综合性活动，显然不是行政法意义上的“行政强制措施”。行政法上的“行政强制措施”，必须是由行政主体针对特定对象、就特定事项作出的“单个性”行为。

（载《中国法学》2002年第6期）

---

① 如朱新力在其《行政法基本原理》（浙江大学出版社1995年7月第1版）一书中认为：“静态的行政强制措施包含行政强制执行措施，除外还有非执行性的行政强制措施；动态的行政强制措施本身是一个完整的具体行政行为，它与行政强制执行是一种相互交叉和包容的关系，没有动态的行政强制措施行为，行政强制执行无法实现，但行政强制措施行为仅是行政强制执行的一部分。”（第209页）

② 这个思路就是：行政强制包括“行政强制措施”与“行政强制执行”两类行为；所以“行政强制法”既要规范“行政强制措施”，也要约束“行政强制执行”。

③ 行政诉讼法第十一条第（二）项与第六十六条分别规定了“行政强制措施”与“行政强制执行”。这一架构表明：两者是并列关系，而不是包含关系。

§1.15 论中国“行政强制执行”概念的演变及定位

内容提要：本文基于中国正在制定“行政强制法”及这一立法背景所掀起的“行政强制法学”理论研究热潮，注意到行将制定的“行政强制法”将以“行政强制措施”与“行政强制执行”两大类强制行为为规制对象，通过对中国以往有关立法及法学研究的回顾，探索了“行政强制执行”概念的演变，进而对其立法和理论上的“定位”作了探讨。

关键词：行政　执行　定位

为规范政府采取行政强制措施与实施行政强制执行行为，维护国家与社会的公共秩序与利益，保护公民、法人和其他组织的合法权益不受侵害，制定“行政强制法”已从讨论“必要性”阶段进入研究“操作性”阶段。《中华人民共和国行政强制法》（试拟稿）已提交全国人大常委会审议。行将制定的“行政强制法”既要规范政府采取行政强制措施，也要规范其如何实施行政强制执行。关于这一点，无论立法部门还是理论界已趋同一。正因此，准确、科学地定位“行政强制执行”显得特别重要。本文通过对中国以往有关立法及法学研究的回顾，探索了“行政强制执行”概念的演变，进而对其立法和理论上的“定位”作一探讨。

一、“行政强制执行”概念的演变

在中国，“行政强制执行”这一概念的演变没有像“行政强制措施”那么复杂。1983 年的第一本行政法教科书《行政法概要》[①]，在提出“采取行政强制措施行为”的同时，提出了“强制执行”这一概念，而且对这一概念一开始的“定位”并没有离今天多远。《行政法概要》解释道：“在行政法律关系中，当事人不履行其行政法上的义务时，国家行政机关可以采用法定的强制手段，强制当事人

① 法律出版社 1983 年 6 月第 1 版。

履行其义务。这就是行政法上的强制执行，是一种具体的行政行为。又叫作行政执行。”① 而后的著作、教材，除个别②外，一般都有“行政强制执行”专门的章节，概念内涵也大体接近，只是在两个问题上略有分歧：③ （1）在执行主体上，是否包括人民法院？（2）在外延上，是否包括即时强制？

关于行政强制执行的“执行主体”问题，在《中华人民共和国行政诉讼法》（以下简称《行政诉讼法》）公布、实施前，大多学者主张把行政强制执行活动限于行政机关的执行活动。④ 一种典型的解释是：“行政强制执行，是指行政相对方逾期不履行行政主体做出的行政处理决定，有权行政机关依法采取必要的强制措施，迫使行政相对方履行义务或实现与履行义务相同状态的行政执行行为。”⑤《行政诉讼法》公布、施行后，由于该法第六十六条规定对已生效的具体行政行为的执行可由行政机关申请人民法院执行或者依法自行强制执行，大多学者为同立法“接轨”，始转而承认人民法院作为行政强制执行主体的地位。如姜明安认为：“行政强制执行指行政机关或行政机关申请人民法院强制拒不履行行政法上义务的相对人履行其义务的行为。”⑥ 而且还有学者进而指出，人民法院依行政

---

① 王珉灿主编：《行政法概要》，法律出版社1983年版，第125页。

② 如姜明安：《行政法学》，山西人民出版社1985年版；张尚鷟：《行政法基本知识讲话》，群众出版社1986年版；姜明安：《行政法概论》，北京大学出版社1986年版；王先勇：《行政法基础》，成都电讯工程学院出版社1988年版；罗耀培、苏尚智、周卫平：《行政法概论》，四川人民出版社1990年版；燕广等主编：《行政法新论》，浙江大学出版社1992年版；等等。

③ 这方面，杨海坤主编的《跨入21世纪的中国行政法学》（中国人事出版社2000年版）第二十二章关于行政强制执行的讨论，做了很好的材料整理工作。

④ 当然这时也有一些学者主张人民法院也是我国行政强制执行的主体。如应松年主编：《行政法学教程》，政府法制干部培训教材，国务院法制局审定，中国政法大学出版社1988年版；张焕光、胡建淼：《行政法学原理》，劳动人事出版社1989年版；张树义、方彦主编：《中国行政法学》，中国政法大学出版社1989年版；等等。

⑤ 崔卓兰主编：《行政法学》，吉林大学出版社1998年版，第251页。持同类观点的还有应松年、朱维究：《行政法学总论》，工人出版社1985年版；张焕光、刘曙光、苏尚智：《行政法基本知识》，山西人民出版社1986年版；侯洵直主编：《中国行政法》，河南人民出版社1987年版；王连昌主编：《当代中国行政法》，重庆出版社1988年版；张尚鷟：《行政法教程》，中央广播电视大学出版社1988年版；郭文英、崔卓兰：《行政法要论》，吉林人民出版社1988年版；罗豪才主编：《行政法论》，光明日报出版社1988年版；皮纯协主编：《中国行政法教程》，行政诉讼系列教材，中国政法大学出版社1988年版；等。

⑥ 姜明安：《行政法与行政诉讼法》，中国卓越出版公司1990年版，第258页。持这种观点的著作、教材还有廖晃龙主编：《新编中国行政法原理》，大连海运学院出版社1990年版；张尚鷟主编：《行政法学》，北京大学出版社1990年版；贾苑生、李江、马怀德：《行政强制执行概论》，人民出版社1990年版；罗豪才主编：《中国行政法讲义》，人民法院出版社1991年版；王连昌、吴中林主编：《行政执法概论》，中国人民公安大学出版社1992年版；杨海坤主编：《行政法与行政诉讼法》，法律出版社1992年版；王周户主编：《行政法学》，陕西人民教育出版社1992年版；熊文钊：《行政法通论》，中国人事出版社1995年版；胡建淼主编：《行政法教程》，法律出版社1996年版；张正钊主编：《行政法与行政诉讼法》，中国人民大学出版社1999年版；等等。

机关的申请而强制执行已生效的具体行政行为，是一种“行政权的延伸”，这时的人民法院与行政机关之间的关系，“是一种受委托或代理关系”。[①] 但应松年教授认为：行政机关自身强制执行固然属于行政行为，但当行政机关“申请人民法院强制执行，以法院审查同意，下令强制执行时，它就是司法强制，不应再称为行政行为或具体行政行为。”[②]

关于行政强制执行的“外延”问题，对于行政强制执行包含《行政诉讼法》第六十六条所规定的对生效具体行政行为的执行，这一点是没有疑义的。问题是，它是否包含即时强制。按理说，这是一个不会发生的问题。但我国确有个别学者持有肯定的观点。如杨海坤认为：“行政强制执行是行政机关对当事人不履行行政决定强制实施的行为。行政强制执行包括紧急情况下的即时强制。”[③] 如果以《行政诉讼法》第六十六条为“基点”讨论行政强制执行的外延，那么行政强制执行无论如何是不可能包括即时强制的，因为即时强制行为无法以相对人在规定期限内既不起诉又不履行为前提。以下的表达已成为中国学者们日益趋同的认识：“行政强制执行，是指在行政法律关系中，行政相对人不履行其应履行的法定义务时，行政机关或人民法院依法采取行政强制措施，迫使其履行义务，或者达到与履行义务相同状态的活动。”[④]

二、“行政强制执行”概念的定位

中国现行的行政强制执行制度，在执行主体上既包括国家行政机关，也包括人民法院；在执行行为的范围上，它不包括即时强制行为。这不仅是行政诉讼法所设置的架构，也是学者们逐渐趋同的理念。鉴此，我们拟对“行政强制执行(行为)”下这样一个定义，以作定位：行政强制执行，系指国家行政机关和人民法院在当事人拒不履行业已生效的具体行政行为的条件下，依法对负有履行义务的当事人采用有关强制手段，迫使其履行义务，或者达到与履行义务相同状态的

① 胡建淼主编：《行政法教程》，成人高等法学教育通用教材，司法部法学教材编辑部编审，法律出版社 1996 年版，第 167 页；杨海坤：《祖国大陆行政强制执行立法思路的优化选择》，\ 杨小君、王周户主编：《行政强制与行政程序研究——一九九九年海峡两岸行政法学术研讨会实录》，中国政法大学出版社 2000 年版，第 354 页。

② 应松年：《论行政强制执行》，《中国法学》1998 年第 3 期，第 12 页。

③ 杨海坤：《中国行政法基本理论》，南京大学出版社 1992 年版，第 420 页。

④ 张正钊主编：《行政法与行政诉讼法》，21 世纪法学系列教材，中国人民大学出版社 1999 年版，第 144 页。

行为。

这种意义上的行政强制执行，具有以下法律特征：

第一，行政强制执行具有具体性。与行政强制措施一样，行政强制执行显然是一种具体行为，而不是抽象行为，它是特定实施机关针对特定对象，就特定的义务，迫使当事人履行义务的行为。

第二，行政强制执行具有强制性。虽然任何具体行政行为作为体现国家意志的公法行为都具有强制性，但行政强制执行与行政强制措施一样，相对于其他具体行政行为具有更烈和更直接的强制性。这一强制性表现在，当国家机关实施强制执行行为时，被执行人负有作为或容忍的义务；当事人违反这些义务，就将承担更为不利的法律后果。

第三，行政强制执行具有物理性。与行政强制措施一样，行政强制执行是一个物理性的实力行为，而不是意思行为；是个有形行为，而不是无形行为。如强制拆除、执行拘留等，都会发生可见的“动作”。

第四，行政强制执行具有限权性。行政强制执行，针对被执行人而言，是一种限权行为，而不是赋权行为，其效果显然对被执行人不利①。如强制划拨，就会使被划拨人失去对所划拨财产的所有或占有。强制执行的限权性还表现在其本身不具有“处分性”。行政强制执行是否具有“处分性”，并不取决于它本身的行为性质，而是取决于它所执行的行政决定的内容。当所执行的行政决定具有“处分性”时，它的执行也就具有了“处分性”的“延伸效力”，相反就不具有“处分性”。所以，如果说行政强制执行具有“处分性”，那只是它所执行的行政决定本身“处分性”的延伸，而不是行政强制执行行为本身具有“处分性”。

第五，行政强制执行具有从属性。行为的从属性，意味着该行为不是主行为，而是为另一行为服务的从行为。这一点，与行政强制措施同。略有差异的是，行政强制措施的“从属性”表现为一种事先与事中的保全性，它是为保障其他具体行政行为的顺利作出或实现，所事先或事中采取的强制手段；行政强制执行的“从属性”则表现为事后的保障性，即保障已经生效的行政决定得到执行。

以上五个特征为行政强制措施与行政强制执行所共有，但以下几个特征仅为行政强制执行所独有：

第一，主体上的双重性。在中国，实施行政强制措施的机关只限于国家行政机关，但实施行政强制执行的机关，既可以是行政机关，也可以是司法机关。

---

① 当然对第三人而言，有可能是个有利行为。

第二，目的上的执行性。实施行政强制措施的目的具有多样性，或是出于获得信息的需要，或是为预防社会危害事件的发生，或者为了制止危害社会事件的存在，或是为了消除危险；而行政强制执行只是在负有履行义务的当事人拒不履行已经生效的行政决定的条件下，强制履行之。

第三，法律救济上的特殊性。行政强制措施作为一种具体行政行为，当事人对其不服，当然可以提起行政复议与行政诉讼，而且行政复议法与行政诉讼法都做了明确规定。但对于行政强制执行是否可以提起行政复议与行政诉讼，目前法律尚未明确。即使以后被法律所明确，它的救济途径以及行政审查或司法审查的范围肯定亦有不同。

三、“行政强制执行”的分类

有关行政强制执行的“分类”虽不属对其的直接“定位”，但是，正确探究和科学架构行政强制执行的分类构造，无疑有助于推进对行政强制执行的准确定位。

（一）行政机关自身实施强制执行与行政机关申请人民法院强制执行

这是以国家强制机关为标准所做的分类。根据《行政诉讼法》第六十六条规定，中国的行政强制执行有两类，一类是由国家行政机关自身实施强制执行，另一类是经行政机关申请，由人民法院实施强制执行。这两类依据强制机关不同所形成的不同执行类别，无论在行政强制法学理论上，还是在行政强制立法上，都会引起特别的注意。

这首先会引起理论界对其行为性质的讨论。针对由行政机关实施的强制执行，按“具体行政行为”对待不会引起争议。问题在于另一边，那就是关于由人民法院实施的强制执行行为的定性问题。把由人民法院实施的强制执行定性为“行政行为”，似乎很难讲通，这等于说，由司法机关实施的行为不属于司法行为，显然违反了主体与行为的一致性；但如果把由人民法院实施的强制执行定位为司法行为，那么它就不应成为行政强制法的调整对象；如果由人民法院实施的强制执行因不属于“行政行为”而被抛到行政强制法调整范围以外，那么在一个实行“以法院执行为原则，以行政机关自身执行为例外”的国家里，等于有百分之九十以上的“行政强制执行行为”被“行政强制执行制度”所摈弃。

其次在法律救济途径与审查对象上也会有所不同。如果当事人对行政机关实施的强制执行行为不服，是否适用行政复议与行政诉讼是可以考虑的（当然对执行行为的审查范围与对基础行为的审查范围会有所不同）；但如果当事人对人民法院实施的强制执行行为不服，那显然无法适用行政复议和行政诉讼，因为行政复议或行政诉讼都只以行政机关的具体行政行为为审查对象，而不能以法院实施的行为为审查对象。

（二）对财产义务的执行与对行为义务的执行

这是以行政强制所执行的义务性质为标准所做的分类。从某种意义上确实可以说，行政强制执行是对法定义务的强制履行。我们在前面所说的执行一种已经生效的具体行政行为（基础行为），也可以说是执行基础行为所确定的义务。作为执行客体的义务，最基本的是两类，即财产义务与行为义务。由此，行政强制执行可划分为“对财产义务的强制执行”与“对行为义务的强制执行”。前者如强制执行收缴税款，后者如实施行政拘留。

如前所述，世界上不少国家把行政强制执行划分为“公法上的金钱债权义务之执行”与“公法上的作为、不作为与容忍义务之执行”。这种分类标准与我们在这里的分类是完全一致的，只是表达略有不同而已。

把行政强制执行划分成“对财产义务的强制执行”与“对行为义务的强制执行”的意义在于，它们在执行主体与执行手段的设计上可以也应该有所不同。

（三）直接强制执行与间接强制执行

这是以行政强制执行所实施的手段为标准所做的分类。

直接强制执行，是指执行机关自身采取强制手段，直接达到当事人履行义务或当事人义务被履行的状态，如直接从当事人在银行的账户上扣缴税款。间接强制执行，是指执行机关通过第三者代为履行或执行罚等间接强制手段，以达到当事人履行义务或当事人义务被履行的状态。

间接强制执行又包括代履行与执行罚。代履行系指由第三者代替当事人履行义务，而后向当事人征收费用的强制制度，如由建筑公司代为拆除当事人的违章建筑。执行罚是指有关机关针对当事人不履行义务的行为进行处罚，以迫使当事人履行义务。执行罚可分两类：一是执行行政罚，二是执行刑罚。执行行政罚，系指有关国家机关对拒不履行已经生效的具体行政行为的相对人实施行政制裁，以迫使相对人自觉履行该行政行为所确定的义务的法律制度。如《中华人民共和国行政处罚法》第五十一条规定：“当事人逾期不履行行政处罚决定的，作出行政处罚决定的行政机关可以采取下列措施：（一）到期不缴纳罚款的，每日按罚款数额的百分之三加处罚款……”这里对“到期不缴纳罚款”所每日加处3%的“罚款”，属于执行行政罚，而不是行政处罚本身。目前，中国执行行政罚的形式不多，大多以“加处罚款”为形式。执行刑事罚，系指司法机关对拒不履行已经生效的具体行政行为的相对人实施刑事制裁，以迫使相对人自觉履行该行政行为所确定的义务的法律制度。但这是从理论上说的，从实际情况看，目前中国尚未设有对行政行为方面的执行刑事罚。

上述强制手段上的结构关系，可图示如下：

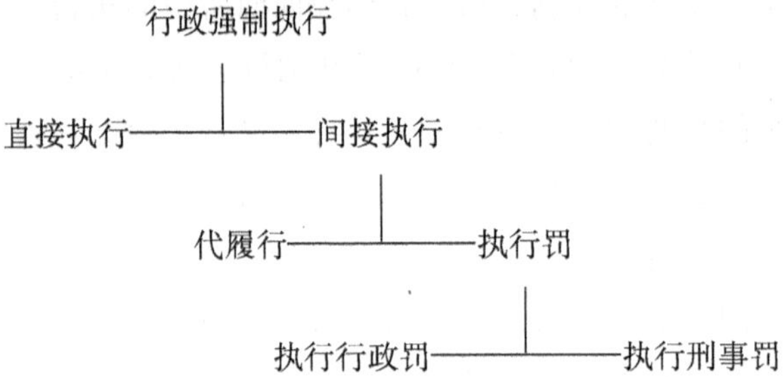

把行政强制执行划分成“间接强制执行”与“直接强制执行”的意义在于，世界上不少国家的行政强制执行都奉行“间接执行优于直接执行”原则[①]，中国的行政强制立法也将体现这一点。

（《法治论丛》，2003年第1期）

① 如德国1953年《联邦行政强制法》第十二条规定：“代执行或执行罚不能达到目的或难以实行的，执行机关可强制义务人作为、容忍或不作为，或者自行执行。”

§ 1.16　中国行政法上的强制执行：行为、定性及立法归属

——兼论《行政强制法》或《行政程序法》与《行政诉讼法》对现行行政强制执行行为在调整范围上的划分

内容提要：本文从行政法和行政诉讼法规范的依据入手，归结出中国现行行政法上的八种强制执行行为。这些执行行为所构成的执行制度显有繁杂、零乱、遗漏、矛盾之缺陷，而且出现了主体、行为、程序之间的不协调性，存有行政强制执行由司法机关实施，司法强制执行由行政机关实施之“错位”现象。文章认为，行政强制执行是对具体行政行为的执行，应当由行政机关通过行政程序实施；司法强制执行是对司法裁判的执行，应当由人民法院通过司法程序实施。根据这一理想规则，文章对各种执行行为进行了改造和重新定位，并把其纳入《行政程序法》或《行政诉讼法》所调整的不同范围，从而为《行政程序法》的制定和《行政诉讼法》的修改提出了适用范围上的调整方案。

关键词：行政　执行　立法

如果我们暂且从广义角度理解“行政法”，那么它应当既包括行政实体法，又包括行政诉讼法。[1] 由此，本文所探讨的“行政法上的强制执行”自然应当覆盖行政管理与司法审查的全过程，即它既包括行政管理中的强制执行制度，也包括行政诉讼中的强制执行行为。立足广义行政法的意义，“行政法上的强制执行”，理应指一切由行政法规范（包括法律、法规、规章和包括司法解释在内的

① 作者并不赞同广义行政法。因为行政法与行政诉讼法是两个独立的法律部门，如同刑法与刑事诉讼法、民法与民事诉讼法之间的关系一样。这里之所以“暂且”从广义行政法角度考察行政强制执行制度，其目的是为了达到对中国当今与行政有关的强制执行制度作一全方位的、毫不遗漏的“探视”。

各种法律解释）所设定，由有关国家机关所实施的旨在直接执行或迫使当事人履行由基础行政行为或司法裁判所确定的行政法上的义务的强制执行行为及制度。在当下的中国既没有《行政强制法》，更没有《行政程序法》的条件下，这种制度大都由《中华人民共和国行政诉讼法》[①]（以下简称《行政诉讼法》）和最高人民法院《关于执行〈中华人民共和国行政诉讼法〉若干问题的解释》[②]（以下简称最高人民法院《行政诉讼法解释》）所设定，部分由其他法律、法规或规章所衔接。我们可不能接受由行政诉讼法规范所规定的强制执行全属于“行政诉讼”执行制度的“逻辑”，因为其中一些由行政诉讼法规范所设定的强制执行行为其“原性”恰恰属于“行政实体法”上的强制执行。与法国一样秉承“诉讼先行”的中国，在缺乏相应的行政实体立法的条件下，这种以程序法规定实体行为的“存在”不仅是可以接受的，而且是十分有益的。[③] 但当中国正把制定《行政强制法》和《行政程序法》列入研究与起草的议程时，我们再不能安于以“诉讼法”替代“实体法”的现状了。我们必须对中国现行“行政法上的强制执行”，不论它由《行政诉讼法》还是由其他法所规定，进行分类、定性，帮助其寻找在未来立法中的真正“归宿”。这就是本文的任务。

一、中国行政法上的强制执行制度现状及缺陷

当我们进入中国行政法上的强制执行制度并按一定的标准进行梳理时，就会惊讶地发现它们竟被设计得如此复杂及多样；而且这种“复杂性”和“多样性”已远远超过了民事执行制度和刑事执行制度。如果我们用行政行为和司法行为的时间流程来考察这种强制执行行为时，就不难发现它有下列诸多的种类：

第一类，行政事先执行（用“A”表示）。

所谓行政事先执行，系指行政机关作出具体行政行为以后，在行政复议和行政诉讼之前，无须等到公民、法人或者其他组织“在法定期限内不提起诉讼又不履行”[④] 时，更无须等到人民法院作出具有最终法律效力的裁判后，就能依本身

---

① 1989 年 4 月 4 日中华人民共和国第七届全国人民代表大会常务委员会第二次会议通过，1989 年 4 月 4 日公布，自 1990 年 10 月 1 日起施行。

② 1999 年 11 月 24 日最高人民法院审判委员会第 1088 次会议通过，2000 年 3 月 8 日中华人民共和国最高人民法院公告法释〔2000〕8 号公布，自 2000 年 3 月 10 日起施行。

③ 中国十三年实践《行政诉讼法》，从而推动行政实体立法和行政法理发展的历史已充分证明了这一点。

④ 见《行政诉讼法》第六十六条。

的职权实施强制执行的行为和制度。这种制度的存在，在理论上是以大陆法系"行政行为的效力"学说为基础。这种学说指出，行政行为与司法行为不同，它只要一经作出，就具有先行执行力。在法律上，有人认为它以《中华人民共和国行政复议法》[①]（以下简称《行政复议法》）第二十一条和《行政诉讼法》第四十四条所确立的"复议、诉讼不停止具体行政行为的执行"原则为依据，这是不严谨的。因为《行政复议法》第二十一条和《行政诉讼法》第四十四条只回答在复议和诉讼"期间"的执行问题，而没有回答在这"期间""以前"的执行问题。由此说来，行政机关作出具体行政行为之后，在进入行政复议或行政诉讼之前，是否可以实施强制执行，中国至今还没有统一的法律规定；这就只得依赖于个别法的个别规定了。现在规定这种制度最为典型的法律是《中华人民共和国税收征收管理法》[②]。该法第五十六条和其他条文规定，纳税人对税务机关作出的纳税决定不服的，应当在按决定履行了"决定"上规定的义务以后才可申请行政复议；税务机关对纳税人的所欠税款有直接追缴的权力。

这种执行的特点在于：(1) 执行主体是行政机关，不是司法机关；(2) 被执行人是被具体行政行为确定义务的公民、法人或者其他组织，即行政相对人；(3) 执行内容是具体行政行为确定的内容；(4) 执行所发生的时间是在具体行政行为作出以后，提起行政诉讼的期限到期之前。

第二类，行政复议期间的执行（用"B"表示）。

关于在行政复议期间，行政机关是否可以强制执行自己作出的具体行政行为，《行政复议法》早已有明确的规定。《行政复议法》第二十一条规定："行政复议期间具体行政行为不停止执行；但是，有下列情形之一的，可以停止执行：（一）被申请人认为需要停止执行的；（二）行政复议机关认为需要停止执行的；（三）申请人申请停止执行，行政复议机关认为其要求合理，决定停止执行的；（四）法律规定停止执行的。"这就是说，关于行政复议期间的执行，以"不停止对具体行政行为的执行为原则，以停止执行为例外"。

这种执行的特点在于：(1) 执行主体是行政机关，准确地说，是作出具体行

① 1999年4月29日第九届全国人民代表大会常务委员会第九次会议通过，1999年4月29日中华人民共和国主席令第十六号公布，自1999年10月1日起施行。

② 1992年9月4日第七届全国人民代表大会常务委员会第二十七次会议通过，根据1995年2月28日第八届全国人民代表大会常务委员会第十二次会议和2001年4月28日第九届全国人民代表大会常务委员会第二十一次会议《关于修改〈中华人民共和国税收征收管理法〉的决定》修正，2001年4月28日中华人民共和国主席令第四十九号公布，自2001年5月1日起施行。

政行为的行政机关，而不是行政复议机关，更不是司法机关；(2) 被执行人是被具体行政行为确定义务的公民、法人或者其他组织，即行政相对人；(3) 执行内容是具体行政行为确定的内容；(4) 执行所发生的时间是在行政复议期间。

第三类，对当事人在法定期限内不提起诉讼又不履行时的执行（用“C”表示）。

这类执行制度由《行政诉讼法》第六十六条所设定。该条规定：“公民、法人或者其他组织对具体行政行为在法定期间不提起诉讼又不履行的，行政机关可以申请人民法院强制执行，或者依法强制执行。”最高人民法院《行政诉讼法解释》第八十七条第一款又规定：“法律、法规没有赋予行政机关强制执行权，行政机关申请人民法院强制执行的，人民法院应当依法受理。”

这类执行一方面发生在司法救济即行政诉讼之前，所以它不是行政诉讼期间的执行；另一方面又不存续于整个行政管理阶段，它有特定的时间条件，那就是只有当相对人“在法定期限内不提起诉讼又不履行时”才能发生的执行，因而其时间上比第一类执行，即行政事先执行（A）要晚。

这种执行的特点在于：(1) 执行主体一般情况下是人民法院，特殊情况下也可以是行政机关；(2) 被执行人是被具体行政行为确定义务的公民、法人或者其他组织，即行政相对人；(3) 执行内容是具体行政行为确定的内容；(4) 执行所发生的时间是在行政机关作出具体行政行为之后，但当事人在法定期限内不提起诉讼又不履行时。

如果从执行主体的角度考察，本类执行又可划分为两种：

C-1：当事人在法定期限内不提起诉讼又不履行时，由行政机关申请人民法院对当事人实施强制执行。由于《行政诉讼法》第六十六条确立的原则是“以申请人民法院强制执行为原则，以行政机关自己执行为例外”，因而在当下的中国，这类执行所占比重最大。

C-2：当事人在法定期限内不提起诉讼又不履行时，由行政机关自身依法对当事人实施强制执行。从《行政诉讼法》第六十六条规定看，行政机关自己实施强制执行，受到一个严格条件的限制，即必须有“法”的授权。关于这个“法”的范围，根据最高人民法院《行政诉讼法解释》第八十七条的解释，[①] 应当是指“法律和法规”。[②]

---

① 最高人民法院《行政诉讼法解释》第八十七条规定：“法律、法规没有赋予行政机关强制执行权，行政机关申请人民法院强制执行的，人民法院应当依法受理。法律、法规规定既可以由行政机关依法强制执行，也可以申请人民法院强制执行，行政机关申请人民法院强制执行的，人民法院可以依法受理。”

② 规定行政机关拥有强制执行权的法律与行政法规，可见胡建淼著《行政法学》（法律出版社 2003 年版），第 334—335 页。

第四类，对当事人在法定期限内不提起诉讼又不履行并行政机关不申请执行时的执行（用“D”表示）。

这一执行不是来自于《行政诉讼法》，而是来自于最高人民法院《行政诉讼法解释》的规定。该《解释》第九十条规定：“行政机关根据法律的授权对平等主体之间民事争议作出裁决后，当事人在法定期限内不起诉又不履行，作出裁决的行政机关在申请执行的期限内未申请人民法院强制执行的，生效具体行政行为确定的权利人或者其继承人、权利承受人在90日内可以申请人民法院强制执行。享有权利的公民、法人或者其他组织申请人民法院强制执行具体行政行为，参照行政机关申请人民法院强制执行具体行政行为的规定。”

这种执行的特点在于：(1) 执行主体是人民法院，不是行政机关；(2) 被执行人是被行政裁决确定义务的公民、法人或者其他组织，即行政相对人；(3) 执行内容是行政裁决确定的内容；(4) 执行所发生的时间是在行政机关作出行政裁决之后，但当事人在法定期限内不提起诉讼又不履行时。

这类制度与C-1比较，其最大的区别是：它是对行政裁决的执行，而C-1是对行政裁决以外的具体行政行为的执行。行政裁决虽然也是属于具体行政行为，但它与其他具体行政行为不同的是：行政机关是以“中间人”的身份处理平等主体之间的民事关系。

第五类，由行政机关选择的执行（用“E”表示）。

最高人民法院《行政诉讼法解释》第八十七条第二款规定：“法律、法规规定既可以由行政机关依法强制执行，也可以申请人民法院强制执行，行政机关申请人民法院强制执行的，人民法院可以依法受理。”这一规定的意思是，如果法律、法规规定既可以由行政机关依法强制执行，也可以申请人民法院强制执行的，那么行政机关就有选择权：它既可以申请人民法院强制执行，也可自己依法强制执行；但行政机关向人民法院提出申请后，人民法院可以受理，也可以不受理。

这类执行，从时间上看，它限于“当事人在法定期限内不提起诉讼又不履行时”所实施的执行。因而可以说，实质上它是对第三类执行（C）的补充，C的主要特点均适用于它。但它与C比较，又有明显差异，表现在以下几处：

一是，在C中，申请人对执行主体没有选择权。在法律、法规规定行政机关拥有强制执行权时，由行政机关实施强制执行；在法律、法规没有赋予行政机关拥有强制执行权时，行政机关只得申请人民法院强制执行。而在本类执行（E）中，由于法律、法规既规定行政机关可以强制执行，也规定行政机关可以申请人民法院强制执行，因此在启动强制执行程序时，可以由行政机关作出选择。

二是，在C中，当行政机关申请人民法院强制执行时，人民法院“应当”受理，除非不符合申请条件。但在本执行中，不论行政机关的申请是否符合申请条件，人民法院“可以”受理，同时也意味着可以不受理。因为即便人民法院不受理，也不会出现执行上的“真空”。

在本类执行中，最终的执行主体只有两个，不是行政机关，就是人民法院。因而它的分类又会与C类执行的再分类相同，即一类是（C－1）司法机关的执行，另一类是（C－2）行政机关的执行。

第六类，行政诉讼期间对被诉具体行政行为的执行（用“F”表示）。

这是解决在行政诉讼期间，具体行政行为是否可以被行政机关执行的问题。我国《行政诉讼法》第四十四条规定：“诉讼期间，不停止具体行政行为的执行。但有下列情形之一的，停止具体行政行为的执行：（一）被告认为需要停止执行的；（二）原告申请停止执行，人民法院认为该具体行政行为的执行会造成难以弥补的损失，并且停止执行不损害社会公共利益，裁定停止执行的；（三）法律、法规规定停止执行的。”从这里可以看出，由《行政诉讼法》设定的这类执行制度是：诉讼期间，以不停止具体行政行为的执行为原则，以停止具体行政行为的执行为例外。

这类执行的特点是：（1）执行主体是行政机关；（2）被执行人是公民、法人或者其他组织；（3）执行内容是被诉的具体行政行为；（4）执行时间发生在行政诉讼期间。

第七类，司法裁判前的先行司法执行（用“G”表示）。

这是解决在司法裁判前，具体行政行为是否可以被人民法院执行的问题。最高人民法院《行政诉讼法解释》第九十四条规定：“在诉讼过程中，被告或者具体行政行为确定的权利人申请人民法院强制执行被诉具体行政行为，人民法院不予执行，但不及时执行可能给国家利益、公共利益或者他人合法权益造成不可弥补的损失的，人民法院可以先予执行。后者申请强制执行的，应当提供相应的财产担保。”这说明，人民法院在作出具有最终法律效力的裁判之前，原则上是不能执行被诉具体行政行为的；但在特殊条件下，可以先行司法执行。

这一执行有下列特点：（1）执行主体是人民法院；（2）被执行人是公民、法人或者其他组织；（3）执行内容是被诉的具体行政行为；（4）执行时间发生在行政诉讼期间，但在人民法院作出具有最终法律效力的裁决之前；（5）执行的条件非常严格，限于“不及时执行可能给国家利益、公共利益或者他人合法权益造成不可弥补的损失”，而且如果申请人是“具体行政行为确定的权利人”的话，它还应当提供相应的财产担保。

第八类，对生效司法裁判的执行（用“H”表示）。

这是解决人民法院作出具有最终法律效力的裁决之后如何执行的问题。从时间流程上看，它是一种最后的执行。我国《行政诉讼法》第六十五条规定：“当事人必须履行人民法院发生法律效力的判决、裁定。公民、法人或者其他组织拒绝履行判决、裁定的，行政机关可以向第一审人民法院申请强制执行，或者依法强制执行。行政机关拒绝履行判决、裁定的，第一审人民法院可以采取以下措施：（一）对应当归还的罚款或者应当给付的赔偿金，通知银行从该行政机关的账户内划拨；（二）在规定期限内不执行的，从期满之日起，对该行政机关按日处五十元至一百元的罚款；（三）向该行政机关的上一级行政机关或者监察、人事机关提出司法建议。接受司法建议的机关，根据有关规定进行处理，并将处理情况告知人民法院；（四）拒不执行判决、裁定，情节严重构成犯罪的，依法追究主管人员和直接责任人员的刑事责任。”最高人民法院《行政诉讼法解释》第八十三条又补充规定：“对发生法律效力的行政判决书、行政裁定书、行政赔偿判决书和行政赔偿调解书，负有义务的一方当事人拒绝履行的，对方当事人可以依法申请人民法院强制执行。”

这一执行的特点是：（1）执行主体可以是人民法院，也可以是行政机关；（2）被执行人既可能是公民、法人或者其他组织，也可能是行政机关；（3）执行内容是具有最终法律效力的司法裁判；（4）执行时间发生在人民法院作出具有最终法律效力的司法裁判之后；（5）执行的条件是当事人不履行司法裁判。

为便于分解执行制度的结构，这类执行可以从执行主体上分为：H-1，即人民法院对司法裁判的强制执行和 H-2，即行政机关对司法裁判的强制执行。从《行政诉讼法》第六十五条和最高人民法院《行政诉讼法解释》第八十三条规定内容看，对于已经生效的司法裁判，原则上应当由人民法院执行，在法律和法规有明文授权的条件下，也可由行政机关实施强制执行。但我国迄今为止的法律或法规尚未对行政机关授权过强制执行生效司法裁判的权力。因而可以说，H-2 在理论上是成立的，可在实际上是不存在的。

到此，我们可以把中国现行各项行政法上的强制执行制度，即执行行为的名称、表示符号、法的依据、主要特点及再分类归结如下：

农业与非农部门和农村与城市之间财政流动情况

序号	名　称	表示符号	法的依据	主要特点	再分类
1	行政事先执行	A	《税收征收管理法》第五十六条等	(1) 执行主体是行政机关；(2) 被执行人是行政相对人；(3) 执行内容是具体行政行为确定的内容；(4) 执行所发生的时间是在具体行政行为作出以后，提起行政诉讼的期限到期之前	
2	行政复议期间的执行	B	《行政复议法》第二十一条	(1) 执行主体是行政机关；(2) 被执行人是行政相对人；(3) 执行内容是具体行政行为确定的内容；(4) 执行所发生的时间是在行政复议期间	
3	对当事人在法定期限内不提起诉讼又不履行时的执行	C	《行政诉讼法》第六十六条	(1) 执行主体是司法机关和行政机关；(2) 被执行人是行政相对人；(3) 执行内容是具体行政行为确定的内容；(4) 执行所发生的时间是在“当事人在法定期限内不提起诉讼又不履行”时	C-1：司法机关的执行； C-2：行政机关的执行
4	对当事人在法定期限内不提起诉讼又不履行并行政机关不申请执行时的执行	D	最高人民法院《行政诉讼法解释》第九十条	(1) 执行主体是人民法院；(2) 被执行人是行政相对人；(3) 执行内容是行政裁决确定的内容；(4) 执行所发生的时间是在当事人在法定期限内不提起诉讼又不履行时	
5	由行政机关选择的执行	E	最高人民法院《行政诉讼法解释》第八十七条第二款	(1) 执行主体是司法机关和行政机关，由申请人选择，法院最终确定；(2) 被执行人是行政相对人；(3) 执行内容是具体行政行为确定的内容；(4) 执行所发生的时间是在“当事人在法定期限内不提起诉讼又不履行”时	E-1=C-1 E-2=C-2

续表

序号	名　称	表示符号	法的依据	主要特点	再分类
6	行政诉讼期间对被诉具体行政行为的执行	F	《行政诉讼法》第四十四条	(1) 执行主体是行政机关；(2) 被执行人是公民、法人或者其他组织；(3) 执行内容是被诉的具体行政行为；(4) 执行时间发生在行政诉讼期间	
7	司法裁判前的先行司法执行	G	最高人民法院《行政诉讼法解释》第九十四条	(1) 执行主体是人民法院；(2) 被执行人是公民、法人或者其他组织；(3) 执行内容是被诉的具体行政行为；(4) 执行时间发生在行政诉讼期间，但在人民法院作出具有最终法律效力的裁决之前；(5) 执行的条件非常严格，限于“不及时执行可能给国家利益、公共利益或者他人合法权益造成不可弥补的损失”，而且如果申请人是“具体行政行为确定的权利人”的话，它还应当提供相应的财产担保	
8	对生效司法裁判的执行	H	《行政诉讼法》第六十五条，最高人民法院《行政诉讼法解释》第八十三条	(1) 执行主体可以是人民法院，也可以是行政机关；(2) 被执行人既可能是公民、法人或者其他组织，也可能是行政机关；(3) 执行内容是具有最终法律效力的司法裁判；(4) 执行时间发生在人民法院作出具有最终法律效力的司法裁判之后；(5) 执行的条件是当事人不履行司法裁判	H－1，人民法院对司法裁判的强制执行；H－2，行政机关对司法裁判的强制执行

上述“个体化”而“多样性”的现行行政强制执行制度，凸显了它的不成熟性。这种不成熟性主要表现在：

一是，没有穷尽所有情景下的执行行为。例如，上述制度解决了行政机关作出具体行政行为后，相对人在法定期限内“不提起诉讼”又不履行时的强制执行(C)，但遗漏了行政机关作出具体行政行为后，相对人在法定期限内“不申请复议”又不履行时的强制执行问题；还有，对于行政终局行为[①]，经行政复议最终确认的具体行政行为的强制执行问题，亦无法律上的答案。

二是，各项具体制度之间所体现的精神出现不协调甚至矛盾。例如，F类执行表明：在行政诉讼期间，原则上不停止具体行政行为的执行；而G类执行表明的是：在行政诉讼期间，原则上停止对具体行政行为的执行。虽然这两类执行所实施的主体不同，F由行政机关实施，G由人民法院实施，但它们所执行的内容是同一的，都是被诉的具体行政行为。在行政诉讼期间，对被诉的具体行政行为是否应当强制执行，在法律制度的设计上是必须统一的。

二、对现行行政法上的强制执行制度架构的分析

这里，我们将从几个视角考察中国“行政法上的强制执行”之类型，从而为下一题对各种强制执行行为的定性打下基础。

首先，如果以实施强制执行的主体为标准进行分类，那么，中国行政法上的强制执行可分为两类：一是由行政机关实施的强制执行，二是由人民法院实施的强制执行

从上一题的结构图中可以发现，由行政机关实施的强制执行有下列几项：

A，行政事先执行。即由行政机关作出具体行政行为后，即对该具体行政行为所确定的义务实施强制执行。

B，行政复议期间的执行。即在行政复议期间，由作出被复议的具体行政行为的行政机关对该行为所确定的义务实施强制执行。

C-2，对当事人在法定期限内不提起诉讼又不履行时的执行。在法律和法规有明确授权的条件下，由行政机关自己实施强制执行。

E-2，由行政机关选择的执行。当法律、法规规定，在当事人于法定期限内不提起诉讼又不履行时，既可以由行政机关实施强制执行，又可由人民法院实施强制执行，而行政机关选择自己执行时，便属本类。

F，行政诉讼期间对被诉具体行政行为的执行。即在行政诉讼期间，由作出被诉的具体行政行为的行政机关强制执行该行为。

---

① 行政终局行为系指依法律规定由行政机关最终裁决而不得进入行政诉讼的行政行为。到目前为止，中国只有三个法律明文规定了四种由行政机关最终裁决的情景，即《中华人民共和国公民出境入境管理法》第十五条、《中华人民共和国外国人入境出境管理法》第二十九条第二款、《中华人民共和国行政复议法》第十四条和第三十条第二款。

H-2，对生效司法裁判的执行。即人民法院作出具有最终法律效力的司法判决或裁定后，在法律法规明文授权行政机关实施该司法裁判时，由行政机关实施的强制执行。

由人民法院实施的强制执行有下列几项：

C-1，对当事人在法定期限内不提起诉讼又不履行时的执行。在这类执行中，当法律法规没有授权行政机关强制执行时，由行政机关申请人民法院强制执行。

D，对当事人在法定期限内不提起诉讼又不履行并行政机关不申请执行时的执行。这是针对由行政机关作出的行政裁决的执行，当行政机关不申请人民法院强制执行该裁决时，可由该行政裁决确定的权利人申请人民法院强制执行。

E-1，由行政机关选择的执行。当法律、法规规定，在当事人于法定期限内不提起诉讼又不履行时，既可以由行政机关实施强制执行，又可由人民法院实施强制执行，而行政机关选择申请人民法院强制执行时，便属本类。

G，司法裁判前的先行司法执行。即在行政诉讼阶段，人民法院作出具有最终法律效力的司法裁判前，不及时执行可能给国家利益、公共利益或者他人合法权益造成不可弥补的损失，可由人民法院先行执行。

H-1，对生效司法裁判的执行。即人民法院作出具有最终法律效力的司法判决或裁定后，由人民法院强制执行司法裁判的行为。

这一分类，可以归结为如下图表：

分类表：Ⅰ

由行政机关实施的强制执行	由人民法院实施的强制执行
A、B、C-2、E-2、F、H-2	C-1、D、E-1、G、H-1

其次，如果以被执行的内容为标准进行分类，那么，中国行政法上的强制执行可分为两类：一是对行政行为（所确定的义务）的强制执行，二是对司法行为（所确定的义务）的强制执行。

这一分类的对应关系见下表：

分类表：Ⅱ

对行政行为的强制执行	对司法行为的强制执行
A、B、C、D、E、F	G、H

再次，如果以法律救济（行政复议与行政诉讼）为坐标进行分类，那么，中国行政法上的强制执行可分为三类：一是事先执行，即在进入行政复议或行政诉

讼前所实施的强制执行；二是事中执行，即在行政复议或行政诉讼期间所实施的强制执行；三是事后的执行，即经过法律救济以后，被救济的具体行政行为具有最终效力后的强制执行。

这一分类的对应关系形成了下表：

分类表：Ⅲ

事先执行	事中执行	事后执行
A、C、D、E	B、F、G	H

三、对各项行政法上的强制执行行为的定性

对行政法上的强制执行行为作“定性”分析的目的是为了解决其立法上的“归宿”，即鉴于某一执行行为的性质，把其纳入某一法律的调整范围。从可以调整行政法上的强制执行行为的法律部门而言，无非涉及行政实体法（狭义的行政法）与行政诉讼法在立法范围上的分工。如果我们把应当由行政法[①]规制的强制执行称作“行政强制执行”，又把应当由行政诉讼法支配的强制执行称作“司法强制执行”，那么本题的“定性”任务就显得清晰起来：我们应当对上述各项行政法上的强制执行行为作“非此即彼”，即不是“行政强制执行”便是“司法强制执行”的“分配”便可。

但这种分类必须建立在一种理性的标准之上，而这种标准又必须以“行政性”与“司法性”的划分为基础。也许有下列几种标准可供选择：

一是以实施强制执行的主体为标准。那就是，凡是由行政机关实施的强制执行，就是行政强制执行；凡是由人民法院实施的强制执行，就是司法强制执行。这样的分界，虽然在操作上显得十分轻松，但它最大的困难是无法对H－2进行定性。因为按此标准，H－2显然属于行政强制执行而不是司法强制执行，但这种执行发生在司法程序（即行政诉讼程序）而不是行政程序中，而且被执行的内容是执行具有最终法律效力的司法裁判而不是行政管理中的行政决定。可以说，H－2这种强制执行行为的“司法性”远大于“行政性”。

二是以被强制执行的内容为标准。那么分类就应当按此进行：凡是强制执行由具体行政行为确定的义务的，属于行政强制执行；相反，凡是强制执行由司法

① 这里是指狭义的行政法。下同。

裁判确定的义务的，便属司法强制执行。换句话说，行政强制执行是对行政行为的执行，司法强制执行是对司法行为的强制执行。这种标准符合理性规律。但它同样遇到一些困难，如就C-1而言，它是在当事人在法定期限内不提起诉讼又不履行时由人民法院实施的强制执行，由于它是对具体行政行为而不是对司法裁判的执行，因而显然属于行政强制执行；但在各国立法传统上，司法机关实施的执行行为肯定适用司法法而不是行政法。

三是以强制执行行为所处的程序为标准。这种标准也许可以绕开上述两类标准所面临的困境。按此标准，行政强制执行与司法强制执行之间的“界河”应当是另一种模样：在行政程序中所发生的强制执行属于行政强制执行，在司法程序中所发生的强制执行则属于司法强制执行。更准确一点说，在行政诉讼过程中发生的强制执行是司法强制执行，在行政诉讼程序以外所发生的执行便属于行政强制执行了。但当我们以此为标准开始分解本文第一题所列举的各项执行行为时，发现同样无法回避上述两个标准所面临的困难。例如：当我们按此标准把H-2纳入司法强制执行，而将C-1纳入行政强制执行时，势必得出一种不合逻辑的理论：司法强制执行由行政机关实施，而行政强制执行由司法机关实施。

我们已不可能在上述三种标准之外再创更理想的标准，而上述的无论哪一种标准都是一根泥潭中的“标杆”。可另一方面，我们又确信：区分行政强制执行与司法强制执行的标准肯定离不开“主体”“行为”和“程序”三个要素。这样，我们就深深地陷入了一种困境。走出困境需要借助两根“杠杆”：

一是综合标准的观念。关于如何区分行政强制执行与司法强制执行，我们在上面设想了三种标准，或者采用主体标准，或者采用内容标准，或者采用程序标准，但每一标准的尝试都暴露出缺陷。这就迫使我们接受一种想法：这种标准不应当是单一的，应当是网状的综合性标准。具体言之，我们认为，区分行政强制执行与司法强制执行的核心标准应当是被执行的内容。就是说，对由具体行政行为确定的义务的强制执行，属于行政强制执行；对由司法裁判确定的义务的强制执行，是司法强制执行。简言之，行政强制执行是对行政行为的执行，司法强制执行是对司法行为的执行。我们之所以要把被执行内容视为区分行政强制执行与司法强制执行的核心标准，是因为强制执行的目的和价值就在于迫使当事人履行被强制执行的义务。接着，我们还主张，行政强制执行应当由行政机关适用行政程序进行，司法强制执行由司法机关适用司法程序实施。如果这一“应然”可以成为“是然”，那么，强制执行中的“主体”“行为”和“程序”三个要素及其统一性便成为区别行政强制执行与司法强制执行的标准。那就是：行政强制执行是对行政行为的执行，并且由行政机关通过行政程序实施；司法强制执行是对司法行为的执行，并且由人民法院通过司法程序实施。

二是对现行制度改革的观念。如果我们用上述三要素标准对第一题中的各项强制执行行为进行定性的话，就马上发现：除了A、B、C-2、E-2可以被确定为行政强制执行，G、H-1可以被确定为司法强制执行外，其余的执行行为，即C-1、D、E-1、H-2均属“不伦不类”之流。这就提醒我们：我们不能以非理性的制度去否定理性的标准，必须改造现行不理性的制度。所以，我们不能用不规范的执行制度去评价规范的定性标准，而应当在对现行紊乱的执行行为进行改革的过程中对其重新定位。

四、对执行行为的重新定位及立法范围的调整

未来的制度应当按照“行政强制执行由行政机关通过行政程序实施具体行政行为、司法强制执行由人民法院通过司法程序实施司法裁判”的规则进行重组。鉴此，我们应当对上述属于“不伦不类”的执行行为进行“改造”，然后进行重新定位与归类。具体方案如下：

关于C-1，即对当事人在法定期限内不提起诉讼又不履行时，由行政机关申请人民法院强制执行。这类执行，尚未进入法院的诉讼程序，特别是执行的内容是具体行政行为所确定的义务，因而属于行政强制执行。目前，“以人民法院执行为原则，以行政机关执行为例外”的原则已经受到挑战。[①] 只要一改这一传统模式，建立由行政机关实施行政强制执行，由人民法院实施对行政机关实施强制执行行为的司法监督，C-1归入行政强制执行范围就成了顺理成章的事。

关于D，即对当事人在法定期限内不提起诉讼又不履行由行政机关作出的行政裁决，并行政机关不申请执行时，由权利人申请人民法院强制执行。由于这是对由行政机关作出的行政裁决的执行，而不是对由人民法院作出的司法裁判的执行，因而属于行政强制执行。与上同理，它应当改由权利人向行政机关申请强制执行。如果行政机关不予执行，权利人可以“行政机关不履行法定职责”为由，

---

① 国内已有学者认为，行政执行权应当属于行政权而不是司法权，所以“以法院执行为主，以行政机关执行为辅”的现状应受到挑战；未来的模式应当是：由行政机关实施强制执行，由人民法院实施对行政机关执行行为的司法监督。参见胡建淼等《中外行政强制制度的现状及中国行政强制制度的改革》（国务院法制办委托课题报告），载胡建淼主编：行政强制法研究丛书之一《行政强制法研究》，法律出版社2003年版。

诉至人民法院，启动行政诉讼的监督程序。

关于E－1，即当法律、法规规定，在当事人于法定期限内不提起诉讼又不履行时，既可以由行政机关实施强制执行，又可由人民法院实施强制执行，而行政机关选择申请人民法院强制执行。这类执行的内容与C类相同，是对具体行政行为的执行，而不是对司法裁判的执行，因而同样属于行政强制执行。它只要改由行政机关自己实施强制执行，问题便迎刃而解。

最后关于H－2，即人民法院作出具有最终法律效力的司法判决或裁定后，在法律法规明文授权行政机关实施该司法裁判时，由行政机关实施的强制执行。这类执行，由于执行的内容不是具体行政行为，而是由人民法院作出的司法裁判，因而属于司法强制执行而不是行政强制执行。对司法裁判的执行，理应由人民法院实施强制执行。况且，虽然《行政诉讼法》第六十五条第二款规定在法律法规有明文授权时，可由行政机关对具有最终法律效力的司法裁判实施强制执行，可实际上由于迄今尚无一例法律或法规作过这样的授权，因而行政机关事实上无此权力，不如取消省事。

到此，我们对现行各种强制执行行为的改造与定性可以归结如下——

属于纯粹的行政强制执行：A、B、C－2、E－2；

属于纯粹的司法强制执行：G、H－1；

经改造后归入行政强制执行：C－1、D、E－1；

经改造后归入司法强制执行：H－2。

如果我们以“行政强制执行应当由行政法来规范，司法强制执行得由行政诉讼法调整”的思路重新划定行政法与行政诉讼法的调整范围，那么结论已经不言自明了。

属于行政强制执行的各项执行行为应当由《行政强制法》或《行政程序法》来规制，它适用于现行的A、B、C－2、E－2及拟予改造的C－1、D、E－1等执行行为；属于司法强制执行的各项执行应当由《行政诉讼法》加以规范，它包括了G、H－1和拟予改造的H－2等有关执行行为。未来《行政强制法》或《行政程序法》的制定和《行政诉讼法》的修改应当注意到这一点。

（《政法论坛》2003年第4期）

§1.17 论中国行政法学上“行政强制”的理论定位与立法定位

内容提要： 本文基于中国正在制定“行政强制法”及这一立法背景所掀起的“行政强制法学”理论研究热潮，注意到制定“行政强制法”须以对“行政强制”的理论定位与立法定位为前提，通过对中外行政强制的法律制度及理论学说的比较研究，更正了人们以为“即时强制”等于“紧急强制”的误解，探寻了“行政强制措施”与“行政强制执行”之间的“分界”，提出了“一分为二、二分为四”的中国行政强制行为的结构图，最后为中国的行政强制立法提出了几点建议。

关键词： 行政法　强制　定位

中国于1996年推出《中华人民共和国行政处罚法》[①]（以下简称《行政处罚法》）之后，一个独立于行政处罚并与其相衔接、匹配的具体行政行为，即由《中华人民共和国行政诉讼法》[②]（以下简称《行政诉讼法》）第十一条第二项所规定的“行政强制措施”和由该法第六十六条所涉及的“行政强制执行”，受到立法部门与理论界的“关爱”。第九届全国人大常委会已把制定“行政强制法”（该法主要统一规范“行政强制措施”和“行政强制执行”）列入本届立法计划，全国人大常委会法制工作委员会已进入该法制定的“实质性操作”阶段。

制定“行政强制法”，无疑会面临许多问题：该法的调整范围是什么，立法的“基点”是什么，立法的“切入口”如何寻找，该法规的名称应是什么……这一切的一切，都渊源于该法的“定位”问题。而行政强制立法的“定位”，又取决于行政强制理论的“定位”。对中国行政法学中的行政强制的理论与立法进行“定位”，正是本文试图完成的任务。

---

① 1996年3月17日第八届全国人民代表大会第四次会议通过，自1996年10月1日起施行。

② 1989年4月4日第七届全国人民代表大会第二次会议通过，自1990年10月1日起施行。

一、行政强制：概念的演变、定位及困惑

对于相对不甚“定型”的中国行政法学理论①来说，“行政强制”并非一开始就作为包揽“行政强制措施”与“行政强制执行”的“种概念”出现的，时至今日亦未盖棺定论。

我国在行政法著作、教材中出现“行政强制”一词要比“行政强制措施”和“行政强制执行”晚得多。新中国“拨乱反正”以后的第一本行政法教科书，乃是王珉灿主编的《行政法概要》②。该书第一次③提到了“行政措施”和“强制执行”，但未曾出现“行政强制”的“户口”。

第一次在书上正式提到“行政强制”一词的，是张焕光、刘曙光、苏尚智所编著的《行政法基础知识》④ 一书但当时该书是把“行政强制”作为“行政强制执行”的“别名”使用的。如它解释道：“行政强制，也叫行政强制执行，是国家对拒绝履行行政法规定的义务的当事人，或其有关实物标的依法实施强制措施，以促使某项义务的履行；或者为了公共利益而对特定的人或物实施强制手段，以限制某项权利的行使。”⑤ 此后，有不少著作、教材受此影响，不是把“行政强制”视作“行政强制执行”的简称，就是把它定为“行政强制执行”的别名。“行政强制，即行政强制执行”⑥，“行政强制，又叫行政强制执行，是国家强制之一”⑦，“行政法实施中的行政强制，即行政机关所作的行政强制执行”⑧……类似的提法随处可见。不管提法如何，不管“行政强制”的内涵被如何界定，有一点是明晰的：“行政强制”等于“行政强制执行”。

这种观点在中国的行政法学研究史上并没有持续多久，从1986年出现的提法到1988年之后几乎销声匿迹了。此后人们对“行政强制”内涵与外延的挖掘分歧较大，其中有学者意用“行政强制＝行政强制措施”之“等式”替代前一个

---

① 当然这仅相对于中国的刑法学理论与民法学理论而言。

② 该书作为高等学校法学试用教材，由司法部法学教材编辑部编审，法律出版社1983年版。

③ 该书之前中国尚未有正式的行政法方面的教科书，但已有个别学校编印了校内用书，而这些用书均未提到“行政（强制）措施”“行政（强制）执行”这些概念。1982年6月由北京政法学院国家法教研室编写的《行政法概要》便是一例。

④ 该书由山西人民出版社1986年8月出版。

⑤ 见该书第155页。

⑥ 侯洵直主编：《中国行政法》，河南人民出版社1987年版，第217页。

⑦ 王连昌主编：《当代中国行政法》，重庆出版社1988年版，第149页。

⑧ 廖晃龙主编：《新编中国行政法原理》，大连海运学院出版社1990年版，第207页。

"公式"。如张正钊主编的《行政法与行政诉讼法》说:"行政强制,是指行政主体为实现行政目的,对相对人的财产、身体及自由等予以强制而采取的措施,也称为'行政强制措施'。"[①] 另一种解释亦同样典型:"行政强制又称行政强制措施,是指行政主体为了实现行政管理目的,依法采取强制手段强制不履行行政法义务的相对人履行义务或达到与履行义务相同的状态;或者出于维护社会秩序或保障公民人身健康、安全的需要,对相对人的人身或财产采取直接或间接的强制措施的一种行政行为"[②]。当然,在"行政强制"与"行政强制措施"之间画等号的学者并非对"行政强制措施"内涵[③]有着同一的认识;而人们对"行政强制措施"内涵认识上的差异必然造成"行政强制=行政强制措施"这一"等式"所代表的"数量"上的差别。但无论如何,把"行政强制"与"行政强制措施"两个概念等同起来是个较大的容易导致混乱的缺陷,至少在《行政诉讼法》第十一条第二项对"行政强制措施"已有专门规范的今天是如此。

认为"行政强制"既不能等同于"行政强制执行",也不能与"行政强制措施"画等号,而是这两者的合称,这是中国行政法学上对有关"行政强制"内涵认识的第三种观点。有人说:行政强制执行与行政强制措施是两种不同的行为,它们"都属于行政强制的范畴"。[④] 有人认为,行政强制包括"管理性强制与执行性强制"。[⑤] 关于这一观点,也许是应松年教授的表达最为直接、清晰:"中国的行政强制是对行政强制执行和行政强制措施的统称。""从是否可诉角度来考虑,在行政行为阶段,将行政强制分为行政强制执行与行政强制措施,无疑是完全必要的,从理论上说,这将有助于我们对行政强制认识的进一步深入。"[⑥]

这种主张"行政强制"既包括"行政强制执行",又包括"行政强制措施"的观点,在中国自1990年之后日趋占优势,究其原因有很大的因素是,《行政诉

---

① 张正钊主编:《行政法与行政诉讼法》,21世纪法学系列教材,中国人民大学出版社1999年版,第144页。

② 杨海坤主编:《中国行政法基础理论》,中国人事出版社2000年版,第235页。此外,还有一些教材接近这样的观点。如皮纯协主编:《中国行政法教程》,行政诉讼系列教材,中国政法大学出版社1988年版;焦政简主编:《中国行政法学教程》,河南大学出版社,1989年版。

③ 关于"行政强制措施"的内涵问题,请留到本文的第二部分再作讨论。

④ 方世荣主编:《行政法与行政诉讼法》,高等政法院校法学主干课程教材,司法部法学教材编辑部编审,中国政法大学出版社1999年版,第250页。

⑤ 熊文钊:《现代行政法原理》,法律出版社2000年版,第404页。

⑥ 应松年:《中国的行政强制制度》,2000年,北京,"行政强制的理论与实践"国际研讨会上的发言及材料。

讼法》公布、施行后，其第十一条第二项对“行政强制措施”和第六十六条对“行政强制执行”的分别定位已对学界产生了自觉或不自觉的影响。

时至今日，由此形成的“行政强制=行政强制措施+行政强制执行”结构图不仅被学者们所推崇，而且为我国立法工作部门所初步认可[①]，这进而影响到我国对行将制定的法规名称的考虑。

中国自制定了《行政处罚法》之后，立法上最紧迫的就是对“行政强制措施”和“行政强制执行”进行规范。至于立法的方式，既可采用分别立法方法（即分别制定《行政强制执行法》和《行政强制措施法》），也可采用统一立法方法（即制定一个法规，同时规范两种行为）。目前，后一立法主张已渐占优势，制定《行政强制执行条例》的呼声已被制定《中华人民共和国行政强制法》的呼声所代替。正如应松年教授所解释的：“由于考虑到这部法律既要规范行政强制执行，又要规范行政强制措施，因此有人建议将该法称为行政强制法而不是行政强制执行法。”[②]

这里还有一个小问题——但也与“行政强制”的定位有关——需要讨论。从内部结构上说，行政强制包括了行政强制措施和行政强制执行，这一点已是无可置疑；但从行政强制本身探视，它可以是一种制度，一种行为，一种方法与手段……从不同“视角”出发，它会像万花筒一样成为不同的范畴。作者以为，“行政强制”是“行政强制行为”的简称，“行为”是它的“基点”。完整地说，行政强制是有关国家机关为维护国家与社会的管理秩序，或为迫使公民、法人或其他组织履行特定行政法上的义务，而通过实力强制而实施的具体行政行为。这种行为以采取强制性方法、手段为特征，但方法与手段是行为的一个要素，而不是行为本身。行政强制行为的实施，同时又构成了我国的一种行政强制制度。这就是“行为”“方法（手段）”“制度”之间的关系。

当“行政强制”与“行政强制措施”“行政强制执行”之间从“混沌”的“交叉关系”演变为“清晰”的“种属关系”之后，当制定“行政强制执行法”的原始设想被制定“行政强制法”的计划所取代之后，作者在庆幸之余，顿生新

---

① 全国人大常委会法制委国家法行政法室主任李援在2000年12月6—7日的“行政强制的理论与实践国际研讨会”上的发言及会议论文《中国行政强制法律制度的构想》中说：“本文所称行政强制，是广义上的行政强制措施。它包括执行性的行政强制执行和非执行性的行政强制措施，还包括了即时强制。”

② 见应松年在1999年海峡两岸行政法学术研讨会上的主题演讲，载杨小君、王周户：《行政强制与行政程序研究——一九九九年海峡两岸行政法学术研讨会实录》，中国政法大学出版社2000年版，第10页。

的困惑——行政强制包含了行政强制措施与行政强制执行，那么，行政强制措施与行政强制执行是各自独立的两类不同的行为，还是一种相互交叉的关系？行政强制措施与行政强制执行是否能穷尽行政强制行为的所有内容？与此相关联的问题是：以统一的“行政强制法”规范行政强制措施与行政强制执行是否具有科学性？

走出上述“困惑”之径，乃需重新检讨“行政强制措施”“行政强制执行”的内涵及这两种行为的界限。

二、行政强制措施与行政强制执行：分界与合一立法

在中国，“行政（强制）措施”一词的使用，最早出现在新中国“拨乱反正”以后的第一本行政法教科书即王珉灿主编的《行政法概要》上。该书第一次使用了“采取行政措施的行为”这一概念。但在当时尚无“具体行政行为”——在目前的中国行政法学中最为关键的概念之一，当时还未被写入法律——这一概念的背景下，它是作为一般的“具体行政行为”的代名词使用的。[①] 这一“首创”又被不少学者所接受和发展。[②]

1989 年《行政诉讼法》的公布，特别是 1990 年该法实施以后，该法第十一条第二项的规定[③]对理论界对于行政行为的认识冲击颇大，它最明显不过地表明：“限制人身自由或者对财产的查封、扣押、冻结等行政强制措施”行为，只是与行政处罚相并列的具体行政行为的一个种类，而不是一般意义上的具体行政行为本身。所以，1990 年以后，已不再有类似教材、著作基于这种意义而使用“行政（强制）措施”概念了。

“行政强制措施”脱胎于“具体行政行为”之后，它又面临了第二个问题，即行政强制措施与行政强制执行的关系。在这一问题上，主要有两种不同的观点。

---

① 该教科书对它的解释是：“作为行政法学研究对象的行政措施，是指行政机关在进行行政管理活动时，对于具体事件所做的单方面的处理，是具体行政行为……行政措施作为具体的行政行为，与行政管理法规不同；作为单方面的行政行为，与行政契约不同。”见该书第 112 页。

② 如：应松年、朱维究的《行政法学总论》（工人出版社 1985 年版，第 285—298 页），郭文英、崔卓兰的《行政法要论》（吉林人民出版社 1988 年版，第 186—197 页）；叶必丰的《行政法原理》（湖北科学技术出版社 1988 年版，第 157 页）；廖晃龙主编的《新编中国行政法原理》（大连海运学院出版社 1990 年版，第 185—197 页）等。

③ 《行政诉讼法》第十一条及该条第二项的规定是：“人民法院受理公民、法人和其他组织对下列具体行政行为不服提起的诉讼：……（二）对限制人身自由或者对财产的查封、扣押、冻结等行政强制措施不服的……”

第一种观点是，把行政强制措施看成是行政主体在行政执法中所运用的具有强制性的各种手段和方法，这些手段和方法有“执行性”和“管理性”之分，而“执行性”的措施就是“行政强制执行”。一种典型的解释是：“行政强制措施是指行政主体为保障行政管理秩序或为实现行政目的而凭借的各种强力方法或手段。它包括：（1）‘管理性’强制措施，即行政主体为了预防、制止或控制危害社会、公益、他人的行为或事件的发生，采取的对有关对象的人身、财物或行为加以暂时性限制的手段或方法；（2）‘执行性’强制措施，即行政主体为促使或迫使义务人履行行政决定所确定的义务而凭借的种种强制措施。”① 另一种解释也许更加明了：“所谓行政强制措施是指行政主体对相对人的人身或财物予以强制而采取的各种具体手段或方法，既包括即时强制措施也包括行政强制执行措施，即实施行政强制行为的各种具体手段或者措施。”② 这种观点的特点，主要在于把“行政强制执行”看成是“行政强制措施”的一个构成部分，它们是部分与整体的关系。

第二种观点是，把行政强制措施看成不仅独立于行政处罚，而且与行政强制执行相并列的一种具体行政行为。持此观点者，在他们的教材、著作中，必然把“行政强制措施”与“行政强制执行”作为并列的章节标题处理，③ 而且对两者加以区别。大多学者认为，行政强制措施与行政强制执行最根本的区别在于：前者是特定的行政主体，出于维持社会管理秩序的需要，预防或制止危害社会事件的发生，针对行政相对人的人身、行为、财产或其他权益所作出的限权性的强制

---

① 杨解群、叶树理：《关于祖国大陆行政强制理论与现实的评判》，\ 杨小君、王周户：《行政强制与行政程序法研究——1999 年海峡两岸行政法学术研讨会实录》，中国政法大学出版社 2000 年版，第 344 页。

② 周佑勇：《行政法原论》，中国方正出版社 2000 年版，第 246 页。其他持这一观点或类似观点的还有：朱新力、余军：《论行政强制措施的合理定位》，\ 杨小君、王周户：《行政强制与行政程序法研究——1999 年海峡两岸行政法学术研讨会实录》，中国政法大学出版社 2000 年版，第 203 页；马怀德主编：《行政法与行政诉讼法》，高等学校法学教材，司法部法学教材编辑部编审，中国法制出版社 2000 年版，第 312 页；杨海坤主编：《中国行政法基础理论》，中国人事出版社 2000 年版，第 417 页；胡建淼主编：《行政法教程》，成人高等法学教育通用教材，司法部法学教材编辑部编审，法律出版社 1996 年版，第 166—175 页；朱新力：《行政法基本原理》，浙江大学出版社 1995 年版，第 206—209 页。

③ 如方世荣主编：《行政法与行政诉讼法》，高等政法院校法学主干课程教材，司法部法学教材编辑部编审，中国政法大学出版社 1999 年版，第十三章；王连昌主编：《行政法学》，高等政法院校规划教材，司法部法学教材编辑部编审，中国政法大学出版社 1999 年版，第十二章；胡建淼：《行政法学》，“九五”规划高等学校法学教材，司法部法学教材编辑部编审，法律出版社 1998 年版，第十一章；胡建淼：《中国行政法学论纲》，杭州大学出版社 1998 年版，第十章；金国坤主编：《行政法与行政诉讼法通论》，经济管理出版社 1996 年版，第四、七章；何乃忠主编：《实用行政法学》，法律出版社 1991 年版，第九章；叶必丰：《行政法学》，武汉大学出版社 1996 年版，第六章第三节、第四节；等等。

行为；后者是指因行政相对人逾期不履行行政处理决定，有关国家机关对其采取强制手段，迫使其履行该义务的具体行政行为。下面的解释有一定的代表性："行政强制措施是指国家行政机关或者法律授权的组织，为了预防或制止正在发生或可能发生的违法行为、危险状态以及不利后果，或者为了保全证据、确保案件查处工作的顺利进行而对相对人的人身自由、财产予以强制限制的一种具体行政行为。""行政强制执行是指公民、法人或者其他社会组织逾期不履行行政法上的义务时，国家行政机关依法采取必要的强制性措施，迫使其履行义务，或达到与履行义务相同状态的具体行政行为。"① 这种观点的"共性"在于，认为"行政强制措施"与"行政强制执行"之间没有包含关系，是两种各自独立、并存的具体行政行为。

如果从"字面"理解②，行政强制措施作为一种方法和手段，当然同时被采用在行政强制执行阶段，固然同时可作为行政强制执行行为的一种形式。从这一点上说，第一种观点不无道理。但问题在于，我国《行政诉讼法》第十一条第二项所列"行政强制措施"，显然是作为"具体行政行为"的一个种类，而不是作为具体行政行为的一种方法对待的；而且，这种具体行政行为又与《行政诉讼法》第六十六条③规定的行政强制执行行为相区别。前者，行政强制措施（行为）是指"行政机关在行政管理活动中，依其职权采取强制手段限制特定人行使某项权利或履行某种义务"的行为；④ 后者，行政强制执行（行为）是指当行政相对人拒不履行已经"发生法律效力的具体行政行为"时，行政机关本身或申请人民法院强制执行该"具体行政行为"的行为。⑤ 两种行为，泾渭分明。我们认为，上述第二种观点比较符合《行政诉讼法》的原意。

在中国，"行政强制执行"这一概念的演变没有像"行政强制措施"那么复杂。1983 年的第一本行政法教科书《行政法概要》⑥，在提出"采取行政强制措施行为"的同时，提出了"强制执行"这一概念，而且对这一概念一开始的"定位"并没有离今天多远。《行政法概要》解释道："在行政法律关系中，当事人不履行其行政法上的义务时，国家行政机关可以采用法定的强制手段，强制当事人

① 方世荣主编：《行政法与行政诉讼法》，高等政法院校法学主干课程教材，司法部法学教材编辑部编审，中国政法大学出版社 1999 年版，第 249、254 页。

② 仅从这一点上说，作者认为，我国《行政诉讼法》第十一条第二项使用"行政强制措施"一词，有不宜之处。

③ 《行政诉讼法》第六十六条规定："公民、法人或者其他组织对具体行政行为在法定期限内不提起诉讼又不履行的，行政机关可以申请人民法院强制执行，或者依法强制执行。"

④ 黄杰主编：《行政诉讼法释论》，中国人民公安大学出版社 1989 年版，第 22 页。

⑤ 同上，第 139 页。

⑥ 该书作为高等学校法学试用教材，由司法部法学教材编辑部编审，法律出版社 1983 年版。

履行其义务。这就是行政法上的强制执行，是一种具体的行政行为，又叫作行政执行。”① 尔后的著作、教材，除个别②外，一般都有“行政强制执行”专门的章节，概念内涵也大体接近，只是在两个问题上略有分歧：③ （1）在执行主体上，是否包括人民法院？（2）在外延上，是否包括即时强制？

关于行政强制执行的“执行主体”问题，在《行政诉讼法》公布、实施前，大多学者主张把行政强制执行活动限于行政机关的执行活动。④ 一种典型的解释是：“行政强制执行，是指行政相对方逾期不履行行政主体做出的行政处理决定，有权行政机关依法采取必要的强制措施，迫使行政相对方履行义务或实现与履行义务相同状态的行政执行行为。”⑤《行政诉讼法》公布、施行后，由于该法第六十六条规定对已生效的具体行政行为的执行可由行政机关申请人民法院执行或者依法自行强制执行，大多学者为同立法“接轨”，始转而承认人民法院作为行政强制执行主体的地位。如姜明安认为：“行政强制执行指行政机关或行政机关申请人民法院强制拒不履行行政法上义务的相对人履行其义务的行为。”⑥ 而且还

---

① 王珉灿主编：《行政法概要》，法律出版社1983年版，第125页。

② 如姜明安：《行政法学》，山西人民出版社1985年版；张尚鷟：《行政法基本知识讲话》，群众出版社1986年版；姜明安：《行政法概论》，北京大学出版社1986年版；王先勇：《行政法基础》，成都电讯工程学院出版社1988年版；罗耀培、苏尚智、周卫平：《行政法概论》，四川人民出版社1990年版；燕广等主编：《行政法新论》，浙江大学出版社1992年版；等。

③ 这方面，杨海坤主编的《跨入21世纪的中国行政法学》（中国人事出版社2000年版）第二十二章关于行政强制执行的讨论，做了很好的材料整理工作。

④ 当然这时也有一些学者主张人民法院也是我国行政强制执行的主体。如应松年主编：《行政法学教程》，政府法制干部培训教材，国务院法制局审定，中国政法大学出版社1988年版；张焕光、胡建淼：《行政法学原理》，劳动人事出版社1989年版；张树义、方彦主编：《中国行政法学》，中国政法大学出版社1989年版；等等。

⑤ 崔卓兰主编：《行政法学》，吉林大学出版社1998年版，第251页。持同类观点的还有应松年、朱维究：《行政法学总论》，工人出版社1985年版；张焕光、刘曙光、苏尚智：《行政法基本知识》，山西人民出版社1986年版；侯洵直主编：《中国行政法》，河南人民出版社1987年版；王连昌主编：《当代中国行政法》，重庆出版社1988年版；张尚鷟鷟：《行政法教程》，中央广播电视大学出版社1988年版；郭文英、崔卓兰：《行政法要论》，吉林人民出版社1988年版；罗豪才主编：《行政法论》，光明日报出版社1988年版；皮纯协主编：《中国行政法教程》，行政诉讼系列教材，中国政法大学出版社1988年版；等。

⑥ 姜明安：《行政法与行政诉讼法》，中国卓越出版公司1990年版，第258页。持这种观点的著作、教材还有廖晃龙主编：《新编中国行政法原理》，大连海运学院出版社1990年版；张尚鷟主编：《行政法学》，北京大学出版社1990年版；贾苑生、李江、马怀德：《行政强制执行概论》，人民出版社1990年版；罗豪才主编：《中国行政法讲义》，人民法院出版社1991年版；王连昌、吴中林主编：《行政执法概论》，中国人民公安大学出版社1992年版；杨海坤主编：《行政法与行政诉讼法》，法律出版社1992年版；王周户主编：《行政法学》，陕西人民教育出版社1992年版；熊文钊：《行政法通论》，中国人事出版社1995年版；胡建淼主编：《行政法教程》，法律出版社1996年版；张正钊主编：《行政法与行政诉讼法》，中国人民大学出版社1999年版；等等。

有学者进而指出，人民法院依行政机关的申请而强制执行已生效的具体行政行为，是一种“行政权的延伸”，这时的人民法院与行政机关之间的关系，“是一种受委托或代理关系”。[①] 但应松年教授认为：行政机关自身强制执行固然属于行政行为，但当行政机关“申请人民法院强制执行，以法院审查同意，下令强制执行时，它就是司法强制，不应再称为行政行为或具体行政行为”[②]。

关于行政强制执行的外延问题，对于行政强制执行包含《行政诉讼法》第六十六条所规定的对生效具体行政行为的执行，这一点是没有疑义的。问题是，它是否包含即时强制。按理说，这是一个不会发生的问题。但我国确有个别学者持有肯定的观点。如杨海坤认为：“行政强制执行是行政机关对当事人不履行行政决定强制实施的行为。行政强制执行包括紧急情况下的即时强制。”[③] 如果以《行政诉讼法》第六十六条为“基点”讨论行政强制执行的外延，那么行政强制执行无论如何是不可能包括即时强制的，因为即时强制行为无法以相对人在规定期限内既不起诉又不履行为前提。以下的表达已成为中国学者们日益趋同的认识：“行政强制执行，是指在行政法律关系中，行政相对人不履行其应履行的法定义务时，行政机关或人民法院依法采取行政强制措施，迫使其履行义务，或者达到与履行义务相同状态的活动。”[④]

当我们沿着这一“基点”往下走，“行政强制措施”与“行政强制执行”之间的“边界”以及这两种行为的划分意义会越来越明晰可见。

首先，行政强制执行，是有关国家机关对已经生效的具体行政行为的执行，行政强制措施是对未生效的具体行政行为的执行。

国际行政法学上，特别是德奥日国家，对于行政强制早有“基础行为”与“执行行为”划分理论。[⑤] 中国台湾地区则有“基础处分”与“执行处分”之说。[⑥] 按此理论，不论是即时强制，还是行政强制执行，都是对“基础行为”的

---

① 胡建淼主编：《行政法教程》，成人高等法学教育通用教材，司法部法学教材编辑部编审，法律出版社 1996 年版，第 167 页；杨海坤：《祖国大陆行政强制执行立法思路的优化选择》，载杨小君、王周户主编：《行政强制与行政程序研究——一九九九年海峡两岸行政法学术研讨会实录》，中国政法大学出版社 2000 年版，第 354 页。

② 应松年：《论行政强制执行》，《中国法学》（京）1998 年第 3 期第 12 页。

③ 杨海坤：《中国行政法基本理论》，南京大学出版社 1992 年版，第 420 页。

④ 张正钊主编：《行政法与行政诉讼法》，21 世纪法学系列教材，中国人民大学出版社 1999 年版，第 144 页。

⑤ ［德］哈特穆特·毛雷尔，高家伟译：《行政法学总论》，法律出版社 2000 年版，第 489 页；科伦布茨高级行政法院：NVwZ，1986 年，第 762 页。

⑥ 翁岳生（台湾）：《行政法》，翰芦图书出版有限公司 1998 年版，第 911 页。

一种执行；即时强制无非是“基础行为”与“执行行为”在程序上的合一，行政强制执行最典型地表现为“基础行为”与“执行行为”的分离。行政强制执行发动的前提，一般为被执行的“基础行为”已具“不可争议性”（unanfechtbarkeit），或称“法律上之形式确定”（formelle Rechtskraft）。[①] 根据德国1960年行政法院法（Verwaltungsgericht－VwGO）[②] 第70条和第74条规定，“不可撤销性”取决于两种情况：一是超过法定的救济时间，二是经有效判决维持。否则，无以发生“强制执行力”（vollstreckbarkeit）。[③]

中国《行政诉讼法》第六十六条在规定行政强制执行时，设定了行政强制执行发动的条件是“公民、法人或者其他组织对具体行政行为在法定期限内不提起诉讼又不履行”，这时，具体行政行为才发生效力。这里已包含了一个意思：被执行的具体行政行为“已经生效”是行政强制执行发生的前提。这一意思已被1999年最高人民法院的一个司法解释所肯定并明示。[④]

可见，把被执行的具体行政行为（或称“行政处理决定”更妥）“已经生效”作为行政强制执行的发动条件，这一点在国内外，无论理论上还是立法上都是相通的。这样，我们如果把所执行的具体行政行为“是否已经生效”作为“行政强制执行”与“行政强制措施”的分界线也是可行的，特别是符合中国的实际的。

这里有一个理论上的困难：有人也许会反驳说，这与“行政行为效力”的传统理论是矛盾的。因为传统的行政行为效力理论认为，行政行为与法院判决（终审判决除外）不同，它一经作出就具有法律效力，便可先行执行。作者以为，这一理论已经过时，它是20世纪二战前“行政命令权”与“行政执行权”合一时期的产物。二战以后，行政执行权从行政权中分离而出，这时的行政决定一经作出便可执行仅是一般的“例外”，大多行政行为都须经法律救济（或司法审查）

---

① 城仲模（台湾）：《日本行政代执行法之研究》，《行政法之基础理论》，三民书局1994年版，第365—366页。

② 该法于1960年1月21日由联邦议会制定，同年4月1日生效。后经几次修订，最后一次修订于1997年12月22日。见联邦法律公报第3224页。

③ ［德］哈特穆特·毛雷尔，高家伟译：《行政法学总论》，法律出版社2000年版，第481页。

④ 《最高人民法院关于执行〈中华人民共和国行政诉讼法〉若干问题的解释》（1999年11月24日经最高人民法院审判委员会第1088次会议讨论通过）第八十六条规定：行政机关根据行政诉讼法第六十六条申请人民法院强制执行的具体行政行为必须具备六种条件，其中之一是，该具体行政行为“已经生效”。但反映最高人民法院意见的《〈关于执行《中华人民共和国行政诉讼法》若干问题的解释〉释义》（最高人民法院行政审判庭编写，中国城市出版社2000年版，第184—186页）一书对“已经生效”的解释过于宽广，它不仅包括行政救济程序的终结，而且包括行政程序的终结。

以后方可执行。德国1960年《行政法院法》第80条的规定[①]，最为典型。

其次，在行政强制执行中，法律救济的审查范围限于执行行为，不涉被执行的基础行为；在行政强制措施中，法律救济的审查范围既包括执行行为，也包括被执行的基础行为。

行政强制行为必须接受法律监督，受行政强制侵害的公民有权获得法律救济，这是现代法治国家的要求。世界上的不少国家和地区均为行政强制设置了法律救济轨道。在德国，虽然1953年《联邦行政强制执行法》与1960年《行政法院法》对行政强制执行的法律救济没有专门而集中的规定，但它因执行主体、客体、措施的不同而分别适用普通法院和行政法院的救济。[②] 在日本，国民对行政厅的行政强制行为不服，可依照1962年的《行政不服审查法》、《行政案件诉讼法》和1947年的《国家赔偿法》获得救济。[③] 法国的政府无须法院的事先同意便可实施强制执行，但法律为当事人保留了"在任何情况下都可向行政法官上诉的权利"。[④] 在葡萄牙，根据1996年《行政程序法典》，有关当事人不服行政强制执行行为，可请求行政救济和司法救济。[⑤] 在中国的台湾地区，有关当事人对行政执行行为不服可寻求"诉愿"和"行政诉讼"的救济。[⑥]

然而必须指出的是，上述的司法救济均限于审查"执行行为"本身的合法性，而不涉被执行的"基础决定"，因为"基础决定"或是已经过法律救济，或

---

① 该条规定："[复议和撤销之诉的延缓效力]（一）复议和撤销之诉具有延缓效力。作出构架性和确认性具体行政行为及具有双重效力的具体行政行为时，亦从上规定。（二）只有在下列情形中才不具备延缓效力：1. 要求缴纳公共税负和费用的；2. 执行警员执行不可延缓的命令和措施的；3. 其他联邦法或州法规定的情形，特别是第三人对有关投资和创造劳动岗位的具体行政行为提起复议和诉讼的；4. 出于公共利益或诉讼参与人重要利益的考虑，作出具体行政行为的行政机关或对复议进行决定的行政机关特别指令需立即执行的。各州可规定，如法律救济涉及联邦法规定的由州负责的行政执行措施，则它们不具备延缓效力……"

② 应松年主编：《比较行政程序法》，中国法制出版社1999年版，第283页；[德] 哈特穆特·毛雷尔著，高家伟译：《行政法学总论》，法律出版社2000年版，第489页；于安：《德国行政法》，清华大学出版社1999年版，第163—164页。

③ 城仲模（台湾）：《日本行政代执行法之研究》，《行政法之基础理论》，三民书局1994年版，第383—390页；杨建顺：《日本行政法通论》，中国法制出版社1998年版，第493—500页。

④ 法国波尔多孟德斯鸠大学校长高德松（Gaudusson）教授：《法国的行政法和其政府的行政强制权》，在2000年行政强制的理论与实践国际研讨会上的发言及会议论文。

⑤ 该法第151条第三款和第四款规定："……三、就超越行政行为的界线的执行行为或行动，利害关系人可以提出行政申诉及行政诉讼。四、就执行上的行为或行动是否具有违法性，也可以提起行政诉讼，只要这一违法性并非是因为正在执行的行政行为违法性所引致。"

⑥ 廖义男（台湾）：《"行政执行法"简介》，载杨小君、王周户：《行政强制与行政程序研究——一九九九年海峡两岸行政法学术研讨会实录》，中国政法大学出版社2000年版，第20页。

因当事人放弃救济权利而拥有了“不可撤销力”。如德国行政法专家H. Maureryu说：“在这里，有必要区分基础处理和执行措施。例如，如果撤除决定已经不可诉请撤销，关系人只能主张强制执行的违法性，而不能主张撤除决定的违法性。”① 中国台湾地区刘宗德教授在1999年海峡两岸行政法学术研讨会上说：“对执行措施‘声明异议’后，如仍不服，应可再依‘诉愿法’及‘行政诉讼法’提起行政争讼。但应注意者，仅能对‘执行措施’，而不得对已发生存续力之‘基础处分’请求法律救济。”② 有中国台湾学者主张：当“基础处分”未生效时，应救济基础处分；当基础处分生效以后，应当救济“执行处分”。③

中国目前根据法律所设定的行政强制行为的现状：一类是，行政行为处理决定（基础行为）作出以后，该决定因相对人在规定的期限内未起诉而生效，国家机关实施强制执行的。这就是“行政强制执行”行为。我们暂简称“A类行为”。另一类是，行政处理决定作出后尚未生效，国家机关便强制执行的。此为上述的“行政强制措施”行为。我们简称“B类行为”。A类行为可分两种：一是行政机关自身强制执行，简称“A1行为”；二是申请法院强制执行④，简称“A2行为”。B类行为也可分两类：一类是行政机关自身强制执行，如公安机关把酒醉者强制约束至酒醒，简称“B1行为”；另一类是行政机关通过人民法院执行，⑤ 如监察机关提请人民法院冻结涉嫌人员在银行的存款，⑥，简称“B2行为”。

中国目前对上述四种行为的法律救济制度是：

关于A1行为，对它的基础行为（行政处理决定），由于相对人已在法定期限内放弃了诉权，该决定已经“生效”，因此，不再适用行政复议和行政诉讼救

---

① ［德］哈特穆特·毛雷尔著，高家伟译：《行政法学总论》，当代德国法学名著，法律出版社2000年版，第489页。

② 杨小君、王周户：《行政强制与行政程序研究——一九九九年海峡两岸行政法学术研讨会实录》，中国政法大学出版社2000年版，第53页。

③ 陈敏（台湾）：《行政法总论》，三民书局1998年初版，第728页。另，翁岳生主编的《行政法》（翰芦图书出版有限公司1998年版，第911页）一书也表明了同样的观点。

④ 由人民法院执行已经生效的具体行政行为的法律依据，除《行政诉讼法》第六十六条以外，还有《最高人民法院关于人民法院执行工作若干问题的规定（试行）》（1998年6月11日最高人民法院审判委员会第992次会议讨论通过，1998年7月8日公布，自1998年7月18日起施行）第二条。

⑤ 这种情况很少，以致我们在以前的研究中很少注意。

⑥ 《中华人民共和国行政监察法》（1997年5月9日第八届全国人民代表大会常务委员会第二十五次会议通过，1997年5月9日中华人民共和国主席令第85号公布施行）第二十一条规定：“监察机关在调查贪污、贿赂、挪用公款等违反行政纪律的行为时，经县级以上监察机关领导人员批准，可以查询案件涉嫌单位和涉嫌人员在银行或者其他金融机构的存款；必要时，可以提请人民法院采取保全措施，依法冻结涉嫌人员在银行或者其他金融机关的存款。”

济了[①]；对它的执行行为，是否可以作为“具体行政行为”而重新适用行政复议和行政诉讼，目前没有法律依据。

关于A2行为，对它的基础行为，当进入人民法院执行程序时，接受了人民法院的司法审查；[②] 对它的执行行为的监督，则适用司法异议制度解决。[③]

关于B1行为，当基础行为与执行行为同时作出时，如“留置盘问”，这种行为被作为“行政强制措施”适用行政复议与行政诉讼的救济，[④] 这一点是没有疑义的。当基础行为与执行行为先后作出时，相对人可对基础行为按“行政强制措施”救济方式适用行政复议和行政诉讼，若基础行为被确认“违法”，相对人可对执行行为按《中华人民共和国国家赔偿法》[⑤] 适用赔偿救济。

关于B2行为，对于基础行为，适用行政强制措施的救济方法是没有问题的，但对人民法院的执行行为如何救济，目前没有法律依据。但作者认为，B2行为的存在不应是中国将来的方向。

从上可知，我国对行政强制执行和行政强制措施的法律救济基本上是完备的，存在的主要问题是：当行政机关自行强制执行时，对行政机关的执行行为如何救济？即在A1行为中，对“执行行为”而不是“基础行为”如何监督？这一点若与国外的行政强制执行的法律救济相协调便可解决了，即对这类行为同样适用行政复议和行政诉讼救济，只是限于审查“执行行为”本身便可。这样，我们便在行政强制执行与行政强制措施之间找到了第二条“分界线”：对于行政强制执行，法律救济只以“执行行为”本身为审查范围；对于行政强制措施，法律救济可以“基础行为”或“基础行为”与“执行行为”一起作为审查范围。而这正接近我们国内一位教授的想法：“行政强制措施具有可诉性，这与行政强制执行

---

① 依据是《中华人民共和国行政复议法》第九，十七条和《中华人民共和国行政诉讼法》第三十八，三十九条。

② 依据是《最高人民法院关于执行〈中华人民共和国行政诉讼法〉若干问题的解释》第九十三，九十五条。第九十三条规定是：“人民法院受理行政机关申请执行其具体行政行为的案件后，应当在30日内由行政审判庭组成合议庭对具体行政行为的合法性进行审查，并就是否准予强制执行作出裁定；需要采取强制执行措施的，由本院负责强制执行非诉行政行为的机构执行。”第九十五条规定是：“被申请执行的具体行政行为有下列情形之一的，人民法院应当裁定不准予执行：（一）明显缺乏事实根据的；（二）明显缺乏法律依据的；（三）其他明显违法并损害被执行人合法权益的。”

③ 法律依据是《最高人民法院关于执行〈中华人民共和国行政诉讼法〉若干问题的解释》第九十七条、《中华人民共和国民事诉讼法》（1991年4月9日第七届全国人民代表大会第四次会议通过，1991年4月9日中华人民共和国主席令第44号公布，自公布之日起施行）第二零八条。

④ 依据是《行政复议法》第六条第二项和《行政诉讼法》第十一条第二项。

⑤ 1994年5月12日第八届全国人民代表大会常务委员会第七次会议通过，1995年1月1日起施行。以下简称《国家赔偿法》。

不同。行政强制执行是在行政机关作出行政处理决定后，当事人既不履行又不起诉的情况下才可能采取。行政强制执行所执行的行政处理决定，既然当事人对行政处理决定没有起诉，就不可能再对执行该决定起诉。除非是执行机关在执行过程中有错误，才可能提起新的诉讼。”①

行政强制执行与行政强制措施，它们都是一种国家强制行为，这是两者的共性；但它们又是两种各自独立、泾渭分明、互不交叉的具体行政行为。这就是为什么我们主张对它们用一个法规统一立法、在内容上又分别规范的理由。

三、即时强制与行政强制措施的关系

正当我们沿着“行政强制＝行政强制措施＋行政强制执行”这种行政法理架构和行政立法架构往前走，并将这种理论和制度与国外同种理论和制度相比较时，便马上发现一个事实：我国的行政强制架构理论与国外的理论及立法所反映的“理念”是惊人的相同又具惊人的差异。

英国、美国、法国②等，由于没有成文的行政强制法，因而也缺乏与此相适应的行政强制理论。而大陆法系国家，特别是德国、奥国、日本等，不仅有成文的行政强制法，而且有与此相适应的系统理论。这种理论所涉行政强制的架构几乎完全一致。正如台湾学者城仲模所述：“德奥日行政法学界对于行政强制之分类及学理说明，几乎一脉相承，即在‘行政强制（der verwaltungszwang）’的上位概念之下，区分为‘行政上强制执行（verwaltungsvollstreckung，zwangsvollzug；verwaltungsexekution，zwangsvollstreckung）’及‘行政上即时强制（sofortiger zwang，sofortiger polizeizwang）’。”③ 日本学者和田英夫也指出：“行政强制分为行政上的强制执行和行政上的即时强制两种。”④ 台湾陈新民认为：台湾地区“行政执行法”所涉“行政执行”，“以其行使之原因，乃人民有无‘违反义务’为前提与否，所分成的两大类：行政上强制执行及即时强制”。⑤

① 应松年：《论行政强制执行》，《中国法学》，1998年第3期，第22页。
② 法国不属英美法系，是成文法国家，但它的行政法恰恰是判例法。
③ 城仲模（台湾）：《行政法之基础理论》，三民书局1994年版，第320页。
④ ［日］和田英夫著，倪建明、潘世圣译：《现代行政法》，中国广播电视出版社1993年版第221页。
⑤ 陈新民（台湾）：《行政法学总论》，三民书局2000年修订七版，第401页。

细加比较，我们可以发现，把强制性的特种的行政性行为总称为“行政强制”，而且它又“一分为二”，这一点我们与德奥日及中国的台湾地区是相同的；但有一个明显的差别，我们的行政强制是行政强制执行与“行政强制措施”的合称，而它们所述的行政强制则是行政强制执行与“即时强制”的合称。由此势必引出一个问题：我们的“行政强制措施”与它们的“即时强制”是否为同一个概念？如果答案是肯定的，那么可否统一它们的名称？相反，如果答案是否定的，那么在中国“行政强制”的构成中，是否还存在一个“第三者”，即在“行政强制执行”和“行政强制措施”之外还有“即时强制”？

在普通法系国家的行政法学理论中，无“即时强制”这一明晰概念，但有类似制度。如在美国，由于其突出“司法优位”（judicical supremacy）及“法律支配”（rule of law）原则，所有义务的执行大多通过“司法强制执行”（judicial enforcement）程序解决，只限于四种极个别的情况方可适用行政机关的“简决权限”（summary powers）即时处理：（1）对于负有交纳国税义务人财产之查封与扣押；（2）外国人之驱逐；（3）对妨害卫生行为的排除；（4）对妨害安全秩序之排除。在美国若有“即时强制”的概念，那么它仅指行政机关在极个别情况下可以不经听证（hearing）和司法程序径由自力执行的行为。①

而在大陆法系国家，“即时强制”在行政强制理论中不仅是一个不可或缺的概念，而且是一个极为重要的概念。在德国，即时强制虽在1953年的《联邦行政强制执行法》或1957年的《莱茵邦·柏尔兹行政强制执行法》中未列专门章节，但它散见于联邦行政强制执行法、各州行政强制执行法及警察法等具体法规的具体条文之中，而且以一种独特而重要的立法方式而存在。德国的即时强制有两个特征比较明显：（1）不以行政处分的作出为前提，或者说，无先前义务的存在；②（2）无事先告诫环节。因为时间上的紧迫性，容不得这一环节的存在。德国即时强制的适用范围始终是明显的，但在二战前后有一定变化。20世纪初期，从各邦法的规定上看，即时强制主要适用三个范围：（1）保护行政事务的实施及公物不受破坏（警察自卫权）；（2）防止犯罪行为；（3）排除紧急危险。二战以后，即时强制的适用范围略有变化，主要表现为警察的自卫权不再构成即时强制

---

① 城仲模（台湾）：《行政法之基础理论》，三民书局1994年版，第287—288页；Bernard Schwartz：Administrative Law，Little，Brown and Company，Boston Toronto 1976。

② 这正好与行政强制执行相区别：即时强制“无先前存在之义务”，行政强制执行为“有先前存在之义务而不履行者”。见城仲模（台湾）：《行政法之基础理论》，三民书局1994年版，第321—325页。

的法定原因。[①] 即时强制作为“公法上行为、不行为或容忍义务执行”的一种例外，联邦行政强制执行法有一项专门规定。该法第6条第二款规定：“非法行为应处以刑罚或治安罚款的，为阻止其发生，或为防止紧急危险，行政机关应立即采取行动在法定职权内行事的，可无须事先作出具体行政行为而直接采取行政强制执行措施。”这一规定表明了以下几个意思：(1) 即时强制只能针对一定程度的违法行为作出，这种违法行为到达了“应处以刑罚或治安罚款”以上的程度；(2) 即时强制只有在不作出这行为已无以“阻止”或“防止”上述违法行为发生的条件下才能实施；(3) 行政机关实施即时强制时，必须在法定职权范围内进行，即必须在具体法律明文授权的范围内实施；(4) 即时强制的主要特征是，它无须事先作出“基础行为”。德国法兰克福大学海默斯（Georg Hermes）教授解释道，即时强制适用三个条件：“(一) 虽然具备作出行政行为的法律条件，但因为特殊紧急情况而不能作出行政行为；(二) 具备使用各种强制方法的法律条件；(三) 有特殊紧急的需要。如果从觉察到危险到出现预期的损害之间的时间很短，以至于因作出行政行为而产生的迟延会导致不能有效排除危险或者甚至加重了排除危险的难度，这种情况就是特殊紧急的需要。”[②]

日本1948年的《行政代执行法》未对“即时强制”作出规定，但这并不意味着即时强制不存在。因为日本的《行政代执行法》并非是其行政强制行为的基本法，仅是有关“代执行”方面的单一法规。日本的“即时强制”显然不属“代执行”，故由其他法律[③]而不由《行政代执行法》规定。作为日本行政强制制度的一个重要组成部分，即时强制系指“在眼前存在急需排除的障碍而又无预先命令这种义务的余地，从该事物性质上看，通过科以义务仍不能实现行政目的的情况下，不作出履行义务的命令，而直接对国民的身体及财产施加实力，从而实现行政上必要状态的作用”。[④] 杨建顺在《日本行政法通论》中对日本的即时强制有了更通俗的说明：一般而言，因国民不履行法律或行政行为所规定的义务，行政厅实施强制权以达到该义务的被履行，这就是行政上的强制执行，是日本行政强制的基本形态；但有这种情况存在，由于事件火急，行政厅没法事先作出义务

① 李建良（台湾）：《行政上即时强制之研究》，《1998年海峡两岸行政法学术研讨会实录》，台湾政治大学法学院主办、出版，行政院大陆委员会、行政院科学委员会、海峡交流基金会、法治建设基金会、汉辉文教基金会协办。

② ［德］海默斯：《德国行政执行和行政强制》，在2000年12月6—7日的行政强制的理论与实践国际研讨会上的发言及会议论文。

③ 在日本，规定即时强制方面的法律挺多，如《警察官职务执行法》第2、3条、《所得税法》第234条，《结核预防法》第7条，《消防法》第4条，《未成年人饮酒禁止法》第2条，等等。

④ ［日］室井力主编，吴微译：《日本现代行政法》，中国政法大学出版社1995年版，第136页。

命令，那就不必以相对人不履行义务为前提，便可直接而突然地对国民的身体、自由及财产施加强制力。后者就是行政上的即时强制。①

中国台湾地区1998年以前的《行政执行法》，在移植德国制度时，误把“直接强制”当作“即时强制”。该法第6条便是例证。② 有幸的是，台湾理论上的觉醒比“立法”上的觉醒早得多。台湾不少学者早就指出：即时强制是相对一般强制而言，而不是相对间接强制而言；即时强制与直接强制既有联系，又有区别。③ 正如台湾陈敏先生所说：即时强制（德 sofortiger vollzug）“乃一种简化程序之紧急措施，其实质内容可以为直接强制，亦可以为间接强制中的代履行”。④ 还有学者主张：“即时强制不能当作独立的（强制执行）类型，主要原因就是若当作独立类型，它就脱离处分权的法律依据，就可直接拿即时强制当作一个行使执行权的依据，如此法律保留原则整个就会被架空。”⑤ 台湾学者们对即时强制的研究已在新的行政执行立法中为即时强制争到了一席之地。1998年的《行政执行法》已为即时强制单设了一章作专门规范。

台湾1998年《行政执行法》第36条规定：“行政机关为阻止犯罪、危害之发生或避免急迫危险，而有即时处置之必要时，得为即时强制。”这就是说，即时强制既是行政机关的权力，也是行政机关的义务，其适用条件是处于急迫状态，实有即时处置之必要。同时根据该条规定，即时强制方法有四种：(1) 对于人之管束；(2) 对于物之扣留、使用、处置或限制其使用；(3) 对于住宅、建筑物或其他处所之进入；(4) 其他依法定职权的为之必要处置。但是，这些方法的使用不是无条件的。相反，它有严格的限制。台湾现行《行政执行法》第37条至第40条对上述方法的适用规定了特别的条件。对于人之管束，是直接影响被执行人的人身自由权的即时强制措施，故限于有下列情形之一者方可使用：(1) 疯狂或酗酒泥醉，非管束不能救护其生命、身体之危险，及预防他人生命、

---

① 杨建顺：《日本行政法通论》，中国法制出版社1998年版，第493—494页。

② 台湾原《行政执行法》第6条误把“即时强制”的手段当成是“直接强制”的手段。

③ 台湾学者林纪东先生认为：即时强制与紧急情形相连，与平时相对。（见其《行政法》，三民书局1980年修订六版第378页）张家洋先生在《行政法》（三民书局股份有限公司1991年版，第639页）一书中把即时强制与直接强制之间的区别归纳为两点：“（一）直接强制须以客体义务之存在及不履行为前提，而即时强制不以义务之存在及不履行为前提。（二）直接强制须经过预为告诫程序，即时强制既无义务存在，自无须以告诫为前置程序。”城仲模先生在《行政法之基础理论》（三民书局1994年新订增版，第278页）一书中作了类同的论述。

④ 陈敏（台湾）：《行政法总论》，三民书局1998年初版，第717页。

⑤ 李建良（台湾）：《行政上即时强制之研究》，《1998年海峡两岸行政法学术研讨会实录》，第290页。

身体之危险者；(2) 意图自杀，非管束不能救护其生命者；(3) 暴行或斗殴，非管束不能预防其伤害者；(4) 其他认为必须救护或有害公共安全之虞，非管束不能救护或不能预防危害者。对人的管束不得逾二十四小时。军器、凶器及其他危险物，为预防危害之必要，得扣留之。扣留之物，除依法应没收、没入、毁弃或应变价发还者外，其扣留期间不得逾三十日。但扣留之原因未消失时，得延长之，延长期间不得逾两个月。扣留之物无继续扣留必要者，应即发还；于一年内无人领取或无法发还者，其所有权归属国库；其应变价发还者，亦同。遇有天灾、事变或交通上、卫生上或公共安全上有危害情形，非使用或处置其土地、住宅、建筑物、物品或限制其使用，不能达防护之目的，得使用、处置或将限制其使用。对于住宅、建筑物或其他处所之进入，以人民之生命、身体、财产有迫切之危害，非进入不能救护者为限。

从以上考察大体可以得出以下结论：即时强制，是国家行政强制的一个重要组成部分，它与行政上的强制执行最关键的区别是：(1) 前提不同。行政强制执行以相对人事先存在一种义务而他拒不履行义务为前提，而即时强制无此前提。(2) 有无告诫不同。在行政强制执行中，执行机关有事先的告诫程序并期待相对人自我履行，而在即时强制中因情况紧急，执行机关立即实施强制，不存在告诫及期望相对人自我履行。(3) 义务不同。行政强制执行所涉相对人的履行义务，内容比较广泛，有金钱上的给付义务，行为上的作为、不作为及容忍义务，而在即时强制中，相对人无事先的义务，只是当执行机关实施即时强制时，他负有一种容忍义务。(4) 法律救济范围不同。即时强制作为一种事实行为，不仅适用完整的法律救济，而且救济范围是整个即时强制行为；而对行政强制执行的法律救济，由于基础行为已具有“不可撤销性”，所以救济只以执行行为为限。

如果我们把国外“行政上的强制执行”与“行政上的即时强制”之间的“界线”，及由这种“界线”所反映的“即时强制”本身的特征，与中国行政法理、行政立法（特别是行政诉讼法）上所涉“行政强制执行”与“行政强制措施”之间的“区别”，及由这种“区别”所反映的“行政强制措施”本身的特征作一比较的话，便会惊奇地发现：国外的“即时强制”与我们的“行政强制措施”的特征是相通的，它们其实是同一种强制行为。

中国《行政诉讼法》第十一条第二项规定的“行政强制措施”，目前只有学理解释，没有法定解释。但从该法条对“行政强制措施”所列的具体手段——“限制人身自由[①]或者对财产的查封、扣押、冻结等”——来看，以上所述“即时强制”的特征，对它们完全适用。我们就以“查封”“扣押”为例加以说明。当行政主体对某一相对人实施财产上的查封、扣押时，首先，不存在先由行政机关作出一个行政决定来规定相对人的义务，相对人拒不履行该义务的事实前提；其次，也不存在一个告诫程序以等待其自己履行，客观上被查封者或被扣押者也无法自我履行，因为相对人由于只是一个“被查封者”或“被扣押者”而不是“查封者”或“扣押者”，他无法自己对自己实施查封或扣押；第三，“被查封者”或“被扣押者”事先不存在被强制方面的义务，只是当行政机关实施查封、扣押时，他们才出现“容忍”（即接受被查封和扣押）的义务；最后，相对人对行政机关“查封”“扣押”的行为不服，完全适用行政复议和行政诉讼的救济，不存在法律救济只以“执行行为”为限的问题，因为在这里不存在一个已经生效的行政决定（基础行为）问题。

到此，我们便发现了一个新的公式：国外行政法理上的“行政强制＝行政上的强制执行＋行政上的即时强制”与我们行政法理上的“行政强制＝行政强制执行＋行政强制措施”是相等的。为便于理解与接受这一观点，还需澄清一个误解：“即时强制”有“即时”字眼，让人有“紧急”之感，而“行政强制措施”中无“即时”一词，让人以为它不是在紧急情况下实施的。笔者想指出的是：“即时”强制是“立即”强制之意，而非“紧急”强制之意；即时强制属于“一般行政法”的范畴，紧急强制才是“紧急行政法”的范围，国外制定的“行政强制执行法”及我国拟将制定的“行政强制法”，从未被人定位过“紧急行政法”；即时强制中的“即时”并非为处理事态的“紧急性”的程度上的标准，而是因事态的性质决定了行政机关不可能也不应当事先作个决定来等待相对人自我履行这一“强制方式”上的标准；我国的行政强制措施完全符合“即时”作出强制的标准。

让人欣慰的是，在我国不仅从《行政诉讼法》条款本身研究能发现“行政强制措施”与“即时强制”之间的“同一性”，而且已有学者从学理上推出“行政强制措施”就是“即时强制”的结论。如有学者说：“行政强制措施……也被称为‘即时强制’。”[②] 另有学者认为：行政强制由即时性强制与执行性强制组成。[③] 还有主张把行政强制行为分为“即时性强制措施”与“执行性强制措施”两部分。[④]

---

① 如对酒醉者的强制约束，直到被约束者酒醒。

② 方世荣主编：《行政法与行政诉讼法》，高等政法院校法学主干课程教材，司法部法学教材编辑部编审，中国政法大学出版社 1999 年版，第 249 页。

③ 周佑勇：《行政法原论》，中国方正出版社 2000 年版，第 244—245 页。

④ 罗豪才主编：《行政法学》，高等教育法学教材，北京大学出版社 1996 年版，第 233 页。

鉴于海外所提的“即时强制”实际上就是我们所说的“行政强制措施”，又鉴于“行政强制措施”比“即时强制”更易产生歧义，作者主张我们将来的立法与理论以用“即时强制”一词代替“行政强制措施”为宜。当然在过渡时期，暂时使用“行政强制措施”也无妨，只要认识到它与“即时强制”的“同一性”便可。

还必须指出的是，我们原来把国外的“即时强制”混同于“紧急强制”是不对的。国外的“即时强制”就是中国所提的“行政强制措施”。但否认行政强制措施有“一般强制措施”与“紧急强制措施”之分，也是不符合客观规律的。行将制定的“行政强制法”应为一般强制措施设计一般的程序要求，如事先作出决定、告诫、证件手续等，但紧急强制措施由于基于情况的万分火急为条件，故可不受上述程序要求的约束。这就是区别一般强制措施与紧急强制措施之间界线的意义。

四、先行执行行为的定位问题

我们在上面已经表明了一种观点：中国的“行政强制”由“行政强制执行”与“行政强制措施”（即时强制）所组成；而“行政强制执行”与“行政强制措施”之间最关键的区别是：前者是基于“基础行为”与“执行行为”的分离，因相对人不履行已经生效的“基础行为”而对相对人实施强制执行，以迫使相对人履行基础行为所规定的义务；后者是基于“基础行为”与“执行行为”的不可分离性，出于维持公共秩序的需要所作出的强制行为，它不以基础行为的生效及相对人不履行该基础行为为前提。这一“结构图”固然泾渭分明，但尚有一点缺陷，那就是：无论在中国还是国外，客观上还存在一种介于行政强制措施与行政强制执行之间的行为。如：按《中华人民共和国税收征收管理法》[①] 第二十七条所规定的强制执行[②]，它因基础行为与执行行为的分离[③]而不属于行政强制措施，

---

① 1992年9月4日第七届全国人民代表大会常务委员会第二十七次会议通过，根据1995年2月28日第八届全国人民代表大会常务委员会第十二次会议《关于修改〈中华人民共和国税收征收管理法〉的决定》修正。

② 该条规定：“从事生产、经营的纳税人、扣缴义务人未按规定的期限缴纳或者解缴税款，纳税担保人未按照规定的期限缴纳所担保的税款，由税务机关责令限期交纳，逾期仍未交纳的，经县以上税务局（分局）局长批准，税务机关可以采取下列强制执行措施：（一）书面通知其开户银行或者其他金融机关从其存款中扣缴税款；（二）扣押、查封、拍卖其价值相当于应交纳税款的商品、货物或其他财产，以拍卖所得抵缴税款。税务机关采取强制执行措施时，对前款所列纳税人、扣缴义务人、纳税担保人未缴纳的滞纳金同时强制执行。”

③ 这里的“基础行为”就是税务机关“责令限期交纳”，“执行行为”则是税务机关由于纳税人、扣缴义务人、纳税担保人逾期不履行交纳义务而实施的“强制执行措施”。

又因执行行为不以基础行为生效为前提[①]而不属行政强制执行。根据《中华人民共和国治安管理处罚条例》[②] 第三十五条、第四十条规定，公安机关对违反治安管理行为人作出拘留处罚决定后，如果该行为人或其家属既不提供担保，又不交纳保证金的，公安机关可以实施强制执行。这种强制执行与上述道理一样，它既不属于行政强制措施，也不属于以基础行为“生效”为前提的行政强制执行。

这种介于行政强制措施与行政强制执行之间的强制行为就是“先行执行”行为，它以基础行为作出以后但尚未最终生效（即不是在法定救济期限内放弃救济权利，或经法律救济维持了基础行为）之前便实施强制执行为特征。这种“先行执行”行为，无论在外国还是中国，不管是坚持法律救济不停止原行政行为执行的国家（如法国），还是相反（如德国），都客观而广泛地存在着。

在法国，“行政法授予政府几种不需要事先取得司法同意就可以实施其决定的方式”，而且“如果当事人反抗，政府可以采取实质性措施及直接使用军队和警察来执行其决定”。政府的这项行政强制执行权，渊源于“行政处理效力上的先定特权”。这一特权由行政法院的判例所确认。当然其强制方法的选择，一般须有成文法的依据。[③]

德国奉行的原则与法国不同，当事人申请法律救济时，原则上要停止行政行为的执行，只有在个别情况下才能先行执行。这一原则的依据是“行政法院法”而不是“行政强制执行法”。根据德国 1960 年《行政法院法》第 80 条规定，当事人提起“复议和撤销之诉”，对所诉行政行为具有“延缓效力”之功，除非遇有“缴纳公共税负和费用”等四种情况[④]，行政机关才能先行执行。

日本 1962 年行政不服审查法[⑤]和同年的行政案件诉讼法[⑥]分别创立了作为对

---

① 这一法律条款只把相对人逾期不履行交纳义务作为执行的前提，而没有把由《行政诉讼法》第六十六条所规定的“既不起诉又不履行”（即基础行为的生效）作为执行的前提。

② 1986 年 9 月 5 日第六届全国人民代表大会常务委员会第十七次会议通过，1986 年 9 月 5 日中华人民共和国主席令第 43 号公布，自 1987 年 1 月 1 日起施行。

③ 法国波尔多孟德斯鸠大学校长高德松（Gaudusson）教授：《法国行政法和其政府的行政强制权》，在 2000 年 12 月 6—7 日的行政强制的理论与实践国际研讨会上的发言及会议论文；王名杨：《法国行政法》，中国政法大学出版社 1989 年版，第 166—171 页。

④ 这四种情况是：1. 要求缴纳公共税负和费用的；2. 执行警员执行不可延缓的命令和措施的；3. 其他联邦法或州法规定的情形，特别是第三人对有关投资和创造劳动岗位的具体行政行为提起复议和诉讼的；4. 出于公共利益或诉讼参与人重要利益的考虑，作出具体行政行为的行政机关或对复议进行决定的行政机关特别指令需立即执行的。

⑤ 该法于 1962 年 9 月 15 日，以法律第 160 号公布施行。

⑥ 该法于 1962 年 5 月 12 日，以法律第 139 号公布施行。

“行政处分”[①] 进行行政救济的行政不服审查制度和作为对行政行为进行司法救济的“行政诉讼制度”。这两项制度都奉行“行政审查与行政诉讼不停止原行政处分的执行，但在法定的理由成立时，可以停止原行政处分的执行”之原则。[②]这种做法与中国非常接近。

中国台湾地区的行政诉愿制度与行政诉讼制度确立了与日本一样的原则。[③]

我国《行政复议法》第二十一条[④]与《行政诉讼法》第四十四条[⑤]确立了行政复议和行政诉讼不停止原具体行政行为执行的原则；《行政诉讼法》第六十六条及《最高人民法院关于执行〈中华人民共和国行政诉讼法〉若干问

---

① 日本行政法律和行政法学上所提“行政处分”接近我国行政法律与行政法学上所提的“具体行政行为”。当然严格地说，日本的“行政处分”比中国的“具体行政行为”范围略小一些，至少前者限指单方行为。

② 这一原则分别由日本行政不服审查法第 34 条与行政案件诉讼法第 25 条确立。日本行政不服审查法第 34 条规定：“［停止执行］一、提起审查请求，并不妨碍处分的效力、处分的执行或程序的继续进行。二、处分厅的上级行政厅作为审查厅在认为必要时，可依审查请求人的申请或以职权，全部或部分停止处分的效力、处分的执行和程序的继续进行，或者采取其他措施。三、处分厅的上级行政厅以外的审查厅在认为必要时，可依审查请求人的申请并在听取处分厅的意见以后，实施停止执行。但不得采取全部或部分处分的效力、处分的执行和程序的继续进行以外的其他措施。四、审查请求人提出前两款规定的申请以后，为了避免因处分、处分的执行或程序的继续进行产生难以恢复的损害而认为有紧急必要时，审查厅必须实施停止执行。但可能对公共福利产生重大影响或使处分的执行、程序的继续进行有成为不可能的危险时，或者原告人的诉讼请求看来没有理由时，不在此限。五、在前三款情形下，如果通过停止处分效力以外的措施可以达到目的时，不得停止处分的效力。六、停止执行的申请提出以后，审查厅应迅速决定是否实施停止执行。”日本行政案件诉讼法第 25 条规定：“［停止执行］一、取消诉讼之提起，不妨碍处分的效力、处分的执行或程序的继续履行。二、在已有了提起的取消诉讼时，为避免由于处分、处分的执行或程序的继续进行，产生难于恢复的损害而有紧急必要，这时，裁判所可根据申请，决定停止部分或全部处分的效力，处分的执行或程序的继续执行（以下称为‘执行停止’），但处分效力如由于处分的执行或程序的继续执行可达到目的时，不可停止。三、执行停止如对公共福利有波及重大影响之虞时，或关于本案似乎没有理由时，不能停止……”

③ 中国台湾 1998 年修订的《诉愿法》第 93 条规定，“原行政处分之执行，除法律另有规定外，不因提起诉愿而停止。原行政处分之合法性显有疑义者，或原行政处分之执行将发生难以回复之损害，且有急迫情事，并非为维护重大公共利益所必要者，受理诉愿机关或原行政处分机关得依职权或依申请，就原行政处分之全部或一部，停止执行。前项情形，行政法院亦得依声请，停止执行。”1975 年修订的《行政诉讼法》第 12 条也规定：“原处分或决定之执行，除法律另有规定外，不因提起行政诉讼而停止。但行政法院或为处分或决定之机关，得依职权或依原告之请求停止之。”

④ 该条规定：“行政复议期间具体行政行为不停止执行；但是，有下列情形之一的，可以停止执行：（一）被申请人认为需要停止执行的；（二）行政复议机关认为需要停止执行的；（三）申请人申请停止执行，行政复议机关认为其要求合理，决定停止执行的；（四）法律规定停止执行的。”

⑤ 该条规定：“诉讼期间，不停止具体行政行为的执行。但有下列情形之一的，停止具体行政行为的执行：（一）被告认为需要停止的；（二）原告申请停止执行，人民法院认为该具体行政行为的执行会造成难以弥补的损失，并且停止执行不损害社会公共利益，裁定停止执行；（三）法律、法规规定停止执行的。”

题的解释》第八十七条[①]又确立了对于相对人“在法定期限内不提起诉讼又不履行的”，即“已经生效的”具体行政行为的执行原则：（1）法律、法规赋予行政机关有强制执行权的，由行政机关强制执行；（2）法律、法规没有赋予行政机关有强制执行权的，行政机关可依据《行政诉讼法》第六十六条申请人民法院强制执行，人民法院应当依法强制执行；（3）法律、法规规定既可以由行政机关依法强制执行，也可以申请人民法院强制执行的，便可由行政机关或人民法院强制执行。

我们在这里需要回答的是：这种“先行执行”行为，是属于“行政强制执行”的一部分，还是“行政强制措施”的一部分？或是它们以外的“第三种强制行为”？

在回答这个问题之前，我们需注意到它的两个显著特征。

第一，先行执行行为具有“执行性”。它须以被执行决定（基础行为）的先行存在为前提，从而又须以基础行为与执行行为相分离为条件。先行执行依然是对基础行为的执行。如果基础行为与执行行为合一，那便是行政强制措施行为而不是先行执行行为了。这正是先行执行行为与行政强制措施之间的主要区别。

第二，先行执行行为具有“先行性”。它是相对于事后执行而言。从一定意义上说，行政强制执行有事先执行和事后执行之分。虽然世界上不少国家与中国一样，法律救济（行政复议或行政诉讼）不停止原具体行政行为的执行，但如前所言，只要一种业已作出的具体行政行为已因公民的异议而进入法律救济程序，原则上要停止原具体行政行为的执行。无论是最高人民法院 1991 年的一个司法解释[②]，还是现行 1999 年的一个司法解释[③]，也都表明了最高人民法院的这一精神。在这样的原则下，先行执行仅是特殊情况下发生的一种例外。换句话说：先行执行奉行以“事后执行为原则，先行执行为例外”之原则。显然，如果万事均应事先执行，那么“先行执行”提法便是多此一举。

---

① 该条规定：“法律、法规没有赋予行政机关强制执行权，行政机关申请人民法院强制执行的，人民法院应当依法受理。法律、法规规定既可以由行政机关依法强制执行，也可以申请人民法院强制执行，行政机关申请人民法院强制执行的，人民法院可以依法受理。”

② 最高人民法院《关于贯彻执行〈中华人民共和国行政诉讼法〉若干问题的意见（试行）》（1991 年 5 月 29 日最高人民法院审判委员会第 499 次会议讨论通过）第五十七条规定：“在诉讼过程中，行政机关申请人民法院强制执行被诉具体行政行为的，人民法院不予执行。在必要时，人民法院可以采取财产保全措施。”

③ 最高人民法院《关于执行〈中华人民共和国行政诉讼法〉若干问题的解释》（1999 年 11 月 24 日最高人民法院审判委员会第 1088 次会议讨论通过）第九十四条规定：“在诉讼过程中，被告或者具体行政行为确定的权利人申请人民法院强制执行被诉具体行政行为，人民法院不予执行，但不及时执行可能给国家利益、公共利益或者他人合法权益造成不可弥补的损失的，人民法院可以先予执行。后者申请强制执行的，应当提供相应的财产担保。”

据此可以推论，“先行执行”并不是置于“行政强制措施”与“行政强制执行”之外的第三种行政强制行为，而仅仅是行政强制执行的一种“例外”而已。

五、行政强制的内存结构及立法定位

根据以上对“行政强制”“行政强制执行”“行政强制措施”“即时强制”“先行执行”这些基本概念内涵及外部界线的分析，我们可以对行政强制（行为）的内部结构列表如下：

中国行政强制行为结构图

<table>
<tr><th></th><th>分类</th><th>区分特征</th><th>再分类</th><th>区分特征</th><th>有无执行保全</th><th>救济途径</th><th>审查范围</th></tr>
<tr><td>行政强制行为</td><td>行政强制措施＝（国外）即时强制</td><td>（1）基础行为与执行行为合一；（2）基础行为的效力尚未最终确定</td><td>一般强制措施</td><td>适用一般情形，服从程序要求：（1）决定；（2）告诫；（3）期待自我履行，等</td><td>无</td><td>行政复议
行政诉讼</td><td>基础行为与执行行为</td></tr>
<tr><td rowspan="3">行政强制行为</td><td>行政强制措施＝（国外）即时强制</td><td>（3）对基础行为与执行行为合一救济</td><td>紧急强制措施</td><td>适用万分紧急情形，不受一般程序约束</td><td>无</td><td>国家赔偿
国家补偿</td><td>基础行为与执行行为</td></tr>
<tr><td rowspan="2">行政强制执行</td><td rowspan="2">（1）基础行为与执行行为分离；（2）基础行为已经生效；（3）对基础行为与执行行为分离救济。</td><td>行政机关自我执行</td><td>（1）行政主体；（2）行政行为；（3）适用行政法</td><td>有</td><td>执行异议</td><td rowspan="2">执行行为</td></tr>
<tr><td>行政机关申请法院执行</td><td>（1）司法主体；（2）司法行为；（3）适用司法法</td><td>有</td><td>执行异议</td></tr>
</table>

“行政强制执行”的另一种分类

	分类	依据	救济途径	审查对象
行政强制执行	先行执行	《行政复议法》第二十一条；《行政诉讼法》第四十四条	（是否适用行政复议和行政诉讼，目前尚无明文规定）	（建议） 基础行为或基础行为与执行行为
	事后执行	1999 年最高人民法院司法解释第九十四条	执行异议	执行行为

根据以上对中国“行政强制（行为）”的定位，我们进而可对中国制定“行政强制法”作出如下的定位：

中国行将制定的这方面的法律在名称上应以定“行政强制法”为宜，这样才能覆盖所有的调整范围。

中国的“行政强制法”既要规范行政强制执行行为，更要规范行政强制措施行为，因为在中国现行立法与行政的条件下，行政强制措施比行政强制执行因存在的问题更严重而更需规范。

中国“行政强制法”应注重行政强制措施与行政强制执行、一般强制措施与紧急强制措施、行政机关自身执行与申请人民法院执行、事先执行与事后执行之间的划分及意义，因为它们对行政相对人权利的影响、适用条件、实施程序、救济途径与范围等都可能是不同的。

§ 1.18　关于《行政强制法》意义上的“行政强制措施”之认定

——对二十种特殊行为是否属于“行政强制措施”的评判和甄别

内容提要：《行政强制法》第二条关于“行政强制措施”的定义和第九条对行政强制措施“种类”的列举式规定，无疑为我们认定行政强制措施提供了理论标准和种类标准，但仍未消除我们在实施《行政强制法》过程中的困惑，尤其在该法施行的第一年，不少在立法上和实践中出现的特殊行为我们无法轻松地对它们作出是否属于“行政强制措施”的判断。本文通过对法律和实践中存在的二十种特殊行为的评判和甄别，以推进对“行政强制措施”标准和范围的研究。

关键词：行政　措施　认定

一

《中华人民共和国行政强制法》（以下简称《行政强制法》）第二条第二款对“行政强制措施”的界定是：“行政强制措施，是指行政机关在行政管理过程中，为制止违法行为、防止证据损毁、避免危害发生、控制危险扩大等情形，依法对公民的人身自由实施暂时性限制，或者对公民、法人或者其他组织的财物实施暂时性控制的行为。”第九条又用四个列举条款加一个兜底条款对行政强制措施的种类进行了规定：“行政强制措施的种类：（一）限制公民人身自由；（二）查封场所、设施或者财物；（三）扣押财物；（四）冻结存款、汇款；（五）其他行政强制措施。”这些规定无疑为我们认定和掌握行政强制措施行为提供了法律依据和理论依据。但是，在《行政强制法》的实施中，人们在实施操作上除了四种常用的措施，即限制人身自由、查封、扣押和冻结外，其他的行政强制措施较难认定。由于《行政强制法》第九条第五项的兜底条款“其他行政强制措施”“肚子”过大而又表述不如列举式条款明确，会使执法者在实践中难以把握，尤其在《行政强制法》施行的第一年，人们难免会将本来不属于行政强制措施的行为放入“行政强制措施”之中，同样也可能将真正的“行政强制措施”拒之门外。

本文试图通过对可能最具争议的大量特殊行为进行评判，来甄别其是否属于行政强制措施，从而清晰“行政强制措施”的范围。这一研究的意义不仅在于深化认定行政强制措施的理论标准，同时也直接关乎对以前各类措施的清理和将来更准确地设定新的行政强制措施。

不过在进入这一工作之前，可能有必要重新明确和探讨认定“行政强制措施”的理论标准，这一标准无疑将构成接下来的研讨工作的理论基础。

二

要把握行政强制措施的认定标准，有赖于把握行政强制措施行为的法律特征。根据《行政强制法》第二条第二款有关行政强制措施的法律定义并结合行政法理论，我们拟对行政强制措施的法律特征作如下的刻画。这些法律特征同时构成了认定行政强制措施的理论标准。

第一，行政强制措施是一种“限权性”行为。这一特征首先表明：它是一种负担行政行为而不是授益行政行为，就当事人而言，它将承担一种不利后果；其次表明：它是一种限权性行政行为而不是处分性行政行为，它表现为对当事人权利的限制而不是剥夺。扣押一块走私手表与没收一块走私手表的最大区别是，前者只是对走私手表使用权的限制，后者则是对走私手表所有权的一种处分（剥夺）；而前者正属于行政强制措施，后者则属于行政处罚。在行政强制措施中，无论表现为行政机关对公民人身自由的限制，抑或表现为行政机关对法人财产的查封，都表现为行政机关对当事人人身自由权或财产权的一种限制。

第二，行政强制措施是一种“暂时性”行为。暂时性也称临时性，相对于永恒性而言。行政强制措施是行政机关在行政管理过程中为维护和实施行政管理秩序而采取的暂时性手段，本身不是其管理的最终目标。采取行政强制措施并未达到也不可能达到管理上的封闭结果，它是为另一种处理结果的实现服务的。如对当事人财产的扣押，本身不是目的，因而不可能是永恒的（迟早会解除扣押），它是为防止财产的转移而使事后的处理结果无法实施而采取的预防性、保障性措施。行政强制措施作为一种暂时性行为也同时可理解为一种中间性行为，显然与作为最终性行为的行政处罚、行政裁决和行政强制执行等行为相区别。

第三，行政强制措施是一种“可复原性”行为。在行政强制措施实施前，被强制人的人身自由权与财产权处于“原状态”，强制机关对其实施强制措施后，被强制人的人身自由和财产权就处于“被限制状态”，强制措施被撤销或强制措施到期后，被强制人的人身自由和财产权又会回复到被强制前的状态即“原状态”。这就表明行政强制措施具有“可复原性”，行政处罚和行政执行等一般不具有“可复原性”。行政强制措施的“可复原性”显然与“暂时性”有关，但还是属于两个不同的特征，因为前者是个时间要素，后者是个状态要素。

第四，行政强制措施是一种“从属性”行为。所谓从属性行为，系指为另外一种行政行为服务的辅助性行为，具有预防性、保障性之特点。如限制人身自由是为了防止该人继续危害社会，对财产的查封是为了防止该财产的转移，从而防止事后的处理决定得不到执行。《行政强制法》第二条第二款所表明的采取行政强制措施的目的，即“为制止违法行为、防止证据损毁、避免危害发生、控制危险扩大等情形”，本身就表明了这种“预防性、保障性”之特点。

第五，行政强制措施是一种“物理性”行为。在行政行为的分类上还存在一对大家相对陌生的范畴，那就是意思行为与实力行为（物理性行为）。大量的行政行为与民法上的民事行为一样，是一种意思行为，如行政命令、行政许可、行政处罚、行政确认、行政裁决、行政征收、行政征用等，都是一种意思的表示①。它们与其说是一种“行为”，不如说就是一种“决定”，例如，作出行政处罚其实就是作出行政处罚决定。此外，也有一些行政行为，它虽然也包含一定的意思，但主要表现为一种强制性的动作，具有物理形态，因而被称为物理行为或实力行为。作为行政强制措施的对人身强制约束，对财物的查封、扣押、冻结，以及作为行政强制执行的强制拆除等，正好属于此类。这种行为在行政法的发展史上往往从事实行为转化而来。② 所以，“物理性”也是行政强制措施区别于其他行政行为的一个法律特征。

第六，行政强制措施是一种“合一性”行为。在大陆法系行政法学理论上，

---

① 与民事行为不同的是，它是一种公权力的意思反映。

② 在历史上，人们曾将行政强制措施、行政强制执行等行为归类于事实行为，以区别于以意思行为表示为特征的行政行为。后来意识到，将它们游离于行政行为之外反而不受行政法控制，遂在理论和立法上将它们作为行政行为对待。

尤其是德奥日国家，早有“基础行为与执行行为分合说”[1]，中国台湾地区则有“基础处分”与“执行处分”之说[2]。按此理论，不论是即时强制（我们意义上的行政强制措施），还是行政强制执行，都是对“基础行为”的一种执行；即时强制无非是“基础行为”与“执行行为”在程序上的合一，行政强制执行最典型地表现为“基础行为”与“执行行为”的分离。从这一理论上说，行政强制措施显然表现为“基础行为”与“执行行为”合一的行为。

要准确地把握行政强制措施的范围，除需要掌握以上几个标准外，还需注意以下几点：

一是行政强制措施是具体行政行为，不是抽象行政行为。从《行政强制法》第二条和第八条规定看，行政强制措施显然属于可复议和可诉讼的具体行政行为。因此，如果出现一些冠之于“措施”的抽象行政行为，也不能将它列入行政强制措施范围。

二是，行政强制措施是单一性的行为，而不是综合性行为。在行政管理实践中，有时“行政强制措施”被作为一个综合概念使用，即把它看成是一系列活动的总称。例如，鉴于目前食品安全事故频发，国家将花大力气，采取有力“措施”，加强对食品安全的监管。这里的“监管措施”是个综合性概念，必然包括制定法规、规章，完善制度，作出一系列行政决定等在内的综合性活动，显然不是行政法意义上的“行政强制措施”。行政法上的“行政强制措施”，必须是由行政主体针对特定对象、就特定事项作出的“单个性”行为。

三

这里我们将讨论下列行为是否属于行政强制措施。列入以下讨论的标准是：（1）这些行为被法律法规所规定并在实践中存在着；（2）这些行为大多不属于四种常规性的行政强制措施（限制公民人身自由、查封、扣押和冻结）之内，但也不排除在这范围之内；（3）这些行为是否属于行政强制措施，在实践中是模糊的，在理论上是有争议的。

---

① ［德］哈特穆特·毛雷尔著，高家伟译：《行政法学总论》，当代德国法学名著，法律出版社 2000 年版，第 489 页；科伦布茨高级行政法院：NVwZ，1986 年，第 762 页。

② 翁岳生（台湾）：《行政法》，翰芦图书出版有限公司 1998 年版，第 911 页。

（一）规定行政措施

“规定行政措施”来源于《中华人民共和国宪法》第八十九条第一项[①]和《中华人民共和国地方各级人民代表大会和地方各级人民政府组织法》第五十九条第一项[②]的规定，它在字面上直接出现了“行政措施”，容易被误认为是行政强制措施。

国务院和县级以上地方人民政府根据宪法和地方组织法所规定的“行政措施”，在内容上侧重于规范行政管理的程序、手段和方法，它并不直接规定具体相对人的权利和义务；从性质上看，它是行政规范的一种形式，对行政行为具有普遍的规范意义，但它不属于行政法律规范形式；其名称，目前法律尚未作出统一要求，目前常见的名称有命令、令、指令、决定、决议、指示、布告、公告、通告、通知等。

可见，这种意义上的“行政措施”是作为一种抽象行政行为的形式而存在，不属于《行政强制法》意义上的行政强制措施。

（二）戒严

“戒严”是《中华人民共和国戒严法》根据宪法确立的一项制度，系指国家因发生严重危及国家的统一、安全或者社会公共安全的动乱、暴乱或者严重骚乱，不采取非常措施不足以维护社会秩序、保护人民的生命和财产安全的紧急状态时，在全国或是采取的特别措施，目的是维护社会治安和社会秩序，保障国家安全。戒严令由国家主席或国务院总理发布。戒严期间，在交通要道、重要场所增设警戒，加强巡逻，组织搜查，管制人员、车辆、船只、飞机的通行，限制群众的活动，实行宵禁等；违抗戒严令者受法律制裁。

戒严属于《中华人民共和国行政诉讼法》第十二条第一项规定[③]的“国家行为”，是不适用行政复议和行政诉讼救济的非具体行政行为，它受特别法而不是一般行政法的调整；而且，这一国家行为又属于综合性行为，它由许多类型的其他行为所组成，不具有具体性和单一性。因此，戒严不符合行政强制措施的特

① 该项规定：“根据宪法和法律，规定行政措施，制定行政法规，发布决定和命令。”

② 《中华人民共和国地方各级人民代表大会和地方各级人民政府组织法》第五十九条第一项规定：县级以上地方人民政府“执行本级人民代表大会及其常务委员会的决议，以及上级国家行政机关的决定和命令，规定行政措施，发布决定和命令。”

③ 《中华人民共和国行政诉讼法》第十二条规定：“人民法院不受理公民、法人或者其他组织对下列事项提起的诉讼：（一）国防、外交等国家行为……”

征，不属于《行政强制法》意义上的强制措施。

（三）管制

中国“管制”概念比较广泛，一定要具体区分。首先有作为刑罚手段的管制[①]，这不是行政法范围而不列入讨论。作为政府管理意义上的管制，大体有交通管制、现场管制、物品管制、行业管制等。

交通管制系指出于某种安全方面的原因对于部分或者全部交通路段的车辆和人员进行的控制措施。广义的交通管制还应当包括航空管制和航运管制等。我国不少法律对交通管制作了规定。[②] 交通管制是一种管理状态而不是行为，因为在交通管制状态下，有关机关会采取许多具体手段，包括限制性许可、分流、驱散等。不能将整个交通管制作为一个行政强制措施来对待，应当针对管制中的具体手段作具体分析，如果在管制中扣留了当事人的车辆，那就作为一个“扣押”之强制措施对待，如果在管制中限发通行证，那就是行政许可行为。

现场管制系指公安机关针对某一严重危害社会治安秩序的突发事件，依法对现场进行控制的行为。从《中华人民共和国人民警察法》第十七条规定[③]看，现场管制也是一个综合性行为，包括了对人的限制和制裁、对物的控制和处置等。与交通管制一样，我们也不宜将整个现场管制作为一个行政强制措施来对待，应当针对其中具体而单一性的行为作分别对待。在现场管制中，涉及对人的强制，如强行驱散、强行带离现场或者立即拘留等，应当归入“限制人身自由”的强制措施对待，涉及财物的措施，也要分别认定。

物品管制系指有关机关出于公共安全的需要对有关物品进行控制的措施，如《中华人民共和国枪支管理法》（1996 年制定）规定的“枪支管制”，《中华人民共和国集会游行示威法》（1989 年制定）所涉及的“刀具管制”和《中华人民共和国禁毒法》（2007 年制定）规定的“毒品管制”，等等。这种管制同样是个综

---

① 见《中华人民共和国刑法》（2011 年修订）第三章第二节管制。

② 如《中华人民共和国道路交通安全法》（2011 年修订）第四十条，《中华人民共和国消防法》（2008 年修订）第四十五条，《中华人民共和国突发事件应对法》（2007 年制定）第四十九条，《中华人民共和国防洪法》（1997 年制定）第四十五条，《中华人民共和国防震减灾法》（1997 年制定）第三十二条，《中华人民共和国民用航空法》（1995 年制定）第四十九条，等等。

③ 《中华人民共和国人民警察法》（1995 年制定）第十七条规定：“县级以上人民政府公安机关，经上级公安机关和同级人民政府批准，对严重危害社会治安秩序的突发事件，可以根据情况实行现场管制。公安机关的人民警察依照前款规定，可以采取必要手段强行驱散，并对拒不服从的人员强行带离现场或者立即予以拘留。”

合概念，包括了立法、执法和监督在内许多手段，而且更多的是涉及行政许可制度。

行业管制系指国家对某一行业进行综合控制的措施。《中华人民共和国国防动员法》（2010 年制定）第六十三条规定：“国家决定实施国防动员后，根据需要，可以依法在实施国防动员的区域采取下列特别措施：（一）对金融、交通运输、邮政、电信、新闻出版、广播影视、信息网络、能源水源供应、医药卫生、食品和粮食供应、商业贸易等行业实行管制……”《中华人民共和国土地管理法》第四条规定：“国家实行土地用途管制制度。”此外，行业管理还包括价格管理等。在这里，国防动员中的行业管制应当纳入国家行为对待；其他的行业管制仍然是个综合概念，而且更多地以行政许可为主要手段。

综上分析，我们的结论是：管制也不是《行政强制法》意义上的行政强制措施，至于管制中的具体手段要具体分析、具体认定，不排除存在行政强制措施的可能性。

（四）责令

“责令”在中国的立法和实践中是使用得挺广的概念，我们无法抽象地将它归入哪一类，只能根据所责令的具体内容作具体分析。对现行立法和执法实践的考察，责令主要有下列几种类型：

一是命令型。它表现为要求当事人进行一定的作为或不作为。前者如“责令改正”[①]（包括“责令公开更正”[②]、“责令限期治理”[③]、“责令该学校招收”[④]、“责令消除安全隐患”[⑤]、“责令行为人排除妨碍”[⑥]等），后者如“责令停止违法行为”[⑦]（包括“责令停止开采”[⑧]、“责令停止生产、销售”[⑨]、“责令停止使用”[⑩]、“责令停止发布广告”等）。这类行为应当属于行政命令，不是行政强制措施，因为它是个意思行为而不是物理行为。行政命令从行政法理论上讲，有时作为一种程序行为被后续的行政行为所吸收，有时可以作为一种独立的行政行为。

---

① 如《中华人民共和国兵役法》第六十七条、第六十八条。
②⑪ 如《中华人民共和国广告法》第三十九条、第四十条。
③ 如《中华人民共和国防沙治沙法》第三十九条。
④ 如《中华人民共和国残疾人保障法》第二十五条。
⑤ 如《中华人民共和国道路交通安全法》第一百零二条。
⑥ 如《中华人民共和国道路交通安全法》第一百零六条。
⑦ 如《中华人民共和国反不正当竞争法》第二十一条。
⑧ 如《中华人民共和国矿产资源法》第三十九条。
⑨ 如《中华人民共和国产品质量法》第四十九条。
⑩ 如《中华人民共和国港口法》第四十七条、《中华人民共和国保守国家秘密法》第四十四条。

二是处罚型。有的行为虽然用“责令”形式来表达，但它实质上属于行政处罚行为。例如“责令停产停业”，本身就是《中华人民共和国行政处罚法》第八条规定的处罚种类。此外，还有一些属于由法律、行政法规设定的“其他行政处罚”[①]，如“责令停业整顿”[②]、“责令停止招生”[③]、“责令停止接受新业务”[④] 等。之所以将这些“责令”行为归入“行政处罚”，是因为它们都以当事人的违法为前提并对违法者的一种制裁。

三是执行型。还有一些责令行为也不是行政强制措施，但属于行政强制执行。如“责令限期拆除”[⑤]，它属于行政强制执行中的“期待当事人自我履行”的程序环节。因为这些责令行为的特征是命令当事人履行前一个行政决定。

四是裁决型。在中国立法和实践中存在着大量的由行政机关要求一方当事人向另一方当事人承担民事责任，尤其是赔偿损失的责令行为，如根据《中华人民共和国劳动法》第九十一条规定，劳动行政部门可以责令用人单位向劳动者“支付赔偿金”。责令一方当事人向另一方当事人承担民事责任，从行为性质上说属于“行政裁决”，当事人对行政机关的行政裁决决定不服的，可以依法申请行政复议或者提起行政诉讼。当然，行政机关的行政裁决权须由法律直接授权。

五是教育型。在中国立法和实践中还存在一种责令行为，即“责令具结悔过”。它既作为一种司法强制措施存在[⑥]，也在公安行政领域使用。作为前者，不属于本文的讨论范围；作为后者，主要依据是《中华人民共和国国家安全法实施细则》第二十二条[⑦]和《中华人民共和国集会游行示威法实施条例》第二十八条[⑧]。这类“责令具结悔过”虽然属于行政性的，但尚不属于行政强制措施，只

---

① 见《中华人民共和国行政处罚法》第八条第七项。

② 如《中华人民共和国保险法》第一百六十一条。

③ 《中华人民共和国民办教育促进法》第六十二条规定：“民办学校有下列行为之一的，由审批机关或者其他有关部门责令限期改正，并予以警告；有违法所得的，退还所收费用后没收违法所得；情节严重的，责令停止招生、吊销办学许可证；构成犯罪的，依法追究刑事责任……”

④ 《中华人民共和国保险法》第一百六十二条规定：“保险公司有本法第一百一十六条规定行为之一的，由保险监督管理机构责令改正，处五万元以上三十万元以下的罚款；情节严重的，限制其业务范围、责令停止接受新业务或者吊销业务许可证。”

⑤ 如《中华人民共和国公路法》第七十九条、第八十一条。

⑥ 如依据《中华人民共和国刑法》第三十七条、《中华人民共和国民法通则》第一百三十四条、《中华人民共和国行政诉讼法》第四十九条、《中华人民共和国看守所条例》第三十六条。

⑦ 该条规定：“实施危害国家安全的行为，构成犯罪的，依法追究刑事责任；不构成犯罪的，由其所在单位或者上级主管部门予以行政处分，国家安全机关也可以予以警告、训诫或者责令具结悔过。”

⑧ 该条规定：“对于依照《中华人民共和国集会游行示威法》第二十七条的规定被强行带离现场或者立即予以拘留的，公安机关应当在二十四小时以内进行讯问。不需要追究法律责任的，可以令其具结悔过后释放；需要追究法律责任的，依照有关法律规定办理。”

属于教育性的事实行为。因为这种行为既不发生实体上的作为或不作为义务①，也不存在对权利与义务的处分内容，而且一般是口头进行；当事人对"责令具结悔过"不服，无法单独适用行政复议或行政诉讼。

综上，我们的结论是，无论哪种状态下的"责令"，都不属于行政强制措施。

（五）训诫

"训诫"同样在司法领域②和行政领域并存。在行政领域，主要依据《中华人民共和国预防未成年人犯罪法》第三十七条、《中华人民共和国国家安全法实施细则》第二十二条、《中华人民共和国信访条例》第四十七条、《中华人民共和国保安服务管理条例》第四十五条等。根据这些规定可以发现，"训诫"是公安机关针对尚不宜处罚的当事人或责任人进行一种口头上的严厉性的批评教育，属于教育性的事实行为而不是行政强制措施。理由与"责令具结悔过"相同。

（六）制止

据统计，中国目前有数十部法律规定行政机关有权"制止"③，以至于有的部门认为这是一种行政强制措施。我们认为不能一概而论。关于《中华人民共和国戒严法》和《中华人民共和国军事设施保护法》所规定的"制止"，属于"国家行为"而不是"行政行为"的范畴，即便是具体的措施也不是《行政强制法》意义上的强制措施。关于行政管理领域的"制止"，如果涉及限制公民人身自由，应当归属于"限制公民人身自由"的强制措施；如果不涉及限制公民人身自由，则应当作具体分析。从现行法规规定上看，"制止"是个抽象、综合性的概念，其手段上有很大的不确定性。如《中华人民共和国保险法》第七十九条规定："……社会保险行政部门对社会保险基金实施监督检查，有权采取下列措施：……（三）对隐匿、转移、侵占、挪用社会保险基金的行为予以制止并责令改正……"再如《中华人民共和国审计法》第三十四条第二款规定："审计机关对被审计单位违反前款规定的行为，有权予以制止……"前面说过，行政强制措

---

① 它是对思想认识上的一种要求，停留在意识的阶段。

② 如依据《中华人民共和国刑法》第三十七条、《中华人民共和国民法通则》第一百三十四条、《中华人民共和国行政诉讼法》第四十九条、《中华人民共和国看守所条例》第三十六条和《中华人民共和国企业破产法》第一百二十九条。

③ 如《中华人民共和国戒严法》第二十八条、《中华人民共和国军事设施保护法》第三十条、《中华人民共和国节约能源法》第三条、《中华人民共和国社会保险法》第七十九条、《中华人民共和国审计法》第三十四条、《中华人民共和国食品安全法》第五十二条，等等。

施应当是个具体的、单一性的行政行为，而不是抽象性综合性的行为概念。据此，我们的结论是："制止"不能直接作为行政强制措施的行为概念，如果"制止"的具体手段符合行政强制措施特征的，采取该手段的行为可以被认定为行政强制措施。譬如，行政机关通过"查封"来实现"制止"的目的，该查封行为就是行政强制措施。

（七）冻结价格等其他冻结行为

《行政强制法》第九条所规定的"冻结"措施，仅限于针对"存款、汇款"，没有"等"的余地。但在立法和实践中出现了对其他的冻结措施，如"冻结价格"。《中华人民共和国价格法》第三十一条规定："当市场价格总水平出现剧烈波动等异常状态时，国务院可以在全国范围内或者部分区域内采取临时集中定价权限、部分或者全面冻结价格的紧急措施。"

我们认为：（1）针对"存款、汇款"以外的"冻结"行为，首先要具体分析，未必全是行政强制措施；（2）如果符合行政强制措施的特征应当纳入行政强制措施的，它也不属于"冻结存款、汇款"的类别，而属于"其他行政强制措施"；（3）至于《中华人民共和国价格法》第三十一条所规定的"冻结价格"，根据《行政强制法》第三条规定，不属于适用《行政强制法》的行政强制措施。

（八）登记保存

目前中国有几个法律规定了"登记保存"措施。如《中华人民共和国行政处罚法》第三十七条第二款规定："行政机关在收集证据时，可以采取抽样取证的方法；在证据可能灭失或者以后难以取得的情况下，经行政机关负责人批准，可以先行登记保存，并应当在七日内及时作出处理决定，在此期间，当事人或者有关人员不得销毁或者转移证据。"《中华人民共和国统计法》第三十五条规定："县级以上人民政府统计机构在调查统计违法行为或者核查统计数据时，有权采取下列措施：……（五）经本机构负责人批准，登记保存检查对象的有关原始记录和凭证、统计台账、统计调查表、会计资料及其他相关证明和资料……"还有《中华人民共和国价格法》第三十四条规定："政府价格主管部门进行价格监督检查时，可以行使下列职权：……（四）在证据可能灭失或者以后难以取得的情况下，可以依法先行登记保存，当事人或者有关人员不得转移、隐匿或者销毁。"

这类"登记保存"措施，所适用的对象是人身以外的作为证据的"财物"，其行为完全符合行政强制措施限权性、暂时性、可复原性、从属性、物理性、合一性之特征，因而属于行政强制措施无疑。关于属于行政强制措施中的哪个类别，作者以为，如果是“就地”保存的，属于“查封”措施；如果是“异地”保存的，就属于“扣押”措施，而不属于“其他行政强制措施”，因为查封和扣押都可针对“财物”。

（九）取缔

我国同样有几十种法律和法规规定了“取缔”，而且对“取缔”的行为性质一直有争议。我们发现，有的“取缔”是个抽象概念，不能作为一个具体行为来对待，如《中华人民共和国煤炭法》第三十六条第二款规定：“国家采取措施取缔土法炼焦。禁止新建土法炼焦窑炉；现有的土法炼焦限期改造。”但大量的法律法规所规定的“取缔”，都表现为行政机关对违法行为效力上的一种宣示性否定。例如：《中华人民共和国药品管理法》第七十三条规定：“未取得《药品生产许可证》《药品经营许可证》或者《医疗机构制剂许可证》生产药品、经营药品的，依法予以取缔，没收违法生产、销售的药品和违法所得，并处违法生产、销售的药品（包括已售出的和未售出的药品，下同）货值金额二倍以上五倍以下的罚款；构成犯罪的，依法追究刑事责任。”《中华人民共和国银行业监督管理法》第四十三条规定：“擅自设立银行业金融机构或者非法从事银行业金融机构的业务活动的，由国务院银行业监督管理机构予以取缔……”①

这些规定中的“取缔”与吊销证照非常接近，都是取消违法者从事特定行为的能力。所不同的是，吊销证照适用持证者，而“取缔”适用无证者。“取缔”以当事人的违法为前提，是对违法者的制裁，它是一种最终处理行为而不是保障性的中间行为；“取缔”本身是个意思行为，表现为一个有关“取缔”的制裁性行政决定，而不具有物理性、实力性②；再则，大量法律法规都将“取缔”放置

① 其他还有大量类似的规定，如：《中华人民共和国安全生产法》第五十四条，《中华人民共和国公司法》第二百一十一条，《中华人民共和国海关法》第八十八条，《中华人民共和国建筑法》第六十五条第三款，《中华人民共和国治安管理处罚法》第五十四条，《中华人民共和国拍卖法》第六十条，《中华人民共和国献血法》第十八条，《中华人民共和国证券法》第一百八十八条，《中华人民共和国无照经营查处取缔办法》第十四条，《音像制品管理条例》第三十九条，《营业性演出管理条例》第四十三条，等等。

② 当然，对取缔决定的强制执行是具有物理性和实力性的，因为物理性和实力性是行政强制措施和行政强制执行的共同特征。也正因为这样，《行政强制法》才将它们统一纳入“行政强制”的范畴内进行调整。

于“法律责任”[①] 或者“罚则”[②] 的章节内进行规定。鉴此，我们的结论是：“取缔”是一个行政处罚决定[③]而不是行政强制措施。

（十）关闭

“关闭”也是一个复杂的概念，中国有许多法律和法规从多种含义上使用了它，但最常见的是三种类型。

一是停业性处罚型。如《中华人民共和国就业促进法》第六十四条规定：“违反本法规定，未经许可和登记，擅自从事职业中介活动的，由劳动行政部门或者其他主管部门依法予以关闭；有违法所得的，没收违法所得，并处一万元以上五万元以下的罚款。”《中华人民共和国固体废物污染环境防治法》第七十二条规定：“违反本法规定，生产、销售、进口或者使用淘汰的设备，或者采用淘汰的生产工艺的，由县级以上人民政府经济综合宏观调控部门责令改正；情节严重的，由县级以上人民政府经济综合宏观调控部门提出意见，报请同级人民政府按照国务院规定的权限决定停业或者关闭。”[④]这类行为均以当事人违法生产、违法经营，行政机关剥夺其生产经营权为前提，而且法律规定都出现在“法律责任”章节内，一种类似“责令停业”的行政处罚（决定）。我国大多法律法规的规定都基于这种含义。

二是销证性处罚型。还有一种情况，“关闭”不是针对违法生产经营者的权能，也不是针对场所，而是针对项目，大多是建设项目。如《中华人民共和国节约能源法》第六十八条第二款规定：“固定资产投资项目建设单位开工建设不符合强制性节能标准的项目或者将该项目投入生产、使用的，由管理节能工作的部门责令停止建设或者停止生产、使用，限期改造；不能改造或者逾期不改造的生产性项目，由管理节能工作的部门报请本级人民政府按照国务院规定的权限责令关闭。”《中华人民共和国传染病防治法》第七十六条规定：“在国家确认的自然疫源地兴建水利、交通、旅游、能源等大型建设项目，未经卫生调查进行施工

---

① 如：《中华人民共和国药品管理法》第九章，《中华人民共和国证券法》第十一章，《营业性演出管理条例》第五章，等等。

② 如：《音像制品管理条例》第六章，等等。

③ 准确地说，它属于《中华人民共和国行政处罚法》第八条第七项所规定的“法律、行政法规规定的其他行政处罚”。

④ 另外还有：《中华人民共和国安全生产法》第八十四条，《中华人民共和国公司法》第二百一十三条，《中华人民共和国未成年人保护法》第六十六条，《中华人民共和国循环经济促进法》第五十条第二款，《中华人民共和国证券法》第二百一十一条、第二百一十九条、第二百二十六条第三款，等等。

的，或者未按照疾病预防控制机构的意见采取必要的传染病预防、控制措施的，由县级以上人民政府卫生行政部门责令限期改正，给予警告，处五千元以上三万元以下的罚款；逾期不改正的，处三万元以上十万元以下的罚款，并可以提请有关人民政府依据职责权限，责令停建、关闭。”这类“关闭”以建设项目的违法或不符合有关条件，行政机关据此取消该项目为特征。由于这些项目的建设都是实行行政许可制的，取消项目其实是撤销许可，因而属于一种类似“吊销证照”的行政处罚（决定）。

三是措施型。不能认为所有的“关闭”都是行政处罚，也存在一些属于行政强制措施的“关闭”。如《中华人民共和国突发事件应对法》第四十九条规定：“自然灾害、事故灾难或者公共卫生事件发生后，履行统一领导职责的人民政府可以采取下列一项或者多项应急处置措施：……（四）禁止或者限制使用有关设备、设施，关闭或者限制使用有关场所，中止人员密集的活动或者可能导致危害扩大的生产经营活动以及采取其他保护措施……”这里的“关闭有关场所”并不以该场所的违法生产经营为前提，并非是对场所违法人的制裁，而是出于处理突发事件的需要而采取的一种预防性应急处置措施。这类措施属于行政强制措施，只是根据《行政强制法》第三条①规定不适用《行政强制法》而适用特别法而已。

（十一）扑杀、捕杀、销毁

根据《中华人民共和国动物防疫法》等有关规定，发生动物疫病时，有关行政部门有权对易感染动物和动物产品等采取扑杀、捕杀、销毁等控制措施。

这类行为从保障性、物理性等特征看，符合行政强制措施的特征，但从限权性、暂时性、可复原性视角看，又不属于行政强制措施。我们认为这是一种处理性决定的执行行为，而且同样根据《行政强制法》第三条规定，不适用《行政强制法》。

（十二）收缴、追缴

从理论上说，收缴一般是指有关行政机关对行为人持有的非法财物收回并缴

---

① 该条规定：“行政强制的设定和实施，适用本法。发生或者即将发生自然灾害、事故灾难、公共卫生事件或者社会安全事件等突发事件，行政机关采取应急措施或者临时措施，依照有关法律、行政法规的规定执行。行政机关采取金融业审慎监管措施、进出境货物强制性技术监控措施，依照有关法律、行政法规的规定执行。”

到国家机关依法处置的行为；追缴是指有关行政机关依法将行为人因实施违法行为所得的赃款、赃物和非法利益追回，并缴到国家机关处置的行为。“收缴”重在“收而没之”，“追缴”重在“追而回之”。但由于我国立法用语上的不统一，使用的情景又不同，“收缴、追缴”是否属于行政强制措施很难一概而论。基于对立法现状和执法实践的考察，“收缴、追缴”的行为类别较多，但主要类型有三种。

一是处罚型，即属于行政处罚行为。其中又分两类：一类是属于“吊销许可证和执照”。例如：《中华人民共和国森林法》第三十四条第二款规定：“对伐区作业不符合规定的单位，发放采伐许可证的部门有权收缴采伐许可证……”《中华人民共和国税收征收管理法》第七十二条规定：“从事生产、经营的纳税人、扣缴义务人有本法规定的税收违法行为，拒不接受税务机关处理的，税务机关可以收缴其发票或者停止向其发售发票。”它们属于《中华人民共和国行政处罚法》第八条[①]第五项规定的处罚种类。另一类属于“没收”。例如：依据《中华人民共和国居民身份证法》第十七条规定，收缴伪造、变造的居民身份证；依据《中华人民共和国道路交通安全法》第九十六条、第九十七条、第一百条规定，收缴伪造、变造的机动车登记证书、号牌、行驶证、驾驶证、检验合格标志、保险标志，收缴非法安装的警报器、标志灯具，收缴拼装的机动车或者已达到报废标准的机动车；依据《中华人民共和国保守国家秘密法》第四十五条规定，收缴非法获取、持有的国家秘密载体；依据《中华人民共和国禁毒法》第二十八条规定，收缴依法查获的毒品，吸食、注射毒品的用具，毒品违法犯罪的非法所得及其收益，以及直接用于实施毒品违法犯罪行为的本人所有的工具、设备、资金；依据《中华人民共和国动物防疫法》第七十九条，收缴伪造、变造的检疫证明、检疫标志或者畜禽标识；依据《中华人民共和国护照法》第十八条、第十九条规定，收缴伪造、变造的护照及其印制设备；依据《中华人民共和国治安管理处罚法》第十一条规定，收缴毒品、淫秽物品等违禁品，赌具、赌资，吸食、注射毒品的用具以及直接用于实施违反治安管理行为的本人所有的工具，等等。这些无论立法表述上怎样不统一，性质都属于《中华人民共和国行政处罚法》第八条第三项所规定的“没收违法所得、没收非法财物”的范围。

---

① 《中华人民共和国行政处罚法》第八条规定：“行政处罚的种类：（一）警告；（二）罚款；（三）没收违法所得、没收非法财物；（四）责令停产停业；（五）暂扣或者吊销许可证、暂扣或者吊销执照；（六）行政拘留；（七）法律、行政法规规定的其他行政处罚。”

二是执行型，即属于行政执行行为。其中最典型的是《中华人民共和国行政处罚法》第四十六至五十条，《中华人民共和国道路交通安全法》第八十二条、第一百零八条，《中华人民共和国治安管理处罚法》第一百零四至一百零六条，《中华人民共和国证券投资基金法》第一百条所规定的“收缴罚款”。“收缴罚款”意味着对“罚款决定”的“执行”，因而属于行政执行行为。此外还有对作为义务的执行。如依据《中华人民共和国税收征收管理法》（2001 年修订）第六十三条、第六十五条、第六十九条规定，税务机关追缴税款；依据《中华人民共和国社会保险法》第九十条规定，社会保险监管部门向企业追缴应当缴纳的社会保险费等，这些其实是对纳税义务或交费义务的执行。

三是恢复型，即属于行政行为的撤回。行政行为的撤回不是行政行为的一个种类，而是行政行为的一种状态。任何行政行为都可能面临“成立—变更—消灭”三种状态。行政行为的撤回属于行政行为消灭的一种形式。行政行为的撤回有两种情况：一是当事人骗取行政行为，行政机关发现后有权撤回；另一种是行政机关违法作出了某一种行政行为，事后发现了也应当纠正。对于后一种情况，行政机关必须依法承担赔偿责任。行政行为的撤回的本质特征是“恢复原状”。例如，依据《中华人民共和国税收征收管理法》第六十六条规定，追缴当事人骗取的国家出口退税款；依据《中华人民共和国拍卖法》第六十八条，收缴不符合设立条件企业的营业执照；依据《中华人民共和国护照法》第十七条规定，收缴弄虚作假骗取的护照；依据《中华人民共和国统计法》第四十五条，追缴利用虚假统计资料骗取的荣誉称号和物质利益。

可见，在上述三种类型中，“收缴、追缴”都不属于行政强制措施。

（十三）强行遣送、强行驱散等

“强行遣送”，以前主要适用 1982 年国务院颁布的《城市流浪乞讨人员收容遣送办法》针对流浪乞讨人员的一项措施，2003 年新制定的《城市生活无着的流浪乞讨人员救助管理办法》[①] 废止了旧《办法》并不再保留这一措施。

强行驱散、强行带离现场、强行带回原地，这些手段来自于《中华人民共和国集会游行示威法》第二十七条、第三十三条，《中华人民共和国人民警察法》第八条、第十七条，《铁路法》第五十三条的规定，属于限制公民人身自由的行

---

① 2003 年 6 月 18 日国务院第十二次常务会议通过，2003 年 6 月 20 日中华人民共和国国务院令第 381 号公布，自 2003 年 8 月 1 日起施行。

政强制措施。

（十四）遣送出境、限期出境、驱逐出境

遣送出境是由《中华人民共和国外国人入境出境管理法》第二十七条创设的一种制度。该条规定："对非法入境、非法居留的外国人，县级以上公安机关可以拘留审查、监视居住或者遣送出境。"从该项法条的立法目的和所立位置（置于第六章管理机关而未置于"处罚"或"法律责任"的法律结构内）看，"遣送出境"应当属于行政强制措施，并归入"限制人身自由"类别。

限期出境、驱逐出境是基于《中华人民共和国治安管理处罚法》第十条，《中华人民共和国外国人入境出境管理法》第三十条，《中华人民共和国国家安全法》第三十条，《中华人民共和国防震减灾法》第八十六条第二款的规定。这些法律明确将它们列入"行政处罚的种类"[①]，或者虽未表明"处罚"，但置于"法律责任"的章节之内[②]。所以，上述法律所设定的限期出境、驱逐出境属于行政处罚的范畴。再具体言之，如果是限期出境、驱逐出境的"决定"，是属于行政处罚决定（基础行为），如果是执行该决定的行为，那就属于行政强制执行行为了。

最后还必须说明的是，无论遣送出境、限期出境、驱逐出境属于哪类行为性质，它们都只适用外国人和无国籍人。

（十五）行政检查

《行政强制法》在起草过程中曾有几稿将"强制检查"列为行政强制措施的一个种类，后来鉴于意见上的分歧[③]，正式公布的《行政强制法》未将它单列。这样一种立法结果将争议从立法阶段推向执法阶段和司法阶段，同时也推给了学术界。

我们认为，行政检查系指行政机关及其工作人员在行政执法过程中为获取信

---

① 如《中华人民共和国治安管理处罚法》第十条规定："治安管理处罚的种类分为：（一）警告；（二）罚款；（三）行政拘留；（四）吊销公安机关发放的许可证。对违反治安管理的外国人，可以附加适用限期出境或者驱逐出境。"《中华人民共和国外国人入境出境管理法》第三十条规定："有本法第二十九条所列行为情节严重的，公安部可以处以限期出境或者驱逐出境处罚。"

② 如《中华人民共和国国家安全法》的第三十条置于"第四章　法律责任"之内，《中华人民共和国防震减灾法》的第八十六条第二款置于"第八章　法律责任"之内。

③ 一种意见认为：强制检查属于一种独立的行政强制措施；另一种意见认为，强制检查是一种程序性的环节，不是一种独立的行政强制措施。

息，强制要求当事人配合，对当事人的人体、场所、行为、状态等进行检视了解的行为。我国有大量的法律法规规定了这一制度，如《中华人民共和国行政处罚法》第三十六条[①]、第三十七条[②]，《中华人民共和国治安管理处罚法》第八十七条[③]，《中华人民共和国海关法》第六条[④]，等等。这种检查虽不以限制当事人的人身自由或财物权益为直接目的，但它在检查期间，无疑使当事人的人身自由或者财物在短期内受到妨害或限制，所以它应当属于行政强制措施。只是有两点需要说明：（1）行政检查与其他行政行为不同的是，它是一种程序性、可吸收性行为，当它被后续的一种行为吸收时[⑤]，它就不作为一种独立的行政强制措施对待，相反，就作为一种独立的行政强制措施对待；（2）有关对人体的强制检查应当归并于“限制人身自由”的强制措施之内。

（十六）进入住宅

《行政强制法》也曾将“进入住宅”作为一种行政强制措施的种类作出规定，但事后考虑到它不是一种独立的强制措施而未作列举式规定。我国有关“进入住宅”的法律规定并不多，只有《中华人民共和国治安管理处罚法》第八十七条第一款规定：“公安机关对与违反治安管理行为有关的场所、物品、人身可以进行

---

① 该条规定：“除本法第三十三条规定的可以当场作出的行政处罚外，行政机关发现公民、法人或者其他组织有依法应当给予行政处罚的行为的，必须全面、客观、公正地调查，收集有关证据；必要时，依照法律、法规的规定，可以进行检查。”

② 该条第一款规定：“行政机关在调查或者进行检查时，执法人员不得少于两人，并应当向当事人或者有关人员出示证件。当事人或者有关人员应当如实回答询问，并协助调查或者检查，不得阻挠。询问或者检查应当制作笔录。”

③ 该条规定：“公安机关对与违反治安管理行为有关的场所、物品、人身可以进行检查。检查时，人民警察不得少于二人，并应当出示工作证件和县级以上人民政府公安机关开具的检查证明文件。对确有必要立即进行检查的，人民警察经出示工作证件，可以当场检查，但检查公民住所应当出示县级以上人民政府公安机关开具的检查证明文件。检查妇女的身体，应当由女性工作人员进行。”

④ 该条规定：“海关可以行使下列权力：（一）检查进出境运输工具，查验进出境货物、物品；对违反本法或者其他有关法律、行政法规的，可以扣留……（四）在海关监管区和海关附近沿海沿边规定地区，检查有走私嫌疑的运输工具和有藏匿走私货物、物品嫌疑的场所，检查走私嫌疑人的身体；对有走私嫌疑的运输工具、货物、物品和走私犯罪嫌疑人，经直属海关关长或者其授权的隶属海关关长批准，可以扣留；对走私犯罪嫌疑人，扣留时间不超过二十四小时，在特殊情况下可以延长至四十八小时。在海关监管区和海关附近沿海沿边规定地区以外，海关在调查走私案件时，对有走私嫌疑的运输工具和除公民住处以外的有藏匿走私货物、物品嫌疑的场所，经直属海关关长或者其授权的隶属海关关长批准，可以进行检查，有关当事人应当到场；当事人未到场的，在有见证人在场的情况下，可以径行检查；对其中有证据证明有走私嫌疑的运输工具、货物、物品，可以扣留……”

⑤ 例如，检查以后作出了处罚决定，那么检查就被处罚行为所吸收；检查以后实施了强制执行，检查就被执行行为所吸收。

检查。检查时，人民警察不得少于二人，并应当出示工作证件和县级以上人民政府公安机关开具的检查证明文件。对确有必要立即进行检查的，人民警察经出示工作证件，可以当场检查，但检查公民住所应当出示县级以上人民政府公安机关开具的检查证明文件。”

我们认为，“进入住宅”不是一种独立的行政强制措施，它只可能作为其他行政强制措施（如行政检查）或行政强制执行（如执行行政拘留时需要进入住宅）中的一个环节，但鉴于公民的住宅权是受宪法直接保护的基本权利[①]，所以，这一环节应当受到法律的特别控制。《行政强制法》虽未直接表明这一点，但已隐含了这一精神。[②]

（十七）双指

《中华人民共和国行政监察法》第二十条规定：“监察机关在调查违反行政纪律行为时，可以根据实际情况和需要采取下列措施：……（三）责令有违反行政纪律嫌疑的人员在指定的时间、地点就调查事项涉及的问题作出解释和说明，但是不得对其实行拘禁或者变相拘禁……”这种强制违反行政纪律嫌疑的人员在指定的时间和指定的地点就调查事项涉及的问题作出解释和说明，就被简称为“双指”。

我们认为，“双指”不是一种处罚，而是一种调查措施，又鉴于在“双指”期间，该当事人的人身自由受到一定的限制，因而属于限制人身自由的行政强制措施。但在中国现行的行政法体系下，它会被“定格”成“内部行政行为”而不适用现行的《行政强制法》。

（十八）劳动教养、收容审查

劳动教养是依据 1957 年经全国人大常委会批准、国务院公布的《关于劳动教养问题的决定》，1979 年经全国人大常委会批准、国务院发布的《关于劳动教养的补充规定》，1982 年经国务院批准、公安部发布的《劳动教养试行办法》，

---

① 我国《中华人民共和国宪法》第三十九条明文规定：“中华人民共和国公民的住宅不受侵犯。禁止非法搜查或者非法侵入公民的住宅。”

② 全国人大常委会法制工作委员会行政法室编著，乔晓阳主编：《中华人民共和国行政强制法解读》，中国法制出版社 2011 年版，第 35 页：“本法没有对强行进入住宅和生产经营场所进行规范。需要注意的是，我国《中华人民共和国宪法》对公民住宅权作了明确规定，采取其他行政强制措施需要进入住宅的，需要由其他单行法律加以规定。”

2002年公安部的《公安机关办理劳动教养案件的规定》而设立。此外，《中华人民共和国治安管理处罚法》《预防未成年人犯罪法》《关于严禁卖淫嫖娼的决定》[①] 等也作出了有关规定。1980年，依据国务院《关于将强制劳动和收容审查两项措施统一于劳动教养的通知》，收容审查并入了劳动教养。

劳动教养适用三类人：一是故意实施了一定的违法行为尚不够刑事处罚的人；二是违反治安管理且屡教不改的人；三是行为已构成犯罪，但免于刑事处罚者。劳动教养决定由劳动教养委员会（由公安、司法、民政、劳动等部门负责人组成）作出，劳动教养的期限是一至二年。

关于劳动教养行为的性质，虽有一定的制裁性（以当事人存在行为违法为前提），但更具有教育安置挽救性。《关于劳动教养问题的决定》第二条规定：“劳动教养是对被劳动教养人实施强制性教育改造的一种措施，也是对他们安置就业的一种办法”。《劳动教养试行办法》第二条也规定：“劳动教养是对被劳动教养人实施强制性教育改造的行政措施，是处理人民内部矛盾的一种办法”。既然设定劳动教养制度的法律法规已将它定性为“措施”而不是“处罚”，我们应当将劳动教养定性为限制人身自由的行政强制措施，尽管这种制度尚有改革的空间。

（十九）收容教育

收容教育由1991年全国人大常委会《关于严禁卖淫嫖娼的决定》所设定。该《决定》第四条规定：“对卖淫、嫖娼的，可以由公安机关会同有关部门强制集中进行法律、道德教育和生产劳动，使之改掉恶习。期限为六个月至二年。具体办法由国务院规定。”根据这一立法授权，国务院于1993年公布了《卖淫嫖娼人员收容教育办法》，对收容教育的性质、对象、期限以及收容教育的具体实施作出了明确规定。

根据上述规定，收容教育是公安机关会同有关部门针对卖淫、嫖娼人员集中进行法律教育和道德教育、组织参加生产劳动以及进行性病检查、治疗的行政强制教育措施。作为行为性质，它与劳动教养一样，同样属于限制人身自由的行政强制措施。作为一种制度，它与劳动教养又有区别：一是主体不同，劳动教养决定由劳动教养委员会作出，而收容教育决定由公安机关作出，会同有关部门一起实施；二是对象不同，劳动教养适用范围较广，而收容教育只适用卖淫、嫖娼人

---

① 1991年9月4日第七届全国人民代表大会常务委员会第二十一次会议通过，1991年9月4日中华人民共和国主席令第51号公布，自公布之日起施行。

员；三是期限不同，劳动教养是一至二年，收容教育是六个月至二年。

（二十）收容教养

收容教养是由《中华人民共和国刑法》第十七条、《中华人民共和国预防未成年人犯罪法》第三十八条、《公安机关办理未成年人违法犯罪案件的规定》所设立和规范的法律制度，系指政府对于有违法或犯罪行为的未成年人，为了预防其再次发生违法行为而采取的强制性教育、挽救措施。这一制度的特点是：（1）实施收容教养的主体是各级人民政府；（2）收容教养的对象是构成犯罪但不予刑事处罚不满16周岁的未成年人；（3）收容教养的期限是一至三年，但也可适当延长或缩短。①

收容教养显然也是属于限制人身自由的行政强制措施。

（载《政治与法律》，2012年第12期）

① 依据公安部《关于对少年收容教养人员提前解除或减少收容教养期限的批准权问题的批复》。

§ 1.19 关于行政机关申请司法机关“冻结”措施的若干问题探讨

——基于《中华人民共和国行政强制法》的视角

内容提要：《行政强制法》将“冻结”设定为与“限制公民人身自由”“查封”和“扣押”相并列的一种独立的行政强制措施。然而在现实中“冻结”有两种情况：一种是由行政机关自己实施的冻结措施，另一种是由行政机关申请司法机关实施的冻结措施。前者属于行政强制措施并受《行政强制法》调整毫无疑问，而后者是否属于行政强制措施并受《行政强制法》约束，《行政强制法》在规定上并未涉及。本文的任务就在于从理论和规范上探讨行政机关申请司法机关“冻结”这一措施的行为性质以及与《行政强制法》的关系，以利于《行政强制法》的准确适用。

关键词：行政　司法　冻结

一．问题提出

《中华人民共和国行政强制法》[①]（以下简称《行政强制法》）第九条将行政强制措施的种类设定为：（一）限制公民人身自由；（二）查封场所、设施或者财物；（三）扣押财物；（四）冻结存款、汇款；（五）其他行政强制措施。冻结存款、汇款（以下简称“冻结”）显然是与限制公民人身自由、查封场所、设施或者财物、扣押财物和其他行政强制措施相并列的一种独立的行政强制措施。

冻结措施与查封、扣押等措施不同的是，它有赖于金融机构的协助。但从制

---

① 2011年6月30日第十一届全国人民代表大会常务委员会第二十一次会议通过，2011年6月30日中华人民共和国主席令第49号公布，2012年1月1日起施行。

作“冻结决定书”并下达“冻结通知书”的角度，即从“冻结”的实施主体出发，在现行法律制度中其实存有两种情况：一种是由行政机关实施的冻结措施[①]，另一种是由行政机关申请司法机关（尤其是人民法院）实施的冻结措施。由行政机关实施的冻结属于行政强制措施并受《行政强制法》调整，这一点是毫无疑问的；但由行政机关申请司法机关实施的冻结，是否同样属于行政强制措施并受《行政强制法》约束，这一点恰恰是既无法律依据，又无理论依据。

《行政强制法》本身并未对由行政机关申请司法机关实施的冻结作出规定。据权威人士解释，“在立法过程中，本条[②]曾有一款专门规定申请法院冻结事宜。后来考虑到申请法院冻结不适用本节程序，故没有再涉及行政机关申请法院冻结的问题，行政机关、司法机关及金融机构可以依照其他法律的规定办理。”[③] 作者以为，这里只是解释了《行政强制法》为什么只规定由行政机关实施的冻结行为，而不规定由行政机关申请司法机关实施冻结的行为的理由，但这一解释并未回答由行政机关申请司法机关所实施的冻结这一措施的行为属性问题。换句话说，并未回答由行政机关申请司法机关所实施的冻结行为是属于行政行为，还是司法行为。

这是所有问题的理论基础。如果由行政机关申请司法机关所实施的冻结措施也属于行政强制措施，那么，它理所当然地应当被纳入《行政强制法》的调整范围；如果它不属于行政强制措施，那么它又属于什么，并适用什么法律调整呢？

二、制度现状

从理论上说，冻结是指有权机关为了防止当事人转移或者隐匿违法资金、损毁证据，或者为了保障法律决定得到有效执行，通过金融机构对当事人的账户采取的停止支付、禁止转移资金的强制性保全措施。在中国现行法律制度中，有不

① 根据《行政强制法》第七十条规定，“法律、行政法规授权的具有管理公共事务职能的组织在法定授权范围内，以自己的名义实施行政强制，适用本法有关行政机关的规定。”同时结合《行政强制法》第十条关于冻结限于由法律设定的规则，得到法律授权的具有管理公共事务职能的组织实施冻结行为的，视同行政机关所作的冻结行为。

② 指《行政强制法》第二十九条。该条规定：“冻结存款、汇款应当由法律规定的行政机关实施，不得委托给其他行政机关或者组织；其他任何行政机关或者组织不得冻结存款、汇款。冻结存款、汇款的数额应当与违法行为涉及的金额相当；已被其他国家机关依法冻结的，不得重复冻结。”

③ 全国人大常委会法制工作委员会行政法室编著，乔晓阳主编：《中华人民共和国行政强制法解读》，中国法制出版社2011年版，第99页。

少法律、法规规定了冻结措施。由于《行政强制法》对冻结措施采取“法律保留”原则，因而我们对法规和规章规定的冻结措施不加论及。从法律层面看，目前中国有四部法律直接设定了行政机关或者授权具有管理公共事务职能的组织拥有冻结存款、汇款这一行政强制措施的权力：

1.《中华人民共和国海关法》①。该法第六十一条第一款第一项规定：“进出口货物的纳税义务人在规定的纳税期限内有明显的转移、藏匿其应税货物以及其他财产迹象的，海关可以责令纳税义务人提供担保；纳税义务人不能提供纳税担保的，经直属海关关长或者其授权的隶属海关关长批准，海关可以采取下列税收保全措施：（一）书面通知纳税义务人开户银行或者其他金融机构暂停支付纳税义务人相当于应纳税款的存款……”

2.《中华人民共和国税收征收管理法》②。该法第三十八条第一款第一项规定：“税务机关有根据认为从事生产、经营的纳税人有逃避纳税义务行为的，可以在规定的纳税期之前，责令限期缴纳应纳税款；在限期内发现纳税人有明显的转移、隐匿其应纳税的商品、货物以及其他财产或者应纳税的收入的迹象的，税务机关可以责成纳税人提供纳税担保。如果纳税人不能提供纳税担保，经县以上税务局（分局）局长批准，税务机关可以采取下列税收保全措施：（一）书面通知纳税人开户银行或者其他金融机构冻结纳税人的金额相当于应纳税款的存款……”

3.《中华人民共和国证券法》③。该法第一百八十条第六项规定：“国务院证券监督管理机构依法履行职责，有权采取下列措施：……（六）查询当事人和与被调查事件有关的单位和个人的资金账户、证券账户和银行账户；对有证据证明已经或者可能转移或者隐匿违法资金、证券等涉案财产或者隐匿、伪造、毁损重要证据的，经国务院证券监督管理机构主要负责人批准，可以冻结或者查封……”

---

① 1987年1月22日第六届全国人民代表大会常务委员会第十九次会议通过，根据2000年7月8日第九届全国人民代表大会常务委员会第十六次会议《关于修改〈中华人民共和国海关法〉的决定》修正，2000年7月8日中华人民共和国主席令第35号公布，自2001年1月1日起施行。

② 1992年9月4日第七届全国人民代表大会常务委员会第二十七次会议通过，根据1995年2月28日第八届全国人民代表大会常务委员会第十二次会议《关于修改〈中华人民共和国税收征收管理法〉的决定》修正，2001年4月28日第九届全国人民代表大会常务委员会第二十一次会议修订，2001年4月28日中华人民共和国主席令第49号公布，自2001年5月1日起施行。

③ 1998年12月29日第九届全国人民代表大会常务委员会第六次会议通过，根据2004年8月28日第十届全国人民代表大会常务委员会第十一次会议《关于修改〈中华人民共和国证券法〉的决定》修正，根据2005年10月27日第十届全国人民代表大会常务委员会第十八次会议修订，2005年10月27日中华人民共和国主席令第43号公布，自2006年1月1日起施行。

4.《中华人民共和国反洗钱法》[①]。该法第二十六条第一款规定："经调查仍不能排除洗钱嫌疑的，应当立即向有管辖权的侦查机关报案。客户要求将调查所涉及的账户资金转往境外的，经国务院反洗钱行政主管部门负责人批准，可以采取临时冻结措施。"

此外，有下列五部法律规定行政机关或者授权具有管理公共事务职能的组织可以申请司法机关冻结有关当事人的资金。

1.《中华人民共和国审计法》[②]。该法第三十四条第二款规定："审计机关对被审计单位违反前款规定的行为，有权予以制止；必要时，经县级以上人民政府审计机关负责人批准，有权封存有关资料和违反国家规定取得的资产；对其中在金融机构的有关存款需要予以冻结的，应当向人民法院提出申请。"

2.《中华人民共和国行政监察法》[③]。该法第二十一条规定："监察机关在调查贪污、贿赂、挪用公款等违反行政纪律的行为时，经县级以上监察机关领导人员批准，可以查询案件涉嫌单位和涉嫌人员在银行或者其他金融机构的存款；必要时，可以提请人民法院采取保全措施，依法冻结涉嫌人员在银行或者其他金融机构的存款。"

3.《中华人民共和国银行业监督管理法》[④]。该法第四十一条规定；"经国务院银行业监督管理机构或者其省一级派出机构负责人批准，银行业监督管理机构有权查询涉嫌金融违法的银行业金融机构及其工作人员以及关联行为人的账户；对涉嫌转移或者隐匿违法资金的，经银行业监督管理机构负责人批准，可以申请司法机关予以冻结。"

4.《中华人民共和国证券投资基金法》[⑤]。该法第七十七条规定："国务院证券监督管理机构依法履行职责，有权采取下列措施：……（四）查询当事人

---

① 2006年10月31日第十届全国人民代表大会常务委员会第二十四次会议通过，2006年10月31日中华人民共和国主席令第56号公布，自2007年1月1日起施行。

② 1994年8月31日第八届全国人民代表大会常务委员会第九次会议通过，根据2006年2月28日第十届全国人民代表大会常务委员会第二十次会议《关于修改〈中华人民共和国审计法〉的决定》修正。

③ 1997年5月9日第八届全国人民代表大会常务委员会第二十五次会议通过，根据2010年6月25日第十一届全国人民代表大会常务委员会第十五次会议《关于修改〈中华人民共和国行政监察法〉的决定》修正，2010年6月25日中华人民共和国主席令第31号公布，自2010年10月1日起施行。

④ 2003年12月27日第十届全国人民代表大会常务委员会第六次会议通过 根据2006年10月31日第十届全国人民代表大会常务委员会第二十四次会议《关于修改〈中华人民共和国银行业监督管理法〉的决定》修正。

⑤ 2003年10月28日中华人民共和国第十届全国人民代表大会常务委员会第五次会议通过，2003年10月28日中华人民共和国主席令第九号公布，自2004年6月1日起施行。

和与被调查事件有关的单位和个人的资金账户、证券账户或者基金账户，对有证据证明有转移或者隐匿违法资金、证券迹象的，可以申请司法机关予以冻结……”

5.《中华人民共和国保险法》①。该法第一百五十四条规定：“保险公司在整顿、接管、撤销清算期间，或者出现重大风险时，国务院保险监督管理机构可以对该公司直接负责的董事、监事、高级管理人员和其他直接责任人员采取以下措施：（一）通知出境管理机关依法阻止其出境；（二）申请司法机关禁止其转移、转让或者以其他方式处分财产，或者在财产上设定其他权利。”

上述法律表明，我国的审计机关、行政监察机关、银行业监管机构、证券监管机构和保险监管机构可以依照有关法律，申请司法机关采取冻结措施。这里的“司法机关”，除法律直接表明人民法院外，应当理解为公安机关、人民检察院和人民法院。

三、行为性质

现在让我们回到问题的原点，行政机关（包括得到法律授权的具有管理公共事务职能的组织）申请司法机关所实施的冻结行为到底属于什么性质。这里主要涉及以下几种行为性质的选择。

（一）刑事侦查措施——司法行为

冻结措施在中国的司法领域广泛存在。《中华人民共和国刑事诉讼法》② 第一百四十二条第一款规定：“人民检察院、公安机关根据侦查犯罪的需要，可以依照规定查询、冻结犯罪嫌疑人的存款、汇款、债券、股票、基金份额等财产。有关单位和个人应当配合。”这种由《刑事诉讼法》所创设的冻结犯罪嫌疑人的存款、汇款、债券、股票、基金份额等财产的措施，属于刑事侦查措施；从上位

---

① 1995年6月30日第八届全国人民代表大会常务委员会第十四次会议通过，根据2002年10月28日第九届全国人民代表大会常务委员会第三十次会议《关于修改〈中华人民共和国保险法〉的决定》修正，2009年2月28日第十一届全国人民代表大会常务委员会第七次会议修订，2009年2月28日中华人民共和国主席令第11号公布，自2009年10月1日起施行。

② 1979年7月1日第五届全国人民代表大会第二次会议通过，根据1996年3月17日第八届全国人民代表大会第四次会议《关于修改〈中华人民共和国刑事诉讼法〉的决定》第一次修正，根据2012年3月14日第十一届全国人民代表大会第五次会议《关于修改〈中华人民共和国刑事诉讼法〉的决定》第二次修正，2012年3月14日中华人民共和国主席令第55号公布，自2013年1月1日起施行。

概念上考察，它又属于司法行为。

这种措施的特点，一是它是由刑事侦查机关，如人民检察院、公安机关，出于侦查犯罪需要而依法主动采取的一种措施；二是它只适用于针对犯罪嫌疑人，对于一般的违法人员或者其他人员不适用此措施。

对照上述特点，本文所研讨的行政机关申请司法机关的冻结措施无法归属于此类。因为，它需以行政机关的申请为前提，不是司法机关的主动行为；它是只针对一般当事人而不是犯罪嫌疑人而采取的措施。

（二）诉讼保全措施——司法行为

另外一种冻结措施同样属于司法行为，它就是中国民事诉讼中的保全措施。根据《中华人民共和国民事诉讼法》[①] 第九章保全和先予执行中的规定，在民事诉讼中，人民法院可以依一方当事人申请或者依职权对当事人的财产采取包括冻结在内的保全措施；当事人申请保全的，必须提供担保并在三十日内提起诉讼。[②]

作为诉讼保全的冻结措施具有下列几个特点：一是与诉讼的关联性，它必须在诉讼前或者诉讼中发动并实施，无诉讼便无保全；二是依一方当事人的申请或者由人民法院依职权实施；三是需要提供担保，当事人申请冻结的，必须提供相应的担保。

对照上述特点，行政机关申请司法机关的冻结措施同样不属于此类。因为，它与诉讼没有关联性，而且无须提供担保。

（三）司法对行政的协助措施——需司法协助的行政行为

看来，行政机关申请司法机关实施冻结措施，显然不属于上述两种司法行为

---

① 1991 年 4 月 9 日第七届全国人民代表大会第四次会议通过，根据 2007 年 10 月 28 日第十届全国人民代表大会常务委员会第三十次会议《关于修改〈中华人民共和国民事诉讼法〉的决定》第一次修正，根据 2012 年 8 月 31 日第十一届全国人民代表大会常务委员会第二十八次会议《关于修改〈中华人民共和国民事诉讼法〉的决定》第二次修正，2013 年 8 月 31 日中华人民共和国主席令第五十九号公布，自 2013 年 1 月 1 日起施行。

② 《中华人民共和国民事诉讼法》第一百条规定："人民法院对于可能因当事人一方的行为或者其他原因，使判决难以执行或者造成当事人其他损害的案件，根据对方当事人的申请，可以裁定对其财产进行保全、责令其作出一定行为或者禁止其作出一定行为；当事人没有提出申请的，人民法院在必要时也可以裁定采取保全措施。人民法院采取保全措施，可以责令申请人提供担保，申请人不提供担保的，裁定驳回申请。人民法院接受申请后，对情况紧急的，必须在四十八小时内作出裁定；裁定采取保全措施的，应当立即开始执行。"第一百零一条规定："……申请人在人民法院采取保全措施后三十日内不依法提起诉讼或者申请仲裁的，人民法院应当解除保全。"第一百零三条规定："财产保全采取查封、扣押、冻结或者法律规定的其他方法……"

(刑事侦查措施和诉讼保全措施)，将它们视作行政行为也是不够典型的，因为行政行为长期以来被各种行政法教科书视作纯而又纯的，由行政主体作出的，不允由司法机关掺和的行为。

这种传统的行政行为理论概念现在已越来越受到现行法律制度的挑战，在现行行政法律制度中，有的行政行为是可以依靠行政机关自身完成的（大量的行政行为属于此类），有的则需经过司法协助来完成，由《中华人民共和国行政诉讼法》① 第六十六条②和《行政强制法》第五十三条③所确定和创设的行政机关申请人民法院强制执行行政决定的制度便算是典型。与行政机关申请人民法院强制执行相类似④，行政机关申请司法机关实施冻结，至少是一种司法对行政的协助行为，这种措施在性质上应当属于“需司法协助的行政行为”。

需司法协助的行政行为，首先是一种行政行为。之所以作此主张，乃是因为两点：一是，整个冻结行为或者执行行为的发源点都是行政机关的行政意志(行政决定)，无此源点，冻结行为或者执行行为都无以发生；二是，虽然司法机关在协助中拥有对行政决定的审查权和监督权，可以将程序进行下去或者由此终结，但只要让程序进行下去，便意味着是在履行一种行政决定而不是司法裁判。其次，它具有司法协助性。这固然与大量的行政行为不同。但是，如果说需司法协助的行政行为是两种行为的组合（行政行为与司法协助行为）的话，那么，行政行为无疑是一种“主体行为”，司法协助行为则是一种“辅助行为”。

这样，我们在传统行政行为的理论上需要补充一对范畴。行政行为从是否需经司法协助，可以划分为“无需司法协助的行政行为”与“需经司法协助的行政行为”，后者的典型例子就是行政强制法律制度中的行政机关申请司法机关实施冻结措施和行政机关申请人民法院强制执行行政决定。

---

① 1989 年 4 月 4 日中华人民共和国第七届全国人民代表大会常务委员会第二次会议通过，1989 年 4 月 4 日中华人民共和国主席令第十六号公布，自 1990 年 10 月 1 日起施行。

② 该条规定：“公民、法人或者其他组织对具体行政行为在法定期间不提起诉讼又不履行的，行政机关可以申请人民法院强制执行，或者依法强制执行。”

③ 该条规定：“当事人在法定期限内不申请行政复议或者提起行政诉讼，又不履行行政决定的，没有行政强制执行权的行政机关可以自期限届满之日起三个月内，依照本章规定申请人民法院强制执行。”

④ 有专家明确指出，“行政机关申请人民法院采取冻结措施类似于申请人民法院强制执行行政决定，不同的是，凡没有强制执行权的行政机关都具有申请人民法院强制执行的权力，此类申请权不需要法律特别规定，但并不是所有没有冻结权的行政机关都可以申请人民法院冻结”。引自江必新主编：《〈中华人民共和国行政强制法〉条文理解与适用》，人民法院出版社 2011 年版，第 175 页。

四、法律适用

立法者的任务是针对作为法律规范对象的行为之性质及由此形成的社会关系来设计法律并作出适用选择。是行为的性质决定法律适用而不是相反。

既然行政机关申请司法实施冻结同样属于行政强制措施（行政行为），不过是需经司法协助的行政强制措施（行政行为）而已，那么它理应适用《行政强制法》。但现状是，《行政强制法》只对行政机关实施的冻结措施作出了规定，对行政机关申请司法协助而实施的冻结措施未作规定。所以，目前对它的法律适用，无法适用《行政强制法》，“行政机关、司法机关及金融机构可以依照其他法律的规定办理”①。

但存在的未必就是合理的。作者以为，既然与行政机关实施的冻结行为一样，行政机关申请司法冻结的行为同样属于行政强制措施，那么它理应适用《行政强制法》，否则《行政强制法》的内容结构将是不完整的，尽管行政机关申请司法冻结的程序与行政机关自己实施冻结的程序会有不同。不过现在的问题不在于它不适用《行政强制法》，而在于《行政强制法》对它未作规定，从而使它找不到适用的规则。

与《行政强制法》对行政机关申请人民法院强制执行的立法态度比较，我们不得不要为行政机关申请司法冻结的“立法待遇”抱不平，因为《行政强制法》不仅为行政机关的强制执行单设了第四章（行政机关强制执行程序）进行了规范，而且同时为行政机关申请人民法院强制执行单设了第五章（申请人民法院强制执行）作出规定。这同时说明，《行政强制法》为行政机关申请司法冻结作出单独规定不是不可能的。这不是技术问题，而是对行政机关申请司法冻结行为性质的认识问题。

五、法律设定

从权力角度考察，行政机关自己实施冻结措施的，是基于它的“直接冻结权”；行政机关申请司法机关实施冻结的，则是基于“间接冻结权”。权力法定是

① 全国人大常委会法制工作委员会行政法室编著，乔晓阳主编：《中华人民共和国行政强制法解读》，中国法制出版社2011年版，第99页。

法治国家的要求。权力法定的基本要求就是权力必须依法设定。《行政强制法》在对“直接冻结权”的设定上，采用了“法律保留”原则。该法第十条规定：“行政强制措施由法律设定。尚未制定法律，且属于国务院行政管理职权事项的，行政法规可以设定除本法第九条第一项、第四项和应当由法律规定的行政强制措施以外的其他行政强制措施。尚未制定法律、行政法规，且属于地方性事务的，地方性法规可以设定本法第九条第二项、第三项的行政强制措施。法律、法规以外的其他规范性文件不得设定行政强制措施。”由此表明，行政机关的冻结权，须由全国人大及其常委会的“法律”设定，行政法规、地方性法规、规章和规章以下的其他规范性文件都不得设定冻结措施。

在法律设定问题上，“直接冻结权”的问题已经解决，但冻结措施的另一半即“间接冻结权”尚未解决。就是说，行政机关申请司法机关冻结是否须与行政机关自己实施冻结一样，只以“法律”为依据。在现实法律制度中，行政法规设定“间接冻结权”的现象并不少见，如国务院于2005年公布的《禁止传销条例》[①] 第十四条第一款第八项规定：“县级以上工商行政管理部门对涉嫌传销行为进行查处时，可以采取下列措施：……（八）对有证据证明转移或者隐匿违法资金的，可以申请司法机关予以冻结……”类似这种由行政法规设定的“间接冻结权”是否有效？

有一种观点认为，“关于申请冻结权的设定是否与冻结权一样必须由法律设定的问题，本法没有明确规定，从我国目前关于申请冻结权的立法情况看，除法律外，行政法规也可以规定申请冻结权。”[②]

作者以为，尽管与“直接冻结权”比较，“间接冻结权”在程序上会严格一些，需经司法机关的审查把关，但只要“间接冻结权”也是作为行政强制措施“冻结权”的一部分，那么，它就应当服从《行政强制法》对“冻结权”设定上的“法律保留”原则，即不得为行政法规设定“冻结权”开口子。

六、法律救济和责任承担

基于“间接冻结权”的冻结行为，这种由行政机关申请司法冻结的“需经司

① 2005年8月10日国务院第101次常务会议通过，2005年8月23日中华人民共和国国务院令第444号公布，自2005年11月1日起施行。

② 江必新主编：《〈中华人民共和国行政强制法〉条文理解与适用》，人民法院出版社2011年版，第175-176页。

法协助的行政行为”，与“无需司法协助的行政行为”即纯行政行为不同的是，它是一种双主体和双行为的组合。这种行为的主体，既有行政机关，又有司法机关；这种行为的本身，既有行政决定行为，又有司法协助行为。针对这种复合性行为，如果行政相对人不服应当如何救济？具体说：（1）是否可以申请行政复议或者提起行政诉讼？（2）以谁为被申请人或者被告？（3）行政机关与司法机关的责任如何划分？

如前所述，以行政机关申请司法冻结和行政机关申请人民法院强制执行为例的“需经司法协助的行政行为”尽管具有“复合性”，但它本质上还是属于“行政行为”。既此，按照《中华人民共和国行政复议法》[①] 和《中华人民共和国行政诉讼法》确定的受案范围，包括行政机关申请司法机关冻结在内的“需经司法协助的行政行为”自然应当适用行政复议和行政诉讼。况且，《行政强制法》第八条明文规定：“公民、法人或者其他组织对行政机关实施行政强制，享有陈述权、申辩权；有权依法申请行政复议或者提起行政诉讼；因行政机关违法实施行政强制受到损害的，有权依法要求赔偿。公民、法人或者其他组织因人民法院在强制执行中有违法行为或者扩大强制执行范围受到损害的，有权依法要求赔偿。”

接着，如果行政相对人对行政机关申请司法机关冻结的行为不服，应当以谁为被申请人或者被告呢？我们认为，在这种“复合性”的行政行为中，行政机关是主要主体，司法机关是协助主体从而是配合主体；行政决定是主行为，司法协助是配合行为。据此，在针对行政机关申请司法机关冻结行为不服的复议和诉讼中，应当以行政机关为行政复议被申请人或者行政诉讼被告人，司法机关有过错的，可以一并列为第三人。至于责任的承担，根据《行政强制法》第八条第二款的精神，司法机关在协助程序中有违法行为或者扩大损害的，应当承担赔偿责任，此外，即由行政机关承担责任。

① 1999年4月29日第九届全国人民代表大会常务委员会第九次会议通过，1999年4月29日中华人民共和国主席令第16号公布，自1999年10月1日起施行。

§ 1.20 论作为行政执行罚的“加处罚款”

——基于《中华人民共和国行政强制法》

内容提要：《行政强制法》第十二条和第四十五条不仅将“加处罚款”设定为行政执行罚方式之一，而且对它作了普遍性授权。但“加处罚款”在法律文本和实务操作中不易与作为行政处罚的“罚款”相区别，同时也不易与同属于间接强制执行方式的征收“滞纳金”相区分。加之在《行政处罚法》首次使用“加处罚款”之后的不少法律法规所设定的“罚款”，恰恰介于作为行政处罚的“罚款”与作为行政执行罚的“加处罚款”之间，使得《行政强制法》上的“加处罚款”面临理论上的定位选择。除了定位上的问题，还有诸如“加处罚款”本身的罚款额标准，对加处的“罚款”如何征收，以及行政相对人对行政机关的“加处罚款”决定不服如何救济等问题，本文一并作了探讨。

关键词：加处罚款　强制执行

一、问题的提出

如果世界上没有行政强制执行制度，那么，任何行政决定都会失去效力，从而导致政府管制的失灵。行政强制执行需要有合适的强制手段。“加处罚款”，在中国由《中华人民共和国行政处罚法》[①]（以下简称《行政处罚法》）和《中华人民共和国行政强制法》[②]（以下简称《行政强制法》）所设定的作为间接强制手段的行政执行罚制度，为不少国家和地区所采用。早在 1925 年，奥地利的《行政

① 1996 年 3 月 17 日第八届全国人民代表大会第四次会议通过，1996 年 3 月 17 日中华人民共和国主席令第六十三号公布，1996 年 10 月 1 日起施行。

② 2011 年 6 月 30 日第十一届全国人民代表大会常务委员会第二十一次会议通过，2011 年 6 月 30 日中华人民共和国主席令第 49 号公布，2012 年 1 月 1 日起施行。

强制执行法通则》[①] 第五条就规定了"行政执行罚"制度，深受奥地利影响的德国在1953年的《联邦行政执行法》[②] 中规定了同一性质的"强制金"[③]，这一"强制金"延伸到德国的各州[④]。日本的旧《行政执行法》[⑤] 延续奥德法系，确立了作为"执行罚"性质的"过失罚金"[⑥]。1948年的《行政代执行法》[⑦] 取代了旧《行政执行法》。由于新法调整范围的缩小使得新法不可能涉及行政执行罚，但作为执行罚的手段在其他单行法中依然存在至今。[⑧] 这一制度在中国台湾地区的现行《行政执行法》[⑨] 中表述为"怠金"并与"代履行"共同构成间接强制两种基本方式。[⑩]

在中国大陆，"加处罚款"第一次出现在1996年制定的《行政处罚法》中。该法第五十一条规定："当事人逾期不履行行政处罚决定的，作出行政处罚决定的行政机关可以采取下列措施：（一）到期不缴纳罚款的，每日按罚款数额的百分之三加处罚款……"尔后的《中华人民共和国道路交通安全法》[⑪] 第一百零九条[⑫]

---

① Verwaltungsvollstreckungsgesetz - VVG，1925年7月26日由奥国联邦法律第267号公报公布。

② Verwaltungsvollstreckungsgesetze - BRD，1953年4月27日颁布，1953年5月1日生效，1997年12月17日最后一次修改。

③ 即"Zwangsgeld"。在中国台湾地区被译成"怠金"。

④ 德国1957年《莱茵州·柏尔兹行政强制执行法》（Verwaltungsvollstreckungsgesetz im Rheinland - Pfalz，1957年7月8日颁布，1958年1月1日正式施行）第62条继续将"强制金"列入与"代执行""直接强制"相并列的一种间接执行方式。

⑤ 明治33年法律第84号。

⑥ 当时限定为25日元以下。

⑦ 1948年（昭和23年）6月14日公布，三十天后生效。

⑧ 如《防沙法》第三十六条，《垄断禁止法》第九十七条，《居民基本台账法》第五十一条第二款。[日] 盐野宏著，杨建顺译：《行政法总论》，北京大学出版社2008年版，第二篇第二部第一章。

⑨ 1932年12月28日颁布，经1943年12月1日、1947年11月11日、1998年11月11日、2000年6月21日、2005年6月22日、2007年3月21日、2009年4月29日、2009年12月30日、2010年2月3日、2010年5月10日、2010年6月3日共十一次修正。

⑩ 中国台湾地区2010年《行政执行法》第二十八条（间接强制与直接强制之方法）规定："前条所称之间接强制方法如下：一、代履行。二、怠金。前条所称之直接强制方法如下：一、扣留、收取交付、解除占有、处置、使用或限制使用动产、不动产。二、进入、封闭、拆除住宅、建筑物或其他处所。三、收缴、注销证照。四、断绝营业所必需之自来水、电力或其他能源。五、其他以实力直接实现与履行义务同一内容状态之方法。"

⑪ 2003年10月28日第十届全国人民代表大会常务委员会第五次会议通过，根据2007年12月29日第十届全国人民代表大会常务委员会第三十一次会议《关于修改〈中华人民共和国道路交通安全法〉的决定》第一次修正，根据2011年4月22日第十一届全国人民代表大会常务委员会第二十次会议《关于修改〈中华人民共和国道路交通安全法〉的决定》第二次修正，2011年4月22日中华人民共和国主席令第47号公布，自2011年5月1日起施行。

⑫ 该条规定："当事人逾期不履行行政处罚决定的，作出行政处罚决定的行政机关可以采取下列措施：（一）到期不缴纳罚款的，每日按罚款数额的百分之三加处罚款……"

和《中华人民共和国海关行政处罚实施条例》[1] 第六十条[2]均重复了这一规定。2011 年，作为中国行政强制制度基本法的《行政强制法》将“加处罚款”设定为一种普遍性的与征收滞纳金、代履行相并列的间接强制手段。[3]

但是，“加处罚款”在法律文本和实务操作中不易与作为行政处罚的“罚款”相区别，同时也不易与同属于间接强制执行方式的征收滞纳金相区分。加之在《行政处罚法》首次使用“加处罚款”之后的不少法律法规所设定的“罚款”，恰恰介于作为行政处罚的“罚款”与作为间接强制执行方式的“加处罚款”之间，使得《行政强制法》上的“加处罚款”面临理论上的定位选择。除了定位上的问题，还有诸如“加处罚款”本身的罚款额标准，对加处的“罚款”如何征收，以及行政相对人对行政机关的“加处罚款”决定不服如何救济等问题，都不仅仅是对《行政强制法》文本本身的解读问题。

二、《行政处罚法》意义上的“加处罚款”

中国“加处罚款”的措施最早由 1996 年制定的《行政处罚法》确立。作为该法第六章“行政处罚的执行”中的第五十一条规定：“当事人逾期不履行行政处罚决定的，作出行政处罚决定的行政机关可以采取下列措施：（一）到期不缴纳罚款的，每日按罚款数额的百分之三加处罚款……”根据这一规定，可以推论出“加处罚款”的有关法律特征。

第一，“加处罚款”是一种间接强制执行措施。（1）它是行政强制执行行为而不是行政强制措施行为。“加处罚款”在《行政处罚法》中安排在“行政处罚的执行”章节内，是作为针对当事人拒不履行“罚款”决定而采取的执行措施，目的在于迫使当事人履行前一个处罚决定。（2）它是间接强制执行而不是直接强制执行措施。行政强制执行有直接强制与间接强制之分。直接强制是指执行机关自身采取强制手段，直接达到当事人履行义务或当事人义务被履行的状态，如直接从当事人在银行的账户上扣缴税款。间接强制执行，是指执行机关通过第三者

---

① 2004 年 9 月 1 日国务院第六十二次常务会议通过，2004 年 9 月 19 日中华人民共和国国务院令第 420 号公布，自 2004 年 11 月 1 日起施行。

② 该条规定：“当事人逾期不履行行政处罚决定的，海关可以采取下列措施：（一）到期不缴纳罚款的，每日按罚款数额的 3%加处罚款……”

③ 《行政强制法》第十二条规定：“行政强制执行的方式：（一）加处罚款或者滞纳金；（二）划拨存款、汇款；（三）拍卖或者依法处理查封、扣押的场所、设施或者财物；（四）排除妨碍、恢复原状；（五）代履行；（六）其他强制执行方式。”

代为履行或执行罚等间接强制手段，以达到迫使当事人履行义务或当事人义务被履行的状态。“加处罚款”属于“执行罚”[①] 的范畴，因而属于间接强制执行。(3) 它是执行金钱罚而不是执行人身罚。执行罚系指当事人拒不履行“执行义务”时，执行机关可以加处一种惩罚来加重当事人的负担和压力，以实现当事人履行义务之目的。加处的惩罚是增加金钱给付义务的，称作“执行金钱罚”；加处的惩罚是增加人身义务负担的，称作“执行人身罚”。“加处罚款”是对金钱给付义务的增加，而不是对人身义务负担的增加，因而显然属于“执行金钱罚”。它们的逻辑关系如图：

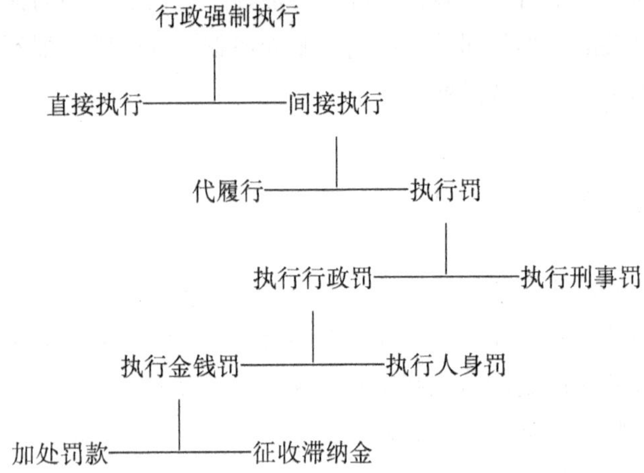

第二，“加处罚款”具有金钱给付义务的增加性。它并不是用一个新的“罚款”代替原有的“罚款”。它是用增加的新罚款来迫使当事人履行原罚款义务，而增加的新罚款又不是替代或免除对原有罚款的执行。“加处罚款”是在不免除原有“罚款”义务的基础上所增加的新的金钱给付义务。

第三，“加处罚款”以原有“罚款”为前提。德国的公法理论将行政强制建筑在“基础行为”（grundverwaltungsakt）与“执行行为”（vollstreckungsverfahren）的范畴之上；“执行行为”就是对“基础行为”的执行。[②] 援引这一范畴，那么在“加处罚款”中，原罚款决定属于基础行为，加处的罚款属于执行行为；而且，加处罚款这一执行行为必须以基础行为是“罚款”为前提。这一“前提性”包含了两个含义：（1）基础行为必须是“罚款”，执行行为也是“罚款”，

① “执行罚”在德语上的对应词是：Zwangshorsamsstrafe，或 Ungehorsamsstrafe。

② ［德］哈特穆特·毛雷尔著，高家伟译：《行政法学总论》，当代德国法学名著，法律出版社 2000 年版，第 489 页；科伦布莰高级行政法院：NVwZ，1986 年，第 762 页。

两种行为具有“同向性”。“加处罚款”只能针对“罚款”这一基础行为作出，不能针对其他基础行为（如“行政拘留”决定和“警告”决定）作出。这是《行政处罚法》的本意。(2) 加处的罚款数量与原罚款的数量有联系，前者以后者为基数。根据《行政处罚法》第五十一条第一款规定，当事人到期不缴纳罚款的，每日按罚款数额的3%加处罚款。因是由于上述“前提性”，才用“加处罚款”的表达方式。“加处罚款”的本意就是在原“罚款”的基础上再“加处”一个“罚款”。

第四，“加处罚款”是一种羁束裁量行为而不是自由裁量行为，罚款标准具有固定性和统一性。同样是根据《行政处罚法》第五十一条第一款规定，行政机关对当事人加处的罚款额是由几个要素决定的：一是基数。加处的罚款额是以当事人不履行原罚款决定的数额所决定的。譬如，原罚款是2万元，当事人对2万全不履行，那么这2万元是基数；原罚款是2万元，当事人只履行了1万元，那么未履行的1万元就是基数。二是比例。加处罚款的比例是原基数的3%。三是期间。即当事人不履行原罚款决定期间的长短。因为加处的罚款是按每日3%加处，未履行期越长，罚款必然越多，反之亦然。这一比例和计算方法是固定而统一的，适用于任何行政处罚领域中所加处的罚款。行政机关在确定加处的罚款数额时，仅仅是严格按照上述三个要素计算而已，不具有可选择性。①

第五，“加处罚款”具有持续性。“加处罚款”作为一种执行罚，目的在于通过施加增加金钱给付义务的压力以实现当事人自我履行原罚款义务之目的。只要当事人还处于未履行义务状态，行政机关就可连续按日加处3%的罚款，直至当事人履行义务为止。可见，作为执行行为的“加处罚款”具有持续适用性，并非像作为基础行为的“罚款”那样只能适用一次。

第六，“加处罚款”具有普遍直接授权性。根据《行政处罚法》第五十一条第一项的授权，作出行政处罚决定的行政机关，针对当事人逾期不履行行政处罚决定时，可以按照其到期不缴纳罚款的数额，每日加处3%的罚款。这一授权有两个要点：一是，加处罚款的主体与作出原罚款决定的主体具有同一性。加处罚款的行政机关就是作出原行政处罚决定的行政机关。二是，这是一项普遍而直接

---

① 但是，世界上有的国家和地区有关这类执行罚也是存在处罚幅度的。德国1953年的《行政执行法》将“强制金”定为3～2000马克。德国1957年《莱茵州柏尔兹行政强制执行法》将“强制金”定为3～500马克。奥地利1925年《行政强制执行法通则》规定不得超过3000先令。日本旧《行政执行法》限定“过料”标准为25元以下。台湾地区现行的《行政执行法》规定“怠金”标准为新台币5000元至30万元。

的授权。作为普遍授权，它为所有作出罚款决定的行政机关设定了可以在一定条件下对当事人实施“加处罚款”的执行罚措施，无须通过单一法规对具体的行政机关另行授权；作为直接授权，任何作出罚款决定的行政机关，直接依据《行政处罚法》第五十一条第一项规定就拥有了“加处罚款”的执行权，无须通过中间法规的转换。

根据上述法律特征，我们可以尝试对“加处罚款”作一定义：加处罚款，是指作出行政处罚决定的行政机关，基于《行政处罚法》第五十一条的授权，针对当事人逾期不履行行政罚款决定时，对其每日按罚款数额的百分之三加处罚款，迫使当事人自我履行原罚款义务的执行罚措施。

三、作为执行罚的“加处罚款”与作为行政处罚的“罚款”

“加处罚款”作为一种执行罚措施被《行政处罚法》确立以后，随之迎来行政法理论上的一个模糊区：“加处罚款”中的“罚款”与“加处罚款”所针对的“罚款”如何区分。我们就以《行政处罚法》第五十一条第一项表述中的“罚款”为例进行研讨。该条款规定，如果当事人到期不缴纳罚款（第一个罚款），行政机关可以每日加处3%的罚款（第二个罚款）。这里的第一个罚款与第二个罚款的区别就代表了作为执行罚的“加处罚款”与作为行政处罚的“罚款”的关系。如果我们不能厘清它们两者之间的关系，那么，在行政法理论上就会导致行政处罚理论与行政强制理论的混淆，在《行政强制法》的设定和实施中会导致法律适用上的错误。

第一个罚款与第二个罚款在字面上都出现了“罚款”；而且只要是罚款，它必然以金钱给付义务为内容，以惩罚当事人为直接目的。然而，它们之间的区别也是明显的。

第一，行为属性不同。第一个罚款属于行政处罚行为，第二个罚款则属于行政强制执行行为。第二个罚款是对第一个罚款的执行措施，是对当事人不履行第一个罚款义务的惩罚。用德国法理论来说，第一个罚款属于基础行为，第二个罚款则属于执行行为，完全是相差甚远而不同的两个行为范畴。

第二，直接功能不同。虽然第一个罚款与第二个罚款在字面上都出现了“罚款”，而且都以金钱给付义务为内容，但它们的直接功能还是有区别的。第一个罚款的直接功能是为了惩罚当事人违反行政管理的行为，而第二个罚款的直接功能是为了迫使当事人履行第一个罚款的义务。

第三，适用法律不同。在我国不同行政行为由不同法律分别调整的体制下，行政处罚的基本法律是《行政处罚法》，行政强制的基本法律则是《行政强制法》。因而，第一个罚款作为行政处罚行为主要适用《行政处罚法》，第二个罚款作为行政强制执行措施主要适用《行政强制法》。

第四，计算标准不同。第一个罚款作为一种行政处罚的形式，在数量计算上没有绝对的计算比例，主要是根据《行政处罚法》第四条①确定的原则，“与违法行为的事实、性质、情节以及社会危害程度”的相当性来考虑。第二个罚款作为一种行政执行罚的方式，其罚款数量的确定，具有绝对、明确而统一的标准，即按当事人到期不交纳的罚款数额作为基数，每日加处3%的罚款。

第五，适用次数不同。第一个罚款作为一种行政处罚的形式，适用“一事不再罚”原则，因而属于“一次性行为”。第二个罚款作为一种行政执行罚的方式，它在当事人不履行第一个罚款义务的状态下，可以每日加处3%的罚款，因而属于可以重复适用的“连续行为”。

第六，实施程序不同。第一个罚款作为一种行政处罚的形式，根据《行政处罚法》的有关规定，主要的程序环节是：立案—调查—拟作罚款决定的告知—听证或听取意见—罚款决定的作出—罚款决定的送达。第二个罚款作为一种行政执行罚的形式，根据《行政强制法》的有关规定，主要的程序环节是：催告—陈述和申辩—执行决定—强制执行。两者的程序还是显有区别。

第七，法律救济不同。第一个罚款属于行政处罚行为，当事人对其不服，依据《中华人民共和国行政复议法》②（以下简称《行政复议法》）第六条第一项③和《中华人民共和国行政诉讼法》④（以下简称《行政诉讼法》）第十一条第一项⑤规定，可以依法提起行政复议和行政诉讼。第二个罚款属于行政执行罚，而实施行

---

① 《行政处罚法》第四条规定：“行政处罚遵循公正、公开的原则。设定和实施行政处罚必须以事实为依据，与违法行为的事实、性质、情节以及社会危害程度相当。对违法行为给予行政处罚的规定必须公布；未经公布的，不得作为行政处罚的依据。”

② 1999年4月29日第九届全国人民代表大会常务委员会第九次会议通过，1999年4月29日中华人民共和国主席令第16号公布，自1999年10月1日起施行。

③ 《行政复议法》第六条第一项规定：“有下列情形之一的，公民、法人或者其他组织可以依照本法申请行政复议：（一）对行政机关作出的警告、罚款、没收违法所得、没收非法财物、责令停产停业、暂扣或者吊销许可证、暂扣或者吊销执照、行政拘留等行政处罚决定不服的……”

④ 1989年4月4日中华人民共和国第七届全国人民代表大会常务委员会第二次会议通过，1989年4月4日中华人民共和国主席令第十六号公布，自1990年10月1日起施行。

⑤ 《行政诉讼法》第十一条第一项规定：“人民法院受理公民、法人和其他组织对下列具体行政行为不服提起的诉讼：（一）对拘留、罚款、吊销许可证和执照、责令停产停业、没收财物等行政处罚不服的……”

政执行罚决定的主体可能是行政机关，也可能是人民法院。行政机关实施的执行罚，依然属于行政行为，当事人不服完全适用《行政复议法》和《行政诉讼法》的救济途径；而人民法院实施的执行罚，则不适用行政复议和行政诉讼，只适用民事诉讼中的执行异议程序。

四、“灰色地带”的“罚款”与“加处罚款”

“加处罚款”随着《行政处罚法》的首次确认，以及接着的几个法律法规的沿用[①]，推进了行政法理论的固定后，不久便受到其他立法的挑战。那就是有些法律法规规定的“罚款”，既不像是传统意义上的纯粹性行政处罚，又不属于《行政处罚法》意义上的“加处罚款”，故可称为“灰色地带”的“罚款”。这些法律法规及其有关规定内容包括但不限于：

——《中华人民共和国水法》[②] 第七十条规定：“拒不缴纳、拖延缴纳或者拖欠水资源费的，由县级以上人民政府水行政主管部门或者流域管理机构依据职权，责令限期缴纳；逾期不缴纳的，从滞纳之日起按日加收滞纳部分千分之二的滞纳金，并处应缴或者补缴水资源费一倍以上五倍以下的罚款。”

——《中华人民共和国水土保持法》[③] 第五十七条规定：“违反本法规定，拒不缴纳水土保持补偿费的，由县级以上人民政府水行政主管部门责令限期缴纳；逾期不缴纳的，自滞纳之日起按日加收滞纳部分万分之五的滞纳金，可以处应缴水土保持补偿费三倍以下的罚款。”

——《中华人民共和国社会保险法》[④] 第八十六条规定：“用人单位未按时足额缴纳社会保险费的，由社会保险费征收机构责令限期缴纳或者补足，并自欠缴之日起，按日加收万分之五的滞纳金；逾期仍不缴纳的，由有关行政部门处欠缴数额一倍以上三倍以下的罚款。”

---

① 如《中华人民共和国道路交通安全法》第一百零九条和《中华人民共和国海关行政处罚实施条例》第六十条均沿用了这一意义上的“加处罚款”。

② 2002年8月29日第九届全国人民代表大会常务委员会第二十九次会议通过，2002年8月29日中华人民共和国主席令第七十四号公布，自2002年10月1日起施行。

③ 1991年6月29日第七届全国人民代表大会常务委员会第二十次会议通过，2010年12月25日第十一届全国人民代表大会常务委员会第十八次会议修订，2010年12月25日中华人民共和国主席令第39号公布，自2011年3月1日起施行。

④ 2010年10月28日第十一届全国人民代表大会常务委员会第十七次会议通过，2010年10月28日中华人民共和国主席令第35号公布，自2011年7月1日起施行。

——《工伤保险条例》[①] 第六十二条第一款规定：“用人单位依照本条例规定应当参加工伤保险而未参加的，由社会保险行政部门责令限期参加，补缴应当缴纳的工伤保险费，并自欠缴之日起，按日加收万分之五的滞纳金；逾期仍不缴纳的，处欠缴数额1倍以上3倍以下的罚款。”

我们首先注意到，这些法律法规使用了“罚款”而不是“加处罚款”的表达方式。如果按字面上的表达形式将它们先按作为“行政处罚”的罚款对待，也不是没有道理。上述法律法规中的罚款所针对的情况，是行政相对人不在规定期限内缴纳税费，这本身就是一种违反行政管理秩序的行为，针对这种违法行为进行“罚款”，本身就是对违法行为的制裁，与一般的行政处罚并无二致。况且，上列的几个法律法规中，都将这类“罚款”置于“法律责任”的章节中表达。[②]

但当我们真的将这类“罚款”并入行政处罚之中，它又不为《行政处罚法》及其行政处罚理论所接受。按照《行政处罚法》第三条[③]规定，行政处罚是指行政机关对于违反行政管理秩序并应当给予行政处罚的行政相对人，依照《行政处罚法》和有关法律、法规、规章的规定给予行政制裁的行为。其最主要的特征：一是以行政相对人的违法为前提，二是以对相对人的制裁为直接目的。上述法律法规中的“罚款”，都是因行政相对人不履行或迟延履行交纳税费的义务而采取的一种惩罚性措施，直接起因是行政相对人不履行法定的金钱给付义务，直接目的是通过这类罚款以保证行政相对人能够及时履行交纳税费的义务。换句话说，它不是以行政相对人不履行前一个作为行政处罚性质的“罚款决定”为前提，而是以相对人不履行交纳税款和规费义务为前提，而且往往作为比征收滞纳金更严厉的补充措施而出现。这类“罚款”具有明显的“执行性”，如果将它们归入“行政处罚”实属勉强。

那么，我们就转向另一方向探索。如果将这类“罚款”并入作为执行罚的“加处罚款”会是如何？矛盾同样存在。我们一旦将这类“罚款”作为执行罚的“加处罚款”对待，那么，《行政处罚法》所设定的“加处罚款”的法律特征受到

① 2003年4月27日中华人民共和国国务院令第375号公布，根据2010年12月20日《国务院关于修改〈工伤保险条例〉的决定》修订，2011年12月20日中华人民共和国国务院令第586号公布，自2011年1月1日起施行。

② 这类“罚款”在《中华人民共和国水法》中列入第七章的法律责任之中，在《中华人民共和国水土保持法》中列入第六章的法律责任之中，在《中华人民共和国社会保险法》中列入第十一章的法律责任之中，在《工伤保险条例》中列入第七章的法律责任之中。

③ 该条规定：“公民、法人或者其他组织违反行政管理秩序的行为，应当给予行政处罚的，依照本法由法律、法规或者规章规定，并由行政机关依照本法规定的程序实施。”

挑战，“加处罚款”需要重新定位。至少这种意义上的“加处罚款”并不以行政相对人存在违法行为为前提，并且加处的罚款不具有可持续的适用性。

我们面临着两难选择：这类“罚款”如果列入行政处罚，似乎又有执行性；纳入执行罚的“加处罚款”，又会导致对“加处罚款”法律特征的冲突，“加处罚款”的定位需要重新调整。

作者以为，作为行政处罚的“罚款”与作为行政执行罚的“加处罚款”之间最重要的区别特征是：(1) 作为行政处罚的“罚款”是一种制裁行为，它的直接目的是制裁违法行为；作为行政执行罚的“加处罚款”是一种强制执行行为，它的直接目的是为了实现相对人义务被履行状态。(2)“罚款”是针对行政相对人的违反行政管理秩序行为而作出，以相对人的违法行为的存在为前提；“加处罚款”是针对行政相对人不履行“应当被执行的义务”（如交纳罚款、税费款等）而作出，以相对人不履行应当履行的义务状态为前提。(3)“罚款”与行政相对人未履行的义务数量和期限无关，只与行政相对人违法行为的事实、性质、情节以及社会危害程度相关；而“加处罚款”只与行政相对人不履行义务的数量和期限有关（如罚款数量的多少和不交纳罚款时间的长短）。因而在立法上，“罚款”往往被设定为一种自由裁量，“加处罚款”往往被设定为羁束裁量。(4)“罚款”是一次性行为，而“加处罚款”是可以反复适用的行为。

对照第一和第二个特征，这类“罚款”应当属于作为执行罚的“加处罚款”。因为这类罚款都是在行政相对人负有交纳税费的金钱给付义务，相对人逾期未交纳，在被责令限期补交并征收了滞纳金的情况下，相对人仍然不按期履行该义务时所采取的措施。相对人不履行义务的状态非常明显。这个罚款的目的就是为了制裁相对人的“不执行”行为，以实现相对人的义务被履行。

对照第三个特征，这类“罚款”则应当属于作为行政处罚的“罚款”。因为这类罚款的数量虽然与行政相对人的不履行义务数量有关①，但行政机关依然有很大的选择余地，它可在考虑相对人行为的事实、性质、情节以及社会危害程度综合衡量后确定，而不是像《行政处罚法》第五十一条第一项所规定的直接以相对人不交纳或迟延交纳的罚款数量每日加处3%的罚款那么确定。

对照第四个特征，这类“罚款”也应当属于作为行政处罚的“罚款”。因为这类“罚款”是一次性的，受“一事不再罚”原则的约束，不具有可重复适

① 如罚款数额依据应缴或者补缴水资源费一倍以上五倍以下、应缴水土保持补偿费三倍以下、欠社会保险费缴数额一倍以上三倍以下、工伤保险费欠缴数额一倍以上三倍以下确定。

用性。

可见，在上述四个特征中，有两个特征符合作为行政执行罚的“加处罚款”，另有两个特征则符合作为行政处罚的“罚款”，这就无法得出同一的结论。当法理与法律不一致时，不是法理错了，就是法律错了；当法理与法律不一致时，我们既不能以错误的法理去证明正确的法律的错误，同样也不能以不规范的立法去反证正统法理的错误。但在当我们尚无法确定是法理错了还是法律错了的时候，又无法等待法理作出修正或者法律作出修改时，当下只能先按照“优势特征”原则确定，暂且将这类“罚款”作为行政处罚为妥。

尽管我们对这类“罚款”暂且作了策略性的定性，但有两个方法论问题依然不能回避而且尚未解决：如果将行政相对人“不履行义务”的行为状态视作其行政法上违法行为的“原点”，那么，任何行政执行罚都变成了“行政处罚”；如果将行政相对人的“违法行为”都视作“不履行法定义务”，那么，对相对人任何“违法行为”的处罚都会变成“行政执行罚”了。因此，什么是相对人应当受到处罚的违法行为，什么是相对人应当引发执行罚的不履行义务的状态，依然是区别的关键。

五、《行政强制法》对“加处罚款”的重新定位

《行政强制法》第十二条第一项[①]将“加处罚款”设定为一种普遍性的行政执行罚措施，第四十五条又向行政机关作了普遍性授权[②]，“加处罚款”就从狭窄的行政处罚领域扩大至整个行政强制领域。如果《行政强制法》中的“加处罚款”仅仅是对《行政处罚法》中的“加处罚款”的重复和肯定而已，那么我们就无需再做什么了。事实显然不是这样。《行政强制法》将“加处罚款”从只适用对处罚的强制执行领域扩大至适用于对所有“金钱给付义务的行政决定”的强制执行领域，“加处罚款”的内涵和特征也会随之变化。但是，《行政强制法》将“加处罚款”提升为一项普适性的执行罚措施后，并未随之对其内涵和特征作扩容性规定，这就为我们的研讨留下了空间。对照《行政处罚法》中的“加处罚款”，以下几个问题需要重新探讨。

---

① 《行政强制法》第十二条第一项规定：“行政强制执行的方式：（一）加处罚款或者滞纳金……”

② 《行政强制法》第四十五条规定：“行政机关依法作出金钱给付义务的行政决定，当事人逾期不履行的，行政机关可以依法加处罚款或者滞纳金。加处罚款或者滞纳金的标准应当告知当事人。加处罚款或者滞纳金的数额不得超出金钱给付义务的数额。”

（一）关于适用范围问题

当年《行政处罚法》设定“加处罚款”时，将它的适用范围限定为针对行政相对人不履行作为行政处罚性质的“罚款”决定作出。也就是说，只有行政相对人不履行“罚款”决定才可对其“加处罚款”，针对其他行政处理决定不适用“加处罚款”。现在的问题是，《行政强制法》设定的“加处罚款”是否只是对《行政处罚法》意义上“加处罚款”的简单重复，还是可以扩大至针对所有的行政处罚决定，甚至扩大至所有的行政决定？

对此，专家和学者们存有不同看法。一种观点认为，《行政强制法》规定的“加处罚款”不过是对《行政处罚法》规定的“加处罚款”的重复表达而已，它以行政相对人不履行“罚款”决定为前提，只适用行政处罚中的罚款义务。[①] 另一种观点则认为，“加处罚款既有针对不履行罚款义务的，也有针对不缴纳税费的。对不履行罚款义务的加处罚款，适用《行政处罚法》的规定，即《行政处罚法》第五十一条规定，当事人到期不缴纳罚款的，每日按罚款数额的3%加处罚款。对不缴纳税费加处罚款的，适用有关法律、法规、规章的规定，标准也不一。”[②] 这种观点关于“加处罚款”的适用范围显然要大于前者。还有一种观点认为，“国外加处罚款还针对当事人不履行作为或不作为义务的执行。在我国，加处罚款主要是针对不缴纳罚款的行为，加处罚款的数额由《行政处罚法》统一规定。”[③] 这种观点主张将一般理论与中国现行制度区别阐述，认为从理论上讲，“加处罚款”应当可以适用当事人任何不履行作为或不作为义务的执行，只是我国现行的“加处罚款”主要是针对罚款决定。

从法律制度上说，国外的“加处罚款”可以针对当事人不履行有关义务的执行，并不只限于针对不履行金钱给付义务的执行。中国台湾地区的现行《行政执行法》恰恰将“怠金”列为针对当事人不履行“行为或不行为义务的执行”。[④] 中国现行行政强制法律制度中关于“加处罚款”的定位，首先必须解读《行政强制法》上的一个关键性条款。该法第四十五条第一款规定：“行政机关依法作出

---

① 江必新主编：《〈中华人民共和国行政强制法〉条文理解与适用》，人民法院出版社2011年版，第91页。

② 袁曙宏主编：《行政强制法教程》，中国法制出版社2011年版，第34页。

③ 全国人大常委会法制工作委员会行政法室编，乔晓阳主编：《中华人民共和国行政强制法解读》，中国法制出版社2011年版，第44页。

④ 台湾地区《行政执行法》第二十八条所立“怠金”间接执行方法是置于第三章“行为或不行为义务之执行”，而不是第二章“公法上金钱给付义务之执行”之内。

金钱给付义务的行政决定，当事人逾期不履行的，行政机关可以依法加处罚款或者滞纳金。加处罚款或者滞纳金的标准应当告知当事人。”这一规定显然是扩大了“加处罚款”的适用范围，它已从《行政处罚法》第五十一条所规定的仅适用于不履行作为行政处罚的“罚款”决定扩大到所有“行政机关依法作出金钱给付义务的行政决定”，但它并未扩大至适用“作为或不作为”义务的履行。

然而从行政法理论上讲，理论必须具有完整性。理论要反映立法，但更要指导立法。我们的理论为指导立法必须为立法留下空间，而不是让理论被暂不完整的立法所扭曲，特别是不能以不成熟立法去修正成熟的法理。作者以为，“加处罚款”作为一种执行罚，其功能是在行政相对人拒不履行一种基础决定所确定的义务时，而这种义务又不宜或无法直接执行和代履行时，以增加罚款（金钱给付义务的增加）的方式迫使行政相对人自我履行该义务。因此，只要“加处罚款”能起到这种作用者，立法都可加以设定。所以从行政法理上说，“加处罚款”并不只适用作为基础行为的“罚款”决定，它可适用针对由法律设定的任何义务的履行。

（二）关于实施主体问题

这里要研讨的是：在中国现行的法律制度中，哪些主体拥有了“加处罚款”的权力。

这里首先应当讨论《行政强制法》第四十五条是否属于一个普遍而直接的授权条款。在立法上，普遍授权、直接授权正好与个别授权、间接授权相对应。普遍授权，系指法律设定某类组织的权力适用于该类组织的全体（如行政机关、人民法院、人民检察院等）；直接授权，系指法律设定某类组织的权力已非常明确，该组织可直接依据该法律条文直接获得这一权力，无须通过其他法律作为中间环节加以连接；个别授权正好与普遍授权相反，系指法律设定某类权力并不适用于该类组织的全体，只适用其某个或某几个该类组织；间接授权又正好与直接授权相反，系指当法律设定某类组织的某类权力，由于权力本身的内容和适用条件还有赖于其他法律作出规定，而无法直接行使该权力。

《行政强制法》第四十五条应当属于直接而普遍性的授权，权威人士也作了这方面的权威性说明。[①] 从条文本身的表达来看，也无疑是如此。根据该条款，

① 全国人大常委会法制工作委员会行政法室编著，乔晓阳主编：《中华人民共和国行政强制法解读》，中国法制出版社2011年版，第50页。

任何依法作出金钱给付义务行政决定的行政机关，在当事人逾期不履行该行政决定时，都有权依法“加处罚款”。这里当然包括由《行政处罚法》第五十一条规定的作出“罚款”决定的行政机关。

（三）关于行为性质问题

“加处罚款”在行为性质上当然属于执行罚。但是，任何行为在性质上都具有“多维性”。这里要讨论的是：“加处罚款”是属于“羁束行为”还是“裁量行为”?

羁束行为与裁量行为是行政行为的基本范畴之一。羁束行为，系指法律对行为适用条件规定得非常明确的条件下，行政机关在作出行政决定时，没有选择（作与不作、作这作那、作多作少）的余地；裁量行为，系指法律对行为适用条件规定了一定的选择余地，行政机关在作出行政决定时，具有一定的选择权。“加处罚款”作为一种执行罚，是也应当是羁束行为。理由如下：

第一，从立法惯例上看，现行的法律已为执行罚设定了“羁束”性的标准。例如，《行政处罚法》第五十一条设定的“加处罚款”的标准，是每日加处3%的罚款；《中华人民共和国税收征收管理法》[①] 第三十二条[②]设定的“滞纳金”为按日加收滞纳税款的万分之五。

第二，从行政法理上看，执行罚不是对相对人原始违法行为的处罚，而是对其不履行或迟延履行处罚等决定所规定的义务而采取的一种执行措施，目的是通过增加金钱给付义务的负担而迫使当事人履行原义务。在这一功能的要求下，执行罚一般由三个要素所决定：一是基数，即当事人不履行原始义务的数量（如原罚款数或纳税额）；二是比例，即以原基数需要相乘的比例；三是期间，即当事人不履行原义务时间的长短。这一比例和计算方法是固定而统一的，而且必须这样。

如果我们将“加处罚款”定位为“羁束行为”，那么，凡是法律法规规定有选择余地的“罚款”，都只能作为行政处罚的“罚款”而不是执行罚的“加处罚

① 1992年9月4日第七届全国人民代表大会常务委员会第二十七次会议通过，根据1995年2月28日第八届全国人民代表大会常务委员会第十二次会议《关于修改〈中华人民共和国税收征收管理法〉的决定》修正，2001年4月28日第九届全国人民代表大会常务委员会第二十一次会议修订，2001年4月28日中华人民共和国主席令第49号公布，自2001年5月1日起施行。

② 该条规定：“纳税人未按照规定期限缴纳税款的，扣缴义务人未按照规定期限解缴税款的，税务机关除责令限期缴纳外，从滞纳税款之日起，按日加收滞纳税款万分之五的滞纳金。”

款”对待。这也是对本文第四部分观点的“补强”。

（四）关于加处罚款标准问题

关于执行罚的标准，在世界上不具有可比性，差异较大，而且往往具有幅度。德国1953年的《行政执行法》第十一条第三款将“强制金”定为“最少为3马克，最高为2000马克”。德国1957年《莱茵州柏尔兹行政强制执行法》第六十四条第三款将“强制金”定为“3马克以上500马克以下”。奥地利1925年《行政强制执行法通则》第五条第3项规定，“作为强制方法之执行罚，不得超过3000先令”。日本旧《行政执行法》[①] 规定了代执行和25元以下“过料”（怠金）制度。台湾地区现行的《行政执行法》改以新台币为计算单位，将“怠金”标准提高到“新台币5000元以上30万元以下”。

我国《行政强制法》对“加处罚款”的标准未作统一规定。《行政处罚法》第五十一条为“加处罚款”设定了统一的标准，即按日加处3%的罚款。但该标准仅适用于针对“罚款”的执行罚，无法作为《行政强制法》意义上的“加处罚款”的标准。在当下，只能作这样的处理，针对“罚款”的“加处罚款”，适用《行政处罚法》第五十一条的标准，对于针对其他金钱给付义务的“加处罚款”的标准，取决于其他法律的具体规定。

这里就引出了一个问题，即“加处罚款”的标准只能由法律来设定，还是可以由行政法规、地方性法规和规章来规定。这一问题《行政强制法》本身没有直接作明确回答，但根据《行政强制法》第十三条第一款关于“行政强制执行由法律设定”的要求，作者以为“加处罚款”的标准也应当由全国人大及其常委会制定的法律来规定，除非法律另作授权。我们认为，法律对权力的设定自然应当包括对权力标准的设定，法律对“加处罚款”的设定也同样应当包括对“加处罚款”标准的设定，否则在《行政强制法》第四十五条对“加处罚款”已作普遍授权的条件下，如果对“加处罚款”标准不作“法律保留”，那么行政强制执行的法律保留原则就无以体现。

在执行“加处罚款”标准中，还有一个计算问题需要明确，即在当事人进入诉讼期间，该期间是否可以计算加处罚款。最高人民法院［2005］行他字第29号《关于行政处罚的加处罚款在诉讼期间是否计算问题的答复》规定：“对于不履行行政处罚决定的加处罚款属于执行罚，在诉讼期间不应计算。”作者赞同这

---

① 该法于1900年颁布施行，后被1948年的《行政代执行法》所取代。

一处理原则，因为这样至少有利于保护当事人的诉讼权益。[①]

“加处罚款”作为执行罚，它具有持续性，即可反复多次地适用，但我国《行政强制法》第四十五条第二款规定了一个最高限，即“加处罚款”的数额“不得超出金钱给付义务的数额”。这是出于合理性考虑。境外同类制度无此特别规定。

（五）关于加处罚款程序问题

“加处罚款”作为行政执行罚的一种方式，首先必须遵循《行政强制法》第四章第一节所规定的行政强制执行的一般程序，其次必须遵循《行政强制法》第四章第二节为“金钱给付义务的执行”所设定的特别程序。综合上述一般程序和特殊程序，“加处罚款”的整个程序可以分为以下几个环节：

第一，基础决定。基础决定相对于执行决定而言，系指行政机关最先作出的确定当事人原始义务的行政处理决定，如行政机关作出的“罚款决定”或者“交纳税费决定”。根据《行政强制法》第三十四条[②]规定，“加处罚款”以基础决定的作出而当事人逾期不履行该决定为前提。所以，行政机关不作出基础决定的，不得直接进入强制执行程序。

第二，事先催告。根据《行政强制法》第三十五条规定，当事人逾期不履行基础决定所规定义务的，行政机关应当事先催告当事人履行义务。催告应当以书面形式作出并载明下列事项：(1) 履行义务的期限；(2) 履行义务的方式；(3) 涉及金钱给付的，应当有明确的金额和给付方式；(4) 当事人依法享有的陈述权和申辩权。

第三，听取意见。根据《行政强制法》第三十六条规定，当事人收到催告书后有权进行陈述和申辩。行政机关应当充分听取当事人的意见，对当事人提出的事实、理由和证据，应当进行记录、复核。当事人提出的事实、理由或者证据成立的，行政机关应当采纳。

第四，“加处罚款”决定。根据《行政强制法》第三十七条和第四十五条规定，经催告、听取意见后，当事人逾期仍不履行行政决定，且无正当理由的，行政机关可以作出“加处罚款”的执行罚决定。这一决定属于“执行决定”，与“基础决定”不同，它是有关执行“基础决定”的决定。该决定必须以书面形式作出并载明下列事项：(1) 当事人的姓名或者名称、地址；(2) 强制执行的理由

---

① 蔡小雪对这一问题作了详细的论述。见《人民司法》2008 年第 11 期。

② 《行政强制法》第三十四条规定：“行政机关依法作出行政决定后，当事人在行政机关决定的期限内不履行义务的，具有行政强制执行权的行政机关依照本章规定强制执行。”

和依据；（3）强制执行的方式和时间；（4）加处罚款的标准；（5）申请行政复议或者提起行政诉讼的途径和期限；（6）行政机关的名称、印章和日期。

第五，再次催告。根据《行政强制法》第四十六条规定，“加处罚款”决定作出后，当事人超过三十日仍不履行的，行政机关再行催告一次。

第六，强制执行。行政机关作出“加处罚款”决定后，当事人超过三十日仍不履行并经行政机关再次催告仍不履行的，有强制执行权的行政机关可以自己强制执行，无强制执行权的行政机关可以申请人民法院强制执行。这时的执行，基础决定和执行决定的义务一并执行。

针对上述五个要素的研讨，我们应当对“加处罚款”作如下的定位：加处罚款，系指当事人拒不履行基础决定所规定的义务时，行政执行机关依法通过罚款的方式给当事人设定或增加新的金钱给付义务，迫使当事人履行原基础决定的行政执行罚行为。当下中国《行政强制法》所规定的“加处罚款”，仅适用针对当事人拒不履行金钱给付义务而作出的执行罚。

六、“加处罚款”与征收“滞纳金”

在国外的行政强制执行制度中，并未设有类似“加处罚款”与“滞纳金”这两种“金钱执行罚”。尤其在德奥成文法国家里，不存在对应“加处罚款”和“滞纳金”的概念，只有对应这类行为的概念，即“强制金”（[德]）Zwangsgeld）。中国台湾地区的行政执行制度中，虽将“滞纳金”和“怠金”都列为“公法上的金钱给付义务”，但作为执行罚只有“怠金”，“滞纳金”不属于执行罚的形式。① 而“怠金”这个唯一的执行罚形式，过去统称为“罚锾”，1998年修订的“行政执行法”将其改称为“怠金”。修改名称的主要原因是，“旧法之所以规定之‘罚锾’，性质上为执行罚或强制罚，系促成义务人履行义务之间接强制方法，非以惩罚为目的。与行政处罚之‘罚锾’，性质上系对违反行政法上之义务者之制裁迥异”。②

---

① 中国台湾地区现行《行政执行法》第二十八条第一款规定：“前条所称之间接强制方法如下：一、代履行。二、怠金。”其配套法《行政执行法施行细则》（2000年1月12日颁布，经2001年9月19日、2006年1月6日、2010年6月15日共三次修订）第二条规定：“（公法上金钱给付义务）本法第二条所称公法上金钱给付义务如下：一、税款、滞纳金、滞报费、利息、滞报金、怠报金及短估金。二、罚锾及怠金。三、代履行费用。四、其他公法上应给付金钱之义务。”

② 翁岳生：《行政法》，中国法制出版社2009年版，第1102页。

而我们《行政强制法》将“加处罚款”和“滞纳金”作为两种行政执行罚的方式一并设定[①]并多处一起规定[②]，而且它们都是针对逾期不履行行政决定所规定的义务而给当事人新增金钱给付义务，以此实现达到执行目的。既然具有如此多的共性，那么，它们之间是否有区别以及这种区别是否存有必要呢？问题还不止于“加处罚款”与“滞纳金”具有那么多的“共性”，还在于《行政强制法》为它们设定了“选择性”关系。《行政强制法》第十二条第一项、第四十二条第一款、第四十五条第一至三款都以“加处罚款或者滞纳金”方式表达它们之间的关系，这说明行政机关如果对当事人加处了罚款，就不得征收滞纳金；征收了滞纳金，也就不得加处罚款了。这种“选择性”决定了区分两者的必要性。

关于“滞纳金”的程序内容，《行政强制法》作了基本规定，而关于“滞纳金”的实体内容，已有许多法律法规作出了规定，如：《中华人民共和国税收征收管理法》[③]、《中华人民共和国水法》[④]、《中华人民共和国水土保持法》[⑤]、《中华人民共和国社会保险法》[⑥]、《中华人民共和国人口与计划生育法》[⑦]、《中华人民共和国海关法》[⑧]、

---

① 《行政强制法》第十二条第一项规定：“行政强制执行的方式：（一）加处罚款或者滞纳金……”

② 如《行政强制法》第四十五条、第四十六条。

③ 《中华人民共和国税收征收管理法》第三十二条规定：“纳税人未按照规定期限缴纳税款的，扣缴义务人未按照规定期限解缴税款的，税务机关除责令限期缴纳外，从滞纳税款之日起，按日加收滞纳税款万分之五的滞纳金。”

④ 《中华人民共和国水法》第七十条规定：“拒不缴纳、拖延缴纳或者拖欠水资源费的，由县级以上人民政府水行政主管部门或者流域管理机构依据职权，责令限期缴纳；逾期不缴纳的，从滞纳之日起按日加收滞纳部分千分之二的滞纳金，并处应缴或者补缴水资源费一倍以上五倍以下的罚款。”

⑤ 《中华人民共和国水土保持法》第五十七条规定：“违反本法规定，拒不缴纳水土保持补偿费的，由县级以上人民政府水行政主管部门责令限期缴纳；逾期不缴纳的，自滞纳之日起按日加收滞纳部分万分之五的滞纳金，可以处应缴水土保持补偿费三倍以下的罚款。”

⑥ 《中华人民共和国社会保险法》第八十六条规定：“用人单位未按时足额缴纳社会保险费的，由社会保险费征收机构责令限期缴纳或者补足，并自欠缴之日起，按日加收万分之五的滞纳金；逾期仍不缴纳的，由有关行政部门处欠缴数额一倍以上三倍以下的罚款。”

⑦ 《中华人民共和国人口与计划生育法》第四十一条规定：“不符合本法第十八条规定生育子女的公民，应当依法缴纳社会抚养费。未在规定的期限内足额缴纳应当缴纳的社会抚养费的，自欠缴之日起，按照国家有关规定加收滞纳金；仍不缴纳的，由作出征收决定的计划生育行政部门依法向人民法院申请强制执行。”

⑧ 《中华人民共和国海关法》第六十条规定：“进出口货物的纳税义务人，应当自海关填发税款缴款书之日起十五日内缴纳税款；逾期缴纳的，由海关征收滞纳金。纳税义务人、担保人超过三个月仍未缴纳的，经直属海关关长或者其授权的隶属海关关长批准，海关可以采取下列强制措施：（一）书面通知其开户银行或者其他金融机构从其存款中扣缴税款；（二）将应税货物依法变卖，以变卖所得抵缴税款；（三）扣留并依法变卖其价值相当于应纳税款的货物或者其他财产，以变卖所得抵缴税款。海关采取强制措施时，对前款所列纳税义务人、担保人未缴纳的滞纳金同时强制执行。进出境物品的纳税义务人，应当在物品放行前缴纳税款。”

《中华人民共和国公路法》[①]、《中华人民共和国劳动法》[②] 等。另有十几个行政法规规定了滞纳金，如《中华人民共和国税收征收管理实施细则》[③]、《社会扶养费征收管理办法》[④]、《防治船舶污染海洋环境管理条例》[⑤]、《工伤保险条例》[⑥]、《电影管理条例》[⑦] 等。关于滞纳金的计算标准，目前很不统一，大体有按日万分之五、万分之零点五、千分之一、千分之二、千分之三、千分之五和按月加处百分之五等几种标准。

从《行政强制法》和其他实体法的规定来看，滞纳金系指当事人逾期不交纳税款、规费的，行政征收机关依法向当事人征收一定的具有惩罚性的款项的行政强制执行行为。征收滞纳金的法律特征是：

第一，以当事人逾期不交纳税款、规费为前提。这里有两个含义：一是时间问题，征收滞纳金只有在当事人逾期不交纳税款、规费时方能启动，当事人交纳税款、规费未逾期或者已经交纳税款、规费的，就不会发生滞纳金问题；二是范围问题，征收滞纳金只适用当事人逾期不交纳税款、规费的情况，不适用不履行其他行政处理决定之情况。

第二，以增加金钱给付义务为方式。当事人依法交纳税款、规费，本身就是

---

① 《中华人民共和国公路法》第七十六条规定：“未按照国家有关规定缴纳应缴纳的公路建设、养护费用的，由交通主管部门责令限期缴纳，从欠缴之日起，按日加收滞纳金；逾期仍不缴纳的，处欠缴费款三倍以下的罚款并由交通主管部门依法申请人民法院强制执行。”

② 《中华人民共和国劳动法》第一百条规定：“用人单位无故不缴纳社会保险费的，由劳动行政部门责令其限期缴纳；逾期不缴的，可以加收滞纳金。”

③ 《中华人民共和国税收征收管理实施细则》第四十二条规定：“纳税人需要延期缴纳税款的，应当在缴纳税款期限届满前提出申请，并报送下列材料：申请延期缴纳税款报告，当期货币资金余额情况及所有银行存款账户的对账单，资产负债表，应付职工工资和社会保险费等税务机关要求提供的支出预算。税务机关应当自收到申请延期缴纳税款报告之日起二十日内作出批准或者不予批准的决定；不予批准的，从缴纳税款期限届满之日起加收滞纳金。”

④ 《社会扶养费征收管理办法》第八条规定：“当事人未在规定的期限内缴纳社会抚养费的，自欠缴之日起每月加收欠缴社会抚养费的千分之二的滞纳金；仍不缴纳的，由作出征收决定的计划生育行政部门依法申请人民法院强制执行。”

⑤ 《防治船舶污染海洋环境管理条例》第七十四条规定：“违反本条例的规定，在中华人民共和国管辖水域接收海上运输的持久性油类物质货物的货物所有人或者代理人，未按照规定缴纳船舶油污损害赔偿基金的，由海事管理机构责令改正；拒不改正的，可以停止其接收的持久性油类物质货物在中华人民共和国管辖水域进行装卸、过驳作业。货物所有人或者代理人逾期未缴纳船舶油污损害赔偿基金的，应当自应缴之日起按日加缴未缴额的万分之五的滞纳金。”

⑥ 《工伤保险条例》第六十二条第一款规定：“用人单位依照本条例规定应当参加工伤保险而未参加的，由社会保险行政部门责令限期参加，补缴应当缴纳的工伤保险费，并自欠缴之日起，按日加收万分之五的滞纳金；逾期仍不缴纳的，处欠缴数额1倍以上3倍以下的罚款。”

⑦ 《电影管理条例》第六十五条规定：“未按照国家有关规定履行电影事业发展专项资金缴纳义务的，由省级以上人民政府电影行政部门责令限期补交，并自欠缴之日起按日加收所欠缴金额万分之五的滞纳金。”

一种金钱给付义务；当事人逾期交纳税款、规费的，有关机关在当事人不免除交纳原税款、规费（原金钱给付义务）的基础上，另行征收滞纳金，这显然是在原金钱给付义务的基础上增加了一种新的金钱给付义务。

第三，以不取代当事人对原执行义务的履行为原则。与加处罚款一样，征收滞纳金不影响、不免除当事人原有的金钱给付义务。也就是说，当事人交纳滞纳金不能代替交纳原税款、规费的义务。

第四，以法律为直接的依据。与加处罚款一样，征收滞纳金同样属于行政强制执行行为，根据《行政强制法》第十三条关于行政强制执行法律设定的规则，它同样实行法律保留，限由法律设定。

第五，以间接行政强制执行为行为性质。与加处罚款的行为性质一样，征收滞纳金不是行政强制措施而是行政强制执行，它不是直接强制执行而属于间接强制执行，它是执行金钱罚而不是执行人身罚。

然而，“滞纳金”的法律特征并没有简单地将它与“加处罚款”相区别，因为它们在不少特征上恰恰是相同的。从理论上说，它们都属于间接强制执行中的执行金钱罚，都是依据原金钱给付义务的数量而计征的一种新的金钱给付义务，都以当事人不履行前一个执行义务为前提，并且都具有以下几个方面的作用：一是惩罚作用，加处罚款或者征收滞纳金都是对当事人不履行前一个执行义务（如按照罚款决定交纳罚款或者按照规定交纳税款、规费）的惩罚，并不具有赔偿中的等价性；二是敦促作用，加处罚款或者征收滞纳金都是因当事人不履行前一个执行义务所引起的一种新义务，目的在于督促当事人及时履行前一个行政义务；三是利息作用，当事人在规定的期限内交纳罚款或滞纳金，都意味着这一款项从期满之日起已属于国家财产了，未在规定期限内履行金钱交纳义务，就会使国家利益受损，加处罚款或征收滞纳金相当于平衡利息损失。

它们之间到底是否有实质性的区别并且这种区别的理由是否成立？换句话说，若将加处罚款叫作征收滞纳金或者相反会有什么问题？作者以为，它们之间的区别主要在于以下几点，而且这些区别足以构成在立法上和执法上对它们加以区别对待的理由：

第一，适用范围不同。滞纳金只适用当事人逾期不交纳税款、规费的情况，不适用作为或不作为之义务的履行情况；加处罚款主要适用当事人逾期不交纳罚款的情况，也可适用作为或不作为的义务履行。

第二，作用的侧重点不同。尽管从大的范围而言，无论是加处罚款还是征收滞纳金，都具有惩罚不履行义务、敦促执行和对利息损失的弥补之作用，但具体而言，它们所发挥作用的重点是不同的：加处罚款重在惩罚性，征收滞纳金重在对国家（利息）损失的弥补。

第三，增加的金钱给付义务数量计算不同。加处罚款或者征收滞纳金都是对当事人因不履行前一个金钱给付义务而增加的一种新的金钱给付义务，但正由于加处罚款重在惩罚性，征收滞纳金重在对国家（利息）损失的弥补性，因而在数量计算上会有差别：征收滞纳金一般与滞纳的时间以及与因滞纳而对国家（利息）的损失数量会有一定的对应性；加处罚款的数额虽然与当事人的滞纳时间也有联系，但这一联系主要是作为违法的严重程度而不是作为国家（利息）的损失程度考虑。

第四，对当事人的严厉程度不同。加处罚款或者征收滞纳金都是一种对当事人的不利措施。相比而言，加处罚款比征收滞纳金更加严厉。不少法律规定是对当事人征收滞纳金还不足以解决问题时才进而适用加处罚款。

第五，程序处理上的区别。尽管加处罚款或者征收滞纳金都分别属于一种独立的行政行为（行政执行行为），但在程序上，加处罚款是需要新作一个行政决定的，征收滞纳金一般无须新作决定，在计征原金钱给付义务时一并计算收取便可。换句话说，加处罚款是通过制定一个新的行政决定解决，而征收滞纳金是通过征收中的计算直接解决的。

七、对“加处罚款”的执行和救济

作为执行罚的“加处罚款”显然是针对作为基础行为的“处罚罚款”。“加处罚款”本身就是针对“处罚罚款”所采取的执行罚措施，《行政强制法》作了详细规定。但问题是，当事人对“加处罚款”也不执行，那这一“罚款”又是如何执行呢？也就是说，对于“执行行为”本身又是如何执行？

德国的处理原则就是适用基础行为的执行程序。如德国1957年《莱茵州柏尔兹行政强制执行法》第六十四条第四款规定：“强制金之征收，依第二章之有关规定执行之。”[①] 中国台湾地区的行政执行制度也沿袭了德制“准用金钱给付义务之执行”。其《行政执行法》第三十四条规定：“代履行费用或怠金，逾期未缴纳者，移送行政执行处依第二章之规定执行之。”[②]

---

① 而第二章恰恰就是“公法上金钱给付义务之执行”。

② 这里的第二章同样是“公法上金钱给付义务之执行”。

中国《行政强制法》对“加处罚款”的执行未作规定，但从该法第四十六条[①]的精神看，“加处罚款”应当是与“基础罚款”一并执行的。而且前者从属后者，即如果“基础罚款”是由行政机关自身执行的，那么“加处罚款”也由行政机关一并执行；如果“基础罚款”是由行政机关申请人民法院强制执行的，那么“加处罚款”也由行政机关一并申请人民法院强制执行。

关于对“加处罚款”的法律救济，其实就是指，如果当事人对“加处罚款”的决定不服，是否可以像对待“基础行政行为”一样适用行政复议和行政诉讼？这一问题之所以值得研讨，是因为如果可以像“基础行政行为”一样适用行政复议和行政诉讼，那不免会进入循环诉讼[②]的怪圈；如果不适用行政复议和行政诉讼，那么当事人的合法权益受到不法“加处罚款”之侵害时，其合法权益又如何得到保障？

关于行政执行罚的法律救济问题，世界上做法各有差异。在英美法系国家，当事人遇到行政机关执行行为的不法侵害，可向司法机关申请禁止令和人身保护令的保护。禁止令适用对财产权的保护，人身保护令则适用对人身权的保护。在德国，对基础行为的救济同样适用于对执行行为的救济，其1953年的《行政执行法》[③] 和1997年的《行政法院法》[④] 都提供了这方面的依据。日本的《行政代执行法》虽未直接规定对执行行为的法律救济问题，但其《行政不服审查法》[⑤]

① 《行政强制法》第四十六条规定：“行政机关依照本法第四十五条规定实施加处罚款或者滞纳金超过三十日，经催告当事人仍不履行的，具有行政强制执行权的行政机关可以强制执行。行政机关实施强制执行前，需要采取查封、扣押、冻结措施的，依照本法第三章规定办理。没有行政强制执行权的行政机关应当申请人民法院强制执行。但是，当事人在法定期限内不申请行政复议或者提起行政诉讼，经催告仍不履行的，在实施行政管理过程中已经采取查封、扣押措施的行政机关，可以将查封、扣押的财物依法拍卖抵缴罚款。”

② 可能出现的“循环诉讼”表现在：当事人对“基础罚款”决定不服，提出行政复议和行政诉讼；行政机关对其作出“加处罚款”后，当事人又对该决定不服，提起新的行政复议和行政诉讼；以此“循环”。

③ 德国1953年《行政执行法》第十八条规定：“（法律诉讼救济）（1）针对应强制执行的具体行政行为的法律诉讼救济同样适用于对有关强制手段的执行命令。具体行政行为作出的同时附加执行命令的，就具体行政行为本身虽不能付诸法律诉讼救济或引入某一法律程序的，执行命令所规定的法律诉讼救济则延伸覆盖这一具体行政行为。执行命令未在有关具体行政行为作出的同时予以附加的，在该具体行政行为不可撤销之后，只能以执行命令本身导致侵权为理由，要求对执行命令予以撤销。（2）事先未作出具体行政行为而运用强制手段的（第六条第二款），可付诸与针对一般具体行政行为同样的法律诉讼救济。”

④ 德国《行政法院法》（VwGO，1991年3月19日公布，1997年12月22日最后一次修改）规定了行政法院对包括执行行为在内的行政行为的审查职能。

⑤ 日本《行政不服审查法》（1962年9月15日以法律第160号公布施行）第一条规定：“（本法律的宗旨）一、本法律对于行政厅的违法或不当处分及其他相当于行使公权力的行为，通过为国民广开对行政厅提出不服声请的途径，谋求以简便迅速的程序，使国民的权利和利益得到救济，并达到确保行政机能正确运用的目的。二、关于行政厅的处分及其他相当于行使公权力的行为的不服声请，除非其他法律有特别规定，均依照本法律之规定。”

和《行政案件诉讼法》[①] 都将行政执行行为纳入“行政不服审查”和“行政诉讼”的救济轨道之内。在中国的台湾地区，它将有关人员对行政执行行为的法律救济区分为两种类型：一种是“义务人或利害关系人”适用的“声请异议”之法律救济[②]，另一种是“第三人”适用的是属于“民事诉讼”的“异议之诉”[③]。这里的“义务人”系指“行政执行程序中，负有公法上履行义务之人”。[④]“利害关系人”系指“义务人以外，其法律上之权益，因执行行为而受侵害之人”。[⑤] 而“第三人”系指“被执行之当事人以外之人，亦即，执行名义效力所不及之人，其包括权利所有人及对于该所有人之财产有管理及处分权之人”。[⑥]“声请异议”可适用所有执行义务，而“异议之诉”仅适用“公法上金钱给付义务”之执行事件。“异议之诉”属于民事诉讼，自不当论。“声请异议”由当事人向行政执行机关提出，它的问题在于：如果当事人的“声请异议”被行政执行机关所驳回，当事人是否有权提起行政诉讼。对此，台湾地区的《行政执行法》和《行政执行法

① 该法1962年5月16日（法律第139号）颁布，2004年6月9日（法律第83号）修定。其第三条规定上：1. 本法所称的‘抗告诉讼’，是指关于对行政机关行使公权力不服的诉讼。2. 本法所称的‘撤销处分之诉’，是指请求撤销行政机关的处分及其他行使公权力的行为（次款中规定的裁决、决定等其他行为除外。以下单称为‘处分’）的诉讼。3. 本法所称的‘撤销裁决之诉’，是指请求撤销行政机关对审查请求、异议申诉，及其他不服申诉（以下单称为‘审查请求’）所作出的裁决、决定等行为（以下单称为‘裁决’）的诉讼。4. 本法中所称的‘确认无效等之诉’，是指请求确认处分或裁决的存在与否或效力的有无的诉讼。5. 本法所称的‘确认不作为违法之诉’，是指行政机关对依法令提出的申请，应当在相当期间内作出某种处分或裁决而未作出的，请求确认其违法的诉讼。6. 本法所称‘履行之诉’，是指在下述情形中，请求判令行政机关应当作出处分或裁决的诉讼：（1）行政机关应当作出一定的处分而不作出的（次项情形除外）；（2）基于法令规定提出申请或审查请求，请求行政机关作出一定处分或裁决的，该行政机关应作出该处分或裁决而未作出的。7. 本法所称的‘禁止之诉’，是指在行政机关不应作出而要作出一定的处分或裁决的情况下，请求责令行政机关不准作出该处分或裁决的诉讼。

② 其依据是中国台湾地区现行《行政执行法》第九条。该条规定：“（执行之声明异议）义务人或利害关系人对执行命令、执行方法、应遵守之程序或其他侵害利益之情事，得于执行程序终结前，向执行机关声明异议。前项声明异议，执行机关认其有理由者，应即停止执行，并撤销或更正已为之执行行为；认其无理由者，应于十日内加具意见，送直接上级主管机关于三十日内决定之。行政执行，除法律另有规定外，不因声明异议而停止执行。但执行机关因必要情形，得依职权或申请停止之。”

③ 其依据是中国台湾地区现行的《行政执行法施行细则》（2000年1月12日颁布，经2001年9月19日、2006年1月6日、2010年6月15日共三次修订）。该法第十八条规定：“（第三人异议之诉）公法上金钱给付义务之执行事件，第三人就执行标的物认有足以排除执行之权利时，得于执行程序终结前，依强制执行法第十五条规定向管辖法院提起民事诉讼。”台湾地区现行《强制执行法》第十五条规定：“第三人就执行标的物有足以排除强制执行之权利者，得于强制执行程序终结前，向执行法院对债权人提起异议之诉。如债务人亦否认权利时，并得以债务人为被告。”

④ 翁岳生：《行政法》，中国法制出版社2009年版，第1144页。

⑤ 同前注。

⑥ 同前注，第1149页。

施行细则》都未作规定。台湾地区有学者主张应当可以与行政诉讼相衔接。①

中国《行政强制法》关于行政执行罚的法律救济并未有单独规定，它只体现在总则所确定的法律救济的总原则里。该法第八条规定："公民、法人或者其他组织对行政机关实施行政强制，享有陈述权、申辩权；有权依法申请行政复议或者提起行政诉讼；因行政机关违法实施行政强制受到损害的，有权依法要求赔偿。公民、法人或者其他组织因人民法院在强制执行中有违法行为或者扩大强制执行范围受到损害的，有权依法要求赔偿。"这一规定的最大贡献是为整个"行政强制"行为确立的法律救济原则，但缺陷是：在法律救济的方式和程序上，它对行政强制措施与行政强制执行没有区分；在强制执行中，又对行政机关自身的强制执行与行政机关申请人民法院的强制执行不加区分，这会导致操作上的困难。

我们暂且撇开其他不论，限于讨论作为执行罚的"加处罚款"的法律救济问题。目前的情况是，对于行政强制措施适用行政复议和行政诉讼，理论界和实务中没有异议。但对于行政强制执行，有观点认为：由于它"依附于基础行政决定，本身没有独立性，行政决定生效后又不自动履行的，有强制执行权的行政机关实施行政强制执行是天经地义的"②，因而不适用行政复议和行政诉讼。作为行政执行罚的"加处罚款"固然也不适用行政复议和行政诉讼。不过，《行政强制法》出台后，更多的专家学者主张执行行为的可诉性并解释了理由。主张可诉性的主要理由是："行政强制执行"虽然不是《行政复议法》和《行政诉讼法》所明列受案范围内的"行政强制措施"或"行政处罚"，但它们应当属于该法兜底条款所规定的"其他具体行政行为"；行政强制执行符合"具体行政行为"的两大特征，即"就特定的事、针对特定的人"；行政强制执行行为与基础行政行为一样，同样会侵害行政相对人的合法权益。至于如何救济问题，他们主张：如果基础行为与执行行为合一时，可一并适用行政复议和行政诉讼；如果相对人对基础行为没有异议或者基础行为已过时效，就只能针对执行行为提起行政复议和行政诉讼。③

---

① 蔡震荣：《第十七章行政执行法》，载翁岳生编：《行政法》，中国法制出版社2009年版，第1149页。蔡震荣解释道："若持声明异议后，不得行政争诉，则似乎有违《行政诉讼法》第八编'强制执行'救济之规定。"

② 江必新主编：《〈中华人民共和国行政强制法〉条文理解与适用》，人民法院出版社2011年版，第56页。

③ 全国人大常委会法制工作委员会行政法室编著，乔晓阳主编：《中华人民共和国行政强制法解读》，中国法制出版社2011年版，第28—29页；江必新主编：《〈中华人民共和国行政强制法〉条文理解与适用》，人民法院出版社2011年版，第56—57页。

有权利必有救济，没有救济的权利不是真正的权利，这是现代法治原则和正当程序原则的要求和体现。作为执行罚的“加处罚款”应当适用法律救济，这是毫无疑义的，问题在于适用什么样的法律救济和如何适用法律救济。这里需要区分两条界线来分别对待。

第一，必须区分行政机关实施的“加处罚款”和行政机关申请人民法院实施的“加处罚款”。对于前者，显然属于行政行为，故适用行政复议和行政诉讼无疑；对于后者，不属于行政行为，至少不是纯粹的行政行为，故不适用行政复议和行政诉讼，应当适用民事诉讼程序中的执行异议程序。①

第二，必须区分基础行为与执行行为。“加处罚款”是执行行为而不是基础行为，它是针对当事人不履行作为基础行为的行政决定而采取的一种执行措施。对于由行政机关实施的“加处罚款”，当基础行为尚未超过法律救济时效，当事人可对针对基础行为和执行行为（“加处罚款”）一并提起行政复议和行政诉讼；当基础行为已超过法律救济时效，或者基础行为已经过行政复议和行政诉讼后而被确立了最终效力，或者当事人对基础行为无异议，这些情况下，当事人只针对“加处罚款”行为提起行政复议和行政诉讼，复议机关和人民法院也只限于针对执行行为进行审查。

看来，《行政强制法》第八条关于法律救济的原则还有待于细化。

（载于胡建淼著《行政强制法论》，法律出版社，2014年1月第1版）

---

① 《中华人民共和国民事诉讼法》第二百二十五条规定：“当事人、利害关系人认为执行行为违反法律规定的，可以向负责执行的人民法院提出书面异议。当事人、利害关系人提出书面异议的，人民法院应当自收到书面异议之日起十五日内审查，理由成立的，裁定撤销或者改正；理由不成立的，裁定驳回。当事人、利害关系人对裁定不服的，可以自裁定送达之日起十日内向上一级人民法院申请复议。”

§ 1.21 再论“行政强制措施”与“行政强制执行”的分界

——从《中华人民共和国行政强制法》的视野

内容提要：《行政强制法》既将行政强制措施与行政强制执行“合二为一”（合称为“行政强制”），又在同一法中将它们“一分为二”（分别规定“行政强制措施”与“行政强制执行”）。之所以将它们“合一”，是基于行政强制措施与行政强制执行有其行政行为上的共性；之所以将它们“分二”，是基于行政强制措施与行政强制执行在法律设定和法律适用中的严格区别。作者在反思以前几种区别理论的基础上，认为行政强制措施与行政强制执行之间最为本质的区别应当是行政机关强制当事人履行的“义务”不同：强制当事人履行“容忍、不作为”义务者为行政强制措施，强制当事人履行“作为”义务者为行政强制执行。

关键词：行政　措施　执行　分界

一、问题的提出及意义

中国行政法学界有关“行政强制”的结构理论，即行政强制措施与行政强制执行合称为行政强制，行政强制由行政强制措施与行政强制执行两大板块组成，随着《中华人民共和国行政强制法》[①]（以下简称《行政强制法》）的制定而使法学概念与立法概念得到高度的统一。紧密反映理论研究结果的《行政强制法》既将行政强制措施与行政强制执行“合二为一”（合称为“行政强制”[②]），又在同

---

① 本文系“中国行政法学基础理论研究”课题（全国哲学社会科学规划办：04BFX019）成果之一。本文的写作得到了高家伟同志的协助，在此表示感谢。2011 年 6 月 30 日第十一届全国人民代表大会常务委员会第二十一次会议通过，2011 年 6 月 30 日中华人民共和国主席令第 49 号公布，自 2012 年 1 月 1 日起施行。

② 《行政强制法》第二条第一款规定：“本法所称行政强制，包括行政强制措施和行政强制执行。”

一法中将它们“一分为二”（分别规定“行政强制措施”与“行政强制执行”）。可以将它们“合一”的基础是，行政强制措施与行政强制执行均有其作为行政强制行为而区别于其他行政行为的共性①；可以将它们“分二”基础是，行政强制措施与行政强制执行在法律设定和法律适用中存有严格区别。

早在八年前，作者就对研讨行政强制措施与行政强制执行之间的分界产生了兴趣，并在有关法学杂志上发表了《行政强制措施与行政强制执行的边界划定》一文②，在肯定德国“基础行为与执行行为分合说”的理论基础上，提出了“基础行为与执行行为分离并且已经生效”的划分标准。

当《行政强制法》已经制定并且将要实施的今天，结合《行政强制法》的立法精神，本人又对原先的划分标准产生了怀疑从而加以修正。

如果说八年前作者探讨行政强制措施与行政强制执行的区别标准可能会被视作毫无意义的纯概念游戏，那么在今天这种风险已不再存在，而且更多意欲真正掌握《行政强制法》或为实施该法而准备的人们，已越来越认识到解决这一课题的重要性、紧迫性和现实性。从《行政强制法》规范内容和实施出发，区别行政强制措施与行政强制执行至少有下列几个方面的意义。

第一，有助于立法机关正确地分别设定行政强制措施和行政强制执行。《行政强制法》对行政强制措施与行政强制执行的设定作了不同的规定。第十条、第十一条规定法律、行政法规和地方性法规对行政强制措施都拥有设定权，尽管设定的权限不同③，而根据第十三条规定，行政强制执行只限于由法律设定，行政法规和地方性法规都不得设定行政强制执行。如果行政强制措施与行政强制执行区分不清，可能会招致法律设定上的错位。

第二，有助于行政机关在实施行政强制中运用正确的强制手段。《行政强制法》对行政强制措施与行政强制执行的手段分别作出类型化规定。根据第九条规定，行政强制措施的种类有：（一）限制公民人身自由；（二）查封场所、设施或者财物；（三）扣押财物；（四）冻结存款、汇款；（五）其他行政强制措施。第

---

① 有专家将区别于其他行政行为的行政强制行为的特性归纳为行政性、服从性、物理性和依附性。参见全国人大常委会法制工作委员会行政法室编著，乔晓阳主编：《中华人民共和国行政强制法解读》，中国法制出版社 2011 年版，第 8—9 页。

② 《法学》2002 年第 6 期。

③ 法律可以设定任何行政强制措施；行政法规在尚未制定法律，且属于国务院行政管理职权事项的条件下，可以设定除限制公民人身自由、冻结存款汇款以及应当由法律设定的行政强制措施以外的其他行政强制措施；地方性法规在尚未制定法律、行政法规，且属于地方性事务的条件下，可以设定查封场所、设施或者财物，扣押财物之行政强制措施。

十二条规定了行政机关实施行政强制执行①的手段有：（一）加处罚款或者滞纳金；（二）划拨存款、汇款；（三）拍卖或者依法处理查封、扣押的场所、设施或者财物；（四）排除妨碍、恢复原状；（五）代履行；（六）其他强制执行方式。一般来说，不同的行为手段附属于不同的行为类别②，如冻结存款属于行政强制措施，而划拨存款属于行政强制执行。因此，正确区分行政强制措施与行政强制执行乃是正确运用强制手段的关键。

第三，有助于行政机关正确地分别遵循行政强制措施的程序和行政强制执行的程序。由于行政强制措施与行政强制执行特性上的区别，《行政强制法》设立第三章和第四章分别规定了两者的实施程序。两者程序全然不同，尤其是在实施行政强制措施程序中，全面禁止了委托；在实施行政强制执行程序中，突出了事先催告当事人自我履行义务的环节。正确区分行政强制措施与行政强制执行乃是正确适用对应性的法律程序的前提。

第四，有助于防止误将行政强制措施作为行政强制执行申请人民法院强制执行。根据《行政强制法》所设定的行政强制制度结构，对于行政强制措施，一律由行政机关实施；对于行政强制执行，在有法律授权情况下由行政机关自身强制执行，在无法律授权情况下则由行政机关申请人民法院强制执行。在这一制度背景下，如果我们无法区分行政强制措施事项与行政强制执行事项，那么我们就会面临误将行政强制措施作为行政强制执行而申请人民法院强制执行的可能。

第五，有助于对以往行政强制措施和行政强制执行进行有效梳理和清理。《行政强制法》将于2012年1月1日正式实施，国务院于2010年9月印发了《关于贯彻实施〈中华人民共和国行政强制法〉的通知》。《通知》对行政机关贯彻实施行政强制法提出了五个方面的具体要求，其中要求在2012年1月1日前完成“有关行政强制规定的清理工作”。其实，法律、法规和规章的制定机关全部面临着同一工作。而行政强制措施与行政强制执行的区分理论正有助于指导这一具体工作。

第六，有助于人民法院确定行政诉讼中的司法管辖制度。根据《中华人民共和国行政诉讼法》第十八条规定③，当事人对限制人身自由的行政强制措施不服提起的诉讼，由被告所在地或者原告所在地人民法院管辖，而行政强制执行不适

---

① 为研究方便起见，本文在这里暂不涉及由人民法院实施的强制执行。

② 当然，个别行为手段同时附属于几个行政行为类别的现象亦有存在，这时应当根据行为特性来加以区别。

③ 《行政诉讼法》第十八条规定：“对限制人身自由的行政强制措施不服提起的诉讼，由被告所在地或者原告所在地人民法院管辖。”

用选择管辖。因而，能否正确区别行政强制措施与行政强制执行在一定程度上还可能关系到人民法院对行政诉讼案件的管辖。

二、多种分界理论的评判

《行政强制法》第二条对行政强制措施和行政强制执行分别作了定义：行政强制措施，“是指行政机关在行政管理过程中，为制止违法行为、防止证据损毁、避免危害发生、控制危险扩大等情形，依法对公民的人身自由实施暂时性限制，或者对公民、法人或者其他组织的财物实施暂时性控制的行为”；行政强制执行，“是指行政机关或者行政机关申请人民法院，对不履行行政决定的公民、法人或者其他组织，依法强制履行义务的行为”。这两个定义在一定程度上也揭示了行政强制措施和行政强制执行各自的特征，如行政强制措施具有“暂时性”特点，行政强制执行具有“以行政决定为前提”和“强制履行义务”的特点，但尚未构成全面系统的划分理论。

还有，关于行政强制措施与行政强制执行的分界标准，学术界也不乏有许多成果，尤其是《行政强制法》制定以后。有专家认为，行政强制措施与行政强制执行的区别主要有两条：一是，行政强制措施是在行政决定作出前行政机关所采取的强制手段，而行政强制执行是在行政决定作出后，为了执行该行政决定所采取的强制手段；二是，行政强制措施都是暂时性、中间性的行为，而行政强制执行是终局性的行为。① 另有专家认为，行政强制措施与行政强制执行的差异在于：第一是实施的法定理由不同，前者的实施是为了制止犯罪等目的，而后者的实施是因为当事人拒不履行法定义务；第二是范围不同，前者的范围大于后者；第三是对相对人权利的影响程度不同，后者的影响大于前者；第四是法定种类、方式不同；第五是对证据掌握的程度不同，认为对前者的证据要求低于后者；第六是所处的行政阶段不同，即前者处于前置阶段，后者处于最后阶段。② 还有学者认为，行政强制措施与行政强制执行的主要区别，表现为前提不同、目的不同、实施的主体和实施的程序不同。③

---

① 全国人大常委会法制工作委员会行政法室编著，乔晓阳主编：《中华人民共和国行政强制法解读》，中国法制出版社2011年版，第9页。

② 张峰、杨建峰主编：《行政强制法释论》，中国法制出版社2011年版，第3—5页。

③ 杨建顺：《行政强制法18讲》，中国法制出版社2011年版，第13页；马怀德主编：《行政强制法条文释义及应用》，人民出版社2011年版，第8页。

作者以为，上述区别标准均有一定道理，但有的属于表象性的，有的属于本质性的；有的属于单一性的，有的属于综合性的；有的属于事先的内质差别，有的则属于事后的形式比较差异。为此，让我们综合上述标准，并结合作者所涉理论及以前论点，重新作一系统评判。

（一）以行政行为的保障性与执行性为标准

有学者认为，行政强制措施作为一种行政行为，具有保障性之特点。这一“保障性”用《行政强制法》的法言表达就是：“为制止违法行为、防止证据损毁、避免危害发生、控制危险扩大等情形”。作者以为，这是一种情形式表达，其实行政强制措施是为了保障一种秩序的遵守，特别是为了保障后续行为的有效作出，如为了保障事后的检验而封存货物，为了保障事后的处罚而暂扣肇事者的驾照，为了保障事后执行的实现而冻结当事人在银行的存款……而行政强制执行则不同，其功能是为了执行一种行政决定。这种被执行的行政决定涉及面挺广，行政命令、行政处罚、行政征收、行政裁决等方面的具有执行内容的行政决定都可以构成这类基础决定。虽然我们似乎同样可以说行政强制措施也具有执行性，它也是对行政强制措施决定的一种执行；相反，行政强制执行也具有保障性，它保障了行政秩序的最终实现。但无可否认的事实是：行政强制措施为了保障一种秩序遵守，而行政强制执行是为了保障一种秩序的实现；行政强制措施是为了保障后续行为的作出和实现，而行政强制执行是为了执行一种事先的行政决定，前者以“保障性”为重点，后者则以“执行性”为重点。因此作者以为，本标准是成立的。

（二）以行政行为的中间性和最终性为标准

中国已有不少学者开始接受“中间行政行为与最终行政行为”这对理论范畴，并认为行政强制措施属于中间行为，行政强制执行属于最终行为。所谓中间行政行为，系指该行政行为只是整个行政行为的一个中间环节，它的作出尚未对事件处理完毕。“中间性”还通过“暂时性”来体现，故《行政强制法》第二条关于行政强制措施的定义将它定位为“暂时性控制的行为”，正抓住了事物的主要特征。以查封、扣押、冻结为主要典型手段的行政强制措施都正好应验了这一特征，查封、扣押、冻结本身都不是行为的目的，它们只属于为保障后续行为的作为而采取的暂时性行为。所谓最终行政行为，系指在整个行政行为过程中，该行为已经封闭，对某一事项已经处理完毕。行政强制执行正好具有这一特征。行政行为可能在作为基础行为的行政决定阶段已经封闭，如当事人服从并履行了行政处罚决定，也可能到行政执行阶段才封闭，但无论如何，行政强制执行肯定是行政行为的最终封闭点。所以作者以为，本标准也是成立的。

（三）以事先是否存在可履行的义务并期待当事人履行为标准

在中国，不少学者认为，行政强制执行是对事先存在义务的执行。这种义务可以来自于一个行政决定的规定①，也可来自于法律的直接规定②。行政强制执行就是对事先义务的执行，如果不存在被执行的义务，行政强制执行的“执行性”就无从体现。这一点正好与行政强制措施相区别。在行政强制措施中，强制机关实施强制措施，无须以当事人存在可履行义务为前提，它是为维护管理秩序，而不是为执行一种业已存在的义务而实施。

德国、奥地利、日本和中国台湾地区的不少学者也持这样的观点。如中国台湾学者城仲模在《日本行政代执行法之研究》一文中指出，德国、奥地利、日本等把“行政强制”（der verwaltungszwang）分成两部分，即“行政上的强制执行”（verwaltungsvollstreckung，zwangsvollzug；verwaltungsexekution，zwangsvolls treckung）③ 与“行政上的即时强制”（sofortiger zwang，sofortiger polizeizwang）④，而且强制执行与即时强制的区别就在于，前者是“有先前存在之义务而不履行者”，后者“无先前之存在义务”。⑤

仅此标准还不足，还需辅助另一个标准，即是否期待当事人的自我履行。在业已制定行政强制执行法的国家里，把“期待当事人的自我履行”奉为行政强制执行法的核心精神，任何行政强制执行都应当期待当事人的自我履行，“告诫”便成了“整个行政强制之核心”（das kernstück des ganzen zwangsverfahrens）。⑥

---

① 如李援在其《中国行政强制法律制度的构想》一文中说：“行政强制执行是指人民法院或者行政机关对不履行行政决定义务的公民、法人及其他组织，依法采取强制执行措施促使其履行义务的行政行为。”载《行政强制的理论与实践国际研讨会材料》（2000 年 6 月于北京人民大会堂），后发表于《行政与法制》2001 年第 3 期。

② 如张正钊主编的《行政法与行政诉讼法》（21 世纪法学系列教材，中国人民大学出版社 1999 年版，第 144 页）指出：“行政强制执行，是指在行政法律关系中，行政相对人不履行其应履行的法定义务时，行政机关或人民法院依法采取行政强制措施，迫使其履行义务，或者达到与履行义务相同状态的活动。”罗豪才主编的《行政法学》（高等政法院校规划教材，司法部法学教材编辑部编审，中国政法大学出版社 1999 年修订版，第 186 页）写道：“行政强制执行是指个人、组织不履行法律规定的义务，行政机关依法强制其履行义务的行政行为。”

③ 这相当于中国行政强制法理论上的“行政强制执行”。

④ 这相当于中国行政强制法理论上的“行政强制措施”。

⑤ 城仲模：《日本行政代执行法之研究》，《行政法之基础理论》，三民书局 1994 年版，第 321—325 页。

⑥ 城仲模：《行政法之基础理论》，三民书局 1994 年版，第 375 页。

所以，他们认为，如果客观情况允许强制机关期待当事人自我履行的，那就是行政强制执行，否则便属行政强制措施。

上述标准清晰而符合逻辑，便于掌握，但似乎尚不全面。就“先前义务”而言，我们很难说实施行政强制措施就不存在事先义务，如在驱散措施中，被驱者当然负有离开的义务；就“期待当事人自我履行”而言，在实践中亦难以区分，不少行政强制措施，强制机关在实施该行为时，虽没有事先决定，但有事先的命令式告诫，于是也存在着期待当事人自我履行的时间，不管时间长短。如警察在实施“驱散”行为之前，大多情况下作先行告诫，期待被驱人自我离开。

（四）以事先是否存在行政决定为标准

《行政强制法》出台以后，大多专家学者都认为行政强制执行以行政决定的事先存在为前提，而行政强制措施无此前提，事先是否存在行政决定就成了区别行政强制措施与行政强制执行之间的标准。[①] 这也符合《行政强制法》的规范意义。《行政强制法》第二条将行政强制执行定位于在当事人“不履行行政决定”的条件下依法强制当事人履行行政决定义务的行为。以行政强制基本法为支撑的用以区别行政强制措施与行政强制执行的这一理论标准似乎无可怀疑，但它遇到了两个障碍：一是从实践中看，行政强制措施也未必就不以行政决定为前提，作出冻结、查封、扣押等行政强制措施行为又未尝不可事先作出一个“冻结决定”“查封决定”或“扣押决定”，而事实上，行政机关在实施行政强制措施时往往是事先作出行政决定的，除非是紧急状态；二是从立法上看，《行政强制法》第十八条规定行政强制措施启动前“须向行政机关负责人报告并批准”，这就意味着“一般需要由行政机关作出书面的决定”[②]。当行政强制措施在实施中也是事先作出行政决定时，它不免也可被看成是一种执行行为，无非它是对有关行政强制措施决定而不是其他行政决定（如行政处罚）的一种执行，这就使得行政强制措施与行政强制执行之间的界线模糊起来。

（五）以“基础行为”与“执行行为”是否分合为标准

有一种以德国首创的理论具有较大的市场，即“基础行为与执行行为合分

---

① 全国人大常委会法制工作委员会行政法室，乔晓阳主编：《中华人民共和国行政强制法解读》，中国法制出版社 2011 年版，第 9 页；《中华人民共和国行政强制法》，中国法制出版社 2011 年版，第 3—4 页。

② 全国人大常委会法制工作委员会行政法室编著：《中华人民共和国行政强制法解读》，乔晓阳主编，中国法制出版社 2011 年版，第 66 页。

说”。在国外行政法学中，特别是德奥日国家，对于行政强制早有“基础行为”（grundverwaltungsakt）与“执行行为”（vollstreckungsverfahren）的划分理论。[①] 中国台湾地区则有“基础处分”与“执行处分”之说。[②] 按此理论，不论是即时强制，还是行政强制执行，都是对“基础行为”的一种执行；即时强制无非是“基础行为”与“执行行为”在程序上的合一，行政强制执行最典型地表现为“基础行为”与“执行行为”的分离。

如果将这一理论套用到中国行政法的概念体系中，那就等于说，无论是行政强制措施还是行政强制执行，它们都由两种行为组合：一是基础行为，如行政强制措施中的“查封决定”和行政强制执行中的“罚款决定”；二是执行行为，如行政强制措施中“实施查封的行为”，它体现为对“查封决定”这一基础行为的执行，以及在行政强制执行中将当事人冻结的存款划拨抵缴罚款，同样体现为对“罚款决定”这一基础行为的执行。如果基础行为与执行行为是合一的，那就是“行政强制措施”；相反，如果基础行为与执行行为是分离的，那么它就属于“行政强制执行”。

这一标准有点过于理论，但对照某些实务中的例子具有可验证性。一般来说，行政主体实施查封、扣押等行政强制措施时，往往当即实施，确实不大可能分两步走，先作一个查封或扣押的决定，然后再去实施查封或者扣押行为；而在行政强制执行中，往往相反，先有一个行政决定，在一定条件下（一般是在当事人既不起诉又不履行该决定的情况下）才对该决定实施强制执行。

但这一理论的困境在于，所谓基础行为与执行行为的“分”与“合”到底是个行为的“形式”概念还是行为的“时间”概念。如果是“形式”概念，那就是说，哪怕是行政强制措施，如查封，只要事先作出一个“查封决定”，原本作为行政强制措施的“查封”便属于行政强制执行了；同样，哪怕是行政强制执行，如拆除违章建筑，只要事先不作一个“拆除决定”，原本作为行政强制执行的“拆除”便属于行政强制措施了，行政强制措施与行政强制执行之间如此具有变异性，不能不使人怀疑它的科学性。如果是行为的“时间”概念，那么这种理论没有回答基础行为与执行行为需间隔多长时间属于“分”，隔多长时间又属于“合”。我们总不至于说，基础行为与执行行为间隔三天就属于“分”，间隔两天就属于“合”吧。可见，本标准单独很难立论。

---

① ［德］哈特穆特·毛雷尔著，高家伟译：《行政法学总论》，当代德国法学名著，法律出版社2000年版，第489页；科伦布茨高级行政法院：NVwZ，1986年，第762页。

② 翁岳生：《行政法》，翰芦图书出版有限公司1998年版，第911页。

（六）以基础行为是否生效为标准

正当“基础行为与执行行为合分说”处于徘徊的十字路口时，以基础行为是否生效的认定标准起了很好的补充作用。以基础行为是否生效为标准，它是从行政强制行为的法律效力而不是从行政强制行为的主观形式上寻找标准，从而避免了前一标准的缺陷。该观点认为，区别行政强制措施与行政强制执行，不仅要看“基础行为”与“执行行为”是否分离①，还得视“基础行为”是否“生效”而定：如果“基础行为”已经“生效”，国家机关执行该生效的“基础行为”，那么该执行行为就是“行政强制执行”；相反，如果“基础行为”虽已作出，但尚未“生效”，国家机关执行该尚未“生效”的“基础行为”，这种执行行为依然按“行政强制措施”对待。

那么，如何理解基础行为已经“生效”呢？在德国，认为所谓基础行为的生效，就是指基础行为具有“不可撤销性”或称“不可争议性”（unanfechtbarkeit）；而根据德国1960年行政法院法（verwaltungsgericht - VwGO）② 第七十条和第七十四条规定，“不可撤销性”取决于两种情况：一是超过法定的救济时间③，二是经有效判决维持。否则，无以发生“强制执行力”（vollstreckbarkeit）。④ 这种对基础行为“生效”的解释在德、奥、日等国很有代表性。在中国，结合《行政诉讼法》第六十六条⑤及最高人民法院对该条的司法解释⑥，

---

① 如前所述，当“基础行为”与“执行行为”合一时，该行为属于“行政强制措施”；当“基础行为”与“执行行为”分离时，该行为属于“行政强制执行”。

② 该法于1960年1月21日由联邦议会制定，同年4月1日生效。后经几次修订，最后一次修订于1997年12月22日。见联邦法律公报第3224页。

③ 当事人申请复议的期限是从“得知具体行政行为后一个月之内”；当事人提起诉讼的期限是“具体行政行为宣布后一个月之内”，或复议申请被驳回后一个月之内。

④ ［德］哈特穆特·毛雷尔著，高家伟译：《行政法学总论》，当代德国法学名著，法律出版社2000年版，第481页。

⑤ 《行政诉讼法》第六十六条规定：“公民、法人或者其他组织对具体行政行为在法定期间不提起诉讼又不履行的，行政机关可以申请人民法院强制执行，或者依法强制执行。”

⑥ 最高人民法院《关于执行〈中华人民共和国行政诉讼法〉若干问题的解释》（1999年11月24日经最高人民法院审判委员会第1088次会议讨论通过）第八十六条规定：“行政机关根据行政诉讼法第六十六条的规定申请执行其具体行政行为，应当具备以下条件：（一）具体行政行为依法可以由人民法院执行；（二）具体行政行为已经生效并具有可执行内容；（三）申请人是作出该具体行政行为的行政机关或者法律、法规、规章授权的组织；（四）被申请人是该具体行政行为所确定的义务人；（五）被申请人在具体行政行为确定的期限内或者行政机关另行指定的期限内未履行义务；（六）申请人在法定期限内提出申请；（七）被申请执行的行政案件属于受理申请执行的人民法院管辖。人民法院对符合条件的申请，应当立案受理，并通知申请人；对不符合条件的申请，应当裁定不予受理。”

以及《行政诉讼法》第六十五条第一、二款的规定[1]，可以认为：具体行政行为（基础行为）的“生效”，是指行政相对人在法定救济时间内放弃救济权利或经人民法院判决维持原具体行政行为。若是这样，中国法律上、理论上的这一标准与德国完全吻合。

于是在几年前，作者将“基础行为”与“执行行为”分离并且基础行为“已经生效”作为区别行政强制措施与行政强制执行的标准，并且一直坚持了下来。

但我国的《行政强制法》制定以后，上述标准又受到了挑战。《行政强制法》的问题不在于将行政强制执行分为行政机关实施的行政强制执行与行政机关申请人民法院实施的强制执行，而在于为这两类执行设定了不同的发动条件。后者的发动条件与原制度相同，以“当事人在法定期限内不申请行政复议或者提起行政诉讼，又不履行行政决定”为前提[2]，但前者的发动条件则被明确为“当事人在行政机关决定的期限内不履行义务”[3]。这使“基础行为”的生效标准形成了多样化，从而动摇了“基础行为”与“执行行为”分离并且基础行为“已经生效”标准的理论大厦。

（七）以强制履行的义务内容为标准

《行政强制法》虽然并不会像行政法学理论那样直接关注并解决行政强制措施与行政强制执行之间的分界理论，但其立法表达，与其他法律一样，都在表明一些理论观点。从《行政强制法》的立法表达来看，它所表明的理论基点是“履行义务”。对于这一基点的表达最集中出现在三个条文上。

——《行政强制法》第二条第三款对于“行政强制执行”的定义是这样表述的：“行政强制执行，是指行政机关或者行政机关申请人民法院，对不履行行政决定的公民、法人或者其他组织，依法强制履行义务的行为。”

——《行政强制法》第三十四条对行政机关的强制执行程序是作这样规定的：“行政机关依法作出行政决定后，当事人在行政机关决定的期限内不履行义

---

① 行政诉讼法第六十五条第一、二款规定：“当事人必须履行人民法院发生法律效力的判决、裁定。公民、法人或者其他组织拒绝履行判决、裁定的，行政机关可以向第一审人民法院申请强制执行，或者依法强制执行。”

② 《行政强制法》第五十三条规定：“当事人在法定期限内不申请行政复议或者提起行政诉讼，又不履行行政决定的，没有行政强制执行权的行政机关可以自期限届满之日起三个月内，依照本章规定申请人民法院强制执行。”

③ 《行政强制法》第三十四条规定：“行政机关依法作出行政决定后，当事人在行政机关决定的期限内不履行义务的，具有行政强制执行权的行政机关依照本章规定强制执行。”

务的，具有行政强制执行权的行政机关依照本章规定强制执行。”

——《行政强制法》第五十三条对行政机关申请人民法院强制执行的程序是作这样规定的：“当事人在法定期限内不申请行政复议或者提起行政诉讼，又不履行行政决定的，没有行政强制执行权的行政机关可以自期限届满之日起三个月内，依照本章规定申请人民法院强制执行。”

上述三个条文可以引申出以下几个所蕴含的理论观点：行政强制执行，无论是行政机关自身的强制执行，还是行政机关申请人民法院的强制执行，都以当事人在规定期限内不履行行政决定为前提，本质上是行政执行机关（行政机关或者人民法院）强制当事人履行义务的行为。为此，行政强制措施与行政强制执行的分界标准应当从所履行的“义务性质”入手。

当我们各列出行政强制措施与行政强制执行的典型手段（前者如查封、扣押、冻结，后者如对行政处罚决定的强制执行）并进行义务内容上的分析时，发现一个事实：在对行政强制措施的实施中，当事人不存在“作为义务”，只存在“不作为”和“容忍”的义务①；相反，在对行政强制执行的实施中，当事人恰恰存在“作为义务”，行政强制执行正是在当事人于规定的期限内“不作为”的前提下才发动的。行政强制执行正是通过直接或间接的手段以实现当事人的作为义务被履行的状态。②

据此，我们可以重树一个标准：针对当事人负有“不作为”和“容忍”义务的强制行为，属于行政强制措施；相反，针对当事人负有“作为”义务的强制行为，属于行政强制执行。

三、澄清两个相关问题

我们在对行政强制措施与行政强制执行分界标准进行归纳之前，似乎还有必要探讨和澄清与此相关的两个问题。

第一，任何行政决定都会发生实施问题，但不是任何行政决定都会发生执行

---

① 因为当事人无法自己去查封和扣押自己的货物和证据，只存在当行政机关对当事人的货物和证据进行查封、扣押时，当事人有容忍的义务；当事人也无权去银行冻结自己的存款，只有当有权机关去银行冻结当事人的存款时，当事人有容忍的义务；同理，警察在实施将醉驾者约束至酒醒的强制措施时，也符合同样的特点。

② 针对罚款之行政处罚决定，当事人负有在规定的期限内交纳款项的作为义务；针对拆除违章建筑的行政决定，当事人同样负有在规定的期限内自我拆除的作为义务。

问题。

从行政法学理论上说，行政决定是行政行为的内核，而行政行为是行政决定的一种形态而已。我们平常所述的行政命令、行政确认、行政给付、行政许可、行政处罚、行政措施、行政征收、行政征用、行政裁决、行政赔偿、行政补偿、行政复议①等各种行政行为，其内质都是一种行政决定而已。任何行政决定都会涉及当事人的权利或义务，而这种行政决定的内容都必须得到落实并外化到当事人的身上。如果将这一“落实”和“外化”的过程称之为行政决定的“实施”，那么我们可以说，任何行政决定都可以也应当被实施的，如行政许可决定导致许可证的发放②，行政处罚决定导致了处罚决定的强制执行或当事人的自我履行。行政强制执行固然是行政决定被实施的途径之一，但不是全部。准确地说，行政决定的“实施”无非有三种情况：一是，对权利性行政决定，行政决定机关兑现决定内容，如根据行政给付决定发放补助金；二是，对义务性决定，当事人自我履行行政决定的义务，如当事人自行交纳罚款；三是，对义务性决定，在当事人拒不履行行政决定义务的情况下，有权机关实施强制执行，如对违法建筑的强制拆除。

任何行政决定都会发生实施问题，但不是任何行政决定都会发生执行问题。因为发动行政强制执行的条件：一是行政决定已经作出并且业已生效；二是行政决定具有可执行的内容，即当事人据此产生了作为之义务；三是当事人在规定的期限内拒不履行行政决定所规定的义务。仅就行政决定是否具有可执行义务而言，行政决定的实施与行政决定对强制执行的适用关系表述如下：

基础行为（行政决定）	实施行为	行政强制执行行为
行政命令	发生	适用
行政确认	发生	不适用
行政给付	发生	不适用
行政许可	发生	不适用
行政征收	发生	适用
行政征用	发生	适用
行政处罚	发生	适用
行政强制措施	发生	不适用
行政裁决	发生	视裁决内容而定
行政赔偿	发生	不适用

① 中国的行政复议既是一种行政审查制度，也是一种行政行为。

② 《中华人民共和国行政许可法》第四十四条规定：“行政机关作出准予行政许可的决定，应当自作出决定之日起十日内向申请人颁发、送达行政许可证件，或者加贴标签、加盖检验、检测、检疫印章。”

续表

基础行为（行政决定）	实施行为	行政强制执行行为
行政复议	发生	视复议内容而定

上述图表提醒我们：不能将行政决定的“实施”误认为对行政决定的强制执行。

第二，行政强制执行当然是对行政决定的执行，但对程序性决定的执行不属于行政强制执行。

行政强制执行当然是对行政决定的执行，但对行政决定的执行并非全属于行政强制执行，这有赖于对行政决定的分类和区别。行政决定可依据不同标准作不同分类，其中就有“实体性决定”与“程序性决定”的划分。实体性决定系指由行政主体作出的对行政相对人实体性权利与义务进行表态或处分的决定，行政命令决定、行政确认决定、行政给付决定、行政许可决定、行政处罚决定、行政措施决定、行政征收决定、行政征用决定、行政裁决决定、行政赔偿决定、行政补偿决定、行政复议决定等都属于此类，它们同时属于基础性决定；程序性决定则是在行政程序过程中由行政主体作出的并以行政程序为内容的决定，如举行听证会的决定、同意延长提交证据期限的决定、催告履行义务的决定等。程序性决定不具有独立性，它依附于某行政行为并被该行政行为所吸收。在行政处罚程序中的关于举行听证会的决定，显然不会作为一个独立的行政行为对待，它会被行政处罚行为所吸收；在实施行政强制执行之前，行政强制执行机关催告当事人履行义务的决定，显然也不能将该决定视作事后强制执行行为所执行的基础决定，它被行政强制执行行为所吸收。

由此得出的结论是：行政强制执行显然是对业已存在并生效的行政决定的执行，但它不是对程序性决定而是对实体性、基础性决定的执行。

四、综合结论

行政强制措施与行政强制执行是同属于行政强制行为的一对范畴。《行政强制法》在强制手段、强制程序、法律救济等方面为它们作了不同的设定，从而为严格区分行政强制措施与行政强制执行提供了立法上和实施中的需求。

无论行政强制措施还是行政强制执行，都是行政强制机关（行政机关或人民法院）以强制手段迫使当事人的行政义务得到履行。这种义务内容是“不作为”或“容忍”义务者，是行政强制措施；如果这种义务是“作为”义务者，那就是行政强制执行。这是最为关键的内质层次的区别标准。

此外，还可辅助参照几个外在标准：行政强制措施以对行政秩序的保障性为重点功能，行政强制执行以对业已存在并已生效的实体性、基础性行政决定的执行为主要任务；与这一特点有关，行政强制措施具有暂时性，属于中间行为，行政强制执行属于最终行为。

（载《中国法学》京 2012 年第 2 期）

§ 1.22　有关行政滥用职权的内涵及其表现的学理探讨

行政主体的具体行政行为滥用职权①，即行政滥用职权，已被我国的立法和行政法理确定为行政违法行为之一，从而构成行政审判机关和行政复议机关分别依据《中华人民共和国行政诉讼法》和《行政复议条例》予以撤销的对象。但由于我国的立法迄今没有对"行政滥用职权"的内涵作出解释，亦未对其表现作出列举，我国目前的行政法理因尚不成熟而不能弥补前者的不足，致使行政审判人员和行政复议人员难以认定行政滥用职权行为，从而影响我国行政审判权和行政复议权的准确使用。为此，本文对行政滥用职权作学理上的探讨，以讨教同仁。

一、行政滥用职权内涵的界定

行政滥用职权（abuse of power）在国外的行政法（学）中是一颇受青睐的问题。英国、美国、法国、德国和日本等不少国家，无不把它列为行政救济和司法控制的对象。然而，各国行政法对于行政滥用职权，不仅表述上不甚统一②，而且在认定标准上亦有差异。英国行政法拥有两大基本原则，即越权无效和自然公正，违反它们，分别构成越权和违反自然公正这两类行政违法，而权力滥用是越权的一种形式。③ 美国行政法把滥用职权定为滥用自由裁量权④，而滥用自由裁量权是指"不合理地行使"该权力。⑤ 在法国，权力滥用是指行政主体行使权

① 行政滥用职权并不只发生于具体行政行为之中，在抽象行政行为中亦可存在。但鉴于构成人民法院或行政复议机关撤销对象的滥用职权仅限于具体行政行为范围，本文亦囿于该范围内探讨。

② 如：英国和法国称为"权力滥用"，美国称"滥用自由裁量权"，日本则提"滥用裁量"。

③ H·Wade：Administrative Law，1982；De Smith：Judicial Review of Administrative Law，1984.

④ 《美国法典》第五编第七章，第706条。

⑤ ［美］B. 施瓦茨著，徐炳译：《行政法》，群众出版社1986年版，第571页。

力违反法律的目的。① 德国行政法亦持同样的主张。② 联合国行政法庭在沙贝尔一案中把权力的滥用表述为“武断、歧视或带有不当动机”。③ 国外权威性法学词典《布莱克法律词典》对“权力滥用”下定义如下：“以违反法律为目的而行使自己拥有的权力。权力的不当行使。它区别于越权行使法律并没有赋予给他的权力。”④

综合国外立法、判例和学理对行政滥用职权内涵的认定，透过其差异的表象，不难发现其相对的同一性：行政滥用职权是指在权限范围内不适当行使权力而违反法律所设定目的的行为。

在国内，国家的立法虽确定了行政滥用职权的存在，但尚未对其内涵作出解释。在实际生活中，人们常常把行政机关及其工作人员违法行使职权指控为“滥用职权”。这显然把“滥用职权”的范围错误地扩大至“行政违法”。在中国的理论界，学者们并没有犯上述错误，而且在初涉行政滥用职权这一理论问题时就基本上达到对其内涵确定上的共识。即认为：行政滥用职权是指行政主体在权限范围内，不正当行使行政权力，而违反法定目的的具体行政行为。如胡康生主编的《行政诉讼法释义》写道：“行政机关滥用职权，是指行政机关作出的具体行政行为虽然在其权限范围以内，但行政机关不正当地行使职权，不符合法律授予这种权力的目的。”⑤ 这种目前具有代表性的观点所揭示的行政滥用职权的内涵包含了三项内容：(1) 行政滥用职权以遵守法定权限为前提；(2) 行政滥用职权以不正当行使权力为特征；(3) 行政滥用职权以违背法定目的为结果。

可是，当我们循此观点和思路继续探微时，不免遇到一种理论上的困惑。对于以上含义的第一点无异议之处。但对于第二点，即行政滥用职权以“不正当行使权力”为特征的理解和解释，就颇感棘手了。如果“不正当行使权力”是指“不合法行使权力”，那么势必导致行政滥用职权同除超越职权以外的任何一种行政违法（如主要证据不足、适用法律法规错误、违反法定程序等）相混同。如果把“不正当行使权力”理解为“不合理行使权力”，那又造成三个方面的困难：(1) 行政滥用职权的性质由此而被列为行政不当，而不是行政违法了，这违背了

① 王名扬：《法国行政法》，中国政法大学出版社 1989 年版，第 664—671 页。

② 依据 1960 年 1 月 21 日公布的德国《行政法院法》，第 114 条。

③ 江必新：《行政诉讼问题研究》，中国人民公安大学出版社 1989 年版，第 271 页。

④ Black's Law Dictionary by Henry Campbell Black • M • A • Fifth Edition 1979 年，p11.

⑤ 北京师范学院出版社 1989 年 9 月第 1 版，第 92 页。此外，持同类观点的有：黄杰主编的《行政诉讼法释论》，中国人民公安大学出版社 1989 年版；黄曙海主编的《行政复议条例讲座》，中国人民公安大学出版社 1991 年版；马原主编的《行政诉讼知识文库》，北京师范学院出版社 1991 年版等。

行政法理；（2）人民法院在行政诉讼中对行政滥用职权的控制体现的是合理性审查，从而与行政诉讼合法性审查原则相抵触；（3）行政滥用职权只能发生在行政自由裁量权范围之内，这便与《行政诉讼法》和《行政复议条例》所确定的“滥用职权”的字面范围不相一致。对于行政滥用职权内涵的第三点可作这样理解：在羁束行政行为中，行为人不会发生是否正当的问题。只有在自由裁量行为中，由于行为人在法律许可范围内作行为选择时，有责任考虑哪一种选择更符合立法者的意图和法律目的，才会发生行使职权是否正当的问题。

到此，我们朦胧地觉得：行政滥用职权似乎与行政自由裁量权有着一种内在的联系，如果不解开这个“司芬克斯之谜”，就无法准确地认识行政滥用职权的内涵与特征，从而也无法把握行政滥用职权的各种表现。

二、行政滥用职权与行政自由裁量权

行政自由裁量权伴随着行政职权而存在，同时又构成行政职权的组成部分。自由裁量权与行政职权之间有着高度联系，以至于国外有学者说：“自由裁量权是行政权的核心。”[①] 作为行政权核心的自由裁量权，国外代表性的解释是：“指行政官员和行政机关拥有的从可能的作为和不作为中做选择的自由权。”[②] 我国第一次对这一概念作专门解释的，是 1983 年高等学校法学试用教材《行政法概要》。

它把自由裁量权作为一种采取行政措施行为的分类并作此解释：“凡法律没有详细规定，行政机关在处理具体事件时，可以依照自己的判断采取适当的方法的，是自由裁量的行政措施。”尔后的众多解释基本没有超越以上解释范围。[③] 可见，国内外的学理观点，对行政自由裁量权的含义作了相同的归纳：行政自由裁量权，是行政职权的一种，指在法律无详细规定的条件下，行政主体可以依据事实，凭自己的判断，在职权范围内，作出适当行为的权力。

那么，行政滥用职权只存在于自由裁量权的滥用上，还是应包括裁量权以外行政职权的滥用上？这是本文要探讨的问题。

在国外，英国和法国虽至今还没有明显地在滥用权力和滥用裁量权之间画上

---

① ［美］B. 施瓦茨著，徐炳译：《行政法》，群众出版社 1986 年版，第 566 页。

② ［美］B. 施瓦茨著，徐炳译：《行政法》，群众出版社 1986 年版，第 567 页。美国《布莱克法律词典》、英国《牛津法律大辞典》和日本杉权章三郎和山人一夫主编的《行政法辞典》等解释与其雷同。

③ 魏海波等主编：《行政管理学简明辞典》，江苏人民出版社 1986 年版等。

等号，但其所列滥用权力的具体表现几乎全是滥用裁量权的表现。此外，许多国家已明确认为滥用权力就是指滥用自由裁量权。① 而这种观点正与20世纪以后形成的“新滥用权力理论”相吻合。② 我国学者对滥用权力和自由裁量权之间的关系，主要有两种观点：一是认为，行政滥用职权并不只限于滥用自由裁量权，因此不能在两者之间画等号；③ 二是认为，行政滥用职权就是滥用自由裁量权。④ 持后一观点者占绝对优势。⑤

从语义逻辑上讲，第一种观点是站得住脚的：既然行政职权不限于自由裁量权，那么滥用职权也就不限于滥用裁量权了。况且我国《行政诉讼法》和《行政复议条例》上的提法亦是“滥用职权”，而非“滥用自由裁量权”。但是，世界上大多数国家，以及国内越来越多的学者，把行政滥用职权限定为滥用自由裁量权，绝不是一种无理性的巧合。因为这是解脱前一题提到的在理解行政滥用职权时遇到的种种困惑的唯一出路。

考察历史不难发现，只有在法院对行政的司法控制从羁束行为扩大到自由裁量行为时，“滥用权力”这一概念才始出现。在20世纪50年代以前，司法监督的原则是：行政机关的一切行政行为都受司法审查，除非是行使自由裁量权。⑥ 当时的理论基础是：违法只能存在于其他行政行为中，自由裁量权的行使不会发生违法问题。到了20世纪后半期，司法监督的原则则改为：行政机关的自由裁量权不得干涉，但滥用职权的除外。⑦ 原因在于这时的基本观念业已改变，人们认为自由裁量权的滥用也是一种违法。这两个“但书”的转换标志了当代司法控制范围的扩大，同时也导致了“滥用权力”这一违法的被确认。因此，割断滥用

① 美国1946年《联邦行政程序法》第七百零六条把“滥用自由裁量权”同“其他不合法行为”相提并论，而在“其他不合法行为”中没有“滥用权力”的席位。日本1962年的《行政案件诉讼法》第三十条也表明了这种立场：裁量权的违法限于裁量权的超越和滥用，滥用权力实质是滥用裁量权。德国1960年《行政法院法》第一百一十四条和1976年《行政程序法》第四十条以及行政法院判例亦持同样的主张。

② 刘明波主编：《国外行政监察理论与实践》，山东人民出版社1990年版，第74—79页。

③ 罗豪才主编的《行政法学》（中国政法大学出版社1989年版）一书认为：“滥用权力的范围比较广，包括滥用自由裁量权等行为。”

④ 如《中华人民共和国行政诉讼法讲话》（中国财政经济出版社1989年版）一书指出：“所谓滥用职权是指行政机关滥用自由裁量权的行为。”

⑤ 持这种观点的还有：黄杰主编：《行政审判实践与研究》，中国法制出版社1991年版；罗豪才主编：《行政审判问题研究》，北京大学出版社1990年版；江必新：《行政诉讼问题研究》，中国人民公安大学出版社1989年版等。

⑥ 如美国1946年《联邦行政程序法》第七百零一条第一款第二项规定，司法复审不适用于“法律授权行政机关自行决定的行政行为”。20世纪后半期，出于需要，美国法官对此作了扩大性解释：国会的这一规定并不意味着法院对行政机关滥用权力也无权控制。

⑦ 如德国1960年《行政法院法》第一百一十四条，日本1962年《行政案件诉讼法》第三十条等。

权力同自由裁量权之间的天然关系，行政滥用职权将成为无本之木。

对于行政主体的行政行为固然可作多种分类，但羁束行为与自由裁量行为的分类是最基本的一种，因为人们习惯于把行政法的两大基本原则即合法性原则和合理性原则分别与这两种行为相对应。其实，这样做只对了一半。羁束行为由于法律规定详细明确，行为人实施该行为只得严格依法办事，不存在自由选择的幅度，因而只发生是否合法的问题，无是否合理正当之说。因此，羁束行为不会导致滥用职权，除非改变滥用职权的内涵。对于另一半，即认为对于自由裁量权只适用合理性审查，这种观念在 20 世纪后半期业已抛弃。人们已认识到：行政自由裁量权的行使，不仅可能导致行政不当，而且可能导致行政违法。行使自由裁量权违法包括两种情况：自由裁量权的超越和自由裁量权的滥用。对于前者，中外法律都为其安排了滥用权力以外的某种违法的“归宿”。[①] 由此看来，行政滥用职权不仅与自由裁量权以外的其他行政职权违法无缘，而且也并不包括自由裁量权本身的所有违法。行政滥用职权实质上是一种行政自由裁量权的滥用，而且是自由裁量权限范围内的一种行使裁量权的违法。笔者进一步认为：通常用来限定滥用职权的一个前提性条件即“权限范围内”，是人们长期以来的误会，实质上应指“自由裁量权限范围内”。

至此，我们可以把“行政滥用职权”的内涵确定为：行政滥用职权，即滥用行政自由裁量权，系指行政主体在自由裁量权限范围内不正当行使行政权力的违法行为。这一定义主要反映了以下三个特征：

第一，行政滥用职权发生在自由裁量权限范围之内。超越这一权限，便构成其他违法。这不仅同行政越权相区别，而且也划清了行政滥用职权同“适用法律、法规错误”“违反法定程序”等其他行政违法之间的界限。

第二，行政滥用职权表现为不正当地行使权力（如不正当的迟延）。顺便指出，笔者不认为背离法定目的是行政滥用职权的一个特征，而认为这只是滥用职权的一种表现。

第三，行政滥用职权是一种行政违法行为，而不是行政不当行为。把自由裁量权的滥用看成是违法，这是世界各国的通例做法。我国《行政诉讼法》和《行政复议条例》也表明了这种立场。因此，人民法院通过行政诉讼控制行政滥用职权与行政诉讼合法性审查原则并不矛盾。

---

① 如法国把此归为“无权限”的违法，中国的行政审判实践依据《行政诉讼法》第五十四条并针对具体情况把这并于“适用法律、法规错误”或“超越职权”的其他类违法之中。

三、行政滥用职权的表现

国外对行政滥用职权表现的讨论远早于中国。在英国，权力滥用被归纳为三种情况，即：（1）不符合法律规定的目的；（2）不相关的考虑；（3）不合理的决定。① 美国学者认为滥用自由裁量权有六种情形：（1）不正当的目的；（2）错误的和不相干的原因；（3）错误的法律或事实依据；（4）遗忘了其他有关事项；（5）不作为或迟延；（6）背离了既定的判例或习惯。② 法国行政法把权力滥用归结为三种现象，即：（1）行政主体行使权力的目的不是出于公共利益，而是出于私人利益或所属团体的利益；（2）行政主体的行为虽然符合公共利益，但不符合法律授予这种权力的特别目的；（3）不按法律要求适用程序，如用司法程序代替行政程序。③ 德国行政法认为有下列情形之一的，构成滥用自由裁量权：（1）违反合理性原则；（2）不正确的目的；（3）不相关的因素；（4）违反客观性；（5）违反平等对待。④ 日本行政法认为裁量的滥用主要表现有三：（1）事实的误认；（2）目的的违反和动机不正；（3）违反比例原则和平等原则。⑤

世界各国行政法对于行政滥用职权表现的揭示，不少已被中国学者接受，但也有不少现象不适用于中国的法和理。⑥

近几年，国内学者所归纳的行政滥用职权的内容五彩缤纷。主要有：（1）出于不正当的目的；（2）出于不善良的动机；（3）行为客观上与法定目的不一致；（4）考虑了不应考虑的因素；（5）没有考虑应考虑的因素；（6）不应有的疏忽；（7）不正确的认识；（8）违反客观规律性；（9）不适当的迟延；（10）故意不作为；（11）不寻常的背离；（12）违反公平对待；（13）不一致的解释；（14）反复无常；（15）不合理的决定；（16）违反一般公正观念；（17）不得体的方式；

---

① 王名扬：《英国行政法》，中国政法大学出版社 1987 年版，第 171—172 页。

② ［美］B. 施瓦茨著，徐炳译：《行政法》，群众出版社 1986 年版，第 571 页。

③ 王名扬：《法国行政法》，中国政法大学出版社 1986 年版，第 664—665 页。

④ ［印度］M. P. 赛夫：《德国行政法——普通法的分析》中译本，五云图书出版公司 1991 年版，第 211—232 页。

⑤ ［日］南博方等：《行政法》，1981 年日文版；南博方：《日本行政法》中译本，中国人民大学出版社 1988 年版，第 37—38 页。

⑥ 例如：日本行政法所认定的“事实上的误认”，在中国是作为“主要证据不足”，而不是作为“滥用职权”对待的；美国行政法所揭示的“错误的法律依据”，在中国是归类于“适用法律、法规错误”，而不是“滥用职权”。

(18) 显失公正的行政处罚；(19) 根据不充分、不客观；(20) 与自由裁量权行使无内在必然联系；(21) 不当授权；(22) 程序滥用。[①]

依笔者之见，我国作为行政复议和行政诉讼撤销对象之一的行政滥用职权的表现，主要有下列六种：

第一，因受不正当动机和目的支配致使行为背离法定目的和利益。这种行为有两个构成条件：(1) 主观上有不正当的动机和目的。如出于个人恶意、偏见、歧视、报复，为个人或小集团谋私利等。(2) 客观上其行为造成了背离法定目的和利益的结果。如果行为人只存在不正当的动机和目的，但行为的结果恰好符合法定目的和理由，便不属于行政滥用职权。法国的行政法院也做同样处理。[②]

第二，因不合法考虑致使行为结果失去准确性。这种表现同样须具备两项条件：(1) 行为人有不合法考虑的事实。这既表现为没有考虑法律规定应该考虑的因素，如情节和态度，也表现为考虑了法律不要求考虑的因素，如处罚时考虑家庭出身等。(2) 行为的结果失去了准确性。如处罚结果畸重畸轻。

第三，任意无常，违反同一性和平等性。国外把这叫做"不遵循既成的先例和惯例的行为"。行政机关的行政行为具有公共行政性，因而必须是可预见的、连续的和平等对待的，否则亦是对自由裁量权的滥用。

第四，强人所难，违背客观性。这里是指，行政主体所作行政行为要求相对人履行一种客观上无法履行的义务。

第五，不正当的迟延或不作为。如果法律明文规定了行政行为的期限，但行政主体在法定期限内拒不作出行为，或延至法定期限以外作出行为，这应区别不同情况，依《行政诉讼法》的规定划归于"违反法定程序"或"不履行法定职责"的违法类别之中。但如果法律没有明文规定行政行为期限，或规定了一定的行为幅度，致使行政主体享有自由裁量权，而且在这自由裁量权限范围内，行政主体有不正当的迟延或不作为，这便属于行政滥用职权。

---

① 主要涉及资料：《中华人民共和国行政诉讼法讲话》，中国财政经济出版社 1989 年版；柴发邦主编：《行政诉讼法教程》，中国人民公安大学出版社 1990 年版；黄杰主编：《行政诉讼法释论》，中国人民公安大学出版社 1989 年版；马原主编：《行政诉讼知识文库》，北京师范学院出版社 1991 年版；张焕光、胡建淼：《行政法学原理》，劳动人事出版社 1989 年版；罗豪才主编：《行政审判问题研究》，北京大学出版社 1990 年版；胡建淼主编：《行政复议知识手册》，人民出版社 1991 年版；黄杰、李道民主编：《行政审判实践与研究》，中国法制出版社 1991 年版；江必新：《行政诉讼问题研究》，中国人民公安大学出版社 1989 年版；陈国光、夏桂英：《略论行政自由裁量权的滥用及其控制》，《中国监察》1990 年第 4 期。

② [法] G. Peiser：Contentjeux administratif，1979.

第六，不正当的步骤和方式。这是一种程序上的滥用职权。它同滥用职权以外的“违反法定程序”这类违法的区别正在于，它发生在自由裁量权限范围之内。即在行为的步骤和方式属于可选择的条件下，行政主体实施行政行为采用了不适当的步骤和方式，致使损害相对人的合法权益，这便是程序上的滥用职权。

以上所列表现，尚未穷尽所有行政滥用职权的现象。已被国内学者提出，但还未最终解决的理论问题，即《行政诉讼法》第一次提到的“显失公正”，是否属于行政滥用职权的一种表现？如果回答是否定的，那么它们之间又是一种什么关系？

四、行政滥用职权与显失公正

“显失公正”是我国《行政诉讼法》首次提出的，但《行政诉讼法》本身及尔后的法律解释都没有对其含义作出说明。我国学理上的解释不多，且不统一。各种语义词典的解释又把它局限于“明显偏私”的含义之中。但从《行政诉讼法》的立法精神和条文含义上分析，把“显失公正”解释为“明显不适当、不合理”或许更接近事物的本质。

近年来，国内学者在对行政滥用职权和显失公正的分别研究中，已初步表现出它们两者之间的联系。但遗憾的是，目前对这种“联系”的认识尚停留在把显失公正看成是滥用职权的一种表现上。[①] 当我们在接受这种观念时，马上又陷入以下的困难之中。

首先，显失公正的表现与滥用职权的表现部分重合，“反复无常”[②] 就是一例。如果显失公正本身就是滥用职权的一种表现，那么它就不应同滥用职权的其他表现重合。

其次，从行政法理上说，受行政法控制的行政瑕疵包括行政违法和行政不当。而行政不当是指自由裁量范围内的不适当行为。但滥用职权和显失公正亦都是指自由裁量范围内不正当（不适当）的行为，这实际上囊括了所有的行政不当行为。而行政滥用职权（包括显失公正）又属于违法，不是不当。这样，与行政违法相并列的行政不当就没有存在的余地了，作为行政法基本原则之一的合理性

---

① 如黄杰、李道民主编的《行政审判实践与研究》（中国法制出版社 1991 年版，第 226 页），把“显失公正的处罚”列为滥用职权的表现之一；江必新在《行政诉讼问题研究》（中国人民公安大学出版社 1989 年版，第 272 页）中认为“滥用职权的范围远远大于‘显失公正’的情况”。

② 罗豪才、应松年主编的《行政诉讼法学》（中国政法大学出版社 1990 年版），把“反复无常”既作为滥用职权的表现，也作为显失公正的表现。

原则也失去存在的意义。

或许可以这样解释：滥用职权虽都表现为对裁量权的不公正行使，但只有到了“明显”的程度才属于“显失公正”的行为。这种解释亦难以成立。按《行政诉讼法》规定，人民法院对于滥用职权的行政行为应予撤销，对于显失公正的处罚才可以变更。如果对于一般性不公正的滥用职权行为适用撤销判决，而对于明显不公正的处罚却适用变更判决，这显然是司法控制上的轻重颠倒，与《行政诉讼法》的立法精神相悖。

如何才能使理论自圆其说，唯一的出路在于：证实显失公正与滥用职权之间的等同关系。

笔者认为：滥用职权与显失公正是同一问题的两个方面，或者说是对同一事物的不同角度的表述。滥用职权是从主体和行为着眼，显失公正则是从行为结果着眼。行政滥用职权实际上是行政主体不正当行使权力而造成显失公正之结果的行为。如果行政主体行为虽有不当，但尚未达到显失公正之结果，那么便不属滥用职权违法，而是行政不当。只有这样理解，才能解脱以上的理论困境。

由是，我们在上一题所揭示的行政滥用职权的六大表现，同时也是显失公正的表现。按理说，由于《行政诉讼法》第五十四条第二项规定对于滥用职权应判决撤销，而滥用职权实质上就是不正当行使裁量权而造成显失公正的违法行为，所以显失公正的违法亦应一律判决撤销。但问题在于，有的滥用职权行为不宜或无法撤销，需要适用司法变更，同时又应考虑司法权和行政权的分工，禁止以司法权代替行政权。所以《行政诉讼法》第五十四条第四项又规定：“行政处罚显失公正的，可以判决变更。”这矛盾吗？笔者以为不然。理由有二：（1）第五十四条第四项规定的判决变更所适用的范围并不包括所有滥用职权行为，它只限于显失公正的处罚，即滥用处罚裁量权；（2）第五十四条第二项规定“判决撤销”属于义务，第四项规定“可以判决变更”则属于权力。“可以”两字意味着法院可以判决变更，也可以不判决变更，而判决撤销。

至此，对“行政滥用职权”的定义需要再次修正。行政滥用职权，即滥用行政自由裁量权，是指行政主体在自由裁量权限范围内不正当行使权力导致显失公正的行政违法行为。随之，对其原有的三大特征也必须增补如下：行政滥用职权是指不正当行使权力造成了显失公正的后果。不正当行使权力但尚未达到显失公正后果的，不作滥用职权论。这一特征，使行政滥用职权违法同行政不当相区别。

（载于《法学研究》1992 年第 3 期）

§ 1.23　关于中国“行政程序法”的模式与内容性结构问题

——依据对世界上《行政程序法》规范结构的统计与透视

内容提要：《行政程序法》的模式与内容性结构如何定位与设计，乃是行将制定的中国《行政程序法》所直面的关键性问题之一。我们或许可以以某种价值观或者其他理论支撑起一个设想或者主张，但本文试通过对现行世界上存在的十二个成文“行政程序法典”之规范内容进行分解和统计，并以“规定率”为依据，提出中国《行政程序法》的模式，特别是内容结构方面的设想。这也不失为一种研究方法。

关键词：行政　程序　结构

中国的行政立法已步入了前所未有的“高速期”：自从 1989 年全国人大常委会颁布《中华人民共和国行政诉讼法》以来，我们接连于 1994 年制定了《中华人民共和国国家赔偿法》，1996 年制定了《中华人民共和国行政处罚法》，1997 年制定了《中华人民共和国监察法》，1999 年的《中华人民共和国行政复议法》取代了 1990 年的《行政复议条例》，2003 年又推出了《中华人民共和国行政许可法》。在此背景下，要求制定作为行政行为基本法的“行政程序法”的呼声已越来越高。

中国在近五至十年中已“越过”了呼吁制定“行政程序法”的“呼吁阶段”，不少学者已始静下心来构思“行政程序法”的详细方案。本文尝试通过对世界上现行的“行政程序法”规范进行分解透视，就我国行将制定的《行政程序法》的模式与内容性结构谈点粗浅的看法，以求教于同仁。

一

当一个国家着手制定行政程序法（Administrative Procedure Act）时，它首先面临模式的选择。所谓行政程序法的模式，系指根据该法本身所拥有或体现的某种特征的归类而形成的法律形态。从世界上看，行政程序法的法律形态不是也不可能是单一的。以不同标准衡量，行政程序法便构成不同模式。

若从立法形式上考察，行政程序法主要有两种模式，即法典模式与分散模式。前者系指，一个国家把行政程序法律规范集中于一个专门法规之中，而这种专门法规的名称又往往直称“行政程序法”。奥地利于1925年制定《普通行政程序法》[①]，美国于1946年制定《联邦行政程序法》[②]，西班牙于1958年制定《行政程序法》及嗣后于1992年制定《公共行政机关及共同的行政程序法》[③]，瑞士联邦于1968年制定《行政程序法》，德国于1976年制定《行政程序法》[④]，意大利于1990年制定《行政程序与公文查阅法》[⑤]，葡萄牙于1991年制定《行政程序法典》[⑥]，荷兰于1992年制定《行政法通则》[⑦]，日本于1993年制定《行政程序法》[⑧]，韩国于1996年制定《行政程序法》，中国澳门地区亦于1994年制定《行政程序法》[⑨]，中国的台湾地区也于1999年制定了《行政程序法》[⑩]，等等，它们都属该模式。后者则指，一个国家并没有把行政程序法律规范通过行政程序法典来表现，而是通过判例、普通法原则或其他零星的成文法规来体现。法国是这种模式的典型代表。它在世界上首创了行政法院体制，但这种首创的结果又羁绊了它迈向行政程序法典化的进程，因为法国人已习惯于用行政法院判例，而不是以成文立法来创制行政程序规范。英国介于法典模式和分散模式之间。与法国不同

---

① Allemeines VerwaltungsverfahrensgesetzAVZ，1950年修订。

② The Administrative Procedure Act，APA。1945年第七十九届国会通过，1946年6月11日由杜鲁门签署公布生效，1966年9月6日编入《美国法典》第五篇，1978年第九十五届国会修订。

③ 1992年11月26日经西班牙国王胡安·卡洛斯一世批准，1992年11月27日发表于《国家官方公报》第285期。

④ VwVfG，1976年5月25日由联邦国会通过，5月29日公布于联邦法律公报，自1977年1月1日起生效。

⑤ 1990年8月7日通过。

⑥ 1991年11月15日颁布，经1996年1月31日修改。

⑦ General Administrative Law Act—GALA，1992年制定，1994年1月1日起生效。

⑧ 1993年11月12日法律第88号公布，自1994年10月1日起施行。

⑨ 1999年第57/99/M号法令修正，于公布日之后满三十日后开始生效。

⑩ 1999年2月3日公布，自2001年1月1日起施行。

的是，它毕竟推出了部分行政程序性法规，于1946年和1971年分别制定了《行政法规法》① 与《行政裁判所与调查法》②；与德国、奥地利、美国等不同的是，它没有制定行政程序法典。

在大陆法系与普通法系日益交融的今天，我们已不能将大陆法系国家和地区的行政程序法与法典模式，将普通法系国家和地区的行政程序法与分散模式，简单地等同起来。作为普通法系国家的美国对行政程序法采用了成文法典化形式，而作为成文法国家的法国对行政程序法却采用了判例法形式，这一事实能佐证上述论点。当我们评价行政程序法的法典模式和分散模式时，不能绝对地肯定一种模式而否定另一种模式。正如黑格尔所说：“凡是合乎理性的东西都是存在的，凡是存在的东西都是合乎理性的。”③ 分散模式的存在自然有其“理性”基础，但依作者之见，法典模式应是行政程序立法的高级形式，而且成为世界各国行政程序立法的普遍趋向。

尽管大陆法系与英美法系存有交融趋势，但行政程序立法的法典型与非法典型依然是两种泾渭分明的立法模式；既然法典模式是现今行政程序立法的高级形式，制定行政程序法典无疑是我国的最佳选择。

如果从功能角度考察行政程序法，我们则会发现另外两种模式，即效率模式和权利模式。前者系指，行政程序法的制定以考虑行政权运行效率为主；后者相反，它从相对人权利保护的角度出发设计行政程序法。效率与权利，是世界各国行政程序立法所追寻的两大目标，是其立法设计所不可回避的一个既对立又统一的矛盾。没有一个国家在制定行政程序法时，会只追求行政权的运行效率而一点也不考虑公民的权利保障，反之亦然。但根据各国行政程序立法的出发点以及内容重心，我们依然不难找到其模式的“归口”。世界的历史与现状是，二战前的行政程序立法相对比较注重行政效率，如德国个别邦于19世纪末所制定的几个行政程序法；二战后，不少国家所制定的行政程序法则更注重公民的权利保障，如美国于1946年制定的《联邦行政程序法》（APA）。或许已有更多的国家意识到，纯粹的效率模式或纯粹的权利模式均不可取，现代的行政程序立法更应追求两者的“平衡”。因为“行政不仅需要有效率，即政策所要达到的目标一定能够

---

① Statutory Instruments Act，1946年由英国国会制定，1948年1月起施行。

② Tribunals and Inquiries Act，1971年7月27日通过英国上下两院制定，1971年8月27日起施行。

③ 德国古典哲学家黑格尔（Georg Wilhelm Friedrich Hegel，1770—1831）：《法哲学原理》（Grundlinien der Philosophie Rechts），1821。中译本根据德国莱齐格费利克斯·梅纳尔出版社1921年版译出，商务印书馆1961年版。

迅速地实现；同时行政也必须使一般公民认为在行政活动中合理地考虑到所追求的公共利益和它所干预的私人利益之间的平衡”。[①] 奥地利、西班牙、德国和日本等国的行政程序立法已为追求这种“平衡”作出了尝试和贡献。看来，今后行政程序立法的任务并不是选择效率模式还是权利模式，而在于如何在它们之间寻找恰如其分的“平衡线”。所以，中国的行政程序立法不该是“效率模式”还是“权利模式”之间的一种“非此即彼”的选择，而必须是介于两者之间“平衡线”之上的“一轮太阳”。

二

讨论行政程序法的结构问题乃是本文的后半个任务，而这种结构是以法规内容为侧重点的；但这个问题的答案在本文中无意采用抽象的论证方法，而是通过对世界上现行成文行政程序法典的规范结构分解而提出一种模型。

奥地利经1950年修正的《普通行政程序法》的结构由六篇组成：第一篇为通则，第二篇为调查程序，第三篇为裁决，第四篇为法律保护，第五篇为费用，第六篇为附则。第一篇由五章三十六个条文组成，主要规定了官署及管辖权，管辖权争议及处理，行政人员的回避，关系人、当事人与代理人，官署与关系人之间往来规则，笔录、阅卷与结案，传唤、拘提，送达、期间，秩序罚及放肆罚。第二篇由两章十九个条文组成，主要规定了调查目的及程序、言词审理、证据、鉴定人、勘验。第三篇由七个条文组成，主要规定了裁决的作成、裁决书的内容与格式要求。第四篇由三章十一个条文组成，主要规定了相对人权利保护的三种方式，即诉愿、再审和恢复原状，行政官署作出决定的义务。第五篇由六个条文组成，主要规定了行政程序中有关费用的分担规则。第六篇只有一个条文，规定了有关该法的生效、修正、废止和执行。

美国1946年制定的《联邦行政程序法》由现行美国法典中的第五篇[②]第五章行政程序中的第551—559条和第七章司法审查中的第701—706条组成。[③] 第551条规定了行政程序中的各种主要定义，如“机关”“当事人”“规章”“裁决”

---

① 转引自J.F.加纳：《行政法》(Administrative Law)，1979年英文版，第231页。

② 美国现行法典共由五十篇组成，第五篇为“政府机构和雇员；以及附则”。

③ 美国事后分别于1974年和1976年制定了《私人秘密法》(Privacy Act)和《阳光的政府法》(Government in the Sunshine Act；也称“会议公开法”，Opening Meeting Act)，现已成为美国法典中的第552条之一和之二，并作为《联邦行政程序法》的组成部分。

“制裁”“救济”等；第552条规定了公共信息的公布与取得程序；第553条规定了行政机关制定规章的行为；第554条规定了行政机关制作行政裁决的行为；第555条规定了附属事项；第556条规定了适用规章制定和裁决的听证制度；第557条规定了听证中的决定和复议程序；第558条规定了制裁；第559条规定了法律效力；第701条规定了司法审查的适用和有关定义；第702条规定了司法审查权；第703条规定了诉讼的形式和地点；第704条规定了可司法审查的行为；第705条规定了司法审查前的补救；第706条规定了司法审查的范围。

西班牙1958年的《行政程序法》共六篇十九章，另加序篇和附则。序篇共一条，规定了该法的适用范围；第一篇行政组织，共四章，规定了行政组织的管辖规则、权限争议的处理和回避制度；第二篇利害关系人，规定了参与行政程序利害关系人的法律地位；第三篇行政作用，共五章，规定了行政行为的一般原则、成立要件、效力、证据与记录；第四篇程序，共五章，规定了行政程序的开始、审理、终结与执行；第五篇依行政手段之行为再审查，共二章，规定了依职权审查与诉愿审查制度；第六篇特别程序，共三章，规定了一般性质命令的制定程序、惩戒程序、行使民事诉权与劳动诉权前的请求程序。

瑞士联邦1968年的《行政程序法》共五章。第一章规定了行政程序法适用的领域及概念；第二章规定了行政程序的一般原则，包括行政官署的权限、证据的采用、听证等制度；第三章规定了行政诉愿制度；第四章规定了向联邦行政委员会起诉的程序；第五章为终局性规定，如该法的生效、有关法律的修正以及其他过渡性条款。

德国1976年的《行政程序法》的结构由八章组成。第一章规定了适用范围、土地管辖和职务上的协助；第二章为行政程序的一般规定，包括程序范围、当事人、证据、听证和回避等制度；第三章为行政处分，规定了行政处分的意义、形式、内容、效力、时效等；第四章为公法契约，规定了公法契约的形式与内容、签订与解除、效力等；第五章为特种程序，规定了正式程序、听证程序和计划程序等；第六章为法律救济程序，规定了适用行政法院法和诉愿程序；第七章为荣誉职之工作、委员会，规定了荣誉职与委员会的权利与义务；第八章为终结规定，规定了一些附则上的内容。

意大利于1990年制定的《行政程序与公文查阅法》共由六章组成。第一章为总则，规定了立法目的与原则；第二章为行政程序的负责人，规定了行政程序的主体及负责人的职责；第三章为行政程序的参与，规定了有关当事人参与行政程序的内容；第四章为行政行为的简化，对行政行为提出了简化的要求；第五章为查阅行政文件，规定了信息公开制度；第六章为最终规定，规定了该法的地位及适用问题。

葡萄牙于1991年制定的《行政程序法典》共由四部分组成。第一部分为一般原则，分两章，规定了行政程序的定义、适用范围及原则；第二部分为主体，分两章，规定了行政机关与利害关系人的地位；第三部分为行政程序，由四章组成，规定了行政程序的各个环节；第四部分为行政活动，由三章组成，规定了规章、行政行为、行政合同制度。

荷兰于1992年制定的《行政法通则》由十一章组成。第一章为序言，规定了适用范围和有关定义；第二章为关于行政相对人与行政机关，规定了行政机关与利害关系人的地位、行政程序中的语言；第三章为关于命令的一般规定，规定了命令的地位、效力与制定程序；第四章为行政决定，规定了行政决定的地位、效力与制定程序；第五章为行政执行，规定了行政检查等行政强制措施；第六章为声明异议、行政复议和行政诉讼的一般规定，规定了行政救济和司法救济的一般程序；第七章为异议、复议、诉讼的特殊规定，规定了该程序中的特别要求；第八章为向有关法院起诉的特殊规定，规定了行政诉讼的范围与程序；第九章空置；第十章为关于行政机关的规定，规定了行政机关的授权与委托制度；第十一章为附则，规定了该法生效等有关事宜。

日本1993年的《行政程序法》的结构由六章和一个附则组成。第一章为总则，规定了立法的目的、主要名称的定义等；第二章为对申请的处分，规定了申请处分的基准、期间、审查、听证等；第三章为不利处分，规定了该处分的基准、听证、辨明等；第四章为行政指导，规定了行政指导的一般原则、方式和程序；第五章为申报，规定了行政机关申报的义务；第六章为补则，规定了地方公共团体的措施；最后为附则，规定了施行日期和过渡措施。

韩国于1996年制定的《行政程序法》由七章和一个附则组成。第一章为总则，规定了立法目的、定义及适用范围，行政机关及管辖权，其他当事人等；第二章为行政处分，规定了行政处分的范围及程序要求；第三章为申报，规定了当事人申报的义务和条件；第四章为行政上立法预告，规定了行政立法制度；第五章为行政预告，规定了信息公开制度；第六章为行政指导，规定了行政指导制度；第七章为补则，规定了行政程序中的费用问题；最后是附则，规定了试行时间。

中国澳门于1994年制定的《行政程序法》由五个部分（篇）构成。第一篇为一般原则，规定了定义、适用范围和十四项程序法原则；第二篇为主体，规定了行政机关的职责、权限、会议程序、表决方式、授权与代任、回避制度等，以及利害关系人在程序中的权利与义务；第三篇为行政程序，规定了行政程序的各个环节与制度，包括听证等；第四篇为行政活动，规定了规章、行政行为、声明异议及行政上诉、行政合同等；第五篇为附则，规定了一般附则上的内容。

中国台湾地区于1999年制定的《行政程序法》的结构由八章组成。第一章为总则，规定了立法目的与适用、管辖机关、当事人、回避制度、程序开始、调查证据、信息公开、期日与期间、听证程序、送达等；第二章为行政处分，规定了行政处分的规则与效力；第三章为行政契约，规定了行政契约的原则、范围与效力；第四章为法规命令与行政规则，规定了行政主体的行政立法活动；第五章为行政计划，规定了行政计划的制定规则与程序；第六章为行政指导，规定了行政主体的行政指导规则；第七章为陈情，规定了公民的陈情权利与行政机关对陈情的处理；第八章为附则，规定了该法施行日期的确定方式。

三

通过对以上有关国家和地区的成文行政程序法典的结构分析，我们也许可以得出这样的结论：作为一个完整的行政程序法典，除了开头的序言或总则①，以及结尾②外，其他的总体结构大体包括：(1) 主体部分，一般规定行政主体以及利害关系人的各项权利与义务；(2) 行政立法部分，一般规定行政机关制定法规或抽象性规范的权限与程序；(3) 行政执法部分，一般规定行政机关的行政处分行为、行政强制行为、行政指导行为、行政合同行为、行政规划行为等；(4) 法律救济部分，一般规定依职权的行政审查、行政诉愿和司法审查制度。

但是，并非所有上述行政程序法典都规定了上述所有内容。我们如果以上述行政程序法典为统计范围，分解上述结构性内容，可以算出一个“规定率”。如果上述所有行政程序法规都对某一内容作出了规定，那么这一内容的规定率就是100%；如果某一内容没有一个行政程序法规定之，那么它的规定率就是0%。同时，为制表的方便，我们再作以下约定：(1) 法规一律采用简称，如“德国1976年的《行政程序法》”，在表中就简称为“德国”，以此类推；(2) 有规定者，用“V”表示，无规定者，用“○”表示；(3) 按内容实质而

---

① 一般是规定立法目的、有关定义、基本原则等。

② 一般是规定法律的生效时间、过渡措施、有关法律的修改等。

非字面形式归类，如将“诉愿”归类为“行政复议”。按此规则，我们就形成了如下的统计表：

内容	奥地利	美国	西班牙	瑞士	德国	意大利	葡萄牙	荷兰	日本	韩国	中国澳门	中国台湾	规定率
当事人	V	V	V	V	V	V	V	V	V	V	V	V	100%
行政立法	○	V	V	V	V	○	V	V	○	V	V	V	75%
行政处分	V	V	V	V	V	V	V	V	V	V	V	V	100%
行政强制	V	V	V	○	○	○	○	V	○	○	○	○	33%
行政指导	○	○	○	○	○	○	○	○	V	V	○	V	25%
行政合同	○	○	○	○	V	○	V	○	○	○	V	V	33%
行政规划	○	○	○	○	V	○	○	○	○	○	○	V	17%
信息公开	V	V	○	○	○	V	○	○	○	V	○	V	42%
声明异议	V	V	V	○	○	○	○	V	○	○	V	V	50%
行政复议	V	V	V	V	V	○	○	V	○	○	V	○	58%
行政诉讼	○	V	V	V	V	○	○	V	○	○	○	○	42%

我们虽不能像黑格尔那样绝对地说，凡是存在的就是合理的，但我想说，只要存在的，总是有其存在的道理所在。现在世界上难得已有十二个成文的行政程序法典，它们不可能是某一国家或地区的“任意品”。由此决定了我的思维规则：某项内容有100%的“规定率”的，我国必然要将其纳入《行政程序法》的内容范围之内；某项内容只有0%的“规定率”的，那就不该将其纳入其中，否则就缺乏依据；某些事项有50%以上“规定率”的，我国未来的《行政程序法》可以将其规定于内；某些事项不到50%规定率的，也可以考虑不加列入。这一思维规则的运用结果，产生了以下的建议：

——应当将“行政程序的主体”“行政处分”（行政行为的核心内容）毫不犹豫地列入中国未来《行政程序法》的内容范围之内，因为它们的“规定率”达到了100%；

——行政立法的“规定率”有75%，行政程序法应当规定。但鉴于中国的具体情况，应当将抽象行政行为中规章以下部分（宜用“行政规定”）纳入《行政程序法》范围之内，至于行政机关制定行政法规和规章部分，由于这部分属于立法活动，应当让位由《立法法》调整；

——对行政行为的行政救济，包括异议与行政复议，应当归入《行政程序法》，因为它们的规定率达到了50%及以上。

——关于行政诉讼，严格说，这是司法程序，不是行政程序，因此不宜列入《行政程序法》之中，以另行立法即制定“行政诉讼法”为好。它的“规定率”

不到50%是可以理解的。

——至于“信息公开”，虽然“规定率”只有42%，但作为精神，各行政程序法均有体现或直接规定，故我建议可作具体规定。

——至于“行政指导”“行政合同”和“行政规划”，虽然其“规定率”只有25%左右，但鉴于我国无此单一法规，由《行政程序法》规定为好，以此消除现行立法上的“真空”。

（载《政治与法律》1996年第5期）

§ 1.24　论行政复议依据与行政审判依据之间的关系

依照《中华人民共和国行政诉讼法》（以下简称《行政诉讼法》）第五十二条和第五十三条规定，人民法院审理行政案件的依据为法律、法规、自治条例和单行条例，规章只是参照。按《行政复议条例》第四十一条规定，行政复议机关审理复议案件的依据，是法律、法规、规章和上级行政机关的抽象性决定和命令。既然行政复议依据与行政审判依据是两种不同的依据，那么它们之间是一种什么关系呢？在我国行政复议实践中，有两种截然相反的认识和主张：一种认为，由于我国行政复议最终都将受到人民法院行政审判的审查（复议终局行为例外），因此，行政复议依据必须与行政审判依据绝对同一，行政复议机关应把行政审判依据作为自己的依据；否则，行政复议将招致被人民法院撤销的后果。另一种认为，行政复议依据与行政审判依据是两码事，行政复议机关和人民法院应按各自的依据行事，所以人民法院不能按行政审判依据撤销复议机关按复议依据作出的复议决定；否则，必将否认复议依据的存在。前一种观点简单地在行政复议依据和行政审判依据之间画上等号，后一种观点又把它们绝对分离并对立起来。如何正确地认识和处理行政复议依据与行政审判依据之间的关系，乃是本文的课题。

一、不能在行政复议依据与行政审判依据之间画上等号

行政诉讼的实质是人民法院对行政主体的具体行政行为（包括行政复议行为）是否合法进行审查，从而维护和监督国家行政机关依法行使职权。那么，人民法院应以什么为标准，有效地实施其审查权呢？这便落实到行政审判的依据上。人民法院行政审判的依据是由我国《行政诉讼法》首次明确的。该法第五十二条规定："人民法院审理行政案件，以法律和行政法规、地方性法规为依据。地方性法规用于本行政区域内发生的行政案件。人民法院审理民族自治地方的行

政案件，并以该民族自治地方的自治条例和单行条例为依据。”第五十三条第一款又规定：“人民法院审理行政案件，参照国务院部、委根据法律和国务院的行政法规、决定、命令制定、发布的规章以及省、自治区、直辖市和省、自治区的人民政府所在地的市和国务院批准的较大市的人民政府根据法律和国务院的行政法规规定、发布的规章。”这说明，人民法院行政审判的依据有两类：一类是“适用依据”，包括法律、行政法规、地方性法规、自治条例和单行条例；另一类是“参照依据”，指规章。

行政复议是行政复议机关对被复议行政机关的具体行政行为是否合法和适当的一种审查。它是行政机关自我监督的一种法律制度。行政复议的依据的明文确立，应归功于1990年12月颁布的《行政复议条例》。我国《行政复议条例》第四十一条规定：“复议机关审理复议案件，以法律、行政法规、地方性法规、规章，以及上级行政机关依法制定和发布的具有普遍约束力的决定、命令为依据。复议机关审理民族自治地方的复议案件，并以该民族自治地方的自治条例、单行条例为依据。”显然，行政复议的依据包括法律、行政法规、地方性法规、自治条例和单行条例、规章、上级行政机关的抽象性决定和命令。这说明，行政复议依据与行政审判依据并不是同一回事，行政复议机关审理复议案件的依据范围大于人民法院审理行政案件的依据范围。复议机关在审理复议案件中，除了适用人民法院在审理行政案件时也予适用的法律、行政法规、地方性法规、自治条例和单行条例、规章之外，还可适用上级行政机关的抽象性决定和命令。

那么，为什么行政复议的依据范围会大于行政审判的依据范围呢？这应从行政复议和行政诉讼职能的差异上去寻找原因。根据《行政复议条例》第一条的规定，行政复议的职能是“防止和纠正违法或者不当的具体行政行为”。因此，行政复议机关应依法“对具体行政行为是否合法和适当进行审查”。但行政诉讼的职能有所不同。根据《行政诉讼法》第一条规定，人民法院在行政诉讼中的职能是“维护和监督行政机关依法行使行政职权”。所以，“人民法院审理行政案件，对具体行政行为是否合法进行审查”。职能上的差异决定了审查内容上的差异。行政复议旨在控制行政违法和行政不当，所以复议机关在审理复议案件中，既要审查具体行政行为的“合法性”，又要审查具体行政行为的“合理性”（适当性）。行政诉讼与行政复议不同，行政复议是行政权的自我监督，而行政诉讼体现为司法权对行政权的监督；行政权可以代替行政权，但司法权不能代替行政权。因此，人民法院通过行政审判监督具体行政行为自然会比行政复议机关通过行政复议监督具体行政行为受到更多的限制。行政诉讼旨在控制行政主体的行政违法，不控制其行政不当。因而，人民法院在行政诉讼中只限审查具体行政行为的“合法性”。正因为行政复议的审查范围大于行政审判的审查范围，所以，行政复议的依据范围必然大于行政审判的依据范围。

行政复议依据与行政审判依据的不同，不仅表现在其依据范围上的差异，而且还体现在其性质上的区别。行政复议本身就是一种行政行为。行政复议依据属于行政行为的一种依据，而行政审判依据是司法行为的一种依据。这两种依据又是由不同的法规确立的。行政复议依据由《行政复议条例》确立，行政审判依据则由《行政诉讼法》确立；前者受实体法调整，后者则受程序（诉讼）法支配。

鉴此，我们不能在行政复议依据与行政审判依据之间画上等号，更不能认为行政复议机关不能按复议依据，而只能按行政审判依据审理复议案件。否则，势必违反《行政复议条例》，否认行政复议依据的客观存在。行政复议机关实施复议，以及人民法院实施行政审判，分别受《行政复议条例》和《行政诉讼法》规范和调整。所以，行政复议机关可以、也应该按《行政复议条例》所确立的依据审理复议案件；同样，人民法院也可以、并应该按《行政诉讼法》规定的依据实施行政审判，两者不能交换适用依据。

二、行政复议依据与行政审判依据并非相互排斥

行政复议依据与行政审判依据具有不同性质和范围，但这并不意味着行政复议依据与行政审判依据是毫无关联且相互排斥的两个“独立王国”。我国的行政复议除少量的终局复议外，都与行政诉讼相衔接。这就意味着大多复议决定都将受到人民法院的司法审查。如果不把行政复议依据统一起来，那么就会造成这种困境：某种具体行政行为，当复议机关以复议依据作为衡量标准对其审查予以肯定时，而人民法院以行政审判依据作为尺度对其审查却予否定。这就违背了社会主义行政法制的统一原则。

行政复议依据与行政审判依据应该统一，而且事实上也是统一的。它们之间的对立只存在于人们的认识上，而不存在于事实之中。

行政复议依据与行政审判依据的统一性，从深层次上考察，取决于行政机关的行政管理权与人民法院的行政审判权之间的统一性。我国由宪法确立的政体是人民代表大会制度。行政机关和人民法院分别由人民代表大会产生，对它负责并报告工作，受其监督。根据国家权力机关通过法律的授权，行政机关和人民法院分别行使行政管理权和行政审判权。虽然行政机关行使行政管理权和人民法院行

使行政审判权，在内容和形式上均有差异，但它们的实质是相同的，即它们的行为都是执行权力机关的意志。在我国，行政复议机关由有关行政机关承担，行政复议权是行政管理权的组成部分。因此，行政机关行政管理权与人民法院行政审判权之间的关系，当然包含了行政复议权与行政审判权之间的关系。行政复议机关行使行政复议权与人民法院行使行政审判权统一于执行权力机关的意志，是合法行使职权的基点之一。

此外，正确地理解和认识行政复议依据与行政审判依据的统一性，还须掌握以下两点。

第一，行政复议与行政审判大部分依据是重合的。如法律、法规和地方性法规，既是行政复议的依据，又是行政审判的依据，它们从内容到形式都是同一的。对于这部分，理解它们之间的统一性是不困难的。

第二，有一部分依据只是行政复议的依据，而不能同时成为行政审判的依据，如上级行政机关的抽象性决定和命令。在适用这部分依据时，理解行政复议依据与行政审判依据之间的统一性固然比前一种情况费力得多，但"统一"不限于"复合"。从《行政复议条例》第四十一条的立法精神看，并非任何上级行政机关的抽象性决定和命令都可以作为行政复议的依据，只有"上级行政机关'依法'制定和发布的具有普遍约束力的决定的和命令"才能作为行政复议的依据。这里的"依法"应理解为"合法"。这就是说，合法的决定和命令可以作为行政复议的依据，反之便不能作为依据。上级行政机关抽象性的决定和命令只能作为行政复议的依据，不能作为行政审判的依据，这并不是说，当复议机关依据有关决定和命令作出复议决定后，人民法院就不能审查复议机关据以作出复议决定的依据（即决定和命令）是否合法了。根据《行政诉讼法》的规定，人民法院在行政诉讼中为审查具体行政行为的合法性，不能不审查具体行政行为依据（法律、法规除外）的合法性。而人民法院实施审查的依据便是行政审判依据（法律、法规）。如果复议机关适用的决定和命令是合法的，那么必然同行政审判依据相一致，人民法院据此维持该复议决定；相反，人民法院将撤销复议决定。

鉴于行政复议依据与行政审判依据的统一性，我们有理由反对另一种观点，即认为只要复议决定同复议依据相一致，不管其是否与审判依据相抵触，人民法院概不能干预。这实际上是把行政复议依据同行政审判依据绝对分离并对立起来。

三、依据可以分类并划出等级，行为也可作不同划分。寻找不同行为与不同依据之间的对应关系，设置和遵循依据冲突时的适用规则，乃是正确处理行政复议依据与行政审判依据关系的关键

在上面，我们探讨了行政复议依据与行政审判依据之间关系的两个方面。一方面，我们认为，行政复议依据与行政审判依据是两码事，因而不能在它们之间简单地画上等号；另一方面，我们又指出，行政复议依据与行政审判依据是统一而不是排斥的，前者必须与后者相一致。否则，就违背了行政法制的统一性。然而，这种解释如果在理论上尚能接受的话，那么在引导人们具体操作上很难避免进入矛盾的“怪圈”。如果复议机关以自身的依据（特别是不能同时作为行政审判依据的那部分，如上级行政机关的抽象性决定和命令）作出一项复议决定，人民法院以自身依据即行政审判依据为标准对其审查时势必处于两难境地：如果人民法院承认上述复议依据并维持该复议决定，那等于扩大了人民法院行政审判依据的范围；如果否认上述复议依据并撤销该复议决定，那又等于否认了行政复议依据存在的客观性。

看来，问题已不在于如何在理论上认识行政复议依据与行政审判依据之间的辩证关系，而在于如何依据这种辩证关系寻找复议机关和人民法院在具体操作上的依据适用规则了。这种依据适用规则的确立和把握，反过来又是正确认识和处理行政复议依据与行政审判依据之间关系的关键。

根据中国的行政法理、《行政复议条例》和《行政诉讼法》，我们可以把复议机关和人民法院如何适用依据的规则归结为下列六项。

（一）依据适用特定规则

依据适用特定，系指行为机关（复议机关或人民法院）的不同行为适用不同的依据，行为与依据之间有特定的对应关系。因此，行为机关必须遵循这种对应关系。

依上所述，行政复议的依据范围有：法律、行政法规、地方性法规、自治条例和单行条例、规章、上级行政机关的抽象性决定和命令。这里，规章以上的依据是同行政审判依据重合的，决定和命令是不重合的。为便于区别，我们不妨把前者称为“重合依据”，把后者称为“非重合依据”。虽然重合依据与非重合依据都可作为复议依据，但并不是复议机关在实施复议时可以任意取舍适用依据。复议行为与适用依据之间有一定的对应关系。一般说来，复议机关作合法性审查

时，应以重合依据为衡量标准，从而同行政诉讼相协调；复议机关作适当性审查时，方可适用非重合依据。可见，复议依据的取舍不应取决于复议机关的主观好恶，而应取决于复议行为的客观内容。

行政审判适用同理。如前所述，行政审判依据亦有两类：一是适用依据，包括法律、行政法规、地方性法规、自治条例和单行条例；二是参照依据，仅指规章。人民法院在行使行政审判权时对上述依据也并非可以自由取舍，它受到审判对象的各种条件制约。譬如说，人民法院对规章的参照仅在这种情况下进行：被审查具体行政行为没有法律、法规依据，只有规章依据，而这规章又是合法的。

或许我们目前尚不能在行为依据之间挖掘出每一种对应关系，但不同的行为适用不同的依据这一规则是有理由肯定的。

（二）合法适用规则

这里的“合法适用”，不能从一般意义上把它理解为“必须合法地适用依据”。这一规则的中心含义是：依据必须是合法的，合法的依据才具有真正的适用意义。

合法适用规则在具体运用中可以引申出两点：一是规章、上级行政机关的决定和命令只有合法时方能作为依据，不合法的规章、决定和命令不具有依据的意义；二是当复议机关适用这些依据作出复议决定，人民法院在审查复议决定时有权审查其依据的合法性，对于依据违法的复议决定应予撤销。

（三）司法高于行政规则

该规则是指，当复议机关和人民法院适用了同一种依据，如某一法律，但两个机关对复议决定的合法性有不同看法，应按司法高于行政原则处理。

我国行政机关和人民法院都由权力机关产生，对其负责并报告工作。从这一法律关系上说，行政机关和人民法院是一种并列关系，无所谓谁高谁低。然而，我国宪法在上述基础上又赋予人民法院行使国家审判权。行政审判权则是国家审判权的一个组成部分。我国《行政诉讼法》进而详细、具体地规定了行政审判权的内容及实施程序。所有这些，都体现了司法权对行政权的监督关系。司法高于行政，正基于这种监督关系而言。

（四）效力等级规则

行为依据具有效力等级层次。行政复议依据和行政审判依据综合起来可分五个效力等级。从高到低为：

(1) 法律；

(2) 行政法规；

(3) 地方性法规（自治条例和单行条例）；

(4) 规章；

(5) 决定和命令。

效力等级规则要求效力层次低的依据服从效力层次高的依据。在具体操作中，该规则包含两个方面的内容：

1. 优先适用效力层次高的依据。无论复议机关，还是人民法院，在适用依据时应遵循从高到低规则，优先适用效力等级高的依据。

2. 依据冲突时，采用低就高原则。复议机关和人民法院在各自的职务行为中适用不同的依据，而且依据之间发生冲突，除适用下面将要讨论的“依据协调规则”外，应按低等依据服从高等依据原则处理。

（五）特别优于一般规则

本规则是指，特别依据优于一般依据。我们在讨论效力等级规则时已表明，地方性法规与自治条例、单行条例处于同一效力等级。它们之间如何适用不受效力等级规则支配，而应按本规则即特别优于一般规则处理。相对于地方性法规，自治条例和单行条例属于特别法，地方性法规属于一般法。自治条例和单行条例，是我国民族自治地方的自治机关依照当地民族的政治、经济、文化的特点制定并报全国人民代表大会常务委员会批准的规范性文件，因此，它们享有比地方性法规优先被适用的权利。

（六）依据协调规则

依据冲突的表现是多方面的，有不同等级依据之间的冲突，也有同一等级不同依据之间的冲突，还有行政复议依据与行政审判依据之间的冲突。当依据冲突时，如果只按谁服从谁的方法处理，是一种消极的做法。因为这虽然解决了如何适用依据的问题，但它没有、也不可能从根源上消除依据之间的矛盾。依据协调规则的意义正在于此。它要求行为机关针对依据冲突，应先按法律程序予以协调，消除依据之间的矛盾，然后才予适用。

依据协调规则既适用行政复议，也适用行政审判。复议机关在复议中如何遵循这一规则，我国《行政复议条例》作了明确规定。该条例第四十三条指出：

"复议机关审查具体行政行为时，发现具体行政行为所依据的规章或者具有普遍约束力的决定、命令与法律、法规或者其他规章和具有普遍约束力的决定、命令相抵触的，在其职权范围内予以撤销或者改变。复议机关认为具体行政行为所依据的规章或者具有普遍约束力的决定、命令与法律、法规或者其他规章和具有普遍约束力的决定、命令相抵触，而复议机关又无权处理的，向其上一级行政机关报告。上级行政机关有权处理的，依法予以处理；上级行政机关无权处理的，提请有权机关依法处理。处理期间，复议机关停止对本案的审理。"我国《行政诉讼法》对人民法院在审理行政案件中如何坚持和体现依据协调规则亦作了同类规定。该法第五十三条第二款明确指出："人民法院认为地方人民政府制定、发布的规章与国务院部、委制定、发布的规章不一致的，由最高人民法院送请国务院作出解释或者裁决。"从以上的规定中可以发现，虽然复议机关在复议中，以及人民法院在行政审判中，对依据冲突的协调在范围和方法上有所不同，但它们对于贯彻依据协调规则都是积极主动的。

依据协调规则的贯彻，既消除了复议依据本身之间以及审判依据本身之间的冲突，更防止了复议依据与审判依据之间的矛盾。因此可以说，遵守依据协调规则，是统一行政复议依据与行政审判依据的重要保证。

（《政府法制》1992 年第 3 期）

§ 1.25　中国行政诉讼范围的演变与趋向

——划定·限制·恢复·拓展

内容提要：中国行政诉讼范围的变化是中国行政法治程度的晴雨表。中国行政诉讼的范围于1989年由《行政诉讼法》做统一划定，但1991年最高人民法院《关于贯彻执行〈中华人民共和国行政诉讼法〉若干问题的意见（试行）》越权缩小了行政诉讼的范围，2000年最高人民法院公布的《关于执行〈中华人民共和国行政诉讼法〉若干问题的解释》恢复了《行政诉讼法》所规定的原本范围，与此同时，中国行政诉讼的范围在四个方面得到扩张，即教育权、抽象行政行为、不作为与教育行政案件。无论这种“扩张”是否科学适当，它毕竟代表着中国行政法治的进步！

关键词：中国　行政诉讼　范围　拓展

行政诉讼的范围是一个系统性、多维性的概念。就当事人角度而言，它系指公民、法人或者其他组织针对行政主体的哪些行政行为不服，可以向人民法院提起行政诉讼以求法律救济的范围；就司法机关角度而言，它是指人民法院可以受理哪些行政案件，或者称人民法院主管的范围。这两个视角，行政诉讼的范围都是指“行政行为的可诉性”范围。

此外，有些制度与因素虽也影响到行政诉讼的范围，但它们不属于行政诉讼范围本身的范畴。例如，人民法院受理行政案件之后，它对该案所诉行政行为的审查深度（事实审还是法律审）与审查标准（作合法性审查还是作合理性审查）、设定有权提起行政诉讼的原告资格的宽严程度、规定原告提起行政诉讼时效上的长短，等等，这一切虽然都直接或间接影响行政诉讼的实际范围，但不属于行政诉讼范围的理论问题，故本文不加涉及。

中国行政诉讼范围从否定到肯定，从小变大，从限制、恢复到拓展，反映了中国行政法治建设的清晰轨迹。

一、行政诉讼范围的划定

中国行政诉讼范围的确立显然以行政诉讼制度的普遍建立为前提，而中国从行政诉讼的抽象原则到行政诉讼具体制度的建立，大约经历了四十年。

中国社会主义的行政诉讼制度早在新中国成立初期就有萌芽。1949 年起临时宪法作用的《中国人民政治协商会议共同纲领》第十九条规定："人民和人民团体有权向人民监督机关或人民司法机关控告任何国家机关和任何公务人员的违法失职行为。"这为我国行政诉讼制度的建立奠定了最早的立法基础。在这一基础上，不少法规开始规定某一领域的行政诉讼制度。1950 年的《中华人民共和国土地改革法》第三十一条规定，当事人对政府评定成份的结论不服，可以向县人民法院申诉。1954 年 9 月 20 日，全国第一届人大通过了我国第一部《宪法》。这部《宪法》第九十七条明文规定："中华人民共和国公民对于任何违法失职的国家机关工作人员，有向各级国家机关提出书面控告或者口头控告的权利。由于国家机关工作人员侵犯公民权利而受到损失的人，有取得赔偿的权利。""五四宪法"再次肯定了《共同纲领》中关于行政诉讼的原则。由于不久以后发生的"大跃进"和十年"文革"的冲击，1954 年《宪法》的精神无法落实。

1978 年，我国着手恢复法制建设。1979 年开始陆续出现涉及行政诉讼的法规，如 1979 年《中华人民共和国全国人民代表大会和地方各级人民代表大会选举法》（第二十五条[①]）、1980 年《中华人民共和国中外合资经营企业所得税法》（第十五条[②]）等，尤其是 1982 年的新《宪法》，其第四十一条[③]规定再次为我国行政诉讼制度奠定了法律基础。同年通过的《中华人民共和国民事诉讼法（试行）》[④]

---

① 我国 1979 年的《选举法》第二十五条规定："对于公布的选民名单有不同意见的，可以向选举委员会提出申诉。选举委员会对申诉意见，应在三日内作出处理决定。申诉人如果对处理决定不服，可以向人民法院起诉，人民法院的判决为最后决定。"

② 我国 1980 年的《中外合资经营企业所得税法》第十五条规定："合营企业同税务机关在纳税问题上发生争议时，必须先按照规定纳税，然后再向上级税务机关申请复议。如果不服复议后的决定，可以向当地人民法院提起诉讼。"

③ 我国 1982 年《宪法》第四十一条规定："中华人民共和国公民对于任何国家机关和国家工作人员，有提出批评和建议的权利；对于任何国家机关和国家工作人员的违法失职行为，有向有关国家机关提出申诉、控告或者检举的权利，但是不得捏造或者歪曲事实进行诬告陷害。对于公民的申诉、控告或者检举，有关国家机关必须查清事实，负责处理。任何人不得压制和打击报复。由于国家机关和国家工作人员侵犯公民权利而受到损失的人，有依照法律规定取得赔偿的权利。"

④ 1982 年 3 月 8 日第五届全国人民代表大会常务委员会第二十三次会议通过，1982 年 3 月 8 日全国人民代表大会常务委员会令第八号公布，1982 年 10 月 1 日起施行。

第三条第二款规定："法律规定由人民法院审理的行政案件，适用本法规定。"从而使行政诉讼有了完整的准用性规范。1983年，我国普遍在人民法院内开设经济审判庭，经济案件被列入受案范围。围绕经济行政诉讼，最高人民法院作出了不少规范性规定，如1985年11月6日，最高人民法院发出了《关于人民法院审理经济行政案件不应进行调解的通知》。这时，我国虽然已形成了不少行政诉讼制度（尤其是在经济方面），但无论在法律制度上，还是在人们的思想观念上，行政诉讼尚未被看成独立的诉讼法律制度。这种观念上和体制上的转变，首先应归功于1986年的《中华人民共和国治安管理处罚条例》①。该《条例》第三十九条②第一次确立了我国的治安行政诉讼制度，而且从此催生了中国行政审判庭的设立。③

但就总体而言，在1989年《中华人民共和国行政诉讼法》制定之前，中国由于没有确立普遍的行政诉讼制度，其诉讼范围完全依赖个别法作"个别性"规定，当时只有两项行为正式被纳入行政诉讼的范围，那就是（1）部分经济行政案件（主要在税务）和（2）治安处罚行政案件。随着行政审判实践的发展，人们普遍发现《民事诉讼法（试行）》第三条第二款不再适应现实的需要，要求制定单一的行政诉讼法的呼声日益高涨。1989年，《中华人民共和国行政诉讼法》④（以下简称《行政诉讼法》）终于颁布，并于次年实施。

《行政诉讼法》第十一条规定了六种可诉行为与一个补充条款，即"人民法院受理公民、法人和其他组织对下列具体行政行为不服提起的诉讼：（一）对拘留、罚款、吊销许可证和执照、责令停产停业、没收财物等行政处罚不服的；（二）对限制人身自由或者对财产的查封、扣押、冻结等行政强制措施不服的；（三）认为行政机关侵犯法律规定的经营自主权的；（四）认为符合法定条件申请行政机关颁发许可证和执照，行政机关拒绝颁发或者不予答复的；（五）申请行政机关履行保护人身权、财产权的法定职责，行政机关拒绝履行或者不予答复

---

① 该《条例》于1986年9月5日由第六届全国人民代表大会常务委员会第十七次会议通过，自公布之日起生效。现行《条例》已经过1994年5月12日第八届全国人民代表大会常务委员会第七次会议《关于修改〈中华人民共和国治安管理处罚条例〉的决定》修正。

② 1986年的《治安管理处罚条例》第三十九条规定："被裁决受治安管理处罚的人或者被侵害人不服公安机关或者乡（镇）人民政府裁决的，在接到通知后五日内，可以向上一级公安机关提出申诉，由上一级公安机关在接到申诉后五日内作出裁决；不服上一级公安机关裁决的，可以在接到通知后五日内向当地人民法院提起诉讼。"

③ 1986年11月，湖南省汨罗县人民法院成立了行政审判庭，这是中国第一个行政审判庭。

④ 1989年4月4日中华人民共和国第七届全国人民代表大会常务委员会第二次会议通过，1989年4月4日中华人民共和国主席令第十六号公布，自1990年10月1日起施行。

的；（六）认为行政机关没有依法发给抚恤金的；（七）认为行政机关违法要求履行义务的；（八）认为行政机关侵犯其他人身权、财产权的。除前款规定外，人民法院受理法律、法规规定可以提起诉讼的其他行政案件。”同时，《行政诉讼法》第十二条又规定四种行为不可诉，即：“（一）国防、外交等国家行为；（二）行政法规、规章或者行政机关制定、发布的具有普遍约束力的决定、命令；（三）行政机关对行政机关工作人员的奖惩、任免等决定；（四）法律规定由行政机关最终裁决的具体行政行为”。

虽然以上的规定列举了多项可诉行为，但由于该法设定了兜底条款①，所以，《行政诉讼法》对行政诉讼范围的规定还是属于概括式规定，而不是列举式规定。而且，这些规定还体现了中国划定行政诉讼范围的几项原则，即：

第一，将行政行为分为抽象行政行为与具体行政行为，确定具体行政行为可诉，抽象行政行为不可诉；②

第二，将行政行为分为内部行政行为与外部行政行为，确定外部行政行为可诉，内部行政行为不可诉；③

第三，将行政行为分为终局行政行为与非终局行政行为，确定非终局行政行为可诉，而终局行政行为不可诉；④

第四，将行政行为分为涉及人身权、财产权的行政行为与涉及其他权的行政行为，确定前者可诉，后者只有在有法律、法规特别规定时才可诉；⑤

第五，将行政行为的违法分为认为违法与实际违法，公民、法人或者其他组织只要“认为”行政主体的行政行为违法便有权起诉，并非需以行政行为的“实际”违法为前提。⑥

《行政诉讼法》第十一至十二条对行政诉讼范围的规定及所意含的行政诉讼范围的划定原则，表明中国行政诉讼的范围已从“列举式规定”过渡到“概括性规定”，从“个别规定”上升到“一般规定”。这是中国行政诉讼制度建设中的一个飞跃。

---

① 即《行政诉讼法》第十一条第八项。

② 依据《行政诉讼法》第十二条第二项。

③ 依据《行政诉讼法》第十二条第三项。

④ 依据《行政诉讼法》第十二条第四项。

⑤ 依据《行政诉讼法》第十一条第一款第八项和第十一条第二款。

⑥《行政诉讼法》第十一条表明公民、法人或者其他组织“不服”行政行为便可起诉，没有要求以行政行为“实际违法”为前提。

二、行政诉讼范围的限制

如果说1989年《行政诉讼法》的公布及1990年该法的实施，标志着中国行政诉讼范围的普遍划定，那么，1991年最高人民法院《关于贯彻执行〈中华人民共和国行政诉讼法〉若干问题的意见（试行）》的公布及实施，标志着中国行政诉讼范围受到了限制。

按理说，《行政诉讼法》所确定的范围还是比较大的，它体现了中国法律对公民、法人和其他组织不受行政机关非法侵害方面的力度，也体现了对行政机关依法实施行政权方面监督与保护的力度。1991年6月11日，最高人民法院印发了《关于贯彻执行〈中华人民共和国行政诉讼法〉若干问题的意见（试行）》的通知，公布了《关于贯彻执行〈中华人民共和国行政诉讼法〉若干问题的意见（试行）》[①]（以下简称"最高人民法院《意见》"），并于1991年7月11日起施行。

最高人民法院《意见》对《行政诉讼法》所划定的受案范围作了不少限制，从而缩小了中国行政诉讼的法定范围。这主要表现在两个方面：

第一，通过对"具体行政行为"的限定解释，缩小了行政诉讼的范围。最高人民法院的《意见》第一条规定："'具体行政行为'是指国家行政机关和行政机关工作人员、法律法规授权的组织、行政机关委托的组织或者个人在行政管理活动中行使行政职权，针对特定的公民、法人或者其他组织，就特定的具体事项，作出的有关该公民、法人或者其他组织权利义务的单方行为。"这一对具体行政行为的解释，撇开存在其他行政法理上的问题[②]不说，其最主要的问题是将"具体行政行为"的范围大大缩小了。特别是由于将"具体行政行为"界定于"单方"行为之内，从而将以"双方"行为为特征的行政合同赶出于具体行政行为的门外。

第二，将计划生育领域中的可诉具体行政行为限定为"征收超生费、罚款"，再次缩小了行政诉讼的范围。根据《行政诉讼法》的规定，无论在计划生育领域还是在经济行政、文化行政或司法行政等领域，行政主体作出的具体行政行为只要属于《行政诉讼法》第十一条所规定的范围之内的，均属可诉的行政诉讼范

---

① 法（行）发［1991］19号。

② 其中最大的问题是将"行政主体"与"行为主体"混为一谈。这些问题作者将会在其他文章中阐述。

围。但最高人民法院的《意见》将计划生育领域内的可诉具体行政行为限定为“征收超生费、罚款”，其结果必然将“征收超生费、罚款”之外的大量的可诉具体行政行为，如计划生育管理中的许可决定、各种强制措施及其他处理决定，排斥于法律救济之外。

虽然最高人民法院的《意见》将可诉的具体行政行为作了一些限制，这既有一定的背景，也有一定的“理由”,[①] 但作者仍然以为不妥，甚至是对中国行政法制建设的一个倒退。中国行政诉讼的范围是由《行政诉讼法》统一划定的，而《行政诉讼法》是属于由全国人民代表大会制定的基本法律，最高人民法院由全国人民代表大会产生并报告工作，它怎么有权通过自己的司法解释来缩小由全国人民代表大会通过法律所划定的行政诉讼范围呢?! 另外，我们党和政府还多次强调：计划生育也得依法。不将计划生育领域内的行政管理行为纳入行政诉讼的轨道，接受司法监督，那就永远不可能提高行政机关的行政执法水平。

三、行政诉讼范围的恢复

2000 年 3 月 8 日，最高人民法院公布了《关于执行〈中华人民共和国行政诉讼法〉若干问题的解释》[②]（以下简称“最高人民法院《解释》”)，并同时废止了前一个最高人民法院有关行政诉讼的司法解释，即最高人民法院的《意见》。

如果说最高人民法院有关行政诉讼法的第一个司法解释即《意见》是对《行政诉讼法》所划定的受案范围作了不适当的限制，那么，最高人民法院有关行政诉讼法的第二个司法解释即《解释》是对《行政诉讼法》所划定的受案范围作了正当的恢复。[③] 至于这时最高人民法院为什么通过第二个司法解释来恢复《行政

---

① 特别是关于上述第二方面，之所以将计划生育管理中的可诉行为限定为“征收超生费、罚款”这两项，是基于考虑：“贯彻落实计划生育这一基本国策，严格控制人口增长，是全国人民的一件大事，也是难度相当大的一件工作……某些农村的基层组织往往采取一些强迫命令的手段和办法来管理计划生育问题，因这种情况造成对公民合法权益侵犯的，原则上应通过完善政策和健全法制等途径解决，不能简单地归入行政诉讼的受案范围。”参见黄杰主编：《行政诉讼法贯彻意见析解》，中国人民公安大学出版社 1992 年版，第 30—31 页。

② 1999 年 11 月 24 日最高人民法院审判委员会第 1088 次会议通过，2000 年 3 月 8 日中华人民共和国最高人民法院公告法释〔2000〕8 号公布，自 2000 年 3 月 10 日起施行。

③ 最高人民法院的有关人士也作如此的解释：“《解释》对行政诉讼受案范围问题所作新的规定，基本指导思想就是要破除或者说取消原有司法解释或者在事实上存在的对受案范围的不当限制，将受案范围恢复到《行政诉讼法》的本来面目上来，而不是在《行政诉讼法》规定的基础上扩大受案范围。”见《行政诉讼司法解释讲座》(一)：第二讲 行政诉讼受案范围，载中华人民共和国最高人民法院行政审判庭：《行政执法与行政审判参考》(总第 1 辑)，法律出版社 2000 年版，第 171 页。

诉讼法》原定的诉讼范围，主要是考虑到，中国的《行政诉讼法》已经实施了十年，人民法院受理行政案件的内部和外部条件都有了很大的变化，中国行政诉讼的法治环境有了很大的改善，其次是中国将要加入WTO，这将对中国的行政审判工作带来很大的压力，中国的行政诉讼也应当与国际接轨。

根据最高人民法院行政审判庭《行政诉讼司法解释讲座》中的阐述，最高人民法院2000年的新司法解释对《行政诉讼法》所确定诉讼范围的恢复表现在：(1)删除了原司法解释中对具体行政行为的不适当定义；(2)明确列举了不属于行政诉讼受案范围的事项；(3)比较准确地界定了不可诉行政行为的内涵和外延；(4)对人身权和财产权作了广义的理解。就恢复的程度而言，可诉行为：(1)从法律行为原则上扩大到准法律行为和事实行为；(2)从单方行为扩大到双方行为；(3)从行政机关的行为扩大到某些非行政机关的行为；(4)从涉及财产权、人身权的行为扩大到除涉及政治权利以外的所有权利的行为；(5)从可诉的行政不作为扩大到了除政治权利以外的其他所有不作为。①

作者对以上所述最高人民法院行政审判庭对《行政诉讼法》受案范围的恢复内容与恢复程度表示认同，但我以为，上述内容有的直接来自最高人民法院《解释》的规定，而有的只是深层次的理论认识。仅就最高人民法院《解释》条文而言，最高人民法院对行政诉讼范围的恢复主要表现在三个方面：

第一，删除了原司法解释中对具体行政行为的不适当定义，从而恢复了具体行政行为本身的范围。如前所述，原司法解释即1991年最高人民法院《意见》对具体行政行为的解释，将其界定为“单方行为”，现通过取消该不适当的定义，达到了恢复原具体行政行为本身包括“双方行为”（如行政合同）在内的范围。

第二，取消了原司法解释在计划生育管理领域对可诉行为的限制。1991年最高人民法院《意见》第二条第三款曾将在计划生育管理领域中的可诉行为限定为“征收超生费、罚款”，从而排除了在这一领域中的其他可诉行为。现最高人民法院的《解释》取消了该款规定，排除了计划生育管理领域在可诉行为上的特殊性。换句话说，只要在其他行政管理领域是可诉的行政行为，在计划生育管理领域也同样是可诉的。

---

① 参见最高人民法院行政审判庭：《行政诉讼司法解释讲座》（一），行政诉讼受案范围，载中华人民共和国最高人民法院行政审判庭：《行政执法与行政审判参考》（总第1辑），法律出版社2000年版，第172—176页。

第三，明确列举了不属于行政诉讼范围的事项。原来《行政诉讼法》第十二条对行政诉讼的范围作了四项排除性规定，但没有穷尽。在当时没有确立“除了不可诉的行为，其他都是可诉的行为”之原则的条件下，为人民法院因不想受理某类案件而任意扩大解释第十二条范围留下了可能性。现在最高人民法院的《解释》将不可诉行为扩大至六种，即“（一）行政诉讼法第十二条规定的行为；（二）公安、国家安全等机关依照刑事诉讼法的明确授权实施的行为；（三）调解行为以及法律规定的仲裁行为；（四）不具有强制力的行政指导行为；（五）驳回当事人对行政行为提起申诉的重复处理行为；（六）对公民、法人或者其他组织权利义务不产生实际影响的行为”，从而穷尽了不可诉的行为。在“除了不可诉的行为，其他都是可诉的行为”的原则之下，这种对不可诉行为的穷尽，必然保障了行政诉讼原有的可诉范围。

四、行政诉讼范围的拓展

自最高人民法院2000年的《解释》以来，中国行政诉讼的范围进入到拓展期。而且，在这一时期的前后，中国行政诉讼范围的恢复与扩大几乎是同步进行的。

中国行政诉讼的范围之所以能在原有范围得到恢复的前提下还能进一步拓宽，与这一时期的大背景有关：1999年3月，第九届全国人民代表大会第二次会议将“依法治国”的治国方略写入了宪法，从而使“依法治国”成为我国的宪法原则；2002年党的十六大报告，把“依法治国”提到“政治文明”的高度来加以认知；2003年10月，党的十六届三中全会通过了《关于完善社会主义市场经济体制若干问题的决定》，明确提出“推进依法行政”；2004年3月22日，国务院印发了《全面推进依法行政实施纲要》[①]，确立了在十年内建立起“职能比较完善的法治政府”的目标。就小背景而言，中国《行政诉讼法》经过十五年的实践，要求修改《行政诉讼法》，进一步拓宽行政诉讼的范围的呼声已越来越高。

在上述背景的推动下，中国行政诉讼的范围通过以下的方式与途径正在“悄悄地扩张”：

第一，行政诉讼的范围从人身权与财产权扩大到受教育权。在这一时期，新

① 国发［2004］10号，2004年3月22日发布，自发布之日起施行。

的《中华人民共和国行政复议法》[①] 被推出，它取代了1990年12月24日国务院发布、1994年10月9日国务院修订发布的《行政复议条例》。《行政复议法》第六条第九项规定，对于“申请行政机关履行保护人身权利、财产权利、受教育权利的法定职责，行政机关没有依法履行的”，“公民、法人或者其他组织可以依照本法申请行政复议”。《行政复议法》将复议范围从原有的“人身权、财产权”扩大到“受教育权”，那么，与行政复议相衔接的行政诉讼范围也必然随之扩大到相同的范围。

第二，行政诉讼的范围从具体行政行为扩大到部分抽象行政行为。在《行政复议法》之前，无论是行政复议还是行政诉讼，均牢牢守住“抽象行政行为”这一阵地，即规定抽象行为不可诉。《行政复议法》第一次突破了这一“防线”。该法第七条规定：“公民、法人或者其他组织认为行政机关的具体行政行为所依据的下列规定不合法，在对具体行政行为申请行政复议时，可以一并向行政复议机关提出对该规定的审查申请：（一）国务院部门的规定；（二）县级以上地方各级人民政府及其工作部门的规定；（三）乡、镇人民政府的规定。前款所列规定不含国务院部、委员会规章和地方人民政府规章。规章的审查依照法律、行政法规办理。”这就意味着，规章以下的抽象行政行为被附带地纳入行政复议的范围。当一个针对具体行政行为同时又附带抽象行政行为的复议案件进入行政诉讼时，所附带的抽象行政行为也自然进入了行政诉讼的范围。

第三，行政诉讼的范围从法律明示的“行政不作为”案件扩大到普遍的“行政不作为”案件。以前，人民法院受理不作为的行政案件，大多限于《行政诉讼法》本身明示的案件，如《行政诉讼法》第十一条第四项与第五项所规定的“拒绝颁发”许可证或者“不予答复”许可证的申请、“拒绝履行”保护人身权、财产权的法定职责等。而现在，人民法院在办案中的通常认识是：不作为是行政行为与作为相对应的另一种形态，因而只要该行政作为行为是可诉的，那么，对应的行政不作为行为同样是可诉的。当时最高人民法院的几个司法批复支持了这一观点。[②]

第四，行政诉讼范围第一次扩展进入高校教育行政领域。以前，大学的高等

---

① 1999年4月29日第九届全国人民代表大会常务委员会第九次会议通过，1999年4月29日中华人民共和国主席令第16号公布，自1999年10月1日起施行。

② 如最高人民法院《关于劳动教养管理所不履行法定职责是否承担行政赔偿责任问题的批复》（2001年7月4日，［1999］行他字第11号），最高人民法院《关于公安机关不履行法定行政职责是否承担行政赔偿责任问题的批复》（2001年7月17日，法释〔2001〕23号）。

教育行政管理是不被纳入行政诉讼范围之内的，一个潜意识的理由是，它属于“内部行政行为”。然而，1998 年北京科技大学学生田永状告北京科技大学和 1999 年北京大学学生刘燕文状告北京大学两案破天荒地被人民法院受理之后，全国类似的教育行政案件风起云涌，“高校教育行政不再是不可诉的内部行政”的观点已被广泛接受。

中国的《行政诉讼法》已进入修改程序，它的修改方向将会是怎样，人们翘首以待。但无论如何，它肯定会拓宽中国现行《行政诉讼法》所划定的诉讼范围，这毕竟代表着中国行政法治的进步！

（《政法论坛》2005 年第 5 期）

§1.26 《行政诉讼法》的修改方向

——写在《中华人民共和国行政诉讼法》修改之前

《中华人民共和国行政诉讼法》于1989年4月4日由第七届全国人大第二次会议通过，于1990年10月1日起施行，至今已近十五年。《行政诉讼法》在全国范围内普遍确定了“民”告“官”的诉讼制度，将行政机关的具体行政行为纳入司法审查的轨道，提高了人民政府依法行政的意识，保护了公民、法人和其他组织的合法权益，它无疑是中国法治建设中的里程碑。但是，《行政诉讼法》在这十五年的积极历程中，同时在它的实施中也凸显出它规定上的不足；最高人民法院分别于1991年和1999年制定的《关于贯彻执行〈中华人民共和国行政诉讼法〉若干问题的意见（试行）》（以下简称《意见》）和《关于执行〈中华人民共和国行政诉讼法〉若干问题的解释》（以下简称《解释》），不是延缓了《行政诉讼法》本身的修改而是加速了修改的紧迫性。所幸的是，中国的立法机关已经将《行政诉讼法》的修订提上了议程。

《行政诉讼法》的修订不应当从具体条文的修改入手，而应当从内容的修订方向入手，否则会导致无功之劳。本人以为，《行政诉讼法》的修订应当把握以下几个方面的内容方向：

第一，在受案范围上，要从“以行为划界”转变为“以权利划界”。根据《行政诉讼法》的规定及精神，其受案范围是以“行为”为基点，借用四大标准划定范围的，即：（1）将行政行为分为抽象行为与具体行为，具体行政行为可诉，抽象行政行为不可诉；（2）将行政行为分为内部行为与外部行为，外部行政行为可诉，内部行政行为不可诉；（3）将行政行为分为涉及人身权、财产权的行为与涉及其他权的行为，前者可诉，后者只有在有法律法规明文规定条件下才可诉；（4）将行政行为分为最终裁决的行为与非最终裁决的行为，后者可诉，前者不可诉。这种对受案范围的划定方法，是有它的理论性与科学性。但它也有可能导致一种不平衡的结果：公民在街上吐痰被罚两元可以提起行政诉讼以获司法救济，但一个学生被学校开除学籍却不得提起行政诉讼（因为被视为内部行为），难道一个人在大学中的受教育权还抵不上两元钱的财产权？所以，我们认为，新的《行政诉讼法》在划定受案范围时，要改为“以权利划线”，即对行政相对人越是重要的权利越要提供司法救济。这样做的理论依据是：行政诉讼法是保护行政相对人的合法权益不受非法行政侵害的法，所以它的保护范围应当根据相对人权利的重要程度来设定。

第二，在管辖上，要提高管辖级别。行政诉讼的管辖制度结构与其他诉讼法是相同的，即由级别管辖与地域管辖构成，所不同的是，其级别管辖主要不是根据诉讼标的，而是依据被告行政机关的级别而定。在《行政诉讼法》实施的初期，以县人民政府为被告的行政案件基本上由当地的县人民法院审理。最高人民法院的《解释》第八条虽将这一管辖制度作了提升，即可由中级人民法院审理，但问题似乎还是没有解决。因为这样一来，根据《行政诉讼法》第十四条和最高院《解释》第八条，以从县政府到省政府和国务院各部门为被告的行政案件均可由中级人民法院审理，除被上一级法院认定为在上一级法院管辖范围内的“重大、复杂案件”。这一管辖“跨度”实在太大。我们建议：以省级人民政府或国务院部门为被告的案件必须由高级人民法院审理。

第三，在被告确认上，要上不封顶，均以一级政府为被告。行政诉讼以行政机关为被告，但从《行政诉讼法》第十四条看，并结合《行政复议法》第十四条，我国是有意拒绝设定让国务院作行政诉讼中的被告。这是违背法治原则的。作为制度，应当规定，任何行政机关只要作出具体行政行为，并被行政相对人提起了诉讼，它就应当毫无例外地成为被告；当然作为实践，国务院的主要职能是制定政策而不是作出具体行政行为，因而不大可能成为被告，这是可以理解的。我们不能以实践中的“不可能”去取代规则上的“不允许”。此外，由于行政诉讼中的被告认定理论是以行政实体法上的行政主体理论为基础的，而行政主体又被界定为可以以自己的名义实施行政行为的组织，它可以是一级行政机关，即从国务院到乡镇政府的各级人民政府，也可以是各级人民政府内的各工作部门（部、委、厅、局等）。实践中，由于行政各部门之间的权限划分不清，造成相对人不合理地承受败诉后果。假设某市人民政府下有A局、B局、C局，这三个局之间权限上有交叉，公民认为行政机关没有履行法定职责，先起诉A局，A局答辩这不属于它的职责范围，而属于B局的职责范围，故公民败诉；公民又起诉B局，B局作同样的答辩，公民又败诉；公民起诉C局又得到了同样的结果；一气之下，公民直接起诉该市人民政府，市政府同样答辩说，这是下属局的职责，不是一级政府的职责。如果事实真是如此，公民这次又将败诉。理论上是对的，公民必须起诉有法定职责的行政机关，但当行政机关权限划分不清时，连行政机关自己都搞不清职责范围，公民何以搞得清呢？从宪法上说，A、B、C局都是该市人民政府的职能部门，它们是代表市政府行使职权的，所以我们主张，行政相对人不服职能部门的行为，一律可以以其所属一级政府为被告提起行政诉讼。

第四，在举证责任上，限制行政机关事后补证的时间要向前推进到作出行政决定之前。《行政诉讼法》确定行政机关对其作出的具体行政行为的合法性负有举证责任，并不得事后补证，其目的是为保证和监督行政机关必须在证据充分的条件下作出决定。但《行政诉讼法》第三十三条将禁止补证时间推进到“诉讼过程中”；最高院的《解释》第三十一条又将该时间推进到“复议过程中”。其实，这一禁止补证的时间必须推进到行政机关作出行政决定时，因为决定以后的任何证据的取得都说明行政机关在证据不充分的条件下作出了行政决定，这是违背行政法治原则的。

第五，在判决上，重新设定判决与行政行为违法之间的对应关系。各类判决是司法机关监督行政机关依法行政的有效武器。《行政诉讼法》设定了六种判决形式：(1) 维持判决（维持所诉行政行为）；(2) 撤销判决（含部分撤销）（撤销所诉行政行为）；(3) 重作判决（判决行政机关重新作出行政行为）；(4) 履行判决（判决行政机关履行法定职责）；(5) 变更判决（直接改变所诉行政行为）；(6) 赔偿判决（判决行政机关赔偿）。最高院的《解释》第五十七条事后又增加了四种确认判决：(1) 确认合法；(2) 确认有效；(3) 确认违法；(4) 确认无效。如此众多的判决形式与适用条件之间的对应关系有重叠和不清晰之处，故需重新设定判决与行政行为违法之间的对应关系。

第六，确立调解制度。“不适用调解”是原《行政诉讼法》所确立的不同于民事诉讼的一项基本制度。但十五年的实践证明，允许调解十分必要。大量案件的案外调解就证明了这一点。我们原来拒绝确立调解制度的理论依据是：行政机关对于公权力是无权让步的。但从当今国外“辩诉交易”制度看，说明不少国家允许公权力在一定的条件下被处分。

第七，注意与民诉法的衔接。在国外，无论大陆法系还是英美法系，行政诉讼均是普通诉讼（或民事诉讼）的特别法，所以，行政诉讼无特别规定的，均适用民事诉讼法。在中国，虽然至今也无民事诉讼法与行政诉讼法是普通法与特别法关系之说，但在司法实践中，行政诉讼法无特别规定的，适用民事诉讼法，这已成为共识。最高院的《解释》第九十七条用“参照”来解决它们之间的关系，这在程度上是不够的。我们建议，新《行政诉讼法》应当明文规定："行政诉讼法没有规定的，适用民事诉讼法"。

（《法制日报》2005年1月27日）

§ 1.27 中国行政赔偿诉讼研究

行政赔偿作为国家赔偿的一种，系指行政主体及其人员的具体行政行为违法，侵害了行政相对人的合法权益，由此所引起的经济上的补救责任。行政赔偿是一种行政法律责任，它是行政侵权行为所引起的一种法律后果。据此，“行政赔偿”便有“行政侵权赔偿”的别名。从立法上说，中国的行政赔偿始于新中国成立初期，但行政赔偿成为一种具体的行政救济制度，特别是适用于司法诉讼程序，那是近几年的事。行政赔偿诉讼作为一种独立的行政诉讼出现在司法制度中，乃是《中华人民共和国行政诉讼法》实施以后的事了。本文旨在在行政赔偿已获得独立诉讼地位的今天，回顾行政赔偿诉讼化的历史过程，探讨行政赔偿的性质，研究行政赔偿诉讼程序上的疑难问题，为今后的行政赔偿诉讼立法提供参考。

一、行政赔偿诉讼化的历史沿革

在新中国，第一个涉及行政赔偿的法规，应首推政务院于 1954 年 1 月 21 日通过的《中华人民共和国海港管理暂行条例》。该《条例》第二十条规定：“港务局如无任何法令根据，擅自下令禁止船舶离港，船舶得向港务局要求赔偿由于禁止离港所受之直接损失，并得保留对港务局之起诉权。”上述规定确立了三项法则：(1) 颁发禁令必须有法律依据，否则必须承担赔偿责任；(2) 行政赔偿以直接损失为限；(3) 当事人可以提起行政赔偿诉讼。以上法则虽然内容充实，但它只囿于海港管理。这些法则能否被推广至国家行政管理的所有领域呢?

我国的第一部宪法对此作了尝试。1954 年 9 月 20 日，第一届全国人民代表大会第一次会议通过了《中华人民共和国宪法》(以下简称 1954 年《宪法》)。该《宪法》第九十七条规定：“中华人民共和国公民对于任何违法失职的国家机关工作人员，有向各级机关提出书面控告或者口头控告的权利。由于国家机关工作人员侵犯公民权利而受到损失的人，有取得赔偿的权利。”该条规定，从立法意图上说，旨在确立国家赔偿（包括行政赔偿）的责任制度；但从立法技术上说，由于表述上的缺陷，使得国家赔偿同民事赔偿、从而使行政赔偿同民事赔偿相混淆。但不管表述如何不足，我国的第一部宪法毕竟第一次把取得行政赔偿确定为公民的基本权利之一。

继此，又明文规定行政赔偿的宪法是1982年12月4日由第五届全国人民代表大会第五次会议通过的《中华人民共和国宪法》。该宪法第四十一条第三款规定："由于国家机关和国家工作人员侵犯公民权利而受到损失的人，有依照法律规定取得赔偿的权利。"这一规定在表述上和含义上比1954年《宪法》都有很大的推进。因为首先它扩大了侵权人的范围，从原来的"国家机关工作人员"扩大到现在的"国家机关和国家工作人员"；其次它表明，获取行政赔偿须依据具体的法律规定，公民不能直接依据宪法取得赔偿，这就为行政赔偿立法提出了任务。

同年，第五届全国人民代表大会常务委员会第二十二次会议通过了《中华人民共和国民事诉讼法（试行）》。该法第三条第二款规定："法律规定由人民法院审理的行政案件，适用本法。"这一规定包含着两层意思：第一，人民法院只审理法律明文规定由人民法院审理的行政案件，法律没有明文规定由人民法院审理的行政案件，人民法院一概不予受理；第二，人民法院审理行政案件的程序适用民事诉讼程序。《民事诉讼法（试行）》虽然使行政诉讼程序与民事诉讼程序合而为一，但它首次为公民请求行政赔偿提供了司法程序上的保障，这可以说是我国行政赔偿立法上的一个里程碑。

公民和法人提起行政赔偿诉讼可适用民事诉讼程序，但由于行政赔偿案件属于行政案件，如果没有具体法律规定行政赔偿的可诉性，当事人还是无法获得诉讼程序上的保护。《民事诉讼法（试行）》解决了行政赔偿的诉讼程序问题，但没有、也无法解决行政赔偿的实体权利问题。宪法由于是根本法而无法直接在司法中适用，其他尚未有具体的法律规定可以提起行政赔偿诉讼，因而，《民事诉讼法（试行）》实际上是为行政赔偿提供了一把没人坐的椅子！

这种实体与程序的脱节直到四年以后才被立法解决。1986年4月12日，第六届全国人民代表大会第四次会议通过了《中华人民共和国民法通则》。该法第一百二十一条规定："国家机关或者国家机关工作人员在执行职务中，侵犯公民、法人的合法权益造成损害的，应当承担民事责任。"国家机关或者国家机关工作人员的职务行为违法所引起的赔偿，自然是行政赔偿（或其他国家赔偿），不是民事赔偿。然而由于受到"大民法主义"的影响，认为只要是赔偿就是民事的，因而行政赔偿在《民法通则》第一百二十一条中被贴上了"民事责任"的标签。

不管行政赔偿属于民事责任还是行政责任，反正从此公民可以据此提起实实在在的行政赔偿诉讼了。这一实质意义已远远弥补了立法形式上的不足。从此，中国的行政赔偿制度便从纯粹的立法阶段进入诉讼化阶段。

尔后，又有两个法律明文确立行政赔偿责任。第一个法律是 1986 年 9 月 5 日由第六届全国人民代表大会常务委员会第十七次会议通过的《中华人民共和国治安管理处罚条例》。该法第四十二条规定："公安机关对公民给予的治安管理处罚错误的，应当向受处罚人承认错误，退回罚款及没收的财物；对受处罚人的合法权益造成损害的，应当赔偿损失。"第二个法律是 1987 年 1 月 22 日由第六届全国人民代表大会常务委员会第十九次会议通过的《中华人民共和国海关法》。该法第五十四条规定："海关在查验进出境货物、物品时，损坏被查验的货物、物品的，应当赔偿实际损失。"

从某种意义上说，上述两个法律不是创置了行政赔偿诉讼，而是重复规定了行政赔偿诉讼，因为治安行政赔偿和海关行政赔偿都可以被《民法通则》第一百二十一条所囊括。至此，不管是否有具体的法律规定，单凭《民法通则》第一百二十一条，行政主体的行政赔偿责任已得到一般性的确立；也不管是否有具体的法律规定，单凭《民事诉讼法（试行）》第三条第二款的规定，行政主体的行政赔偿责任一概适用民事诉讼程序解决。

行政赔偿和民事赔偿是性质截然不同的两种赔偿。前者由行政主体的行政侵权行为引起，后者则由公民和法人的民事侵权行为所致。据此，行政赔偿应适用行政诉讼程序，民事赔偿则适用民事诉讼程序。用民事诉讼程序解决行政赔偿案件，不能不说是程序与实体的矛盾。如果说以民事诉讼程序解决行政赔偿案件是在我们行政诉讼立法条件不成熟时的一种不得已的过渡措施，那么一旦条件成熟，我们便应改变原先的混合型诉讼体制。

1989 年 4 月 4 日，《中华人民共和国行政诉讼法》在第七届全国人民代表大会第二次会议上的通过，使行政赔偿的实体权利和义务回归到其自身程序即行政诉讼程序的怀抱。《行政诉讼法》单设一章（第九章）以"侵权赔偿责任"为题，既明确了公民、法人和其他组织获取行政赔偿的权利，行政主体对其行政侵权行为承担行政赔偿责任的义务，又确立了追究行政赔偿责任的法律程序。《行政诉讼法》第六十七条明文规定："公民、法人或者其他组织的合法权益受到行政机关或者行政机关工作人员作出的具体行为侵犯造成损害的，有权请求赔偿。公民、法人或者其他组织单独就损害赔偿提出请求，应当先由行政机关解决，对行政机关的处理不服，可以向人民法院提起诉讼。赔偿诉讼可以适用调解。"从此，我国的行政赔偿诉讼走出了混合诉讼的“怪圈”。如果说，我国行政赔偿制度从纯粹的立法进入到司法诉讼是一大进步，那么，行政赔偿从适用民事诉讼程序过渡到适用行政诉讼程序又是一大进步！

从立法到诉讼，从混合诉讼到分离诉讼，这就是中国行政赔偿制度确立和发展所经历的道路。

二、行政赔偿诉讼的性质

行政赔偿诉讼程序中的种种问题都与行政赔偿诉讼的特点相联系，而行政赔偿诉讼的特点不过是行政赔偿诉讼性质的一种外在表现形式而已！

要明确行政赔偿诉讼的性质，有赖于解决两个问题：第一，行政赔偿诉讼属于行政诉讼，还是民事诉讼？第二，行政赔偿诉讼是一种独立的诉讼，还是一种附带的诉讼？而第二个问题的解决又是以第一个问题的解决为前提的。

关于第一个问题，各国在理论上的回答和实践上的做法都是不统一的，但基本的做法是两类：有的国家，行政赔偿适用民事诉讼程序；而有的国家，行政赔偿则适用于行政诉讼程序。

英美法系国家没有明显的公私法之分，行政赔偿并没有独立于一般的损害赔偿，因而适用一般的诉讼程序解决。美国1946年的《联邦侵权求偿法》（The FederaI Tort Claim Act）和英国1947年的《王权诉讼法》（The Crown Proceeding Act）并非创置一种独立的行政诉讼，而是把政府的赔偿责任纳入到业已存在的普通诉讼中去。有的大陆法系国家虽然制定了单独的《国家赔偿法》或《行政赔偿法》，把行政赔偿作为民事赔偿以外的特殊赔偿看待，但在所适用的程序上并没有独立，依然适用民事诉讼法。例如：《奥地利国家赔偿法》（1948年）第八条明文规定：“被害人应先向有赔偿责任之官署书面请求赔偿。书面送达官署三个月后，未经官署确认，或在此期间内对赔偿义务全部或一部拒绝，被害人得以官署为被告提起民事诉讼。”

法国是行政法、特别是行政法院审判制度的创始国。它同英美法系国家不同，不仅认为行政赔偿是一种不同于民事赔偿的独立赔偿，而且采用分离体制，即行政赔偿由行政法院以行政诉讼程序解决，民事赔偿则由普通法院以民事诉讼程序解决。然而，法国这一体制的确立，应归功于1873年的勃朗哥（Blanco）案件。在此之前，行政赔偿尚未取得独立的地位。当时最高法院的观念是：国家的行为除了权力行为之外应与私人行为一样受同一法律的支配，并且由普通法院管辖。法国权限争议法庭（Tribunal desConflits）通过对此案的审理，以判决确立了行政侵权赔偿的基本思想。这就是：第一，国家工作人员因渎职而发生的损害事件应当由国家负责；第二，行政侵权赔偿责任与普通民事责任分别处理；第三，行政侵权赔偿责任问题应归属行政法院管辖。

在中国，行政赔偿诉讼被明确成行政诉讼，那是《行政诉讼法》制定以后的事。在此以前，甚至就在《行政诉讼法》的制定过程中，“只要赔偿就是民事”的观念尚有很大的市场。1988 年 7 月 13 日的《行政诉讼法（征求意见稿）》曾规定：单独提起要求行政机关作行政赔偿的诉讼，适用民事诉讼程序。这便是很好的一例。

如今，行政赔偿诉讼无论在立法上，还是在司法审判中，都已被归化为行政诉讼。但问题在于：这是一种盲目的自然结果，还是一种自觉的理智选择呢？我认为是后者。因为行政赔偿和民事赔偿是两种截然不同的赔偿，前者是行政侵权行为所引起的法律后果，后者则由民事侵权行为所致。人民法院审查行政主体行政行为的合法性和审查民事主体民事行为的合法性、合理性，是以不同的实体法（即行政法和民法）为衡量标准的。

关于第二个问题，它是同第一个问题相联系的。凡是否认行政赔偿具有独立地位、认为“只要赔偿就是民事”的人，必然把行政赔偿诉讼看成是一种附带诉讼。特别是，当行政赔偿诉讼同其他的一种行政诉讼（如撤销之诉或变更之诉）合并提出时，常被持上述观点的人看成是“行政附带民事诉讼”。如有的把行政诉讼所附带的民事诉讼列为两类：一是请求行政机关以外的当事人赔偿，二是请求行政机关本身赔偿。

我认为：行政赔偿诉讼是一种独立的行政诉讼；当它同其他一种行政诉讼合并提出时，不是行政附带民事诉讼，而是两种行政诉讼的合并。试分析以下两例。

［事例一］工商局认为某个体户有违法行为，便吊销了该个体户的营业执照，造成个体户停业两个月。个体户向人民法院提起诉讼，提出两个诉讼请求：（1）认为本人没有违法行为，工商局作出吊销其营业执照的行政处罚决定是错误的，故请求人民法院撤销工商局的处罚决定；（2）认为既然工商局作出的吊销其营业执照的处理决定是违法的，那么由此引起两个月停业的经济损失应由工商局承担。为此请求人民法院判决工商局赔偿个体户的损失。

这里，基于两种诉讼请求，出现了两种诉讼：（1）撤销之诉；（2）赔偿之诉。出于经济考虑，人民法院把两案合并审理。

［事例二］甲殴打乙，公安局对甲作出治安警告处罚，同时裁定甲赔偿乙医药费 300 元。乙对公安机关的处理不服，便向人民法院起诉。乙在起诉时提出两

个请求：（1）认为公安机关对甲的警告处罚太轻，请求人民法院撤销；（2）认为公安机关裁定甲对自己的赔偿数额太低，请求人民法院判决甲作出合理赔偿。

这里，基于两种诉讼请求，同样出现了两种诉讼：（1）撤销之诉；（2）赔偿之诉。出于同样的考虑，人民法院也把两案合并审理。

以上两种情况，貌似相同，其实是不同的。前一种情况属于两种行政诉讼的合并，后一种情况则属于行政附带民事诉讼。在前一种情况中，个体户对工商局的行政处罚不服，提起诉讼，要求法院撤销其行为，这是行政诉讼中的撤销之诉；个体户同时要求工商局对行政行为承担赔偿责任，这又是行政赔偿诉讼。而在后一种情况中，虽然乙不服公安局对甲的处罚所提起的诉讼，也属于行政诉讼中的撤销之诉；但同时要求甲增加赔偿额，这却不属于行政诉讼，而属于民事赔偿诉讼。可见，行政赔偿诉讼同其他行政诉讼的合并，与行政附带民事诉讼的根本区别在于：前者是两个行政诉讼的合并，而后者则是一个行政诉讼和一个民事诉讼的合并。

有人恐怕会问：《行政诉讼法》对行政附带民事诉讼并没有明文规定，凭什么断定行政附带民事诉讼仅指以上第二种事例而不包括第一种事例呢？

最高人民法院院长任建新同志已作了回答。任建新同志在第十四次全国人民法院工作会议上的讲话中说道："行政机关对同一法律事实既作出行政处罚或者处理决定，又对平等主体之间的民事（经济）权益作出裁决，法律规定当事人不服可以向人民法院起诉的，由行政审判庭并案受理。"这说明，行政附带民事诉讼所附带的只是"平等主体之间的民事（经济）权益"之间的纠纷，而绝不是不对等主体间的行政赔偿纠纷。

至此，我的观点可归结如下：（1）行政赔偿诉讼属于行政诉讼，而不是民事诉讼；（2）行政赔偿诉讼是一种独立的诉讼，而不是一种附带诉讼。

三、行政赔偿诉讼的程序

行政诉讼从种类上考察，有一般和特殊之分。行政赔偿诉讼、行政附带民事诉讼和涉外行政诉讼属于特殊的行政诉讼，此外便属于一般的行政诉讼。行政赔偿诉讼作为一种特殊的行政诉讼，在程序上有三大特点：行政赔偿诉讼可以单独提出，也可以同其他行政诉讼一并提出；以行政处理为前置条件；可以适用调解。《行政诉讼法》在规定行政赔偿诉讼中，虽然业已体现上述的特殊性，但它显然缺乏对行政赔偿诉讼程序特点本身，以及受程序特点支配的有关程序作出进一步的明确。本题不是简单地描述行政赔偿诉讼在程序上所经历的几个阶段，而旨在围绕其三个特点探讨有待明确的有关程序问题。

（一）行政赔偿诉讼可以同其他行政诉讼一并提起，也可以单独提出。这是行政赔偿诉讼的第一大特点

在这一特点中，人们存在着一个疑义。由于行政赔偿是行政侵权的一种法律后果，而行政侵权又具有两个特点，即：（1）行政行为是违法的；（2）违法的行政行为侵害了相对人的合法权益，由此引起行政赔偿责任。因此，当事人提起行政赔偿诉讼，必然以要求人民法院撤销或变更被告行政主体的行政行为，或者以要求被告履行法定职责为前提。行政赔偿诉讼同其他行政诉讼合并提出是顺理成章的事，但行政赔偿诉讼的单独提起是不可思议的。

为消除以上的疑义，需要研究单独提起行政赔偿诉讼的可能性。我认为，行政相对人单独提起行政赔偿诉讼不仅是可能的，而且是必需的。从实践中考察，行政赔偿诉讼的单独提起发生在下列情形中：

1. 被告行政主体作出了违法的行政行为，而且已经执行完毕，从而侵害了行政相对人的合法权益。相对人起诉时，要求人民法院撤销被告的违法行政行为已失去实际意义，因而只需单独提起行政赔偿诉讼。譬如：某行政机关认定某公民新建的房屋是违章建筑，并决定强制拆除；但在公民提起撤销诉讼之前，行政机关已经自行强制执行完毕。在这种情况下，公民提起撤销行政行为的诉讼已失去实际意义，单独提起行政赔偿诉讼即可。

2. 被告行政主体拒不履行法定职责，给相对人的合法权益造成了损害。当相对人起诉时，由于客观情况的变化，行政主体履行某种法定职责已失去意义，因而单独提起行政赔偿诉讼便可。譬如：公安机关拒绝履行保护公民财产权的法定职责，该公民事后的起诉便是如此。

3. 被告行政主体作出了显失公正的行政处罚，而且处罚已经实施，侵害了行政相对人的合法权益。人民法院变更行政主体显失公正的行政处罚已失去实际意义，行政相对人便单独提起行政赔偿诉讼。譬如：某行政机关对某企业作出了“责令停产停业”的处罚决定，这处罚属于显失公正，正确适当的处罚应该是“警告”。但当企业起诉时，行政机关已撤回了“责令停产停业”的处罚决定。这种情况下，企业提起变更诉讼已失去意义，只要单独提起行政赔偿诉讼就行了。

（二）行政赔偿诉讼以行政处理为前置条件

我国《行政诉讼法》第六十七条第二款规定：“公民、法人或者其他组织单

独就损害赔偿提出请求，应当先由行政机关解决。对行政机关的处理不服，可以向人民法院提起诉讼。”《行政诉讼法》的这一规定，确立了行政赔偿诉讼的第二大特点。但是，围绕这一特点还有许多问题有待研究和明确。

首先，《行政诉讼法》规定“先由行政机关解决”，但未指明由哪个行政机关解决，是由作出行政侵权行为的行政机关解决，还是由其上一级行政机关解决？或者由它们一起解决？这里不存在如何理解的问题，而是如何选择的问题。笔者认为，从效率和民主两个角度衡量，以选择后者为宜。

其次，行政机关解决行政赔偿纠纷的性质是什么？是行政调解、行政复议、行政仲裁，还是行政处理？笔者主张协商加复议。

最后，当事人应以什么形式向行政机关提出赔偿请求？为便于同诉讼程序相衔接，应以采取书面形式为宜。

至此，在行政赔偿诉讼的第二个特点上，可以也应该设置以下的具体程序：(1) 行政相对人单独提出行政赔偿请求的，应当先以书面形式向行政侵权机关本身提出；(2) 行政侵权机关对相对人的赔偿请求拒绝或者不予答复的，相对人可以向行政侵权机关的上级行政机关申请复议；(3) 当事人对复议决定不服，或者复议机关逾期不作复议的，当事人可以向人民法院起诉。

（三）行政赔偿诉讼可以适用调解

我国《行政诉讼法》第六十七条第三款明确规定：“赔偿诉讼可以适用调解。”这是《行政诉讼法》第五十条所确立的“行政诉讼不适用调解”原则的一项例外。行政诉讼不适用调解是取决于行政主体的行政职权的不可处分性；而行政赔偿诉讼之所以可以适用调解，也正是因为行政赔偿的解决不直接引起行政职权被处分的结果。

调解以双方当事人对自己的权利作出让步为前提。行政机关如果争取权利过多，势必影响相对人的合法权益；行政机关如果放弃权利过多，即过多地对相对人作出远远超过实际损失的赔偿，那实际上是拿国家的利益做交易。可《行政诉讼法》对于如何防止这种情况的出现，没有作出有效的规定。这有待于行政赔偿立法来完成！

行政赔偿诉讼有待于立法明确的内容远不止以上所提到的几个问题，但以上几个问题已足以表明行政赔偿诉讼立法的重要性和紧迫性。

（载于《杭州大学学报（哲学社会科学版）》，1991年第4期）

第二部分
比较行政法

§ 2.28　国外行政司法体制

“行政司法”常被赋予不同的含义，我们把它界定为“行政司法机关依法处理和裁决有关争议的活动”。与此相适应，行政司法体制是指行政司法机关的设置及有关系统的总和，表现为行政司法机构的设置、性质、任务、地位和相互关系等。国外（尤其是西方各国）行政司法体制的形成，因各国具体历史条件的差异而不同。各国行政司法体制有两种类型：部内制和部外制。部内制的特点是：一般的行政组织同时作为行政司法组织，对下级行政组织决定进行审查，从而解决行政争议。部内制表现为行政审查制。部外制的特点是：在一般的行政组织之外，专门设立行政司法机构，它相对独立地行使裁判权。部外制主要表现为两种制度，即行政裁判制和行政法院制。行政审查制和行政法院制限于处理行政争议，而行政裁判制既可解决行政争议，也可解决部分民事争议。

综观各国行政司法体制，采用单一制度——行政审查制，或者行政裁判制，或是行政法院制——的国家是没有的，各国均采取多种制度的结合。但这并不排除不同国家有不同侧重点。如日本以行政审查制为主，英美以行政裁判制为主，而法国以行政法院制为主。

日本行政审查制

日本既没有英美式的行政裁判所，也没有法国式的行政法院，它是典型的行政审查制度（日本人称“行政不服审查”）。日本行政不服审查制度，可以追溯到明治十五年的《请愿规则》（大政官布告 58 号）。该规则名为“请愿”，实质上属于“诉愿”（根据《请愿规则》第 1－2 条。）。形式意义上的诉愿法与行政诉讼法同时制定于明治二十三年。嗣后，诉愿成为行政诉讼的前提条件，构成了战前日本行政救济的重要一环。但诉愿法规定简单，内容不够完整（如采用“列举制”），终被淘汰。昭和三十七年（1962 年）9 月 15 日，日本人以诉愿法为基础，公布了重新制定的《行政不服审查法》（法律第 160 号）。同年 10 月 1 日，该法生效。行政不服审查制度从此确立。

根据《行政不服审查法》，日本行政审查制的特点在于：（1）行政审查机构为一般的行政组织（他们称“行政厅”），无须法律特设；（2）审查范围采用概括制，而不是列举制，凡相对人不服行政厅的处理决定，均可提起不服审查；（3）行政审查与行政诉讼相衔接，相对人不服行政厅的审查决定，有权提起行政诉讼。

英美行政裁判制

英国和美国的行政司法以行政裁判制度的发达而著称。在英国，行政裁判所简称为裁判所（tribunal）。裁制所的名称虽不统一，最常用的名称有“委员会”（commission，committee）、“专员”（commissioner）、“局”（board）和“裁判所”，但概受《行政裁判所与调查法》（1958 年制定，经 1966 年和 1971 年修正）支配。英国的行政裁判所最早可以追溯到 1660 年的“关税和消费税委员会”，但在当时纯属例外。20 世纪，随着社会经济、政治、科技，尤其是社会立法的发展，行政裁判制度得到了立法上和理论上的肯定。二次大战以后，行政裁判所遍及英国。现在英国有四个方面的行政裁判所，即财产权和税收方面的裁判所（如土地裁判所）、工业和工业关系方面的裁判所（如工业裁判所）、社会福利方面的裁判所（如国民保险裁判所）和外国人入境方面的裁判所（如入境裁判所），共计二千多个机构。

美国自从 1887 年根据州际贸易法创置了“州际贸易委员会”以后，也出现了英国式的行政裁判所。不过，美国不称裁判所，而称“独立管制机构”（independent regulatory agencies）。名称以“委员会”和“局”为多，如：联邦商业委员会、证券交易管理委员会、国家劳工关系局、民航委员会等。这种机构既有如英国的裁判权，又有一定的立法权和行政权，故被称为“第四种权力”。迄今，美国已有五十多个独立管制机构。

英美的行政裁判制度不同于日本的行政审查制度，其特点表现为：（1）行政裁判机构由法律特设，而不是由一般行政组织兼任；（2）以处理行政争议为主，但也包括部分民事争议；（3）基本适用司法程序，而不适用一般行政程序；（4）相对人不服裁判的，可以上诉至法院，也可以诉到另一裁判机构。这由法律作具体规定。相比之下，英美裁判所解决行政争议的地位比较独立。

法国行政法院制

法国解决行政争议有它的特殊性，它既不是由一般的行政机关（如日本行政厅）解决，也不是由一般的司法机关（普通法院）解决，而是由特设在普通法院之外的专门法院即行政法院管辖。法国行政法院现由最高行政法院、上诉行政法院（1988年通过法律始设）、各地行政裁判所和专门行政法院组成。法国行政法院起源于拿破仑于1799年建立的国务院，至今还属行政系统。从实质意义上说，法国不存在行政诉讼，只存在行政司法。因为行政法院虽然冠之以“法院”之名，实为行政机关。法国行政司法的最大特点有两个：

1. 解决行政争议和民事争议泾渭分明：前者由行政法院处理，后者由普通法院管辖；发生权限争议，由权限争议法院裁决。

2. 行政法院和普通法院自成系统，互不发生联系；相对人不服行政法院裁判，不得上诉于普通法院。

（载于《法学研究》1989年第4期）

§2.29 中外行政复议制度比较研究

一、名称与概念

我们在作中外法律制度比较研究中，时常用一个中文名词去“套”某一个外文名称，似乎每个中文词均可以找到与其绝对相等的外文词。这种做法是天真的。我们在作中外行政复议制度比较研究时，应想到：与其说外国有行政复议，不如说它们有与中国行政复议相近的制度。这种客观性也反映在名称的称呼和概念的界定上。

行政复议法律制度，在国外没有统一的名称。有五种称呼比较常见，即（1）行政救济，（2）行政申诉，（3）行政审查，（4）行政诉愿，（5）行政上诉。

从公民权利保护角度说，行政复议实质上是行政机关在公民合法权益受到违法或不当行政行为侵害时，所提供的一种行政上的救济手段。因此，有的国家就称“行政救济”（administrative remedy），如英国、法国和比利时。英国的行政救济，作为行政法上的一种救济手段，系指当公民的合法权益受到行政机关不法或不当行为的侵害时，通过行政程序来给予补救的法律制度。根据救济机关的不同，英国的行政救济分为部长救济和裁判所救济。法国虽然代表的是与英国不同的法系，但其行政救济的含义及范围与英国大体相同，只是分类上略有差别。法国的行政救济，有善意救济与层次救济之分。前者指由原处理机关实施救济，后者则指由原处理机关的上级机关实施救济。比利时的行政救济完全是法国的翻版，但它有善意救济、等级救济与组织救济之分。

把行政复议称作“行政申诉”，这是不少国家的做法。澳大利亚和苏联便是一例。澳大利亚的行政申诉，是指公民不服联邦政府的某些决定，向行政申诉裁判庭请求救济的法律制度。苏联的行政申诉范围极其广泛，它包括对公民的建议、申请和控告案的处理。“建议”是指公民和组织向有关国家管理机关及其他组织提出改进工作的积极性意见；“申请”系指公民和组织就自己的各种权利向有关国家管理机关及其他组织提出请求；“控告”是指国家工作人员行为违法，公民和组织提出检举，要求有关国家管理机关追究其法律责任。公民和组织的建议、申请、控告构成了苏联行政申诉的完整内容。

以“行政审查”表述行政复议，也是不少国家的一种做法。从复议机关的角度考察，行政复议无非是有关行政机关（一般是上级行政机关）对原行政处理机关的行政行为的一种重新审查，这就是不少国家称行政复议为行政审查的缘故。日本的行政复议由1962年的《行政不服审查法》确立，因而名称上就提“行政不服审查”。日本的行政不服审查制度包括三项，即（1）审查，（2）异议，（3）再审查。意大利也称行政审查，不过其类型不同。意大利的行政审查制度包括三类：（1）平常审查（一般的行政审查）；（2）特别审查（只适用于法定的特别案件）；（3）非常审查（即申请国家元首审查）。

有许多国家和地区称行政复议为（行政）“诉愿”。“诉愿”被普遍地定义为：当事人因国家行政机关的违法或不当的处分而使其权利或利益遭受损害时，依法向原处分机关的直接上级机关提出申诉，请求撤销或变更原处分的救济程序。[①] 日本在1962年以前，一直称行政复议为行政诉愿，此后才改称为行政不服审查。奥地利至今还保留行政诉愿的提法。[②] 在韩国，作为此项制度依据的基本法名称上就称“诉愿法”。中国台湾省至今还提诉愿。

美国在有关行政复议的名称上可谓别具一格，它既不称行政救济、行政申诉或行政审查，也不称诉愿，而是叫“行政上诉”（administrative appeal）。美国的行政上诉，可不能理解为当事人不服一审法院的行政裁判而向上一级法院上诉，而应根据1946年《联邦行政程序法》第557条第2款的规定，理解为当事人不服行政机关的初审裁决而向有关行政裁决机关提请裁决的法律制度。

在中国，行政复议的含义比行政复议的名称更加统一。无论在新中国成立初期，还是在《行政复议条例》被推出以后，行政复议的概念始终被定义和理解为：不服行政主体行政行为的当事人（包括个人和组织）依法向一定的行政组织（行政复议机构）请求重新处理；行政复议机构据此对原处理决定重新审议，依不同情况作出维持、变更或撤销裁决的法律制度。[③] 但在名称上原来是很不统一

① 《法学词典》，上海辞书出版社1980年版。第359页。

② 见1950年《普通行政手续法》第四篇第一章。

③ 见《中外行政诉讼词典》，东方出版社1989年版，第111页。

的，法律、法规中涉及行政复议有不少提法，如："复议""复核""复验""复查""申诉""审议"等。1979 年以后，中国法律、法规已基本统一使用"行政复议"一词。《行政复议条例》制定后，这一名称更被固定了。

二、复议范围

复议范围既指申请人提请复议事项的范围，也指复议机关受理复议案件的范围。复议范围是行政复议制度的核心。一个国家复议范围大小的确定，不是任意的，它取决于该国政治、经济、历史、法制等各种因素。

通过以上考察世界各国行政复议制度所知，世界上不存在其复议范围绝对相等的两个国家。但这并不意味着它们对复议范围的确定无规律可循。下面分五个方面考察。

（一）复议范围划定方式

复议范围是通过一定方式划定的。划定复议范围的方式历来有列举制和概括制之分。不同国家采用不同划定方式，导成了不同的复议范围。

列举制，是指由法律明文列举复议范围的方法。采用列举制的不乏其国。作为英国行政救济中心的部长救济，虽然适用公民所不服的地方政府的违法或不当行为，但须有法律的明文授权。英国的裁判所救济，它既裁判行政争议，也裁判一些公民间某些与社会政策有关的争端，但也须有法律的明文列举。在澳大利亚的行政申诉制度中，其行政申诉裁判庭虽然向公民敞开了救济的大门，但它也以法律明文授权为限。采用列举制的国家，其行政复议范围相对窄小。

概括制则不同，它是由法律确立标准，以此标准划定行政复议的范围。采用概括制方法，具有导成复议范围平衡和广阔之特点。世界上行政复议历史悠久的国家，一般属于此类。在美国的行政上诉制度中，公民对行政机关的任何裁决不服，均有权提起行政上诉，这是由 1946 年美国的《联邦行政程序法》确立的公民的当然权利，而不是由法律明文列举的个别权利。

日本的行政复议范围，是由 1962 年的《行政不服审查法》划定的。它规定，只要是"行政厅的处分及其他相当于行使公权力的行为",[①] 公民对其不服，概有权向有关行政厅提请行政不服审查。这显然是采用了概括方式。奥地利的做法

① 见日本《行政不服审查法》第一条第二款。

与日本基本相同。根据其1925年的《一般行政手续法》（后经1948年修正）的规定，只要是行政机关的违法或不当处分，公民均有权提起行政诉愿。韩国和中国台湾都通过《诉愿法》，采用概括方式划定了统一的诉愿范围，即违法和不当的行政处分。

采用概括制划定行政复议的范围，其结果使复议范围远比采用列举制广阔。

关于我国行政复议的范围，我们以前一律采用列举制，虽然对此找不出直接的法律依据，但在实践中，当无明文法律依据情况下，公民提请复议常被相当一致地作为“来信来访”对待。理论界也不敢断定公民有申请复议的普遍权利。《中华人民共和国行政诉讼法》实施以后，提请复议便成了无须法律、法规明文列举的权利。《行政诉讼法》第三十七条规定：“对属于人民法院受案范围的行政案件，公民、法人或者其他组织可以先向上一级行政机关或者法律、法规规定的行政机关申请复议，对复议不服的再向人民法院提起诉讼；也可以直接向人民法院提起诉讼。法律、法规规定应当先向行政机关申请复议，对复议不服再向人民法院提起诉讼的，依照法律、法规的规定。”这说明，行政相对人不仅有权对法律、法规明文规定可以复议的行政行为不服提起复议，而且还有权对虽无法律、法规明文规定，但属于人民法院受案范围之内的行政行为不服申请复议。

《行政诉讼法》使行政诉讼范围与行政复议范围相同一：只要是行政诉讼的范围。必然同时是行政复议的范围。但我们是否可以反过来说：只要是行政复议的范围，必须同时是行政诉讼的范围？如果说《行政诉讼法》是间接地回答了这一问题（因为第十二条第四项承认了“法律规定由行政机关最终裁决的具体行政行为”），那么《行政复议条例》便直接地回答了这一问题。根据《行政复议条例》第九条的规定，行政相对人除对与行政诉讼范围相同的八种侵犯其人身权和财产权的具体行政行为不服可以申请复议外，还可以对“法律、法规规定可以提起行政诉讼或者可以申请复议的其他具体行政行为”不服申请复议。这说明：我国行政复议的范围略大于行政诉讼的范围。

如果说我国的行政复议与行政诉讼在受案范围上略有差异，那么，它们划定受案范围的方式则是惊人地同一。我国行政复议范围的划定方式与行政诉讼范围的划定方式一样，采用结合制（概括制与列举制的结合），即：行政相对人对于侵犯其人身权和财产权的具体行政行为不服，一概可以申请复议（概括制），对于此外的行政行为是否可以申请复议，须有法律、法规的明文规定（列举制）。这不能不说是中国行政复议制度不同于国外同类制度的一大特色。

（二）抽象行政行为与具体行政行为

它们是行政法学理论中的一对范畴，但在确定行政复议范围中，正如在确定行政诉讼范围中一样，具有极为重要的意义。这里要讨论的是，抽象行政行为、具体行政行为是否都可以成为复议的对象？

世界上各国的做法大致分两类：一类是，把抽象行政行为和具体行政行为都列为复议对象；另一类是，复议对象范围以具体行政行为为限。

英国行政救济中的部长救济，一般限于具体行为。但在其裁判所救济中，作为救济对象之一的“公民间某些与社会政策有关的争端”，在很大程度上是涉及抽象行为的。苏联的行政申诉对象，便是公民提出建议、申请和控告的事项。在苏联的行政申诉中，公民的建议和申请不少是针对抽象行政行为的，当然更多的是针对具体行政行为提出。

然而，更多的国家仅以具体行政行为为复议对象，公民对抽象行政行为有异议，通过非复议程序解决。美国的行政上诉，其对象仅囿于行政机关的行政裁决。美国著名行政法教授伯纳德·施瓦茨在《行政法》[①] 一书中，把美国行政机关的行政行为分为两类，即规章制定（ruling）和裁决（order）。前者指“行政机关为了规范受它管辖的对象的今后行为而制定新准则的活动。行政裁决是行政机关把法律或政策适用于某一特定案件中的事实的活动”。[②]群众出版社 1986 年版，第 166 页。“制定规章通常具有普遍性，仅着眼于未来；行政裁决具有特殊性，面对过去。”[③]不难看出，美国制定规章和行政裁决之间的划分，接近于我们抽象行政行为和具体行政行为的划分，而它们的行政上诉仅以“裁决”，即具体行政行为为对象。

此外，许多国家的行政复议都仅以违法和不当的行政处分为对象。法国的行政救济，便指公民不服行政机关违法或不当处分而向原行政机关或上级行政机关请求救济的活动。奥地利和澳大利亚也是如此。日本在这方面更为明显，其《行政不服审查法》明文规定以“行政厅的处分及其他相当于行使公权力的行为”[④]为行政审查的对象。韩国和中国的台湾均通过《诉愿法》把行政诉愿范围限于行政处分之内。那么，行政处分属于什么呢？日本的学理解释或许具有代表性：行

① 群众出版社 1986 年版。

②③

④ 《行政不服审查法》第一条第一款。

政处分系指“行政机关根据法规，在优越的地位上行使公权力，对外涉及公法领域里的具体事实，是执行公法的行为，是直接发生法律效果的行为”。[①] 联邦德国1976年的《行政手续法》对行政处分作过法定解释：“行政处分，系指官署为处理公法上之具体案件，所为之处分、决定或其他公权力之处置，而对外直接发生法律效果者而言。”[②] 使用“行政处分”概念的国家，虽然表述上不尽同一，但其实质是相通的，即都把行政处分看成是由行政主体单方基于行政权对行政相对人作出的具有公法意义的具体行政行为。它同我国“行政处理”一词极为接近。因而很显然，把行政复议范围限于行政处分的国家，其实就是把抽象行政行为拒之门外。

我国的行政复议制度，在复议范围的确定上，对抽象行为和具体行为的态度是明确的。我国《行政复议条例》第九条规定：“公民、法人和其他组织对下列具体行政行为不服可以向行政机关申请复议……”这表明，我国的行政复议只以具体行政行为为复议对象。

（三）内部行政行为与外部行政行为

并不是所有的国家都有这种划分。这无关紧要。我们在此要讨论的是：是不是所有国家对行政行为不分内外地把它们都纳入行政复议的范围？

回答是否定的。行政复议只限于外部行政行为，这是大多数国家的做法。英国、美国、法国、联邦德国和日本无不如此，不管它们在主观上是否有内部行为与外部行为划分的意识。如果说有什么国家不分内外，而且把内部行为和外部行为一并列入行政复议范围之内，那就是苏联了。苏联的行政申诉囊括公民的建议、申请和控告，无论是建议，还是申请，或是控告，都可以针对或涉及内部行政行为。这不能不说是苏联行政法理严谨性的欠缺。

我国行政复议制度，在复议范围上排除内部行政行为，虽不及排除抽象行政行为那么清楚，但这一精神还是存在的。例如：我国《行政复议条例》第十条，明文排除行政复议对“行政机关工作人员的奖惩、任免等决定”的适用。

（四）作为与不作为

具体行政行为有作为与不作为之分，这是举世公认的。但作为与不作为是否

---

① ［日］南博方等：《行政法》，1981年日文版。

② 见德国《行政手续法》第三十五条。

全可作为行政复议的对象，各国的做法并不完全一致。

大多数国家和地区，其行政复议范围，既包括作为，也包括不作为。日本行政不服审查的范围有三项，即（1）处分行为，（2）事实行为，（3）不作为。不作为成了一种独立的审查对象。我国台湾明文规定，把不作为视同行政处分。其现行《诉愿法》规定："……中央或地方机关对于人民依法声请之案件，于法定期限内应作为而不作为，致损害人民之权利或利益者，视同行政处分。"[①] 苏联公民的行政申诉，当然既可对作为行为，也可对不作为行为提出。

可也有国家明确规定把不作为排除于复议范围之外。澳大利亚的做法最为典型。1975 年的澳大利亚《行政申诉裁判庭法》以附表的形式列举了所有申诉裁判的范围，但明显把"不作为"排除。劳伦一案的判例体现和支持了这种做法。判例指出："裁判庭并非行政管辖者，它不是法律所赋予的自由裁判权与其他权限的原始贮藏所"，因此，裁判庭无权审查一个还未由决定制作者作出的决定。

从保护行政相对人合法权益角度说，排除不作为是不合理的。我国的行政复议制度明确把行政主体的不作为列于复议范围之内，这最集中表现在《行政复议条例》上。《行政复议条例》第九条所规定的行政复议范围中，至少有五种可复议对象属于不作为的具体行政行为：（1）以不作为的方式侵犯企业法律、法规规定的经营自主权；（2）对行政相对人申请颁发许可证和执照不予答复；（3）对行政相对人申请履行保护人身权、财产权的法定职责而不予答复；（4）不依法发给抚恤金；（5）其他以不作为方式侵犯人身权、财产权的行为。我国这样做，扩大了公民等合法权益的保护范围，更有力地增强了行政主体依法行政的意识，充分体现了社会主义民主与法制原则。

（五）复议范围的特别排除

无论是采用概括制的国家，还是采用列举制的国家，无论复议范围广泛的国家，还是复议范围狭小的国家，总有某些事项被法律明文排除于复议范围之外。这些被排除的事项，有的同以上几个问题相关，有的则毫无关联，这里限于讨论后一种。

对行政复议范围作特别排除最多的，应首推日本了。日本在《行政不服审查法》中，明文规定有十一种处分不属行政审查范围之内：（1）根据国会两院或一院及其地方议会的决议施行的处分；（2）根据法院或法官的裁判及为执行裁判施行的处分；（3）当经国会两院或一院及地方议会议决或取得其同意、批准后施行

① 见《诉愿法》第二条。

的处分；（4）应由审计官会议作出决定的处分；（5）在确认或形成当事人之间的法律关系的处分中，根据法令规定，该法律关系中的一方当事人在有关该项处分的诉讼中应作为被告人的处分；（6）检察官、检察事务官或司法警察职员根据刑事案件的有关法令施行的处分；（7）国税厅长官、国税局长、税务署长、收税官吏、海关关长、海关职员或征税职员（包括根据其他法令规定，执行这些职员职务的人）根据与国税、地方税违章案件有关的法令（包括其他法令中准用的情形）施行的处分；（8）学校、讲习所、训练班、进修所为了达到教育、讲习、训练、进修的目的，对大学生、中小学生、儿童、幼儿或其保护人、讲习生、训练生、进修生施行的处分；（9）监狱、少年监狱、拘留所、少年院、少年鉴别所、妇女辅导院为了达到收容的目的，对被收容者施行的处分；（10）有关外国人出入境或入籍的处分；（11）仅只与人们的学识技能有关的考试或检验的结果有关的处分。[①] 韩国1951年的《诉愿法》明文规定，"对总统作出的行政处分，不得提起诉愿。"[②]

上述特殊性排除，很难找到其同一、定型的理论基础。但以下几点，或许可以成为排除的理由：

（1）立法处分。如日本《行政不服审查法》排除审查的第一种和第三种。因为这种处分直接体现议会的意志，而行政机关是不能审查议会行为的。

（2）司法处分。如日本《行政不服审查法》排除审查的第二种和第六种。司法性处分之所以不能成为复议对象，也是基于行政机关与司法机关的关系。

（3）最高行政处分。如韩国对总统所作行政处分的排除。这种处分的排除，并非因其性质不属行政，而是因其等级是最高的。行政复议本身就属行政行为，而复议只能审查比其等级低的行政行为。

我国《行政复议条例》在确定行政复议范围的同时，也明文排除了某些不属复议范围的事项。根据《行政复议条例》第十条规定，下列四种行为不属行政复议范围之内：

（1）对行政法规、规章或者具有普遍约束力的决定、命令不服的。因为制定行政法规、规章或者具有普遍约束力的决定、命令的行为，属于抽象行政行为。

（2）对行政机关工作人员奖惩、任免等决定不服的。因为这种行为属于内部行政行为。

---

① 见日本《行政不服审查法》第四条。

② 韩国1951年《诉愿法》第二条第四款。

（3）对民事纠纷的仲裁、调解或者处理不服的。因为这种行为属于行政司法行为。当事人对这类行为不服，不能申请复议，但可以提起民事诉讼。

（4）对国防、外交等国家行为不服的。国家行为涉及整个国家利益，并有保密、神速等特点，因而不便复议。

三、申请人及申请程序

提起行政复议的当事人，被称为申请人。申请人基于申请权而成立。但申请权有“当然权”和“明列权”之分。在有的国家，当事人认为政府行政行为侵害了他的权利，不管法律是否有明文规定，他都有权申请行政复议。这就是说，对这些国家中的当事人来说，申请复议是他们的“当然权利”，无须法律分别授权。美国当事人提起行政上诉，是其当然权利。它由 1946 年《联邦行政程序法》所明文确立。在法国，申请行政救济也是有关当事人的当然权利。日本、意大利、联邦德国、苏联等概属此列。但也有国家与此相反，当事人申请复议并非是其当然权利。最典型的是英国的部长救济制度。在这种制度中，公民对地方政府行为不服，虽可以向部长申诉，但以有法律明文授权为限。这说明，对这些国家中的当事人来说，其申请复议的权利仅属法律“明列权”。

其实，一个国家中的当事人申请复议权属于法律的“当然权”还是“明列权”，同一个国家对复议范围实行“概括制”还是“列举制”有密切的联系。一般说来，对复议范围实行概括制的国家，当事人的申请复议权是“当然权”；相反，则属于“明列权”。

据此，由于我国目前对复议范围的划定采用概括制和列举制的结合，因而当事人申请复议权利的性质，也是“当然权”与“明列权”的结合。根据我国《行政诉讼法》第三十七条和《行政复议条例》第九条和第十条的规定，公民、法人和其他组织对于行政主体侵害人身权和财产权的具体行政行为不服，一概可以申请复议，无须有另行法律规定。而公民、法人和其他组织对于行政主体侵害其他权利的具体行政行为不服，是否可以申请复议，须有法律、法规具体规定。前者属于“当然权”，后者则属于“明列权”。

关于申请人的范围，也是各国一般都赞同把公民（国民）、法人和其他组织，甚至包括一定范围内的外国人和外国组织，列入范围。但上述个人和组织在什么条件下方能构成申请人，各国在表述以及由此确立的内容上不尽同一。但归纳起来大致有下列两种：

一是，把申请人范围限于被侵害人。即规定其权利受到行政主体行为侵害的人，方有权申请复议。法国便是如此。澳大利亚在以前也一直如此。奥地利规定得更明确，申请人仅限于受到行政处分的组织和个人，利害关系人不得提起诉愿。

二是，把申请人范围扩大到有利害关系的当事人。即凡与行政主体的行政行为有利害关系的当事人，均有权申请复议。澳大利亚1975年的《行政申诉裁判庭法》规定申诉人的范围是"受（行政）决定影响的人"[①]，它明显突破了《行政决定司法审查法》所规定的"受损害者"的范围。日本所规定的提起行政不服审查人的范围不但不小于澳大利亚，而且略大于后者。根据日本法律，法律上或事实上的利益受到侵害的人都有权提起行政不服审查。据此，提起行政不服审查申请人自然包括行政行为的对象人和第三人。在意大利，行政审查申请人的范围，被定为同所控告的政府行政活动有利害关系的自然人和法人。

以上两种范围，比而较之，后者略大于前者。我国行政复议制度中的复议申请人的范围接近第二类。根据我国《行政复议条例》第二条和第二十六条规定，复议申请人首先必须是行政相对人，即在具体行政法律关系中处于被管辖一方的公民、法人和其他组织。具体说，它包括行政行为的对象人和一定条件下的被侵害人。其次，这些行政相对人必须是认为行政主体的具体行政行为侵犯其合法权益的人。我国对复议申请人范围作如此划定，是符合我国的立法精神的。

申请人提出复议申请，必须符合法定程序。而申请时限是程序的重要内容。但各国关于申请时效的规定内容上不同一，有长有短。最长的有规定六十天的，如日本。日本《行政不服审查法》第十四条规定："审查请求，必须自得知已作出处分之日的次日起六十天内提起（如果对该处分已提起异议声请，则自得知对该异议声请已作出决定之日的次日起三十天内提起）。但因天灾或有其他不得已的理由而未能提起审查请求时，不在此限。"有不少国家规定三十天。如联邦德国规定异议人必须在知道行政行为起的一个月内提出异议。韩国1951年《诉愿法》第三条第一款明文规定："诉愿应自接受行政处分决定书之日起三十日内提起，延长不得超过三个月。"规定申请期限只有两个星期的也不乏其国。根据奥地利法律，当事人提起诉愿的法定期限为两个星期。这期限均从各当事人被送达处分裁决的正本时起算；若仅以口头宣告裁决时，自宣告时起算。

在我国，关于提起行政复议的期限，经历了从不统一到统一的过程。以前，

① 见澳大利亚1975年《行政申诉裁判庭法》第二十七条。

由于没有《行政复议条例》，当事人申请复议的期限，由法律、法规作不同规定。归纳起来，主要有六种期限，从短到长依次为五天、十天、十五天、三十天（一个月）、三个月和一年。其中以十天、十五天、三十天为最普遍。据统计，1979年至1986年间，规定申请复议期限为15天的法律、法规，占有申请复议期限规定法律、法规总数的55%；规定十天的，占总数的25%；规定三十天的，占总数的16%，而其他期限只占总数的4%。当事人申请复议的期限到底应以多长为宜，挺难断定。

规定申请复议期限过短，势必影响行政相对人的申诉权；规定申请复议期过长，又必影响国家行政管理的效率。

我国行政复议申请期限是否该统一？以及如何统一？我国《行政复议条例》作了明确回答。《行政复议条例》第二十九条规定："公民、法人或者其他组织向有管辖权的行政机关申请复议，应当在知道具体行政行为之日起十五日内提出，法律、法规另有规定的除外。因不可抗力或者其他特殊情况耽误法定申请的期限的，在障碍消除后的十日内，可以申请延长期限，是否准许，由有管辖权的行政机关决定。"这说明，我国行政复议以十五天为一般申请复议期限、以法律、法规所规定的其他期限为例外期限。这再一次体现我国立法上原则性和灵活性的有机结合。

四、复议机关及复议程序

行政复议制度自然包括复议机关的设置方式和复议程序。

复议机关必然是行政机关，而不是司法机关（否则便成了行政诉讼），这一点世界各国基本相同。但具体由什么机关来实施行政复议的职能，各国的做法差异较大。归纳起来大致有下列几种。

（一）规定原行政处理机关为复议机关

前面说过，法国的行政救济有善意救济和层级救济之分，而善意救济正是以被侵害人向原行政机关申请救济为特征的。日本的行政不服审查制度，有审查请求和异议申诉之别，而异议申诉便是当事人向原行政处分厅提请行政救济的法律制度。德国的异议审查制度，亦规定当事人向原行政处分机关提出救济请求。如果当事人的请求遭到原处分机关的拒绝，他才可以向上一级行政机关提出再审查请求，此谓诉愿。比利时行政救济中的善意救济与法国完全相同。

（二）规定上一级行政机关为复议机关

这种情况比上者更为普遍。法国和比利时行政救济中的层级救济，都是以当事人向原行政处理机关的上级行政机关申请救济为特征的。日本的行政不服审查，以上级行政厅处理为原则，无上级行政厅时，才由原行政厅处理。德国当事人可经原行政机关异议审查程序后，向上级行政机关提出诉愿。奥地利和韩国的行政诉愿制度，一律由原行政处理机关的上级行政机关为诉愿官署。

（三）规定特定组织为复议机关

这种情况亦非鲜见，即既不是原行政机关，也不是上级行政机关，而是以法律特定的组织为复议机关。如英国部长救济中的部长，裁判所救济中的有关裁判所；美国的中间复议委员会；澳大利亚的行政申诉裁判庭；等等。

（四）规定国家组织和社会组织概为法定复议机关

在设定复议机关时，既不区别行政组织和其他国家组织，也不划分国家组织和社会组织，这是苏联的做法。在苏联，根据《关于审理公民建议、申请和控告的程序法》规定，一切国家机关和社会组织、企事业单位和其他组织都可以成为法定的处理公民建议、申请和控告案件的机关。

必须说明的是，我们不能简单地把某个国家放置于以上四种模式中的某一个模式之中，因为有的国家同时涉及几个模式，特别是（一）至（三）种。例如：日本的行政审查机关既有原机关的，也有上级机关的；英国的行政救济机关，既有一般行政机关的，也有特定行政组织的。

复议机关的设置又同复议审级相联系。或者说，审级影响复议机关的设置。例如：采用二级复议制的国家，一般必须把原行政处理机关和上级行政机关均定为复议机关。

考察有关国家的行政复议制度，发现其审级的确定主要有三种类型。

一是实行一级复议制，即复议只能实施一次。英国行政救济中的部长救济实施一级救济制，当事人对部长决定不服，不得提起再救济。澳大利亚的行政申诉制度亦实施一级申诉制，当事人对行政申诉裁判庭裁决不服，不得提起行政上的再申诉。在苏联的行政申诉制度中，无论国家机关还是社会组织处理公民建议、申请和控告案件，一律实行一轮申诉制。韩国实行一级诉愿制，其 1951 年《诉愿法》第十四条规定：“对诉愿的裁定不得再诉愿。”

二是实行二级复议制。法国和比利时善意救济（原机关救济）和层级救济（上级机关救济）的划分，正是二级复议制的表现及必然结果。在美国的行政上诉制度中，当事人对中间复议委员会决定不服的，被允许适用再复议程序。联邦德国实行典型的二级复议制。行政申诉的当事人对行政主体所作出的行政处分不服时，可以先向原处分机关提出，请求审议，此谓“声明异议”。当事人对异议审查决定不服的，可以向直属上级机关，或其他有管辖权的机关请求再审查，此谓“诉愿”。中国台湾省的诉愿制度，亦属二级复议制，其一轮复议叫“诉愿”，二轮复议则叫“再诉愿”。诉愿机关和再诉愿机关是不同的。如：乡镇市公所所作行政处分，诉愿机关是县市政府，再诉愿机关是省政府；县市政府所作行政处分，诉愿机关是省政府，再诉愿机关则是中央主管部会。只有一个例外，如果行政处分由中央各院作出，那么向原院诉愿以再诉愿论。

三是实行不定级复议制。这种审级制的特点是：复议须经过几级才达终局，没有统一定式。英国行政救济中的裁判所救济首推此例。其当事人不服裁判所的决定，是否还可向其他裁判所或有关机关申诉，完全取决于具体法律的具体规定。日本的行政不服审查制度原则上是一级审查制，但若遇《行政不服审查法》第八条所规定的四种场合之一，当事人可以提出再审查请求，这便是二级审查制。由于日本不绝对实行一级审查制，也不绝对实行二级审查制，故把它归入不定级复议制。奥地利有关联邦事务的行政诉愿，亦属不定级复议制。

中国在以前行政复议组织的建制上，既没有专设行政复议机关，也很少有专设的行政复议机构（专利复审委员会等例外）。1990 年《行政复议条例》推出后，按此条例，我国虽不专设行政复议机关，但在一般行政机关中始专设行政复议机构。《行政复议条例》第二十四条规定：“县级以上的地方各级人民政府的复议机构，应当设在政府法制工作机构内或者与政府法制工作机构合署办公。”第二十五条又规定了复议机构同复议机关（一般行政机关）之间的关系：“复议机构或者专职复议人员在复议机关的领导下工作……”

关于与复议组织建制相联系的审级，在《行政复议条例》实施之前，一级复议制与二级复议制并存，前者如治安处罚复议，后者如海关关税争议的复议。《行政复议条例》基本上确认现状，但表明了它的“倾斜”态度。第五条规定：“除法律、行政法规另有规定的外，行政复议实行一级复议制。”这说明，我国原则上实行一级复议制，但法律、行政法规（注意：不包括地方性法规）另有规定（一般为二级复议制）的除外。

下面，我们比较行政复议程序。

行政复议程序是复议活动在时间和空间上的存在方式。它由诸多因素构成，但最重要的因素或许可以指复议方式和复议期限了。前者属于空间因素，后者则属时间因素。

在英国的行政救济制度中，其部长救济采用书面审查方式，其裁判所救济可采用公开的对抗式，也可采用书面审查方式。美国的行政上诉，联邦德国的行政申诉，意大利的行政审查，奥地利的行政诉愿，苏联的行政申诉等，一律采用书面审理方式。书面审理方式有简便之特点，但在让当事人充分发表意见方面，便不及言词审理方式了。因此，日本在这方面作了改进。日本的行政不服审查，原则上还是采用书面审查制，但它规定，审查请求人若有特别申请的，审查机关必须给予口头申诉意见的机会，审查请求人还可以要求阅览行政处分厅（即被审查机关）提出的证据资料等。

中国行政复议方式，自新中国成立以来，一直实行书面审。《行政复议条例》的制定和实施，使中国行政复议的书面审理方式更加完备。在实践中，虽然复议机构允许复议申请人和被申请人陈述意见，但这不是正式的法律程序。

行政复议机关不及时实施复议，复议申请人的合法权益将得不到及时的保护。为此，规定行政复议期限，并要求复议机关在法定期限内完成复议工作，是十分重要的。

英国的行政救济、美国的行政上诉、日本的行政不服审查，对于完成行政复议的期限，在有关该制度的基本法（如日本《行政不服审查》）中没有明文规定。联邦德国行政申诉中完成复议的期限，其《联邦行政手续法》没有规定，而《联邦行政法院法》则作了规定。根据该法，异议人在收到处分决定后一个月之内，可以向原处分机关的直属上级机关提出申诉，该上级机关必须在三个月之内作出决定。意大利有关法律要求行政审查机关必须在九十天作出审查决定。如果在该期限内不作出决定，即可推定，审查机关业已拒绝了该项申请，申请人便可直接向行政法庭起诉了。在苏联的行政申诉制度中，其《关于审理公民建议、申请和控告的程序法》对处理机关审理公民行政申诉案的期限作了明文规定。但其期限因申诉内容和主体的不同而不同：（1）审理公民建议的期限为一个月；（2）审理公民申请、控诉的期限，对于不需要作补充调查和审查的为十五天，相反是一个月；（3）审理军人和他们家属成员的申请和控诉期限，处理机关是联盟和共和国机关的，是十五天，处理机关是地方机关、企事业单位和组织的，是七天。我国台湾的诉愿制度，规定处理机关作出诉愿决定的期限为三个月。

在我国社会主义的行政复议制度中，具体法律、法规所规定的复议期限是不统一的。主要有四种：(1) 有规定五天的，如1986年《中华人民共和国治安管理处罚条例》；(2) 有规定十五天的，如1985年制定、1987年修订的《中华人民共和国进出口关税条例》；(3) 有规定三十天或一个月的，如：1985年《国营企业固定资产折旧试行条例》、1987年《中华人民共和国物价管理条例》；(4) 有规定九十天或三个月的，如1980年《中华人民共和国中外合资经营企业所得税法施行细则》、1987年《中华人民共和国海关法行政处罚实施细则》。

行政复议期限规定过短，复议机关承受不了；相反，便不利于及时保护申请人的合法权利。

经诸多因素的考虑，《中华人民共和国行政诉讼法》(第三十八条) 和《行政复议条例》(第四十六条) 把两个月确定为我国行政复议的一般期限。复议的特别期限需有法律、法规的明文规定。我们认为，这样规定是比较符合中国的实际的。

五、复议与停止执行

这里的讨论以此为主题：行政复议期间，被复议的行政行为是否停止执行？什么条件下才停止执行？

行政复议期间，原具体行政行为尚未最终生效，于是不该先行执行。这样做固然符合行政法理，但由于国家行政管理具有广泛性、复杂性和及时性之特点，行政主体如果不能在复议期间先行执行原行政行为那就不利于及时保护国家行政秩序。又反过来说，如果复议期间原行政行为无论合法、适当与否，一概先行执行，那就不利于及时、有效地保护公民、法人其他组织的合法权益。各国行政复议制度，面对该天平的两端，如何分配它们的砝码？

日本的行政不服审查，奉行行政审查不停止原处分执行的原则。日本1962年《行政不服审查法》第三十四条第一款规定："提起审查请求，并不妨碍处分的效力、处分的执行或程序的继续进行。"但这一原则不等于没有例外。该法第三十四条第二款规定："处分厅的上级行政厅作为审查厅在认为必要时，可依审查请求人的声请或以职权，全部或部分停止处分的效力、处分的执行或程序的继续进行，或者采取其他措施。"第三款又规定："处分厅的上级行政厅以外的审查厅在认为必要时，可依审查请求人的声请并在听取处分厅的意见以后，实施停止执行……"这就是说，经审查请求人的申请，处分厅上级行政厅或处分厅上级行政厅以外的审查厅认为必要时，可以停止原处分的执行。那么，怎样来掌握"必要"这一标准呢？日本《行政不服审查法》第三十四条第四款作了回答："审查请求人提出前两款规定的声请以后，为了避免因处分、处分的执行或程序的继续进行产生难以恢复的损害而认为有紧急必要时，审查厅必须实施停止执行。但可能对公共福利产生重大影响或使处分的执行、程序的继续进行有成为不可能的危险时，或者原告人的诉讼请求看来没理由时，不在此限。"这就是说，是否需要停止原处分的执行，主要在于看该处分的执行是否会造成无法挽回和弥补的损害？

该处分的停止执行是否会对公共福利造成重大影响或使以后的执行成为不可能。

韩国的行政诉愿制度亦以诉愿不停止执行为原则，同时保留例外。韩国1951年（诉愿法）第八条规定："除法律另有规定外，在诉愿期间原行政处分的决定继续执行。但法院行政庭根据职权或诉愿人的申请，认为确有必要停止执行原行政处分的决定的，在诉愿期间，可以决定原行政处分决定暂缓执行。"韩国的这一制度与日本同类制度比较，有两个特点，或许是两个缺点：(1) 它把决定原行政行为暂缓执行的职权仅归属于法院（行政庭），排除行政机关本身所应该拥有的该权力；(2) 没有明确暂缓执行的条件和标准，扩大了有权决定暂缓执行机关的自由裁量权。

中国台湾地区目前的做法，与韩国同。中国台湾地区《诉愿法》第二十三条规定："原行政处分之执行，除法律另有规定外，不因提起诉愿而停止。但原行政处分机关或受理诉愿机关，必要时得依职权或依诉愿人之声请，停止其执行。"同时亦可看出它同韩国的差异：它把决定暂缓执行的职权归属于行政机关本身，而非司法机关。

奥地利对这一问题的处理相当独特。如果其他国家和地区实行以复议不停止执行为原则，以停止执行为例外，那么奥地利的做法正好相反，它实行诉愿以停止执行为原则，以不停止执行为例外。根据奥地利有关法律规定，行政诉愿合法提起后，有停止执行原行政处分的效力（suspensiveffekt)。这是出于保护民权的考虑。但提高行政管理效率，是奥地利行政手续法的目的之一。因此，该法在坚持诉愿停止执行的同时，又规定了例外，该法允许出于保护方当事人的利益，或者急迫情形下，或为维护公共利益有提前执行的必要时，行政官署可不停止执行。行政官署不停止执行的态度，应尽可能记载于行政处分当中，使当事人事先了解。

在中国社会主义的行政复议制度中，关于复议期间原具体行政行为是否停止执行问题，法律规定甚少。在为数不多涉及该问题的法律、法规中，大多规定复议（申诉）期间不停止原具体行政行为的执行。例如：1979年《中华人民共和国对外国籍船舶管理规则》规定，在没有变更原决定前，原行政决定仍然有效，应照常执行。关于征税争议的复议，我国不少税法明文规定申请人应先按规定纳税，然后方可申请复议，如1980年《中华人民共和国中外合资经营企业所得税法》、1983年《建筑税征收暂行办法施行细则》、1985年《中华人民共和国集体企业所得税暂行条例》等。

值得一提的是，自新中国成立起至《行政复议条例》制定前，我国有一个、也只有一个法规，明文规定复议期间应停止原行为的执行。1985年《国营企业固定资产折旧试行条例》规定逾期不申请复议的，即按财政机关通知执行。这反过来说：当事人在规定期间内申请复议的，原财政机关的决定便暂缓执行。

可见，我国以前的立法对复议是否停止原行政行为的执行问题，没有统一的态度，因而也没有统一的方法和处理程序。1990年《行政复议条例》的出台，改变了这一现状。

我国《行政复议条例》第三十九条规定："复议期间具体行政行为不停止执行。但有下列情形之一的，可以停止执行：(1) 被申请人认为需要停止执行的；(2) 复议机关认为需要停止执行的；(3) 申请人申请停止执行，复议机关认为其要求合理，裁决停止执行的；(4) 法律、法规和规章规定停止执行的。"上述规定体现了两个特点：(1) 依申请和依职权的结合。复议期间停止原具体行政行为的执行，既可经申请人申请后作出（依申请行为），也可由行政机关依职权作出（依职权行为），无须经申请人申请。(2) 被申请人和复议机关的结合。这表现在：决定暂缓执行的职权既可由作为被申请人的原行政机关行使，也可由行政复议机关行使。但我国《行政复议条例》在这方面的缺陷是，它对停止执行原具体行政行为的具体标准未作规定，从而使原行政机关和行政复议机关在决定是否停止原具体行政行为的执行上面拥有很大的自由裁量权。

综观世界上不同国家和地区的行政复议制度，我们发现：大多数国家和地区坚持以复议不停止原行为执行为原则，以停止执行为例外；只有个别国家才奉行相反的规则，即以复议停止执行原行为为原则，以不停止执行为例外，如奥地利。关于决定暂缓执行的职权，大多数国家和地区归属于行政机关，只有个别国家（如韩国）归属于司法机关。关于暂缓执行的条件，一般统一于：先行执行会造成难以弥补的损失，停止执行又不会损害社会的公共利益。

六、禁止不利变更

行政复议的实质，是复议机关对原行政机关的原行政行为的再审查。认为原行政行为合法、适当的，应作出维持决定；原行政行为违法或不当的，应作出撤销或变更决定。对此，各国的看法和做法是统一的。但问题在于：当复议机关认为被审查的原行政行为显属不当而予变更时，是否可以作不利于申请人的变更？对此，各国有不同的看法和规定。

世界上大多数国家和地区，认为行政复议是行政机关对自身行为的自我审查和监督，因而享有完整的裁决权，既可以作出维持决定，也可以作出变更或撤销决定；既可以作出有利于申请人的复议决定，也可以作出不利于申请人的复议决定。在英国的行政救济中，无论是部长救济中的部长，还是裁判所救济中的行政裁判所，它们自然享有作出不利于申请人的变更决定。在美国的行政上诉中，行政法官（即行政裁判官）拥有与上相同的权力。世界各国的行政程序法，如德国1976年《行政手续法》、美国1946年《联邦行政程序法》、西班牙1958年《行政程序法》等，均没有明文禁止行政复议机关作不利于申请人的变更决定，因而其变更方向不受限制。

但有的国家认为，如果行政复议机关在作变更决定时，可以作不利于申请人的变更，那势必影响申请人大胆地行使申请复议的权利。正如在刑事诉讼中应确立“上诉不加刑”原则一样，在行政复议中同样应确立“禁止不利变更”原则。日本1962年《行政不服审查法》第四十条第三款规定：“在前两款的情形下，如果审查厅是处分厅的上级行政厅时，审查可以裁决变更该处分或其命令处分厅变更该事实行为，并以裁决宣告之。但不得命令作出对审查请求人不利的处分变更或事实行为变更。”这说明，在日本的行政不服审查中，变更裁决只限于处分厅的上级行政厅（作为审查厅时）作出，但不得作不利于审查请求人的变更裁决。在奥地利的行政诉愿制度中，其1948年的《一般行政手续法》并未明文禁止不利变更，而且学理上认为，诉愿官署在审理后自作行政处分，并于主文及理由内，以其见解代替下级官署的见解，因此，诉愿官署对原行政处分所作的任何变更，均属合法行为。据此，诉愿官署对原行政处分作出不利于诉愿人的变更(reformatio in peius)，亦非法律所不允。但在行政罚救济程序中，奥地利判例与学说则认为不得对诉愿人作不利之变更。

我国在制定《行政复议条例》过程中，同样面临上述问题的两难抉择。禁止不利变更，对于消除申请人申请复议的顾虑，从而充分保护其合法权益，固然必要，但这样做，又与行政机关实事求是纠正自身违法或不当行为的精神相悖。

根据我国《行政复议条例》第四十二条规定，行政复议机关对于“具体行政行为明显不当的”，应决定变更。但《行政复议条例》对决定变更的方向（有利于申请人或不利于申请人）不作限制。《行政复议条例》对不利变更不作禁止不是没有理由的。除上述业已提到的一般性理由外，还有以下两点特殊理由：

第一，中国大多行政复议不属终局复议，故不是最终救济手段。申请人对复议决定不服，可以继而提起行政诉讼。行政复议机关的不利变更虽然不被禁止，但它受到人民法院的司法审查。

第二，根据《中华人民共和国行政诉讼法》第二十五条第二款规定，“复议机关改变原具体行政行为的，复议机关是被告。”这样，复议机关将会以很强的责任心来对待自己变更原具体行政行为的职权，滥用变更权受到了直接的控制。

七、同行政诉讼衔接

这里旨在讨论：行政复议是否同行政诉讼相衔接，以及如何衔接？换句话说，申请人对复议决定不服，是否可以提起行政诉讼，以及在多大范围内提起行政诉讼？

在英国的行政救济中，当事人对部长救济中的部长决定不服，可适用司法救济，但他通常被限于就法律问题（非事实问题）向高等法院上诉。英国的裁判所救济是否与司法审查相结合，完全取决于具体法律的具体规定。

美国的行政上诉一律同司法复审相衔接。其法律依据是1946年的《联邦行政程序法》。该法第704条规定：“法律规定可受司法复审的行政行为和在法院不能得到其他充分补救的行政机关最终确定的行为应受司法复审。不直接受司法复审的初步的、程序性的或中间阶段的行政行为或行政裁定，在复审行政机关最终确定的行政行为时，也应接受复审。”但行政上诉中的下列两种行为不属司法复审范围之内：（1）法律规定不予司法复审的行政行为；（2）法律授权行政机关自行决定的行政行为。

在澳大利亚，其行政申诉与司法复审的关系，正如1975年的《行政申诉裁判庭法》与1977年的《行政决定司法审查法》之间的关系那样密切，它们构成了“单梯型”的救济手段。行政相对人对申诉裁判庭决定不服，大多可以请求司法复审。

法国的行政救济亦与诉讼救济相衔接。与别国不同的是，行政救济与诉讼救济可作为供行政相对人选择的同步救济手段。相对人可申请行政救济，对行政救济不服继而申请诉讼救济，亦可直接申请诉讼救济。行政救济已不再作为诉讼救济的前置阶段，除非属于：（1）当事人请求行政赔偿；（2）或法律有明文规定。

日本的行政审查与行政诉讼之间的关系颇为特殊。《行政不服审查法》和《行政案件诉讼法》于同年（1962年）制定，分别确立和完善了行政审查制度和行政诉讼制度。但它们属于当事人不能兼得的两种并列的救济手段。当事人提起行政不服审查，便不能提起行政诉讼；反之亦然。然而，“取消裁决的诉讼”例外。根据《行政案件诉讼法》第三条第三款的规定，在该诉讼中，当事人可请求法院取消行政不服审查决定。

在本题讨论的问题上，德国的异议审查制度与意大利的行政审查制度基本相同，均构成行政诉愿的先置性程序。韩国和中国台湾省的做法亦属此列，它们确立了“诉愿前置”原则。

苏联1987年公布的《苏联对损害公民权利的公职人员不合法行为向法院控告程序法》第四条第一款规定：“只有在公民按从属关系向上级公职人员或机关对公职人员的行为提出控告之后，才能向法院控告。”从而使行政申诉成了行政诉讼的前置阶段。但到同年10月，上述规定马上被修改为：“公民根据自己的决定，可以对公职人员的行为向其上级领导人或上级机关提出申诉以后向法院控告，或者直接向法院控告。”这样，行政选择原则便取代了行政先置原则。

考察以上不同国家和地区的行政复议与行政诉讼的关系，不难发现：行政复议一般都与行政诉讼相衔接。在具体衔接方法上有两种：一种是：行政复议是行政诉讼的前置阶段，即当事人只有经过复议以后，才有权提起诉讼，如英国、美国、澳大利亚、德国、意大利等；另一种是：行政复议和行政诉讼构成并列的选择救济，当事人可直接提起诉讼，也可申请复议，大多情况下对复议决定不服，还可提起诉讼，如日本和苏联。

中国对于行政复议与行政诉讼的关系，《中华人民共和国行政诉讼法》和《行政复议条例》都做了反映。前者第三十七条规定：“对属于人民法院受案范围的行政案件，公民、法人或者其他组织可以先向上一级行政机关或者法律、法规规定的行政机关申请复议，对复议不服的，再向人民法院提起诉讼；也可以直接向人民法院提起诉讼。法律、法规规定应当先向行政机关申请复议，对复议不服再向人民法院提起诉讼的，依照法律、法规的规定。”《行政复议条例》第四十七条第一款对此亦作相应规定：“除法律规定终局的复议外，申请人对复议决定不服的，可以在收到复议决定书之日起十五日内，或者法律、法规规定的其他期限内向人民法院起诉。”由此表明，我国法律、法规对复议与诉讼关系的处理有两个特点：（1）以诉讼终局救济为原则，以复议终局救济为例外。即申请人对复议决定不服，一律可以提起诉讼，但终局复议例外。（2）以选择复议为原则，以前置复议为例外。即原则上，行政相对人既可以申请复议，对复议决定不服的，再向人民法院起诉，也可以直接向人民法院起诉，但按法律、法规规定属于前置复议的例外。

八、复议立法形式

行政复议制度，实际上是由有关法律、法规确立的一种法律制度。行政复议是以复议立法为前提。因此，行政复议制度的比较研究，自然应包括复议立法形式的比较。

综观世界各国和各地区的复议立法制度，行政复议立法形式无非有两大类型，即分散型和法典（集中）型。前者的特点是：没有单一的行政复议方面的法典。行政复议法律规范散见于各种法律、法规之中。中国在《行政复议条例》公布施行前，属于该类型。法典型也称集中型，其特点是：有关行政复议的法律规范集中在一个法典之中。法典型比分散类集中，是一个国家的行政复议制度完善的标志。法典型就其具体立法方式而言，可以分为三种。

第一种是：单独制定行政复议法典，从名称到内容都较有针对性和集中性。如日本 1962 年制定的《行政不服审查法》、韩国 1951 年制定的《诉愿法》和中国 1990 年制定的《行政复议条例》。

第二种是：行政复议法律规范集中在行政程序法之中。如美国 1946 年《联邦行政程序法》中有一节集中规定了行政上诉制度，德国 1976 年《行政手续法》第六章单设了“法律救济程序”，奥地利 1950 年制定的《普通行政手续法》、西班牙 1958 年制定的《行政程序法》都包含了行政复议的内容。

第三种是：行政复议法律规范由有关组织法来反映。英国行政救济中的裁判所救济，其一般的职权和程序就是由其 1958 年的《行政裁判所与调查法》规范的。

以上三种方法的比较，我们以为第三种不可取。第一种与第二种的选择，应视国家的不同情况而定。如果国家已有统一的行政程序法，那就不必另行制定行政复议法；如果该国的行政程序尚未统一，那就必须有单独的行政复议法。据此，我国在行政程序法尚未制定之前，制定单独的《行政复议条例》，与《中华人民共和国行政诉讼法》配套，完全是理智之举。

（载于《比较法研究》1994 年第 2 期）

§2.30 中日国家赔偿法：比较与研究

中国和日本是相隔一水的邻近邦国。从总体上说，中国和日本的法律均接近大陆法系，因此在一些法律制度和法学观念上容易相互融通。但同时因历史背景和国家制度的区别，使得两国间的许多法律制度和法学观念存有明显差异。日本分别于1947年和1950年制定了《国家赔偿法》和《刑事补偿法》，中国于1994年制定了相当于合日本上述两个国家赔偿方面的基本法为一体的《中华人民共和国国家赔偿法》。本文拟以中日两国的国家赔偿的基本法规为基础，围绕立法背景、法规体系与性质、赔偿范围、归责原则、赔偿请求人与赔偿义务机关、赔偿程序等问题进行比较与评价，以助于两国间取长补短，共同完善各自的国家赔偿制度。

一、国家赔偿的立法背景

中国是一个具有两千多年封建历史的国家。在那个时代谈国家赔偿会被认为是天方夜谭。1949年9月，为了建立中华人民共和国，并为新中国的建设事业确定大政方针，中国人民政治协商会议第一届会议在北京召开。会议制定并颁布了《中国人民政治协商会议共同纲领》[①]（以下简称《共同纲领》）。该纲领第十九条规定："人民和人民团体有权向人民监察机关和人民司法机关控告任何国家机关和任何公务人员的违法失职行为。"该条虽然没有直接明文确立国家赔偿责任原则，但已为尔后中国的宪法、法律、法规确立国家赔偿制度奠定了基础。1954年1月，中央人民政府政务院正是根据《共同纲领》中的这一规定，制定和颁布了《中华人民共和国海港管理暂行条例》[②]。该条例第二十条规定："港务

---

① 1949年9月29日中国人民政治协商会议第一届全体会议通过。

② 1954年1月21日政务院第203次政务会议通过，1954年1月23日政务院公布，自公布之日起施行。

局如无任何法令根据，擅自下令禁止船舶离港，船舶得向港务局要求赔偿由于禁止离港所受之直接损失，并得保留对港务局之起诉权。”这是新中国成立以来第一个明文规定国家赔偿的法规。但是由于这仅是个行政法规，而且仅适用港务局的赔偿责任，因而不能成为中国全面确立国家赔偿的法律依据。

1954 年 9 月，中国第一届全国人民代表大会制定了新中国的第一部宪法，即《中华人民共和国宪法》[①]。该法第九十七条明文规定：“中华人民共和国公民对于任何违法失职的国家机关工作人员，有向各级国家机关提出书面控告或者口头控告的权利。由于国家机关工作人员侵犯公民权利而受到损失的人，有取得赔偿的权利。”这是中国第一次以根本大法的形式对国家赔偿责任的确立，而且所确立的赔偿范围不只限于行政赔偿，应包括所有范围的国家赔偿。但这一规定因中国 1954 年以后的各种历史原因[②]，特别是自 1966 年开始的“十年动乱”——“文化大革命”，而成为废纸。1975 年的宪法[③]还取消了公民“取得赔偿”的规定，1978 年的宪法[④]由于受“左”的因素的影响也没能恢复这一规定。中国的国家赔偿制度陷入了困境。

中国共产党十一届三中全会以后，党中央确定了新的政治路线、思想路线和组织路线，各行各业展开了拨乱反正、正本清源的工作。1982 年，中国重新制定了宪法[⑤]，以根本大法的形式确立了中国发展新的路线、方针、政策。该法第四十一条规定：“中华人民共和国公民对于任何国家机关和国家工作人员，有提出批评和建议的权利；对于任何国家机关和国家工作人员的违法失职行为，有向有关国家机关提出申诉、控告或者检举的权利，但是不得捏造或者歪曲事实进行诬告陷害。对于公民的申诉、控告或者检举，有关国家机关必须查清事实，负责处理。任何人不得压制和打击报复。由于国家机关和国家工作人员侵犯公民权利而受到损失的人，有依照法律规定取得赔偿的权利。”该条与 1954 年宪法第九十七条规定明显不同的是，它指出公民“有依照法律规定”（着重号引者加）取得赔偿的权利。这就为另行制定国家赔偿方面的法律奠定了立法基础。1986 年，中国制定了《中华人民共和

---

① 1954 年 9 月 20 日第一届全国人民代表大会第一次会议通过。

② “大跃进运动”、自然灾害和“文化大革命”运动等。

③ 1975 年 1 月 17 日中华人民共和国第四届全国人民代表大会第一次会议通过。

④ 1978 年 3 月 5 日中华人民共和国第五届全国人民代表大会第一次会议通过。

⑤ 1982 年 12 月 4 日中华人民共和国第五届全国人民代表大会第五次会议通过。后经 1993 年 3 月 29 日第八届全国人民代表大会第一次会议修正。

国民法通则》[①]。该法第一百二十一条规定："国家机关或者国家机关工作人员在执行职务中，侵犯公民、法人的合法权益造成损害的，应当承担民事责任。"民法通则无疑为1982年宪法第四十一条规定中的公民须"依照法律规定"取得赔偿的要求满足了"法律"，但它由于把国家赔偿责任作为民事责任对待，从而混淆了行政法与民法的界限。同年，中国还制定了新的《中华人民共和国治安管理处罚条例》[②]。该条例第四十二条规定："公安机关对公民给予的治安管理处罚错误的，应当向受处罚人承认错误，退回罚款及没收的财物；对受处罚人的合法权益造成损害的，应当赔偿损失。"这一规定对于确立治安行政赔偿显然是有益的，但它既没有把行政赔偿责任从民事责任中脱离出来，也没有对民法通则第一百二十一条补充新的内容，从而从法律内容上看显得多此一举。

1986年以后，中国的国家赔偿不仅在实体上作为民事责任形式存在，而且在程序上，不论国家赔偿案件是否属于行政案件，一概适用民事诉讼程序。因为1982年的《中华人民共和国民事诉讼法（试行）》[③] 第三条第二款规定："法律规定由人民法院审理的行政案件，适用本法规定。"这一规定直到行政诉讼制度确立后的1991年的《中华人民共和国民事诉讼法》[④] 中才被取消。这种"行民不分"[⑤] 的状态被1989年的《中华人民共和国行政诉讼法》[⑥] 所打破。该法首先使行政诉讼程序同民事诉讼程序相分离，其次由于第九章关于行政侵权责任的规定，使行政赔偿责任同民事赔偿责任相分离，但它由于本身法规范围的限制无法将司法赔偿从民法通则的第一百二十一条[⑦]中脱离出来。因此，制定包括司法赔偿在内的国家赔偿法势在必行。

1994年5月12日，中国经过多年的努力，在第八届全国人民代表大会常务

① 1986年4月12日第六届全国人民代表大会第四次会议通过，1986年4月12日中华人民共和国国家主席令第37号公布，自1987年1月1日起施行。

② 1986年9月5日第六届全国人民代表大会常务委员会第十七次会议通过，1986年9月5日中华人民共和国主席令第43号公布，自1987年1月1日起施行。

③ 1982年3月8日第五届全国人民代表大会常务委员会第二十二次会议通过，1982年3月8日全国人民代表大会常务委员会令第8号公布，自1982年10月1日起施行。

④ 1991年4月9日第七届全国人民代表大会第四次会议通过，1991年4月9日中华人民共和国主席令第44号公布，自公布之日起施行。

⑤ 即行政责任与民事责任、行政诉讼与民事诉讼合一。

⑥ 1989年4月4日第七届全国人民代表大会第二次会议通过，1989年4月4日中华人民共和国主席令第16号公布，自1990年10月1日起施行。

⑦ 民法通则第一百二十一条在《中华人民共和国行政诉讼法》和《中华人民共和国国家赔偿法》已经施行的今天依然存在，是不合适的。因为，对于同一事实，人们适用民法与国家赔偿法会导致适用不同的实体规则和诉讼程序。我相信，下次民法通则的修改，必然也应当删去第一百二十一条。

委员会第七次会议上通过了《中华人民共和国国家赔偿法》①。该法共六章三十五条，于1995年1月1日起施行。中国的国家赔偿责任制度从此全面确立。

日本国家赔偿法的制定早于中国，但它也经过了曲折的历程。在明治宪法时代，日本处于国家免责状态。1889年的明治宪法②，集立法、行政、司法三权于天皇一身。官吏不对人民负责，只对天皇负责，因而没有国家赔偿的宪法基础。当时的《行政裁判法》第十六条明确规定："行政法院不受理要求赔偿的诉讼。"③ 具体地说，应区别几种情况：

第一，对于权力作用造成的损害，国家不予赔偿。当时的日本法律制度受德国法的影响很深，他们根据国家活动作用的性质，将行政作用划分为权力作用和非权力作用。关于权力作用范围，国家或官吏个人均不承担赔偿责任。如当时的大审院④在1931年2月27日的判决中指出："凡国家或公共团体基于统治权而采取的权力性行动，无疑不适用私法性的民法规定。因此，官吏或公使作为国家公共团体的机关执行职务而不法地侵害私人利益造成损害时，如果其职务行为属于基于统治权而采取的权力性行为，那么国家或公共团体对受害人不负民法上的不法行为责任。"⑤

第二，对于非权力作用造成的损害，适用民法规定。这里的非权力作用又可区别为两类：一是纯粹私经济作用，如经营电车、公共汽车等经济活动所造成的损害，适用民法的有关规定，由国家有关组织承担民事责任。二是对于公共设施（如道路、河川等）的设置和管理有缺陷造成的损害。日本早期的判例以该内容属"行政行为"或"公法上的行为"为由，拒绝适用民法的有关规定，否认国家的赔偿责任。1916年的德岛小学"游动圆棒事件"使日本判例改变态度，才开始适用民法第717条⑥，肯定国家的赔偿责任。日本大审院对于该事件的判决写

---

① 1994年5月12日第八届全国人民代表大会常务委员会第七次会议通过，1994年5月12日中华人民共和国主席令第23号公布，自1995年1月1日起施行。

② 即1889年2月明治天皇政府公布的钦定宪法，是日本历史上的第一部宪法——《大日本帝国宪法》。

③ ［日］室井力主编，吴微译：《日本现代行政法》，中国政法大学出版社1995年版，第198页。

④ 日本现行宪法前的普通司法法院中的唯一最高的法院。其设置可以追溯到明治8年（1876年），当时的法院组织法也承认其为最高法院。

⑤ 日本《大审院民事判例录》第22辑，第1088页。

⑥ 该条规定："土地工作物的占有人、所有人的责任：（一）因土地工作物的设置或保存有瑕疵，致他人产生损害时，工作物的占有人以受害人负损害赔偿责任。但是，占有人为防止损害发生已尽了必要注意时，损害应由所有人赔偿。（二）前款规定，准用于竹木的栽植或支撑有瑕疵情形。（三）于前两款情形，就损害原因另有责任者时，占有人或所有人可以对其行使求偿权。"

道："小学管理权中所包含的对小学校舍及其他设备的占有权，不属于公法上的权力关系，只是一种纯私法上的占有权，并且这一占有权与私人占有具有同等的地位，因此适用民法第717条的规定。"①

第三，对于公务员的违法行为，无论是公务违法，还是非公务违法，均应公务员个人承担责任。日本的学说认为，追究国家的赔偿责任，只限于公务员的行为代表国家并在国家设定的权限范围内行为时，公务员违法行使职权，表明其超越职务权限，属于个人行为，因而必须个人负责。因此，日本判例认为，这种情况应适用日本民法第709条②由公务员个人承担责任。

可见，这时的日本，国家既不承担权力作用的赔偿责任，也不承担其代理人公务员的公务责任，仅限于承担非权力行为中的一部分私权责任。

第二次世界大战以后，日本在盟军的直接干预下进行社会改革，推行民主制度。1946年，日本推出了新宪法③。该宪法第17条规定："任何人因公务员的不法行为而受到损害时，均得根据法律规定，向国家或公共团体要求赔偿。"第40条又规定："任何人在拘留或拘禁后被判无罪时，得依法律规定向国家要求赔偿。"这些规定，彻底摒弃了明治宪法下的国家免责原则，为日本制定国家赔偿法提供了宪法依据。1947年，日本国会根据宪法第17条制定了《国家赔偿法》④。该法共九条，于1947年10月27日正式公布施行。1959年，日本国会又依据宪法第40条制定了《刑事补偿法》⑤。该法共二十六条，自1950年1月1日起施行。1947年《国家赔偿法》和1950年《刑事补偿法》的施行，使日本的国家赔偿制度得到了全面的确立。

从以上的回顾，我们可以发现，中日两国的国家赔偿立法均有现行的宪法基础。所不同的是，中国的行政赔偿和司法赔偿只以宪法的同一个条文（第四十一条）为根据，因为中国宪法第四十一条的适用面宽于日本现行宪法第十七条，而日本的行政赔偿和刑事补偿则以宪法的两个不同的条文（第十七条和第四十条）为依据。这也许取决于两国不同的制宪背景。

此外，从发展过程上看，中国的国家赔偿在旧中国与新中国之间，经历了从国家免责到国家责任的转变。新中国成立以后，又经历了从私法责任过渡到公法

---

① 日本《大审院民事判例录》第22辑，第1088页。

② 该条规定："因故意或过失侵害他人权利者，负因此而产生损害的赔偿责任。"

③ 即1946年11月3日公布，1947年5月3日施行的《日本国宪法》。

④ 昭和22年（1947年）10月27日由日本国会以法律第125号公布并施行。

⑤ 昭和25年（1950年）1月1日由国会以法律第1号公布施行。至1982年，共修正了十次。

责任，从纯行政赔偿过渡到包括司法赔偿在内的国家赔偿的转变。而日本的国家赔偿，从明治宪法时代到现行宪法时代，经历了从国家免责到国家负责、从公务员的个人责任到国家责任的转变过程。两国的差异在于，中国没有经历日本式的从公务员的个人责任到国家责任的过渡①，而日本没有经历从私法责任到公法责任的过渡②。

二、国家赔偿法的性质与法规体系

首先需要提请注意的是，国家赔偿法的性质与国家赔偿责任的性质不是同一个课题。因此这里并不讨论国家赔偿责任是“自己责任”还是“代位责任”的问题③，尽管这确是讨论国家赔偿责任性质的一个角度，而是讨论国家赔偿法属于公法还是私法，或者说，它是一种国家法还是民法的特别法的问题。

在不注重法律体系、公私法不分的英美法系国家，讨论国家赔偿法的“法律属性”也许不甚重要，而在法国，这将成为区分行政法院管辖还是普通法院管辖的前提问题。置于六法体系中的日本和具有严格法律部门体系观念的中国，同样把讨论国家赔偿法的属性置于一定重要的位置，因为中日两国的学者们都认为，国家赔偿法的性质直接影响国家赔偿责任的性质、国家赔偿法规体系、国家赔偿范围以及国家赔偿的处理程序的相关问题。

中国由于长期受苏联列宁观点④的影响，不强调对法律的公法与私法的划分⑤，但依然严格区分法律部门体系。因此在中国，国家赔偿法属于公法还是私

---

① 虽然中国的宪法和民法等均未表明公务员违法行使职权所引起赔偿的责任主体是谁，但在新中国成立以来的学理和实践中，从未出现过由公务员个人作为国家赔偿责任主体的先例。国家事后对公务员的求偿属于另一种关系。中国的行政诉讼法和国家赔偿法等，事后均明确了国家赔偿的责任主体是国家机关而不是公务员个人。

② 因为日本的国家赔偿至今还被认为是私法责任的一种特殊形式。详见本文第二部分。

③ “自己责任说”和“代位责任说”是日本行政法学界有关国家赔偿责任性质的两种主要理论。前者认为，国家赔偿责任就是国家承担自己应该直接承担的责任。这种观点的倡导者是今村成和。其根据是危险责任说，认为国家授予公务员的权限本身就含有两种结果，即合法行使的可能性和因违法行使而导致损害的危险性。国家既然将这种含有违法行使的危险性的权限授予公务员，便应该为此承担赔偿责任。后者则认为，国家赔偿责任不是国家自己的责任，而是国家为公务员代为承担的责任。这种观点的倡导者是田中二郎。其根据是，国家赔偿责任采用的是过失责任主义，任何职务违法都是由公务员的个人过失所致，但国家作为他的雇主必须承担民法第 715 条所规定的责任。

④ 列宁说：“我们不承认任何‘私法’，在我们看来，经济领域中的一切都属于公法范围，而不是私法范围。”（《列宁全集》，第 36 卷，人民出版社 1963 年版，第 587 页）

⑤ 但近几年来，中国已有越来越多的学者重新评价公法与私法划分的价值。如刘升平、王晨光：《重新认识公法与私法的划分》，《法制日报》1994 年 12 月 1 日第七版。

法的问题，恰恰是通过另一个问题——国家赔偿法是国家法（宪法、宪法性法和行政法）还是民法——表现出来。如本文第一题所述，中国对国家赔偿法性质的认识，无论在立法处理上还是在学理观点上，都经历了从民法到国家法的转变。

中国1954年的宪法和1982年的宪法，1954年的《中华人民共和国海港管理暂行条例》和1986年的《中华人民共和国治安管理处罚条例》等，都没有回答国家赔偿法律规范的法律属性问题。1986年制定的《中华人民共和国民法通则》第一百二十一条的规定，第一次（当然也应该是最后一次）将国家赔偿责任纳入民法责任范围，从而又相应地把国家赔偿法律规范纳入民法规范体系之内。这时的不少民法教科书也把国家赔偿作为一个民法问题来阐述。① 1989年《中华人民共和国行政诉讼法》的颁布，首先对行政赔偿性质提出了挑战。该法单设专章（第九章）制定了有关行政赔偿的实体规范和程序规范。中国行政诉讼法不仅将行政诉讼程序同民事诉讼程序相分离，而且将行政赔偿置于行政诉讼而不是民事诉讼之中，从而表明了行政赔偿法律规范的行政法属性。1994年《中华人民共和国国家赔偿法》的公布，不仅使中国的国家赔偿在实体上从行政赔偿扩大到司法赔偿，而且在程序上，除了重申行政赔偿适用行政诉讼程序外，还为司法赔偿专设了不属于民事诉讼程序的特别处理程序，从而使国家赔偿法从民法规范中独立出来。正如肖峋所说："国家赔偿法属于公法，在中国则属于国家法。"② 因为国家赔偿是"国家行使公权力而引起的赔偿责任，而不是私人之间侵权行为引起的赔偿责任"。③

日本是一个有强烈的"公法与私法"划分观念的国家。他们在公法与私法划分的基础上筑建起牢固的六法体系。日本在明治宪法时代，在权力关系中，国家不承担任何责任；在其他管理关系中，一概适用民法。当今的日本已于1947年和1950年分别制定了《国家赔偿法》和《刑事补偿法》，而且在六法体系的编排中，将《国家赔偿法》置于"行政法编"栏目，将《刑事补偿法》置于"刑事诉讼法编"栏目中，④ 但如果我们以日本六法体系的排列为标准来认定其国家赔偿法的法律属性，也许会犯错误。

---

① 《法学研究》编辑部：《新中国民法学研究综述》，中国社会科学出版社1990年版，第495—500页；王家福主编：《中国民法学·民法债权》，法律出版社1991年版，第十七章行政侵权行为。

② 肖峋：《中华人民共和国国家赔偿法的理论与实用指南》，中国民主法制出版社1994年版，第41页。

③ 同前注，第27页。

④ ［日］判例六法编修委员会：《模范六法》，1997年版。

日本1947年的《国家赔偿法》属于民法的一个特别法，而不属于行政法。依据如下：

第一，日本1947年的《国家赔偿法》表明了本身的民法属性。该法第四条规定："国家或公共团体之损害赔偿责任，除前三条之规定外，依民法之规定。"这是说，《国家赔偿法》是民法的特别法，它只是规定与民法不同的部分；除不同部分外，一切适用民法。

第二，日本1947年的《国家赔偿法》对国家赔偿的处理程序没有作任何规定，而在司法实践中，它完全适用民事诉讼程序。日本《国家赔偿法》所适用的程序法与其实体法的性质是相同的，都属民事法律范畴。

第三，日本的各种学理与判例也都表明了这一点。① 如果说日本1947年的《国家赔偿法》是其民法的一个特别法，那么1950年的《刑事补偿法》就不能同日而语了。从《刑事补偿法》的内容看，它既规定了实体上的补偿原则和标准，又规定了与刑事诉讼不可分离的程序。1948年日本最高法院规则第32号指出：《刑事补偿法》的有关程序规定，除该法已有规定外，准用刑事诉讼法。② 所以笔者认为，日本《刑事补偿法》不属民法，亦不属行政法，而属刑事诉讼特别法。从这一点上说，日本的六法全书对日本1950年《刑事补偿法》的编排没有错。

在已经制定《国家赔偿法》的国家里，其国家赔偿法的法规体系主要是《国家赔偿法》，这是肯定的。然而，几乎没有一个国家——无论它已经制定了《国家赔偿法》还是尚未制定该法——的国家赔偿法规体系只限于《国家赔偿法》法规本身。中国固不例外。

中国国家赔偿的法规体系由下列几个部分组成：

1.《中华人民共和国宪法》。宪法是国家的根本大法，宪法中有关国家赔偿的法律规范，应是国家赔偿法中的最高法律规范。中国现行宪法是1982年宪法，其第四十一条第三款把请求国家赔偿作为公民的一项基本权利加以确认，它成为中国其他一切国家赔偿立法的基础。

2.《中华人民共和国国家赔偿法》。该法是中国国家赔偿法的基本法。它不仅规定中国国家赔偿的实体范围，而且确立了各种国家赔偿的处理程序。

---

① 有斐阁《判例六法》，平成9年版。

② 日本最高法院1948年第32号规则规定："刑事补偿法（1950年法律第1号）中所说的期间、裁定、即时抗告、异议的提出以及同法第十九条第二款（包括同法第二十五条第二款规定的准用的情形）的抗告，除同法已有规定外，准用刑事诉讼规则。"

3.《中华人民共和国行政诉讼法》。它不仅是确定国家行政赔偿的实体依据和处理行政赔偿案件的程序依据，而且是依据《中华人民共和国国家赔偿法》第三十一条规定认定人民法院在行政诉讼中的违法措施的法律标准。

4.其他法律。中国国家赔偿的法规体系，除了宪法之下的两个基本法律即《中华人民共和国国家赔偿法》和《中华人民共和国行政诉讼法》之外，还有许多法律构成了这类法律规范的法律形式。尤其是《中华人民共和国刑法》①、《中华人民共和国刑事诉讼法》② 和《中华人民共和国民事诉讼法》③，它们都将成为认定司法侵权的标准。《中华人民共和国国家赔偿法》在规定行政赔偿的排除范围和刑事赔偿的排除范围时均有“法律规定的其他情形”④ 的文字，那么这些排除国家赔偿某些事项的“法律”自然也应纳入中国国家赔偿法律规范的内容和形式之内。

5.行政法规。它是指国务院依据宪法和法律按法定程序制定的用于管理全国行政事务的规范性文件。《中华人民共和国国家赔偿法》第二十九条规定：“赔偿费用，列入各级财政预算，具体办法由国务院规定”，这为行政法规成为中国国家赔偿法规范体系的一部分提供了依据。事实上，国务院已于1995年1月16日制定了《国家赔偿费用管理办法》⑤，它无疑是中国国家赔偿法规体系的一部分。

现在中国还没有任何依据可以表明，行政法规以下的规范如地方性法规⑥和行政规章⑦可以构成中国国家赔偿法规体系的一个组成部分。

在日本，其国家赔偿法规体系同样不只限于《国家赔偿法》和《刑事补偿

---

① 1979年7月1日第五届全国人民代表大会第二次会议通过，1997年3月14日第八届全国人民代表大会第五次会议修订，1997年3月14日中华人民共和国主席令第83号公布，自1997年10月1日起施行。

② 1979年7月1日第五届全国人民代表大会第二次会议通过，根据1996年3月17日第八届全国人民代表大会第四次会议《关于修改〈中华人民共和国刑事诉讼法〉的决定》修正，1996年3月17日中华人民共和国主席令第64号公布，自1997年1月1日起施行。

③ 1991年4月9日第七届全国人民代表大会第四次会议通过，1991年4月9日中华人民共和国主席令第44号公布，自公布之日起施行。

④ 《中华人民共和国国家赔偿法》第五条第三项和第十七条第六项。

⑤ 1995年1月16日国务院第二十九次常务会议通过，1995年1月25日中华人民共和国国务院令第171号发布，自发布之日起施行。

⑥ 它由省、自治区和直辖市人民代表大会及其常务委员会，省人民政府所在地的市和经国务院批准为较大的市的人民代表大会及其常务委员会制定。

⑦ 它由国务院各部委，省、自治区和直辖市人民政府，省政府所在地的市和经国务院批准为较大的市的人民政府制定。

法》。它由下列几种形式组成[①]：

1.1946年《日本国宪法》。该法共十一章103个条文，于1946年11月3日公布，1947年5月3日施行。该宪法第十七条规定确立了国家赔偿的原则，第四十条又确立了刑事补偿原则，从而奠定了日本国家赔偿法和刑事补偿的基础，是日本国家赔偿法的总纲。

2.1947年《国家赔偿法》。该法公布并施行于昭和22年（1947年）10月27日，法律第125号。日本《国家赔偿法》共分六条：第一条规定行使公权力公务员加害之损害赔偿责任及求偿权，第二条规定基于公共营造物设置管理瑕疵之损害赔偿责任及求偿权，第三条规定费用负担者的损害赔偿责任及求偿权，第四条规定民法的适用，第五条规定其他法律的适用，第六条规定涉外国家赔偿原则即所谓"相互保证主义"。它是日本国家赔偿的基本法。

3.1950年《刑事补偿法》。该法公布并施行于昭和25年（1950年）1月1日，此后经数次修订[②]。日本《刑事补偿法》共由二十六条组成，核心主要是四个条文：第一条规定刑事补偿的要求，第二条规定继承人的补偿请求，第三条规定可以不给予补偿的情形，第四条规定补偿的内容。

4. 日本国民法[③]。前面说过，日本的国家赔偿法属于私法，不是公法，它是民法中的一个特别法，因而日本民法在国家赔偿法规体系中具有特别重要的作用。日本1947年《国家赔偿法》第四条规定："国家或公共团体之损害赔偿责任，除前三条之规定外，依民法之规定。"

5. 其他法律。日本《国家赔偿法》第五条规定："国家或公共团体之损害赔偿责任，民法以外之其他法律有特别规定时，依其规定。"这里所谓民法以外的法律，包括消防法第六条第三项，第三十六条之二，水防法第三十四条，文化财产保护法第四十一条、第五十二条以及公众电信通信法、邮政法、邮政储金法、铁路营业法等有关条文。凡对于国家或公共团体之赔偿责任已有规定者，在不违

① 该部分主要参考林准、马原主编：《外国国家赔偿制度》，人民法院出版社1992年版，第139-140页。

② 经1952年第208号法律、1953年第68号法律、1954年第58号法律、1964年第71号法律及第86号法律、1968年第75号法律、1973年第37号法律、1975年第87号法律、1978年第28号法律、1980年第42号法律、1982年第76号法律等数次修订。

③ 明治29年（1896年）4月27日第89号法律公布。明治31年（1898年）7月16日施行。经1901年第36号法律、1926年第69号法律、1938年第18号法律、1947年第61号法律和222号法律、1948年第260号法律、1949年第115号法律、1958年第5号法律和第62号法律、1962年第40号法律和第69号法律、1963年第126号法律、1964年第100号法律、1966年第93号法律和第111号法律、1971年第99号法律、1979年第5号法律和第68号法律修改。

反宪法第十七条的原则下，应优先适用，在其范围内排除国家赔偿法或民法的适用。

6. 判例。司法判例也是日本赔偿法的重要渊源之一。例如，大正时期（公元1921—1926年）发生了德岛游动圆木事件，德岛小学游动圆木腐朽，致使学生坠落死亡。日本大审院认为系公共营造物之设置及管理上之瑕疵所造成，应负其责任。这一判例确定了日本国家对公共营造物所承担的法律责任。

对比之下，中国和日本在国家赔偿法的法规体系上最明显的差异集中在两个问题上：一是民法，二是判例。

关于民法应否成为国家赔偿法规体系的一部分，中国与日本截然不同。中国在《中华人民共和国行政诉讼法》和《中华人民共和国国家赔偿法》施行之前，适用民事法律的有关规定。

这时的民法，无疑应是中国国家赔偿法规范的主要法律。但上述两法施行以后，国家赔偿便不再适用民法。中国国家赔偿“从开始适用民事有关法律，到进一步制定国家赔偿法，反映了我国国家赔偿法律制度的发展过程，反映了我国国家赔偿法律的不断完善和分健全”。[①]

鉴此，中国的民法现在不该是中国国家赔偿法规体系中的一个构成部分。这一点无论在学理上还是司法实践中均是明确的。但现在一个棘手的问题是：《中华人民共和国民法通则》并没有因《中华人民共和国行政诉讼法》和《中华人民共和国国家赔偿法》的施行而修改，该法第一百二十一条依然存在。这势必会导致同一个国家赔偿事件，既可适用国家赔偿法，又可适用民法的局面。国家赔偿法实体上的“双重性”，决定了程序上的“双重性”：如果适用《中华人民共和国国家赔偿法》，那程序必然适用《中华人民共和国行政诉讼法》和《中华人民共和国国家赔偿法》的程序部分；如果适用《中华人民共和国民法通则》（第一百二十一条），那程序必然适用《中华人民共和国民事诉讼法》。中国解决这一困境的唯一方法是：尽快修改《中华人民共和国民法通则》，特别是应取消该法第一百二十一条的多余规定。

而日本则不同，他们承袭了德国人的做法。由于他们把国家赔偿法视作民法中的特别法，而且其《国家赔偿法》本身又明确规定，该法无特别规定的，适用民法，日本民法必然成为日本国家赔偿法的主要法规。

关于判例应否成为国家赔偿法律规范的一种形式，中国与日本又保留着不同

---

① 顾昂然：《新中国的诉讼、仲裁和国家赔偿制度》，法律出版社1996年版，第111—112页。

的做法。中国是个成文法国家，虽然近几年上级法院，特别是最高法院的判决对下级法院和学理界起着越来越大的非正式的影响作用，但判例毕竟不能成为中国法的一种渊源。因此，判例自然不是中国国家赔偿法规体系的一个构成部分。

日本亦是一个成文法而不是判例法国家。日本国宪法规定“全体法官……只受本宪法及法律的约束”[①]，而没规定受法院判例的约束。但由于日本法院特别是最高法院具有违宪审查权[②]，从而使得法院判例，特别是最高法院的判例，成为日本国家赔偿法的一种重要渊源。事实上，日本法院的判例对日本国家赔偿制度的形成和发展起了不可磨灭的积极作用。

三、国家赔偿的归责原则

国家赔偿的归责原则与赔偿原则是两个既有联系又有区别的概念。前者是解决责任的有无问题，因而有过错责任原则和违法责任原则之说；后者是解决责任的大小问题，因而有等价赔偿原则和直接损失赔偿原则等理论。本题的研究客体显然是前者而不是后者。

所谓国家赔偿的归责原则，系指确定国家赔偿责任的根本标准。围绕这一问题，世界上形成了不同的学说和理论，主要有过错责任原则、无过错责任原则和违法责任原则等。关于这一问题，中国和日本无论在制度上还是在理论观念上都有很大的差异。

中国有关法律涉及中国国家赔偿归责原则的主要是《中华人民共和国行政诉讼法》和《中华人民共和国国家赔偿法》。《中华人民共和国行政诉讼法》第六十七条第一款规定：“公民、法人或者其他组织的合法权益受到行政机关或者行政机关工作人员作出的具体行政行为侵犯造成损害的，有权请求赔偿。”第六十八条第一款又同样规定：“行政机关或者行政机关工作人员作出的具体行政行为侵犯公民、法人或者其他组织的合法权益造成损害的，由该行政机关或者该行政机关工作人员所在的行政机关负责赔偿。”

这里虽然只使用“侵犯”而没有使用“违法”一词，但在中国的法理中，

---

① 1946 年《日本国宪法》第七十六条第三款。

② 1946 年《日本国宪法》第八十一条规定：“最高法院为有权决定一切法律、命令、规则以及处分是否符合宪法的终审法院。”而且日本有学者认为，该条意味着：对“法令的合宪审查权不仅为最高法院，而且一切法院包括下级法院也都有，这种解释较有影响，在今天已成为公认的解释”。（［日］宫泽俊义著，芦部信喜补订，董璠舆译：《日本国宪法精解》，中国民主法制出版社 1990 年版，第 580 页）

“侵犯”当然意味“违法”。相比之下，在《中华人民共和国行政诉讼法》公布5年后制定的《中华人民共和国国家赔偿法》，对“违法原则”的规定就显得明晰得多了。该法第二条第一款规定：“国家机关和国家机关工作人员违法行使职权侵犯公民、法人和其他组织的合法权益造成损害的，受害人有依照本法取得国家赔偿的权利。”这就直接以法律的形式确立了中国国家赔偿中的归责原则——违法责任原则。中国的学者们亦对此作了统一的阐述。如顾昂然在《国家赔偿法制定情况和主要内容》一文中说：“我国国家赔偿法采取违法原则，即以是否违背法律规定，作为是否承担责任的标准，只要是违反法律规定的，不管主观上有无过错，都要承担赔偿责任。”[①] 又如肖峋认为：“我国国家赔偿法确定的国家承担赔偿责任的原则是违法原则，国家机关和国家机关工作人员的行为违法与否，是解决国家有无赔偿责任的可能性的唯一标准……违法原则指的是行为违法，而不是行为的结果违法。”[②]

根据违法责任原则，中国在确立国家赔偿责任时，可以不考虑国家机关及其工作人员的行为是否有出于主观上的“过错”。只要审查他们的行为是否“违法”便可。而认定“违法”的标准，便是《中华人民共和国行政诉讼法》第五十四条[③]和《中华人民共和国国家赔偿法》第三条、第四条、第十五条、第十六条和第三十一条。

日本关于国家赔偿的归责原则就显得较为复杂，因为其不同的事项有不同的归责原则。具体说明如下：

1. 关于公务员行使公权力的行为所导致的国家赔偿，采用过错责任原则与违法责任原则并用。

日本1947年《国家赔偿法》第一条第一款规定：“行使国家或公共团体权力之公务员，就其执行职务，因故意或过失不法加害于他人者，国家或公共团体对此应负赔偿责任”。这是说，日本国家或公共团体要为公务员行使公权力行为承担国家赔偿责任，必须基于公务员行使公权力时，既有主观上的过错（故意或过失），又在客体结果上违反法律。如果公务员行使公权力虽在客观上违反法律，

① 顾昂然：《新中国的诉讼、仲裁和国家赔偿制度》，法律出版社1996年版，第114页。

② 肖峋：《中华人民共和国国家赔偿法的理论与实用指南》，中国民主法制出版社1994年版，第90页。

③ 该条规定了七种违法：1. 主要证据不足；2. 适用法律、法规错误；3. 违反法定程序；4. 超越职权；5. 滥用职权；6. 不履行法定职责；7. 行政处罚显失公正。笔者认为，这七种违法自然还没有穷尽所有的行政违法。这由我国目前对行政违法学理研究滞后所造成。

但其主观上没有过错，或者相反，国家或公共团体均不承担赔偿责任。

日本1946年宪法第十七条没有规定国家赔偿的“过错”责任，只是规定国家赔偿的“违法”责任①，因而日本国会在制定《国家赔偿法》时关于公务员的主观过错问题存有两种截然不同的意见。有人主张采用无过错责任原则，理由是：由于国家或公共团体组织和机能十分复杂，被害人对加害人的故意或过失有时几乎不可能举证，如果采用过错责任原则，将会违反日本宪法第十七条规定的宗旨。另有人主张采用过错责任原则，理由是：作为公务员，即使无过错也要顾虑是否使国家承担赔偿责任，会使公务员畏缩不前。

同时，民法上侵权行为的损害赔偿，原则上采用过错责任原则。为求平衡起见，国家赔偿法也应采用过错责任原则。如果承认无过错赔偿责任，将会带来滥诉，并且有可能增加国家的财政负担。② 关于违法责任原则中的“违法”标准问题，虽然日本学术界也有种种说法③，但日本司法判例已有统一定义：所谓违法性，是指行使国家或公共团体权力的公务员，违背了对个别国民负担的职务上的法的义务。这里的义务，这仅指内部职务规定上的义务，而且包括公务员在职务行为和对被害者关系上的责任。④ 换句话说，判断日本《国家赔偿法》第一条所指的“违法性”，不是看国家或公共团体的行为是否直接违反形式上的法规，而是看这种行为是否符合法规规定的有关该行为的实体要件和程序要件。

2. 关于公共营造物设置管理瑕疵所造成的国家赔偿，采用无过错责任原则。

日本1947年《国家赔偿法》第二条第一款规定：“因道路、河川或其他公共营造物之设置或管理有瑕疵，致使他人受损害时，国家或公共团体，对此应负赔偿责任。”这里的规定显然同该法第一条第一款的规定不同，没有“过错”和“违法”的要求。根据该条规定，只要是公共设施的设置和管理的瑕疵所造成他人的损害，不管其设置管理者是否尽到了相当的义务，国家或公共团体均不得免责。日本法院的判例对这一无过错责任原则的适用亦加以确认。如1970年8月

---

① 该条规定：“任何人于因公务员之不法行为，而受损害时得依法律规定，向国家或公共团体请求赔偿。”

② 张正钊主编：《国家赔偿制度研究》，中国人民大学出版社1996年版，第157—158页。

③ 关于国家赔偿法上的“违法”的含义，在日本有不同的学说。“广义说”认为：所谓违法，不仅指公务员的行为违反了严格意义上的法规，凡行为在客观上缺少正当性，违背法的宗旨的行为，都是违法。“狭义说”认为：国家赔偿法的违法，与民法上的侵害权利含义相同。就是说，违法仅以违反严格意义上的法规或公序良俗者为限。“折中说”认为：违法不仅指违反严格意义上的法规，凡应遵循一定法律原则而不遵循的事实上的职务行为，也属违法。此外，公务员的行为欠缺客观正当性，也应属违法行为。但如果该行为属行政机关自由裁量范围的话，不构成违法。

④ 《国家赔偿法的判例》，日本评论社1988年版，第78页。

20日日本最高法院的一个判例认为："所谓国家赔偿法第二条第一款设置或管理的瑕疵，是指设施缺少通常具有的安全性，对于基于此的国家或公共团体的赔偿责任，过失的存在是不必要的。"①。

3. 关于已经受到关押、拘禁、拘押或已执行了刑罚的人被判决无罪的，国家采用结果补偿原则。

日本的刑事补偿制度是日本国家赔偿制度的一种特殊形式。它由1950年的《刑事补偿法》所确立。根据该法规定，如果一个人已经依据有关法律②受到关押、拘禁、拘押或已执行了刑罚，并经刑事普通程序、再审程序或非常上告程序被宣判无罪的，他都可从国家获得刑事补偿。这就是结果补偿主义。结果补偿主义是排斥过错原则和违法原则的，因为在它看来，无论是事前的关押、拘禁、拘押和执行刑罚，还是事后的宣判无罪程序，均是依法并且官员无过错。如果上述关押、拘禁、拘押、执行刑罚和判决行为是违法且又出于有关官员的主观过错，那么可依据《刑事补偿法》第五条第一款③规定同时适用《国家赔偿法》或其他法律（如民法）请求损害赔偿。这正是日本为什么把1950年的刑事补救方面的法称"刑事补偿法"而不称"刑事赔偿法"的缘由。

4. 国家机关及其工作人员其他行为所造成的国家赔偿，适用民法，而民法上的赔偿大多采用过错责任原则，亦有部分采用无过错责任原则。④

从以上的比较不难发现，中国国家赔偿制度中的归责原则只有一个，即违法责任原则，但在日本国家赔偿制度中，有几种归责原则分别适用于不同领域：(1) 公务员的公权力行为适用"过错责任"与"违法责任"并用原则；(2) 公共营造物设置与管理瑕疵适用"无过错责任"原则；(3) 刑事补偿适用"结果补偿主义"原则；(4) 以上 (1)、(2)、(3) 以外的国家赔偿均适用民法原则（以过错责任为原则，无过错责任为补充）。

针对以上的差异，还有几个问题需作专门研究。

第一，为什么在公务员行使公权力领域，日本会采用"过错"和"违法"双重原则，而中国只采用"违法"原则呢？

---

① 张正钊主编：《国家赔偿制度研究》，中国人民大学出版社1996年版，第162页。

② 这里所指的法律包括：1907年刑法（法律第45号）、1948年刑事诉讼法（法律第131号）、1948年少年法（法律第168号）、1948年经济调查厅法（法律第206号）、1949年犯罪者预防更生法（法律第142号）和1954年缓刑者保护观察法（法律第58号）等。

③ 日本《刑事补偿法》第五条第一款规定："本法律不妨碍应受到补偿的人，根据国家赔偿法（1947年法律第125号）和其他法律规定，请求损害赔偿。"

④ 参见日本现行民法典。

在日本法理上，“过错”和“违法”是两个并列的概念，各有自己的含义[①]。而在中国学者看来，“过错”是指“因故意或过失而损害他人的违法行为（包括作为和不作为)”。[②]“违法”是指“不履行法定义务或者作出法律禁止的行为。违法行为……必须是行为者主观上出于故意或过失”。[③] 它们不是两个并列的概念，而是一个包含关系。过错仅是认定违法的标准之一或构成要件之一。在大多情况下，由于违法须出于行为人过错，因此过错被违法所包含。这种理论观念上的差异，使得中国学者对日本国家赔偿法的质疑是：过错难道有违法条件下过错与合法条件下过错之分？把“过错”与“违法”作为并列条件相提，必然人为地缩小国家赔偿的范围。而日本学者对中国国家赔偿法的质疑是：公务员行使公权力无过错为什么会有国家赔偿责任？因此笔者认为：在第一个问题上，与其说中国国家赔偿法与日本国家赔偿法奉行不同的归责原则，不如说是两国学者对“过错”和“违法”的观念有不同的理解。

第二，为什么日本国家赔偿法保留无过错责任原则，而中国国家赔偿法并无该原则呢？

从日本1947年《国家赔偿法》规定上看，日本并没有在公务员行使公权力事项上采用“无过错主义”，只是在公共营造物设置与管理上才采用“无过错责任”原则。而中国的国家赔偿法所规定的赔偿范围中，恰恰是不包括公共设施设置与管理这一内容的。中国关于公共设施设置与管理瑕疵所发生的赔偿是不作为国家赔偿责任，而作为民事赔偿责任，适用《中华人民共和国民法通则》第一百二十三条[④]、第一百二十四条[⑤]、第一百二十五条[⑥]和第一百二十六条[⑦]解决的。因此，这一问题的存在是基于两国国家赔偿法所规定的国家赔偿范围不同。

第三，为什么日本在刑事补救方面叫刑事补偿，而且采用“结果补偿主义”，

---

① ［日］我妻荣等：《新法律学辞典》，日本有斐阁1983年新版。

② 《法学词典》编辑委员会：《法学词典》，上海辞书出版社1989年版，第286页。

③ 同上注，第421页。

④ 该条规定：“从事高空、高压、易燃、易爆、剧毒、放射性、高速运输工具等对周围环境有高度危险的作业造成他人损害的，应当承担民事责任；如果能够证明损害是由受害人故意造成的，不承担民事责任。”

⑤ 该条规定：“违反国家保护环境防止污染的规定，污染环境造成他人的损害的，应当依法承担民事责任。”

⑥ 该条规定：“在公共场所、道旁或者通道上挖坑、修缮安装地下设施等，没有设置明显标志和采取安全措施造成他人损害的，施工人应当承担民事责任。”

⑦ 该条规定：“建筑物或者其他设施以及建筑物上的搁置物、悬挂物发生倒塌、脱落、坠落造成他人损害的，它的所有人或者管理人应当承担民事责任，但能够证明自己没有过错的除外。”

而中国在刑事补救方面叫刑事赔偿，同样采用“违法责任”原则？

“赔偿”是指违法行为所引起的责任，“补偿”则指合法行为所引起的责任。关于这一点，两国法学基本上拥有共识。日本学者指出：“损失补偿是相对于国家赔偿而言的。国家赔偿是因国家违法活动所造成的损失而给予的补偿，而损失补偿是因国家的合法活动所造成的损失而给予的补救。”① 中国学者认为：“行政赔偿是国家对行政机关及工作人员违法行使职权造成损害承担的赔偿责任。而行政补偿是国家对行政机关及工作人员的合法行为造成的损失给予的补偿。两者的引发原因不同，行政赔偿是违法行为引起的，而行政补偿是合法行为（如征用等）引起的。”② 日本1950年的《刑事补偿法》确实是一个“补偿”法，而不是“赔偿”法，因为它与官员有无过错及关押、拘禁、拘押、执行刑罚和审判行为是否违法毫无关系，只要被判决无罪的，均可获得补偿。关于关押、拘禁、拘押、执行刑罚和审判行为出于过错及又违法条件下，同时又适用日本1947年《国家赔偿法》及其他法律了。而中国1994年制定的《中华人民共和国国家赔偿法》虽包括刑事赔偿，但这种赔偿同样是以司法行为违法为前提的，至于合法的司法行为（如合法拘留，即抓也合法，放也合法）是不产生赔偿责任的。关于中国对于一些合法的司法行为导致他人损害是否应予补偿那便是另一个问题了。笔者认为，日本1950年《刑事补偿法》所规定的确是“刑事补偿”事项，而《中华人民共和国国家赔偿法》第三章所规定的也确是“刑事赔偿”事项，两者具有不可比性；因而两种不同制度采用不同原则也就不值得质疑了。

第四，为什么日本国家赔偿法中有很大的领域采用“过错责任”原则，而中国的国家赔偿法没有采用该原则呢？

这完全取决于对国家赔偿法性质上的不同认识。前面已经论述到，日本的国家赔偿法属于民事法律范畴，它是民法中的一个特别法，所以在日本1947年《国家赔偿法》第一条和第二条所没有规定到的领域（与前者相比，这些领域是大量的），一概适用民法，而日本民法又大量采用过错主义。而中国国家赔偿法是不属于民法范畴的特别法，而是宪法以下的一个国家法，属于公法的范畴。其所规定的赔偿范围，没有一处可以适用民法，因而也就不能适用民法中的过错责任原则了。

综上所述，中国与日本两国国家赔偿法所确立的归责原则之所以不同，主要

---

① ［日］室井力主编：《日本现代行政法》，中国政法大学出版社1995年版，吴微译，第190页。

② 罗豪才主编：《行政法学》，北京大学出版社1986年版，第331—332页。

系由两国的法理观念、国家赔偿的范围以及国家赔偿法的属性不同所致。

四、国家赔偿的范围

国家赔偿范围可有多种含义，如可指引起国家赔偿责任的行为范围，也可指国家对某种行为所应承担的责任范围，还可指用于计算赔偿金的被侵害人的损害范围……但这里仅指引起国家赔偿责任的行为范围。

国家赔偿范围是国家赔偿法的基本问题。中国主要由1994年制定的《中华人民共和国国家赔偿法》规定，日本则主要由1947年的《国家赔偿法》设定。根据中国国家赔偿法的规定，中国国家赔偿的范围有三个方面。

第一方面：对行政行为的赔偿——行政赔偿。

《中华人民共和国国家赔偿法》第二章第一节（第三至五条）规定：行政机关及其工作人员在行使行政职权时有下列侵犯人身权情形之一的，受害人有取得赔偿的权利：

1. 违法拘留或者违法采取限制公民人身自由的行政强制措施的；

2. 非法拘禁或者以其他方法非法剥夺公民人身自由的；

3. 以殴打等暴力行为或者唆使他人以殴打等暴力行为造成公民身体伤害或者死亡的；

4. 违法使用武器、警械造成公民身体伤害或者死亡的；

5. 造成公民身体伤害或者死亡的其他违法行为。

行政机关及其工作人员在行使行政职权时有下列侵犯财产权情形之一的，受害人有取得赔偿的权利：

1. 违法实施罚款、吊销许可证和执照、责令停产停业、没收财物等行政处罚的；

2. 违法对财产采取查封、扣押、冻结等行政强制措施的；

3. 违反国家规定征收财物、摊派费用的；

4. 造成财产损害的其他违法行为。

属于下列情形之一的，国家不承担赔偿责任：

1. 行政机关工作人员与行使职权无关的个人行为；

2. 因公民、法人和其他组织自己的行为致使损害发生的；

3. 法律规定的其他情形。

从以上的规定可以发现，中国国家赔偿法确定行政赔偿范围遵循了以下的规则：

1. 如果把行政赔偿中的行为划分为抽象行政行为与具体行政行为[①]，那么，中国的行政赔偿只限于赔偿具体行政行为所造成的损害，对抽象行政行为引起的赔偿不适用国家赔偿制度解决。[②]

2. 如果把行政赔偿中的行为划分为行政行为[③]与事实行为的话，那么中国的行政赔偿既包括行政行为（如行政处罚、行政强制措施），也包括一部分事实行为（如殴打）。

3. 如果把行政赔偿中的行为划分为职务行为、非职务行为和职务相关行为，那么中国行政赔偿的范围就包括两部分，即职务行为与职务相关行为[④]，非职务行为当然不属于国家赔偿范围，但可适用民事赔偿程序解决。

4. 如果把行政赔偿中的行为划分为侵犯人身权、财产权的行为和侵犯其他权（如政治权）的行为，那么，从《中华人民共和国国家赔偿法》第三条、第四条的规定看[⑤]，中国行政赔偿的范围显然只限于对侵犯人身权、财产权行为的赔偿，而不包括对侵犯其他权行为的赔偿。

第二方面：对刑事行为的赔偿——刑事赔偿。

---

① 抽象行为与具体行为是中国行政法理中关于行政行为的一对基本范畴。抽象行政行为是指，由行政主体作出的，不是针对特定行政相对人，而具有普遍约束力的行政行为。具体行政行为则指，由行政主体针对特定的行政相对人，就特定事项所作的直接引起行政法律效果的行政行为。

② 也许有人会问：《中华人民共和国行政诉讼法》确实明文规定［第十二条第二项］抽象行政行为不属行政诉讼受案范围，但《中华人民共和国国家赔偿法》在条文上并没有明文规定抽象行政行为不属行政赔偿范围，那么，我们何以作此定论？笔者以为，行政赔偿不包括对抽象行政行为的赔偿主要基于以下三点理由：（1）从中国国家赔偿法第三条和第四条规定看，它们所列举的行政行为均是具体行政行为，因此立法意图是明确的。（顾昂然：《国家赔偿法制定情况和主要内容》，《新中国的诉讼、仲裁和国家赔偿制度》，法律出版社 1996 年版）。（2）中国国家赔偿制度采用直接损害赔偿原则。而中国学者认为，只有具体行政行为才会对当事人导致直接损害，抽象行政行为是不会对当事人造成直接损害的。（3）行政赔偿适用行政诉讼程序，如果行政赔偿包括抽象行政行为的赔偿，但行政诉讼法又把抽象行政行为排除在外，那势必造成实体与程序的矛盾。

③ 在中国的行政法理中，行政行为属于法律行为，而不是事实行为。

④ 中国有学者认为，“职务相关行为”等同于“职务行为”本身。“我国的理论是‘职权相关论’，即：国家机关工作人员的行为如果与职权有关，就是职务行为，国家承担赔偿责任。反之，就是个人行为，个人承担赔偿责任。”（肖峋：《中华人民共和国国家赔偿法的理论与实用指南》，中国民主法制出版社 1994 年版，第 128 页）而笔者认为，“职务行为”与“职务相关行为”是两个不同的概念。所谓“职务相关行为”，是指与职务有联系但不属于职务行为本身的行为，如执行职务中发生的个人殴打行为。其依据是《中华人民共和国国家赔偿法》第五条第一项。“行政机关工作人员与行使职权无关的个人行为”的被排除，本身就意味着“行政机关工作人员与行使职权有关的个人行为”的被肯定。

⑤ 因为《中华人民共和国国家赔偿法》第三条把行政赔偿范围限定为“……有下列侵犯人身权情形之一的……”第四条又把行政赔偿的范围限定为“……有下列侵犯财产权情形之一的……”

刑事行为是司法行为的一个重要组成部分。《中华人民共和国国家赔偿法》第三章第一节（第十五至十七条）规定：行使侦查、检察、审判、监狱管理职权的机关及其工作人员在行使职权时有下列侵犯人身权情形之一的，受害人有取得赔偿的权利：

1. 对没有犯罪事实或者没有事实证明有犯罪重大嫌疑的人错误拘留的；

2. 对没有犯罪事实的人错误逮捕的；

3. 依照审判监督程序再审改判无罪，原判刑罚已经执行的；

4. 刑讯逼供或者以殴打等暴力行为或者唆使他人以殴打等暴力行为造成公民身体伤害或者死亡的；

5. 违法使用武器、警械造成公民身体伤害或者死亡的。

行使侦查、检察、审判、监狱管理职权的机关及其工作人员在行使职权时有下列侵犯财产权情形之一的，受害人有取得赔偿的权利：

1. 违法对财产采取查封、扣押、冻结、追缴等措施的；

2. 依照审判监督程序再审改判无罪，原判罚金、没收财产已经执行的。

属于下列情形之一的，国家不承担赔偿责任：

1. 因公民自己故意作虚伪供述，或者伪造其他有罪证据被羁押或者被判处刑罚的；

2. 依照刑法第十四条①、第十五条②规定不负刑事责任的人被羁押的；

3. 依照刑事诉讼法第十一条③规定不追究刑事责任的人被羁押的；

4. 行使国家侦查、检察、审判、监狱管理职权的机关的工作人员与行使职权无关的个人行为；

5. 因公民自伤、自残等故意行为致使损害发生的；

6. 法律规定的其他情形。

---

① 该条规定："已满十六岁的人犯罪，应当负刑事责任。已满十四岁不满十六岁的人，犯杀人、重伤、抢劫、放火、惯窃罪或者其他严重破坏社会秩序罪，应当负刑事责任。已满十四岁不满十八岁的人犯罪，应当从轻或者减轻处罚。因不满十六岁不处罚的，责令他的家长或者监护人加以管教；在必要的时候，也可以由政府收容教养。"

② 该条规定："精神病人在不能辨认或者不能控制自己行为的时候造成危害结果的，不负刑事责任；但是应当责令他的家属或者监护人严加看管和医疗。间歇性的精神病人在精神正常的时候犯罪，应当负刑事责任。醉酒的人犯罪，应当负刑事责任。"

③ 该条规定："有下列情形之一的，不追究刑事责任，已经追究的，应当撤销案件，或者不起诉，或者宣告无罪：（一）情节显著轻微、危害不大，不认为是犯罪的；（二）犯罪已过追溯时效期限的；（三）经特赦令免除刑罚的；（四）依照刑法告诉才处理的犯罪，没有告诉或者撤回告诉的；（五）被告人死亡的；（六）其他法律、法令规定免予追究刑事责任的。"

从以上的规定可以发现，中国国家赔偿法确定行政赔偿范围所遵循的四项规则，同样适用于中国的刑事赔偿范围。

第三方面：对民事诉讼、行政诉讼过程中的某些司法行为的赔偿——民事、行政诉讼赔偿。

《中华人民共和国国家赔偿法》第三十一条规定："人民法院在民事诉讼、行政诉讼过程中，违法采取对妨害诉讼的强制措施、保全措施或者对判决、裁定及其他生效法律文书执行错误，造成损害的，赔偿请求人要求赔偿的程序，适用本法刑事赔偿程序的规定。"这里有两点需要提请注意：

1. 民事、行政诉讼赔偿只限于对三种司法措施的赔偿：（1）对妨碍诉讼的强制措施；（2）诉讼保全措施；（3）对判决、裁定和其他法律文书的执行。由于这里法律上没有用"等"字，故不能扩大司法措施范围。

2. 与刑事赔偿不同的是，民事、行政诉讼赔偿只限于对司法措施的赔偿，而不包括对错误判决的赔偿。这样也许有人会提出质疑：难道错误的民事判决和行政判决不会侵害他人的合法权益？为什么不像刑事判决那样确立起赔偿责任？中国的一种权威性的解释是："对民事审判、行政案件审判中的错误没有规定国家赔偿，因为这两类案件经法院改判后，可以按照改变后的判决，由一方当事人向对方履行义务或者赔偿，国外一般也是这么做的。"①

如果认为在日本，行政赔偿由其1947年的《国家赔偿法》规定，刑事赔偿则由其1950年的《刑事补偿法》规定，那就大错特错了。因为日本的《刑事补偿法》确是一个"补偿法"，而不是"赔偿法"。②

如果我们要把《刑事补偿法》作为国家赔偿法的一部分纳入比较研究范围，那么为什么不把具有同样补偿性质的日本其他法③也纳入比较研究范围呢?！所以，从严格意义上说，日本《刑事补偿法》不是日本国家赔偿法规体系的组成部分。也正因为此，日本的国家赔偿范围不是由1947年的《国家赔偿法》和1950年的《刑事补偿法》分别规定的，而只是由前者规定。但出于可比性，我们暂且

① 顾昂然：《新中国的诉讼、仲裁和国家赔偿制度》，法律出版社1996年版，第118页。可笔者不能完全接受这种解释。因为这种解释只能解决问题的一部分，而不是问题的全部。因为民事、行政判决的作出、执行与纠正往往有一段时间差，在这段时间中由于情况的变化（如企业破产等），有时无法使一方当事人按纠正后的判决向另一方当事人履行义务或赔偿。这该如何处理？这是中国以后修改国家赔偿法时应考虑的一个问题。

② 参见本文第三题关于日本《刑事补偿法》的有关论述。

③ 如日本消防法（第六条第三款）、国税征收法（第一一二条第二款）、邮电法（第68条以下的规定）等。

把日本的《刑事补偿法》也作为“对照物”处理。

根据1947年《国家赔偿法》和1950年《刑事补偿法》，日本国家赔偿的范围大体包括以下三个方面。

第一方面：公务员行使公权力行为所引起的赔偿。

日本1947年《国家赔偿法》第一条第一款规定：“行使国家或公共团体权力之公务员，就其执行职务，因故意或过失不法加害于他人者，国家或公共团体对此应负赔偿责任。”我们以前以为这一条款正是对日本行政赔偿范围的规定。这是一种误解。造成这种误解的原因是：我们把日本“公务员”的概念等同于中国“公务员”的概念。

根据中国《国家公务员暂行条例》① 第三条②规定，公务员是指各级国家行政机关中除工勤人员以外的工作人员。这是说，中国“公务员”的范围，不包括立法机关、法官、检察院、事业单位、企业中的人员，仅限指行政机关中的除工勤人员以外的工作人员。但日本“公务员”的范围远大于中国。日本“公务员”的范围，由1947年的《国家公务员法》③ 和1950年的《地方公务员法》④ 所设定。它包括所有国家和公共团体内的职员，即不仅包括行政机关内的工作人员，而且还包括法院、国会、防卫厅等系列的其他国家机关工作人员，以及国营企业和公立学校的官员。此外，它还包括被委托行使公权力的民间人士。⑤ 所以，日本的“公务员”才是字面上的“执行公务之人员”。⑥

据此，日本公务员行使公权力行为所引起的赔偿应包括：立法赔偿、行政赔偿、司法赔偿和其他国家赔偿，还包括国营企业和国立学校的赔偿。但实际上，日本的国家赔偿原则上是不包括立法赔偿的。

第二方面：公共营造物设置和管理瑕疵所引起的赔偿。

日本1947年的《国家赔偿法》第二条第一款规定：“因道路、河川或者其他公共营造物之设置或管理的瑕疵，致使他人受损害时，国家或公共团体，对此应

① 1993年4月24日国务院第二次常务会议通过，1993年8月14日中华人民共和国国务院令第125号公布，自1993年10月1日起施行。

② 该条规定：“本条例适用于各级国家行政机关中除工勤人员以外的工作人员。”

③ 该法由日本国会于1947年10月21日通过，以法律第120号公布，自1948年7月1日起施行。至1981年法律第77号，先后修改过49次。

④ 该法由日本国会于1950年12月13日通过，以法律第261号公布，自公布之日起分段施行。至1981年11月20日法律第29号，先后修改过27次。

⑤ 日本名古屋高等法院1981年10月28日判决。《判例时报》，第1038号，第302页。

⑥ 参见本文第三题关于日本《刑事补偿法》的有关论述。

负赔偿责任”。这里的“公共营造物”，亦称“公共设施”，系指道路、河川、飞机场、港湾、桥梁、堤防、水道、下水道、官公厅舍、国立和公立学校及医院等供公共目的使用的有体物。①

这方面的赔偿有两种情况：一是设置瑕疵，如公用桥梁质量不合格，车辆上桥时桥梁倒塌；二是管理瑕疵，如公用设施本身无瑕疵，但对设施的管理没有尽到职责，从而导致了损害。

第三方面：私经济作用所引起的赔偿。

日本1947年《国家赔偿法》第四条规定：“国家或公共团体之损害赔偿责任，除前三条之规定外，依民法之规定。”而除该法第一条（公务员行使公权力行为）和第二条（公共营造物设置和管理）所规定的领域外，剩下部分主要是国家机关的私经济作用了。根据该条规定，日本国家或公共团体的私经济行为，如国营企业、电车公司等对他人造成损害的应适用民法进行赔偿。日本民法第四十四条、第五零九条、第七一零条、第七一五条、第七一六条、第七一七条、第七一八条、第七二一条等规定了有关侵权行为责任的内容。

第四方面：刑事行为错误所引起的补偿。

根据日本1950年《刑事补偿法》的规定，国民对于国家错误的判决、关押、拘禁等刑事行为，有权请求刑事补偿。

对照以上中日两国关于国家赔偿范围的设定，有四个问题需作专门说明。

1. 关于立法赔偿问题。

立法赔偿系指国家立法机关的立法行为侵犯他人权利所必须承担的赔偿责任。目前世界上除德国和法国在一定范围内承认立法赔偿外，大多数国家都没有确立立法赔偿。中国1982年宪法第四十一条第三款的规定，从理论上说没有排除立法赔偿，因为该条款所指的“国家机关”没有排除“国家立法机关”，同样，“国家工作人员”也没有排除“国家立法机关的工作人员”。然而，中国1994年国家赔偿法是明显排斥立法赔偿的，因为它除了规定行政赔偿（该法第二章）、刑事赔偿（该法第三章）和民事、行政诉讼赔偿（该法第三十一条）外，没有确立其他领域的赔偿。中国之所以没有确立立法赔偿是鉴于考虑：“第一，各级人大是权力机关，不具体行使行政权和审判权。第二，全国人大是最高国家权力机关，全国人大及其常委会制定的法律，是代表全国各族人民的意志的，一切国家

① ［日］南博方著，《日本行政法》，杨建顺、周作彩译：中国人民大学出版社1988年版；施茂林（台湾）：《公共设施与国家赔偿责任》，大伟书局1982年版。

机关、企事业单位、社会团体和公民都必须遵守。第三，地方人大制定的地方性法规，如果与法律、行政法规抵触，应当纠正，如果还没有执行，不发生损失赔偿问题，如果地方政府执行了，给公民造成损失，可以通过行政赔偿得到补救。第四，各国大多没有对议会规定赔偿。”① 日本略有不同。无论是其1946年的宪法，还是1947依据该宪法所制定的《国家赔偿法》，均没有明确排除立法赔偿。日本学者们对此持有不同态度，并为此形成了“积极说”② 与“消极说”③ 的分界。前者主张国家赔偿包括立法赔偿，而后者正好相反。在司法实践中，日本虽也有过结合违宪诉讼解决立法赔偿的判例④，但总体还是否认立法赔偿⑤⑥的，因为他们认为，立法行为不带有“处分性质”。

2. 关于军事赔偿问题。

所谓军事赔偿系指国家军事机关及其组成人员执行职务行为侵犯他人合法权利所引起的赔偿责任。中国国家赔偿法没有确立军事赔偿，理由是：“当前主要是军队在演习、训练过程中，给公民造成某些损失，这需要采取适当方式给予补偿，但不是违法行为造成的，不宜列入国家赔偿的范围。”⑦ 至于军事法院的赔偿，是按司法赔偿对待的。根据日本国1946年宪法第九条规定，日本“不保持陆海空军及其他战争力量……”从这种意义上说，日本不会发生军事赔偿问题。但日本至今还保留着“自卫队”⑧，自卫队的行为只要符合日本1947年《国家赔偿法》第一条规定的条件，同样属于国家公权力赔偿之列，这一点是肯定的。

3. 关于公共营造物设置与管理瑕疵的赔偿问题。

“公共营造物”接近中国的“公共设施”。中国对于公共设施设置与管理瑕疵

---

①顾昂然：《新中国的诉讼、仲裁和国家赔偿制度》，法律出版社1996年版，第116页。

② “积极说”认为：国家赔偿法第一条中的“公权力”包含立法权；而立法行为，无论是作为还是不作为，只要这种立法行为具有一种“处分性质”，直接给国民造成损害，国家就应承担赔偿责任。日本1954年出版的《法务省诉务局国家赔偿法的诸问题》一书提出：“立法权的作用，包含国会或议会的立法，行政上的立法，法院的规制制定行为”。

③ “消极说”认为：因立法行为而造成的不法侵害，虽然在理论上是成立的，但在现实生活中很难成立。因为立法机关自己可以决定什么是法律，其政策性裁量的范围很广，这就难以确定其是否违反了宪法上的立法作为或不作为义务。

④ 如1974年12月9日日本札幌地方法院小樽法庭对一位残疾人选举资格的判决。

⑤ 日本最高法院于1985年对札幌地方法院小樽法庭的判决的上诉审判决中，否认了立法行为的国家赔偿责任。该判决认为：“关于立法，原则上国会议员只对国民全体负担政治责任，而不负有与个别国民权利义务对应关系的法律义务，国会议员的立法行为尽管在立法的内容上违反了宪法的规定，但只要不是难以假定的例外情况下，在国家赔偿法第一条第一款的适用上，国会不受违法评价。”⑥

⑦ 顾昂然著：《新中国的诉讼、仲裁和国家赔偿制度》，法律出版社1996年版，第116页。

⑧ 关于日本“自卫队”的“合宪性”问题，可参见［日］宫泽俊义：《日本国宪法精解》，中国民主法制出版社1990年版，第135—156页。

同样规定必须赔偿，只是没有作为国家赔偿而是作为民事赔偿对待，因而适用中国的民法通则解决。日本《国家赔偿法》第二条明确规定了这种赔偿。可见，中日两国关于国家赔偿范围是否包括公共设施设置与管理瑕疵的赔偿，与其说是范围上的区别，不如说是性质上的区别。

4. 关于国家私经济作用赔偿问题。

任何国家都有公权力的作用，又有私经济的作用，如国有企业的经营和国库券的发放。在德国和法国把这称为国库行为。在中国，由于把国家赔偿法列为不属于民法范畴的国家法，又因国家私经济作用属于民事行为，而不是国家权力行为，因此关于国家私经济作用的赔偿同样适用民法按民事赔偿处理，不属于国家赔偿的范围。而日本则不同，由于他们把国家赔偿关系与民事赔偿关系都看成是民法关系，且日本《国家赔偿法》第四条又明文规定，在公务员行使公权力和公共营造物设置与管理瑕疵以外的一切国家赔偿都适用民法（或其他特别法），因而在他们看来，关于国家私经济作用的赔偿属于国家赔偿还是民事赔偿显得意义不大，区别仅在于：该事项适用一般法（民法）还是特别法（国家赔偿法）。

到这里，我们也许会有一种发现：中日国家赔偿制度方面的许多差异，最终均来自于对“国家赔偿”这一概念的认识。中国的“国家赔偿”系指有关国家机关及其工作人员的公权力行为所引起的赔偿，国家机关及其工作人员的非权力行为所引起的赔偿不属国家赔偿。这显然以“行为的性质”为标准。而日本的“国家赔偿”系指“国家或公共团体”的行为所引起的赔偿，至于其行为属公权力行为还是私权力行为毫无关系。日本的这种概念则以“行为的主体”为标准。

五、国家赔偿请求人及赔偿义务机关

国家赔偿请求人与国家赔偿义务机关，正是国家赔偿法律关系中的双方当事人。前者是指认为自己的合法权利受到不法侵害，在国家赔偿程序中提出国家赔偿要求的当事人，后者则指在国家赔偿程序中被要求赔偿的当事人。

中国对于赔偿请求人和赔偿义务机关的确认，在行政赔偿领域和司法赔偿（刑事赔偿和民事、行政诉讼赔偿）领域是不同的。

根据《中华人民共和国国家赔偿法》第六条规定，行政赔偿的请求人是“受害的公民、法人和其他组织”。“受害公民死亡的，其继承人和其他有扶养关系的亲属”为赔偿请求人；“受害的法人或者其他组织终止，承受其权利的法人或者其他组织”为赔偿请求人。

行政赔偿义务机关的确定比行政赔偿请求人的确定要复杂得多。根据《中华人民共和国国家赔偿法》第七款、第八款规定，中国行政赔偿义务机关须按以下几种情况作不同认定：

1. 行政机关及其工作人员行使行政职权侵犯公民、法人和其他组织的合法权益造成损害的，该行政机关为赔偿义务机关。

2. 两个以上行政机关共同行使行政职权时侵犯公民、法人和其他组织的合法权益造成损害的，共同行使行政职权的行政机关为共同赔偿义务机关。

3. 法律、法规授权的组织在行使授予的行政权力时侵犯公民、法人和其他组织的合法权益造成损害的，被授权的组织为赔偿义务机关。

4. 受行政机关委托的组织或者个人在行使受委托的行政权力时侵犯公民、法人和其他组织的合法权益造成损害的，委托的行政机关为赔偿义务机关。

5. 赔偿义务机关被撤销的，继续行使其职权的行政机关为赔偿义务机关；没有继续行使其职权的行政机关的，撤销该赔偿义务机关的行政机关为赔偿义务机关。

6. 经复议机关复议的，最初造成侵权行为的行政机关为赔偿义务机关，但复议机关的复议决定加重损害的，复议机关对加重的部分履行赔偿义务。

关于中国司法赔偿请求人的确认，与对行政赔偿请求人的确认规则相同。[①] 而对于司法赔偿义务机关的确认，亦应区别情况而定。根据《中华人民共和国国家赔偿法》第十九款和第三十一条规定：

1. 行使国家侦查、检察、审判、监狱管理职权的机关及其工作人员在行使职权时侵犯公民、法人和其他组织的合法权益造成损害的，该机关为赔偿义务机关。

2. 对没有犯罪事实或者没有事实证明有犯罪重大嫌疑的人错误拘留的，作出拘留决定的机关为赔偿义务机关。

3. 对没有犯罪事实的人错误逮捕的，作出逮捕决定的机关为赔偿义务机关。

4. 再审改判无罪的，作出原生效判决的人民法院为赔偿义务机关。

5. 二审改判无罪的，作出一审判决的人民法院和作出逮捕决定的机关为共同赔偿义务机关。

日本关于如何认定国家赔偿请求人和赔偿义务机关，1947 年的《国家赔偿法》没有规定。这不是日本制定《国家赔偿法》时的疏忽，而是在日本立法者看

---

① 依据：《中华人民共和国国家赔偿法》第十八条和第三十一条。

来，既然《国家赔偿法》是民法的特别法，所以《国家赔偿法》只需规定与日本民法不同的特殊规则；可适用民法的部分，《国家赔偿法》均无须规定。日本《国家赔偿法》对赔偿请求人和赔偿义务机关没作规定，这表明日本国家赔偿关系中当事人的认定规则与民法侵权关系中的当事人认定规则完全相同，即国家赔偿请求人应为其权利受到不法侵害的个人或组织，国家赔偿义务机关则是实施侵权行为的国家机关或公共团体。①

关于对刑事补偿关系中当事人的认定，日本1950年的《刑事补偿法》也规定得比较简单。根据该法规定，刑事补偿的请求人应是：（1）被法院宣告为无罪而事前被关押、拘禁的人；（2）如果该人已经死亡，那么他的继承人为刑事补偿请求人。刑事补偿的义务机关，则是宣告无罪的法院。

经以上的比较我们可以发现：虽然从形式上说，中国是以国家赔偿法直接对国家赔偿请求人和国家赔偿义务机关作出规定，日本是以民法规定之，但两国所规定的内容是十分接近的。

关于对国家赔偿请求人的认定规则，中日两国都采用了"被侵害当事人主义"，即由被侵害的当事人自己主张权利。关于国家赔偿义务机关，虽然世界上存有三种模式，即（1）以侵权机关为赔偿义务机关，（2）保险公司作为赔偿义务机关和（3）以国家特设或指定的统一机构（如审议会、财政部门、检察部门等）为赔偿义务机关，但中日两国都采用了侵权机关与赔偿义务机关相统一的模式。

六、国家赔偿的程序

中国现行国家赔偿的程序，可概括为："一分为二"和"二分为四"。这是说，在第一个层次上，中国的国家赔偿程序可分为：（1）行政赔偿程序，（2）司法赔偿程序②。在第二个层次上，行政赔偿程序和司法赔偿程序又可分别区分两种不同的情况。行政赔偿可区分为：（1）附带要求赔偿，（2）单独要求赔偿。这两种情况下的程序是有区别的。司法赔偿也可区别为：（1）以非法院为赔偿义务机关的赔偿，（2）以法院为赔偿义务机关的赔偿。这两种情况下的司法赔偿程序也是有区别的。以下分别说明。

---

① 在日本，公共团体系指在国家监督之下，接受国家委任的事务，掌管公共行政的法人。也称为公法人或公法上的法人。日本公共团体包括：（1）地方团体，（2）公共组合，（3）公共建筑物法人。

② 因为刑事赔偿和民事、行政诉讼赔偿适用同一种程序。

第一，单独要求赔偿的行政赔偿程序。

所谓单独要求赔偿，是指赔偿请求人向赔偿义务机关只提出赔偿请求，没有同时提出其他的要求（如撤销和变更行政行为等）。这种情况下的行政赔偿程序按以下步骤进行：

1. 行政赔偿义务人自行政侵权行为发生之日起两年内，向赔偿义务机关书面提出赔偿请求。①

2. 行政赔偿义务机关自收到申请之日起，必须在两个月内给予赔偿或作出赔偿决定。②

3. 行政赔偿义务机关逾期不予赔偿或者赔偿请求人对赔偿决定有异议的，赔偿请求人可以自期间届满之日起三个月内向人民法院提起行政诉讼。③

4. 人民法院受理行政赔偿案件后，应在三个月内作出第一审判决。④

5. 当事人对法院第一审判决或裁定不服的，有权在判决书送达之日起十五日内或裁定书送达之日起十日内向上一级法院上诉。上一级法院必须在两个月内作出第二审判决。该判决定为终审判决。⑤

第二，附带要求赔偿的行政赔偿程序。

所谓附带要求赔偿，是指行政相对人对行政行为不服提请救济（包括行政救济和司法救济），要求有关处理机关（行政复议机关和人民法院）撤销和变更该行政行为，或要求被告履行某种义务时，附带提出赔偿请求。这种情况下的行政赔偿程序按以下步骤进行：

1. 行政相对人对具体行政行为不服的，可以在知道具体行政行为之日起十五日内（法律、法规另有规定的除外）向有关行政机关申请复议。复议机关应在两个月内（法律、法规另有规定的除外）作出复议决定。复议机关逾期不决定，或行政相对人对复议决定不服的，相对人可以在复议期满之日起或收到复议决定之日起十五日内向人民法院提起行政诉讼。⑥

---

① 依据是《中华人民共和国国家赔偿法》第九条、第十二条和第三十二条。

② 依据是《中华人民共和国国家赔偿法》第十三条。

③ 依据是《中华人民共和国国家赔偿法》第十三条；最高人民法院《关于贯彻执行〈中华人民共和国行政诉讼法〉若干问题的意见（试行）》（1991 年 5 月 29 日最高人民法院审判委员会第 499 次会议讨论通过，1991 年 6 月 11 日公布，自 1991 年 7 月 11 日起施行）第九十九条；最高人民法院《关于审理行政赔偿案件若干问题的规定》（1997 年 4 月 29 日，法发［1997］10 号）第二十二条。

④ 依据是《中华人民共和国行政诉讼法》第五十七条。

⑤ 依据是《中华人民共和国行政诉讼法》第五十八条和第六十条。

⑥ 依据是《中华人民共和国行政诉讼法》第三十七条和第三十八条；《行政复议条例》第二十九条、第三十六条、第四十四条、第四十六条和第四十七条。

2. 或者，行政相对人对具体行政行为不服的，应当在知道该行为之日起三个月内（法律另有规定除外），向法院提起行政诉讼。①

3. 接着便适用单独要求赔偿的行政赔偿程序中的第四和第五步骤。

中国单独要求赔偿的行政赔偿程序与附带要求赔偿的行政赔偿程序的区别主要有两点：一是，前者奉行行政先行处理原则，后者无此要求；二是，前者不经过行政复议程序，后者可以经过该程序。

第三，以非法院为赔偿义务机关的司法赔偿程序。

司法赔偿从赔偿义务机关的角度看，有两种情况：一种是以法院为赔偿义务机关；另一种不以法院，而以其他机关（如公安机关、安全机关、检察机关、狱政机关等）为赔偿义务机关。不以法院为赔偿义务机关的情况下，司法赔偿程序遵循以下步骤：

1. 赔偿请求人要求有关部门②确认所诉行为违法（所诉行为已被确认违法的除外）。有关机关不予确认的，当事人有权申诉，但不能要求赔偿。③

2. 所诉行为已被确认违法的，赔偿请求人可自所诉行为被确认违法之日起两年内向赔偿义务机关书面提出赔偿请求。④

3. 赔偿义务机关应当自收到申请之日起两个月内给予赔偿。逾期不赔偿或者赔偿请求人对赔偿决定有异议的，赔偿请求人可以自期间届满之日起三十日内向其上一级机关申请复议。⑤

4. 复议机关应当自收到申请之日起两个月内作出决定。赔偿请求人对复议决定不服的，或复议机关逾期不作决定的，赔偿请求人可以自收到复议决定之日起或复议期满之日起三十日内向复议机关所在地的同级人民法院赔偿委员会申请作出赔偿决定。⑥

5. 人民法院赔偿委员会收到赔偿申请后，必须在三个月内作出赔偿决定。因案件情况复杂，三个月内不能作出赔偿决定的，经本院院长批准，可以延长一个月。赔偿决定一经作出即发生效力。⑦

---

① 依据是《中华人民共和国行政诉讼法》第三十七条和第三十九条。

② 如公安机关、检察机关、人民法院等。

③ 依据是《中华人民共和国国家赔偿法》第二十条。

④ 依据是《中华人民共和国国家赔偿法》第二十条和第三十二条。

⑤ 依据是：《中华人民共和国国家赔偿法》第二十一条第一款。

⑥ 依据是：《中华人民共和国国家赔偿法》第二十二条。

⑦ 依据是《中华人民共和国国家赔偿法》第二十三条；《人民法院赔偿委员会审理赔偿案件程序的暂行规定》（1996 年 5 月 6 日最高人民法院审判委员会第 809 次会议讨论通过，法发［1996］14 号）第二十条。

第四，以法院为赔偿义务机关的司法赔偿程序。

当赔偿义务机关为人民法院时，这种司法赔偿程序与上一种司法赔偿程序有所不同。其步骤如下：

1. 与第三种程序中的第一个步骤相同。

2. 与第三种程序中的第二个步骤相同。

3. 赔偿义务机关应当自收到申请之日起两个月内给予赔偿。逾期不赔偿或者赔偿请求人对赔偿决定有异议的，赔偿请求人可以自期间届满之日起三十日内向其上一级人民法院赔偿委员会申请作出赔偿决定。①

4. 与第三种程序中的第五个步骤相同。

不以法院为赔偿义务机关的司法赔偿程序与以法院为赔偿义务机关的司法赔偿程序之间最大的区别在于：前者多了一个上级机关复议的程序。

相比之下，日本的国家赔偿程序非常统一。无论是行政赔偿，还是司法赔偿，无论是以法院为赔偿义务机关的赔偿，还是以非法院为赔偿义务机关的赔偿，它都只有一种程序，即民事诉讼程序。②

中国国家赔偿程序与日本国家赔偿程序有许多差异，但最主要的有下列几点：

1. 中国国家赔偿程序分类较细，不同情况有不同程序（共有四种程序），不够统一。日本国家赔偿程序非常单一，易于掌握。

2. 中日的行政赔偿程序，赔偿请求人要求确认违法与请求赔偿可以同步进行，确认违法可以不成为请求赔偿之前的独立程序。但在中国的司法赔偿程序中，确认违法程序与请求赔偿程序是分离的，无前一程序，便不能发生后一程序。而日本则不同。在日本民事诉讼中，确认违法与请求赔偿完全是可以合一的。

七、国家赔偿中的求偿权

国家赔偿是一种国家责任，它意味着具体国家机关及其工作人员的侵权行为所导致的赔偿由国家而不是该机关或人员自己承担赔偿责任。这对于国家承受正当的“公务风险”并调动国家工作人员的工作积极性无疑是有益的。但由此带来的问题是，具体国家机关及其工作人员因无须自己承担国家赔偿的后果，是否会

---

① 依据是《中华人民共和国国家赔偿法》第二十一条第二款。

② 关于日本的民事诉讼程序，可参见［日］兼子一、竹下守夫著，白绿铉译：《民事诉讼法》，法律出版社 1995 年版。

放纵自己的违法侵权呢？正为防止这种消极的后果，世界上大多国家在规定国家承担赔偿责任的同时，确立了国家对责任者的求偿制度。所谓国家赔偿中的求偿制度，系指国家对赔偿请求人承担赔偿责任以后，有权要求负有责任的实施机关和人员承担全部或部分赔偿费用的法律制度。

中国国家赔偿中的求偿制度，系由《中华人民共和国行政诉讼法》和《中华人民共和国国家赔偿法》直接规定。根据该两法规定，中国国家赔偿有四种求偿法律关系。

第一，赔偿义务机关对工作人员的求偿。

《中华人民共和国国家赔偿法》第十四条第一款规定："赔偿义务机关赔偿损失后，应当责令有故意或者重大过失的工作人员……承担部分或者全部赔偿费用"。第二十四条又规定："赔偿义务机关赔偿损失后，应当向有下列情形之一的工作人员追偿部分或者全部赔偿费用：（一）有本法第十五条第（四）、（五）项规定情形的；（二）在处理案件中有贪污受贿、徇私舞弊、枉法裁判行为的。对有前款（一）、（二）项规定情形的责任人员，有关机关应当依法给予行政处分；构成犯罪的，应当依法追究刑事责任"。《中华人民共和国行政诉讼法》第六十八条第二款规定："行政机关赔偿损失后，应当责令有故意或者重大过失的行政机关工作人员承担部分或者全部赔偿费用"。赔偿机关对有责任工作人员的求偿，在中国既存在于行政赔偿中，也存在于司法赔偿中。

第二，行政委托组织对受委托的组织或个人的求偿。

《中华人民共和国国家赔偿法》第十四条第一款规定："赔偿义务机关赔偿损失后，应当责令有故意或者重大过失的……受委托的组织或者个人承担部分或者全部赔偿费用"。这是说，在委托关系中，受委托的组织或个人侵犯他人权利，应由委托方的组织为赔偿义务机关[①]；委托方组织对外承担赔偿责任后，有权责令有责任的受委托的组织或个人承担部分或全部赔偿费用。需要注意的是，由于《中华人民共和国国家赔偿法》第十四条是置于该法"第二章行政赔偿"之中，而《中华人民共和国国家赔偿法》"第三章刑事赔偿"中无此类似规定，因此，委托关系中的求偿关系，在中国只发生在行政赔偿之中。[②]

第三，共同赔偿义务机关之间的求偿。

---

① 依据是《中华人民共和国国家赔偿法》第七款第四款。

② 也许在中国有一种法理认为，行政职权在一定条件下是可以委托的，但司法职权是不可委托的，所以在中国的司法赔偿中没有规定这种求偿关系。

《中华人民共和国国家赔偿法》第十条规定："赔偿请求人可以向共同赔偿义务机关中的任何一个赔偿义务机关要求赔偿，该赔偿义务机关应当先予赔偿"。这里虽然没有规定事后求偿，但"先予赔偿"的规定本身就包含了事后处理的问题。事后如何处理，中国目前还没有权威部门的解释，但笔者的理解是：应包括求偿的处理方式在内。同样必须说明的是，由于《中华人民共和国国家赔偿法》第十条是仅置于"第二章行政赔偿"之中，因此，这种求偿关系在中国也只适用行政赔偿领域。

第四，各级人民政府对行政机关的求偿。

《中华人民共和国行政诉讼法》第六十九条规定："赔偿费用，从各级财政列支。各级人民政府可以责令有责任的行政机关支付部分或者全部赔偿费用。具体办法由国务院规定"。国务院为此又于 1995 年制定了《国家赔偿费用管理办法》[①]。这种求偿同样只适用于行政赔偿之中。

关于国家赔偿中求偿的条件，在中国也应区分几种情况：

1. 行政赔偿义务机关对行政工作人员的求偿条件，以及行政委托关系中委托组织对受委托的组织或个人的求偿条件，根据《中华人民共和国国家赔偿法》第十四条第一款和《中华人民共和国行政诉讼法》第六十八条第二款规定，是"故意或重大过失"。

2. 共同的行政赔偿义务机关之间的求偿条件，法律没有明确。笔者认为，这应基于共同责任而发生。

3. 各级人民政府对有关行政机关的求偿（如省人民政府对省公安厅的求偿）条件，根据《中华人民共和国行政诉讼法》第六十九条规定是"有责任的"。但这种"责任"条件是什么，法律没有规定。作者主张可参照"故意或重大过失"的标准。

4. 司法赔偿中的求偿条件，根据《中华人民共和国国家赔偿法》第二十四条和第十五条规定，有下列情形之一便可：

（1）刑讯逼供或者以殴打等暴力行为或者唆使他人以殴打等暴力行为造成公民身体伤害或者死亡的；

（2）违法使用武器、警械造成公民身体伤害或者死亡的；

（3）在处理案件中有贪污受贿、徇私舞弊、枉法裁判行为的。

---

① 1995 年 1 月 16 日国务院第二十九次常务会议通过，1995 年 1 月 25 日中华人民共和国国务院令第 171 号发布，自发布之日起施行。

中国行政赔偿中的求偿条件与司法赔偿中的求偿条件侧重点是不同的。前者侧重于主观过错，即“故意或重大过失”，后者则侧重于行为的客观形式与后果。

日本国家赔偿法中的求偿关系有四种：

第一，基于公共权力的求偿权。

根据日本1947年《国家赔偿法》第一条规定，公务员行使国家或公共团体的权力不法加害于他人而出于故意或重大过失的，国家或公共团体对该公务员拥有求偿权。这一求偿关系基于公权力而发生，求偿方为国家或公共团体，被求偿方为公务员，求偿的条件是公务员有“故意或重大过失”。

第二，基于公共营造物的求偿权。

根据日本1947年《国家赔偿法》第二条规定，因道路、河川或者其他公共营造物之设置或管理有瑕疵，致使他人受损害时，如就损害之原因，别有应负责任之人时，国家或公共团体对之有求偿权。这一求偿关系基于公共营造物的设置和管理而发生；求偿方依然是国家或公共团体；被求偿方是对赔偿“应负责任之人”，如有管理义务的公务员，破坏或损坏公共设施的组织或个人，营造物的承揽者和建筑者等；求偿的条件是，损害事实的发生由他们行为所致，即损害事实与他们的行为之间有因果关系。

第三，基于内部关系的求偿权。

根据日本1947年《国家赔偿法》第三条规定，如果对公务员的选任或监督的机关与公务员的俸给、给予或其他费用的负责机关不一致，对公共营造物的设置、管理机关与对公共营造物设置、管理承担费用的机关不一致，前者承担国家赔偿责任后，可对后者行使求偿权。这是基于内部关系的一种求偿关系。

第四，基于抚恤金的求偿权。

根据日本1947年《国家赔偿法》第五条规定，遗属已取一次性抚恤金或遗属年金等，不得再依《国家赔偿法》及民法之规定请求损害赔偿；公务员对此有故意或者重大过失时，国家或地方自治团体对该公务员有求偿权。

与其他国家比较，中国和日本的国家赔偿中的求偿制度是颇为丰富的。就中国与日本两国比较而言，显有以下规律：

1. 关于求偿范围，两国各有大小。中国行政委托关系中的求偿、共同行政赔偿义务机关之间的求偿以及各级人民政府对有责任的行政机关的求偿为日本所没有，而日本的基于公共营造物的求偿、基于内部关系的求偿和对于抚恤金的求偿同样为中国所没有。

2. 关于求偿的条件，中国严格区分行政赔偿与司法赔偿，而且为行政赔偿中的求偿和司法赔偿中的求偿设置了不同的条件，前者侧重主观过错，后者侧重客观行为。日本不区分行政赔偿和司法赔偿，其求偿条件在这两个领域是一样的，均为公务员的“故意或重大过失”。

八、国家赔偿方式和计算标准

根据《中华人民共和国国家赔偿法》第二十五条和第三十条规定，中国国家赔偿的方式有四种：(1) 支付赔偿金；(2) 返还财产；(3) 恢复原状；(4) 消除影响，恢复名誉，赔礼道歉。第 (1)、(2)、(3) 为物质方式，第 (4) 为精神方式。在物质方式中，支付赔偿金为“主要方式”，但它不是“优先方式”。因为《中华人民共和国国家赔偿法》第二十五条第二款规定：“能够返还财产或者恢复原状的，予以返还财产或者恢复原状。”这同时意味着只有在不能够返还财产或者恢复原状时，才支付赔偿金。

关于国家赔偿的计算标准，中国区别不同情况规定。

第一，对侵犯人身自由权的赔偿标准。

侵犯人身自由权的行为，系指违法的限制人身自由的行政处罚、行政强制措施和司法强制措施等行为。根据《中华人民共和国国家赔偿法》第二十六条规定，侵犯公民人身自由的，每日的赔偿金按照国家上年度职工日平均工资计算。

第二，对侵犯健康权的赔偿标准。

所谓侵犯人身健康权，是指采用各种手段摧残人的身体，如殴打和刑讯逼供等。根据《中华人民共和国国家赔偿法》第二十七条第（一）、（二）项规定，赔偿项目和标准如下：

1. 造成身体伤害的，应当支付医疗费，以及赔偿因误工减少的收入。减少的收入每日的赔偿金按照国家上年度职工日平均工资计算，最高额为国家上年度职工年平均工资的 5 倍。

2. 造成部分或者全部丧失劳动能力的，应当支付医疗费，以及残疾赔偿金。残疾赔偿金根据丧失劳动能力的程度确定，部分丧失劳动能力的最高额为国家上年度职工年平均工资的 10 倍，全部丧失劳动能力的为国家上年度职工年平均工资的 20 倍。造成全部丧失劳动能力的，对其扶养的无劳动能力的人，还应当支付生活费。生活费的发放标准参照当地民政部门有关生活救济的规定办理。被扶养的人是未成年人的，生活费给付至 18 周岁；其他无劳动能力的人，生活费给付至死亡时止。

第三，对侵犯生命权的赔偿标准。

侵犯生命权的赔偿，系指对造成人死亡的赔偿。根据《中华人民共和国国家赔偿法》第二十七款第（三）项规定，职务侵权造成死亡的，应当支付死亡赔偿金、丧葬费，总额为国家上年度职工年平均工资的20倍。对死者生前抚养的无劳动能力的人，还应当支付生活费。生活费的标准与上一项相同。

第四，对侵犯财产权的赔偿标准。

根据《中华人民共和国国家赔偿法》第二十八条规定，侵犯公民、法人和其他组织的财产权造成损害的，按照下列规定处理：

1. 处罚款、罚金、追缴、没收财产或者违反国家规定征收财物、摊派费用的，返还财产；

2. 查封、扣押、冻结财产的，解除对财产的查封、扣押、冻结，造成财产损坏或者灭失的，按以下两种规则办理赔偿；

3. 应当返还的财产损坏的，能够恢复原状的恢复原状，不能恢复原状的，按照损害程度给付相应的赔偿金；

4. 应当返还的财产灭失的，给付相应的赔偿金；

5. 财产已经拍卖的，给付拍卖所得的价款；

6. 吊销许可证和执照、责令停产停业的，赔偿停产停业期间必要的经常性费用开支；

7. 对财产权造成其他损害的，按照直接损失给予赔偿。

日本1947年《国家赔偿法》对赔偿方式未作规定，根据该法第四条精神，自然采用民法的一切方式。而日本民法典为侵权行为设定的赔偿方式主要是支付赔偿金。①

关于国家赔偿的计算标准，日本的《国家赔偿法》只对人身权赔偿权作了规定，对财产权的赔偿按民法标准办理。

根据日本《国家赔偿法》第六条规定，对侵犯健康（造成伤害）的应赔偿以下项目：

1. 实行必要的疗养以及与此相当的必要疗养费；

2. 休业赔偿费；

3. 障害赔偿费。

对侵犯生命权（造成死亡）的应对被害人之继承人赔偿以下项目：

---

① 参见日本民法典第七零九条至第七二四条。

1. 遗属赔偿费；

2. 殡葬费；

3. 慰抚金。

日本1950年《刑事补偿法》所规定的刑事补偿标准是：

第一，对于关押和拘禁所给予的补偿标准，根据《刑事补偿法》第四条第一款的规定，应以每日1000日元以上7200日元以下标准计算。

第二，对于执行死刑所给予的补偿标准，根据《刑事补偿法》第四条第三款的规定，应以2000万日元以内标准计算；但因本人死亡造成的财产损失额在得到证明时，补偿金的数额应为损失数额加2000万日元以内。

第三，对于执行罚金或罚款所给予的补偿标准，根据《刑事补偿法》第四条第五款的规定，应在已经征收的罚金或罚款额上，按照从征收的次日起至决定补偿之日止的日期，加上年息5厘的利率所得的数额交付补偿金。

第四，对于执行没收而给予的补偿标准，根据《刑事补偿法》第四条第六款的规定，如果没收物尚未处理的，应交还原物；没收物已经处理的，应按与该物当时的价格相等的数额交付补偿金。另外，对征收的追征金，应在数额上按照从征收的次日起至决定补偿之日止的日期，加上年息5厘的利率所得的数额交付补偿金。

比较中日两国国家赔偿方式与标准的法律规定，有下列几点需特别说明：

第一，从赔偿方式上看，有物质赔偿方式与精神赔偿方式之分。中国两者兼有，而日本缺乏后者。

第二，从损害内容上看，有物质赔偿与精神赔偿之分。中国无精神赔偿，确切地说，不能对精神损失作物质方式赔偿。日本可以。日本的民法、国家赔偿法均对慰抚金等作了规定。

第三，从计算程度上，有直接损失与间接损失之分。中国限于前者，日本兼有后者。

（此文系作者于1997年4月3日至5月1日在日本关西大学作为访问教授时所作，回国后又作了补充修改。本文在写作中得到了日本关西大学植木哲教授、池田敏雄教授和龟田健二教授的帮助和指点，在此表示感谢。载于《宪政论丛》第1卷，法律出版社1998年版，第122—172页）

§2.31 世界上有关国家与地区行政程序法的比较与研究

中国的行政法制建设正处于“黄金时期”。中国的立法机关自1989年推出《中华人民共和国行政诉讼法》[①] 这一标志性法律以来，又分别于1990年、1994年和1996年制定了《行政复议条例》[②]、《中华人民共和国国家赔偿法》[③] 和《中华人民共和国行政处罚法》[④] 这些关键性行政法律和法规。以这可喜的立法成果为基础，中国的法学界和司法界呼唤着“行政程序法”的出台。本文就世界上有关国家和地区（英国、美国、德国、法国、日本、奥地利、意大利、西班牙、瑞士、中国澳门和中国台湾）的行政程序法，围绕其观念与立法、模式与结构、原则与内容作一定程度上的比较与研究，以供我国制定“行政程序法”时研究参考。

一、行政程序：观念与立法

当18世纪英国功利主义哲学家、法学家边沁[⑤]把哲学上与“实体”相对应的“程序”观念[⑥]引入法学领域时，根本不可能想到这一观念会在尔后，特别是20

---

① 1989年4月4日第七届全国人民代表大会第二次会议通过，同日由中华人民共和国主席令第16号公布，1990年10月1日起施行。

② 1990年11月9日国务院第七十一次常务会议通过，同年12月24日由中华人民共和国国务院第70号令发布，1991年1月1日起施行。

③ 1994年5月12日第八届全国人民代表大会常务委员会第七次会议通过，同日由中华人民共和国主席令第23号公布，1995年1月1日起施行。

④ 1996年3月17日第八届全国人民代表大会第四次会议通过，同日由中华人民共和国主席令第63号公布，同年10月1日起施行。

⑤ Jeremy. Bentham 1748.2.15－1832.6.6.

⑥ 边沁在1789年《道德和立法原则概述》一书中把规定人们事实上的权利义务关系的法律称之为实体法，与此相对应，把用来申明、证实或强制实现这些权利义务的手段，或保证在它遭到侵害时能够得到补偿的法律和制度称之为程序法。

世纪的法律与法学中，产生如此神奇的“魔力”。“程序”观念进入行政法学与行政法律的结果，便导致行政程序法观念的形成和行政程序法律的制定。

“行政程序”，英语称“administrative procedure”，德语称“verwaltungsverfahren”，法语称“administratif Procédé”，俄文称“управление процедура”，日文称“行政手续”，等等。这些不同形式的符号，表达了相对同一的内容。

法学界对其内涵的解释较为接近。日本《新法律学辞典》认为“行政程序”有两个含义：(1) 行政机关在进行制定规则、裁决争讼及其他行政行为时必须遵循的程序；(2) 与法院的审理裁判称之为司法程序相对的，而把行政机关的审判称之为行政程序。① 美国《布莱克斯法学词典》对它的解释是：行政程序是由行政机关所作出的方法和步骤，它不同于诉诸法院的司法程序。② 显然，这些定义都把行政程序看成是行政机关行政行为的程序。然而，我们倘若结合世界各国（地区）行政程序立法模式考察，不难发现行政程序的三种观念：

1. 认为行政程序就是行政诉讼。大陆法系国家在传统上把每一法律部门都划分为两大构成部分，即实体法与程序法，而且认为程序法就是诉讼法。如他们把民事法律划分为民法与民事诉讼法，把刑事法律划分为刑法与刑事诉讼法，把行政法律划分为行政法与行政诉讼法。基于这种意义，他们便把行政程序法等同于行政诉讼法。

2. 认为行政程序是指行政主体的行政活动程序。这种观念主张，行政程序应是行政立法和行政行为的程序，如制定行政法规、行政许可、行政处罚、行政执行等行政活动的方式与步骤，而不是法院的司法程序。德国、奥地利、西班牙、瑞士、日本、意大利等国的行政程序立法便反映了这种观念。

3. 认为行政程序既包括行政诉讼程序，也包括行政活动程序。这种观念的理由是：行政程序应是有关行政权的一切程序，因而包括行政权的设定、行政权的运行和对行政权的监督；对行政权的监督主要有行政监督与司法监督，后者就是行政诉讼或司法审查。美国与法国的行政程序立法受到这种观念的支配。

以上第一种观念在当今世界各国的行政程序立法与行政程序法学中已无市场。第二种与第三种观念均有自身理由，而且被不少国家和地区所采纳。

世界上对行政程序的立法最早可追溯到 19 世纪末，对行政程序的普遍立法

---

① 中译本《新法律学辞典》，中国政法大学出版社 1991 年版，第 181 页。

② M. A. Henry Campbell Black's: Black's Law Dictionary, ST. Paul Minn West PubLishing CO. 1979 p. 43 .

起始于20世纪中叶。造就这一事实与结果的直接动因，还应归绩于国家行政权力的扩张、“法治国”原则的贯彻以及“程序理性”（procedural rationality）[①] 观念的深化等诸种因素的交融。虽然并不是每个国家和地区都像美国那样把行政程序法等同于行政法[②]，但将行政程序作为行政法的核心内容加以立法，在20世纪已成为一个普遍性态度。

世界上最早制定行政程序法的“桂冠”应归属于善于哲学思维的德国人。德国制定行政程序法的举措可被追溯到十九世纪末。从1883年开始，德国各邦便兴起了行政程序法典化的热潮。1883年7月30日，普鲁士邦公布了《行政法通则》[③]；1884年8月31日，巴登邦颁布了《行政程序法》；1926年，梯玉邻邦推出了《行政法》[④]；1931年，符腾堡邦公布了《行政程序法（草案）》；1936年，威敦比克邦制定了《行政法典（总则）草案》。在地方行政程序立法的推动下，德国吞并奥地利后，曾以奥地利程序法为蓝本，草拟了《帝国普通行政程序法（草案）》，只因二战爆发而未及公布。二战后，内政部于1963年组织起草了《行政程序法标准草案》，1965年又在此基础上形成了“慕尼黑草案”。1973年，德国联邦政府又对慕尼黑草案作再度修改，于1976年最终推出了现行的《行政程序法》[⑤]。该法共八章，一零三个条文。如果说德国行政程序立法是遵循“从地方到中央”的“路径”，那么奥地利正好相反，因为后者是世界上最早在整个国家内完成行政程序法典化的国家。1875年10月22日，奥地利基于1867年国家基本法的规定通过了《行政法院法》。此后，行政法院在审理行政诉讼案件中形成了一系列有关行政程序的判例，这为尔后奥地利制定行政程序法奠定了基础。1885年，奥地利就有行政程序法提案。1919年，奥地利成立共和国之后，便着手制定行政程序法。1925年7月16日，奥地利国会最终通过了《普通行政程序法》[⑥]。该法共八章一零三个条文，于1926年1月1日起生效。由于受奥地利行

---

① D. J. Galligan: Discretionary Powers. Oxford: Clarendon Press, 1990, p. 333.

② 在美国，以B. 施瓦茨为代表的学者们认为，行政法就是行政程序法而不是实体法。参见Bernard Schwartz: Administrative Law. Little, Brown and Company Boston Toronto 1976。

③ 该法虽不称行政程序法，但就内容而言，属于行政程序法。

④ 全文共二零五条，分行政组织与行政程序两大章。

⑤ 也可译“行政手续法”，下同。该法于1976年5月25日由联邦国会通过，5月29日公布于联邦法律公报，1977年1月1日起生效，除少数条文自公布之日起施行外。

⑥ 即Allgemeines Verwaltungsverfahrensgesetz－AVG。后经1948年和1950年修正。1925年与该法同时通过的还有：《行政刑罚法》（Verwaltungsstrafgesetz－VStG）、《行政执行法》（Verwaltungsgesetz－VVG）、《行政程序法施行法》（Einführungsgesetz für den Verwaltungsverfahrensgesetzen）。

政程序立法的影响，西班牙早在1889年就制定了《行政程序基准法》[①]。这部包含159个法律条文的大法典，在当时不愧为行政程序法典编纂的一大创举。现行西班牙《行政程序法》[②] 于1958年7月31日公布，同年11月1日施行。该法由共七篇19章146个条文加附则构成，属目前世界上条文最多的一个行政程序法典。意大利早在1955年就推出《行政程序法（草案）》[③]，可望不久能成为正式法律。瑞士联邦于1968年12月20日公布了《行政程序法》（VFG)。该法共5章81个条文。二战后的日本国由于受占领国美国“正当法律程序”的影响，于1964年提出了《行政程序法（草案）》。[④] 经过了近三十年的论证，最终于1993年推出了正式的《行政程序法》[⑤]。该法共6章38个条文（另加附则）。由于其特殊的历史背景，美国的法律渊源于英国，但美国在行政程序法的成文化方面比英国优先跨出了一步。以联邦宪法修正案第五条和第十四条[⑥]所确立的“正当法律程序”观念为基础，美国国会于1946年通过了《联邦行政程序法》[⑦]，同年6月11日公布施行。与此同步，美国还推出了《各州标准行政程序法》[⑧]。英国虽分别于1946年和1971年制定了《行政法规法》和《行政裁判所与调查法》，但总体上依然是以普通法形式规范行政程序。“自然公正”原则[⑨]迄今依然作为一项普通法原则统率着英国的所有行政程序规则。作为大陆法系国家代表的法国是个成文法国家，但其行政法恰恰是判例法。法国创设行政程序法与创设行政法院制度比较，大为逊色。他们没有成文的行政程序法，行政程序规则均由行政法院判

---

① 即 Ley de basesde procedimiento Administrativo。

② 即 Ley de procedimiento Administrativo。

③ 该草案于1955年2月21日向众议院提出，1956年7月18日始克服各种问题可望通过，随即依法送元老院审议，不料未及完成立法程序（特别委员会已通过）成为正式法律，却由于1958年3月17日众议院被解散而成为废案。

④ 这是1962年成立的第一次临时行政调查会作为向内阁总理大臣提交的答辩附属资料，全文共18个条文。尔后于1983年11月由行政管理厅（现为总务厅）行政程序法研究会公布该草案纲要（第一次报告），1988年10月阐明了该纲要（第二次中间报告）。

⑤ 1993年11月12日以法律88号公布，自公布之日起一年以内由政令规定施行日期。

⑥ 美国宪法修正案第五条规定：“非经大陪审团提起公诉，人民不应受判处死罪或会因重罪而被剥夺部分公权之审判……人民不得为同一罪行而二次被置于危及生命或肢体之处境；不得被强迫在任何刑事案件中自证其罪，不得不经过正当法律程序而被剥夺生命、自由或财产……”第十四条规定：“……任何州，如未经正当法律程序，均不得剥夺任何人的生命、自由或财产；亦不得对任何在其管辖下的人，拒绝给予平等的法律保护……”

⑦ 即 Federal Administrative Law 。该法由参议院于1946年3月12日通过，众议院于同年5月24日通过，送交总统签署公布。杜鲁门总统于1946年6月11日签署公布。

⑧ 即 Model State Administrative Procedure Act 。

⑨ 即 Natural justice 。它包含两项基本内容：(1) 听取对方意见；(2) 不能自己做自己的法官。

例确立。其他在东欧，捷克斯洛伐克于1955年制定了行政程序法，南斯拉夫和匈牙利均于1957年公布了行政程序法，波兰于1960年施行了行政程序法。最后需要提及的是，中国澳门地区和中国台湾地区分别于1994年和1990年推出了《行政程序法》和《行政程序法（草案）》[①]。

我们可以推测，20世纪末、21世纪初，世界上的行政程序立法将会迎来另一个高潮。

二、行政程序法：模式与结构

当一个国家着手制定行政程序法（administrative procedure act）时，它首先面临模式与结构的选择。以不同标准衡量，行政程序法便构成不同模式。若从立法形式上考察，行政程序法主要有两种模式，即法典模式与分散模式。前者系指，一个国家把行政程序法律规范集中于一个专门法规之中，而这种专门法规的名称又往往直称"行政程序法"。奥地利于1925年制定《普通行政程序法》，美国于1946年制定《联邦行政程序法》，西班牙于1958年制定《行政程序法》，瑞士联邦于1968年制定《行政程序法》，德国于1976年制定《行政程序法》，日本于1993年制定《行政程序法》，中国澳门地区亦于1994年制定《行政程序法》，等等，它们都属该模式。后者则指，一个国家并没有把行政程序法律规范通过行政程序法典来表现，而是通过判例、普通法原则或其他零星的成文法规来体现。法国是这种模式的典型代表。它在世界上首创了行政法院体制，但这种首创的结果又羁绊了它迈向行政程序法典化的进程，因为法国人已习惯于用行政法院判例，而不是以成文立法来创制行政程序规范。英国介于法典模式和分散模式之间。与法国不同的是，它毕竟推出了部分行政程序性法规，于1946年和1971年分别制定了《行政法规法》与《行政裁判所与调查法》；与德国、奥地利、美国等不同的是，它没有制定行政程序法典。在大陆法系与普通法系日益交融的今天，我们已不能将大陆法系国家和地区的行政程序法与法典模式，将普通法系国家和地区的行政程序法与分散模式，简单地等同起来。作为普通法系国家的美国对行政程序法采用了成文法典化形式，而作为成文法国家的法国对行政程序法却采用了判例法形式，这一事实能佐证上述论点。当我们评价行政程序法的法典模式和分散模式时，不能绝对地肯定一种模式而否定另一种模式。正如黑格尔所

---

① 现行的草案为1995年草案。

说：“凡是合乎理性的东西都是存在的，凡是存在的东西都是合乎理性的。”① 分散模式的存在自然有其“理性”基础，但依作者之见，法典模式应是行政程序立法的高级形式，而且成为世界各国行政程序立法的普遍趋向。

如果从功能角度考察行政程序法，我们则会发现另外两种模式，即效率模式和权利模式。前者系指，行政程序法的制定以考虑行政权运行效率为主；后者相反，它从相对人权利保护的角度出发设计行政程序法。效率与权利，是世界各国行政程序立法所追寻的两大目标，是其立法设计所不可回避的一个既对立又统一的矛盾。没有一个国家在制定行政程序法时，会只追求行政权的运行效率而一点也不考虑公民的权利保障，反之亦然，但根据各国行政程序立法的出发点以及内容重心，我们依然不难找到其模式的“归口”。世界的历史与现状是，二战前的行政程序立法相对比较注重行政效率，如德国个别邦于 19 世纪末所制定的几个行政程序法；二战后，不少国家所制定的行政程序法则更注重公民的权利保障，如美国于 1946 年制定的《联邦行政程序法》（APA）。或许已有更多的国家意识到，纯粹的效率模式或纯粹的权利模式均不可取，现代的行政程序立法更应追求两者的“平衡。”因为“行政不仅需要有效率，即政策所要达到的目标一定能够迅速地实现；同时行政也必须使一般公民认为在行政活动中合理地考虑到所追求的公共利益和它所干预的私人利益之间的平衡。”② 奥地利、西班牙、德国和日本等国的行政程序立法已为追求这种“平衡”作出了尝试和贡献。看来，今后行政程序立法的任务并不是选择效率模式还是权利模式，而在于如何在它们之间寻找恰如其分的“平衡线”。

讨论行政程序法的结构问题是本题的后半个任务；这个问题的研究只能囿于行政程序法典本身。奥地利经 1950 年修正的《普通行政程序法》的结构由六篇组成：第一篇为通则，第二篇为调查程序，第三篇为裁决，第四篇为法律保护，第五篇为费用，第六篇为附则。第一篇由五章 36 个条文组成，主要规定了官署及管辖权，管辖权争议及处理，行政人员的回避，关系人、当事人与代理人，官署与关系人之间往来规则，笔录、阅卷与结案，传唤、拘提，送达、期间，秩序罚及放肆罚。第二篇由两章 19 个条文组成，主要规定了调查目的及程序，言词审理，证据，鉴定人，勘验。第三篇由 7 个条文组成，主要规定了裁决的作成，

---

① ［德］古典哲学家黑格尔（Georg Wilhelm Friedrich Hegel，1770－1831）：《法哲学原理》（Grundlinien der Philosophie Rechts，1821）。中译本根据德国莱齐格费利克斯·梅纳尔出版社 1921 年版译出，商务印书馆 1961 年版。

② 转引自 J. F. 加纳：《行政法》（Administrative Law），1979 年英文版，第 231 页。

裁决书的内容与格式要求。第四篇由三章十一个条文组成，主要规定了相对人权利保护的三种方式，即诉愿、再审和恢复原状；行政官署作出决定的义务。第五篇由六个条文组成，主要规定了行政程序中有关费用的分担规则。第六篇只有1个条文，规定了有关该法的生效、修正、废止和执行。美国1946年制定的《联邦行政程序法》由现行美国法典中的第五篇[①]第五章行政程序中的第551—559条和第七章司法审查中的第701—706条组成。[②] 第五五一条规定了行政程序中的各种主要定义，如“机关”“当事人”“规章”“裁决”“制裁”“救济”等；第五五二条规定了公共信息的公布与取得程序；第五五三条规定了行政机关制定规章的行为；第五五四条规定了行政机关制作行政裁决的行为；第五五五条规定了附属事项；第五五六条规定了适用规章制定和裁决的听证制度；第五五七条规定了听证中的决定和复议程序；第五五八条规定了制裁；第五五九条规定了法律效力；第七零一条规定了司法审查的适用和有关定义；第七零二条规定了司法审查权；第七零三条规定了诉讼的形式和地点；第七零四条规定了可司法审查的行为；第七零五条规定了司法审查前的补救；第七零六条规定了司法审查的范围。意大利1955年《行政程序法（草案）》由四篇十一章构成 。第一篇行政组织，共有三章，规定了各种行政机关的权限，单独机关与合议机关的组织规则；第二篇行政程序，共有三章，规定了行政程序的开始、发展和终结；第三篇行政行为，共有三章，规定了行政行为的形式、效力和无效；第四篇行政行为的再审查，共有二章，规定了职权审查和诉愿审查。西班牙1958年的《行政程序法》共六篇十九章，另加序篇和附则。序篇共1条，规定了该法的适用范围；第一篇行政组织，共四章，规定了行政组织的管辖规则、权限争议的处理和回避制度；第二篇利害关系人，规定了参与行政程序利害关系人的法律地位；第三篇行政作用，共五章，规定了行政行为的一般原则、成立要件、效力、证据与记录；第四篇程序，共五章，规定了行政程序的开始、审理、终结与执行；第五篇依行政手段之行为再审查，共二章，规定了依职权审查与诉愿审查制度；第六篇特别程序，共三章，规定了一般性质命令的制定程序、惩戒程序、行使民事诉权与劳动诉权前的请求程序。瑞士联邦1968年的《行政程序法》共五章。第一章规定了行政程序法适用的领域及概念；第二章规定了行政程序的一般原则，包括行政官

① 美国现行法典共由五十篇组成，第五篇为“政府机构和雇员；以及附则”。

② 美国事后分别于1974年和1976年制定了《私人秘密法》（Privacy Act）和《阳光下的政府法》（Government in the Sunshine Act；也称“会议公开法”，Opening Meeting Act），现已成为美国法典中的第五五二条之一和之二，并作为《联邦行政程序法》的组成部分。

署的权限、证据的采用、听证等制度；第三章规定了行政诉愿制度；第四章规定了向联邦行政委员会起诉的程序；第五章为终局性规定，如该法的生效、有关法律的修正以及其他过渡性条款。德国 1976 年的《行政程序法》的结构由八章组成。第一章规定了适用范围、土地管辖和职务上的协助；第二章为行政程序的一般规定，包括程序范围、当事人、证据、听证和回避等制度；第三章为行政处分，规定了行政处分的意义、形式、内容、效力、时效等；第四章为公法契约，规定了公法契约的形式与内容、签订与解除、效力等；第五章为特种程序，规定了正式程序、听证程序和计划程序等；第六章为法律救济程序，规定了适用行政法院法和诉愿程序；第七章为荣誉职之工作、委员会，规定了荣誉职与委员会的权利与义务；第八章为终结规定，规定了一些附则上的内容。日本 1993 年的《行政程序法》的结构由六章和一个附则组成。第一章为总则，规定了立法的目的、主要名称的定义等；第二章为对申请的处分，规定了申请处分的基准、期间、审查、听证等；第三章为不利处分，规定了该处分的基准、听证、辨明等；第四章为行政指导，规定了行政指导的一般原则、方式和程序；第五章为申报，规定了行政机关申报的义务；第六章为补则，规定了地方公共团体的措施；最后为附则，规定了施行日期和过渡措施。中国澳门于 1994 年制定的《行政程序法》由五个部分（篇）构成。第一篇为一般原则，规定了定义、适用范围和十四项程序法原则；第二篇为主体，规定了行政机关的职责、权限、会议程序、表决方式、授权与代任、回避制度等，以及利害关系人在程序中的权利与义务；第三篇为行政程序，规定了行政程序的各个环节与制度，包括听证等；第四篇为行政活动，规定了规章、行政行为、声明异议及行政上诉、行政合同等；第五篇为附则，规定了一般附则上的内容。中国台湾于 1990 年拟定的《行政程序法（草案）》的结构由八章组成。第一章为总则，规定了立法目的与适用、管辖机关、当事人、送达、期日与期间、程序开始、调查证据、回避、听证制度等；第二章为行政处分，规定了行政处分的规则与效力；第三章为行政契约，规定了行政契的原则、范围与效力；第四章为法规命令与行政规则，规定了行政主体的行政立法活动；第五章为行政计划，规定了行政计划的制定规则与程序；第六章为行政指导，规定了行政主体的行政指导规则；第七章为陈情，规定了公民的陈情权利与行政机关对陈情的处理；第八章为附则，规定了该法施行日期的确定方式。1995 年的草案已把第四至七章删除。

通过对以上有关国家和地区的成文行政程序法典的结构分析，我们也许可以得出这样的结论：作为一个完整的行政程序法典，除了开头的序言或总则[①]，以

---

① 一般是规定立法目的、有关定义、基本原则等。

及结尾[1]外，其他的总体结构大体包括：(1) 主体部分，一般规定行政主体以及利害关系人的各项权利与义务；(2) 行政立法部分，一般规定行政机关制定法规或抽象性规范的权限与程序；(3) 行政执法部分，一般规定行政机关的行政处分行为、行政指导行为、行政合同行为等；(4) 法律救济部分，一般规定依职权的行政审查、行政诉愿和司法审查制度。当然，我们并不是说以上所列举的每一个成文行政程序法典都拥有这四个构成部分，而且也不是被行政程序法典所拥有的每一个构成部分都具有上述的完整内容。同时拥有四个结构部分的只有美国1946年的《联邦行政程序法》、西班牙1958年的《行政程序法》与中国澳门1994年的《行政程序法》；大多采用的是“主体—（具体）行政行为—法律救济”的结构形式，如奥地利1925年的《普通行政程序法》、意大利1955年的《行政程序法（草案）》、瑞士联邦1968年的《行政程序法》以及德国1976年的《行政程序法》等；日本1993年的《行政程序法》与中国台湾1990（或1995）年的《行政程序法（草案）》，在结构上不设“法律救济”部分；日本的程序法还不仅于此，它几乎除了具体行政行为没有其他的主要结构部分，因而称日本的《行政程序法》为“纯行政程序法”也许不会过分。对照上述结构，我们得承认，英国虽没有制定一个完整的行政程序法典，但它分别于1946年和1971年制定《行政法规法》与《行政裁判所与调查法》是符合把行政机关行为分成立法行为与执法行为之逻辑的，但愿英国会按照这种结构思路接着制定行政主体法与法律救济法。

三、行政程序法：基本原则

“理性是法律的生命”[2]；行政程序法的基本原则则是行政程序法的“理性”。因为行政程序法的基本原则系指，贯串在行政程序法律规范始终的、统帅和支配行政程序法律规范的“精神内核”。一个国家和地区的行政程序立法，也许它可以做到不以成文行政程序法典来直接规定或体现其原则，但它不可能做到回避行政程序法的基本原则而直接确立行政程序法的规范。

行政程序法基本原则的表现方式有两类：一类是成文方式，即通过行政程序

① 一般是规定法律的生效时间、过渡措施、有关法律的修改等。

② M. Hollis and S. Lukes, eds: Rationality and Relativism. Oxford: Blackwell; Cambridge, Mass: MIT Press, 1979 .

法典直接规定或间接体现行政程序法的基本原则；另一类是非成文方式，即通过判例或法理确立行政程序法基本原则。前者如奥地利、美国、意大利、西班牙、瑞士、德国、日本、中国澳门地区和中国台湾地区等，后者如英国、法国等。

英国虽有成文的《行政法规法》和《行政裁判所与调查法》，但就总体而言，其行政程序立法采用了普通法方式。“自然公正”（natural justice）既是英国普通法的原则，也是其行政程序法的核心原则。英国这一与“越权（Ultra vires）无效”成文法原则相对应的普通法原则远比越权原则古老，它渊源于古代和中世纪时自然法、万民法和神法的基本内容，后在英国演变为皇家法院对下级法院和行政机关行使监督权时要求它们公正行使权力的原则。

该原则包含两项基本内容：1. 听取对方的意见。这是指，任何人或团体在行使权力可能使别人受到不利影响时，必须听取对方的意见，每一个人都有为自己辩护和防卫的权利。行政机关要做到听取对方意见这一点，必须保证相对人享受到三项权利：（1）相对人有在合理时间以前得到通知的权利；（2）相对人有了解行政机关和法院论点和根据的权利；（3）相对人有为自己辩护的权利。2. 不能自己做自己的法官。这是一个避免偏私（bias）的必要程序规则，回避制度便是它的体现。① 英国“自然公正”这一程序法原则，既统率了英国各种行政程序法规范，又直接成为法院和行政机关审查行政行为是否成立的标准。行政法极为发达的法国，其行政程序法却比较落后，行政程序法的基本原则亦不清晰。但是应当承认，法国的行政法院与权限争议法庭在长期的审判活动中，已多少确立了一些用以约束行政机关行政活动的程序规则。②

制定行政程序法典的国家，对行政程序法基本原则的表达，采用了两种方式：一种是“体现式”，即行政程序法典并没有直接规定其基本原则，而是通过其各种制度体现出原则。例如美国的《联邦行政程序法》，它虽没有表明其基本原则是什么，但该法所规定的行政立法制度、行政调查制度、情报自由制度、会议公开制度、行政听证制度、司法审查制度等，均体现了“正当法律程序”原则。奥地利、意大利、瑞士、德国、日本等国都采用了这种模式。另一种是“规定式”，即行政程序法典在条文上直接表明行政程序的基本原则。例如，西班牙1958年的《行政程序法》在第三编行政作用中的第一章一般原则中，直接规定了“经济、迅速以及效率”的原则。中国澳门地区1994年的《行政程序法》专

① 胡建淼：《十国行政法——比较研究》，中国政法大学出版社1993年版，第7—9页。

② 王名杨：《法国行政法》，中国政法大学出版社1989年版。

设第二章一般原则，从第3条至第12条详尽规定了行政程序法的下述原则：(1) 合法性原则，(2) 谋求公共利益原则及保护公民权益原则，(3) 平等原则及适度原则，(4) 公正原则及公正无私原则，(5) 行政当局与私人合作原则，(6) 参与原则，(7) 作出决定原则，(8) 非官僚化原则及效率原则，(9) 无偿原则，(10) 诉诸司法机关原则。① 中国台湾地区于1990年推出的《行政程序法(草案)》，在第一章总则的第二节行政之一般法律原则中，从第四条至第八款明确规定了行政程序法的五项原则：(1) 依法行政原则，(2) 明确性原则，(3) 平等原则，(4) 比例原则，(5) 诚信原则。②

综观上述行政程序立法现状，我们也许可以发现：就形式而言，越是后来所制定的行政程序法，越趋向于直接用法律条文表达行政程序法基本原则；就内容而言，尽管不同国家与地区的行政程序法典所表达的基本原则不同，但把"合法、合理、效率"作为行政程序法基本原则的核心内容对待，这一点是相同的。

四、行政程序法：主要内容

我们在第二题的行政程序法结构问题的讨论中已可看到：从总体上说，行政程序法的内容主要包括四大块，即：(1) 行政主体及关系人，(2) 行政立法，(3) 行政活动，(4) 法律救济。但就某一国或某一地区的行政程序法典的具体内容而言，则差异颇大。以下围绕若干问题进行比较。

(一) 行政主体及利害关系人

行政程序由行政主体主持，由利害关系人参与，因此，行政主体和利害关系人构成了行政程序上的主体（或当事人）。世界上的行政程序法典，除总则内容之外，首先规定的是行政程序的主体内容。奥地利的《普通行政程序法》在第一篇通则中，有三章分别就官署、利害关系人及代理人、官署与关系人之间的往来作出了详细规范，共涉及20个条文。美国《联邦行政程序法》则以"定义"而不以"主体"方式规定了行政机关与当事人的范围与地位。意大利《行政程序法

① Boletim Oficial de Macau Segunda - feira. 18 de Julho de 1994.

② 经社法规研究报告1007：《行政程序法之研究（行政程序法草案）》（台湾），行政院经济建设委员会健全经社法规工作小组，1990年12月。可是，1995年的草案已取消了这些内容。

(草案)》第一篇专设行政组织，以19个条文详尽规定了行政主体的法律地位；至于利害关系人，置于行政程序中加以规定。西班牙的做法则不同，其《行政程序法》专设第一篇行政组织和第二篇利害关系人，共以28个条文分别规范了行政程序法律关系的双方当事人。瑞士联邦的《行政程序法》同样规定到行政主体与利害关系人，但没有采用专门章节的方式。德国《行政程序法》在第一章以“适用范围、土地管辖、职务上协助”的名义规定了官署的地位，其他当事人亦被置于程序中论及。日本《行政程序法》在这方面显得有点落后，它只以定义的方式提到行政机关，但没有在任何地方规定到利害关系人。中国澳门地区的《行政程序法》专设第二篇主体，它分二章即行政机关和利害关系人，分别规范它们的地位。中国台湾地区的《行政程序法（草案)》在总则中专设一节（第三节行政机关）规定了行政机关的地位，其他当事人亦被置于行政程序节中加以规定。从上可以看出，除日本之外，其他国家和地区的行政程序法典，都以专门章节规定行政主体与利害关系人，它们是行政程序法不可缺少的内容。所不同的是，有的国家和地区由于把行政主体与利害关系人作为行政程序法律关系的双方当事人看待，因而把利害关系人置于与行政主体并立的地位加以规定，如奥地利、美国、西班牙、瑞士以及中国澳门地区；有的国家和地区则把利害关系人视作行政程序的对象而不是主体，因而常把利害关系人置于行政程序章节中加以规定，如意大利、德国以及中国台湾地区。

（二）行政立法

不管一个国家信奉什么样的权力分配理论，都不影响其行政机关拥有制定法规与行政规则[①]的权力，但行政程序法是否应规定这一内容，各国（地区）的态度是不一致的。美国认为，当代的行政机关既拥有立法权（即制定规章，ruling)，又拥有司法性的裁决权（adjudication)[②]，因而自然把行政立法视作行政程序法的内容范围。美国《联邦行政程序法》第五五三条[③]专门规定了美国行政机关制定规章[④]的权力与程序。西班牙的《行政程序法》把行政机关制定“一

---

① 为了方便起见，我们把行政机关制定法规与行政规则称作行政立法，尽管这是不确切的。

② 如美国行政法专家B. 施瓦茨说：“由于当代复杂社会的需要，行政法需要拥有立法职能和司法职能的行政机关……它们有权制定具有法律效力的规章，这是立法性权力；有权裁判案件，这是司法性权力。通过行使制定规章权和裁判权，行政机关得以决定私人的权利和义务。”见 Bernard Schwartz：Administrative Law. Little，Brown and Company，Boston Toronto 1976，p4－5 。

③ 按《美国法典》统一编号。

④ 美国行政机关制定的规章有三类：（1）实体性规章，（2）解释性规章，（3）程序性规章。

般性质的命令”作为一种特别程序加以规定。[①] 中国澳门地区的《行政程序法》，把行政机关制定规章作为行政活动的一种类别加以规定[②]，而且居行政行为、行政合同之首。中国台湾的学者认为行政机关的行政立法活动有两项：制定法规命令与行政规则。其1990年的《行政程序法（草案）》专设第四章（法规命令与行政规则），对行政机关制定法规命令与行政规则的权力及程序作出了详细规定。

然而，奥地利、意大利、瑞士、德国、日本等并没有在行政程序法中对行政立法作出规定。这并不意味它们否认其行政机关拥有类似的权力，而是倾向于用行政程序法以外的法律形式来规范行政立法。

（三）听证（hearing）制度

从一定意义上说，听证是行政程序法的核心，因为这一制度最能体现让相对人参与的公正与平等精神。在没有制定专门行政程序法的法国与英国，听证则是其“自然公正”或“合理”原则的中心制度。在业已推出行政程序法典的国家和地区，它们更会把听证制度置于行政程序法中一定的地位。按照美国《联邦行政程序法》的规定，听证不仅适用于行政机关制定规章过程中，而且适用于行政机关作出裁决过程中，听证原则贯串于美国行政程序法的始终。西班牙《行政程序法》在第四篇程序中，设专节规定了“利害关系人的听证”制度。日本《行政程序法》则坚持不利处分的听证原则，规定行政厅对行政相对人作不利处分时，必须举行听证。[③] 中国澳门地区的《行政程序法》亦设专节规定了“对利害关系人的听证”，这种听证既可以采用书面形式，也可采用口头形式。[④] 中国台湾地区的《行政程序法（草案）》，在第一章总则中设专节规定了听证制度，共涉及十六个条文（第36—51条）。但是，奥地利、意大利的行政程序法并没有直接规定听证制度，这表明它们的行政程序法接近效率模式，而不是权利模式。

（四）行政处分

海外行政法学上的“行政处分”[⑤]，系指行政主体基于职权，针对行政相对人就特定的具体事项，所单方作出的具有法律效果的行政行为。它接近中国行政

---

① 西班牙《行政程序法》第六篇第一章。

② 中国澳门《行政程序法》第四篇行政活动中的第一章规章。

③ 日本1993年《行政程序法》第三章不利益处分第二节听证（第15—28条）。

④ 中国澳门《行政程序法》第三篇行政程序第五章第三节第三分节，第89—93条。

⑤ 即德文 Verwaltungsakt，法文 Acte Administratif，英文 Administrative act 。

法理上的“具体行政行为”概念。规范行政处分是行政程序立法的中心任务，因此几乎没有一个国家或地区的行政程序法典不包括行政处分这一内容，只是表现形式不同而已。有的行政程序法虽规定了不少行政处分的内容，但它并没有设置专门的章节规范行政处分的一般原理，如奥地利、美国[①]、瑞士、日本[②]等国的行政程序法；有的行政程序法则不同，它们设专门章节用以规范行政处分的一般规则，意大利 1955 年的《行政程序法（草案）》[③]、西班牙 1958 年的《行政程序法》[④]、德国 1976 年的《行政程序法》[⑤]、中国澳门地区的《行政程序法》[⑥] 以及中国台湾 1990 年的《行政程序法（草案）》[⑦] 等便属此类。就比较而言，后一种方式更为成熟。

（五）行政合同

行政合同，亦称行政契约或公法契约[⑧]，系指行政主体基于职权，为实现国家的行政目标，同行政相对人或其他行政主体之间所签订的合同。它属国家行政活动的一种形式，但显然不是行政处分。因此，它能否构成行政程序法的内容，各地态度不一。

大多国家的行政程序法并没有规定行政合同问题，如奥地利、美国[⑨]、意大利、西班牙、瑞士、日本等。但有的国家和地区的行政程序法持相反的态度，德国 1976 年《行政程序法》设专章规定了“公法契约”[⑩]，中国澳门地区 1994 年《行政程序法》对行政合同作为第四篇行政活动中的一个专章[⑪]加以规定，还有中国台湾 1990 年和 1995 年的《行政程序法（草案）》亦都设专章[⑫]以规范行政合同关系。

---

① 奥地利与美国的行政程序法更多的是规定行政裁决，而不是行政处分。

② 日本的行政程序法只是规定对申请的处分与不利处分，而不是规定一般行政处分的一般原理。

③ 第三篇第 1—3 章，第 35—44 条。

④ 第三篇第 1—5 章，第 29—66 条。

⑤ 见第三章行政处分，第 35 条—62 条。

⑥ 见第四篇行政活动第二章行政行为（行政处分），第 102 条—136 条。

⑦ 见第二章行政处分，第 76 条—118 条。

⑧ 英文 Administrative Contract，或 Pudlic Contract；法文 contracts de l'administration；德文 Verwaltungsvertray，或 contracts administratifs，或 offentlich - rechtlicher Vertrag。

⑨ 作为普通法系国家主要代表的美国之所以没有把行政合同纳入行政程序法的范围，还在于美国人没有将行政合同与普通合同加以区分的观念，一切合同均受普通法调整。

⑩ 第四章公法契约，第 54 条—第 62 条。

⑪ 第四篇行政活动中的第四章行政合同，第 157 条—第 167 条。

⑫ 1990 年的草案，第三章行政契约，第 84 条—97 条；1995 年的草案仍见第三章行政契约，但条文改为第 119 条—第 133 条。

（六）行政指导

行政指导，系指行政主体为实现一定的行政目的，基于职权对行政相对人，所作的非强制性的引导活动，如劝告、希望、指导、指示、指引、鼓励等。它不是行政处分，属非正式行政行为。正因为这样，大多国家和地区的行政程序法对行政指导不作规定，如美国、奥地利、意大利、西班牙、瑞士、德国、中国澳门地区等。日本由于其特殊的历史原因①，当今仍把行政指导置于行政立法与行政法理论研究中的重要地位。② 日本1993年《行政程序法》设专章规定了行政指导③，内容包括行政指导的一般原则、种类、方式和程序等。中国台湾地区1990年的《行政程序法（草案）》亦设专章规定了行政指导④，可1995年的草案取消了这一内容。就世界总体情况而言，行政指导在行政程序法典中谋求立足之地，困难重重。

（七）行政计划

行政计划（administrative planning），系指行政主体事先安排各项工作的有关活动。它既不是行政立法，也不是行政处分，因此大多国家和地区的行政程序法对此不作规定，唯独德国1976年的《行政程序法》独树一帜。德国《行政程序法》在第五章特种程序中，把计划程序（planfeststellungsverfahren）作为一种特例加以对待。⑤ 中国台湾地区在1990年的行政程序法草案中，也设专章规定了行政计划⑥，可到了1995年的草案，这一内容全被取消。依作者之见，行政计划不是行政法学之范畴，而仅是行政学之概念，故不宜作为行政程序法的内容。各国或地区行政程序法对行政计划的态度，也许会比行政指导还要冷漠。

---

① 日本南博方先生对这作了深刻的说明："战后美军占领时期，总司令部常常利用间接统治手段，向日本政府提交备忘录、书信，发布指示、警告，提出劝告、建议等。这些手段形式上温和宽松，实质上却是命令，不容违反。或许从这种行为的有效性中得到启发，媾和条约生效后，行政指导得以广泛应用，渗透到各个领域。现实中，行政已不成为依法行政，行政指导简直无所不能了。"引自［日］南博方：《日本行政法》，杨建顺、周作彩译，中国人民大学出版社1988年版，第67页。

② 胡建淼：《十国行政法——比较研究》，中国政法大学出版社1993年版第五章第五节；［日］盐野宏：《行政法》Ⅰ，刘宗德（台湾）、赖恒盈译，月旦出版社股份有限公司出版，第二篇第四章；［日］室井力主编：《日本现代行政法》，吴微译，中国政法大学出版社1995年版，第二篇第十章；［日］和田英夫：《现代行政法》，倪健民、潘世圣译，中国广播电视出版社1993年版，第三篇第二章第四节。

③ 第四章，第32条至第36条。

④ 第六章行政指导，第132条至137条。

⑤ 德国1976年《行政程序法》第五章第二节，第72条至第78条。

⑥ 见第五章行政计划，第113条至第131条。

（八）行政执行

行政执行，系指有关国家机关对已经生效的行政行为进行强制执行的活动。世界上不少行政程序法对它作出规定。西班牙 1958 年的《行政程序法》对行政执行作出专章规定，并设置了四种执行种类：（1）对物强制（apromio sobreel patrimonio），（2）代执行（ojecucion subsibiarla），（3）强制罚（multa coercivtiva），（4）对人强制（compulsio′n sobre las personas）。[①] 瑞士 1968 年的《联邦行政程序法》第 39 条至第 43 条也对行政执行作出规定。中国澳门地区 1994 年的《行政程序法》，也设专节对行政执行作出系统规定。[②] 但不少国家与地区的行政程序法不包括行政执行这一内容，如奥地利、美国、意大利、德国、日本和中国台湾地区等。这并不是因为后者以为行政程序法与行政执行没有联系，而是主张把行政执行作为行政程序法以外的其他法律加以规定，奥地利、意大利、德国、日本与中国台湾地区在行政程序法以外均有行政执行方面的法律[③]，这便是例证。

（九）法律救济

行政法上的法律救济制度，系指有关国家机关对行政主体的行政行为进行监督、控制和补救的制度。从理论上说，它主要包括行政救济与司法救济两大部分。由于行政程序法是规范行政主体行政行为的法，而不是支配司法机关司法行为的法，所以世界上各种行政程序法一般不包括司法救济。一种例外是，司法审查是美国《联邦行政程序法》的重要构成内容，但我们也可以说，它并不是美国《联邦行政程序法》的内容范围，因为从《美国法典》排列上看，行政程序属于《美国法典》第五篇中的第五章，而司法审查则属第七章。[④] 行政救济作为行政程序法的重要构成内容是无可置疑的，除日本和中国台湾地区没有在行政程序法或草案中规定行政救济外，几乎世界上所有成文性的行政程序法典都为其留下了应有的位置。奥地利 1925 年的《普通行政程序法》专设第四篇法律保护，内容包括诉愿与再审，共涉及十一个条文（第 63—73 条）。美国在《联邦行政程序

---

① 见第三篇行政作用，第五章执行，第 100 条至第 108 条。

② 见第四篇行政活动，第二章行政行为，第五节行政行为之执行，第 128 条至第 136 条。

③ 如奥地利有 1925 年的《行政强制执行法通则》，德国有 1953 年的《联邦行政强制执行法》，日本有 1948 年的《行政代执行法》，旧中国有 1932 年的《行政执行法》。

④ United States Code，1988 Edition. United States Government Printing Office Washington：1989 .

法》中特别规定了“行政上诉”[1] 制度。[2] 意大利1955年《行政程序法（草案）》专设第四篇行政行为的再审查，按两章分别规定了依职权再审查与基于行政诉愿再审查制度，共涉及十九个法律条文（第45—63条）。西班牙1958年的《行政程序法》设第五篇依行政手段之行为再审查，并分别规定了依职权之再审查与行政诉愿制度，共涉及二十个法律条文（第109—128条）。瑞士1968年的《联邦行政程序法》，第三章与第四章分别规定了行政诉愿制度与联邦行政委员会审查制度。德国1976年的《行政程序法》专设第六章法律救济程序，规定了对行政诉愿法与行政法院法的适用原则（第79—80条）。中国澳门地区1994年的《行政程序法》第四篇行政活动中专设第三章，创制了声明异议与行政上诉制度（第137—156条）。我们可以从以上各种行政程序法对行政救济的规定中发现，行政救济的内容主要有两块，即行政诉愿（相当于中国的行政复议）和其他行政审查。

以上所比较与研究的行政程序法固然没有穷尽所有的对象与内容，本文比较与研究的结果也并没有穷尽行政立法的所有规律与理性，但它也许对中国正在进行的行政程序立法与行政程序法学研究会有一定的启迪与借鉴。

（载于《法制现代化研究》（第三卷），南京师范大学出版社1997年版。）

---

① 美国的行政上诉制度，主要是指当事人对行政主体之行政裁决不服向有关机关、特别是行政机关的申诉制度。参见胡建淼：《十国行政法——比较研究》，中国政法大学出版社1993年版，第二章第五节。

② 《美国法典》第五五七条第二款。

§2.32 论德国的行政强制执行制度及理论

中国于1996年推出《中华人民共和国行政处罚法》后，一个独立于行政处罚并与其相衔接的具体行政行为即行政强制行为的立法问题被提上了日程；与此相联系，行政强制法的理论成了中国行政法学理论界的一个新“热点”。不论是中国的行政强制立法，还是行政强制法的理论研究，研究与借鉴国外的同类立法活动和同类理论成果，无疑是颇有益处的。本文试对德国的行政强制执行制度及行政强制法理论作一番考察，以期达到上述目的。

一、行政强制执行制度及历史沿革

德国是地球上一个不甘寂寞的国家，其法律制度像哲学思想那样发达，而其行政强制执行制度是其成熟的法律制度的一部分。

行政强制执行，或称行政强制（verwaltungszwang），在德国学者们看来，是一种行政当局强制公民或者其他人履行公法义务的执行行为。它可分为行政上的强制执行（verwaltungsvollstreckung）与即时强制（sofortiger zwang）。这种行为以行政当局主动、直接和自为地对当事人采取国家强制执行措施为特征。[①]这种特征正好与司法执行相区别。法院采取司法执行的措施必须以当事人的申请为前提，显然具有被动性。此外，作为以有明显公私法划分为特征的大陆法系国家的德国，行政强制执行是一种为国有所专有的公权力，受公法调整。任何私人不得拥有该权力。国家禁止私人采取私强制实现自己的主张、达到私人的自力救济。

从德国《联邦行政强制执行法》（VwVG）[②] 的规定看，德国行政强制执行

① 于安：《德国行政法》，清华大学出版社1999年版，第160页。

② 1953年4月27日颁布，1953年5月1日起生效，后经1977年税捐法实施法修改。1997年12月17日最后一次修改。见《联邦法律公报》第3039页。

制度的内容，主要包括对公法上的金钱债权的执行（vollsteckung wegen geldforderung）与对行为、容忍或不行为义务的执行（erzwingung von handlungen, duldungen oder unterlassungen）。但作为德国完整的行政强制执行法律制度，此外还应包括行政法上的即时强制及其他行政强制制度，特别是警察强制措施制度。

德国是行政强制执行法律制度起源最早的国家之一，而普鲁士又是德国行政强制执行制度之先驱。早在17、18世纪，普鲁士就已建立起引人注目的行政强制执行制度。但在当时，国家行政机关的行政命令权与强制执行权不分，行政处分权与司法强制权不分，是其一大特点。这时的德国行政机关，只要有行政处分权，必然同时拥有强制执行权。行政机关的行政命令权（anordnungskompetenz）当然附随强制执行权（vollstreckungskompetenz）之传统观念，一直是支配着普鲁士行政法制的核心。17、18世纪普鲁士行政法上的强制执行，仅以行政习惯方式存在，犹如不成文法。[①] 于是从严格的意义上说，这时德国的行政强制执行制度尚不是一种独立的、纯粹的、现代意义上的行政强制执行制度。

步入19世纪中期后，由于受“君主立宪”与“法治国”思想的影响，德国颁布了大量的法规，其中不少法规涉及行政强制执行制度。1850年，德国颁布了《警察行政法》（Gesetz über die Polizeiverwaltung），始对警察的强制手段进行规范。1876年，德国又颁布了《权限法》（Zustāndigkeitsgesetz），1880年又推出了《邦一般行政组织法》（Gesetz über dieOrganisation der allgemeinen Landesverwaltung）。接着，普鲁士、符腾堡、墨森、下萨克森等邦也制定了自己的组织法，即1872年的《县区条例》（Kreisordnung für die Provinzen Preuβen, Brandenburg, Pommern, Posen, Schlesien und Sachsen）。这些法规以组织法的形式，对行政机关的行政强制权作出了规定。1883年7月30日，德国又颁布了《邦一般行政法》（Gesetz über die allgemeine Landesverwaltung）。该法在对邦一级行政机关的行政活动作统一规范时，特别单设第五章专门规定了“强制权限”，创设了对作为、不作为的强制执行、管辖机关、强制执行方法以及法律救济等方面的法律制度。《邦一般行政法》所确立的这些行政强制执行制度，对尔后1931年6月颁布的《普鲁士警察行政法》（Das Preuβische Polizeiverwaltungsgesetz）[②] 影响颇大。[③] 第二次世界大战以后，德国被划分为联邦德国与民

① 刘兆兴：《联邦德国的行政诉讼及行政诉讼制度》，《法学研究》1988年第1期。

② 特别是第九章“警察机关的强制方式”。

③ 城仲模（台湾）：《行政法之基础理论》，三民书局印行，1994年新订增版，第293—296页。

主德国[①]。联邦德国于1952年7月1日颁布了《行政送达法》(VwZG),它作为一项与行政强制执行程序有关的环节而被确立。1953年4月27日,联邦德国颁布了行政强制执行制度的基本法典,即《联邦行政强制执行法》[②]。该法经过1977年与1997年的两次主要修订,迄今依然有效。接着是1961年3月10日,联邦德国又颁布了《关于联邦官员行使公权力间接强制执行法》,它进一步丰富了八年前制定的《联邦行政强制执行法》中的间接强制手段部分,再次巩固"间接强制优于直接强制"的观念。这一时期,各州在短时间内也相继制定与颁布了州级行政强制执行法,1957年《莱茵州柏尔兹行政强制执行法》[③] 便是成功的一例。1976年5月25日,联邦德国又推出了《联邦行政程序法》(VwVfG),它为行政机关的行政活动确立了一个程序上的最基本要求,这种要求自然也约束行政机关的行政强制执行程序。此外,这段时期制定了一些其他行政性单行法规,如《警察组织和权限法》《警察行政法》《公共安全法》等,都对完善德国的行政强制执行法律制度起了较大的推动作用。

二、公法上金钱债权的执行

德国是一个典型的大陆法系国家,法律上有严格的公法与私法的界限。这个界限也直接决定了解决金钱债权的执行体制。德国的金钱债权自然也有公法上的债权与私法上的债权之分。私法上的金钱债权之执行由德国民法及民事诉讼法解决,公法上的金钱债权之执行才属行政法的内容。无论根据1953年的《联邦行政强制执行法》,还是1957年的《莱茵州柏尔兹行政强制执行法》,公法上的金钱债权之执行均是德国行政强制执行制度中的一个重要构成部分。

德国公法上的金钱债权(vollsteckung wegen geldforderung),系当事人基于法律或联邦和州的行政处分而必须交付的税金、规费和捐税等。由于德国是联邦制,其联邦一级的金钱债权的强制执行,适用1953年的《联邦行政强制执行法》,而州(邦)一级的金钱债权的强制执行适用各州的强制执行法。

《联邦行政强制执行法》第一章便单设了"金钱债权的强制执行",共涉及五

① 联邦德国与民主德国的全称分别是:德意志联邦共和国与德意志民主共和国。它们于1990年10月3日又重新统一。

② 该法共分四章二十二条。第一章:对金钱债权的执行,第二章:对行为、容忍或不作为义务的执行,第三章:费用;第四章:过渡及最后条款。

③ 该法于1957年7月8日颁布,1958年1月1日开始施行。

个条文。根据该章的规定，德国联邦一级公法上的金钱债权的强制执行制度的主要内容如下：

（一）关于债权范围

德国《联邦行政强制执行法》第一条第一款规定："联邦及联邦直属公法人的有关公法性质债权依据本规定以行政途径予以执行。"这就是说，凡联邦行政机关和联邦直属的公法人所拥有的公法上的债权，都属《联邦行政强制执行法》所适用的范围。[①] 但是不包括：

1. 可经行政法院审理政党争诉的金钱债权。即政党作为债务人负有对国家的金钱给付义务的强制执行。因为这种债务可通过行政法院诉讼解决。

2. 可经非行政途径解决的金钱债权。

3. 税捐法、包括失业保险在内的社会保险法，以及诉讼费交纳法，所规定的金钱债权。这三类法所规定的金钱债权的执行，仍适用这三类法，而不适用《联邦行政强制执法》。

（二）被执行的债务人

被执行的债务人，有时也称执行对象。根据德国《联邦行政强制执行法》第二条之规定，被执行的债务人有下列几类：

1. 负有金钱给付义务的债务人本身；

2. 为他人所负金钱给付义务提供担保的人。因为他须履行担保责任；

3. 对强制执行负有容忍义务的人，在容忍义务所涉及的范围内，等同于被执行债务人。

（三）执行机关

公法上金钱债权的执行，由行政机关实施。关于行政执行机关如何确定，根据《联邦行政强制执行法》第四条的规定，分下列两种情况分别确定：

1. 一般情况下，由有关行政部门的最高联邦行政机关与联邦内政部长，一致确定某个有关的行政分支机关为执行机关；

---

① 这里所说的"联邦行政机关"，既指联邦政府，也包括联邦政府所属的各政府部门。这里所说的"公法人"（juristische personen des öffentlichen Rechts），系指在德国依法设立的从事某种公共事务的，享有一定独立地位的，具有独立法律人格的机构。

2. 无明文规定涉及前一项时，联邦财税部门的有关机关为执行机关。

（四）执行程序

根据《联邦行政强制执行法》第三条的规定，行政执行机关对债务人执行公法上的金钱债权，应当符合以下程序：

1. 给付决定。有关机关已经作出了要求当事人履行公法上金钱给付义务的决定。这里包括行政机关作出的行政处分决定、行政法院的判决及有关机关的裁决。

2. 履行到期。决定所规定的给付义务的履行期限已到期。

3.《履行通知书》。行政执行机关对当事人发出了给付履行通知书，并在通知书宣布后已逾一周的，或者给付义务在给付履行通知书到达后一周才到期，而现又逾一周的。

4. 最后告诫。对当事人发出自我履行的告诫。告诫要求当事人履行的期限为一周。

5. 执行令与执行。行政执行机关发出行政执行令，并实施执行行为。《联邦行政强制执行法》第三条第一款规定："对于行政债务执行人，作出执行令后予以行政执行；行政执行无需其他执行令。"

（五）执行行为对法律的适用

对公法上金钱债权的行政强制执行行为，当然适用《联邦行政强制执行法》。因为金钱债权的执行，是德国联邦行政强制执行制度的一个重要组成部分。但根据《联邦行政强制执行法》第五条的规定有两种情况，行政执行机关须遵循特别法律适用规则：

1. 关税捐方面的金钱债权之强制执行，其行政强制程序与执行保护，适用税捐法的有关条款；①

2. 因职务协助而州机关代为执行时，执行应根据州法律的规定进行。

德国州级公法上的金钱债权强制执行制度，适用各州的行政强制执行法。在各州之中，1957年《莱茵州柏尔兹行政强制执行法》最为典型。该法于1957年7月8日颁布，1958年1月1日起正式施行。它共四篇八十七条。第一篇：行政

① 即依据德国税捐法第77条，第249—258条，260条，第262—267条，第281—317条，第318条第1至4款，第319条，第327条。

处分之执行，第二篇：其他情况之执行，第三篇：担保程序及担保换价，第四篇：费用、基本权的限制及最后规定。该法把公法上的债权执行置于第一篇“行政处分之执行”中的第二章之中。内容与联邦制度接近，故不展开论述。

三、对行为、容忍或不行为义务的执行

对行为、容忍或不行为义务的执行（erzwingung von handlungen，duldungen oder Unterlassungen），系德国联邦与州行政强制执行制度的核心内容。德国1953年的《联邦行政强制执行法》设专章（第二章）共十三个条文规范了这一核心制度，德国1957年《莱茵邦·柏尔兹行政强制执行法》第三章（行政行为有关行为、容忍及不作为之执行）也对此作了详细规定。

（一）义务范围与强制执行的条件

行为、容忍或不行为义务与金钱给付义务不同。它不以金钱款项为义务客体，而是以由行政机关之行政处分[①]所确定的当事人必须返还某一物、必须作出或不得作出某一行为，或必须容忍某一状态作为义务客体。根据德国《联邦行政强制执行法》第六条的规定，对这种义务实施强制执行，必须符合下列条件：

（1）被执行人负有作出或不作出某一行为、容忍某一状态之可执行的义务；

（2）这种义务直接来自于行政处分的确定；[②]

（3）该行政处分已经生效而具有不可撤销性，或者虽未生效但应当立即执行的，或者该行政处分正处于法律救济途径之中而该法律救济不具有延缓效力的；

（4）被执行人必须是作为被管理一方的相对人，而不是行政机关。德国《联邦行政强制执行法》第十七条规定：“针对行政机关和公法法人不得采取强制执行手段，另有规定时除外。”

从以上的执行条件可以看出，德国联邦这类行政强制执行，是对行政机关之行政处分所确定的义务之执行，因此，它以行政处分的作出为前提。但也有一种例外，根据该法第六条第二款的规定，如果有一种应处予刑罚或治安罚款的非法

① 德文是：Verwaltungsakt；法文是：Acte Administratif，英文是：Administrative act。亦有人译之为“行政行为”。

② （台湾）城仲模教授对此有过说明：德国行政强制执行权之发动，原则上以有行政处分（课以义务）之存在为前提；直接根据法令即得为执行强制之法制，已经绝迹于该国。见其著：《行政法之基础理论》，三民书局1994年10月增订再版，第294页。

行为存在，为阻止其发生，或为防止紧急危险，行政机关在其法定职权范围内应当立即采取行动的，那么行政强制执行行为就无需以作出行政处分为前提。

德国1957年《莱茵邦·柏尔兹行政强制执行法》第二条对州级行政强制执行制度也有同类规定。行政处分有下列情形之一者始得强制执行：

（1）行政处分已具有形式上的确定力；

（2）法律上的救济不具有停止该行政处分的效力；

（3）该行政处分已作为即时强制执行命令时。

关于对公方当事人不得强制执行，德国《莱茵邦·柏尔兹行政强制执行法》也有同样规定。该法第七款指出："对于官署（vollstreckung gegen behōrden）及公法人，仅限于依法律或本于法律特别准许之范围内，始得执行。"

（二）强制执行的主体与执行协助

对行为、容忍或不行为义务的执行，由作出该行政处分的行政机关实施。原处分机关为执行机关，乃是德国《联邦行政强制执行法》所确立的一项原则。该法第七款规定，行政处分由作出该处分的行政机关执行；该机关也对复议裁定进行执行。有权执行的行政机关可以委托下级行政机关实施全部或部分的执行权。

该法第八款还规定，如果行政强制执行发生在执行机关管辖范围以外的，该机关可以请求职务协助；基于该执行机关的职务协助请求，外地的具有管辖权的相应的联邦行政机关应当实施该强制执行任务。

德国《莱茵邦·柏尔兹行政强制执行法》第三条规定对行政处分的行政强制执行权属于邦、地方公共团体及受邦监督的公法人。该法第四条进一步明确，作出行政处分的官署（机关）为执行官署，本法和其他法规另有规定者除外。诉愿决定的执行，亦由原处分官署实施。最上级、上级及中级之邦行政官署，对其下级行政官署，依各种情况这一般之委任执行。

关于执行协助，德国《莱茵邦·柏尔兹行政强制执行法》比联邦法的规定更为详细。根据该法第五条的规定，行政执行官署无执行官或执行官署需在本行政区域外执行的，其他行政官署应提供执行协助。执行官署或执行官因其缺乏执行手段无法实现执行目的或执行中遭遇抵抗，同样适用执行协助。执行协助基于执行官署或执行官的请求开始。被请求的行政官署以自己无权限或以所请求事由明显违法为理由而对执行协助请求存有疑虑时，须将该疑虑理由通知请求一方。请求一方的行政官署仍主张职务协助而遭拒绝时，由其共同的监督官署决定。被请求的行政官署仅就其执行方法负责。为财务行政官署、司法行政的执行官或联邦的行政官署提供执行援助时，援助执行官署应以被援助方的有关规定为依据。执行援助的费用亦同。

（三）强制方法与比例原则

德国联邦行政机关对当事人行为、容忍或不行为义务的执行，在方法上可采取间接强制与直接强制，而间接强制又可分为代履行与执行罚。《联邦行政强制执行法》第9—12条对这些强制方法作了明文规范。

根据该法第十条规定，代履行系指当义务人不履行义务时，行政执行机关委托他人代为履行该义务，费用由原义务人承担的法律制度。这种方法仅适用可替代和非人身的义务，行政当局与代为履行义务的第三者以私法合同的方式确定代履行的权利与义务，而行政当局与义务人仍然保持公法关系。义务人与第三者没有直接的法律关系，但他必须容忍第三者的代履行。

执行罚（也称强制金），是间接强制的另一种方法。它是指当义务人不履行某一义务时，有关机关以对其不履行义务行为本身进行处罚的方法，迫使当事人自动履行该义务。《联邦行政强制执行法》第11条规定，在三种情况下，行政执行机关可实施执行罚：

（1）对于不可替代的作为义务，第三人无法代为履行的；

（2）虽是可替代的作为义务，但他人难以代为履行，尤其是义务人无法支付代履行费用时；

（3）对于一些义务人不遵守对某一行为的容忍或不作为义务，当需要实施执行罚时。

执行罚的金钱为3马克以上，2000马克以下。

德国《莱茵邦·柏尔兹行政强制执行法》（第61—65条）对强制方法亦作了类似规定。所不同的是，它所确定的执行罚的金额幅度是3马克以上，500马克以下。

关于强制方法的选择，德国《联邦行政强制执行法》确立了两项原则：

一是间接强制优于直接强制原则。该法第十二条规定："代履行或执行罚不能达到目的或难以实现目的的，执行机关可强制义务人作为、容忍或不作为，或者自行执行。"这说明，只有当行政执行机关实施间接强制方法无法达到目的时，方可实施直接强制手段。

二是比例原则。该法第九条第二款规定："强制方法必须与其目的保持适当比例。决定强制方法时，应当尽可能考虑使当事人和公众受最少侵害。"

德国《莱茵邦·柏尔兹行政强制执行法》除同样体现上述两项原则外，还特别对执行的时间进行了限制。该法第八款第一款规定："在夜间、星期日及法定假日实施执行行为，仅以持有执行官署的书面之许可为限。执行时，应出示该许可证。"①

（四）强制执行程序

德国《联邦行政强制执行法》第十三条至第十六条，对行政强制执行程序作了较为详细的规定。根据这些规定，德国的行政强制执行在程序上大体有下列阶段及内容：

1. 告诫与送达。

当义务人到期不履行义务时，除非是即时强制，行政执行机关应当向义务人发出书面的告诫书。告诫书须对义务人履行义务定出期限，在该期限内可期待义务人依其意愿自觉履行。

告诫可与某一行政处分同时作出，通过行政处分列出行为、容忍与不作为的义务。该行政处分应当立即执行或有关法律诉讼救济无延缓效力时，行政处分应同时附予告诫。

告诫必须列明所要采取的一种强制手段。告诫不得规定可采用多种强制手段，行政执行机关不得在告诫中保留在多项强制手段中选择一项的权利。

告诫所选定的强制手段（如代履行）须由义务人负担费用的，该告诫应告知义务人所要负担的费用的临时估算数额。替代行为的实际费用超过告诫所告知的数额时，有关追索权不受影响。

如果告诫所确定的强制手段为执行罚时，那么告诫书必须列明执行罚的罚款数额。执行罚的告诫可与刑罚及治安罚款同时作出。执行罚与行政处罚不同，它可重复作出，而且每次可以提高或变更执行罚数额，直至义务得到履行。只有在前一次执行罚无效果时，才可作出后一种执行罚。

告诫必须送达给被执行人。作出的行政处分同时附加告诫的，即使行政处分无须送达，附加的告诫也应送达。

2. 强制执行令。

告诫所规定的履行期满，义务人仍不履行的，行政执行机关应作出强制执行令。如果属于即时强制的情形，行政执行机关无需作出强制执行令。

---

① 德国的夜间，4月1日至9月30日，是指21时至4时，11月1日至3月31日系指21时至6时。

3. 强制保障。

为了保障行政强制执行程序的顺利进行，德国《联邦行政强制执行法》还确立了两种强制保障制度，即“实力排除反抗”与“代偿强制拘留”。

根据该法第十五条规定，实力排除反抗系指，当行政执行机关实施代履行或直接强制措施时，义务人予以反抗的，行政执行机关可行使强力排除反抗。警察应根据行政执行机关的请求提供公务协助。当实力排除反抗措施达到目的时，该措施应当停止。

另一种强制保障措施，由该法的第十六条作出了明确。该条规定：当执行罚中的罚款未获缴纳时，行政执行机关可以申请行政法院作出代偿强制拘留命令。行政法院根据行政执行机关的申请，为义务人举行听证会之后，通过裁定作出代偿强制拘留的命令，但仅限于执行罚的告诫中对此已有提及的。① 德国基本法第二条第（二）款第二句规定的基本权利②在此范围受到限制。这种拘留最短为一天，最长为两周。代偿强制拘留由司法行政机关根据行政执行机关的申请，依照民事诉讼法第九零四条至第九一一条规定执行。

4. 完成强制执行。

最后阶段是，行政执行机关针对执行目的、按照强制执行令完成执行任务。

德国《莱茵邦·柏尔兹行政强制执行法》对行政强制执行的程序作了类似的规定（见第9—13条）。需要说明的是，它对搜索、证人之延请、记录等方面的规定，比联邦法更为细化。特别是第14条，它详尽地规定了执行停止及执行措施废止的情形。③

四、行政即时强制制度

行政即时强制（sofortiger zwang），是德国行政强制执行制度中的一项独特的制度。与公法上金钱债权执行，对行为、容忍或不作为义务执行不同的是，它

---

① 关于行政法院的程序，根据德国《莱茵邦·柏尔兹行政强制执行法》第六十七条规定，适用1898年5月17日之《非诉案件手续法》的规定，由被执行人的住所地及居所地法院管辖。对于法院的决定，可以即时抗告。

② 1949年《德意志联邦共和国基本法》（简称“基本法”）第二条第（二）款第2句所规定的基本权利是：“个人的自由不可侵犯。”

③ 这种情形有五种：（1）行政处分被撤销者；（2）执行或个别的执行措施被宣告为违法者；（3）已下令停止执行，且与执行相关之义务已被履行者；（4）停止执行之请求被考虑或其他执行之延期被允许者；（5）具备依第二十四条所为之决定。

在德国1953年的《联邦行政强制执行法》或1957年的《莱茵邦·柏尔兹行政强制执行法》中，均无专门的章节，但它散见于联行政强制执行法、各州行政强制执行法及警察法等具体法规的具体条文之中。可以说，即时强制在德国是一种以独特的立法方式存在的法律制度。[①]

（一）即时强制理论与制度的发展

德国的即时强制法律制度的形成，虽较其他的行政强制执行制度要晚，但亦可追溯到19世纪末。当时的即时强制虽无法律上的直接依据，但被司法实务，具体说，是通过普鲁士高等行政法院对“直接强制”的扩张解释所确认。在普鲁士高等行政法院（Preuβisches Oberverwaltungsgericht＝PrOVG）的裁判之下，原本属于执行方法的“直接强制”[②] 被转借成为“无须行政处分之强制执行”的法律基础，直接强制被规定成为一种“混合性构成要件”（gemischter tatbestand），涵盖“执行行政处分之直接强制”与“无须行政处分并履行法定告诫程序之直接强制”两种制度。接下去的功绩属于学者们了。这时的第一个有功者学者R. 托马（Richard Thoma）认为，“直接强制”中的“直接”一词内容各异，界限难定，易生混淆，故建议用“即时强制”（sofortiger zwang）一词代替“无须行政处分并履行法定告诫程序之直接强制”。[③] 嗣后，学者F. 佛兰尼（Fritz Fleiner）又把“即时强制”这一词用进其名著《德国行政法之制度》之中，[④] 从而使“即时强制”在学说上取得一席之地，而且被以后学者广泛引用。接着的一位学者是O. 迈尔（Otto Mayer），他在其名著《德国行政法》一书中，参酌刑法上紧急避难、正当防卫以及民法上自助行为等概念，将“直接强制”发展成为警察自卫权（selbstverteidignung）、防止刑事犯罪行为以及警察紧急权（polizeiliches notstandsrecht）等三项强制制度。这三类强制行为的共同特征是：强制权的实施无须以行政处分为前提。迈尔的这一理论，对即

① 该部分主要参考李建良（台湾）：《行政上即时强制之研究》，《1998年海峡两岸行政法学术研讨会实录》，台湾政治大学法学院主办、出版，“行政院大陆委员会”、“行政院科学委员会”、海峡交流基金会、法治建设基金会、汉辉文教基金会协办。

② 即《普鲁士一般邦行政法》（das preuβische Gesetz über die allgemeine Landesverwaltung vom 0.7.1883＝PrLVwG）第132条第（三）款。

③ Richard Thoma，Der Polizeibefehl im Badischen Recht，1906，S. 95. 转引自李建良（台湾）：《行政上即时强制之研究》，《1998年海峡两岸行政法学术研讨会实录》，台湾政治大学法学院主办、出版，“行政院大陆委员会”、“行政院科学委员会”、海峡交流基金会、法治建设基金会、汉辉文教基金会协办，第239页。

④ Fritz Fleiner，Institutionen des Deutschen Verwaltungsrechts，3. Aufl. 1913，S. 216. 转引如前注。

时强制的后续发展有较大影响。

如果说在20世纪以前，德国的即时强制主要停留在司法实务对“直接执行”的扩大解释及法学家开始把即时强制引入理论著作王国的阶段，那么，20世纪起，即时强制开始步入立法王国。

1926年6月10日，德国图林根邦颁布了《图林根邦行政法》[①]。该法第186条以“措施之直接执行”[②] 为标题，规定了即时强制的适用条件、特征及法律救济。[③] 1931年6月1日制定的《普鲁士警察行政法》[④] 第44条第（一）项第二句规定：警察措施之直接执行视同警察处分之作成。1934年4月11日颁行的《布莱梅行政程序暨行政强制法》[⑤] 第十九款第（四）项作了进展性的规定：行政机关为防止对人类生命或公共安全之直接危险，或为阻止刑罚行为，或为保护行政或机关运作而有必要者，得不事先告诫或禁止，且不先为强制方法之告知，而自行或指定他人直接采取必要之措施。

从上可见，20世纪初、二战前的德国立法虽然已不回避对即时强制制度的规定，但依然以穿着“直接强制”的“外衣”来进行。二战后于1953年4月27日制定的《联邦行政强制执行法》[⑥] 终于脱下了这一“外衣”，达到了形式与内容上的统一。[⑦] 州一级的立法，在二战后亦有很大变化。那就是，虽然各州立法不再忽视对即时强制制度的规定，但形式上出现了三种模式：一是，仅规定“即时强制”。如北莱茵-威斯特法伦《邦警察法》[⑧] 第50条第（二）项与下萨克森邦危险防止法[⑨]第64条第（二）项。二是，仅设有“直接强制”之规定。巴登-符腾堡（Baden - Württemburg）《邦警察法》第八款第（一）

---

① Landesverwaltungsordnung fur Thüringen vom 10. 6. 1926.

② Unmittelbare Ausführung von Maβregeln.

③ 具体说有四项内容：（1）行政机关为确保行政秩序，特别为维护公物不受破坏，或为排除对合法实施行政事务的干扰，有权实施直接执行措施；（2）除此之外，行政机关在执行警察任务时，得直接执行必要之措施，如为防止犯罪行为或无法以其他方法排除危险者；（3）除法律有特别规定外，扣留措施不得超过24小时；（4）措施之直接执行视作行政处分之作成，其必须以口头或书面通知当事人。对该措施提起撤销争诉，并无停止效力。

④ das Preuβisches Polizeiverwaltungsgesetz vom 1. 6. 1931＝PrPVG.

⑤ das bremische Gesetz über das Verwaltungsverfahren und den Verwaltungszwang vom 11. 4. 1934.

⑥ Verwaltungs - Vollstreckungsgesetz＝VwVG.

⑦ 这表现在该法第六条的规定上：1. 命物之交付，或命一定行为、容忍或不行为之行政处分，如已具有不可争诉性，或有即时强制之命令，或法律救济已无停止效力者，得依第9条之规定以强制方法执行之。2. 为阻止该当于刑罚或罚锾构成要件之违法行为，或为防止紧迫之危险，而有即时执行之必要，且在行政机关法定职权范围内者，得不先为行政处分而实施行政强制。

⑧ Nordrhein - Westfalen：Polizeigesetz des Landes Nortrhein - Westfalen＝PolGNW.

⑨ Niedersächsisches Gefahrenabwehrgesetz＝NGefAG.

项、萨克森（Sachsen）邦警察法第六条第（一）项、汉堡邦安全及秩序法第七款第（一）项便属此例。三是，兼有“即时强制”与“直接强制”二种规定。此类最为典型的是1977年11月25日所颁发的《联邦及各邦统一警察法模范草案》①。该法第五条规定了“直接强制”，而第28条又规定了“即时强制”。

综上所述，德国即时强制制度的进化遵循了这样一个规律：从司法实务上的即时强制到理论上的即时强制，再从理论上的即时强制到立法上的即时强制；从“直接强制”与“即时强制”的混同到两者的分离。

（二）即时强制与直接执行

从立法上考察，在二战之前，德国无论是联邦法或邦法，几乎都以“直接执行”代替“即时强制”。1953年的《联邦行政强制执行法》第一次为“即时强制”赢得了“位子”。接着是1977年的《联邦及各邦统一警察法模范草案》，它第一次把混淆了几十年的“直接执行”与“即时强制”区别了开来。该法第五条对直接执行作出了如下规定：警察得自行或委托他人直接执行措施，如该措施之目的无法或无法及时由第四条或第五条所定应负责之人予以达成者，此项措施应立即告知措施之相对人。第二十八条又对即时强制作出了与直接执行显有区别的规定：为防止危险之必要，特别是无法或无法及时对第四条至第六条所定之人采取措施，或无效果，且在警察职权范围内，得不先为行政处分而实施行政强制。各邦的法也始把“直接执行”与“即时强制”相区别。

德国联邦暨各邦有关“直接执行”与“即时强制”规定一览表②

	直接执行	即时强制
联邦及各邦统一警察法模范草案（MEPolG）	5a Ⅰ	§28Ⅱ
联邦	联邦国境保护法19Ⅰ	行政强制执行法§6Ⅱ
北莱茵威斯特法伦（Nordrhein－Westfalen）		警察法§5Ⅱ
布来梅邦（Bremen）		警察法§40Ⅰ， 行政强制执行法§11Ⅱ

① Musterentwurf eines einheitlichen Polizeigesetzes des Bundes und der Länder＝MEPolG.

② 资料来源：李建良（台湾）：《行政上即时强制之研究》，《1998年海峡两岸行政法学术研讨会实录》，台湾政治大学法学院主办、出版，“行政院大陆委员会”、“行政院科学委员会”、海峡交流基金会、法治建设基金会、汉辉文教基金会协办，第248页。

续表

梅克伦堡佛彭门（Mecklenburg－Vorprommern）		安全及秩序法§81
萨尔邦（Saarland）		警察法§44Ⅱ， 行政强制执行法§18
石勒斯荷斯坦邦（Schleswig－Holstein）		邦行政法§230Ⅰ1
下萨克森邦（Niedersachsen）		危险防止法§64Ⅱ
巴登符腾堡（Baden－Württemberg）	警察法§8Ⅱ	
汉堡邦（Hamburg）	安全及秩序法§7Ⅱ	
萨克森邦（Sachsen）	警察法§6Ⅰ	
巴伐利亚邦（Bayern）	警察任务法§9Ⅰ	警察任务法§53Ⅱ
柏林邦（Berlin）	安全及秩序法§15Ⅰ	行政程序法§5Ⅱ， 行政强制执行法§6Ⅱ
黑森邦（Hessen）	安全及秩序法§8Ⅰ	安全及秩序法§47Ⅱ
莱茵兰法耳次邦（Rheinland－Pfalz）	警察法§6Ⅰ	行政强制执行法§61Ⅱ
萨克森安哈特邦（Sachsen－Anhalt）	安全及秩序法§9Ⅰ	安全及秩序法§53Ⅱ
图林根邦（Thüringen）	警察任务法§9Ⅰ	警察任务法§51Ⅱ

然而，怎样在理论上划清“即时强制”与“直接执行”之间的界限，依然是本题的任务。探视德国从二战前到二战后、从联邦法到各邦法的规定，直接执行与即时强制之间有一个共性是始终得到肯定的：它们均不以行政处分的作出为前提，或者把这种强制执行行为的作出看成是行政处分的作成。但是，它们之间的共性不影响它们之间个性的差异。直接执行与即时强制至少有下列几个方面的区别：

1. 所属范畴不同。直接执行相对于间接执行而言，属于“措施”（maβnahme）范畴，即时强制则相对于普通强制而言，系属“行政强制”状态（verwaltungszwang）的范畴。

2. 适用条件不同。直接执行的适用条件是：警察措施无法或无法及时由应负责任之人达成；即时强制的适用条件是：无法或无法及时对应负责任之人采取措施，或无效果者。①

① 这一点区别，作者亦为费解。

3. 适用对象不同。直接执行是针对因行为或所有物之状态致危害社会秩序或公共安全之人，即所谓“行为干扰者”（verhaltensstōrer）与“状态干扰者”（zustandsstōrer）；而即时强制的适用对象除前者外，还包括“非干扰者”（nichtstōrer），当然这种“非干扰者”仅限于基于公益上的理由，负有防止紧急危害义务之人，即“紧急义务人”（notstandspflichtiger）。

4. 告诫程序不同。实施直接执行时，应时先给予告诫及告知强制方法；即时强制则无此要求。

（三）即时强制的特征、适用范围与程序

德国的即时强制有两个特征是比较明显的：（1）不以行政处分的作出为前提；（2）无事先告诫环节。因为时间上的紧迫性，容不得这一环节的存在。

德国即时强制的适用范围始终是明显的，但在二战前后有一定变化。20世纪初期，从各邦法的规定上看，即时强制主要适用三个范围：（1）保护行政事务的实施及公物不受破坏（警察自卫权）；（2）防止犯罪行为；（3）排除紧急危险。二战以后，即时强制的适用范围略有变化，主要表现为警察的自卫权不再构成即时强制的法定原因。细细说来，这时的即时强制适用三种对象及三种情形：

1. 行政机关对于违反法律义务之人，具体说，是对于从事违法行为之人或引起公共危险之人，无法或无法及时以行政处分课之义务，或虽能以行政处分课之义务但无效果者，便须实施即时强制，以达到义务的被履行。例如某人在抢劫银行时挟持行员作为人质，警察以枪械射击之。

2. 行政机关在从事行政事务时，为防止紧迫危险，而有对非引起危险之人采取一定措施之必要，但无法或无法及时对之以行政处分课以义务，或虽能以行政处分课以义务但无效果者，行政机关便可直接对其实施即时强制。例如警察机关在救火时，为开辟防火巷而强制拆除邻居房屋。

3. 行政机关在从事行政事务时，对于处于一定危险状态中的个人，有必要采取保护措施时，便可实施即时强制，也即“救难措施”。例如搜救遭遇山难的登山人员。

关于即时强制的程序，从理论上说，应有作出处分、告诫、强制方法的确定与实施强制诸个环节，可事实上这些环节很难划分。正如普鲁士高等行政法院于裁判中所指出的，此种直接执行（当时实指即时强制）乃是法院过去多次于裁判中所承认的“无须先为行政处分之直接强制”，系集合处分（告诫、执行方法确

定）与实施强制手段于一行为的行政措施。[①] 这也许本身就是即时强制在程序上的一个特点。

五、警察强制手段及法律制度

德国的警察强制手段十分发达。这种手段的采用构成了德国行政强制行为的一部分。这些手段适用面很广，其本身有的属于即时强制，而有的属于一般的执行措施。以下仅对几种最常见的手段作一介绍。

1. 盘诘（anhalterecht）

根据德国1977年的《联邦及各邦统一警察法模范草案》（以下简称“警察法模范草案”）第九条及《联邦边境保护法》第十七条规定，警察通常有权为查明身份而作查询；如果无法当场查明身份的或所提供资料不实者，还有权把其带往警所。这就是盘诘之权。若凭身份证便可查明身份，仅对职业或职位产生怀疑者，不适用该权。[②] 盘诘除针对单个人作出外，还可同时针对多数人作出。后者称为集体盘诘（razzia）。集体盘诘意指为查明逗留于被警察禁止出入地区的多数人的身份，而采取的有计划的盘问。[③]

2. 传唤（vorladung）

根据德国《警察法模范草案》第十一条及《联邦边境保护法》第十八条规定，依实际情形可断定某人能提供事实，警察为查明案情，有权传唤其。其他传唤情形则包含于执行监识措施中。[④]

---

① PrOVGE95，111（118）；105，204（243），zit. nach Hormann，a. a. O.，S. 58f. 转引于李建良（台湾）：《行政上即时强制之研究》，《1998年海峡两岸行政法学术研讨会实录》，台湾政治大学法学院主办、出版，“行政院大陆委员会”、“行政院科学委员会”、海峡交流基金会、法治建设基金会、汉辉文教基金会协办，第241页。

② Vgl. dazu §20 b-wPolG；Art. 12 bayPAG；§§9 bremPolG；12 hambSOG；45 HSOG；9 n-wPolG；　176LVwG. Schwan：Identitätsfeststellung，Sistierung ung Razzia，AöR 102，(1977)，243ff. 引自［德］亨利·苏勒（Heinrich Scholler）著，李震山（台湾）译：《西德警察与秩序法原理》，C. F. Müller、登文书局发行1986年版，第125页。

③ Hoffmann，a. a. O.，S. 755.

④ 见［德］亨利·苏勒（Heinrich Scholler）著，李震山（台湾）译：《西德警察与秩序法原理》，C. F. Müller、登文书局发行1986年版，第129页。

3. 监识措施（erkennungsdienstliche maβnahmen）。

根据德国《警察法模范草案》第十条及《联邦边境保护法》第十九款规定，对无固定住所之人或为防止可能构成犯罪行为的发生，且以其他方法不能查明其身份时，警察机关可以不经关系人同意而实施监识措施。具体监识措施有：捺印指纹及掌纹、照相、体外特征之确定及量身。依联邦行政法院判例（26，s. 169），当行政机关完成监识措施后，而犯罪嫌疑之理由已不存在，且无迹象显示关系人于同一范围内有再犯之虞时，不必再执行监识措施及保存其结果。①

4. 管束（gewahrsam）

根据德国《警察法模范草案》第十三条及《联邦边境保护法》第二十条规定，为排除危害及滋扰以确保公共安全秩序，或为维护个人身体与生命免遭危害时，通常得实施管束措施。有自杀的危险，或处于完全丧失自由意思及无助状态下，亦符合管束条件。管束可分预防管束、保护管束及拘禁管束。

德国《联邦边境保护法》第 22 条还规定了一种温和的管束方法，即监护。监护与一般管束不同的是，它的作出不具有单方强制性，须以关系人的自行请求为前提。

5. 侵入及搜索住宅

为排除重大滋扰或紧急危害时，警察有权侵入住宅并搜索之。这是德国《警察法模范草案》第十九款及《联邦边境保护法》第二十五条所赋予给警察机关的一种权力。但这一权力的行施，必须受德国《基本法》第十三条基本人权条款的约束。②

6. 保管及扣押

根据德国《警察法模范草案》第二十一条及《联邦边境保护法》第二十七款

---

① 北莱茵邦警察法第十条第（二）项及巴伐利亚邦警察任务法第十三条第（二）项便有此规定。

② 《德意志联邦共和国基本法》（1949 年 5 月 8 日联邦德国议会通过，同月 23 日公布）第十三条（住宅不受侵犯）规定："一、住宅不受侵犯。二、只有法官发布命令，或如延搁即将发生危险的情况下，根据法律规定由其他机关发布命令，才能进行搜查，并且只能按照法律规定的方式进行。三、在一切其他情况下，这种不可侵犯性不得被侵害或受限制，但为避免共同的危险或个人的致命危险，或依法防止对公共安全和秩序的紧迫危险，特别是为了缓和房屋短缺状况，同流行病的危险作斗争或保护遭受危险的少年的情况除外。"

规定，当某一物有充分嫌疑，或认为该物在实施某一犯罪行为中将被使用，或物之使用及变卖是企图伤害生命健康或财产，或留存该物将伤及健康、生命或财产时，警察机关有权实施强制保管及扣押措施。关于保管与扣押，有的邦有区别，有的邦则无区别。区别主要在于，物之交付是否出于自愿：出于自愿者为保管，否则属扣押。

7. 驱散（platzverweis）

驱散是警察机关在处理意外事件或救火行动，当有人妨碍公务事件处理时，可命令一人或多人禁止进入或离开某地。这一措施权由德国《警察法模范草案》第十二条所创设。

六、行政强制执行行为之性质及法律救济

罗马法谚："有权利即有救济"（ubi jus ibi remedium）。① 换句话说，"没有救济的权利不是真正的权利（A right without remedy is not a right）。"这一法治精神对行政强制执行行为同样适用。政府为维护社会与国家的正常秩序，不能没有行政强制执行权；但为防止行政强制执行权的滥用，又不能没有法律救济制度。而从理论上说，一个国家对行政强制执行权的法律救济途径的设计，与对被救济行为（即行政强制执行行为）的定性有关。

（一）关于公法上金钱债权给付的强制执行

在德国，金钱债权给付义务的执行，若属私法性质，由普通法院执行，适用民事诉讼救济途径；若属公法性质，则由行政机关自身强制执行。② 但是，关于后者的法律救济，德国1953年的《联邦行政强制执行法》本身没有作出规定。

关于德国行政机关执行公法上金钱债权的行为之法律救济，不是由《联邦行政强制执行法》，而是由其行政法学理及行政法院法所解决。德国大多学者把行政机关执行公法上金钱债权的行为性质视作"行政处分"（verwaltungsakt），因而认为它适用一般行政处分的法律救济程序。根据德国1960年的《行政法院法》

① See Coke on Littleton, 197; A. V. Dicey, Introduction to the study of the Law of the Constitution, p. 199, 10th ed. 1964, London.

② 依据德国1953年《联邦行政强制执行法》第四条。

(VwGO) 的有关规定，执行债务人对行政机关的公法上金钱债权执行行为不服，可向行政法院提起三种诉讼：

1. 确认之诉。如果执行债务人认为执行权不成立或执行权的行使违法，可以提起该类行政诉讼，要求法院判决确认行政强制执行权不成立，或要求法院判决确认该行政强制执行行为没有适法性。①

2. 撤销之诉。如果行政强制执行被认为是违法的，执行债务人可以提起撤销之诉，要求法院撤销具体的行政强制执行措施。②

3. 义务之诉。如果行政执行机关在实施行政强制执行过程中，没有履行法定的作为义务，执行债务人可以请求法院判令行政机关履行一定的作为义务。③

（二）关于对行为、容忍或不行为义务的强制执行

德国关于对行为、容忍或不行为义务的强制执行行为之性质，法律没有明确表态。无论在 1953 年的《联邦行政强制执行法》中，还是在 1960 年的《行政法院法》或 1976 年的《行政程序法》中，我们都找不到有关该类执行行为性质方面的条款。但在学理上，德国学者坚持了与对公法上金钱债权执行行为性质相同的观点。

与公法上金钱债权执行不同，德国 1953 年的《联邦行政强制执行法》对行为、容忍或不行为义务的执行之法律救济有着专门规定。该法第十八条第（一）款规定：“针对强制执行方法的告诫，允许采取与针对所执行的行政处分相同的被允许的法律救济。如果告诫与作为基础的行政处分同时作出，则法律救济同时延伸及后者，但以后者尚未成为法律救济或司法程序标的为限。告诫未与作为基础的行政处分同时作出，且后者已不可撤销时，则只能在告诫本身所产生的权利损害范围内，可请求撤销告诫。”由于翻译上的限制，有必要对其含义作一番阐述。该条款大致有以下几个意思：

---

① 德国 1960 年《行政法院法》第三十四条（确认之诉）规定：“（一）提起诉讼可请求法院对某一法律关系是否存在或某一具体行政行为的无效进行确认（确认之诉），但起诉人对法院的尽快确认须具有合法权益。（二）起诉人如能提起或本应能提起构架之诉或给付之诉以主张其权利时，不得提起确认之诉。请求确认具体行政行为无效时除外。”

② 德国 1960 年《行政法院法》第 42 条（撤销之诉和义务之诉）规定：“（一）提起诉讼时可请求法院撤销某一具体行政行为（撤销之诉）及请求判决作出某一遭拒绝的或未答复的具体行政行为（义务之诉）。（二）起诉人只有申称因某一具体行政行为或因其受到拒绝或因未答复致使起诉人权利受到损害时，方可准许起诉，法律另有规定者除外。”

③ 依据见前注。

1. 任何行政强制执行行为其实是一种针对一个基础行政行为即原始行政处分的执行措施。在实际操作中，有时执行行为与被执行的行政处分即基础行为是同时作出的，有时则是分别作出的。这是这一法律条款的理论基点。

2. 针对执行行为的法律救济适用针对该基础行为的法律救济。譬如，行政机关要执行一个行政处罚决定，该行政处罚决定适用什么样的法律救济途径与程序（如行政复议与行政诉讼），该执行行为也适用什么样的法律救济途径与程序。这是对该类执行行为法律救济的总原则。

3. 如果执行行为与基础行为同时作出，两者不可分离，那么在法律救济时，应把执行行为与基础行为作为一个客体来对待，适用一个救济途径与程序。但如果基础行为已经进入法律救济程序，那么这时的法律救济只能限于针对执行行为作出。

4. 如果执行行为与基础行为没有同时作出，而是分别作出，而且基础行为已经生效，具有不可撤销性，那么，当事人只能针对执行行为请求法律救济，具体说，即在执行行为本身所产生的权利损害范围内，提起撤销之诉。

（三）关于行政上的即时强制行为

前面说过，在德国，行政上的即时强制，仅是对公法上行为、容忍或不行为义务执行的一种例外。然而在对其的性质认识上，略有差异。在二战之前，德国各邦的法律及有关学理，使即时强制行为的性质等同于“行政处分”，即法律行为，以便让当事人得以提起行政争诉。二战以后，由于德国行政诉讼制度之审判权改采“概括主义”[①]，故学者多认为即时强制在性质上属于“事实行为”。[②]

德国1953年的《联邦行政强制执行法》对即时强制行为的法律救济作了专门设定，并似乎与该行为性质的认定不发生直接而必然的联系。该法第18条第二款规定：“无预先的行政行为而适用强制方法的（第六条第2款[③]），对强制方

---

① 这主要体现在德国1960年的《行政法院法》第四十条规定上。该条第（一）款规定：“一切未被联邦法律划归为属其他法院管辖的非宪法性质的公法上争议，对之均可提起行政诉讼。州法律范畴的公法争议，也可由州法律划归其他法律管辖。”

② 李建良（台湾）：《行政上即时强制之研究》，《1998年海峡两岸行政法学术研讨会实录》，台湾政治大学法学院主办、出版，“行政院大陆委员会”、“行政院科学委员会”、海峡交流基金会、法治建设基金会、汉辉文教基金会协办，第254页。

③ 该款所涉正是即时强制，它规定：“非法行为应处以刑罚或治安罚款的，为阻止其发生，或为防止紧急危险，行政机关应即时采取行动并在法定职权内行事的，可无需事先作出具体行政行为而直接采取行政强制执行措施。”

法允许采取针对行政处分一般可采取的法律救济。”这就是说，即时强制在法律救济上适用一般行政处分的法律救济。

此外，一些警察行为的即时强制措施，如强制扣押等，依德国通力之说，亦属行政处分。关系人对此不服，得提起诉愿及撤销之诉等法律救济。若扣押之物在诉讼提起前便已归还，则无提及上述救济之实益，但仍得依行政法院法第113条第（一）项第四句[①]，提起事后确定之诉（nachtrāgliche feststellungsklage）。若该处分在行政诉讼中废弃，依前法之规定亦可提起事后确定之诉。[②]

（四）邦级行政强制执行的法律救济

以上所叙为联邦级行政强制执行的法律救济，这里讨论邦一级的行政强制执行行为之法律救济制度。由于德国是一个联邦制国家，各邦的制度不甚统一。这里以德国莱茵州为例作一分析。

1957年，德国推出了《莱茵州柏尔兹行政强制执行法》[③]。该法第16条规定：“执行措施本身即为行政处分，或依本法之规定，其为行政处分者，得为一般之法律救济。请求（法律救济）所为之异议，应向行政处分之行政官署提起。异议所持之理由由于行政处分下令后发生者，仅以抗告程序不得其结果时，始得请求法律救济。执行官员所为之执行措施，视同执行官署之行为。受请求之行政官署就执行行为无负责者，其执行措施视同执行请求官署之行为。法律救济定有期限者，于期限内到达受请求之行政官署者，视同已到达。法律救济无停止执行之效力。但有决定执行权限之行政官署或抗告诉讼提起之行政法院，基于执行债务者声请，不问是否命以提供担保，均得以命令停止执行。”这里不难看出这样几个要点：

1. 行政强制执行是行政处分，或依本法应视作行政处分，故适用行政处分的一般法律救济。

2. 这类法律救济包括了向行政官署提起的行政异议程序与向行政法院提起的行政诉讼程序（抗告程序）。

3. 法律救济原则上不停止原执行行为的效力。

---

① 该句的内容为：“如果行政处分已撤回或以其他方式得以处理的，原告有理由要求法院对行政处分的性质进行确定的，法院可经当事人申请，判决该行政处分违法。”

② ［德］亨利·苏勒著，李震山（台湾）译，《西德警察与秩序法原理》，C. F. Müller与登文书局1986年初版，第133-134页。

③ 1957年7月8日颁布，1958年1月1日起施行。

七、对德国行政强制执行制度的评判

通过对以上几个专题的讨论，我们已经到了对德国行政强制执行制度进行总体评价的时候了。

德国的行政强制执行制度，历史源远流长，它对尔后的其他国家，特别是日本，影响很大。

仅就其本身的制度而言，它有以下几个特征：

1. 行政强制执行的内容与方法都比较完整。德国行政强制执行的内容，既包括了金钱上的债权执行，又包括了行为上的义务执行；对于后者，又既包括一般强制，又包括行政上的即时强制。因为在德国，行政上的即时强制被看成是行为、容忍或不行为义务执行中的一种例外。从方法上看，德国的行政强制执行既包括直接强制，也包括间接强制；后者又包括代履行与执行罚。

2. 行政强制执行权的发动以行政处分为限。在世界上，行政强制执行权的发动无非基于两种：一是基于行政处分，二是直接基于法规。在德国，行政上强制执行权之发动，原则上以有行政处分（课以义务）之存在为前提；直接根据法令即得为执行强制之法制，已经绝迹于该国。①

3. 比例原则与间接强制优于直接强制原则比较突出。比例原则（verhāltnismāβigkeit/the principles of proportionality）是现代法治的一项原则。它的基本内容是：国家机关及公务员在执行职务时，面对多种可能选择的处置，应选择与法律目的最接近的方法。德国不少行政强制执行立法均规定了这一原则。《联邦行政强制执行法》第九条第二款规定：“强制方法必须与其目的保持适当比例。决定强制方法时，应当尽可能考虑使当事人和公众受最少侵害。”关于间接强制优于直接强制原则。该法第十二条规定：“代履行或执行罚不能达到目的或难以实现目的的，执行机关可强制义务人作为、容忍或不作为，或者自行执行。”这说明，只有当行政执行机关实施间接强制方法无法达到目的时，方可实施直接强制手段。这两大原则的确定，对尔后其他国家的立法很有影响。

4. 行政强制执行行为的性质与法律救济比较协调。关于行政强制执行行为的性质，虽然在学界有一定的差异，但立法均明示或暗示它是一种“行政处分”，从而名正言顺地为它设定了与一般行政处分相同的法律救济。

---

① 城仲模（台湾）：《行政法之基础理论》，三民书局1994年10月增订新版，第294页。

5. 在行政强制执行立法体系上，采用了基本法与单一法、联邦法与各州法相配合的体系。在德国，任何行政强制执行立法与强制执行行为都必须受制于《基本法》第一章基本权利的约束。《基本法》之下，德国又有专门的行政强制执行方面的单一法规。由于联邦制的缘故，德国既制定联邦级行政强制执行法，又制定州级行政强制执行法，联邦与各州双管齐下，相互配合。可以说，德国是世界是制定单一行政强制执行法最完备、最成熟的国家之一。

（2000 年 9 月撰）

§2.33 论中国台湾地区的行政执行制度及理论

近十年来，中国的行政法治建设已步入“黄金时代”，其中的一个标志是：行政立法出现了“高峰”。我国于1989年推出了《中华人民共和国行政诉讼法》之后，接着于1990年制定了《中华人民共和国行政监察条例》和《行政复议条例》，1993年制定了《国家公务员暂行条例》，1994年通过了《中华人民共和国国家赔偿法》，1995年公布了《中华人民共和国人民警察法》，1996年完成了《中华人民共和国行政处罚法》，1997年又将《中华人民共和国行政监察条例》“升格”为《中华人民共和国行政监察法》，1999年新制定了《中华人民共和国行政复议法》……特别是行政处罚法的制定与实施，更呼唤着“行政强制执行法”的出台。据说中国有关立法部门已把研究制定《中华人民共和国行政强制执行法》列上日程。但是，离这个目标的实现，中国的法学家们在理论研究上还将不得不经历一段不太短的路程。

旧中国早在1943年就修订了《行政执行法》。近年该法再次被修改。最近的修订稿于1998年11月11日公布施行。中国台湾的学者们步入行政执行法研究领域亦相对较先。为此，研究与评判台湾的行政执行制度及理论，对于探讨中国大陆制定行政强制执行法，也许会有一定的裨益。

一、行政执行的基本概念

（一）行政执行的定义与特征

在中国台湾，行政执行，（〈英〉administrativr execution），是行政上的强制执行（〈英〉administrative compulsory，〈德〉verwaltungsvollstreckung）的简

称。关于它的定义，一般以 1947 年修订的《行政执行法》[①] 的第一条规定为依据。该条规定："行政官署于必要时，依本法之规定，得行间接或直接强制处分。"1998 年修订的新《行政执行法》对行政执行的定义在表述上略有改变。其第二条规定："本法所称行政执行，指公法上金钱给付义务、行为或不行为义务之强制执行及即时强制。"但这种表述由于过分简单而很难直接作为学理上的概念。台湾学者们对行政执行所下的定义，已远远超逾了《行政执行法》中的概念，而且比较统一。以下是一种目前比较规范而公认的定义，它被写进了各种教科书：行政上的强制执行，简称行政执行，系指当人民不履行其行政法义务时，行政机关以强制方法使其履行，或实现与履行有同一状态之行政权作用。[②]

这一定义揭示了以下几个法律特征：[③]

第一，行政执行以行政相对人负有行政法上的义务，而且不履行该义务为前提。这是行政机关发动行政执行的前提条件。如果行政相对人无此行政法上的义务，或虽有该义务但已履行，这便无以发生行政执行问题。

第二，行政执行是行政机关自身实施行政权的行为，无须借助司法机关或其他第三者力量进行。台湾学者吴庚对此说明如下："国家机关之行政行为系基于公权力之意思表示，与私人之间意思表示不同；私人间所为之各意思表示或法律行为，如他人不愿履行其义务，除符合自助行为（民法第一五一条）之要件外，必须经由国家机关之公权力方可实现，换言之，须取得法院之确定判决，并请求法院依民事强制执行程序予以实现。行政机关则得以本身之公权力，实现行政行为之内容，无须借助于民事法院之执行程序，此乃行政执行特质之所在。"[④]

第三，行政执行的目的在于取得行政相对人行政法义务的履行，因此行政机关除了强制相对人履行义务外，也可采用其他方法来达到与相对人履行义务相同

---

① 1932 年 12 月 28 日国民政府公布施行，后经 1943 年与 1947 年修订。

② 张载宇（台湾）：《行政法要论》，汉林出版社 1977 年版，第 392 页；林纪东（台湾）：《行政法》，三民书局 1980 年修订六版，第 377 页；管欧（台湾）：《中国行政法总论》，蓝星打字排版有限公司 1981 年修订十九版，第 469 页；张家洋（台湾）：《行政法》，三民书局股份有限公司 1991 年五版，第 632 页；城仲模（台湾）：《行政法之基础理论》，三民书局印行 1994 年新订增版，第 248 页；陈新民（台湾）：《行政法学总论》，1997 年修订六版，第 293 页；陈敏著（台湾）：《行政法总论》，三民书局 1998 年初版，第 686 页；吴庚（台湾）：《行政法之理论与实用》，三民书局 1998 年增订四版，第 441 页；翁岳生（台湾）：《行政法》，翰芦图书出版有限公司 1998 年版，第 874 页；苏嘉宏（台湾）、洪荣彬合著：《行政法概要》，永然文化出版股份有限公司 1999 年版，第 380 页。

③ 张载宇（台湾）：《行政法要论》，汉林出版社 1977 年六版，第 392—393 页；吴庚（台湾）：《行政法之理论与实用》，三民书局 1998 年增订四版，第 441—443 页。

④ 吴庚（台湾）：《行政法之理论与实用》，三民书局 1998 年增订四版，第 442 页。

的状态。这正是间接执行与直接执行并存的理由。

（二）行政执行的内外“边界”

在台湾学者看来，有三个名称是相通的，即“行政上的强制执行”“行政强制执行”与“行政执行”。具体的表述是：行政上的强制执行，亦称行政强制执行，简称行政执行。这一点不甚复杂，复杂的是行政执行必须与相近的概念慎加区别。

1. 行政执行与民事执行。[①] 行政执行与民事执行都属国家的法律强制执行制度，然而它们又是两种不同的法律执行制度。它们之间的区别集中表现在三点上：（1）义务的性质不同。行政执行与民事执行都系义务人不履行义务所发生，但行政执行是系义务人不履行行政法上的义务所生，而民事执行则因义务人不承担私法上的义务所致。（2）主体的合离不同。民事执行禁止“自力救济”，一方当事人不履行义务，另一方当事人不得自行强制执行，他必须请求法院确认权利，进而申请法院强制执行。而行政执行可以“自力救济”，作为一方当事人的行政机关对于行政相对人拒不履行义务的，有权自行强制执行。台湾地区学者同意瑞士公法学家布莱纳（Karl Brunner）观点[②]，在行政执行中，强制执行的请求者、确认者及执行者是呈三位一体之特征。（3）适用法律不同。目前在台湾，行政执行适用 1998 年修订的《行政执行法》，而民事执行适用 1975 年修订的《强制执行法》。[③]

2. 行政执行与行政先行执行。根据中国台湾地区《诉愿法》第二十三条[④]与《行政诉讼法》第 12 条[⑤]所确定的救济不停止原行政处分执行的原则，在行政相

① 陈新民（台湾）：《行政法学总论》，1997 年修订六版，第 293—294 页；城仲模（台湾）：《行政法之基础理论》，三民书局 1994 年新订增版，第 252—253 页；林纪东（台湾）：《行政法》，三民书局 1980 年修订六版，第 378 页。

② 瑞士公法学家卡尔·布莱纳（Karl Brunner）曾对行政强制执行的特质作了典型的勾画：请求权的提起（anspruchserhebung）与请求权的确定（anspruchsfeststellung）均由行政主体为之，而请求权者与执行权者又同归一体（berechtiger und exekutor in einer person），因此行政主体在行政强制执行上实具有“人身联合（personalunion）之特性”。见 Karl Brunner，Die Lehre vom Verwaltungszwang，1923，S. 22。

③ 中国台湾地区的《强制执行法》在其六法编排中属于民事诉讼法范畴。

④ 中国台湾地区《诉愿法》（1979 年修订）第 23 条规定：“原行政处分之执行，除法律另有规定外，不因提起诉愿而停止。但原行政处分机关或受理诉愿机关，必要时得依职权或依诉愿人之声请，停止其执行。”

⑤ 中国台湾地区《行政诉讼法》（1975 年修订）第十二条规定：“原处分或决定之执行，除法律另有规定外，不因提起行政诉讼而停止。但行政法院或为处分或决定之机关，得依职权或依原告之请求停止之。”

对人提起诉愿或行政诉讼期间，行政主体有权先行执行被诉行政处分。行政主体的这一执行行为便是行政先行执行。行政执行与行政先行执行的关系是：行政先行执行是行政执行的一种状态，但不是唯一的状态，因为除了行政先行执行，事后的行政执行（即诉愿或行政诉讼后的行政执行）也属行政执行。

3. 行政执行与行政处分。与德国、日本一样，在中国台湾地区的行政法学中，行政处分是个极为重要的概念，它的界定直接关系到诉愿与行政诉讼的范围。因为中国台湾地区《诉愿法》第一条与《行政诉讼法》第一条都把诉愿与诉讼的范围界定为“行政处分”的范围。① 而行政处分又被法规②与学理③解释为：行政官署基于行政职权，就特定的具体事件，单方作出并发生直接法律效果的公法行为。但关于行政执行与行政处分的关系，由于台湾学者对行政执行的行为性质有不同的看法，④ 从而影响到对该关系的认同。从理论上看，大多台湾学者把行政执行看作是一种行政处分，因而把行政执行视为行政处分的一种形式；但从立法上看，由于中国台湾地区的《行政执行法》又排除行政执行行为适用诉愿与行政诉讼救济，只适用声明异议程序，这便导致事实上行政处分被排斥在行政处分范围之外。

4. 行政执行与行政罚。在中国台湾地区，与大陆法系国家一样，把行政罚(verwaltungsstrafe)看作是行政处罚的简称。有台湾学者认为，⑤ 行政执行与行政罚都因行政相对人违反法定义务而对其作出不利之处分的行为，这一点在实质上是相同的。然而它们之间显有实际区别：(1) 从目的上说，行政罚是以制裁过去的违反义务行为为目的，是对过去违法的一种赎罪，而行政执行是对未来义务的执行，作用上是针对将来义务内容的实现；(2) 从结果上说，行政执行的结果是达到与义务人已履行义务相同的状态，而行政罚无以达到这种状态；(3) 从性

---

① 中国台湾地区《诉愿法》第一条规定：“人民对于中央或地方机关之行政处分，认为违法或不当，致损害其权利或利益者，得依本法提起诉愿、再诉愿。但法律另有规定者，从其规定。”《行政诉讼法》第一条规定：“人民因中央或地方机关违法行政处分，认为损害其权利，经依诉愿法提起再诉愿而不服其决定，或提起再诉愿逾三个月不为决定，或延长再诉愿决定期间逾二个月不为决定者，得向行政法院提起行政诉讼……”

② 如《诉愿法》第二条规定：“本法所称行政处分，谓中央或地方机关基于职权，就特定之具体事件所为发生公法上效果之单方行政行为。中央或地方机关对于人民依法声请之案件，于法定期限内应作为而不作为，致损害人民权利或利益者，视同行政处分。”

③ 翁岳生：《论行政处分之概念》，《行政法与现代法治国家》，祥新印刷有限公司 1989 年第九版，第 1—36 页。

④ 参见本文第七部分：行政执行行为的性质及法律救济。

⑤ 张家洋（台湾）：《行政法》，三民书局股份有限公司 1991 年五版，第二五一页。

质与法律适用上说，如果行政执行与行政罚都属行政处分，那么行政罚是“基础处分”，行政执行是“执行处分”，从而决定法律适用上的区别：行政执行适用《行政执行法》，行政罚则受《违警罚法》[①] 规范。

5. 行政执行与执行罚。行政强制执行中的执行罚（ungehorsamsstrafe），系指相对人拒不履行义务时，行政主体以不断处罚的手段（如强制金）迫使相对人履行该义务。行政执行与执行罚同属执行处分，而不是基础处分，这一点是相同的。但无论在台湾的行政执行法中，还是在行政执行法学理论上，执行罚都仅仅是行政执行的一种手段。[②]

6. 行政执行与行政上的即时强制[③]。虽然从字义上看，行政上的即时强制很难说是一种行政执行行为，而且台湾的原《行政执行法》并没有“即时强制”的字样，但其学者大多把行政上的即时强制看成行政执行中的一种特殊类别，况且现行的《行政执行法》又把“即时强制”列为一种与“公法上金钱给付义务的执行”及“公法上行为、不行为义务的执行”相并列的执行制度，因此在中国台湾地区，行政执行与行政即时强制之间是一种整体与部分的关系。

7. 行政执行与行政强制。在中国台湾地区，“行政强制”远不如“行政上的强制执行”和“行政执行”用得普遍，但也有学者把“行政强制”看成是“行政上强制执行”与“行政上即时强制”的合称。[④] 这种观点与对即时强制行为性质的认识有关。他们认为行政上的即时强制是行政执行以外的一种行为，而不是行政执行的特殊方式。为在“行政执行”与“即时强制”之间寻找一个“种”概念，便出现了“行政强制”这一概念。

（三）行政执行的种类

中国台湾地区在学理上对行政执行有多种分类，但以下几种相对普遍一些：

——积极义务的执行与消极义务的执行。[⑤] 这是根据所执行义务的性质所作的一种划分。行政执行是迫使相对人履行义务或代其履行义务的一种强制行为，而所强制履行的义务有积极与消极之分，因而行政执行也就有积极义务的执行与

---

① 经 1954 年最近修订。

② 《行政执行法》（台湾）；张家洋（台湾）：《行政法》，三民书局股份有限公司 1991 年五版，第 251—252 页。

③ 行政即时强制部分详见本文第六部分：行政上的即时强制。

④ 林纪东（台湾）：《行政法》，三民书局 1980 年修订六版，第 378 页。

⑤ 城仲模（台湾）：《行政法之基础理论》，三民书局 1994 年新订增版，第 267 页。

消极义务的执行之分。“前者包括义务人自身之单纯行为义务及对行政机关为物之交付或金钱给付义务（性质上或为可替代者或为不得替代者），后者包括单纯不行为义务及忍受义务（性质上皆属不替代性之义务）。”①

——行政上的强制执行与行政上的即时强制；前者又可分为间接强制与直接强制。② 这是以有无违反义务为前提所作的一种分类。行政上的强制执行，都是以相对人违反履行义务为前提的，而行政上的即时强制不以该前提为条件。

——公法金钱债权之强制执行与公法上行为或不行为或容忍义务的强制执行；后者又可分为一般之行政强制与即时强制。③ 这是根据所执行义务的标的之不同所作的一种划分。公法金钱债权之强制执行的标的是一种“财产权”，而行为或不行为之义务的强制执行的标的是一种“行为权”。它与第一种分类不同的是：公法金钱债权之强制执行是属对积极义务的执行，但行为或不行为义务的执行，既可能是对积极义务的执行，也可能是对消极义务的执行。

如果说在学理上对行政执行有多种分类是正常而且是应该的，那么在立法上只能是一种分类。如果说上述的分类是纯学理性的，那么以下的分类是依据法规的分类所作的分类：

——间接强制执行与直接强制执行；间接强制又可分为（1）代执行与（2）罚锾；直接强制又分为（1）对人之管束，（2）对物之扣留、使用或处分或限制其使用，（3）对于家宅或其他处所之侵入。这是旧中国1947年修订的《行政执行法》对行政执行所作的分类，这种分类以行政执行的手段为标准，不少学者在学理上纷纷仿效。④

——公法上金钱给付义务之执行、行为或不行为义务之执行以及即时强制；而行为或不行为义务之执行又可分为间接强制与直接强制。这是台湾1998年新修订的《行政执行法》所作的分类，不少台湾学者也为此在学理上采纳了这种分类。⑤ 以下的阐述，我们将以这种分类为主线。

---

① 参见：城仲模（台湾）：《行政法之基础理论》，三民书局1994年新订增版，第267页。

② 参见：陈新民（台湾）：《行政法学总论》，1997年修订六版，第294—306页。

③ 陈敏（台湾）：《行政法总论》，三民书局1998年初版，第694—712页；翁岳生（台湾）主编：《行政法》，翰芦图书出版有限公司1998年版，第876页。

④ 1947年《行政执行法》第一条、第二条、第六条；张载宇（台湾）：《行政法要论》，汉林出版社1977年六版，第394—406页；林纪东（台湾）：《行政法》，三民书局1980年修订六版，第383—394页；吴庚（台湾）：《行政法之理论与实用》，三民书局1998年增订四版，第444页。

⑤ 1998年修订的《行政执行法》；苏嘉宏、洪荣彬（台湾）：《行政法概要》，永然文化出版股份有限公司1999年版，第385—402页；吴庚（台湾）：《行政法之理论与实用》，三民书局1998年增订四版，第446—468页。

二、行政执行的法理基础与原则

在中国台湾地区，行政执行作为一种行政权作用的形式而存在，并且用立法确定它，这需要有厚实的法理基础与明晰的立法原则。行政执行的法理基础旨在解决三个问题：(1) 行政执行为什么会作为行政权的独特作用形式而存在？(2) 行政执行权应当归属于谁，行政机关还是司法机关？(3) 行政机关行使行政执行权是否需要有明文的法律依据？行政执行法的原则旨在解决：制定行政执行法必须坚持什么原则，被制定的行政执行法应当体现什么精神？台湾学者认为行政执行法原则主要有三项：(1) 法律保留原则，(2) 比例原则，(3) 救济原则。由于"法律保留"既是行政执行法理基础中的一个问题，又是行政执行法中的一项原则，因而以下分五个问题讨论。

(一) 行政处分权与行政执行权的分离

行政执行之所以能作为行政权作用的一种独特的形式与类别而存在，并且还配之予单独的"行政执行法"，是源于行政处分权与行政执行权的分离。行政处分权与行政执行权的分离，乃是"行政强制执行法制化之主要重点所在"。[①] 然而，行政机关的行政处分权与行政执行权的分离不是一开始就做到的，它经历了从合一到分离的历史沿革，人们对此的认识也经历了同样的过程。正如台湾学者李建良所说："过去认为有行政权、当然就有执行权，就有强制权。而在法治的演变过程中，渐渐将此两者分开，有行政权、处分权，不当然有执行权。必须要各有各的法律依据。执行权不过是贯彻前面处分权所课予的义务，或从法令上所课予的义务。"[②] 所以，行政执行权与行政处分权是完全不同的两种制度。

正因为行政处分与行政执行是两种不同的行政作用，有行政处分权者未必有行政执行权，我们就不能用行政处分的条件与法律依据来取代和审视行政执行行为。这就是为什么需要在行政处分条件以外另行设置行政执行要件、在行政处分的法律依据以外再行制定"行政执行法"的理由。

(二) 行政执行权的归属

行政执行权与行政处分权分离以后，一个原本不存在的问题发生了：行政执

① 李建良（台湾）：《行政上即时强制之研究》，《1998 年海峡两岸行政法学术研讨会实录》，第 271 页。

② 台湾政治大学法学院：《1998 年海峡两岸行政法学术研讨会实录》，第 290 页。

行权是否像行使行政处分权那样由行政机关行使？世界上的做法不甚一致。在英美普通法系国家，大多由普通法院通过执行罚加以解决；而大陆法系国家，大多由行政机关作为执行机关予以处理。中国台湾地区主张行政执行权归属于行政机关自身。1947 年修订的《行政执行法》把间接强制处分权与直接强制处分权赋予"行政官署"。[①] 1998 年修订的《行政执行法》依然坚持这一原则，它把行政执行分为三类：（1）公法上金钱给付义务的执行；（2）公法上行为、不行为义务的执行；（3）行政上的即时强制。第（2）（3）类的执行权依然归属于"行政官署"，新增的第（1）类执行权归属于法务部的行政执行署，这同样属于"行政官署"的范畴。

中国台湾地区之所以把行政执行权设置给行政机关自身，是有他们自身的理论依据的。台湾学者林纪东的解释具有一定的代表性。[②] 他认为，行政机关之所以拥有行政强制执行权，乃取决于两点：（1）"国家意思之具有强制力"。行政机关实施行政处分，乃是国家意志的体现，而国家意志必具强制性。"私人对于私人之权利，于其违反义务或不履行义务时，除提起民事诉讼，请求法院保护外，别无他法。然国家对于人民之权利，则具有强制力，于义务人违反行政法上之义务时，得以一己之强制力，加以制裁，于其不履行行政法上之义务时，则得由行政机关强制执行。"（2）"维护公益与效能之必要"。"因行政法为处理公共事务之准则，应处处尊重公益，因维护公益之必要，不能不予国家以相当权力。又当此社会情势复杂，而又变幻多端之会，公共事务之处理，多利于速快，不容拖延，故于义务人不履行行政法上之义务时，得由行政机关径行强制执行之。"

（三）法律保留原则

法律保留原则（prinzip des gesetzesvorbehalt）是源之于德国的一项法治原则。其基本内容是：国家的某些事务须保留给立法者以法律规定之，否则行政权不得为之。换言之，对于特定领域的行政行为，没有法律的明文依据，行政机关不得为之。在中国台湾地区，关于行政强制执行是否适用法律保留原则存在不同意见，但大多作了肯定的回答。坚持肯定主张者的理由是：无法律依据不得科以人民义务，这是法治的基本要求；行政执行大多以相对人不履行原行政法义务为

---

① 1947 年修订的《行政执行法》第一条规定："行政官署于必要时，依本法之规定，得行间接或直接强制处分。"

② 林纪东（台湾）：《行政法》，三民书局 1980 年修订六版，第 381—382 页。

前提，而当相对人不履行原行政法义务而招致行政执行时，由于执行行为不同于原处分行为，因而实际是行政机关对相对人科以了一种新的不利义务；所以，除了行政处分需有明文法律依据外，行政执行另需明文法律依据，不能以行政处分的法律依据代替行政执行的法律依据。①

（四）比例原则

比例原则（verhāltnismāβigkeit/the principles of proportionality）同样是现代法治的一项原则。它的基本内容是：国家机关及公务员在执行职务时，面对多种可能选择的处置，应选择与法律目的最接近的方法。行政执行由于它的特殊性，更应适用该原则。比例原则是行政机关实施行政执行所必须坚持的原则，从而也是行政执行法所必须体现的原则。中国台湾地区现行的《行政执行法》一改以前《行政执行法》规定上的空缺，增补规定："行政执行，应依公平合理之原则，兼顾公共利益与人民权益之维护，以适当之方法为之，不得逾达成执行目的之必要限度。"② 第5条所规定的"行政执行不得于夜间、星期日或其他休息日为之"，也正是这一原则的体现。

（五）救济原则

有权利必须有救济，这是救济原则（the principles of remedy）的核心。台湾学者认为，行政执行是行政处分以外的一种强制行为，它由许多强制方法所组成；这种强制行为与行政处分一样，同样会有侵害人民权益之可能，因此必须设置法律救济保障手段。中国台湾地区原《行政执行法》虽未规定救济程序，但事实上适用执行异议程序。1998年修订后的《行政执行法》已表明了救济途径。后者第九条规定："义务人或利害关系人对执行命令、执行方法、应遵守之程序或其他侵害利益之情事，得于执行程序终结前，向执行机关声明异议。前项声明异议，执行机关认其有理由者，应即停止执行，并撤销或更正已为之执行行为；认其无理由者，应于十日内加具意见，送直接上级主管机关于三十日内决定之。"此外，第10条与第41条又规定了执行机关的国家赔偿与补偿责任，使法律救济原则得到了进一步的丰富。

---

① 城仲模（台湾）：《行政法之基础理论》，三民书局1994年新订增版，第253—266页；林纪东（台湾）：《行政法》，三民书局1980年修订六版，第381—383页；陈敏（台湾）：《行政法总论》，三民书局1998年初版，第691页。

② 引中国台湾地区1998年修订的《行政执行法》第三条。

三、行政执行法及其修订

台湾地区《行政执行法》渊源于1913年4月1日旧北京政府仿日本所制版本，公布施行于1932年12月28日，后经1943年与1947年的修订，但变化不大。该法在六法全书中列于第六部分“行政法规”篇。由于它总共只有十二条，故不设篇章。该法规定了行政执行的适用范围，设立了间接强制处分与直接强制处分两种执行类别，为间接强制设置了两种手段，即代执行与罚锾，此外还规定了行政执行的条件与程序。

该法在台湾实施了五十多年，暴露出它的诸多缺陷。不少台湾学者也纷纷评判该法，认为到了修订的时候。如有学者认为该法：(1) 名称欠妥；(2) 适用欠明；(3) 强制执行程序欠缺；(4) “代执行”“罚锾”与“行政官署”之名称欠妥；(5) 代执行之规定有欠周详；(6) 如何强制执行罚锾或代执行费用，法无明文程序与手段；(7) 罚锾金额标准及数额规定不妥；(8) 直接强制的名称与内容不符，与即时强制混同。①

经过几年的立法研讨，中国台湾地区终于在1998年11月11日公布施行了最新的《行政执行法》。新《行政执行法》与旧《行政执行法》比较，无论在形式上还是在内容上均有较大、较多的变化。

首先在形式上，共设五章四十四条，比原来十二条增加了三十二个条文。五章的结构是：第一章为总则，规定了该法的适用范围、行政执行的定义、行政执行的原则、行政执行的程序、行政执行的管辖、行政协助、行政执行的救济与时效等；第二章为公法上金钱给付义务之执行，规定了该类执行的适用条件、执行主体、执行手段与程序、执行费用等；第三章为行为或不行为义务之执行，同样规定了该类执行的适用条件、管辖机关、执行手段、执行程序与费用等；第四章为即时强制，规定了即时强制的适用条件、手段、程序上的限制、损失补偿等；第五章为附则，规定了该法的生效时间。

其次从内容上看，变化同样明显，特别是增加了许多新内容。具体表现如下：

① 城仲模（台湾）：《行政法之基础理论》，三民书局1994年新订增版，第300—306页；林纪东（台湾）：《行政法》，三民书局1980年修订六版，第394—398页。

（一）调整了《行政执行法》与其他法律的关系

在旧《行政执行法》时期，虽然《行政执行法》本身没有表明其本身与其他法律之间的关系，但实际上它仅是一个行政执行方面的“补充性法律”。管欧先生对此作了清晰的说明。[①]《行政执行法》与其他法的关系，在当时表现为三种情况：（1）法律本身特别规定其强制执行方法的[②]，按该法律规定；（2）法律规定移送法院强制执行的[③]，亦按该法律办理；（3）无其他法律特别规定者，方适用《行政执行法》。新《行政执行法》改变了《行政执行法》原先的地位，它使《行政执行法》从“补充法”变为“先适法”。新《行政执行法》第一条规定：“行政执行，依本法之规定；本法未规定者，适用其他法律之规定。”

（二）确立了行政执行法的原则

旧《行政执行法》没有为自身确定基本原则，亦无这方面的条文。而新《行政执行法》第三条规定：“行政执行，应依公平合理之原则，兼顾公共利益与人民权利之维护，以适当之方法为之，不得逾达成执行目的之必要限度。”这就是说，公平合理、兼顾公共利益与人民利益，乃是行政执行法的基本原则。

（三）扩大了行政执行的范围，理顺了行政执行的类别

旧《行政执行法》没有把公法上的金钱给付义务之执行纳入行政执行的范围之内，新《行政执行法》则做到了这一点。另在分类上，旧《行政执行法》系从执行手段出发，把行政执行划分为间接强制与直接强制，间接强制又表现为代执行与罚锾。而新《行政执行法》换了一种划分标准，它从所执行的义务内容性质及手段性质出发，把行政执行列为三种：（1）公法上金钱给付义务之执行；（2）行为或不行为义务之执行；（3）即时强制。

（四）增加了行政执行中的限制条件与要求

新《行政执行法》增加了许多限制执行机关实施行政执行的条件与要求。如第五条规定：行政执行不得于夜间、星期日或其他休息日进行；执行人员履行执行任

① 管欧（台湾）：《中国行政法总论》，蓝星打字排版有限公司1981年修订十九版，第471页。
② 如违警罚法、出版法、建筑法、关税法等。
③ 如水利法、医师法、自来水法等。

务时，应对义务人出示足以证明身份之文件。这些内容为旧《行政执行法》所没有。

（五）规定了执行时效制度

旧《行政执行法》没有执行时效制度，新《行政执行法》填满了这一“真空”，确立了五年的执行时效制度。新《行政执行法》第七条规定：“行政执行，自处分、裁定确定之日或其他依法令负有义务经通知限期履行之文书所定期间届满之日起，五年内未经执行者，不再执行；其于五年期间届满前已开始执行者，仍得继续执行。但自五年期间届满之日起已逾五年尚未执行终结者，不得再执行。前项规定，法律有特别规定者，不适用之。”

四、公法上金钱给付义务的执行

（一）公法上金钱给付义务

金钱给付义务显指以金钱给付为内容的义务。从性质上说，它有属公法上的金钱给付义务与私法上的金钱给付义务之划分。但在1998年之前，这种公私法义务性质的划分意义不大，因为这个时期，无论哪种性质上的金钱给付义务均适用属于民事诉讼法范畴的《强制执行法》[①]，而不适用属于公法范畴的《行政执行法》。中国台湾地区1998年11月11日修订与公布的《行政执行法》在中国台湾地区第一次把“公法上金钱给付义务之执行”设专章（第二章）立于法内，并共涉及十六个条文。从此，金钱给付义务需作公私法性质上的划分。公法上的金钱给付义务之执行适用《行政执行法》，私法上的金钱给付义务之执行则依然适用《强制执行法》。

公法上的金钱给付义务，指国家基于公法之规定课予人民之金钱给付义务，或国家与人民间基于公法规定所生之金钱给付义务而言。[②] 从内容上考察，公法上的金钱给付义务大体有六种：1. 公课。指国家基于一定财政上的目的，依法课与人民之金钱给付义务。它又可分为：（1）税捐（steuer），如所得税、营业税

---

① 中国台湾地区的《强制执行法》最初制定于1940年，后经1945年、1948年、1975年等多次修正。

② 苏嘉宏（台湾）、洪荣彬：《行政法概要》，永然文化出版股份有限公司1999年版，第385页。

等；(2) 规费 (gebühr)，如土地登记规费；(3) 受益费 (beitrage)，如工程受益费；(4) 特别公课 (sonderabgaben)，如空气污染防治费、废弃物清除处理费等。2. 罚金、罚锾。3. 怠金或称强制金 (zwangsgeld)。4. 代履行费用。5. 基于行政契约所生之金钱给付义务，如建筑起造人与主管机关订定契约，以缴纳代金免除兴建停车场义务之给付代金之义务。6. 基于其他行政法上债之关系所生之金钱给付义务，如公务员溢领薪俸之不当得利返还义务等。

根据1998年《行政执行法》第十一条规定，从来源上考察，公法上金钱给付义务的产生，来自于三个途径：(1) 直接由法令产生；(2) 由行政主体基于法令所作的行政处分产生；(3) 根据法院的裁定产生。

(二) 执行机关及执行要件

行政执行之特点在于，执行活动由行政机关以自己的名义实施，而不是由法院或其他组织实施，这是中国台湾地区行政执行法理的一个要点。因此，公法上的金钱给付义务之执行当然由行政机关为之。根据中国台湾地区1998年《行政执行法》第四条与第十一条规定，公法上金钱给付义务之执行，应由原行政处分机关或该管行政机关移送法务部行政执行署所属行政执行处执行。法务部行政执行署及其所属行政执行处之组织，另以法律规定之。

法务部行政执行署所属的行政执行处对公法上金钱给付义务实施执行，必须符合一定的条件。这种条件亦称执行要件。根据新《行政执行法》第十一条之规定，公法上金钱给付义务之执行必须符合以下条件：

1. 须有以金钱给付为内容的行政处分或法院裁定作为执行名义。

2. 须义务人的给付义务已届履行期间。这种履行期间一般由行政处分书或法院裁定书载明或由法规定之；若行政处分书、法院裁定书及法规均无定有履行期间的，应由主管机关以书面限期催告履行。

3. 须经限期催告后，义务人逾期仍不履行的。如义务人已自动履行，则当无强制执行的必要。

4. 须经主管机关的移送。具体说来，需经原行政处分机关或该管行政机关移送给法务部的行政执行署所属行政执行处，后者方可实施执行。

(三) 执行对象与执行标的

公法上金钱给付义务之执行，系属执行机关对执行对象人的执行标的进行执行。

执行对象人也即中国台湾地区《行政执行法》上所指“义务人”。换句话说，它是依《行政执行法》之规定负有公法上金钱给付义务的组织或个人。依据中国台湾地区 1998 年《行政执行法》第二十四条之规定，在特殊情形下，作为执行对象的义务人可扩至如下：

1. 义务人为未成年人或禁治产人者，其法定代理人为执行对象；

2. 义务人为商号者，该商号的经理人或清算人为执行对象；

3. 义务人为合伙组织者，合伙的执行业务合伙人为执行对象；

4. 义务人为非法人团体者，该团体的代表人或管理人为执行对象；

5. 义务人为公司或其他法人者，公司或其他法人的负责人为执行对象；

6. 义务人死亡者，其继承人、遗产管理人或遗嘱执行人为执行对象。

执行标的，系指执行行为所直接针对的客体。它具体包括三类：

1. 义务人的财产。执行标的主要以义务人的财产为范围，包括动产、不动产及其他权利等，且不以主管机关移送文件所载义务人财产为限。法务部的行政执行处经调查发现义务人另有财产的，亦可把该部分纳入强制执行范围之内。

2. 遗产。义务人死亡而有遗产者，依《行政执行法》第十五条规定，行政执行处得径对该遗产进行强制执行。

3. 担保人的财产。根据《行政执行法》第十八条规定，担保人于担保书状载明义务人逃亡或不履行义务由其负清偿义务的，当被担保义务逾期不履行义务时，行政执行处可径直对担保人之财产实施强制执行。

（四）执行程序与方法、措施

根据中国台湾地区 1998 年《行政执行法》第二十六条规定，关于公法上金钱给付义务的执行程序、执行方法与执行中的保全措施，《行政执行法》有规定的适用该法，《行政执行法》无规定者适用《强制执行法》。据此论之，中国台湾地区公法上金钱给付义务之执行的程序，由下列几个环节组成：

第一，书面通知义务人限期履行。

行政主管机关以书面形式通知义务人限期履行，为整个行政执行程序的第一个环节。这里的“行政主管机关”，系指“原处分机关或该管行政机关”。[①] 就是说，遇义务人负有公法上金钱给付义务而不履行该义务时，原处分机关或该管的行政机关应先以书面形式通知义务人限期履行。要求履行的期限，根据中国台湾

---

① 根据中国台湾地区 1998 年《行政执行法》第四条。

地区《行政执行法》第十一条规定，应区分以下情况确定：

1. 行政处分书或法院裁定书定有履行期限或有法定期限的，该期限为要求履行期限；

2. 行政处分书或法院裁定书未定履行期限的，由处分机关和裁定机关以书面限期催告履行的，催告履行中表明的期限为要求履行期限；

3. 依法令负有的义务，经书面通知限期履行的，该限期为要求履行的期限。

第二，移送强制执行。

公法上金钱给付义务人于履行期间届满后一定期间仍未缴纳的，主管机关得移送执行机关（法务部行政执行署所属行政执行处）予以强制执行。即使义务人对于给付处分提起行政争诉者，亦不停止执行效力，除非法律另有特别规定。[①]根据《行政执行法》第十三条规定，主管机关移送该类执行案时，必须备有有关文件。这些文件包括：(1) 移送书；(2) 处分文书、裁定书或义务人依法令负有义务之证明文件；(3) 义务人之财产目录（但移送机关不知悉义务人之财产者，免予检附）；(4) 义务人经限期履行而逾期仍不履行之证明文件；(5) 其他相关文件。第一项文件移送书应载明：义务人姓名、年龄、性别、职业、住居所，如系法人或其他设有管理人或代表人之团体，其名称、事务所或营业所，及管理人或代表人之姓名、性别、年龄、职业、住居所；义务人之发生之原因及日期；应纳金额。

第三，实施强制执行。

执行机关接受强制执行案后，便实施强制执行。实施强制执行主要分两个环节：

1. 通知义务人自动履行或到场陈述。根据《行政执行法》第十四条规定，行政执行处为办理执行之事件，得通知义务人到场或自动清缴应缴金额、报告其财产状况或为其他必要之陈述。这一做法既能核实义务人的义务内容，又给义务人一次自动履行的机会。

2. 查封、拍卖及变卖。执行过程中，除义务人自动缴清应纳金额外，执行机关得查封义务人之财产，[②] 并对所查封财产进行拍卖（对不动产）或变卖（对动产）。

为保证强制执行得以有效实现，《行政执行法》还规定了几种特别保证措施：

——命义务人提供担保限期履行与限制住居。根据《行政执行法》第十七条

① 根据中国台湾地区《诉愿法》第二十三条与《行政诉讼法》第十二条。

② 根据《行政执行法》第十六条规定，如果该财产已经其他机关查封，不得再行查封。

规定，义务人有下列情形之一的，执行机关得命其提供相当担保，限期履行，并得限制其住居：

1. 显有履行义务之可能而不履行的；
2. 显有逃匿之虞的；
3. 就应供强制执行的财产有隐匿或自行处分的；
4. 于调查执行标的物时，对于执行人员拒绝陈述的；
5. 经命其报告财产状况，而其不作报告或作虚假报告者；
6. 经合法通知，无正当理由而不到者。

义务人提供担保人的，若义务人逾期仍不履行执行义务，行政执行处可执行担保人之财产。

——拘提及管收。根据《行政执行法》第十七条、第十九条、第二十条之规定，义务人遇有上述六种情形，他既不提供担保又不履行义务的，行政执行处得声请该管法院裁定拘提管收之。拘提管收的对象，除义务人外，还包括《行政执行法》第二十四条所列的相关人。① 法院作出拘提管收裁定后，行政执行处执行拘提并将被拘提管收人径送管收所。② 管收期限不逾三个月。拘提管收不得免除义务人的给付义务。根据《行政执行法》第二十二条之规定，有下列情形之一者，行政执行处即以书面通知管收所释放被管收人：

1. 义务已全部履行或执行完毕者；
2. 行政处分或裁定经撤销或变更确定致不得继续执行者；
3. 管收期限届满者；
4. 义务人就义务之履行已提供确实之担保者。

五、公法上行为或不行为义务的执行

（一）公法上行为或不行为义务与执行要件

中国台湾地区原《行政执行法》没有明列“公法上行为或不行为义务执行”

① 即：（1）义务人为未成年人或禁治产人者，其法定代理人；（2）商号之经理人或清算人，合伙之执行业务合伙人；（3）非法人团体之代表人或管理人；（4）公司或其他法人之负责人；（5）义务人死亡者，其继承人、遗产管理人或遗嘱执行人。

② 但是根据《行政执行法》第二十一条规定，义务人或其他依法得管收之人有下列情形之一者，不得管收；其情形已发生管收者，行政执行处应以书面通知管收所停止管收：（1）因管收而其一家生计有难以维持之虞者；（2）怀胎五月以上或生产后二月未满者；（3）现罹疾病，恐因管收而不能治疗者。

这一类种，是因为该法没有把“公法上的金钱给付义务之执行”纳入行政执行范围之内。现行1998年的《行政执行法》把“公法上金钱给付义务之执行”并入行政执行，从而扩大行政执行范围之后，界定“公法上行为或不行为义务”，以达到区分“公法上金钱给付义务”就显得颇有必要了。

台湾学者早期研究行政执行义务时，移植德国理论，把与“公法上金钱给付义务”相区别的另一种义务，称作为“公法上作为、不作为及容忍义务”。[①] 后由于考虑到“容忍”实为一种“不作为”义务，又“作为”与“行为”并无区别，故在新的《行政执行法》中改提“公法上行为或不行为义务之执行”。

从逻辑关系上说，金钱给付义务无非是作为义务中的一个种类，因而，“公法上金钱给义务”与“公法上行为或不行为义务”不是一种并列关系，而是“特殊”与“一般”的关系。为此，对于中国台湾地区1998年《行政执行法》所提的“行为或不行为义务”在范围上应作如下理解：它系指除金钱给付义务以外的所有公法上的执行义务。

还有一个与义务范围相关的问题是：物品给付义务应属哪一类，是属于金钱给付义务之范围还是行为或不行为义务之范围？台湾有不少学者主张物品给付属于金钱给付的一项内容。[②] 但现行《行政执行法》没有采纳这一主张。该法第三十三条规定：“关于物之交付义务之强制执行，依本章之规定。”这说明：中国台湾地区1998年《行政执行法》把物品给付义务作为一般的行为或不行为义务对待的。

对于公法上行为或不行为义务之执行，必须符合一定的条件。根据现行《行政执行法》第二十七条规定，该类义务的强制执行条件如下：(1)被执行人须依法令或本于法令之行政处分，负有公法上行为或不行为的义务；(2)须经处分书或另以书面限定被执行人于相当期限内履行，且载明不依限履行时将予强制执行之意旨；(3)被执行人逾期仍不履行。当符合这三个条件时，行政机关便可根据《行政执行法》以间接或直接强制的方法实施强制执行。

（二）执行机关与执行方法

从中国台湾地区《行政执行法》第四条的规定看，公法上行为或不行为义务的执行，与公法上金钱给付义务的执行不同，它不是由特设的行政机关——法务

---

① 城仲模（台湾）：《行政法之基础理论》，三民书局印行1994年新订增版，第308—315页。

② 管欧（台湾）：《中国行政法总论》，蓝星打字排版有限公司1981年修订十九版，第472页等。

部行政执行署所属之行政执行处——执行，而是由一般行政机关即“原处分机关或该管行政机关”执行。

公法上行为或不行为义务的执行方法有间接强制与直接强制之分。间接强制有两种方法：一是代履行，二是怠金。

代履行（德：ersatzvornahme），亦称代执行，系执行机关对于负有公法上行为义务而不为者，又其行为义务可以由他人代为履行的，执行机关得委托第三人或指定人员代履行之。代履行费用，由执行机关估计其数额，命义务人缴纳。①

怠金（德：zwangsgeld），亦称执行罚或罚锾，系执行机关对于负有公法上行为或不行为义务而不为者，又其义务无法由他人代为履行的，依其情节轻重处新台币5000元～30万元的怠金。处予怠金不能免除被执行人的履行义务。对于继续不履行义务者，执行机关可连续处予怠金，直至义务人履行该义务。而且，怠金又属前述的公法上金钱给付义务，可移法务部的行政执行署所属的行政执行处执行之。②

代履行与怠金方法的选择，取决于所履行义务的性质。怠金方法既适用行为义务，也适用不行为义务，而代履行方法仅适用行为义务；怠金方法适用不可代替履行的义务，而代履行方法适用可代替履行的义务。

根据中国台湾地区1998年《行政执行法》第三十二条规定，经间接强制不能达到执行目的，或因情况紧迫，如不及时执行，显难达到执行目的时，执行机关得以直接强制方法执行之。这就是说，在间接强制与直接强制方法之间的关系上，中国台湾地区是主张“以间接强制为主，以直接强制为辅助”的原则。根据该法第二十八条，直接强制方法如下：

1. 扣留、收取交付、解除占有、处置、使用或限制使用动产、不动产；
2. 进入、封闭、拆除住宅、建筑物或其他住所；
3. 收缴、注销证照；
4. 断绝营业所必须之自来水、电力或其他能源；
5. 其他以实力直接实现与履行义务同一内容状态之方法。③

---

① 中国台湾地区1998年《行政执行法》第二十九条。

② 中国台湾地区1998年《行政执行法》第三十条。

③ 中国台湾地区1998年以前的《行政执行法》第六条所规定的直接强制方法是三种：(1) 对于人之管束；(2) 对于物之扣留、使用或处分或限制其使用；(3) 对于家宅或其他处所之侵入。这实与即时强制方法相混。

（三）执行程序及其他

中国台湾地区公法上行为或不行为义务的执行程序，在理论上可分四个阶段：

第一阶段，强制方法之告诫（德：androhung），即以书面形式告知义务人在限期内不履行义务的，执行机关将采用何种强制手段。

第二阶段，强制方法之核定（德：festsetzung），即针对义务逾期不履行义务之现状，最终确定强制方法的实施与否及采用何种强制措施。

第三阶段，强制方法之使用（德：anwendung des zwangsmittels），即实施强制手段。

第四阶段，强制执行之终止（德：beendigung des zwangsverfahrens）。根据1998年《行政执行法》第八条规定，有下列情况之一者，执行机关应依职权或因义务人、利害关系人之申请终止执行：（1）义务已全部履行或执行完毕者；（2）行政处分或裁定经撤销或裁定变更者；（3）义务之履行经证明为不可能者。

六、行政上的即时强制

中国台湾地区1998年以前的《行政执行法》，在移植德国制度时，误把“直接强制”当作“即时强制”。该法第六条便是例证。[①] 有幸的是，台湾理论上的觉醒比立法上的觉醒早得多。台湾不少学者早就指出：即时强制是相对一般强制而言，而不是相对间接强制而言；即时强制与直接强制既有联系，又有区别。[②] 正如台湾陈敏先生所说：即时强制（德：sofortiger vollzug）“乃一种简化程序之紧急措施，其实质内容可以为直接强制，亦可以为间接强制中的代履行”。[③] 还有学者主张：“即时强制不能当作独立的（强制执行）类型，主要原因就是若当作独立类型，他就脱离处分权的法律依据，就可直接拿即时强制当作一个行使执

① 台湾原《行政执行法》第六条误把“即时强制”的手段当成是“直接强制”的手段。

② 台湾学者林纪东先生认为：即时强制与紧急情形相连，与平时相对。（见其《行政法》，三民书局1980年修订六版第378页）张家洋先生在《行政法》（三民书局股份有限公司1991年版，第639页）一书中把即时强制与直接强制之间的区别归纳为二点：“（一）直接强制须以客体义务之存在及不履行为前提，而即时强制不以义务之存在及不履行为前提。（二）直接强制须经过预为告诫程序，即时强制既无义务存在，自无须以告诫为前置程序。”城仲模先生在《行政法之基础理论》（三民书局1994年新订增版，第278页）一书中作了类同的论述。

③ 陈敏（台湾）：《行政法总论》，三民书局1998年初版，第717页。

行权的依据，如此法律保留原则整个就会被架空。”① 台湾学者们对即时强制的研究已在新的行政执行立法中为即时强制争到了一席之地。1998 年的《行政执行法》已为即时强制单设了一章作专门规范。

中国台湾地区 1998 年《行政执行法》第三十六条规定：“行政机关为阻止犯罪、危害之发生或避免急迫危险，而有即时处置之必要时，得为即时强制。”这就是说，即时强制既是行政机关的权力，也是行政机关的义务，其适用条件是处于急迫状态，实有即时处置之必要。同时根据该条规定，即时强制方法有四种：(1) 对于人之管束；(2) 对于物之扣留、使用、处置或限制其使用；(3) 对于住宅、建筑物或其他处所之进入；(4) 其他依法定职权的为之必要处置。

但是，这些方法的使用不是无条件的。相反，它有严格的限制。中国台湾地区现行《行政执行法》第三十七条至第四十条对上述方法的适用规定了特别的条件。

对于人之管束，是直接影响被执行人的人身自由权的即时强制措施，故限于有下列情形之一者方可使用：

1. 疯狂或酗酒泥醉，非管束不能救护其生命、身体之危险，及预防他人生命、身体之危险者；

2. 意图自杀，非管束不能救护其生命者；

3. 暴行或斗殴，非管束不能预防其伤害者；

4. 其他认为必须救护或有害公共安全之虞，非管束不能救护或不能预防危害者。

对人的管束不得逾 24 小时。

军器、凶器及其他危险物，为预防危害之必要，得扣留之。扣留之物，除依法应没收、没入、毁弃或应变价发还者外，其扣留期间不得逾三十日。但扣留之原因未消失时，得延长之，延长期间不得逾两个月。扣留之物无继续扣留必要者，应即发还；于一年内无人领取或无法发还者，其所有权归属国库；其应变价发还者，亦同。

遇有天灾、事变或交通上、卫生上或公共安全上有危害情形，非使用或处置其土地、住宅、建筑物、物品或限制其使用，不能达防护之目的，得使用、处置或将限制其使用。

对于住宅、建筑物或其他处所之进入，以人民之生命、身体、财产有迫切之

① 李建良（台湾）：《行政上即时强制之研究》，《1998 年海峡两岸行政法学术研讨会实录》，第 290 页。

危害，非进入不能救护者为限。

七、行政执行行为的性质及法律救济

行政执行行为乃是维护国家与社会秩序所必不可少的手段，但它的违法或不慎使用会对相对人的合法权益带来不利而可怕的后果。因此，有行政执行，就必须有对行政执行行为的法律救济。而如何设置对行政执行的法律救济，与对行政执行行为性质的定位有直接的关系。[①]

1998年以前的《行政执行法》把行政执行定位为一种"处分"。[②] 1998年的《行政执行法》回避了对性质的定位。行政执行的立法对行政执行行为性质从明确到回避，也许是基于学界对此的分歧；而正是由于立法对此予以回避，关于行政执行行为之性质便更需学者们加以讨论与明确。台湾学术界关于行政执行行为之性质的观点显不统一，但亦不过分复杂，主要有三种观点。

第一种观点，为"行政处分说"。台湾大多数学者认为行政执行便是一种行政处分。如管欧说："行政机关依照行政执行法所为间接或直接强制处分，即系行政行为中的行政处分"。[③] 张家洋把行政执行看成是"行政处分的一种"。[④] 城仲模把行政执行视作"一种行政处分"。[⑤]

第二种观点，为"事实行为说"。台湾亦有不少学者认为，行政执行不是一种属于法律行为范畴的行政处分，而是一种事实行为。如吴庚认为，行政执行是一种"行使公权力之事实行为"。[⑥] 蔡志芳在其《行政法三十六讲》中亦持同样观点。

第三种观点，为"折中说"，它是介于上述两种观点之间。如陈敏认为，行政执行"有行政处分性质者"，亦"有事实行为性质者"。[⑦] 张载宇把行政执行视作"广义的行政处分之一种"，[⑧] 翁岳生把行政执行看成是"拟制行政处分"。[⑨] 这都不外是一种另辟蹊径之举。

---

① 因为按照台湾的法理，如果行政执行属于行政处分，那么它理应适用诉愿与行政诉讼救济。

② 该法第一条把行政执行定义为一种处分，即"行政官署于必要时，依本法之规定，得行间接或直接强制处分"。

③ 见其《中国行政法总论》，蓝星打字排版有限公司1981年修订十九版，第472页。

④ 见其《行政法》，三民书局股份有限公司1991年第五版，第631页。

⑤ 见其《行政法之基础理论》，三民书局1994年新订增版，第248页。

⑥ 见其《行政法之理论与实用》，三民书局1998年增订四版，第453页。

⑦ 见其《行政法总论》，三民书局1998年版，第725页。

⑧ 见其《行政法要论》，汉林出版社1977年第六版，第392页。

⑨ 见其主编《行政法》，翰芦图书出版有限公司1998年版，第929页。

台湾学术界之所以以第一种主张为多，或许与两个因素有关：一是受原《行政执行法》的影响，二是出于设置完整法律救济程序的良好“愿望”。因为，用管欧的话说，既然行政执行是一种行政处分，那么“如有违法或不当情形，致损害人民权利或利益者，除法律另有限制外，自得依法诉愿或行政诉讼”。[①] 用张家洋的话来说也一样，既然行政执行“均属行政处分性质”，那便自然“可作为诉愿及行政诉讼的标的”。[②]

然而，台湾学术界占多数的理论主张并没有对台湾的实际立法产生直接的影响。原先的《行政执行法》并没有规定法律救济程序，虽事实上有一种非正式的异议程序存在。现行的《行政执行法》虽在规定法律救济程序方面有了一大进步，但也没有达到接受诉愿与行政诉讼的程序。现行《行政执行法》为行政执行的法律救济设置了“一个程序，两种责任”，那就是：

——执行异议程序。根据台湾现行《行政执行法》第九条规定，义务人或利害关系人对于执行命令、执行方法、应遵守之程序或其他执行行为有异议者，得于执行程序终结前，向执行机关声明异议。义务人或利害关系人声明异议的，执行机关认其有理由者，应立即停止执行，并撤销或更正已作的执行行为；认其无理由者，应于十日内加具意见，送直接上级主管机关于三十日内决定之。行政执行，除法律另有规定外，不因声明异议而停止执行。但执行机关因必要情形，得依职权或依声请停止之。这一执行异议程序，既适用公法上金钱给付义务的执行，又适用公法上行为或不行为义务的执行，也适用即时强制。

——国家赔偿责任。根据台湾现行《行政执行法》第九条规定，如果行政执行违法，发生国家赔偿法所定国家应负赔偿责任之情形，[③] 受损人可以请求损害赔偿。

——国家补偿责任。补偿责任与赔偿责任不同：赔偿是违法行为所引起的一种责任，而补偿是合法行为所引起的一种责任。根据《行政执行法》第四十一条[④]规定，人民因执行机关依法实施即时强制，致其生命、身体或财产遭受特别

① 见管欧（台湾）：《中国行政法总论》，蓝星打字排版有限公司1981年修订十九版，第472页。

② 张家洋（台湾）：《行政法》，三民书局股份有限公司1991年第五版，第633页。

③ 关于行政执行可能涉及的国家赔偿情形，中国台湾地区1980年《国家赔偿法》第二条作了明文规定：“公务员于执行职务行使公权力时，因故意或过失不法侵害人民自由或权利者，国家应负损害赔偿责任。”

④ 该条的全文是：“人民因执行机关依法实施即时强制，致其生命、身体或财产遭受特别损失时，得请求补偿。但因可归责于该人民之事由者，不在此限。前项损失补偿，应以金钱为之，并以补偿实际所受之特别损失之限。对于执行机关所为损失补偿之决定不服者，得依法提起诉愿及行政诉讼。损失补偿，应于知有损失后，二年内向执行机关请求之。但自损失发生后，经过五年者，不得为之。”

损失时，得请求补偿。执行异议与国家赔偿救济适用所有的行政执行行为，但这里的国家补偿救济只适用即时强制行为。设置国家补偿责任的第 41 条没被“安置”于作为总则的第一章，而是作为即时强制的第四章，这表明了台湾《行政执行法》的态度。中国台湾地区《行政执行法》之所以作此安排，亦有当然道理：具有紧迫性特点的即时强制，在合法的状态下[①]，亦全可能造成他人权益的损害。

八、对台湾行政执行制度的评判

现在到了对中国台湾地区的行政执行制度作出评价的时候了。

中国台湾地区的行政执行制度由其这方面的基本法即《行政执行法》所创设。因此，中国台湾地区的行政执行制度同时是一种法律制度。这种法律制度几经修改，已形成了自己的特色，具体表现如下：

第一，《行政执行法》作为特别法地位突出。中国台湾地区的《行政执行法》固然是行政执行制度上的基本法，最广泛地集中了行政执行方面的各种规范，然而它依然无法消除其他法规上有关行政执行的规定。这样便引出了一个问题：针对行政执行，应当优先适用《行政执行法》呢，还是优先适用其他法规？中国台湾地区 1998 年以前的《行政执行法》虽未规定本法的地位，但事实上与学理上都认为它实际上仅是一个行政执行方面的“补充性法律”，即无其他法律特别规定者，方适用《行政执行法》。新《行政执行法》一改过去的做法，明文表示了自己的地位。该法第一条规定：“行政执行，依本法之规定；本法未规定者，适用其他法律之规定。”从而确立了《行政执行法》优于其他法先行适用的地位。

第二，行政执行权归属明确而统一。关于行政执行权的归属在世界上不甚同一，普通法系国家大多归属于司法法院，而大陆法系国家大多由行政机关自身拥有。中国台湾地区的行政执行权之归属乃经历了一个从分散到统一的过程。在 1998 年新《行政执行法》推出以. 前，《行政执行法》未把公法上金钱给付义务执行纳入行政执行范围，该类义务的执行不适用《行政执行法》，而适用属于民事诉讼法范畴的《强制执行法》。适用《强制执行法》的结果是把这方面的强制执行权推给法院。这时的《行政执行法》实际上只规定了公法上行为与不行为义务的执行，这类义务的执行权赋予给了“行政官署”。1998 年修订的《行政执行法》把公法上金钱给付义务的执行并入行政执行范围之内，统一把执行权交给了

---

① 如在违法状态下，当然适用国家赔偿。

行政机关。这就是说，在1998年以前，中国台湾地区的行政执行权是“双轨制”，即一部分归属于法院，另一部分归属于行政机关；而1998年新《行政执行法》实施以后，行政执行权改为“单轨制”，即全部统一于行政机关。

第三，执行手段以间接为主、直接为辅。在中国台湾地区的非即时强制执行即一般行政执行制度中，就手段而言，有直接强制与间接强制之分。关于这两者的关系，中国台湾地区新《行政执行法》第三十二条作了明确规定：“经间接强制不能达到执行目的，或因情况紧迫，如不及时执行，显难达成执行目的时，执行机关得依直接强制方法执行之。”这表明：台湾的行政执行手段之实施，体现了以间接强制为主、直接强制为辅的精神。

第四，有执行，必有法律救济。中国台湾地区现行的行政执行制度，已一改过去无明文救济依据之做法，由新《行政执行法》本身规定与确立了执行异议程序与两种责任（国家赔偿与补偿）制度，[①] 体现了有执行必有救济之原则。

然而，台湾的行政执行制度与理论尚存许多问题，其中最突出的是两点：

一是，“行政执行”概念词不符意。中国台湾地区《行政执行法》所调整的范围若从大陆行政法理角度言之，自然包括两块：(1) 行政强制措施，(2) 行政强制执行。后者以执行已经生效的具体行政行为为前提（如对行政处罚决定的执行），前者无此前提（如登机前的安全检查）。“行政执行”自然会被视作“行政强制执行”的简称，因此以“行政执行”作为法规名称覆盖上述两类行为，实为勉强。难怪台湾学者自己也建议应修改《行政执行法》的法规名称。

二是，行政执行定性与法律救济设置不一致。台湾大多学者把“行政执行”定性为“行政处分”，而从法理上讲，行政处分必然适用行政诉愿与行政诉讼。可台湾的《行政执行法》又排除了对行政诉愿与行政诉讼救济程序的适用。这方面的出路只有两条：或是在法理上对行政执行行为重新定性，或是重新设置法律救济“轨道”。

（载《法学论坛》2003年第5期）

① 详见本文第七部分：行政执行行为的性质及法律救济。

§2.34 境外有关“行政强制”的若干概念的解析

在中国，制定《中华人民共和国行政强制法》已从单纯的立法呼吁转化为立法行动。无论立法者还是学者，只要一步入研讨行政强制立法的行列，无不面临如何界定《中华人民共和国行政强制法》所针对并加以规范的“行政强制”的内涵与外延问题。为此，对境外有关“行政强制”的若干概念作一解析，也许对中国行政强制立法的研究工作会有一定的借鉴作用。

境外有关行政强制的基本概念主要是三个：“行政强制”（或“行政法上的强制”）、“行政执行”（或“行政法上的强制执行”）与“即时强制”（或“行政法上的即时强制”）。

一、关于“行政强制”

境外行政强制立法，大多定名为“行政（强制）执行法”，而不是“行政强制法”，奥地利于1925年制定的《行政强制执行法通则》（Verwaltungsvollstreckungsgesetz - VVG）①、德国于1953年和1957年分别制定的《联邦行政执行法》（Verwaltungsvollstreckungsgesetz BRD）② 和《莱茵州柏尔兹行政强制执行法》（Verwaltungsvollstreckungsgesetz im Rheinland - Pfalz）③、日本于战后推出的《行政代执行法》④、中国台湾地区于1998年重新制定的《行政执行法》⑤

---

① 1925年7月26日由奥国联邦法律公报第267号颁布。

② 1953年4月27日颁布，1953年5月1日起生效，后经1977年税捐法实施法修改。1997年12月17日最后一次修改。见《联邦法律公报》第3039页。

③ 该法于1957年7月8日颁布，1958年1月1日起正式施行。

④ 昭和23年（1948年）法律第43号公布。

⑤ 原《行政执行法》于1932年12月28日由国民政府公布施行，后经1943年与1947年修订。新《行政执行法》制定于1998年11月11日。新法实施后，旧法已被废止。

便是例证。但“行政强制”作为行政执行法理的基本概念依然得到肯定。

由于历史与地理的原因，德国与奥地利关于“行政强制”的定位几乎没有区别。在它们国家，“行政强制”（verwaltungszwang）是个学理概念，而不是法律概念。[①] 但它在两种意义上被使用：一是，把“行政强制”看成是“行政强制执行”（verwaltungsvollstreckung）别名。这样，“行政强制”（verwaltungszwang）与“行政强制执行”（verwaltungsvollstreckung）虽在用词上有差异，但在含义上是相通的；二是，把“行政强制”看成是“行政强制执行”的种概念，认为“行政强制”是一种行政当局强制公民或者其他人履行公法义务的执行行为。它可分为行政上的强制执行（verwaltungsvollstreckung）与即时强制（sofortiger zwang）。这种行为以行政当局主动、直接和自为地对当事人采取国家强制执行措施为特征。

英美国家以普通法为特征，从来不重视在司法审判或行政执法之前界定概念与概念之间的“界河”；加之，它们至今还没有制定“行政强制”或称“行政执行”方面的专门法规，所以，虽然在英美国家的有关制定法[②]和行政法方面的教科书中，也时常有“行政强制”（administrative compulsory）和“行政执行”（administrative execution）的用词和概念，但在含义上都是指对行政法义务的履行。我们至今也很难明白，在英美国家，“行政强制”（administrative compulsory）和“行政执行”（administrative execution）之间到底有何差异。

法国是个大陆法系国家，但它的行政法恰恰是判例法，其行政强制制度在整体上更接近于英美法系国家，即主要由法院对违反行政义务（不履行行政义务）者施加刑罚制裁。[③] 法国没有“行政强制法”或“行政执行法”，所以，它们也没有区分“行政强制”与“行政强制执行”的必要。

日本是个“拿来主义”国家，它在二战前几乎全部搬抄德国法制，战后迫于无奈也接受了一些美国的法制。其战前所确立的以《行政执行法》[④] 为基础的行政强制执行制度与战后以《行政代执行法》[⑤] 为核心的行政强制执行制度形成了

---

① 因为无论在奥地利于1925年制定的《行政强制执行法通则》（Verwaltungsvollstreckungsgesetz - VVG）中，还是在德国于1953年和1957年分别制定的《联邦行政执行法》（Verwaltungsvollstreckungsgesetz BRD）和《莱茵州柏尔兹行政强制执行法》（Verwaltungsvollstreckungsgesetz im Rheinland - Pfalz）中，均没有使用“行政强制”（verwaltungszwang）一词。

② 如美国联邦行政程序法（Administrative Procedure Act - APA），该法于1945年由国会参众两院先后通过，1946年6月11日由杜鲁门总统签署公布生效。该法于1966年9月6日编入《美国法典》第五篇，1978年国会对部分条款作过修改。

③ 城仲模（台湾）：《行政法之基础理论》，三民书局1988年版，第289页。

④ 明治33年法律第84号公布。

⑤ 1948年6月14日公布，三十天后生效。

鲜明的对照。但它对“行政强制”的定位依然与德奥相同。

在中国的台湾地区，无论在1998年以前的旧《行政执行法》，还是在此后的新《行政执行法》中，均无“行政强制”一词。但有部分学者把“行政强制”看成是“行政上强制执行”与“行政上即时强制”的合称。① 这种观点与对即时强制行为性质的认识有关。他们认为行政上的即时强制是行政执行以外的一种行为，而不是行政执行的特殊方式。为在“行政执行”与“即时强制”之间寻找一个“种”概念，便出现了“行政强制”的这一概念。

综上可见，英美法系国家，由于它们实行判例法，“行政强制”概念没有被严格界定，也许这种界定确无意义。法国由于在行政法上恰恰以判例法为主，加之没有制定成文的“行政强制执行法”，故也未对“行政强制”概念感兴趣。德奥国家在两种意义上使用“行政强制”一词：一是把它作为“行政强制执行”的别名；二是把它看成是“行政上的强制执行”与“行政上的即时强制”的合称。日本与中国的台湾地区深受这一影响。

二、关于“行政执行”

“行政执行”是“行政强制执行”的简称，因为行政执行，不论是否标上“强制”副词，均有“强制性”。

“行政执行”的“处境”比“行政强制”好得多。建有行政强制执行制度的国家，未必有“行政强制”这一概念。但任何建有行政强制制度的国家，都不会没有“行政（强制）执行”的概念。

我们在上 题已经看到，德奥国家在20世纪的前半个世纪已经制定了单一的“行政强制执行”法规。这些法规本身虽未对“行政执行”下一定义，但无疑推动了学者们对“行政执行”这一概念的研讨。德奥学者对“行政执行”（verwaltungsvollstreckung）的看法比较统一，其中最具代表性的是德国康斯坦茨大学哈特穆特·毛雷尔教授（Pro. Hartmut Maurer）的解释。他在《行政法学总论》（Allgemeines Verwaltungsrecht）一书中指出：“行政强制执行是指行政机关按照行政程序以强制方式实现公民或者他法律主体所承担的公法义务的行

① 林纪东（台湾）：《行政法》，三民书局1980年修订六版，第378页。

为。"[1] 这一定义包含了下列要点及特征：

第一，行政执行的主体是行政机关。这是德奥国家把行政强制执行权设置给行政机关体制的反映。

第二，行政执行的对象是"公民或者其他法律主体"。也就是说，行政执行是指作为管理方的行政主体对作为被管理方的行政相对人所实施的执行。

第三，行政执行的客体是公法上的义务。这种义务用德奥的"行政强制执行法"来表达就是："公法上的作为、不作为与容忍义务"（erzwingung von handlungen，duldungen oder unterlassungen）及"公法上的金钱给付义务"（vollsteckung wegen geldforderung）。[2]

第四，行政执行的程序与方式是"按照行政程序以强制方式"实现其义务。强制手段已大多由其"行政强制执行法"本身所规定，如直接执行、间接执行、执行罚等。实施强制执行适用该国的"行政程序法"。德国于 1976 年制定了行政程序法[3]，奥地利不仅于 1925 年制定了《普通行政程序法》（Allgemeines Vewaltungsverfahrensgesetz－AVG）[4]，而且还于同年制定了该法的实施细则，即《行政程序法施行法》（Einführungsgesetz für den Verwaltungsverfahrensgesetzen）。在德奥国家，其发达的行政程序法已构成其行政强制执行法的渊源之一。

在英美国家，"administrative execution"一词更接近"行政执行"的含义。英国的行政强制执行法律制度主要包括司法性强制执行和行政性强制执行两大部分内容。其中司法性强制执行是指公民拒不履行行政机关的行政决定或法律规定时，行政机关通过向法院申请，由法院颁布禁制令来制止这种违法行为的法律制度。运用私法救济手段由普通法院颁布强制执行令状来完成行政法上的强制执行任务的司法性强制执行，成了英国行政强制法律制度的核心。与此同时，由行政

---

① ［德］哈特穆特·毛雷尔著，高家伟译：《行政法学总论》，当代德国法学名著，法律出版社 2000 年版，第 479 页。

② 见：德国 1953 年行政强制执行法（Verwaltungsvollstreckungsgesetz－VwVG）（1953 年 4 月 27 日颁布，1953 年 5 月 1 日生效，后经 1977 年税捐法实施法修改。见 1976 年 12 月 14 日，联邦法律公报第 1 卷第 3341 页）；德国 1957 年莱茵邦柏尔兹行政强制执行法（Verwaltungsvollstreckungsgesetz im Rheinland－Pfalz）（1957 年 7 月 8 日颁行　1958 年 1 月 1 日施行）；奥地利 1925 年行政强制执法通则（Verwaltungsvollstreckungsgesetz－VVG）（奥国联邦法律公报第 267 号，1925 年 7 月 26 日颁布）；（奥地利）1925 年行政手续法施行法（Einführungsgesetz für den Verwaltungsverfahrensgesetzen）。另，中国台湾地区 1998 年行政执行法（1998 年 11 月 11 日公布）也采用了同样的结构。

③ 经联邦议会于 1976 年 5 月 25 日通过并征得联邦参议院同意公布。该法于 1977 年 1 月 1 日生效。

④ 经奥地利国会于 1925 年 7 月通过，并于 1926 年 1 月 1 日正式公布生效。

机关自力强制执行的行政性强制执行便在整个制度中显得次要和较为平淡。司法权与行政权不分，经常采用司法强制执行形式来完成行政强制执行是英国行政强制法律制度的一大特色。所以，英国的“行政执行”，不是指行政机关所实施的强制执行，而是指由法院或在法院的严密监督下对相对人执行行政法义务的强制行为。

美国的行政法领域对行政执行这一概念有着迥异于其他国家尤其是大陆法系国家的理解，具有更为宽泛的内涵。美国学者认为，从某种程度上说，行政执行是政府的使命，影响公民行为的政府权力很大程度来源于政府可以采取强制措施，以确保政府规则和决定的履行。实质上，政府的每一项职能都包含了行政执行。①美国联邦行政程序法第551节把行政机构的职能分为两大类：制定规则和行政裁决。行政执行事实上是指行政机构规则和决定的执行，它涉及对行政规则和决定履行的监督与调查，以及解决履行争议的非正式裁决或正式的行政与司法程序。②它涵盖了行政机构对受规范的相对人的监督和调查、对违法的指控和制裁以及对裁决的强制执行的全过程。从这一解释上看，美国对“行政执行”的理解其范围比英国要广，它主要是指有关机关（法院和行政机关）对行政法的全面实施行为。

在法国，行政强制执行之概念有广义和狭义之分。狭义的行政强制执行指当行政处理的当事人不履行行政处理所规定的义务时，行政机关依职权强制其履行义务，包括代执行和直接强制。③ 广义层面上理解的行政强制执行指行政处理内容的强制实现，而不考虑其强制执行的主体、手段、程序等方面的不同。④

日本国在法制上紧跟德奥国家，亦主张行政强制由两块组成，即行政上的强制执行与行政上的即时强制。行政执行显指行政上的强制执行之简称。日本学者认为，行政执行系指行政厅对于不履行行政法上的义务者，采取强制手段，迫使其履行义务或实现与履行义务相同状态的作用。⑤

在台湾学者看来，有三个名称是相通的，即“行政上的强制执行”“行政强制执行”与“行政执行”。具体的表述是：行政上的强制执行，亦称行政强制执行，简称行政执行。

---

① ［美］Willam C. Banks等：《中美行政执行制度比较》，2000年中美行政执行研讨会论文。

② ［美］Willam C. Banks等：《中美行政执行制度比较》，2000年中美行政执行研讨会论文。

③ 王名扬：《法国行政法》，中国政法大学出版社1988年版，第165页。

④ 胡建森：《十国行政法》，中国政法大学出版社1993年版，第136页。

⑤ ［日］田中二郎：《行政法总论》，有斐阁法律学全书6，昭和四十年第十三版，第385页。

中国台湾地区研讨“行政执行”总与其单一的《行政执行法》相联系，而且已被研讨得非常精细。其“行政执行”的定义，一般以1947年修订的《行政执行法》[①] 的第1条规定为依据。该条规定：“行政官署于必要时，依本法之规定，得行间接或直接强制处分。”1998年修订的新《行政执行法》对行政执行的定义在表述上略有改变。其第2条规定：“本法所称行政执行，指公法上金钱给付义务、行为或不行为义务之强制执行及即时强制。”但这种表述由于过分简单而很难直接作为学理上的概念。台湾学者们对行政执行所下的定义，已远远超逾了《行政执行法》中的概念，而且比较统一。

以下是一种目前比较规范而公认的定义，它被写进了各种教科书：行政上的强制执行，简称行政执行，系指当人民不履行其行政法义务时，行政机关以强制方法使其履行，或实现与履行有同一状态之行政权作用。[②] 这一定义揭示了以下几个法律特征：[③]

第一，行政执行以行政相对人负有行政法上的义务，而且不履行该义务为前提。这是行政机关发动行政执行的前提条件。如果行政相对人无此行政法上的义务，或虽有该义务但已履行，这便无以发生行政执行问题。

第二，行政执行是行政机关自身实施行政权的行为，无须借助司法机关或其他第三者力量进行。台湾学者吴庚对此说明如下：“国家机关之行政行为系基于公权力之意思表示，与私人之间意思表示不同；私人间所为之各意思表示或法律行为，如他造不愿履行其义务，除符合自助行为（民法第151条）之要件外，必须经由国家机关之公权力方可实现，换言之，须取得法院之确定判决，并请求法院依民事强制执行程序予以实现。行政机关则得以本身之公权力，实现行政行为之内容，无须借助于民事法院之执行程序，此乃行政执行特质之所在。”[④]

---

① 1932年12月28日国民政府公布施行，后经1943年与1947年修订。

② 张载宇（台湾）：《行政法要论》，汉林出版社1977年6版，第392页；林纪东（台湾）：《行政法》，三民书局1980年修订六版，第377页；管欧（台湾）：《中国行政法总论》，蓝星打字排版有限公司1981年修订十九版，第469页；张家洋（台湾）：《行政法》，三民书局股份有限公司1991年五版，第632页；城仲模（台湾）：《行政法之基础理论》，三民书局1994年新订增版，第248页；陈新民（台湾）：《行政法学总论》，1997年修订六版，第293页；（陈敏（台湾）：《行政法总论》，三民书局1998年初版，第686页；吴庚（台湾）：《行政法之理论与实用》，三民书局1998年增订四版，第441页；翁岳生（台湾）：《行政法》，翰芦图书出版有限公司1998年版，第874页；苏嘉宏（台湾）、洪荣彬：《行政法概要》，永然文化出版股份有限公司1999年版，第380页。

③ 张载宇（台湾）：《行政法要论》，汉林出版社1977年6版，第392—393页；吴庚（台湾）：《行政法之理论与实用》，三民书局1998年增订四版，第441—443页。

④ 吴庚（台湾）：《行政法之理论与实用》，三民书局1998年增订四版，第442页。

第三，行政执行的目的在于取得行政相对人行政法义务的履行，因此行政机关除了强制相对人履行义务外，也可采用其他方法来达到与相对人履行义务相同的状态。这正是间接执行与直接执行并存的理由。

综上可知，在英美国家，“行政执行”概念没有被严格地界定，它与“行政强制”或“行政法的被实施”之间界线模糊。它们一般把“行政执行”定位为，通过司法机关保证行政法实施的强制行为。在大陆法系，“行政执行”大多是“行政法上的强制执行”之简称。由于执行主体以行政机关为主，执行客体是行政法上的义务，所以，大多认为，行政执行是指由国家行政机关或其他特定的组织，对拒不履行行政法上义务的当事人采用强制手段，迫使当事人履行行政法上义务或达到与当事人履行义务相同的状态的活动。

三、关于“即时强制”

英国、美国、法国①等，由于没有成文的行政强制法，因而也缺乏与此相适应的行政强制理论。而大陆法系国家，特别是德国、奥国、日本等，不仅有成文的行政强制法，而且有与此相适应的系统理论。这种理论所涉行政强制的架构几乎完全一致。正如台湾学者城仲模所述：“德奥日行政法学界对于行政强制之分类及学理说明，几乎一脉相承，即在‘行政强制（der verwaltungszwang）’的上位概念之下，区分为‘行政上强制执行（verwaltungsvollstreckung，zwangsvollzug；verwaltungsexekution，zwangsvollstreckung）’及‘行政上即时强制（sofortiger zwang，sofortiger polizeizwang）’。”② 日本学者和田英夫也指出：“行政强制分为行政上的强制执行和行政上的即时强制两种。”③ 台湾陈新民认为：台湾地区“行政执行法”所涉“行政执行”，“以其行使之原因，乃人民有无‘违反义务’为前提与否，所分成的两大类：行政上强制执行及即时强制”。④

在普通法系国家的行政法学理论中，无“即时强制”这一明晰概念，但有类似制度。如在美国，由于其突出“司法优位”（judicical supremacy）及“法律支配”（rule of law）原则，所有义务的执行大多通过“司法强制执行”（judicial

---

① 法国不属英美法系，是成文法国家，但它的行政法恰恰是判例法。

② 城仲模（台湾）：《行政法之基础理论》，三民书局1994年版，第320页。

③ ［日］和田英夫著，倪建明、潘世圣译：《现代行政法》，中国广播电视出版社1993年版，第221页。

④ 陈新民（台湾）：《行政法学总论》，三民书局2000年修订七版，第401页。

enforcement）程序解决，只限于四种极个别的情况方可适用行政机关的“简决权限”（summary powers）即时处理：（1）对于负有交纳国税义务人财产之查封与扣押；（2）外国人之驱逐；（3）对妨害卫生行为的排除；（4）对妨害安全秩序之排除。在美国若有“即时强制”的概念，那么它仅指行政机关在极个别情况下可以不经听证（hearing）和司法程序径由自力执行的行为。[①]

而在大陆法系国家，“即时强制”在行政强制理论中不仅是一个不可或缺的概念，而且是一个极为重要的概念。在德国，即时强制虽在1953年的《联邦行政强制执行法》或1957年的《莱茵邦·柏尔兹行政强制执行法》中无列专门章节，但它散见于联行政强制执行法、各州行政强制执行法及警察法等具体法规的具体条文之中，而且以一种独特而重要的立法方式而存在。德国的即时强制有两个特征是比较明显：（1）不以行政处分的作出为前提，或者说，无先前义务的存在；[②]（2）无事先告诫环节。因为时间上的紧迫性，容不得这一环节的存在。德国即时强制的适用范围始终是明显的，但在二战前后有一定变化。20世纪初期，从各邦法的规定上看，即时强制主要适用三个范围：（1）保护行政事务的实施及公物不受破坏（警察自卫权）；（2）防止犯罪行为；（3）排除紧急危险。二战以后，即时强制的适用范围略有变化，主要表现为警察的自卫权不再构成即时强制的法定原因。[③] 即时强制作为“公法上行为、不行为或容忍义务执行”的一种例外，联邦行政强制执行法有一项专门规定。该法第六条第二款规定：“非法行为应处以刑罚或治安罚款的，为阻止其发生，或为防止紧急危险，行政机关应立即采取行动在法定职权内行事的，可无需事先作出具体行政行为而直接采取行政强制执行措施。”这一规定表明了以下几个意思：（1）即时强制只能针对一定程度的违法行为作出，这种违法行为到达了“应处以刑罚或治安罚款”以上的程度；（2）即时强制只有在不作出这行为已无以“阻止”或“防止”上述违法行为发生的条件下才能实施；（3）行政机关实施即时强制时，必须在法定职权范围内进行，即必须在具体法律明文授权的范围内实施；（4）即时强制的主要特征是，它无须事先作出“基础行为”。德国法兰克福大学海默斯（Georg Hermes）教授解

---

① 城仲模（台湾）：《行政法之基础理论》，三民书局1994年版，第287—288页；Bernard Schwartz：Administrative Law，Little，Brown and Company，Boston Toronto 1976。

② 这正好与行政强制执行相区别：即时强制“无先前存在之义务”，行政强制执行为“有先前存在之义务而不履行者”。城仲模（台湾）：《行政法之基础理论》，三民书局1994年版，第321—325页。

③ 李建良（台湾）：《行政上即时强制之研究》，《1998年海峡两岸行政法学术研讨会实录》，台湾政治大学法学院主办、出版，“行政院大陆委员会”、“行政院科学委员会”、海峡交流基金会、法治建设基金会、汉辉文教基金会协办。

释道，即时强制适用三个条件：“（一）虽然具备作出行政行为的法律条件，但因为特殊紧急情况而不能作出行政行为；（二）具备使用各种强制方法的法律条件；（三）有特殊紧急的需要。如果从觉察到危险到出现预期的损害之间的时间很短，以至于因作出行政行为而产生的迟延会导致不能有效排除危险或者甚至加重了排除危险的难度，这种情况就是特殊紧急的需要。”①

日本1948年的《行政代执行法》未对“即时强制”作出规定，但这并不意味着即时强制不存在。因为日本的《行政代执行法》并非是其行政强制行为的基本法，仅是有关“代执行”方面的单一法规。日本的“即时强制”显然不属“代执行”，故由其他法律②而不由《行政代执行法》规定。作为日本行政强制制度的一个重要组成部分，即时强制系指“在眼前存在急需排除的障碍而又无预先命令这种义务的余地，从该事物性质上看，通过科以义务仍不能实现行政目的的情况下，不作出履行义务的命令，而直接对国民的身体及财产施加实力，从而实现行政上必要状态的作用”。③ 杨建顺在《日本行政法通论》中对日本的即时强制有了更通俗的说明：一般而言，因国民不履行法律或行政行为所规定的义务，行政厅实施强制权以达到该义务的被履行，这就是行政上的强制执行，是日本行政强制的基本形态；但有这种情况存在，由于事件火急，行政厅没法事先作出义务命令，那就不必以相对人不履行义务为前提，便可直接而突然地对国民的身体、自由及财产施加强制力。后者就是行政上的即时强制。④

中国台湾地区1998年以前的《行政执行法》，在移植德国制度时，误把“直接强制”当作“即时强制”。该法第六条便是例证。⑤ 有幸的是，台湾理论上的觉醒比立法上的觉醒早得多。台湾不少学者早就指出：即时强制是相对一般强制而言，而不是相对间接强制而言；即时强制与直接强制既有联系，又有区别。⑥

---

① ［德］海默斯：《德国行政执行和行政强制》，在2000年12月6—7日的“行政强制的理论与实践国际研讨会”上的发言及会议论文。

② 在日本，规定即时强制方面的法律挺多，如《警察官职务执行法》第2、3条，《所得税法》第234条，《结核预防法》第7条，《消防法》第4条，《未成年人饮酒禁止法》第2条，等等。

③ ［日］室井力主编，吴微译：《日本现代行政法》，中国政法大学出版社1995年版，第136页。

④ 杨建顺：《日本行政法通论》，中国法制出版社1998年版，第493—494页。

⑤ 台湾原“《行政执行法》”第六条误把“即时强制”的手段当成是“直接强制”的手段。

⑥ 台湾学者林纪东先生认为：即时强制与紧急情形相连，与平时相对。（见其《行政法》，三民书局1980年修订六版，第378页）张家洋先生在《行政法》（三民书局股份有限公司1991年版，第639页）一书中把即时强制与直接强制之间的区别归纳为二点：“（一）直接强制须以客体义务之存在及不履行为前提，而即时强制不以义务之存在及不履行为前提。（二）直接强制须经过预为告诫程序，即时强制既无义务存在，自无须以告诫为前置程序。”城仲模先生在《行政法之基础理论》（三民书局1994年新订增版，第278页）一书中作了类同的论述。

正如台湾陈敏先生所说：即时强制（德：sofortiger vollzug）“乃一种简化程序之紧急措施，其实质内容可以为直接强制，亦可以为间接强制中的代履行”。[①] 还有学者主张：“即时强制不能当作独立的（强制执行）类型，主要原因就是若当作独立类型，他就脱离处分权的法律依据，就可直接拿即时强制当作一个行使执行权的依据，如此法律保留原则整个就会被架空。”[②] 台湾学者们对即时强制的研究已在新的行政执行立法中为即时强制争到了一席之地。1998 年的《行政执行法》已为即时强制单设了一章作专门规范。

台湾 1998 年《行政执行法》第三十六条规定：“行政机关为阻止犯罪、危害之发生或避免急迫危险，而有即时处置之必要时，得为即时强制。”这就是说，即时强制既是行政机关的权力，也是行政机关的义务，其适用条件是处于急迫状态，实有即时处置之必要。同时根据该条规定，即时强制方法有四种：(1) 对于人之管束；(2) 对于物之扣留、使用、处置或限制其使用；(3) 对于住宅、建筑物或其他处所之进入；(4) 其他依法定职权的为之必要处置。但是，这些方法的使用不是无条件的。相反，它有严格的限制。台湾现行《行政执行法》第三十七条至第四十条对上述方法的适用规定了特别的条件。对于人之管束，是直接影响被执行人的人身自由权的即时强制措施，故限于有下列情形之一者方可使用：(1) 疯狂或酗酒泥醉，非管束不能救护其生命、身体之危险，及预防他人生命、身体之危险者；(2) 意图自杀，非管束不能救护其生命者；(3) 暴行或斗殴，非管束不能预防其伤害者；(4) 其他认为必须救护或有害公共安全之虞，非管束不能救护或不能预防危害者。对人的管束不得逾 24 小时。军器、凶器及其他危险物，为预防危害之必要，得扣留之。扣留之物，除依法应没收、没入、毁弃或应变价发还者外，其扣留期间不得逾三十日。但扣留之原因未消失时，得延长之，延长期间不得逾两个月。扣留之物无继续扣留必要者，应即发还；于一年内无人领取或无法发还者，其所有权归属国库；其应变价发还者，亦同。遇有天灾、事变或交通上、卫生上或公共安全上有危害情形，非使用或处置其土地、住宅、建筑物、物品或限制其使用，不能达防护之目的，得使用、处置或将限制其使用。对于住宅、建筑物或其他处所之进入，以人民之生命、身体、财产有迫切之危害，非进入不能救护者为限。

---

① 陈敏（台湾）：《行政法总论》，三民书局 1998 年初版，第 717 页。

② 李建良（台湾）：《行政上即时强制之研究》，《1998 年海峡两岸行政法学术研讨会实录》，第 290 页。

从上考察大体可以得出以下结论：即时强制，是国家行政强制的一个重要组成部分，它与行政上的强制执行最关键的区别是：（1）前提不同。行政强制执行以相对人事先存在一种义务而他拒不履行义务为前提，而即时强制无此前提。（2）有无告诫不同。在行政强制执行中，执行机关有事先的告诫程序并期待相对人自我履行，而在即时强制中因情况紧急，执行机关立即实施强制，不存在告诫及期望相对人自我履行。（3）义务不同。行政强制执行所涉相对人的履行义务，内容比较广泛，有金钱上的给付义务，行为上的作为、不作为及容忍义务，而在即时强制中，相对人无事先的义务，只是当执行机关实施即时强制时，他负有一种容忍义务。（4）法律救济范围不同。即时强制作为一种事实行为，不仅适用完整的法律救济，而且救济范围是整个即时强制行为；而对行政强制执行的法律救济，由于基础行为已具有“不可撤销性”，所以救济只以执行行为为限。

（载《比较法在中国》（2003年卷），法律出版社2003年版）